中国古代名著全本译注丛书

春秋穀梁传

译注

上

承　载　译注

图书在版编目(CIP)数据

春秋穀梁传译注／承载译注. —上海：上海古籍出
版社，2016.7 （2022.8重印）
（中国古代名著全本译注丛书）
ISBN 978－7－5325－7823－8

Ⅰ.①春… Ⅱ.①承… Ⅲ.①中国历史—春秋时代—
编年体②《春秋穀梁传》—译文③《春秋穀梁传》—注释
Ⅳ.①K225.04

中国版本图书馆 CIP 数据核字(2015)第 236427 号

中国古代名著全本译注丛书
春秋穀梁传译注
（全二册）
承 载 译注
上海世纪出版股份有限公司
上海 古 籍 出 版 社 出版
（上海市闵行区号景路 159 弄 1－5 号 A 座 5F 邮政编码 201101）
（1）网址：www.guji.com.cn
（2）E－mail：guji1@ guji.com.cn
（3）易文网网址：www.ewen.co
上海世纪出版股份有限公司发行中心发行经销
江阴市机关印刷服务有限公司印刷

开本 890×1240 1/32 印张 32.375 插页 10 字数 622,000
2016 年 7 月第 1 版 2022年8月第 3 次印刷
印数 3,551—4,600
ISBN 978－7－5325－7823－8
K·2116 定价：66.00 元

如有质量问题,请与承印公司联系

前　　言

　　根据春秋时期鲁国的历史修订而成的《春秋》，向来是中国儒家学派极其重要的一部典籍。它按年、月、日排列，对当时发生的一系列与鲁国有关的史实作简略的记载，从而勾画了自鲁隐公元年（前722）到鲁哀公十四年（前481）这二百四十二年之间的风云变幻、世事沧桑。不过，由于它的文字简略，加上在流传过程中的脱漏错简，使得后人对其中的不少内容难以获得准确的理解，因而对有些史实以及文辞的含义出现了许多分歧。所以到了西汉时期，曾先后至少出现过五种依据《春秋》作解释的《传》，这就是《左传》、《公羊》、《穀梁》，以及《邹氏传》、《夹氏传》。但是，据东汉学者班固在《汉书·艺文志》中所说，“邹氏无师，夹氏有录无书”。“无师”，就是在当时已经没有传授这一学说的经师；“有录无书”，就是只著录书名，但没有书本流传。《春秋》在西汉武帝时被列为“五经”之一，这样《公羊传》、《穀梁传》、《左氏传》，也就成了解说《春秋》的三部重要的儒家著作，习惯上将这三部著作合称为“春秋三传”。

　　“三传”之中，《公羊》和《穀梁》是采用围绕经文，以问答式的文体来作解释，其内容侧重于解说经文的意义，对史实的叙述则比较简略。内容涉及的年代，与《春秋》完全一样。《左传》则不同，它详于记事，间或有少量的议论，这不仅大大丰富了《春秋》经文中提到的人物、事件的详细内容，而且补充了不少经文中所没有的内容。《左传》引用的经文，比《春秋》多出两年，即截止于鲁哀公十六年、孔子去世时，记事则更延续到鲁哀公二十七年。

一、《穀梁》的作者、创作与传授

《穀梁传》，又称《春秋穀梁传》，也称《穀梁春秋》。它真正的作者，今天已无从考察，即使是在两千多年前，即这部著作十分流行的西汉时期，这个问题就已经成为一个悬案。

《汉书·艺文志》在著录《穀梁》时这样记载："《穀梁传》，十一卷，穀梁子，鲁人。"东汉时的好几位学者，在他们的著作中都提到了《穀梁》的作者，认为"穀梁子"就是"穀梁赤"，曾经是孔子学生子夏的学生。桓谭的《新论》、蔡邕的《正交论》、应劭的《风俗通》，都是这么说的。但王充的《论衡·案书》中却说是"穀梁寘"，阮孝绪的《七录》则说是"穀梁俶"。到了唐代，经学家们根据历代的各家之说，依据一些并不太可靠的零星资料，又有了新的说法。如颜师古注《汉书》时，在班固的原注"穀梁子"下说："名喜。"后来钱大昭撰《汉书辨疑》时，认为"喜"当作"嘉"。而陆德明在《经典释文·序录》中则引用糜信的话说，"穀梁赤"是战国秦孝公时期的人。杨士勋在作《穀梁义疏》时，采用了阮孝绪的说法，但"俶"字变成了"淑"字，又说其"字元始，鲁人。一名赤"。单是一个"穀梁子"，就先后出现了"赤"、"寘"、"喜"、"嘉"、"俶"、"淑"这六种不同的名字，真是把后人弄得无所适从了。

不仅如此。由于作者的名字、身份不清楚，又引起了关于这部著作的创作年代的疑问。据杨士勋的《穀梁义疏》中说，"穀梁淑"从子夏习《春秋》，然后据经作传。但是这一说法大有问题。子夏是春秋后期人，如果穀梁淑曾受学于子夏，那么就应当与子夏是同时代或稍晚的人，而他据经所作的传，也应当是由他亲撰，但现在文中有不少征引的语录，既有出于号称"穀梁子"者的，也有出于明显晚于子夏生活时期的人。如《穀梁》中好几处引用了"沈子"的话，又引用了"尸子"即尸佼的话。"沈子"是战国时人（他的话在《公羊》中也有引用），尸佼是商鞅之师。他们的生活年代，虽难以断定确切的年份，但大大晚于子夏当是没有问题的。桓谭《新论》中说："《左氏传》遭战国寝藏，后百余年，鲁人穀梁赤作《春秋》，残略多有遗文。又有齐人公羊高缘经文作传，弥失本事。"他认为"《春秋》三传"中，《左传》最早出现，《穀梁》与《公羊》差不多同时出现。不过这一说法的可靠性还是个疑问。陆德明在对"三传"次序作出解释时说，"左丘明受之于仲尼，公羊高受之于子夏，穀梁赤乃后世传闻"。将《穀梁》定在"三传"的最后，当然也考虑到创作年代的先后，但是他的依据却已无从考证。今天的不少学者，在对比了《公》《穀》两传内容的基础上，认为《穀梁》创作定型是在汉景帝时期，甚至还要晚些。此说虽然有些保守，但在没能取得更为有力的证据前，也不失为一种稳妥的说法。

关于《穀梁》在汉代以前的传授历史，也一如其创作年代一样不可确定。杨士勋说，穀梁淑受经于子夏，作《穀梁传》，传于荀子，荀子又传于鲁人申培。但如果按照陆德明引用糜信的说法，穀梁赤与秦孝公同时，那么，秦孝公的生活年代大约在公元前361年到公元前337年之间，但荀子的生活年代大约在公元前313年到公元前238年之间，鲁人申培到西汉的武帝初年是"年八十余"，这样，从子夏到穀梁子，再从荀子到鲁人申培，无论如何是连接不上的。中间是否存在其他的传授者，因无明文记载，不得而知，但仅据这些记录，足可以看出，从《穀梁》成书，到西汉初年之前的这一段传授历史，均不可信。

《史记·儒林列传》记载《穀梁》传授时说："瑕丘江生为

《穀梁春秋》。自公孙弘得用，尝集比其义，卒用董仲舒。"这是关于汉代《穀梁》传授的最初记录。《汉书·儒林传》的记载比较详细，说瑕丘江公（即江生）受《穀梁》于鲁人申培，同时又学《诗》，武帝时以《鲁诗》征为博士，太子本来学《公羊》，私下又学《穀梁》而善之。当时《公羊》得势，《穀梁》学者很少，只有鲁人荣广、皓星公从江公学《穀梁》。荣广的学生有蔡千秋、周庆、丁姓，蔡千秋同时又从皓星公学。宣帝时，诏选十人从蔡千秋学，千秋死后，征江公之孙为博士，诏刘向从其学，并协助江公之孙教授十位学生。江公之孙死后，再征周庆、丁姓，共同教授十人的学业。在宣帝甘露三年（前51）的"石渠阁会议"上，《穀梁》被立为官学，周庆、丁姓分别为《穀梁》学的博士，于是《穀梁》开始盛行。丁姓的学生有申章昌。蔡千秋的《穀梁》学，到了他的学生尹更始开始发生变化。尹更始曾经参加了与《公羊》学者的辩论，同时又学《左传》，后来他变通"二传"内容，取其合理者写成"章句"，传其子尹咸，以及翟方进、房凤。江公之孙的学生中，有胡常传其学，授萧秉。至此，《穀梁》一家又分出了尹、胡、申章、房氏这四种大同小异的学说。其他曾经学习过《穀梁》的还有侯霸、梅福，以及庸谭（又学《古文尚书》）、严彭祖（以《公羊》为博士）、夏侯胜（以《今文尚书》为博士）、韦贤（以《鲁诗》为博士）等。这样，在整个西汉时期，《穀梁》学实际上是从中期以后才开始盛行起来的，直到西汉末年，流传逐渐广泛。

　　根据这样的一段传授历史，不难看出，《穀梁》虽然也是以《春秋》为基本依据的，但它的影响在宣帝之前远远不如《公羊》，要不是宣帝即位之后对《穀梁》的特别关注，也许它还会处于一种自生自灭的状态之中。西汉时期经学的发展，极受政治局势的左右，《穀梁》的传授流布，就是一个比较典型的例子。这一点，将在第三部分谈到。

二、《榖梁》与《公羊》的异同

　　由于相传《榖梁》与《公羊》都是以孔子的弟子子夏为祖师的，而且它们的行文体例也的确非常接近，再加上两书都在西汉时期被立为学官，因此，大都认为两者之间有着某种特殊的联系，将它们看成是一个体系中的不同学派的著作。

　　如顾颉刚先生说："'榖'与'公'为双声，'梁'与'羊'为叠韵。"这是从书名的音韵上揭示两者的关系。另外，《榖梁》与《公羊》在内容方面的雷同也为数不少。如"隐公五年"经文："初献六羽。"《公羊》说："初献六羽。……讥始僭诸公也。……天子八佾，诸公六，诸侯四。"由此说明鲁隐公作为诸侯，他以"六羽"用于祭祀仪式，是越礼之举了。《榖梁》也说："舞夏，天子八佾，诸公六佾，诸侯四佾。初献六羽，始僭乐矣。"两者的解说如此相似，不能不认为它们之间具有前后承袭的关系了。西汉时把用当时流行的字体来书写的儒家典籍称为"今文经"，把用汉以前的字体（如战国时期的大篆、秦代流传的小篆之类）写成的儒家典籍称为"古文经"，当时《公羊》《榖梁》两传的读本都用西汉时流行的文字书写，所以在后来发生的经今古文之争中就都将它们作为今文经的著作了。然而，这些并不能证明两传真的就是同门所出，一脉相承的。进一步对照两者的内容，就可看出，《公羊》与《榖梁》之间的异同，不只是同一师门不同学派的那种大同小异或互有详略，而是有着许多根本的区别。

　　其一，貌似相同，实则有别。

　　例如，《春秋》"隐公七年"经文："滕侯卒。"《公羊》说："何以不名？微国也。"根据《春秋》记载国君去世的通例，凡是属于正常死亡的国君，都要记载其名，但这里没有记载滕国国君的名，《公羊》认为由于滕国是弱小之国，所以就不记载他的名。《穀梁》则说："滕侯无名，少曰世子，长曰君，狄道也。"此说同样毫无根据，但比《公羊》又多出"狄道"的解释，将"无名"的原因与"滕侯"个人的政治行为联系起来了。

再如，"文公十二年"经文："子叔姬卒。"《公羊》说："此未适人，何以卒？许嫁矣。""叔姬"虽然是鲁国国君的亲属，但没有成为其他国君的夫人，所以照例是不能记载其去世的，这里予以记载，必有道理，于是《公羊》造出"许嫁"，也就是已经定婚的事实，作为解释。《穀梁》说："其曰'子叔姬'，贵也。公之母姊妹也。其一传曰：许嫁以卒之也。"最后一句，简直就是《公羊》的翻版，但仅仅作为传言，以备一说，而《穀梁》的本意是为了说明"子叔姬"地位的高贵，称她为文公之妹。这一说法是否确实，本身就有疑问，但《穀梁》却将此作为"子叔姬"身份高贵的依据，加以强调，这是《穀梁》一贯宣扬的尊贵卑贱之义的发挥。

这样看来，《穀梁》的有些观点，明显地是沿袭了《公羊》学说，而《穀梁》的解说中更表现出一种实用的政治色彩。

其二，释义不同，褒贬有别。

例如，"隐公五年"经文："九月，考仲子之宫。"《公羊》说："'考宫'者何？'考'，犹入室也，始祭仲子也。桓未君，则曷为祭仲子？隐为桓立，故为桓祭其母也。然则何言尔？成公意也。""考"是将仲子的神主送入祖庙，以供祭祀。"仲子"是当时尚未立为国君的桓公的生母。隐公的这一行动，是为了实现其将要让位于桓公的心愿。虽然这一说法的根据尚有待考证，但还符合情理。《穀梁》则说："考者，成之也，成之为夫人也。礼，庶子为君，为其母筑宫，使公子主其祭也。于子祭，于孙止。'仲子'者，惠公之母。隐孙而修之，非隐也。"对"考"字的解释与《公羊》不同，对"仲子"的解释也不同，对隐公这一行动的意义的解释更加不同。议论中充满了对隐公的责难之意，说他越礼祭祀"仲子"的行为应当受到谴责。

再如，"僖公二十二年"经文中记载了宋襄公与楚成王的"泓之战"，此战由于宋襄公不合时宜地一再贻误战机，终遭惨败，然而，《公羊》却对此大加赞扬，说宋襄公的行为"虽文王（即周文王）之战，亦不过此也"，这简直就是"圣战"了，评价可谓崇高。但《穀梁》非但对宋襄公此举大不以为然，还提出一套作战原则，说"倍则攻，敌则战，少则守"，以此来抨击宋襄公的愚蠢。平心而言，《穀梁》的这一解说比《公羊》要来得实际，但如果将两书作为同一系统中的不同学派来看的话，这其中的褒贬差别就显得太大了。说两者同出一源，实不可信。

还有一例，"宣公十五年"经文记载："冬，蝝生。"蝝，是一种侵食谷物的害虫。这条经文书于鲁国实行"初税亩"措施后，因此《公》、《穀》对此都有评论。《公羊》说："未有言'蝝生'者，此其言'蝝生'何？蝝生不书，此何以书？幸之也。幸之者何？犹曰受之云尔。受之云尔者何？上变古易常，应是而有天灾，其诸则宜于此焉变矣。"认为这是与鲁国变易古制，实行初税亩有关。根据《公羊》的看法，如果变易古制，就会遭到上天的谴责，降下灾难以为惩罚。现在上天已有这样的表示，所幸还未形成灾难。传文中"幸之"一意，与《左传》同。这一解释，是《公羊》灾变思想的体现，但它在此并没有将这一思想发挥到极点。《穀梁》的解说是："蝝非灾也，其曰'蝝'，非税亩之灾也。"话比《公羊》要少得多，但意思却很明白，认为经文记载"蝝生"的事实，不是因为实行"税亩"的关系，"蝝"也并不是什么灾害。《公羊》对"初税亩"持有贬意，虽然批评比较谨慎，但认为"税亩"与"蝝生"之间有着密切的关系；《穀梁》则完全否定"蝝生"与"税亩"的关系，这是对《公羊》、《左传》的反驳。

如此说来，对于同一条经文，常常是《公羊》有一套说法，《穀梁》又有一套说法，有时《公羊》予以赞扬的，《穀梁》却不以为然，甚至反其道而言之，大加贬斥。这就不难表明，《公羊》与《穀梁》非但不可能同出于子夏之门，而且《穀梁》的成书还极可能更晚于《公羊》，属于西汉时期儒家的另一派别。《公羊》出于子夏之门的说法，已经是大可怀疑了，如果再把《穀梁》也归入子夏门下，岂不更有自相矛盾之嫌了吗？

三、《穀梁》与封建政治

《穀梁》在西汉初期，还只是民间传授的一家之学，不仅治其学说的人不多，就是社会影响，也远远不及其他儒家著作，尤其是不如与它同解一经的《春秋公羊传》。到了西汉中期，才开始兴盛起来。但是，它的兴盛，却是与封建帝王的统治需要密切相关的。

汉武帝根据封建统治的需要，顺应当时学术发展的形势，采取了"罢黜百家，独尊儒术"的政策，将《诗》、《尚书》、《礼》、《易》、《春秋》列为"五经"，并为此配备了专门从事教授经书、顾问国政的博士官。这一措施的结果，刺激了当时儒家学说的迅速发展，于是，围绕着这五部经书的解说，也出现了许多在方法、观点上大同小异，乃至截然不同的学派。当时的《春秋经》，本来只有《公羊》学一家的学者被列为博士，凡是提到《春秋》，其实一般就专指公羊家而言，但是到了汉宣帝时期，由于宣帝"好《穀梁》"，提拔了不少治《穀梁》学的经师为官，"由是《穀梁》之传大行于世"。

汉宣帝何以在群经之中青睐《穀梁》？据《汉书·儒林传》记载，汉宣帝提倡《穀梁》学说，态度是十分慎重的，因而采取的方法也与汉武帝时提倡经学有所不同。宣帝从即位之初，就已经开始注意到《穀梁》学说中某些对封建统治有利的思想了，因此，他一面向其他的经学之士询问《穀梁》大义，一面诏选学子，让他们师从《穀梁》学者受学。他还借补充《春秋》学博士的机会，让传《穀梁》的学者担任《春秋》博士。需要指出的是，这时"五经"中除了《诗》有三家不同学说的博士之外，其余各经尚未正式分家，武帝时立《春秋》博士，其实是将这一殊荣单独给予了《公羊》学者，而《穀梁》学者则根本无力问鼎博士之位。现在宣帝让《穀梁》学者担当这一职务，并教导学生，实际上就意味着《穀梁》学已经开始为官方所接受。当然，这时的《穀梁》学者毕竟还不是独立的一家之说的博士，只能与《公羊》分享"《春秋》博士"的名分。不过，比起在武帝时《穀梁》学的民间传授的地位，已经高出不知多少了。既有了自己的博士，就可以名正言顺地在太学招收学生，于是，《穀梁》经过了十余年的积蓄、准备，终于在宣帝甘露元年（前53）时，有了与《公羊》学者"大议殿中"的机会。此次会议，由宣帝命当朝太子太傅萧望之召集《公》《穀》学者，"平《公羊》《穀梁》同异，各以经处是非"。此次会议，《公羊》学者有严彭祖、申辄、伊推、宋显，《穀梁》学者有尹更始、刘向、周庆、丁姓参加。在辩论中，萧望之多附和《穀梁》学者，最终是《穀梁》战胜了《公羊》。这样，也就奠定了《穀梁》作为《春秋》的另一派别而独立存在的基础。

《穀梁》的学者，固然在宣帝时得到特别的重视，但他们在政治上却并未因此而获得高位，这是与《公羊》学者不同的地方。不过，宣帝在他的政治生涯中，却明显地对《穀梁》所宣扬的宗亲礼制表现出特别兴趣，并将其贯穿于统治期间颁布的一系列政策法令之中。

《公羊》与《穀梁》都讲宗法，但出发点不同，观点也迥然有别。《春秋》"隐公元年"经文："元年，春，王正月。"《公羊》在逐字逐词地解释了元年、春、王、正月、王正月之后，将其意义归结到"大一统"的高度，然后才转入对经文"不言即位"一事的阐述，其结论是"桓幼而贵，隐长而卑"。这一解释，承认了隐公虽为国君，名分却不正，从而为后来桓公弒君继立提供了借口。《穀梁》却用"虽无事，必举正月，谨始也"十个字解释了经文以后，就转入对"不言即位"的说明。认为：隐公虽然是因为不愿违背父命而即位的，但这一做法却有"扬父之恶"之嫌，特别是他欲让位于桓公的想法，更是"成父之恶"，是置"千乘之国"的前途于不顾的"小道"。《公羊》宣扬的是"大一统"的道理，《穀梁》则在肯定隐公的同时，也批评他忽视了宗法情谊。

宣帝是武帝的曾孙，但少年时期却是在民间度过的，学习过《诗经》、《论语》、《孝经》等儒家典籍，史称其"不甚好儒"，只是因为他不大喜欢"缘经饰事"的儒术，而对儒家真正崇尚的礼乐制度，却是深得于心的，所以史书中又说他"慈仁爱人"。就在他即位之后对《穀梁》表现出很大兴趣的同时，朝廷颁布的一系列政策法令也充分体现了宗法礼制的思想。如宣帝地节四年五月的诏书中说："父子之亲，夫妇之道，天性也。虽有患祸，犹蒙死而存之，诚爱结于心，仁厚之至也，岂能违之哉！自今子首匿父母，妻匿夫，孙匿大父母，皆勿坐。"为了表示亲孝仁爱，连有意藏匿罪犯都可以不予追究，这真是"孝子""不扬父之恶"的具体运用了。

武帝统治的后期，由于中央政府的权威受到诸王势力的威胁，因此不得不对此进行大规模的清理。治淮南王狱时，广事株连，被杀者多达数万人。在巫蛊事件中，又与太子兵戈相向，骨肉恩情半点全无。这样做的结果是，朝廷统治固然得到了加强，但是宗室与皇帝的关系却越来越紧张，社会矛盾也并未因此减弱，反而有日益加深的趋势。宣帝长期生活在民间，对这些现象不会陌生，因此他即位以后，利用武帝崇尚《春秋》的基础，转而偏爱讲究礼制伦常的《穀梁》，应该说是比较明智的一种选择。

宣帝提倡《穀梁》，又是在培养其社会基础的前提下进行的。他深知《公羊》学说的力量之强大，所以并不立即与其作正面的交锋，而是采取先用后立的方式，在实践中让《穀梁》学说得到发展，建立较为深入的政治和社会基础，使其立为"官学"，有一种"水到渠成"的效果。这样，也就避免了投机者趋之若鹜，取悦当朝的弊病。这一点，只要仔细分析一下他即位不久的询问《穀梁》大义，到征召《穀梁》学者为《春秋》博士，再组织经学之士议论《公》《穀》同异，最后才正式立《穀梁》为博士的过程，就完全清楚了。

《穀梁》与《公羊》一样，在记载史料方面，不如《左传》详尽，在行文语言方面，更难以与《左传》相提并论。那么，它的学术价值究竟如何呢？概括地说，就在于它对《春秋》经文意义的发挥。清人皮锡瑞在《经学通论》中说："《春秋》有大义，有微言。大义在诛乱臣贼子，微言在为后王立法。惟《公羊》兼传大义、微言。《穀梁》不传微言，但传大义。《左氏》并不传义，特以记事详赡有可以证《春秋》之义者。故'三传'并行不废。"但是，传义有传义的难处。既然《穀梁》的来源比较混乱，那么它所发挥的"大义"也就未必有一个统一的支配思想。于是就出现了时而沿袭《公羊》，时而吸取《左传》，时而又通过臆断来自抒其见的情况。但这样一来，正好弥补了《公羊》、《左传》的一家之言，可以比较多地使后人了解到当时人的思想、观念。所以，后世学者提到《穀梁》，也还是给予较高的评价。如清人钟文烝在《穀梁补注序》中，综合前人的议论，归纳出这样几点：一是善于解经，二是集中了"三传"中的大部分道理，三是某些"大义"深得《春秋》的精髓。而它的语言特点，对后世学者也有影响。如柳宗元曾在其《答韦中立论师道书》中说，自己的文章有"参之穀梁氏以厉其气"之处。这样看来，《穀梁》倒也还有它独特的地方。如果要从思想史的角度来看，那么，研究汉代前期的统治思想，《穀梁》无论如何是一部不可忽视的著作。

承　载

译注说明

一、本书经、传原文采用清阮元校刻的《十三经注疏》为底本，分段、标点参考《四部丛刊初编·经部》所录晋范宁《春秋穀梁传集解》、近人黄侃手批《白文十三经》（上海古籍出版社影印本）。所作解说，以范宁《集解》、杨士勋《春秋穀梁义疏》为主，并参考各种研究著作，诸如清人柳兴宗《穀梁大义述》、许桂林《穀梁释例》、钟文烝《春秋穀梁补注》、今人傅隶朴《春秋三传比义》、刘世南《春秋穀梁传直解》等。有的专门问题，还参考了清人陈厚耀《春秋长历》、刘逢禄《穀梁废疾申何》、赵坦《春秋异文笺》、康君谟《穀梁礼证》、崔适《春秋复始》、近人冯澂《春秋日食集证》等。为免繁琐，一般均直接采用其结论，不展开讨论。

二、传文依据《春秋》经文的排列次序，逐年、逐月、逐日地予以解说，《春秋》经所涉及的鲁国十二公，以每公为一章，均以自然句为段，故前人有《春秋》"断烂朝报"之说。但原文如此，今不再改动，以免影响原貌。有经无传者，只译注经文的有关史实；经、传俱全者，两者皆作译注，并在注释中简要说明传文意义。

三、《穀梁》解经，长于"大义"，对于史实多有忽略。特在译注时适当以《左传》为基本依据，参照其他史籍，稍予补充，以明"大义"的来龙去脉，亦便于读者斟酌传文解说的得失。

四、《春秋》三传，互有得失，各自所引经文，或因传抄之误，或因方言关系，或因授受缘故，文字亦间或不同，故译注中参照其余二传，予以一一说明。一则可见《穀梁》本身的特点，再则得以了解其余二传的情况，参酌之中，亦可加深对《春秋》经文的认识、理解。

五、《穀梁》解经，固有从《公羊》、《左传》之处，但也多有自己的发明，瑕瑜并存，不可一概非之。故特于注释中指出，并作简要的分析。其间尽量采用为学术界公认的观点，为节省篇幅，一般不标明详细出处，遇有比较特殊的一家之说，则予以说明。其出处除首次注明全称外，此后均用简称。

六、经、传文句，大都简之又简，不易掌握其含义。译注时凡能在译文中体现其准确意思的，尽量不再出注，以省篇幅。对于光凭译文而难以理解的，则采用注释与译文相弥补的办法，以便阅读时参照理解。

七、译注文字，力求准确、简练、通顺。难字以汉语拼音字母注音，标出音调，有的字另加同音字。个别无法简化的繁体字，一仍其旧。如"穀"字，在作传名及某些地名时，只能用繁体，不可简化。通假字一般不注音，只注出同或通某字。人名、地名，均作简要说明。一般情况下，重复出现的人名、地名，只在首次出现时予以注释，倘与经、传内容关系密切，再另行出注。各段（或句）原文前，均以数字标出顺序，格式为：×/×.×，即表示"某公/某年.某段（或句）"，以便查检重复出现多次的同一注释。译文以直译为主，便于保持原文的风格。但为通达起见，有时亦作适当润饰。

八、经、传文字，距今年代久远，流传中必有错漏之处，凡是后人已经指出者，均在注释中予以说明，但译文一仍其旧，以存原貌。

九、《穀梁》解说《春秋》，本身又作为经典流传，前人囿于成规，各种注解亦有失当或片面之处。凡有这种情况的，译注时尽量予以考究斟酌，力求准确。然而个人能力有限，加之时间约束，失误、疏漏在所难免，还请读者批评指正。

目　录

隐 公

元 年

1/1.1 ［经］元年[1]，春，王正月[2]。

［传］虽无事，必举正月，谨始也。公何以不言即位[3]？成公志也。焉成之？言君之不取为公也。君之不取为公何也？将以让桓也[4]。让桓正乎？曰，不正。《春秋》成人之美，不成人之恶。隐不正而成之，何也？将以恶桓也。其恶桓何也？隐将让而桓弑之，则桓恶矣。桓弑而隐让，则隐善矣。善则其不正焉，何也？《春秋》贵义而不贵惠，信道而不信邪[5]。孝子扬父之美，不扬父之恶。先君之欲与桓[6]，非正也，邪也。虽然，既胜其邪心以与隐矣，已探先君之邪志，而遂以与桓，则是成父之恶也。兄弟，天伦也[7]。为子受之父，为诸侯受之君，已废天伦而忘君父，以行小惠，曰，小道也。若隐者，可谓轻千乘之国[8]，蹈道则未也。

【注释】

〔1〕元年：本年为鲁隐公执政的第一年，周平王四十九年，公元前722 年。

〔2〕王：指周平王。姬姓，名宜臼，一作宜咎。周幽王的太子，申后所生。公元前 770 年继承王位，至公元前 720 年去世。当申侯联合犬

戎攻杀周幽王后，他被申、鲁、许等诸侯国的国君拥立为周王，在申国即位，后由秦护送至洛邑（今河南洛阳），周王朝的都城也因此东迁至洛邑，并依靠晋国、郑国的辅佐立国，史称"东周"。

〔3〕公：即鲁隐公。姬姓，名息姑，惠公的庶子。其母为惠公的继室，称为声子。惠公死后，息姑被立为鲁国国君，在位共十一年。后又被其同父异母的弟弟杀害。

〔4〕桓：即鲁桓公。名允，其母是宋武公的女儿，后成为惠公的夫人。因其出嫁时有正式的礼仪，所以地位比隐公的母亲声子要高贵。如果按照当时正统的君位授受惯例，继承惠公的应该是桓公，而不是隐公。但惠公认为当时桓公还年幼，无法处理国政，于是就让隐公继承了君位。

〔5〕"《春秋》贵义而不贵惠"二句："义"，指出于国家统治方面考虑的道义。"惠"，指为了实现个人目的的私下的小恩惠。第二句中的"信"，是伸张的意思。

〔6〕先君：即鲁惠公。名弗湟，也作弗皇。公元前768年至公元前723年在位。隐公、桓公的父亲。

〔7〕天伦：天然的亲属关系。

〔8〕千乘之国：一车四马为一乘，当时较大的诸侯国一般都有千乘以上，所以又将"千乘之国"作为诸侯国的代称。

【译文】

[经] 鲁隐公元年，春季，周王的正月。

[传] 虽然没什么重大事情值得记述，但也必须标明是周王的正月，因为要郑重地对待第一年的开始。对隐公为什么不记载说他登上君位？因为要成全隐公的心愿。怎样成全他的心愿呢？是要言明隐公并没有打算做鲁国国君的意思。隐公为什么不打算做国君呢？因为他想把君位让给桓公。那么，把君位让给桓公的做法合乎正道吗？回答是不合正道的。《春秋》要成全人们的美德善事，却不成全人们的邪恶行为。既然隐公的做法不合乎正道，那么《春秋》却又要成全他，这是为什么呢？是为了要用这样的方法来贬斥桓公。为什么要贬斥桓公呢？因为就在隐公即将让位的时候，桓公却把他杀害了，这就是桓公的罪恶所在了。桓公杀害国君，但隐公却能谦让国君的位置，这就是隐公的善良之处了。既然是善良的，却为什么又认为隐公的做法不合正道呢？因为

《春秋》是以符合国家利益的道义为贵的，却不推崇私人之间的小恩小惠；是伸张正当的道义的，却不主张宣扬邪恶行为。一个孝敬长辈的儿子，应当显扬父亲的美德，不能传播父亲的恶行。前代国君在世的时候，打算将国君的位置传给桓公，这是不合正道的，是邪僻的。尽管如此，他后来还是克制了自己不正当的念头，将国君的位置传给了隐公。隐公预先知道了前代国君有这种不正当的想法，便要将君位让给桓公，这就等于成全父亲的邪恶行为了。按照君位的制度来说，兄先弟后，这是天然的伦常次序。隐公作为儿子，已受命于父亲，作为诸侯，又受命于周朝的天子，他现在的做法，却是废弃了兄弟伦常，背离了君王和父亲的任命，以"让位"的办法来施行个人的小恩小惠，所以说，这是狭小的道义。像隐公这样的人，应该可以说是把拥有千乘之车的公侯之国都看得很轻的了，但要是说到履行正当的大道公义，那还没有能够做到。

1/1.2 ［经］ 三月，公及邾仪父盟于眜[1]。

　　［传］ "及"者何？内为志焉尔[2]。"仪"，字也。"父"，犹傅也[3]，男子之美称也。其不言邾子，何也？邾之上古微[4]，未爵命于周也[5]。不日[6]，其盟渝也。眜，地名也。

【注释】

　　〔1〕及邾仪父盟于眜：邾，即邹，古国名。也称"邾娄"。曹姓，在今山东费、邹、滕、济宁、金乡一带，国都在邹，今山东邹县。当时是鲁国的邻邦。邾仪父，邾国国君，名克，因为他没有得到周朝天子的王命，所以不写出他的爵位。眜，读作"miè（灭）"，地名，约在今山东泗水东南。《左传》所引经文作"蔑"。杜预《左传注》说："蔑，姑蔑，鲁地。"《公羊》"邾"作"邾娄"，下同。

　　〔2〕内：鲁国的自称。

　　〔3〕傅：晋范甯《春秋穀梁传集解》（下引此书，简称《集解》）以为"师傅"。清钟文烝《春秋穀梁补注》（下引此书，简称《补注》）以

为同"夫",春秋时男子姓名后多加"父"或"夫",与下文所说"男子之美称"相合。译文取此说。

〔4〕邾之上古微:在周武王攻灭商纣王以后,封诸侯,立邦国。相传邾国的开国国君是颛顼的后裔挟。或以为邾国当时地位卑微,所以没有得到周王的封号。

〔5〕爵命:爵,即爵位。命,指王命。这里是指周朝天子分封给各诸侯的爵位。

〔6〕不日:日,作动词,记载日期的意思。不日,指不记载结盟的日期。据清柳兴恩《穀梁大义述·内盟》说,结盟,是春秋时各国外交中的大事,孔子以《春秋》重内而略外,通常于内盟皆记载日期,外盟则不记。但如果是为了表示对内盟的贬斥或轻视,也往往不记载日期。此处即为贬斥盟约被改变的一例。

【译文】

[经] 三月,隐公及邾仪父在眜这个地方结盟。

[传] "及"是什么意思?表明结盟是出于鲁国的想法。"仪",是一个人的字。"父"相当于"傅",是用来表示男性的一种美称。经文中不称他为"邾子",是为什么?因为邾国在很久以前的地位卑微,而国君也没有被周朝的天子册封爵位。不记载这次结盟的日期,是由于这次盟约后来被改变了。"眜",是地方的名称。

1/1.3 [经] 夏,五月,郑伯克段于鄢[1]。

[传] "克"者何?能也[2]。何能也?能杀也。何以不言杀?见段之有徒众也。段,郑伯弟也。何以知其为弟也?杀世子、母弟[3]目君[4],以其目君知其为弟也。段,弟也,而弗谓弟;公子也,而弗谓公子,贬之也。段失子、弟之道矣,贱段而甚郑伯也。何甚乎郑伯?甚郑伯之处心积虑成于杀也[5]。于鄢,远也,犹曰取之其母之怀中而杀之云尔,甚之也。然则为郑伯者宜

奈何？缓追逸贼[6]，亲亲之道也[7]。

【注释】

〔1〕郑伯克段于鄢：郑，古国名，姬姓。始封国君为周宣王的弟弟姬友，即郑桓公。公元前806年分封于郑地（约在今陕西华县一带）。西周末年，郑桓公将国中的财产、部族、家属及商人等迁往东虢和郐之间，后郑武公即位，先后攻灭东虢和郐，建立邦国，定都新郑（今属河南省），成为周平王的卿士。郑国在春秋初期为诸侯中的强国，后渐衰弱，于公元前375年被韩国所灭。郑伯，即郑庄公，名寤生，公元前743年至前701年在位。继武公后为周平王的卿士。据《左传》记载，郑武公娶申侯之女为妻，称为武姜，生寤生与段。因寤生出生时惊武姜，武姜遂恶之，而爱段，欲立段继承君位，并多次想说服武公，武公均不同意，武姜、段与寤生之间由此产生隔阂。克，这里当结合文意解释为攻克、击败的意思。据今人傅隶朴《春秋三传比义》（下引此书，简称《三传比义》）中说，《春秋》经文中用到"克"字的地方有六处，其中五处均作助动词，并无特别的含义，唯有这里的"克"字，隐含讥刺兄弟相争的意思。孙复春《春秋尊王发微》说："克者，力胜之辞。"也就是用武力战胜。此处用于郑庄公讨伐段的战争，犹如哥哥因事惩罚弟弟的意思，故十分合理。段，郑庄公的同母弟弟，名段。因封地在共（今河南辉县一带），以国君之弟称为叔，故又称共叔段。《左传》称段为"大叔"。鄢，地名，在今河南鄢陵一带。

〔2〕能：与上句中的"克"其实是一个意思，但《榖梁》为了强调下文将要述及的内容，故不厌其烦地作出解释。在《榖梁》自问自答的议论中，这类例子很多。

〔3〕世子、母弟：世子，诸侯的嫡亲长子，按照当时君位传授的制度，应为合法的国君继承人。母弟，同母所生的弟弟。

〔4〕目：称的意思。

〔5〕郑伯之处心积虑：《集解》说："段恃宠骄恣，强足当国，郑伯不能防闲以礼，教训以道，纵其成罪，终致大辟。处心积虑，志欲杀弟。"

〔6〕逸贼：逸，逃亡。贼，以不正当手段获得某种利益的人。这里指被庄公打败后逃亡的共叔段。

〔7〕亲亲：前一个"亲"字作动词，后一个"亲"字作名词。《礼记·中庸》："亲亲，则诸父昆弟不怨。"

【译文】

[经] 夏季，五月，郑伯在鄢这个地方打败了段。

[传] "克"是什么意思？就是"能够"的意思。有什么"能够"的呢？"能够"杀人。为什么不说是"杀"呢？因为要表示出追随共叔段的人很多。共叔段是郑伯的弟弟，怎么知道他是弟弟的呢？因为假如国君杀了嫡亲的长子，或者同母所生的弟弟，便用国君的爵号称呼他，现在经文中既然已经称呼郑伯，那么也就知道共叔段是郑伯的弟弟了。共叔段既然是国君的弟弟，却不称他为弟弟；共叔段应当是公子，但也不称他为公子，这是对他的贬斥，因为共叔段已丧失了作为一个公子和弟弟所应有的道德义务。所以《春秋》鄙视共叔段的程度超过了对郑伯的批评。在什么地方超过了对郑伯的批评？因为经文并未对郑伯想尽一切方式，想要实现杀掉弟弟的意愿提出批评。但经文说在鄢这个地方打败段的，表明共叔段已经跑到远离郑国都城的地方了，就好比说是从母亲的怀中夺过婴儿杀掉，这又是郑伯做得过分的地方。既然这样，那么对郑伯来说最好的办法是什么呢？就是不要急着追杀已经逃远了的乱臣，而应该遵循兄弟之间相亲相敬的道德。

1/1.4 [经] 秋，七月，天王使宰咺来归惠公仲子之赗[1]。

[传] 母以子氏[2]，仲子者何？惠公之母，孝公之妾也[3]。礼，赗人之母则可，赗人之妾则不可[4]。君子以其可辞受之，其志，不及事也。赗者，何也？乘马曰赗[5]，衣衾曰襚[6]，贝玉曰含[7]，钱财曰赙[8]。

【注释】

〔1〕天王……之赗：天王，即周平王。 宰咺，宰，《公羊》以为是官名。咺，读作"xuān（宣）"，人名。《公羊》认为这里是以官名作为人的姓。《三传比义》认为此说不当。既然下文要贬斥此人的行为，就不应将官名冠以人名，否则便有贵贱不分之处。所以这里的"宰"，当

与《论语》中的"宰我"同例，即添加在士人名字前表示身份的字，并无特别的含义。仲子，详见注〔3〕。

〔2〕母以子氏：母亲用父家的姓作为自己的名。仲子是宋国人，宋国为子姓，故以其为名，以示不忘本。

〔3〕惠公之母，孝公之妾：孝公，名称（前796年即位，前769年卒）。《榖梁》以仲子为惠公之母，孝公之妾，但《公羊》以为仲子是惠公之妻，桓公之母，辈分相差了一代。或许除了惠公之妻叫仲子之外，惠公之母亦叫仲子。但根据《史记》所载鲁国的世系，惠公去世时，《春秋》经文中所说的仲子至少也在七十余岁，当时人是否能够有这样的寿命，实有疑问。因此这里的"仲子"，究竟指谁，也就难以断定了。《榖梁》解释为"惠公之母，孝公之妾"，至少与其下文提到的丧礼习俗，是相符合的。

〔4〕礼，赗人之母则可，赗人之妾则不可：赗，读作"fèng（奉）"，赠送给丧家的助丧之物。《榖梁》认为，根据当时的礼仪制度，天子向为人之母赠送丧仪是可以的，而向为人之妾者赠送丧仪就不合礼数了。经文中写明是"惠公仲子"，也就是仲子是作为惠公母亲的，而不是作为孝公之妾的。这一解释，一方面指出了《公羊》以仲子为惠公之妻的错误，另一方面也是对《左传》所说的"吊生不及哀"的反驳。

〔5〕乘马曰赗：四匹马拉的车称为一乘，这是当时天子以下至大夫的礼仪。《公羊》说："赗者，盖以马，以乘马束帛。"清孔广森引前人说，以为"诸侯相赗，以乘黄大辂明，亦得有车马"。

〔6〕襚：读作"suì（岁）"，即赠送给死者的衣服被褥。

〔7〕贝玉曰含（hàn，旱）：贝，贝壳，古时用作货币，死者入殓时作为"饭"放在身边。据清人孔广森引《杂记》，"天子饭九贝，诸侯七，大夫五，士三"。玉，死者入殓时含在口中的璧。这两种东西作为助葬之物，通称为含。

〔8〕赙：读作"fù（付）"，送给丧家办理丧事的钱。

【译文】

[经] 秋季，七月，周天子派遣宰咺送来了用于惠公仲子下葬的丧仪。

[传] 母亲是采用本国的姓作自己的名字的。叫"仲子"的是什么人？她是惠公的母亲，孝公的妾。根据礼节制度，天子向

诸侯的母亲送赠助葬之物是可以的，但是向诸侯的妾赠送助葬之物就不行了。君子可以根据礼节的规定推辞不受的，但最后还是收下了助葬之物。记载这件事，是因为赠赗没能赶上惠公仲子的葬礼。"赗"是什么？用一辆车四匹马助葬叫做"赗"，用衣服被褥助葬叫做"襚"，用贝壳、玉璧等放在死者口中助葬叫做"含"，用金、银钱财助葬叫做"赙"。

1/1.5 ［经］九月，及宋人盟于宿[1]。

［传］"及"者何？内卑者也[2]，宋人，外卑者也。卑者之盟不日[3]。宿，邑名也[4]。

【注释】

〔1〕及宋人盟于宿：宋，古国名，也称商，子姓。第一代君王是商王纣的同父异母哥哥微子启。公元前十一世纪，周公旦平定武庚的叛乱后，将殷商旧都的周围地区分封给微子，即建立宋国，定都商丘（今属河南省），国土包括今河南东部和山东、江苏、安徽的一部分。据《左传》记载，鲁惠公后期，打败了宋国的军队。这次在宿结盟，鲁、宋两国重又通好。宿，古国名。风姓，相传为太皞的后裔，在今山东东平一带。

〔2〕内卑者：内，指鲁国自己。卑者，《集解》说是"非卿大夫"。

〔3〕不日：《集解》说，"凡非卿大夫盟，信之与否，例不日。"唐杨士勋《春秋穀梁传疏》（下引此书，简称《疏》）也以为，《春秋》记鲁国与其他诸侯国结盟，一般均记载日期，但也有例外。如此处，鲁国以非卿大夫者出面，则不记载日期。这一说法，多有附会之处，未必准确。

〔4〕邑名：《穀梁》以"宿"为一个小城的名称，不当。宿当时是鲁国的一个邻国。如《庄公·十年》记载"三月，宋人迁宿"，即为此处所说的"宿"。两国结盟，选择在第三国领土上进行，是很正常的事，《春秋》中多有其例。

【译文】

［经］九月，与宋国的人在宿这个地方缔结盟约。

[传]"及"指的是谁？就是鲁国的地位卑微的人。"宋人"，则是外国地位卑微的人。身份不高的人缔结盟约不记载日期。"宿"，是个小城的名称。

1/1.6 [经] 冬，十有二月，祭伯来[1]。

[传] 来者，来朝也。其弗谓朝，何也？寰内诸侯[2]，非有天子之命，不得出会诸侯。不正其外交，故弗与朝也。聘弓[3]、镞矢不出竟埸[4]，束脩之肉不行竟中[5]，有至尊者，不贰之也。

【注释】

〔1〕祭伯：祭，古国名，姬姓，与周朝的天子同姓。按周朝制度。同姓而封为国君者，可以在周朝的中央政府任职。祭伯，据《公羊》说，是周平王的大夫。

〔2〕寰内诸侯：据《集解》说，周天子京城周围千里之内，都属于京畿的范围，即称为"寰内"。在这一地区有采邑的大夫为诸侯。

〔3〕聘弓：作为馈赠礼物的弓。

〔4〕镞矢不出竟埸：镞（hóu，侯）矢，箭的名称。竟，同"境"。埸，读作"yì（易）"，指疆界。

〔5〕束脩：十条干肉即称为束脩，是当时用于馈赠的礼物。

【译文】

[经] 冬天，十二月，祭伯前来。

[传] "来"的意思，就是前来朝见。经文中不说"朝"，这是为什么？因为在京城千里以内的诸侯，如果没有奉周天子的命令，是不能外出朝见拜会其他诸侯的。祭伯私自对外交往，不符合正当的对外交往制度，所以不给他用"朝"这个字。用于礼聘的弓和箭，不能够在周天子的疆土之外由大夫私下馈赠，干肉不能私下在国境内赠送给别人，最尊贵的天子，不可以对他有二心。

1/1.7 [经] 公子益师卒[1]。

[传] 大夫日卒[2]，正也。不日卒，恶也。

【注释】

〔1〕公子益师：据杨《疏》引糜信说，当鲁桓公想杀隐公时，益师未能防微杜渐，阻止桓公杀害隐公，若益师能以正道辅佐隐公，则君无推国之意，桓无弑君之情。但杨以为此事经、传无文，无案可据，恐不足信。《左传》、《公羊》、《穀梁》对这条经文的解释，都集中在不记载日期这一点上，但意见各不相同。《左传》以为"公子益师"只是鲁国的宗室成员，而他死了以后，鲁隐公没有参加他的葬礼，所以就不记载日期了。《公羊》说："何以不书日？远也。所见异辞，所闻异辞，所传闻异辞。"《穀梁》的解释，将不记载日期的原因归结于死者品行的好坏。相比之下，《左》、《穀》均有附会之处，而《公羊》的解释比较实事求是。

〔2〕日卒：记载死去的日期。

【译文】

[经] 公子益师死了。

[传] 大夫死了记载他死亡的日期，这是正常情况下的通例。不记载死亡日期，则是因为他有罪过。

二　　年

1/2.1 ［经］二年[1]，春，公会戎于潜[2]。

［传］“会”者，外为主焉尔[3]。知者虑[4]，义者行[5]，仁者守[6]。有此三者，然后可以出会。会戎，危公也[7]。

【注释】
〔1〕二年：本年为周平王五十年，公元前721年。
〔2〕会戎于潜：戎，古国名，在今山东曹县东南。潜，鲁国地名，在今山东济宁一带。
〔3〕外为主：指这次会见的东道主不是鲁国。
〔4〕知者：知，通“智”。《集解》指可以察安审危的人。杨《疏》以为即周朝时的“司徒”，掌管教民和察民安危。
〔5〕义者：《集解》以为能够临事立断的人。杨《疏》以为即周朝时的“司马”，掌管断制。
〔6〕仁者：《集解》以为能够顺应民心，守卫疆土的人。杨《疏》以为即周朝时的“司空”，掌管守备。
〔7〕“会戎”二句：《集解》以为如果没有上述三者，国君不可会见诸侯，何况会见戎这样的少数民族。《补注》认为此说不当，应是直接解释经文意思的。是说隐公会见戎有危险。此说也有疑问。据《左传》记载，此次隐公与戎的会见，是“修惠公之好”，时“戎请盟，公辞”，可见隐公本不打算与戎修好。《穀梁》说是经文隐含着对隐公因与戎会见而担忧的意思，不知“潜”实为鲁国的城邑。《管子·小匡篇》记载：“桓公曰：‘吾欲南伐，何主？’管子对曰：‘以鲁为主。反其侵地潜、

常。'"在自己的国土上与戎会见，并不是如《穀梁》所理解的那样，经文是在讥刺隐公的轻易出行。

【译文】

[经] 隐公二年，春季，隐公在潜这个地方与西戎会见。

[传] "会"字的意思，是说戎人是双方会见的东道主。有智慧的人考虑周全，有道义的人处事果断，行仁爱的人可以守护疆土。一个国家有了这三种人，然后国君才能外出与别国会盟。经文中说"会戎"，显然在为隐公担忧。

1/2.2 [经] 夏，五月，莒人入向[1]。

[传] 入者，内弗受也。向，我邑也[2]。

【注释】

〔1〕莒人入向：莒，读作"jǔ（举）"，古国名。西周分封的小国，己姓，一说曹姓。第一代国君是兹舆期，建都介根（在今山东胶县西南）。春秋初年迁至莒（在今山东莒县一带），国土约为今山东的安丘、诸城、沂水、莒县、日照一带。公元前431年为楚国所灭。向，古国名。姜姓。国土约为今山东莒县西南一带，春秋时为莒国吞并。据《左传》记载，"莒人入向"，是由于莒国国君娶向国的女子向姜，后向姜不安而归，于是莒人入向，将向姜抢回国内。

〔2〕我邑：我，指鲁国。但鲁国拥有向，是在宣公四年"公伐莒"以后的事，隐公时，向尚在莒国的控制之下。《穀梁》不明史实，称向为"我邑"，不当。

【译文】

[经] 夏季，五月，莒国的人侵入向。

[传] "入"字的意思，是说鲁国不能接受这一入侵的行为。"向"这个地方，是鲁国的一座小城。

1/2.3 [经] 无侅帅师入极〔1〕。

[传] "入"者，内弗受也。极，国也。苟焉以入人为志者，人亦入之矣。不称氏者，灭同姓，贬也〔2〕。

【注释】

〔1〕无侅帅师入极：无侅（gāi，该），《左传》、《公羊》作"无骇"。人名。鲁国的司空，掌管宫室建筑。极，古国名，姬姓。约在今山东金乡之南，当时为鲁国的附庸。

〔2〕"不称氏者"三句：据《左传》，可知无骇率领军队侵入极国，后来又退了出来，但费庎父乘机灭了极国。《穀梁》以为经文中不称呼无骇的姓氏，是因为他"灭同姓"，要得到贬斥，大概就是指无骇虽然没有直接灭亡极国，但为费灭极国创造了条件，因此就等于灭亡了极国。

【译文】

[经] 无侅率军进入极。

[传] 侵入别国的行为，对于我们鲁国来说都是不能接受的。"极"，是一个国家。如果像这样把侵入别人的国家作为自己的意愿，别人也将会侵犯你的。不称无侅的姓氏，是他因为灭掉了同姓的国家，所以要对他进行贬斥。

1/2.4 [经] 秋，八月庚辰，公及戎盟于唐〔1〕。

【注释】

〔1〕及戎盟于唐：唐，鲁国城邑，约在今山东金乡之东。据《左传》记载，此次盟会由戎主动提出。

【译文】

[经] 秋季，八月的庚辰日，隐公和戎人在唐这个地方订立盟约。

1/2.5 ［经］九月，纪履緰来逆女[1]。

［传］逆女，亲者也，使大夫非正也。以国氏者，为其来交接于我，故君子进之也[2]。

【注释】

〔1〕纪履緰来逆女：纪，古国名，一作"己"，姜姓。在今山东寿光东南，公元前 690 年为齐国所灭。履緰（xū，需），人名。《左传》作"裂繻"。纪国的大夫，也称纪子帛。逆，迎接的意思。这里指迎娶。

〔2〕进之：褒扬这件事。

【译文】

［经］九月，纪国的履緰来鲁国迎娶女子。

［传］迎接女子，理应由娶妻的国君亲自前来，现在派遣大夫来代替，这种做法不合乎正规的礼节。以纪国的国名为氏来称呼这位大夫，是因为他能前来与我国行交接之礼，所以君子认为还是应该褒奖这件事的。

1/2.6 ［经］冬，十月，伯姬归于纪[1]。

［传］礼，妇人谓嫁曰"归"，反曰"来归"[2]，从人者也。妇人在家，制于父；既嫁，制于夫；夫死从长子[3]。妇人不专行，必有从也。伯姬归于纪，此其如专行之辞，何也？曰，非专行也。吾伯姬归于纪，故志之也。其不言使，何也？逆之道微，无足道焉尔。

【注释】

〔1〕伯姬：鲁惠公长女。姬，以父家的姓为名。

〔2〕反曰"来归"：反，同"返"。来归，指女子出嫁以后又回到父家。

〔3〕"妇人在家"五句：这是《穀梁》发挥"伯姬归于纪"的"大义"。在家从父，出嫁从夫，夫死从子，妇人不专行。这是封建社会要求妇女做到的道德标准。这一思想，与产生于东汉时期的儒家著作《白虎通义》的某些观点相类同。

【译文】

［经］冬季，十月，伯姬出嫁到纪国。

［传］根据礼节，妇女出嫁称为"归"，被夫家遣返回来称为"来归"，因为妇女是顺从别人的人。妇女在家的时候要受父亲的管束，出嫁以后则受丈夫的管束，丈夫死了便要听从长子的话。妇女不能独断专行，必须有所顺从。经文中说"伯姬归于纪"，这话有点像是说伯姬的行为属于独断专行，是什么道理？回答是：并不是她独断专行。我国的伯姬嫁到纪国去了，所以记载了这件事。经文中并未提到纪国派来的使节，这是为什么？因为纪国来迎娶的礼节很不正规，所以不值得详细记述。

1/2.7 ［经］纪子伯、莒子盟于密[1]。

［传］或曰：纪子伯莒子而与之盟，或曰：年同爵同，故纪子以伯先也[2]。

【注释】

〔1〕纪子伯……盟于密：纪子伯，即上文中提到的"纪履緰"。《左传》作"纪子帛"，《公羊》作"纪子伯"。莒子，莒国国君。密，古国名。姬姓，在今河南密县一带，春秋初期尚存。

〔2〕故纪子以伯先也：伯，年长的意思。这里牵涉到"伯"字用得是否恰当。《左传》记载："冬，纪子帛莒子盟于密。鲁故也。"《公羊》的解释是："纪子伯者何，无闻焉尔。"杜预《左传集解》说，子帛，裂繻字也。莒、鲁有怨，纪侯既婚于鲁，使大夫盟莒，以和解之。子帛为鲁结好息民，故《传》曰"鲁故也"。比之内大夫，而在莒子上，称字以嘉之也。《穀梁》以"伯"为动词，《集解》说"年、爵虽同，纪子自以为伯而先"。这一理解，牵强之处是很明显的。清人毛奇龄《春秋

简书刊误》中说，"从来书盟，并不列长次于文中，蔡卫滕薛俨然争长次，而书并不及，况以无据之长次，可上可下"。又据《汉书》有"终军出关，关吏与军缙，而军弃之"的记载，证明"子帛"实为"裂缙"的字，故《公》、《穀》擅改"帛"为"伯"不当。这样，因"伯"而引发的解释错误，也就在所难免了。

【译文】

[经] 纪子伯、莒国国君在密这个地方会盟。

[传] 有的说法是：纪子因为莒子比自己年龄大，而同他结盟。还有的说法是：纪子和莒子年龄相同，爵位也一样，但是纪子自认为年龄大而排在莒子之前。

1/2.8 [经] 十有二月乙卯，夫人子氏薨[1]。

[传] 夫人薨，不地[2]。夫人者，隐之妻也[3]。卒而不书葬，夫人之以从君者也。

【注释】

〔1〕夫人子氏薨：子氏，具体指什么人，颇多疑问。据《公羊》的解释，"夫人"指隐公的母亲，即声子。《左传》无传文，但据杜预说，隐公执政时，桓公尚未为君，故其母仲子也不得称为"夫人"，隐让位于桓，成全其以母丧赴诸侯，故经文在此称"夫人"。那么，这里所说的夫人当指仲子。

〔2〕不地：不记载地名。

〔3〕隐之妻：《穀梁》以为经文中所说的"夫人"指隐公的妻子。但隐公既然不以国君自居而不肯称其母为夫人，那么又何以会称其妻为夫人呢？据此来看，好像还是杜预的意见较为正确。

【译文】

[经] 十二月的乙卯日，夫人子氏去世了。

[传] 夫人去世，不记载下葬地点。这里所说的"夫人"，是

指隐公的妻子。去世而不记载她的葬礼，是作为一个"夫人"，她所应该遵循的道义就是做一个顺从国君的人。

1/2.9 ［经］郑人伐卫[1]。

【注释】

〔1〕伐卫：卫，古国名。第一代国君是周武王之弟康叔。公元前十一世纪，周公旦平定武庚的叛乱后，将原商都的周围地区和殷商旧民七族分封给康叔，成为当时的大国，并将都城建在朝歌（今河南淇县）。后于公元前 660 年被北方少数民族狄人打败，迁国至楚丘（今河南滑县），国力由此渐衰。

【译文】

［经］郑国人攻打卫国。

三　年

1/3.1 ［经］　三年[1]，春，王二月。己巳，日有食之[2]。

　　［传］言日不言朔[3]，食晦日也[4]。其日有食之何也？吐者外壤[5]，食者内壤[6]，阙然不见其壤[7]，有食之者也。有，内辞也[8]。或，外辞也[9]。有食之者，内于日也。其不言食之者，何也？知其不可知，知也[10]。

【注释】
　　[1]三年：本年为周平王五十一年，公元前720年。
　　[2]日有食之：即日食。在《春秋》经文中，记载当时发生的日食共有三十余次。关于《春秋》中记载的日食，后代学者有许多专门的研究，近人冯澂根据这些研究，著有《春秋日食集证》（下引此书，简称《日食集证》）一书，对各次日食有详细的推算，据冯氏记录，本次日食的食甚为本日九时五十一分四十八秒。
　　[3]朔：月亮与太阳的黄经相等的时候，一般均发生在农历的每月初一日前后，所以也常将这一天称为朔。据杜预《左传集解》说，以历法推算经传中的记载，这一次的日食是发生在二月的初一。
　　[4]食晦日：晦日，指农历的每月月终。这里是说日食发生在月终。《穀梁》以为经文只记载日，而不写明是朔日，是因为这次日食发生在月底。
　　[5]吐者外壤：吐者，以用嘴吐出东西为比喻，指日偏食时未被月

亮遮掩的那一部分太阳。壤，指太阳的面积。

〔6〕食者：以吞咽食物为比喻，指发生日食时被月亮遮掩的那一部分。

〔7〕阙然不见其壤：阙，同"缺"。指看不见什么东西在吞食太阳，而太阳却消失了。

〔8〕内辞：以"食者内壤"，所以说是"内辞"。

〔9〕外辞：杨《疏》以为，这是相对于"内辞"而言的，在《穀梁》中没有所谓"外辞"之文。

〔10〕知：通"智"，明智的意思。

【译文】

　　[经] 春季，周王二月的己巳日，发生日食。

　　[传] 只说了在己巳这一天，而不说是初一，因为这次日食发生在月底。经文中说"日有食之"，是什么意思？好比吃东西，有吐出来的，那就是有东西被排出在外。有吃进去的，那就是有东西被吞入在内，现在太阳虽然缺损，却又没看见有东西在外面，显然就是被什么吞食了。"有"是表示吞入在内的说法，"或"是表示排出在外的说法。说"有食之"，是表示有某物将太阳吞入在内了。经文为什么不说明吞食太阳的究竟是什么呢？因为知道那是无法弄清楚的，所以就不说了，这是一种明智的做法。

1/3.2 [经] 三月庚戌，天王崩[1]。

　　[传] 高曰崩，厚曰崩，尊曰崩。天子之崩以尊也。其崩之何也？以其在民上，故崩之。其不名何也？大上故不名也[2]。

【注释】

　　〔1〕三月庚戌，天王崩：据《左传》的记载，周平王是"三月壬戌"死的，而通知各地诸侯则为"庚戌"。按杜预的推算，庚戌日为三月十三日，壬戌日为三月二十五，这是因为恐怕各地诸侯来不及赶上周

王的葬礼，所以故意将崩期提前了十二天。但此说未必可信。

〔2〕大上：大，同"太"，太上，即地位身份至高无上。

【译文】

［经］三月的庚戌日，周平王去世了。

［传］高大的倒下可以称为"崩"，体积厚实的溃散可以称为"崩"，地位尊贵的去世也可以称作"崩"。天子的死称作"崩"，是因为他的地位尊贵。称天子的死为"崩"，有什么道理？因为天子高居于庶民之上，所以他的死就用"崩"来形容。经文为什么不写明天子的名字？因为天子是至尊无上的，所以就用不着写出他的名字了。

1/3.3 ［经］夏，四月辛卯，尹氏卒[1]。

［传］"尹氏"者何也？天子之大夫也。外大夫不卒[2]，此何以卒之也？于天子之崩为鲁主[3]，故隐而卒之[4]。

【注释】

〔1〕尹氏：《左传》记载为"君氏"，因而认为是隐公的母亲声子。《公羊》、《穀梁》皆记为"尹氏"，说是周朝的大夫。由于人物的身份、性别截然不同，所以解释经文的意义时就产生了极大的区别。由此而产生的歧义，今已难以判定。

〔2〕不卒：不记载死去的日期。

〔3〕于天子之崩为鲁主：这一说法，与《公羊》相似。

〔4〕隐：悲痛的意思。

【译文】

［经］夏季，四月的辛卯日，尹氏去世。

［传］"尹氏"这个人是谁？他是周天子的大夫。鲁国以外的

大夫，按惯例对他们的死是不予记载的，这里为什么要记载尹氏的去世？原来他在周天子逝世的时候，作为主事之人接待过前去参加吊丧的鲁国人，因此鲁国人对他的死感到悲痛，从而记下了他的死亡日期。

1/3.4 [经] 秋，武氏子来求赙[1]。

[传] "武氏子"者何也？天子之大夫也。天子之大夫，其称"武氏子"，何也？未毕丧，孤未爵，未爵使之，非正也。其不言使，何也？无君也。归死者曰赗，归生者曰赙，曰归之者，正也；求之者，非正也。周虽不求，鲁不可以不归；鲁虽不归，周不可以求之。求之为言，得不得未可知之辞也。交讥之[2]。

【注释】

〔1〕武氏子：据传文的解释，是周朝的大夫。

〔2〕交讥之：指经文的记载既讥刺周朝屈尊向诸侯讨取助丧之物，又讥刺鲁国不履行诸侯的义务，不向周朝赠送助丧之物。

【译文】

[经] 秋季，武氏子来求取助丧之物。

[传] 武氏子这个人是谁？他是周天子的大夫。既然是周天子的大夫，那么经文中称他为"武氏子"，这是为什么？因为去世的天子的丧事尚未结束，新的天子还没有正式任命他。没有正式的任命便派他出使，这种做法不合乎正规的礼制。经文为什么不称他为"使"呢？因为新的君主也尚未即位，还处在没有君主的情况下。赠给死者助葬的叫做"赗"，赠送给生者作为慰问的叫做"赙"。这里说馈赠，是合乎正规礼制的。求取得来的，就不合正规的礼制了。周王室即使不求取，作为诸侯的鲁国也不能不向王室馈赠；鲁国即使不向周王室馈赠，周王室也不可以向他

们求取。用"求"这个字，意思是说，最后是否能够得到馈赠还不知道呢。经文中这样写是对周王室和鲁国双方都表示了讥讽的意思。

1/3.5 [经] 八月庚辰，宋公和卒[1]。
[传] 诸侯日卒，正也[2]。

【注释】

〔1〕宋公和：即宋穆公，公元前728年即位，在位共九年。

〔2〕诸侯日卒，正也：诸侯去世记载其死亡日期，合乎诸侯的身份。但前人以为，《春秋》中并无这样的定规，对于死者来说，其"正"也有不记载日期的，而其不"正"，却有记载日期的。如"庄公二十三年"记载曹伯射姑的死亡，只有月份而无日期，但射姑是曹国的世子，身份正当。《穀梁》在解说经文时所创的"日月之例"，未必能够准确概括《春秋》中的有关现象。

【译文】

[经] 八月的庚辰日，宋穆公和去世。

[传] 记载诸侯的死亡日期，因为他是正系嫡传的缘故。

1/3.6 [经] 冬，十有二月，齐侯、郑伯盟于石门[1]。

【注释】

〔1〕齐侯、郑伯盟于石门：齐侯，即齐僖公。名禄父，公元前730年至公元前697年在位。郑伯，即郑庄公。详见1/1.3注〔1〕。石门，齐国地名，在今山东长清西南。本经文中只有月份而无日期，《集解》以为按《春秋》的惯例，对于鲁国以外的国家举行盟会，是不记载日期的。

【译文】

　　[经] 冬季，十二月，齐僖公和郑庄公在石门这个地方缔结盟约。

1/3.7 [经] 癸未，葬宋缪公[1]。

　　[传] 日葬，故也[2]，危不得葬也。

【注释】

　　[1] 宋缪公：《左传》作"宋穆公"。
　　[2] 故：变故。

【译文】

　　[经] 癸未日，安葬了宋缪公。
　　[传] 记载安葬的日期，是因为发生了变故，有危难而不能及时安葬。

四　　年

1/4.1 ［经］ 四年[1]，春，王二月。莒人伐杞[2]，取牟娄[3]。

［传］《传》曰：言伐、言取，所恶也。诸侯相伐取地于是始，故谨而志之也。

【注释】

〔1〕四年：本年为周桓王元年，公元前719年。

〔2〕杞：古国名。公元前11世纪西周分封的诸侯国，姒姓。 相传第一代国君是夏禹的后裔东楼公。国初在雍丘（今河南杞县一带），于杞成公时迁至缘陵（今山东昌乐东南），杞文公时又迁至淳于（今山东安丘东北），公元前445年为楚国所灭。

〔3〕牟娄：地名。据《公羊》的解说，为杞国的城邑。

【译文】

［经］隐公四年，春季，周王二月，莒国人攻打杞国，夺取了它的城邑牟娄。

［传］《传》文中说：既称为"伐"，又称为"取"，这就表明了对莒人这一行为的憎恶。各诸侯国之间相互攻伐、抢占领土的做法，就是从这时开始的，所以经文郑重地记载了这一事件。

1/4.2 ［经］戊申，卫祝吁弑其君完[1]。

［传］大夫弑其君，以国氏者，嫌也[2]，弑而代之也。

【注释】

〔1〕卫祝吁弑其君完：祝吁，卫国的大夫。唐孔颖达以为是卫国的公子。《左传》、《公羊》经文作"州吁"。据《左传》记载，时祝吁杀死国君而自立，并准备向郑国报复其前代国君的冤仇，以此讨好国人，安定民心。　完，即卫桓公，公元前734年即位，在位共16年。

〔2〕嫌：《集解》以为，"凡非正嫡，则谓之嫌。"因为据《左传》的记载，祝吁是"嬖人之子"，当然就不是正系嫡传。但这一解释恐怕不是《穀梁》的本意。《穀梁》解释"国氏"，基本上用《公羊》的观点，"嫌"字是指当时卫国的无君之嫌。

【译文】

［经］戊申日，卫国的祝吁杀了国君完。

［传］大夫杀害了自己的国君，用国号作为他的姓来加以称呼，恐怕是因为卫国当时已经没有国君了，因为大夫是杀害了国君并取而代之的。

1/4.3 ［经］夏，公及宋公遇于清[1]。

［传］"及"者，内为志焉尔。"遇"者，志相得也[2]。

【注释】

〔1〕遇于清：清，地名。在今山东东阿南部。据《左传》的记载，本年春，隐公与宋殇公约期盟会，准备延续于隐公元年两国缔结的盟约，但尚未举行仪式，卫国的人来告，国内发生了变故，宋殇公因要参与陈、蔡、卫四国联合攻打郑国的战争，鲁、宋的盟会即中断。到了夏天，隐

公与宋殇公再次会面。

〔2〕遇者，志相得也：《穀梁》对于经文中写到的"遇"字，有特别的理解，认为这是表达双方志趣相投的专用语。

【译文】

[经] 夏季，隐公及宋殇公在清这个地方见面。

[传] "及"字的含义，是说这次会见出于鲁国的意愿。"遇"字的意思是，表明两国国君之间的志趣相投。

1/4.4 [经] 宋公、陈侯[1]、蔡人[2]、卫人伐郑[3]。

【注释】

〔1〕陈侯：陈，古国名。妫（guī，归）姓，第一代国君胡公满据说是舜的后代，周武王灭商后封其为陈国的国君。国都在宛丘（今河南淮阳），国土有今河南东部及安徽的一部分。公元前 478 年为楚国所灭。陈侯，即陈桓公，名鲍，公元前 744 年至公元前 706 年在位。

〔2〕蔡：古国名。姬姓，公元前十一世纪西周分封的诸侯国。第一代国君为周武王之弟叔度。后因其随武庚叛乱，被周公旦放逐，改封其子蔡仲（名胡）为国君。国都在上蔡（今属河南）。春秋时因经常受到楚国的侵扰，故多次迁移，曾迁至新蔡（今属河南），又迁至州来（时称下蔡，今安徽凤台）。公元前 447 年为楚国所灭。此处只称"人"，而未提到其国君，是因为蔡侯没有直接参加这次军事行动。

〔3〕伐郑：此次宋、陈、蔡、卫四国攻打郑国的事，《左传》有详细的记载。宋穆公死后，宋殇公即位，公子冯出奔郑国避难，郑国打算接纳他。时卫国的祝吁杀君自立，为了取悦诸侯，安定国内的局面，便派人游说宋殇公，许以卫邑附于宋，并联合陈、蔡一起攻打郑国，宋殇公同意了。于是，四国发兵围攻郑国的东门，五日而还。

【译文】

[经] 宋殇公、陈桓公、蔡国人、卫国人攻打郑国。

1/4.5 ［经］秋，翚帅师会宋公、陈侯、蔡人、卫人伐郑[1]。

［传］翚者何也？公子翚也。其不称公子何也？贬之也。何为贬之也？与于弑公[2]，故贬也[3]。

【注释】

〔1〕翚帅师……伐郑：翚，读作"huī（辉）"。即公子翚，字羽父，鲁国的宗室。宋、陈、蔡、卫联合伐郑时，宋国遣使至鲁国请求发兵支援，隐公予以拒绝，公子翚欲率军前往，隐公不准，翚再三请求而行。

〔2〕与于弑公：指公子翚参与了桓公杀害隐公的事。

〔3〕故贬也：按《穀梁》的意思，这里所要贬斥的是公子翚后来帮助桓公杀害了隐公。但从经文的记事，以及公子翚当时的行为来看，其实所贬的是他独断专行，置隐公的决定于不顾，执意出兵。这一事实，表明当时诸侯国内公室权威开始发生变化，而贵族势力则逐渐崛起。今人傅隶朴以为此乃"履霜之渐"，是鲁国公室走向衰弱的征兆，颇有见地。

【译文】

［经］秋季，公子翚率领军队与宋殇公、陈桓公、蔡国人、卫国人会合攻伐郑国。

［传］"翚"这个人是谁？就是公子翚。经文中为什么不称他为公子？这是对他的贬斥。为什么要贬斥他呢？因为他参与了桓公杀害隐公的事，所以要贬斥他。

1/4.6 ［经］九月，卫人杀祝吁于濮[1]。

［传］称人以杀，杀有罪也。祝吁之挈[2]，失嫌也[3]。其月，谨之也。"于濮"者，讥失贼也[4]。

【注释】

〔1〕杀祝吁于濮：据《左传》记载，曾与祝吁一起谋杀卫桓公的石厚向其父亲石碏（què，鹊）请教安定君位的办法。石碏告以陈桓公得到周天子的信任，可与祝吁一起到陈国去，让陈桓公替卫国向周天子说情。石厚与祝吁到了陈国以后，石碏派人告诉陈国，此二人谋杀了卫桓公，希望陈国帮助卫国处置他们。陈国人扣留了祝吁、石厚，九月间，卫国派右宰丑到陈国，在濮这个地方将祝吁处死，石碏又派人处死了石厚。《左传》以为这就是得到孔子赞赏的"大义灭亲"的故事。濮，陈国地名，在今安徽亳县东南。

〔2〕祝吁之挈：这里指经文中只称呼祝吁的名字，而不称他的姓氏。挈，提挈的意思。

〔3〕失嫌：《集解》以为经文中只称呼祝吁之名，是因为他失去了民心，有失国之嫌。但这样理解未免有同情祝吁的意味。弑君之人，丧失民心，理所当然，无可同情。《传》文谓之"失嫌"，有不当之处。

〔4〕讥失贼：《集解》说："讥其不即讨。"意为讥刺卫国讨杀国贼太迟了，以至只能在卫国以外的地方处死国贼。但以《左传》所记史实来看，当时祝吁与石厚勾结，虽然不能完全控制卫国的局面，但仍有一定势力。幸亏石碏老谋深算，用调虎离山之计，借助陈国的力量，将他们处死。祝吁弑君篡权在春季，被处死则在秋季，从时间上说似不算过迟。故《穀梁》作此理解，有失公允。

【译文】

［经］卫国的人在濮这个地方将祝吁杀了。

［传］将杀了祝吁的称为"人"，就表示被杀的人是有罪过的。对祝吁直呼他的名字，因为他有失去主持一国政权的可能。经文记载了发生这件事的月份，就是为了郑重其事地对待它。说"于濮"的意思，那是为了讥刺卫国人没能及时在本国讨杀弑君作乱的贼人。

1/4.7 ［经］冬，十有二月，卫人立晋[1]。

［传］"卫人"者，众辞也[2]。"立"者，不宜立者也。"晋"之名，恶也[3]。其称人以立之，何也？得众

也。得众则是贤也，贤则其曰不宜立，何也？《春秋》之义，诸侯与正而不与贤也〔4〕。

【注释】

〔1〕晋：公子晋，卫桓公之弟，曾因国内混乱而出奔邢国。据《左传》记载，卫国是在杀了祝吁以后到邢国去将公子晋迎回国内的。

〔2〕众辞：指国内一致的舆论。

〔3〕"晋"之名，恶也：《穀梁》以为经文中直呼公子晋的名字，是因为晋实际上不具备成为国君的条件。《集解》以为"恶谓不正"，也就是晋不是嫡系正传。但据《史记》所载卫国的世系，卫庄公娶庄姜，姜无子，再娶陈女厉妫，生孝伯早死，其女弟戴妫生桓公，庄姜即以为己子。故庄公死，桓公立。晋为桓公同母之弟，而祝吁则为嬖人之子，故公子晋虽非庄公的嫡长子，却也是其名正言顺的儿子。所以按照《春秋》之义，他也有资格成为国君。《穀梁》的解说是为下文的"诸侯与正不与贤"的主张提供依据。

〔4〕"《春秋》之义"两句：意思是说，按照《春秋》的通例，建立诸侯只注重他的出身是否为嫡系正传，而不必顾及他是否贤明。这是《穀梁》归纳的《春秋》"大义"之一，与前文所谓"《春秋》贵义不贵惠"等组成了《穀梁》自己的《春秋》学思想。

【译文】

［经］冬季，十二月，卫国人立公子晋为国君。

［传］称"卫人"，这是表示人数众多的说法。所谓"立"，其实有不适合立的意思。直呼晋的名字，这是表示反对的态度。经文中为什么说是"人"立他为国君呢？说明他能得众人的拥护。能得到众人拥护的应该是贤明的了，既然贤明，又说他不适合立为国君，这是什么道理？《春秋》所昭示的大义表明，诸侯的位置应当传给嫡系的长子，而不是传给贤明的人。

五　年

1/5.1 [经] 五年[1]，春，公观鱼于棠[2]。

[传]《传》曰：常事曰视，非常曰观[3]。礼，尊不亲小事，卑不尸大功[4]。鱼，卑者之事也[5]，公观之，非正也。

【注释】
〔1〕五年：本年为周桓王二年，公元前718年。
〔2〕观鱼于棠：观，《左传》引此经文时作"矢"，《公羊》亦作"观"。棠，地名。在今山东鱼台县旧治以北。
〔3〕非常：不是经常要做的事。
〔4〕尸：占据的意思。
〔5〕鱼，卑者之事：据《周礼》记载，戯（yú 鱼）人，中士、下士。而捕鱼者更是当时地位卑微的人。

【译文】
[经] 隐公五年，春季，隐公到棠这个地方去观鱼。
[传]《传》文中说：去做经常要做的事情称为"视"，去做违反常规的事情称为"观"。根据礼制，地位尊贵的人不必亲领小事，身份卑微的人不能占据大功。捕鱼，是那些卑贱之人所做的事，隐公也去观看这样的事，是不合正规礼制的。

1/5.2 [经] 夏，四月，葬卫桓公。

[传] 月葬，故也[1]。

【注释】

〔1〕故也：根据当时的礼制，诸侯死后，五个月安葬，《集解》以为，"有祝吁之难，故十五月乃葬"。

【译文】

[经] 夏季，四月，安葬了卫桓公。

[传] 记载安葬的月份，是因为卫桓公死于变故之中。

1/5.3 [经] 秋，卫师入郕[1]。

[传] "入"者，内弗受也。郕，国也。将卑、师众曰"师"。

【注释】

〔1〕卫师入郕：郕，古国名，亦作"盛"、"成"。姬姓，第一代国君为周文王之子叔武。国在今山东汶上县北部。据《左传》的记载，因为卫国发生了内乱，郕国的军队乘机进入卫国，于是卫国国君又率军反击，进入郕国。

【译文】

[经] 秋季，卫国的军队侵入郕国。

[传] "入侵"的行为，对于我们鲁国来说是不能接受的。"郕"，是一个国家。将领身份卑微、军队人数众多就称为"师"。

1/5.4 [经] 九月，考仲子之宫[1]。

[传] "考"者何也？考者，成之也，成之为夫人

也。礼，庶子为君[2]，为其母筑宫，使公子主其祭也。于子祭，于孙止。"仲子"者，惠公之母[3]。隐孙而修之，非隐也[4]。

【注释】

〔1〕考仲子之宫：考，落成的意思。仲子之宫，指祭奠仲子的庙。仲子，传文仍以其为惠公之母。

〔2〕庶子为君：庶子，不是正传嫡系的儿子。这里指惠公母为孝公继室，惠公不是孝公的嫡传。

〔3〕惠公之母：《左传》、《公羊》均以仲子为惠公的夫人、隐公的继母、桓公的生母。唯《穀梁》以为惠公之母、孝公之妾。

〔4〕非：责备的意思。

【译文】

［经］九月，落成了祭奠仲子的宗庙。

［传］"考"是什么意思？"考"就是落成的意思，就是说，建成了可以举行祭奠夫人的仪式的宗庙。根据礼制，妾生的儿子做了国君，可以为他的母亲修筑庙堂，并委派其他弟弟主持祭祀。作为儿子是可以祭祀的，但孙子就应该停止祭祀了。"仲子"这个人，是惠公的母亲。隐公作为孙子却为她修筑用于祭祀的宗庙，这是在责备隐公。

1/5.5 ［经］ 初献六羽[1]。

［传］初，始也。穀梁子曰[2]："舞夏[3]，天子八佾[4]，诸公六佾，诸侯四佾。初献六羽，始僭乐矣。"尸子曰[5]："舞夏，自天子至诸侯，皆用八佾。'初献六羽'，始厉乐矣[6]。"

【注释】

〔1〕六羽：羽，指雉鸡尾部的长羽毛，用于乐舞。六，指所用羽毛的数目。当时规定，天子用八，诸侯用六，大夫用四，士人用二。

〔2〕穀梁子：或即为穀梁赤。战国时鲁国人，儒家学者，相传是子夏的弟子，按照旧题，《春秋穀梁传》即其所作。

〔3〕夏：大夏，相传为夏禹乐名。

〔4〕八佾（yì）：一种乐舞，舞蹈者以每八人排成一列，共为八列，计用六十四人，舞蹈时持雉鸡尾部的羽毛作为装饰。因舞蹈以节制八音而象征着向八方传播风范，故"八佾"为天子特享。

〔5〕尸子：即尸佼，战国时学者，晋国人，一说鲁国人。曾参与秦国的商鞅变法，后因变法失败而逃亡蜀地。著有《尸子》一书，早已散失，后人有辑本。

〔6〕始厉乐：厉，省减，降格。尸子对于诸侯所用乐舞的看法，与穀梁子完全不同，他认为诸侯可以与天子享有同样的待遇，而隐公只用"六羽"，反而是降格了。

【译文】

[经] 开始进献六羽。

[传]"初"是开始的意思。穀梁子说："跳大夏之舞，天子享用的是由八个人一行共排成八行队形的舞蹈，诸公享用的是排成六行队形的舞蹈，诸侯享用的是排成四行的队形。经文中说'初献六羽'，表明隐公开始逾越礼制了。"但尸子说："跳大夏之舞，从天子到诸侯，用的都是八行队形。开始进献六羽的舞蹈，是说隐公开始降低了乐舞的规格。"

1/5.6 [经] 邾人、郑人伐宋[1]。

【注释】

〔1〕伐宋：《穀梁》本条经文下无传文。据《左传》记载，是因为宋国夺取邾国的土地，邾国于是向郑国求援，共同出兵攻伐宋国。

【译文】

[经] 邾国人、郑国人攻伐宋国。

1/5.7 [经] 螟[1]。

[传] 虫灾也。甚则月，不甚则时。

【注释】

〔1〕螟：螟蛾的幼虫，专门蛀食水稻茎干的心。《尔雅·释虫》："食苗心，螟。"

【译文】

[经] 有螟虫。

[传] 是发生虫灾了。如果灾情特别严重，就记载灾害发生的月份，不怎么严重就记载发生的季节。

1/5.8 [经] 冬，十有二月辛巳，公子彄卒[1]。

[传] 隐不爵命大夫，其曰公子彄何也？先君之大夫也。

【注释】

〔1〕公子彄（kōu，抠）：《穀梁》谓其"先君之大夫"，即指公子彄为惠公时代的大夫。据《左传》记载，臧僖伯死后，隐公说"叔父有憾于寡人，寡人弗敢忘，葬之，加一等"。这里所谓"有憾于寡人"，指隐公至棠观鱼，僖伯谏之的事。于此，可知公子彄即为臧僖伯。

【译文】

[经] 冬季，十二月的辛巳日，公子彄死了。

[传] 隐公没有任命过大夫，经文为什么称他作"公子彄"

呢？因为他是前代国君的大夫。

1/5.9〔经〕宋人伐郑，围长葛。

〔传〕伐国不言"围"邑，此其言"围"，何也？久之也。伐不逾时，战不逐奔，诛不填服。苞人民，殴牛马，曰侵。斩树木，坏宫室，曰伐。

【注释】

〔1〕宋人伐郑：九月间，邾国与郑国合兵攻打宋国，一直打到宋国的外城，于是宋国又发兵报复。

〔2〕长葛：郑国地名，在今河南长葛东北。

〔3〕伐不逾时：《补注》以为"言不越三月也"。时，一个季度。

〔4〕战不逐奔：《补注》引《司马法》说："逐奔不过百步。"

〔5〕诛不填服：填，《集解》谓"填压"之意。《补注》引王引之说，填，通"殄"，灭绝的意思。指诛杀敌人不能灭绝已经降服的人。

〔6〕苞：《集解》以为"制"，《补注》引王念孙说，苞，读为俘，俘服也。即今言俘虏。

【译文】

〔经〕宋国的人攻伐郑国，围攻长葛。

〔传〕攻伐别的诸侯国一般不说围城的事，经文在这里说"围"，是为什么？因为攻伐的时间太长了。攻伐不能超过一个季度，交战不可追击溃逃的乱军，诛杀不得害及已经降服的敌人。掳掠平民百姓，驱赶牛马牲口，这叫做"侵"。砍伐树木，毁坏宫殿房屋，这叫做"伐"。

六　　年

1/6.1［经］六年^[1]，春，郑人来输平^[2]。

［传］"输"者，堕也^[3]。"平"之为言，以道成也。"来输平"者，不果成也。

【注释】

〔1〕六年：本年为周桓王三年，公元前717年。

〔2〕输平：《左传》作"渝平"，渝为变更，平为成就，指郑国因五年邾人与郑合兵伐宋，宋向鲁求救，隐公以宋使失言而未出兵，故郑国已因此而消除了对鲁国的仇恨，来与鲁国达成和平。《公羊》作"输平"，输为堕，平为成，意即堕毁和平。《穀梁》取《公羊》的解释而略变之。《集解》以为，隐公四年，公子翚率军伐郑，自此郑与鲁有隙，故此次郑"来绝鲁壤"，所以说是"来输平"。《补注》引孔广森说，以为自翚伐郑以后，郑、鲁两国未有成，今谋与郑成而不果。

〔3〕堕：毁败的意思。

【译文】

［经］隐公六年，春季，郑国的人来毁败凭道义可以成就的和平。

［传］"输"是毁坏的意思。"平"作为一种说法，就是凭借道义而成就和平。"来输平"的意思，是说没能得到和平的结果。

1/6.2［经］夏，五月辛酉，公会齐侯，盟于艾^[1]。

【注释】

〔1〕盟于艾：艾，地名。在山东牟县东南。据《左传》说，此前鲁国与齐国有隙，经过这次盟会，双方平息了纠纷。

【译文】

[**经**] 夏季，五月辛酉日，隐公会见齐僖公，在艾这个地方结盟。

1/6.3 [**经**] 秋，七月[1]。

【注释】

〔1〕此条经文仅记时令、月份。《左传》、《穀梁》均无传文。《公羊》以为"《春秋》编年，四时具，然后为年"，东汉何休说："春以正月为始，夏以四月为始，秋以七月为始，冬以十月为始。历一时无事，则书其始月也。"由此可知这是古代史家的记事之例。下文中凡是仅记载季节、月份，而没有记事的，均属这类情况，"三传"都不再作解说。

【译文】

[**经**] 秋季，七月。

1/6.4 [**经**] 冬，宋人取长葛。
[**传**] 外取邑不志，此其志何也？久之也。

【译文】

[**经**] 冬季，宋国人夺取了长葛。

[**传**] 对于鲁国以外的诸侯国夺取小城的事按例是不予记载的，这里经文为什么又记载了呢？因为围攻的时间太长了。

七　年

1/7.1 ［经］七年^{〔1〕}，春，王三月，叔姬归于纪^{〔2〕}。

［传］其不言逆，何也？逆之道微^{〔3〕}，无足道焉尔。

【注释】

〔1〕七年：本年为周桓王四年，公元前716年。

〔2〕叔姬：鲁惠公之女。据杜预《左传注》，是伯姬的妹妹。按春秋时的风俗，诸侯嫁女，必以其女之妹为媵。伯姬出嫁时，叔姬尚年幼，故未随行。现已经成年，就将其送往纪国。又据何休《公羊注》说，叔姬为伯姬之媵，媵为侍妾，身份低微，但因其后来成为嫡夫人，有贤德，故而《春秋》予以记载。

〔3〕道微：这里指前来迎娶的仪式十分简陋。

【译文】

［经］隐公七年，春季，周王三月，叔姬出嫁到纪国去了。

［传］经文没有提到前来迎娶的事，这是为什么？因为迎娶的仪式非常简陋，所以不值得详细记载。

1/7.2 ［经］滕侯卒^{〔1〕}。

［传］滕侯无名^{〔2〕}，少曰世子^{〔3〕}，长曰君，狄道也^{〔4〕}。其不正者名也。

七　年

1/7.1 ［经］七年[1]，春，王三月，叔姬归于纪[2]。

［传］其不言逆，何也？逆之道微[3]，无足道焉尔。

【注释】

[1]七年：本年为周桓王四年，公元前716年。

[2]叔姬：鲁惠公之女。据杜预《左传注》，是伯姬的妹妹。按春秋时的风俗，诸侯嫁女，必以其女之妹为媵。伯姬出嫁时，叔姬尚年幼，故未随行。现已经成年，就将其送往纪国。又据何休《公羊注》说，叔姬为伯姬之媵，媵为侍妾，身份低微，但因其后来成为嫡夫人，有贤德，故而《春秋》予以记载。

[3]道微：这里指前来迎娶的仪式十分简陋。

【译文】

［经］隐公七年，春季，周王三月，叔姬出嫁到纪国去了。

［传］经文没有提到前来迎娶的事，这是为什么？因为迎娶的仪式非常简陋，所以不值得详细记载。

1/7.2 ［经］滕侯卒[1]。

［传］滕侯无名[2]，少曰世子[3]，长曰君，狄道也[4]。其不正者名也。

【注释】

〔1〕滕侯：滕，古国名。西周始封，第一代国君为周文王之子错叔绣，一说为周懿王之子。国土在今山东滕县西南。公元前 414 年为越国所灭，不久复国，后又为宋国所灭。

〔2〕滕侯无名：此处说滕国的国君，不知其名。据杜预所编滕国的世系，有宣公名婴齐，昭公名毛伯，文公名绣，成公名原，悼公名宁，顷公名结，隐公名虞毋。滕国的国君皆有名。此处所说的"滕侯"，疑为定公。

〔3〕世子：即嫡传的长子。

〔4〕狄道：狄，古代对北方少数民族的泛称。所谓狄道，指当时北方少数民族的习俗，凡继承君位者，均不称其名，而以身份称之。少年时称为"世子"，即位后即称为"君"。《穀梁》以为只有非嫡传的才称呼其名。但这一说法不一定可靠。滕国即使采取"狄道"的习俗，也还是将国君的名字公开的。如下文"昭公三年"中，有"滕子原卒"的记载，原，即滕成公，而记载中并未提到他出身"不正"。

【译文】

［经］滕国的国君去世了。

［传］滕国的国君没有名字，小时候称为"世子"，长大成人后便称为"君"，这是北方狄人的习俗。只有对不是嫡子的人，才用名字来称呼他。

1/7.3 ［经］夏，城中丘[1]。

［传］城为保民为之也。民众、城小，则益城，益城无极[2]。凡城之志，皆讥也[3]。

【注释】

〔1〕城中丘：城，作动词用，修筑城池。中丘，鲁邑，在今山东临沂东北。

〔2〕无极：没有穷尽。

〔3〕皆讥也：《穀梁》以为，没有穷尽地修筑城池，将要耗费很多的人力、物力，因此经文对此有所讥刺。《公羊》以为记载是为了表示重

视这件事，但为何重视，没有说明。《左传》以为记载这件事的目的是
因为修筑中丘不合时令，因夏季正当农忙。三传皆以为是对筑城有批评
的意思，只是侧重点不同。隐公摄政七年以来，《春秋》首次记载筑城，
不应说其"益城无极"，故《穀梁》的立论根据似嫌不足。而《左传》
以时令为据，讲得较为清楚。

【译文】

[经] 夏季，修筑中丘城。

[传] 城池是为保护百姓而修筑的。百姓众多而城池狭小，
便要加以扩建，但这样就会不断地扩建城池而没有穷尽。所以，
凡是在《春秋》中有关筑城的记载，都是有所讥刺的。

1/7.4 [经] 齐侯使其弟年来聘[1]。

[传] 诸侯之尊，弟兄不得以属通[2]，其弟云者，
以其来接于我，举其贵者也。

【注释】

〔1〕其弟年：据《左传》记载，指齐侯的同母之弟夷仲年。聘，春
秋时诸侯之间派遣使者开展交往。来聘，这里指齐、鲁两国延续在隐公
六年五月缔结的盟约。

〔2〕弟兄不得以属通：属，有亲属关系。通，交往。《集解》说：
"礼，非始封之君，则臣、诸父、昆弟匹敌之，称人臣，不可以敌君。
故不得以属通，所以远别贵贱，尊君卑臣之义。"这里是说，弟兄不得
以国君亲属的身份相称。

【译文】

[经] 齐僖公派他的弟弟夷仲年来鲁国。

[传] 以诸侯的尊贵地位，即使是他的弟兄，也不能因为有
亲属关系而以弟兄相称，但这里称来人为"弟"，是由于他为盟
约之事而来我国，所以特别地要说明他身份的尊贵。

1/7.5 ［经］ 秋，公伐邾[1]。

【注释】

〔1〕伐邾：据《左传》记载，此前邾人、郑人合兵伐宋，进入其外城，鲁国此次伐邾，即为宋国报此宿怨。

【译文】

［**经**］秋季，隐公攻打邾国。

1/7.6 ［经］ 冬，天王使凡伯来聘[1]，戎伐凡伯于楚丘[2]，以归。

［**传**］ "凡伯"者何也？天子之大夫也。国而曰伐，此一人而曰伐，何也？大天子之命也[3]。戎者，卫也[4]。戎卫者，为其伐天子之使，贬而戎之也。楚丘，卫之邑也。以归，犹愈乎执[5]。

【注释】

〔1〕凡伯：周桓王的大夫。据《左传》的记载，此前戎人朝见周王，向诸侯分送礼品，凡伯未能待之以礼，戎人遂与之结怨。

〔2〕楚丘：卫国地名，在今山东成武东南。

〔3〕大：用作动词，表示敬重的意思。

〔4〕卫也：这里指攻袭凡伯的是卫国。《穀梁》所以作此解释，是因为楚丘地在卫国。

〔5〕愈乎执：愈，胜于的意思。执，擒获的意思。

【译文】

［**经**］冬季，周桓王派遣凡伯来鲁国聘问。戎国人在楚丘这个地方攻袭了凡伯，并且俘虏了他。

[传] 凡伯，是什么人？是周桓王的大夫。对于诸侯国才说"伐"，这里对于一个人也要说"伐"，是为什么？是为了敬重周桓王的诰命。所谓"戎"，就是卫国。把卫国当做戎来看待，是因为他们攻袭了周桓王的大夫，所以贬之为戎。楚丘这个地方，是卫国的城邑。所谓"以归"，比说擒获还要来得重一些。

八　年

1/8.1 ［经］八年[1]，春，宋公、卫侯遇于垂[2]。

［传］不期而会曰遇[3]，遇者，志相得也。

【注释】

〔1〕八年：本年为周桓王五年，公元前 715 年。

〔2〕垂：卫国地名，今山东曹县北。《左传》作"犬丘"。

〔3〕不期：没有约定。

【译文】

［经］隐公八年，春季，宋殇公、卫宣公在垂这个地方见面。

［传］预先没有约定的会面叫做"遇"。这里之所以说"遇"，是因为两个国君的志趣相投。

1/8.2 ［经］三月，郑伯使宛来归邴[1]。

［传］名宛，所以贬郑伯[2]，恶与地也。

【注释】

〔1〕使宛来归邴：宛，人名。郑国的大夫。《公羊》说是出身微贱之人，恐不可信。因为郑庄公不可能派一个微贱之人到鲁国来执行交换土地的使命。归，送还的意思。邴，地名。《左传》作"祊"。详见下节注〔2〕。

〔2〕贬郑伯:《集解》认为，诸侯的土地，实际上仍属周朝的天子所有，而郑庄公不通过天子，就将土地给别人，所以要贬斥他。郑庄公将邴划给鲁国的原因，见下节注〔2〕。

【译文】

[经] 三月，郑庄公派宛来交割邴。

[传] 只称呼宛的名字，是要贬斥郑庄公，因为对他把土地给别人表示憎恶。

1/8.3 [经] 庚寅，我入邴。

[传] "入"者[1]，内弗受也。日入，恶入者也。邴者，郑伯所受命于天子，而祭泰山之邑也[2]。

【注释】

〔1〕入:由于《穀梁》认为郑伯将邴归鲁，是对天子的不敬，因此对于鲁国进入邴也就表示不满，于是便在下句中说"内弗受也"，将"入"视为"侵入"。

〔2〕祭泰山之邑:郑国的第一代国君桓公，为周宣王的同母之弟，故郑国后代国君皆须在周王祭泰山时助祭。西周时，各参与助祭的诸侯在泰山附近都有周王赐予的汤沐之邑，作为祭祀活动前后的暂居之处。周王将邴赐予郑国，邴靠近鲁国。而鲁国在靠近郑国的许田也是周王赐给的朝宿之地，设有祭祀周公的宗庙。到了春秋时，周王不再祭祀泰山，邴对于郑来说亦无用处，故郑庄公即打算以邴与鲁国交换许田。但这一打算并未通过周桓王，所以《穀梁》说要贬斥郑庄公，对其擅自易地表示不满。《集解》说:"王室微弱，无复方岳之会。诸侯骄慢，亦废朝觐之事。故郑以汤沐之邑，易鲁朝宿之田也。"揭示了春秋时期国家政治局面开始发生变化的事实。

【译文】

[经] 庚寅日，我国进入邴这个地方。

[传] 所谓 "入" 的意思，就是说对于鲁国来说是不能接受的。记载进入邴的日期，是表示对这一行为的憎恶。邴这个地方，是郑国的国君得到了天子的诰命，用于祭祀泰山的地方。

1/8.4 [经] 夏，六月己亥，蔡叔考夫卒[1]。
[传] 诸侯日卒，正也。

【注释】
〔1〕蔡叔考夫：即蔡宣公，一名措夫。公元前 749 年即位，在位共三十五年。叔，《左传》作 "侯"。

【译文】
[经] 夏季，六月的己亥日，蔡国国君考夫去世了。
[传] 诸侯去世而记载日期，表示他是嫡系正传。

1/8.5 [经] 辛亥，宿男卒[1]。
[传] 宿，微国也，未能同盟，故男卒也。

【注释】
〔1〕宿：见 1/1.5 注〔1〕。宿男，宿国国君，男是其受封的爵位，在公、侯、伯、子之后，为第五等。

【译文】
[经] 辛亥日，宿国的国君去世。
[传] 宿国，是个小国，没有与它结盟，所以只用 "男" 这个爵位来记载它国君的去世。

1/8.6 ［经］秋，七月庚午，宋公、齐侯、卫侯盟于瓦屋[1]。

［传］外盟不日，此其日何也？诸侯之参盟，于是始，故谨而日之也。诰誓不及五帝[2]，盟诅不及三王[3]，交质子不及二伯[4]。

【注释】

〔1〕瓦屋：地名。当时属于周王朝的领地，在今河南温县西北。

〔2〕诰誓不及五帝：诰，表示训诫勉励的文告。誓，这里指盟约。五帝，即传说中上古的五位帝王。《史记》以为是黄帝、颛顼、帝喾、唐尧、虞舜。

〔3〕盟诅不及三王：诅，盟约中的誓词。三王，指夏、商、周三代时的三位君王。夏朝的启有钧台之享，商朝的汤有景亳之命，周朝的武王有盟津之会。

〔4〕交质子不及二伯：质子，即人质。春秋诸侯订立盟约时，为了表示诚意，往往以各自的公室子弟送往对方作为人质。二伯，指春秋时的两个诸侯，一为齐桓公，一为晋文公。齐桓公有召陵之师，晋文公有践土之盟，均不用人质，而诸侯无不信服。

【译文】

［经］秋季，七月的庚午日，宋殇公、齐僖公、卫宣公在瓦屋这个地方订立盟约。

［传］对于鲁国以外的诸侯国结盟，一般是不记载日期的，这里却记载了，是为什么？三个国家的诸侯参与结盟，就是从这个时候开始的，所以郑重其事地记载了这一日期。盟会发布的训诫文告不能追溯到五帝，盟约中的誓词不能追溯到三代的君王，交换人质不能追溯到齐桓晋文。

1/8.7 ［经］八月，葬蔡宣公。

［传］月葬，故也[1]。

【注释】

〔1〕故：变故。隐公五年记载安葬卫桓公时也说"故"，但那是因为卫桓公被祝吁杀害，引起国内的动乱，所以称发生变故。现蔡宣公寿终而亡，并无国难，称其"故"，可能是因为宣公六月卒，八月即葬，不合诸侯死后须等待五个月以后才安葬的惯例，但《穀梁》又无法解释其中原因，只好以其惯用的"日月之例"来说明了。

【译文】

[**经**] 八月，安葬蔡宣公。

[**传**] 记载安葬的月份，是因为有变故。

1/8.8 [经] 九月辛卯，公及莒人盟于包来〔1〕。

[传] 可言公及人，不可言公及大夫。

【注释】

〔1〕包来：宋国地名，在今山东莒县西。《左传》作"浮来"。据《左传》记载，此次隐公与莒国人的盟会，是因为纪国从中调停鲁、莒两国的宿怨。

【译文】

[**经**] 九月的辛卯日，隐公和莒国人在包来这个地方盟会。

[**传**] 可以说隐公与其他诸侯国的"人"，但不能说隐公与其他诸侯国的大夫。

1/8.9 [经] 冬，十有二月，无侅卒。

[传] 无侅之名，未有闻焉〔1〕，或曰隐不爵大夫也〔2〕，或说曰故贬之也。

【注释】

〔1〕未有闻焉：承上句"无骇之名"而言，意思是关于记载无骇的名字而不记载他的姓氏的事，没有听到先师作过解说。《集解》以为这是《穀梁》解说经文时的存疑之处。

〔2〕或曰隐不爵大夫：或，不定指，有人；有的。不爵大夫，指隐公没有给无骇封赠过爵位。据《左传》记载，无骇虽为大夫，但并无爵位。按照周朝的礼制，凡是没有封赠过爵位的人，也就没有姓氏可称，只能称其名。

【译文】

[经] 冬季，十二月，无骇去世。

[传] 直接称无骇的名字的原因，没有听到先师解说过，有的说是因为他没有得到过隐公封赠的爵位，也有一种说法是要故意贬斥他"入极"的行为。

九　年

1/9.1 [经] 九年^[1]，春，天王使南季来聘^[2]。

[传] 南，氏姓也。季，字也。聘，问也。聘诸侯，非正也。

【注释】

〔1〕九年：本年为周桓王六年，公元前714年。

〔2〕南季：周桓王的上大夫。

【译文】

[经] 隐公九年，春季，周朝的天子派遣南季来鲁国访问。

[传] 南，是氏。季，是字。聘，就是访问的意思。天子派使者来访问诸侯，是不合乎礼制的。

1/9.2 [经] 三月癸酉，大雨，震电^[1]。庚辰，大雨雪。

[传] 震，雷也。电，霆也。志疏数也^[2]。八日之间^[3]，再有大变。阴阳错行^[4]，故谨而日之也。雨月志，正也。

【注释】

〔1〕震电：即打雷、闪电。

〔2〕志疏数：志，记载。疏，远的意思。数，近的意思。这里指分别记载了远近两次不同的天气情况。

〔3〕八日：由癸酉日到庚辰日，相隔八天。

〔4〕阴阳错行：《集解》引汉刘向说，“雷未可以出，电未可以见，雷电既以出见，则雪不当复降，皆失节也。”古人以为，雨雪为阴，雷电为阳，在不应该打雷的季节而打雷，是因为不能抑制阴气的生发，故有害。

【译文】

[经] 三月的癸酉日，下大雨，并且有大雷闪电。到了庚辰日，又下大雪。

[传] “震”，就是打雷。“电”，就是闪电。这是记载日期上远近不同的天气情况。在八天之内，一再地发生大的变化，阴阳倒错，所以要慎重地记载发生的日期。用月份记载下雨降雪，是合乎常规的。

1/9.3 [经] 侠卒[1]。

[传] “侠”者，所侠也[2]。弗大夫者，隐不爵大夫也。隐之不爵大夫，何也？曰，不成为君也。

【注释】

〔1〕侠：人名。鲁国的大夫。《左传》作“挟”，解说为“吾大夫之未命者”。

〔2〕所侠：徐邈引汉尹更始说，“所者，侠之氏”。《集解》说，“侠，名也，所，其氏。”但颇有疑问。若“所”为侠的姓氏，则传文中“隐不爵”之说便难以解释。又有人以为“所”是“斥”的意思，也不易说通。

【译文】

[经] 侠去世了。

[传] "侠",就是所侠。不称他为大夫,是因为隐公没有封他为大夫。隐公不封他为大夫是为什么?回答是,隐公不想成为国君。

1/9.4 [经] 夏,城郎^[1]。

【注释】

〔1〕郎:鲁国的城邑。

【译文】

[经] 夏季,修筑郎邑的城墙。

1/9.5 [经] 秋,七月。

[传] 无事焉,何以书?不遗时也^[1]。

【注释】

〔1〕不遗时:时,时令。七月为秋之始,即便不发生什么事,也要记载月份,以保持一年中时令的完整。

【译文】

[经] 秋季,七月。

[传] 没有什么事情,为什么也要记载?因为不能遗漏每一个季节。

1/9.6 [经] 冬,公会齐侯于防^[1]。

[传] 会者,外为主焉尔。

【注释】

〔1〕会齐侯于防：防，鲁国地名，在今山东费县东北。隐公与齐僖公会见事，《穀梁》以为是齐侯主动发起的，据《左传》的记载，本年秋，郑国以奉王命向鲁提出伐宋，故隐公与齐僖公会见，共商伐宋之事。这样说来，此次会见，不存在何人为主的问题。

【译文】

　　［经］冬季，隐公与齐僖公在防这个地方会见。
　　［传］"会"的意思，表示是鲁国以外的诸侯国主动提出的。

十　年

1/10.1 ［经］十年^{〔1〕}，春，王二月，公会齐侯、郑伯于中丘^{〔2〕}。

【注释】

　　〔1〕十年：本年为周桓王七年，公元前713年。
　　〔2〕中丘：鲁国邑名，参见1/7.3〔1〕。

【译文】

　　［经］隐公十年，春季，周王二月，隐公与齐僖公、郑庄公在中丘会见。

1/10.2 ［经］夏，翚帅师会齐人、郑人伐宋。

【译文】

　　［经］夏季，公子翚率领军队与齐国人、郑国人共同攻打宋国。

1/10.3 ［经］六月壬戌，公败宋师于菅^{〔1〕}。

　　［传］内不言战，举其大者也。

【注释】

〔1〕公败宋师于菅：此次攻伐本由鲁、齐、郑三国共同出兵，杜预《左传注》以为鲁国先期出兵，故独败宋师。菅（jiān，肩），宋国地名，今山东单县北部。

【译文】

[经] 六月的壬戌日，隐公在菅这个地方打败了宋国的军队。

[传] 对于鲁国自己是不说"战"这个字的，这里说败，不过是举其大的方面而言。

1/10.4 [经] 辛未取郜〔1〕，辛巳取防〔2〕。

[传] 取邑不日，此何以日也〔3〕？不正，其乘败人而深为利〔4〕，取二邑，故谨而记之也。

【注释】

〔1〕郜：地名，在今山东成武东南。
〔2〕防：地名，在今山东费县东北。
〔3〕日：作动词用，记载日期的意思。
〔4〕乘败人而深为利：败人，即指打败宋国。深为利，指以夺取宋国的城邑而得利。这句是说鲁隐公的做法不合正道。但据《左传》记载，是郑国先后攻取郜、防二邑，又将其地归于鲁国的。

【译文】

[经] 辛未日，夺取了郜这个地方。辛巳日，又夺取了防这个地方。

[传] 夺取城邑一般是不记载日期的，这里为什么记载？因为这是不合正道的。隐公乘着打败对方的机会，一连夺取了两座城邑，从而得利。所以要郑重地记下这件事。

1/10.5［经］秋，宋人、卫人入郑。宋人、蔡人、卫人伐载[1]。郑伯伐取之[2]。

［传］不正，其因人之力而取之，故主其事也。

【注释】

〔1〕载：古国名。《左传》作"戴"。西周时始封，姬姓。

〔2〕郑伯伐取之：据《左传》的记载，郑国奉周王之命，征召蔡、卫、郕三国军队伐宋，但三国皆不从，当郑国军队回师尚在王城的郊外时，宋、蔡、卫三国合兵攻郑，并且连带伐郑的属国载，郑于是入载与三国作战。一举击败宋、卫、蔡，同时也获取了载国。

【译文】

［经］秋季，宋国、卫国的军队侵入郑国。宋国、蔡国、卫国的军队共同攻伐载国。郑庄公率军讨伐并攻取了载国。

［传］这是不合正道的。郑国借着别人的力量而攻取了载国，所以经文记载此事时将郑庄公作为罪魁。

1/10.6［经］冬，十月壬午，齐人、郑人入郕[1]。

［传］"入"者，内弗受也。日入，恶入者也。郕，国也。

【注释】

〔1〕郕：见1/5.3注〔1〕。

【译文】

［经］冬季，十月的壬午日，齐国、郑国的军队侵入郕国。

［传］侵入，作为鲁国来说是不能接受这种行为的。记载入侵的日期，是为了对这种行为表示憎恶。郕，是一个国家。

十 一 年

1/11.1　[经] 十有一年[1]，春，滕侯、薛侯来朝[2]。

[传] 天子无事，诸侯相朝，正也。考礼修德，所以尊天子也。诸侯来朝，时，正也。犆言同时也[3]，累数皆至也[4]。

【注释】

〔1〕十有一年：本年为周桓王八年，公元前712年。

〔2〕薛，古国。西周初始封，任姓。其先祖为奚仲，在夏朝做过车正，据说是他发明了车辆。奚仲的后人仲虺曾在商汤时期参与朝政。国土在今山东滕县东南。

〔3〕犆言：犆，同"特"。特言，即特别地加以说明。

〔4〕累数皆至：累数，总括而言之。皆至，指滕侯、薛侯同时来到。《穀梁》解说这段经文时，与《左传》《公羊》不同。《左传》记事，言滕、薛两国君来朝，争夺以谁为先。隐公派公子翚前去调解，说明周礼是以异姓为后的。因薛国为任姓，故当为后。薛侯从之。《公羊》认为经文中将两个国君的来朝同时记载，是用了"兼言"的修辞法，而"兼言"的原因则是滕、薛皆为弱小的诸侯国。《穀梁》认为诸侯来朝，经文记载了季节，这是对来朝行为表示嘉许。又用"犆言"的含义说明经文记载时的方法。这与《公羊》以为滕、薛弱小而"兼言"不同。《左传》记事，《公羊》、《穀梁》则在玩弄文辞，揭发所谓的"大义"。不过着眼点不同罢了。

【译文】

[经] 隐公十一年，春季，滕国的国君、薛国的国君来朝见。

[传] 天子没什么事，诸侯互相朝见，这是符合正当礼节的。考究礼节制度，修治德行善业，这些都是尊崇天子的表现。诸侯前来朝见，记载当时的季节，这也是合乎正规的。若是经文用分别记载的写法，就是两个国君是在同一季节先后来到的，若是经文用总括记载的写法，就是两个国君是在同一天到达的。

1/11.2 [经] 夏，五月[1]，公会郑伯于祁黎[2]。

【注释】

〔1〕五月：《左传》所引经文无"五月"二字。

〔2〕祁黎：《左传》所引经文作"时来"，解说中作"郲"。均为同一地名。在郑国，今河南郑州北部。据《左传》，隐公此次与郑庄公会见，是为了商量攻伐许国的事。

【译文】

[经] 夏季，五月，隐公与郑庄公在祁黎这个地方会见。

1/11.3 [经] 秋，七月壬午，公及齐侯、郑伯入许[1]。

【注释】

〔1〕入许：许，古国名。一作"鄦"。西周始封，姜姓，今河南许昌东部。据《左传》，鲁、齐、郑三国击败许国后，许国国君庄公出逃至卫国。齐僖公建议将许国让给鲁国，隐公不受，乃给郑庄公。郑以许国的大夫百里奉许庄公之弟许叔居许国东偏。

【译文】

[经] 秋季，七月的壬午日，隐公与齐国、郑国的国君进入

许国。

1/11.4 ［经］冬，十有一月壬辰，公薨。

［传］公薨不地，故也。隐之不忍地也。其不言葬，何也？君弑[1]，贼不讨，不书葬，以罪下也。隐十年无正，隐不自正也。元年有正，所以正隐也[2]。

【注释】

〔1〕君弑：指隐公被害之事。据《左传》的记载，公子翚曾劝隐公杀了桓公，隐公以为桓公年纪尚小，并表示将把君位传给他。公子翚惧，转而在桓公面前说隐公的坏话，要求弑之。后翚乘隐公祭奠其从前的恩人锺巫时，派刺客将隐公杀害。

〔2〕"隐十年无正"及以下三句：正，指经文记载史实时必须写明的"正月"。这是《穀梁》出于其发明的"日月之例"的解释。在记载隐公执政的历史中，有十年未写"正月"，只有元年写了"正月"。

【译文】

［经］冬季，十一月的壬辰日，隐公去世。

［传］隐公去世，不写明被害的地点，是因为有变故。由于对隐公的死感到悲哀，所以不写明的。经文中不记载下葬，是为什么？因为国君被害，国贼还没有讨伐，不记载下葬是为了谴责犯有罪行的臣下。经文中记载隐公十年的历史中，均未写到"正月"，这是因为他自己不想成为正式的国君。隐公执政的第一年写了"正月"，这只是表示隐公本来应该名正言顺地得到君位的。

桓　公

元　年

2/1.1 ［经］ 元年[1]，春，王[2]。

［传］桓无王，其曰"王"何也？谨始也。其曰无王何也？桓弟，弑兄，臣弑君，天子不能定也[3]，诸侯不能救[4]，百姓不能去，以为无王之道，遂可以至焉尔。元年有王，所以治桓也。正月，公即位。继故不言即位，正也。继故不言即位之为正，何也？曰先君不以其道终，则子弟不忍即位也。继故而言即位，则是与闻乎弑也。继故而言即位，是为与闻乎弑，何也？曰先君不以其道终，己正即位之道而即位，是无恩于先君也。

【注释】

〔1〕元年：桓公成为鲁国国君的第一年。时周桓王九年，公元前711年。《集解》引杜预说，"嗣子位定于初丧，而改元必须逾年"。桓公，姬姓，名允，隐公的同父异母之弟。其母仲子，为鲁惠公的夫人，在名义上比隐公的母亲声子地位高。参见1/1.1 注〔4〕。

〔2〕王：《左传》、《公羊》在此字下有"正月，公即位"五字。《补注》就本段传文中亦有此数字，认为原应作经文。今从《四部丛刊》本不改。

〔3〕定：正、安。

〔4〕救：止，谓讨贼以止乱。

【译文】

[经] 桓公的元年，春季，周王统治之下。

[传] 对桓公不写王字，经文中却写明了"王"，这是为什么？因为要慎重地对待他即位的开端。这里说对于桓公不写"王"字，是为什么呢？桓公作为弟弟，却杀害了他的兄长，作为臣下，却杀害了他的国君，周朝的天子不能制约他，各国的诸侯不能制止他，百姓不能除掉他，桓公正是因为离开了"王"的正道，所以才达到现在这样的地步。他成为国君的第一年之所以写上"王"字，是惩处桓公的一种写法。尽管在正月里桓公登上了国君的位置，但继承被他杀害的国君而自立，经文中不说他"即位"，是符合惯例的。继承被杀害的国君而自立，照例不称"即位"，这是为什么呢？回答是：前代的国君不是在正常情况下去世，子弟也就不忍心正式举行即位大典。假如是继承被杀害的国君的君位，却还要写明"即位"，那就等于是参与他的犯上作乱了。继承被他杀害的国君而称"即位"，等于是参与他的犯上作乱，这是什么道理？回答是：前代的国君在不正常情况下去世，他自己却按照常规举行即位大典，这说明他对前代的国君一点情义也没有了。

2/1.2 [经] 三月，公会郑伯于垂[1]。

[传]"会"者，外为主焉尔。

【注释】

〔1〕垂：参见 1/8.1〔1〕。

【译文】

[经] 三月，桓公与郑庄公在垂这个地方会见。

[传] 所谓"会"，意思是说这次会见是以鲁国以外的诸侯国为主的。

2/1.3 〔经〕 郑伯以璧假许田[1]。

〔传〕"假"不言"以",言"以",非假也。非假而曰"假",讳易地也[2]。礼,天子在上,诸侯不得以地相与也。无田则无许可知矣。不言许,不与许也。"许田"者,鲁朝宿之邑也[3]。"邴"者,郑伯之所受命而祭泰山之邑也。用见鲁之不朝于周[4],而郑之不祭泰山也[5]。

【注释】

〔1〕假许田:假,原指借,这里实为交换的意思。 许田,许国的地名,靠近郑国。当初周成王营建洛邑,以许田赐周公旦,作为朝宿之邑。后鲁国在此建立宗庙,祭祀周公。

〔2〕易地:指鲁、郑两国之间交换土地。据《左传》"隐公八年"中的记载,郑庄公曾派遣使者宛至鲁国,建议用祊(《穀梁》作"邴")交换许田,但隐公未同意。此时桓公以弑君而得国,想结交郑国,庄公与其在垂会面,重新提出易地的事。

〔3〕朝宿之邑:《集解》谓"朝天子所宿之邑"。即公卿、诸侯朝见天子时作为休息及安排随从住宿的小城。

〔4〕鲁之不朝于周:东周以来,鲁国不专门朝见天子。这是当时周朝中央政权权威衰弱的一种表现。

〔5〕郑之不祭泰山:东周以来,周朝天子不再祭祀泰山,故诸侯亦不再随同祭祀。关于鲁、郑两国易地之事,"隐公八年"亦有记载,可以参看。

【译文】

〔**经**〕郑国国君用玉璧来与我国交换许田这个地方。

〔**传**〕说明是"借",就不说"用什么"的。如果说明是"用什么"的话,那就不是"借"了。明明不是借,一定要说成是借,这是为了替桓公隐讳交换土地这个事实。根据礼制的规定,天子高高在上,统治国土,诸侯是不能随便将土地私下交换给予的。没有了"田"也就没有"许"这个小城,这是可想而知的。经文不是单讲"许",而是称许"田",也就是说桓公并没有将"许"这个小城给予郑国。许田是鲁国朝见天子时住宿的小城,邴是周天子赐予郑国国君作为陪同天子祭祀泰山时用的小城。由此可见,鲁国是不会去朝见天子的了,郑国国君也不会再去祭祀泰山了。

2/1.4 [经] 夏,四月丁未,公及郑伯盟于越[1]。

[传]"及"者,内为志焉尔[2]。越,盟地之名也。

【注释】

〔1〕越:《集解》说在卫国,今山东曹县一带。

〔2〕内为志:《穀梁》通过对"及"字的解释,以为此次结盟是出于鲁国主动,故以"内"言之。据《左传》的记载,此次结盟是本年三月间鲁、郑"垂之会"的继续,达成了易地的协议,并立盟宣誓,双方不得毁约。

【译文】

[经] 夏季,四月的丁未日,桓公与郑庄公在越这个地方结盟。

[传] 所谓"及",就是表明此次结盟出自桓公的意愿。"越",是双方结盟之地的地名。

2/1.5 [经] 秋,大水。

[传] 高下有水[1],灾,曰大水。

【注释】

〔1〕高下有水:指高地和平地均有大水。

【译文】

　　[**经**] 秋季，发生大水。

　　[**传**] 高处和平地都有水，成灾，称为"大水"。

2/1.6 [**经**] 冬，十月。

　　[**传**] 无事焉，何以书？不遗时也。《春秋》编年，四时具而后为年。

【译文】

　　[**经**] 冬季，十月。

　　[**传**] 没有发生什么事情，为什么也要记载？为了不遗漏一年中的每一个季节。根据《春秋》编年体例，四个季节都具备了才能成为一年。

二　年

2/2.1 [经] 二年[1]，春，王正月戊申，宋督弑君与夷及其大夫孔父[2]。

[传] 桓无王，其曰王，何也？正与夷之卒也。孔父先死[3]，其曰"及"，何也？书尊及卑，《春秋》之义也[4]。孔父之先死何也？督欲弑君，而恐不立，于是乎先杀孔父，孔父闲也[5]。何以知其先杀孔父也？曰，子既死，父不忍称其名；臣既死，君不忍称其名，以是知君之累之也。孔，氏；父，字，谥也[6]。或曰，其不称名，盖为祖讳也。孔子，故宋也[7]。

【注释】

〔1〕二年：本年为周桓王十年，公元前710年。

〔2〕宋督弑君与夷及其大夫孔父：督，即宋国的太宰华父督。 君，指宋殇公与夷，戴公之子，公元前719年至公元前710年在位。他执政十年，打了十一次仗，耗尽民力，因而引起国内的混乱。 孔父，即孔父嘉，宋国的大夫，相传为孔子的六世祖。华父督弑君事，三传的记载互有详略，但基本上是一致的。此次事变完全因宋殇公统治不当而引起的内乱。

〔3〕孔父先死：据《左传》的记载，孔父的妻子貌美，华父督曾见而羡之，因此伺机攻而杀之，夺取其妻。《公羊》则说，督将杀殇公，孔父正色立于朝，"人莫敢过而致难于其君"，故华父督先伺机攻杀孔

父，殇公知孔父死，己亦不保，遂前去援救，结果两人先后被杀。《穀梁》此用《公羊》的解说。

〔4〕"书尊及卑"二句：《穀梁》以为尽管事实上是孔父先死，殇公后被弑，但从《春秋》一向在记载中讲究尊卑关系的惯例来看，这里是因以尊带卑而决定两人的先后次序的。这也是《穀梁》在解说中附加的"微言大义"。

〔5〕闲：原指马厩中木制的遮拦物。这里引申为保卫殇公的屏障。据《公羊》的记载，孔父能够"义形于色"，保卫殇公不受别人的侵害。

〔6〕谥：指孔父是其人的字和谥号。《集解》认为，孔父因以保卫国君而死，有功于国，故国君赐给他谥号。春秋时，"父"多作字，但也有很多是作为名的。唐孔颖达说："春秋之世，有齐侯禄父、蔡侯考父、季孙行父、卫孙良父，皆是名。"《春秋》经文中写到某人时，用他的名还是字，都有一定的意义，故各传常常对此发表议论。《穀梁》以孔父之"父"为字，认为这是经文赞美孔父的反映。《左传》以"父"为名，杜预的注解中则有怪罪孔父的意思。

〔7〕孔子，故宋也：相传孔子的先祖为宋国人。据《世本》说，孔父嘉生木金父，木金父生祁父，祁父生防叔，防叔出奔鲁国，生叔梁纥，叔梁纥生孔子。故孔子为孔父的六世孙。

【译文】

　　[经] 春季，周王的正月，戊申日，宋国的华父督杀害了他的国君与夷，以及大夫孔父。

　　[传] 经文记载桓公的历史时一般是不写"王"字的，这里为什么又写上"王"字？因为宋国的国君与夷被杀害了，所以要正规地记载这件事。孔父先遭杀害，经文中说是"及"，这是为什么？因为要写身份尊贵的，再写身份卑下的，这种由尊及卑的写法也是《春秋》经文的通例。孔父为什么会先遭杀害？宋国的华父督要杀害国君，又怕不成功，所以就先杀害了孔父，因为孔父是华父督杀害国君的障碍。怎么知道华父督是先杀害孔父的？回答是：儿子死了，做父亲的不忍心直呼儿子的名字；臣子死了，做国君的不忍心直呼臣子的名字，就是这样知道宋国国君是在孔父死后被杀害的。"孔"是姓氏，"父"是表字，也是他死后赐给他的谥号。有一种说法认为：经文中不直接称呼孔父的名字，可

能是为祖先避讳的缘故，因为孔子的先祖是宋国人。

2/2.2 ［经］滕子来朝[1]。

【注释】

〔1〕滕子："隐公十一年"经文记载"滕侯、蔡侯来朝"，此处称
"子"。"侯"、"子"，皆是当时五等爵位，但"侯"在"子"之前，
《集解》以为"盖王所黜"。

【译文】

［经］滕国的国君来朝见。

2/2.3 ［经］三月，公会齐侯、陈侯、郑伯于稷[1]，以成宋乱[2]。

［传］"以"者，内为志焉尔。公为志乎成是乱也。此成矣，取不成事之辞而加之焉[3]，于内之恶，而君子无遗焉尔[4]。

【注释】

〔1〕稷：宋国地名，今属何处不详。

〔2〕以成宋乱：据《左传》记载，宋国的华父督杀害殇公及孔父以后，鲁、齐、陈、郑四国的国君在稷这个地方会面，商量平息宋国内乱之事，但华父督使人分别向四国的国君行贿，结果四国的国君非但没有讨伐华父督，反而以其为宋国之相。成，即为成就的意思，也就是促成了宋国内乱之事。所以《左传》又说，"为贿故，立华氏也"。《穀梁》对此有不同的议论。

〔3〕取不成事之辞而加之：《三传比义》说，"经为何用未成的字眼来加在已完成的事上呢？因为见财起贪心，其罪小，其人并非本恶。惟有谋人之财，才是本恶，才是大罪，故夫子以未成的字眼来加在桓公身

上，这是夫子对桓公的诛心之辞。"《公羊》认为桓公的行为"贱也"，也是这一意思。

〔4〕君子无遗：《集解》以为，传文是鉴于"桓奸恶之人"，所以"极言其恶，无所遗漏也。"

【译文】

[经] 三月，桓公与齐僖公、陈桓公、郑庄公在稷这个地方会面，由此成就了宋国的内乱。

[传] "以"字的意思，表明这次会见是鲁国主动。桓公有意促成了宋国的动乱，这已经成为事实了，经文中却用还没有成为事实的字眼加在桓公身上，但对桓公所做的坏事，君子在记载的时候是毫无遗漏的。

2/2.4 [经] 夏，四月，取郜大鼎于宋[1]，戊申，纳于太庙[2]。

[传] 桓内弑其君，外成人之乱，受赂而退，以事其祖，非礼也。其道以周公为弗受也。郜鼎者，郜之所为也，曰宋，取之宋也。以是为讨之鼎也[3]。孔子曰：名从主人，物从中国，故曰"郜大鼎"也。

【注释】

〔1〕郜：古国名。西周始封，第一代国君为周文王之子，国土在今山东成武一带，春秋时被宋所灭。

〔2〕太庙：指周公的庙。

〔3〕讨之鼎：指讨宋乱而受赂之鼎。

【译文】

[经] 夏季的四月，桓公从宋国获得了郜国的大鼎。戊申日，将鼎安放在祭祀周公的太庙中。

[传] 桓公在国内杀害他的国君，在外面助成宋国的动乱，接受了宋国的贿赂回来以后，又将这些财物用来供奉祖先，这是不符合礼制的。这种行为是周公所不能接受的。所谓郜鼎，是由郜国铸造的，至于说到宋国，因为桓公是从宋国得到大鼎的。所以也可以将它作为讨平宋国动乱所获得的鼎。孔子说过：器物的名称应当跟从造它的主人，器物的名称又要跟从中原国家的传统叫法。所以称之为"郜大鼎"。

2/2.5 [经] 秋，七月，纪侯来朝[1]。

[传] 朝时，此其月，何也？桓内弑其君，外成人之乱，于是为齐侯、陈侯、郑伯讨，数日以赂[2]。己即是事而朝之[3]，恶之，故谨而书之。

【注释】

〔1〕纪侯：《左传》此处作"杞侯"。

〔2〕数：作动词用，限定的意思。

〔3〕己：即纪，指纪国的国君。

【译文】

[经] 秋季的七月，纪国的国君前来朝见。

[传] 对前来朝见的事只须记载季节就行了，现在还记载了月份，这是为什么？因为桓公在国内杀害他的国君，在外面助成了别国的动乱，为此他受到齐僖公、陈桓公、郑庄公的声讨，并限日责令他交出从宋国受贿得来的财物。纪国的国君就在这事发生的时候去朝见桓公，因为厌恶他，所以郑重地记下了朝见的月份。

2/2.6 [经] 蔡侯、郑伯会于邓[1]。

【注释】

〔1〕蔡侯、郑伯会于邓：蔡侯，指蔡桓侯，名封人。邓，古国名，西周初分封的诸侯国，国土在今湖北襄樊北部，据说曾达到今河南邓县一带。据《左传》记载，蔡侯、郑伯会于邓，是因为当时楚国的力量已逐渐强大，"始惧楚也"。杜预在注解中说，时楚武王僭号称王，欲害中国，蔡、郑均为姬姓，又靠近楚国的边疆，故以惧楚而会面。

【译文】

［经］蔡桓侯、郑庄公在邓会面。

2/2.7［经］九月，入杞[1]。
［传］我入之也。

【注释】

〔1〕杞：见1/4.1注〔2〕。

【译文】

［经］九月，进入杞国。
［传］是鲁国出兵进入杞国。

2/2.8［经］公及戎盟于唐[1]。

【注释】

〔1〕唐：见1/2.4注〔1〕。鲁隐公二年八月，与戎在此结盟。据《左传》说，此次结盟，是与戎恢复以往的友好关系。

【译文】

［经］桓公与戎在唐这个地方结盟。

2/2.9 ［经］冬，公至自唐。

［传］桓无会[1]，而其致[2]，何也？远之也。

【注释】

〔1〕桓无会：会，是指国君外出参加重要活动，或活动完毕后回国，向宗庙祭告有关的情况。桓无会，即指桓公此次与戎结盟之前并没有向宗庙祭告过。

〔2〕致：指桓公从唐之盟归来后举行的仪式，一般在这种仪式上要饮酒，表示平安归来。

【译文】

［经］冬季，桓公从唐这个地方回来。

［传］经文没有记载桓公去"唐"会盟时举行过祭告祖庙的活动，现在却记载他回来时祭告祖庙行饮至之礼的事，这是为什么？因为此次结盟的对象与鲁国很疏远。

三　　年

2/3.1 [经] 三年[1]，春，正月，公会齐侯于嬴[2]。

【注释】

〔1〕三年：本年为周桓王十一年，公元前709年。

〔2〕嬴：齐国地名，故址在今山东莱芜西北。据《左传》记载，桓公此次与齐侯会面，是"成婚于齐"。

【译文】

[经] 桓公三年，春季，正月，桓公与齐僖公在嬴这个地方会面。

2/3.2 [经] 夏，齐侯、卫侯胥命于蒲[1]。

[传]"胥"之为言，犹相也。相命而信谕，谨言而退，以是为近古也。是必一人先，其以相言之，何也？不以齐侯命卫侯也。

【注释】

〔1〕胥命：《左传》说是"不盟"，即不举行正式的结盟仪式，而相互约定一个主张。《公羊》、《穀梁》都说是"相命"，也是不举行结盟仪式而约定其事的意思。　　蒲：卫国地名，今河南长垣东部。

【译文】

　　[经] 夏季，齐僖公、卫宣公在蒲这个地方相约合作。

　　[传]"胥"这个词，就是相互的意思。相互有约言，表示信守和理解承诺，慎重地讲定后就各自返回，这是接近上古时五帝的做法。采取这种方式，必定是有一方先提出建议，为什么还说这是相互约定呢？因为这样说就不存在齐侯"命令"卫侯那样的关系了。

2/3.3 [经] 六月，公会杞侯于郕。

【译文】

　　[经] 六月，桓公在郕这个地方与杞国的国君会面。

2/3.4 [经] 秋，七月壬辰，朔，日有食之，既[1]。

　　[传] 言日言朔，食正朔也。既者，尽也，有继之辞也。

【注释】

　　〔1〕既：食尽，即日全食。此次日食，食甚在本日十四时四十九分三十三秒。

【译文】

　　[经] 秋季，七月的壬辰，朔日，发生了日食，太阳完全被遮掩了。

　　[传] 经文中既讲到日期又说是初一，说明这次日食发生在初一这天，这是正常的。"既"，就是太阳完全被遮掩了的意思，这是表明太阳现在全部被食，不久又会重新出现的一种说法。

2/3.5 [经] 公子翬如齐逆女。

[传] 逆女，亲者也。使大夫，非正也。

【译文】

[经] 公子翬到齐国去迎娶女子。

[传] 到境外去迎娶女子，应该由国君亲自前往，派大夫去代迎，不符合正规的礼制。

2/3.6 [经] 九月，齐侯送姜氏于讙[1]。

[传] 礼，送女，父不下堂[2]，母不出祭门[3]，诸母兄弟[4]，不出阙门[5]。父戒之曰，谨慎从尔舅之言。母戒之曰，谨慎从尔姑之言。诸母般申之曰[6]，谨慎从尔父母之言。送女逾竟[7]，非礼也。

【注释】

〔1〕讙：鲁国地名，故城在今山东肥城县。
〔2〕堂：住宅正中的厅堂，一般作为家族集体活动的场所。
〔3〕祭门：祭祀先祖的家庙的门。
〔4〕诸母：庶母。在一夫多妻的情况下，除了夫人为"母"之外，其余均为庶母。即使是生母，也只能作为庶母。
〔5〕阙门：宫阙的门，在家庙的门之外。
〔6〕般申之：般，小的袋子。一般给男子的是用皮革做成的，给女子的则多用丝织成的。其中装有日常生活用品。申之，一再地说明。
〔7〕竟：同"境"，边境。

【译文】

[经] 九月，齐僖公把姜氏送到了讙这个地方。

[传] 按照礼制，诸侯送女儿出嫁，父亲不走下大厅，母亲

不走出家庙的门，庶母和兄弟不送出宫阙的门。父亲告诫女儿说：要谨小慎微，听从你公公的教诲。母亲也告诫女儿说：要谨小慎微，听从你婆婆的教诲。庶母拿着小丝囊一再说：要谨小慎微，听从你父母的教诲。送女儿出嫁而出了国境，这是不符合礼制的。

2/3.7 ［经］ 公会齐侯于讙[1]。

［传］ 无讥乎？曰：为礼也[2]。齐侯来也，公之逆而会之，可也。

【注释】

〔1〕讙：地名，见2/3. 6 注〔1〕。

〔2〕为礼也：今人傅隶朴认为，从桓公会齐侯于嬴而决定婚约，到会齐侯于讙而完成婚约，前后的行为均不合礼制，经文的记载是"无言之讥"。《穀梁》的解说忽略了齐侯送女这一事实，仅将公会齐侯说成是"为礼"，这是不妥当的。

【译文】

［经］ 桓公在讙这个地方与齐僖公会面。

［传］ 经文这样写不是有点讥讽的意思吗？回答是：桓公会见齐侯是为了表示亲自迎娶的礼节。齐国的国君来到鲁国，桓公去迎接并会见他，这是可以的。

2/3.8 ［经］ 夫人姜氏至自齐。

［传］ 其不言翚之以来[1]，何也？公亲受之于齐侯也。子贡曰[2]："冕而亲迎[3]，不已重乎？"孔子曰[4]："合二姓之好，以继万世之后，何谓已重乎？"

【注释】

〔1〕其不言翚之以来：此前经文说"公子翚如齐逆女"，根据这一情况，本条经文当写成"公子翚以夫人妇姜氏至自齐"。《公羊》在解说中认为桓公已至讙与夫人相见，故无须再写翚。《穀梁》也用这一解释。

〔2〕子贡：复姓端木，名赐，字子贡，春秋时卫国人，孔子的弟子。

〔3〕冕：《补注》说："冕者，以版为干，三十升布覆之。玄表朱里，后高而前低。"又指冠冕，即君王、诸侯、公卿大夫佩戴的礼帽。

〔4〕孔子：春秋末期的思想家、教育家，儒家学说的创始人。名丘，字仲尼。鲁国陬邑（今山东曲阜）人。

【译文】

［经］夫人姜氏从齐国来到鲁国。

［传］经文中不说夫人是公子翚接来的，这是为什么？因为是桓公亲自在齐侯那里迎到夫人的。子贡说："戴着礼帽，穿着祭服去迎亲，是不是太隆重了？"孔子说："将两个不同姓氏的人合成和好的一家，还要延续到子孙万代，怎么能说是太隆重了呢？"

2/3.9 ［经］冬，齐侯使其弟年来聘[1]。

【注释】

〔1〕其弟年：即齐僖公之弟夷仲年。据《左传》记载，齐侯派遣其弟到鲁国，是为了问候刚刚嫁到鲁国的姜氏。

【译文】

［经］冬季，齐僖公派遣他的弟弟夷仲年来到鲁国问候。

2/3.10 ［经］有年。

［传］五谷皆熟，为有年也。

【译文】

[**经**] 粮食丰收。

[**传**] 五谷都丰收，这就是丰年了。

四　　年

2/4.1 ［经］ 四年[1]，春，正月，公狩于郎[2]。

［传］四时之田[3]，皆为宗庙之事也[4]。春曰田，夏曰苗[5]，秋曰蒐[6]，冬曰狩[7]。四时之田，用三焉，唯其所先得，一为干豆[8]，二为宾客，三为充君之庖。

【注释】

〔1〕四年：本年为周桓王十二年，公元前708年。

〔2〕郎：见1/9.4注〔1〕。

〔3〕田：天子或诸侯在封地中打猎。

〔4〕宗庙之事：天子诸侯皆有宗庙，每年均要举行多次不同的祭祀仪式，所用的粮食、肉类均由封地中取得。

〔5〕苗：夏季在封地中打猎，以利于禾苗生长。《公羊》的解说以为"春曰苗"。

〔6〕蒐：读作"sōu（搜）"，秋季在封地中打猎。《周礼》、《尔雅》中作为春季打猎的别称。

〔7〕狩：冬季在封地中打猎。古时帝王或诸侯在一年的不同季节都要行猎，或三次，或四次，既为驱除危害农作物的野兽，也是为了阅兵。《公羊》的解说中为三次，《穀梁》为四次。杨《疏》说："二传之文，或春秋取异代之法，或当天子、诸侯别法，经典散亡，无以取正也。"

〔8〕干豆：将肉风干以后作为祭祀用的供品。豆，祭器。

【译文】

[**经**] 桓公四年，春季，正月，桓公在郎这个地方狩猎。

[**传**] 诸侯一年中四个季节的行猎，都是为了宗庙的祭祀大事。春天打猎叫做"田"，夏天打猎叫做"苗"，秋天打猎叫做"蒐"，冬天打猎叫做"狩"。四季中猎获的兽肉有三种用途，根据猎物获得的先后顺序来确定，第一种用来作为祭祀用的供品，第二种用来招待客人，第三种用来充实国君的厨房。

2/4.2 [经] 夏，天王使宰渠伯纠来聘[1]。

【注释】

〔1〕宰渠伯纠：《集解》说："宰，官也。渠，氏也。天子下大夫，老，故称字。"这一解释是依据《公羊》的解说。《左传》以为，"父在，故名。"

【译文】

[**经**] 夏季，周朝的天子派遣宰渠伯纠来问候。

五　年

2/5.1［**经**］五年[1]，春，正月甲戌，己丑，陈侯鲍卒[2]。

［**传**］鲍卒，何为以二日卒之？《春秋》之义，信以传信，疑以传疑，陈侯以甲戌之日出，己丑之日得[3]，不知死之日，故举二日以包也。

【注释】

〔1〕五年：本年为周桓王十三年，公元前707年。

〔2〕陈侯鲍卒：陈侯鲍，即陈桓公，名鲍。公元前744年至前707年在位。据《左传》记载，陈桓公之父文公，有庶子名佗（即陈桓公的异母弟），乘桓公病重之机，杀了世子免，取得继承君位的权利。陈桓公死后，陈国发生内乱。又据杜预的推算，鲁桓公五年正月甲戌，实应为四年十二月二十一日，己丑日则是五年正月初六，其间相差半月。

〔3〕出、得：《穀梁》袭用《公羊》的解说，认为陈侯是得了疯病，于甲戌日外出未归，至己丑日被人发现时已经死了，故有"出"、"得"之说。

【译文】

［**经**］桓公五年，春季，正月的甲戌日，己丑日，陈国的国君鲍去世。

［**传**］鲍去世了，为什么用两个日期来记载他的死亡？《春

秋》的原则是：用可信的词句记载可信的事实，用怀疑的词句记
载可疑的事情。陈国的国君在甲戌那天出去，己丑那天被人发现
已经死了，因为不知道他死亡的确切日期，所以把两个日子都记
了下来，这样，他的死亡日期也就包含其中了。

2/5.2 ［经］夏，齐侯、郑伯如纪。

【译文】

　　［经］夏季，齐僖公、郑庄公到了纪国。

2/5.3 ［经］天王使任叔之子来聘[1]。

　　［传］任叔之子者，录父以使子也。故微其君臣，
而著其父子，不正父在子代仕之辞也[2]。

【注释】

　　〔1〕任叔：周桓王的大夫。《左传》、《公羊》均作“仍叔”。《集解》
注“任”，读作“rén（壬）”。
　　〔2〕代仕：代为担任某项职务。

【译文】

　　［经］周桓王派遣任叔的儿子来问候。
　　［传］经文中所说的任叔的儿子，是通过记载他父亲的名字
来表明派遣的是此人的儿子。所以，这是隐匿了君臣关系，显示
了父子关系。经文中使用这样的说法，表示对父亲还健在而由儿
子代为出使聘问这一不合正道的做法的不满。

2/5.4 ［经］葬陈桓公。

【译文】

[经] 安葬陈桓公。

2/5.5 [经] 城祝丘。

【译文】

[经] 修筑祝丘城。

2/5.6 [经] 秋，蔡人、卫人、陈人从王伐郑[1]。

[传] 举从者之辞也。其举从者之辞，何也？为天子讳伐郑也。郑，同姓之国也，在乎冀州[2]，于是不服[3]，为天子病矣[4]。

【注释】

〔1〕从王伐郑：此条经文下，《左传》详述周桓王与蔡、卫、陈等国联合攻伐郑国的经过。郑庄公率军抵抗，并用子元的建议，设"鱼丽之陈"，发挥步兵与战车的优势，击溃了周王及诸侯的部队。

〔2〕冀州：也称"中州"，古代时的"九州"之一，《尚书·禹贡》中记载的冀州，西、南、东三面均以当时的黄河与雍、豫、兖、青州为界，大约相当于今之山西、陕西、河南、河北一带的黄河流域，地处中原。《集解》以为当时郑国的中心在新郑，地处豫州，但与周王所在冀州十分接近，故有此说。

〔3〕不服：《集解》说，冀州靠近京师，"亲近犹不能服，疏远者可知"。这一事实说明当时周王朝的统治已经相当软弱了。

〔4〕病：《补注》引王引之说，侮辱，羞辱的意思。

【译文】

[经] 秋季，蔡国人、卫国人、陈国人随从周桓王攻伐郑国。

[传] 这是突出跟随周桓王攻伐郑国的那些人的写法。经文

为什么要用突出随从者的写法？这是为了替周朝的天子隐讳攻伐郑国的事。郑国是与周王室同姓的诸侯国，就在冀州的附近，在这样的地方不服从周王朝的统治，因此使周天子感到耻辱。

2/5.7 [经] 大雩[1]。

【注释】

〔1〕大雩：雩，读作"yú（于）"，古代为求雨而举行的一种祭祀仪式。据《左传》记载，雩祭在每年的夏历四月间举行，即所谓"龙见（现）而雩"。但此条经文记载于秋季举行雩祭，所以《左传》以为"书不时"，即祭祀不合时令。

【译文】

[经] 举行盛大的雩祭。

2/5.8 [经] 螽[1]。

[传] 螽，虫灾也。甚则月，不甚则时。

【注释】

〔1〕螽：读作"zhōng（终）"。蝗虫的一种。

【译文】

[经] 螽。

[传] "螽"是蝗虫成灾。如果严重就记载发生的月份，不怎么严重就记载发生的季节。

2/5.9 [经] 冬，州公如曹[1]。

[传] 外相如不书，此其书何也？过我也。

【注释】

〔1〕州公如曹：州，古国名。姜姓，建都淳于（今山东安丘东北，一说在今高密县一带），后为杞国所灭。曹，古国名。姬姓，西周初年始封，第一代国君是周武王之弟叔振铎。国都在陶丘（今山东定陶西南），国土约在今山东西部。春秋末年为宋国所灭。

【译文】

［经］冬季，州国的国君淳于公到曹国。

［传］《春秋》对鲁国以外各诸侯间的往来照例是不予记载的，这里予以记载，是为什么？因为是州国的国君经过了我国。

六　年

2/6.1 [经] 六年[1]，春，正月，寔来[2]。

[传]"寔来"者，是来也[3]。何为是来？谓州公也。其谓之"是来"，何也？以其画我[4]，故简言之也。诸侯不以过相朝也。

【注释】

〔1〕六年：本年为周桓王十四年，公元前706年。

〔2〕寔："实"的异体字。现一般采用《公羊》中的解释，是，此的意思。《穀梁》解说中亦用此义。

〔3〕是来：意即是人来。

〔4〕画我：《公羊》作"化我"，化，过的意思。"画"，是同音通假。

【译文】

[经] 桓公六年，春季，正月，寔来。

[传]"寔来"的意思，就是说这个人来了。这个来的人是谁？就是州国的国君淳于公。经文中为什么把州国的国君淳于公来了说成是这个人来了？因为他是经过我国，所以就这样简单记载了。因为诸侯不能借路过的机会进行朝访。

2/6.2 [经] 夏，四月，公会纪侯于郕[1]。

【注释】

〔1〕郕:《左传》、《公羊》作"成"。据《左传》记载,此次会面的目的是纪国来向鲁国打听齐国准备攻袭纪国的计划。

【译文】

[经] 夏季,四月,桓公与纪国的国君在郕这个地方会面。

2/6.3 [经] 秋,八月壬午,大阅[1]。

[传] "大阅"者何? 阅兵车也。修教明谕,国道也。平而修戎事[2],非正也。其日,以为崇武,故谨而日之,盖以观妇人也[3]。

【注释】

〔1〕大阅:据传文的解释是"阅兵车",《集解》说,"阅为简练",即检阅、操练的意思,"兵"指兵器。《左传》说是"简车马",即检阅作战的车马。《公羊》说是"简车徒",徒,即步兵。

〔2〕平而修戎事:平,指和平时期。《穀梁》以为,国君平时有四时田猎,是修治武备的常道,而现在并非田猎之时,却检阅兵车,所以"非正"。

〔3〕观妇人:《左传》、《公羊》对记载此次阅兵并无特别的说明,《公羊》虽以为"盖以罕书也",也没有说明"罕"在何处。《穀梁》却以为桓公在非田猎之时检阅兵车,是为了引诱妇女来观看。今人傅隶朴认为是"无中生有"。《补注》说,"观,示也。妇人,夫人也。"又引刘炫说,"推传此言,疑夫人自桓时已与闻国政,为后来'出会'、'如师'之渐。桓既从妻所好,他年国外简阅或与俱行,为后来'其会'、'其如'之渐","时当淫姜煽艳之,《穀梁》必有所本也"。

【译文】

[经] 秋季,八月的壬午日,举行盛大的阅兵仪式。

[传]“大阅”是指什么？是检阅武器战车。修治政教并且清楚地将其传播给臣民，这是治理国家的正道。太平时期却来修整武备，这是不符合常规的。经文中记载了阅兵的日期，为了用它表示崇尚武力，所以郑重地记上检阅的日期，其实这次检阅恐怕只是供夫人看看罢了。

2/6.4 [经] 蔡人杀陈佗[1]。

[传]“陈佗”者，陈君也。其曰“陈佗”，何也？匹夫行，故匹夫称之也。其匹夫行奈何？陈侯熹猎[2]，淫猎于蔡，与蔡人争禽，蔡人不知其是陈君也，而杀之。何以知其是陈君也？两下相杀不道[3]。其不地，于蔡也。

【注释】

〔1〕陈佗：陈国的国君，名佗。参见 2/5.1 经文及注〔2〕。

〔2〕熹：同“喜”。

〔3〕道：这里是记载的意思。《穀梁》认为《春秋》不记载普通人相互厮杀的事例，其实不然。这类例子在前后文中还是不少的。

【译文】

[经] 蔡国的人杀了陈佗。

[传]“陈佗”这个人，就是陈国的国君。为什么直接叫他“陈佗”呢？因为他的行为就像一个没有多少教养的平民，所以就用称呼平民那样的称呼叫他。他怎样像平民那样行事？陈侯非常喜欢打猎，在蔡国他恣意行猎，还和蔡国人争夺猎获的飞鸟。蔡国人不知道他是陈国的国君，就把他杀了。又是怎么知道他就是陈国的国君呢？因为普通臣民两相厮杀，经文是不会记载的。经文没有记载陈佗被杀的地点，是因为他就在蔡国被杀的。

2/6.5［经］九月丁卯，子同生[1]。

［传］疑，故志之[2]。时曰：同乎人[3]。

【注释】

〔1〕子同：即桓公与夫人文姜所生之子。《集解》说，"子同，桓公嫡子，庄公。"

〔2〕疑，故志之：历来有一种意见认为，《春秋》记载桓公得子之事，是由于庄公虽在名义上是桓公嫡子，但又因记载桓公夫人文姜淫于齐襄公，故怀疑庄公可能是齐襄公的私生子。《穀梁》以"疑"字引出解说，也有这种倾向。《集解》即以为"疑非公之子"。《左传》的解说着重记载为子命名的经过，与所疑之事关系不大。《公羊》说是因为鲁国久已未得嫡子，所以对桓公得子显得特别重视，又说因桓公不是嫡子，而后来的庄公则是嫡子，所以也隐含着讥刺桓公的意思。朱熹认为，文姜在桓公三年自齐来鲁，六年生子同，十八年桓公与文姜如齐，可见庄公绝不可能与齐襄公有关。

〔3〕同乎人：《集解》说，"时人佥曰齐侯之子，同于他人。"这仍是怀疑文姜与齐襄公有私情的说法。《左传》述及桓公为子命名时说，"是其生也，与吾同物，命之曰同"，故知"同"字不是与他人面貌相像的意思，而是与桓公同月同日生的意思。一说"同"与"通"同，那么，"通"则又是"私通"之意了。现译文仍依《穀梁》的本意，不作改动。

【译文】

［经］九月的丁卯日，太子同出生。

［传］《春秋》对子同是不是桓公的儿子存在疑问，所以就记载了这件事。当时的人都说，子同长得与别人相像。

2/6.6［经］冬，纪侯来朝[1]。

【注释】

〔1〕纪侯来朝：据《左传》记载，纪侯此次来朝见鲁桓公，是为了

求他代为向周桓王请命，要求与齐国结为友好，但桓公认为纪侯有杀君篡国之罪的嫌疑，不能为天子所容，故没有答应。

【译文】

　　[经] 冬季，纪国的国君来鲁国朝见。

七　年

2/7.1 ［经］七年[1]，春，二月己亥，焚咸丘[2]。

［传］其不言邾咸丘何也？疾其以火攻也。

【注释】
〔1〕七年：本年为周桓王十五年，公元前705年。
〔2〕咸丘：邾国地名。

【译文】
［经］桓公七年，春季，二月的己亥日，火攻咸丘。

［传］经文为什么不写明是邾国的咸丘？因为憎恶鲁国用火攻城的方法。

2/7.2 ［经］夏，谷伯绥来朝[1]。邓侯吾离来朝[2]。

［传］其名，何也？失国也。失国，则其以朝言之何也？尝以诸侯与之接矣。虽失国，弗损吾异日也。

【注释】
〔1〕谷伯绥：谷，古国名，嬴姓。谷伯名绥。
〔2〕邓侯吾离：邓，见2/2.6注〔1〕。邓侯名吾离。

【译文】

　　[经] 夏季，穀国的国君绥来朝访。邓国的国君吾离来朝访。

　　[传] 经文为什么都称呼他们的名字？因为他们都是失去国土的国君。既然已经失去了国土，那为什么还把他们到鲁国来说成是朝访？因为鲁国以前曾经按诸侯的礼节与他们交往过，现在他们虽已失去国土，也不能降低鲁国往日接待他们的礼仪。

八　年

2/8.1［经］八年[1]，春，正月己卯，烝[2]。

［传］烝，冬事也，春兴之[3]，志不时也。

【注释】

　　〔1〕八年：本年为周桓王十六年，公元前 704 年。

　　〔2〕烝：古代冬天举行的一种祭祀。《周礼·春官·大宗伯》："以烝，冬祭先王。"

　　〔3〕春兴之：《穀梁》以为时当正月，已在春季，却举行烝祭，故下句又说"志不时"。其实周朝时祭祀皆用夏历，桓公八年正月，正是夏历的十一月，就此而言，并非"不时"。但《补注》以为，祭祀之名，不以夏历为准，所以还是有失时之处的。

【译文】

　　［经］桓公八年，春季，正月的己卯日，举行烝祭。

　　［传］"烝"，是在冬天举行的一种祭祀活动，却在春季举行，这是记载祭祀不按照时令举行。

2/8.2［经］天王使家父来聘[1]。

【注释】

　　〔1〕家父：《集解》说是周桓王的大夫，姓家名父。

【译文】

[经] 周桓王派遣大夫家父来聘问。

2/8.3 [经] 夏，五月丁丑，烝。

[传] 烝，冬事也，春夏兴之，黩祀也[1]，志不敬也。

【注释】

〔1〕黩：亵渎。

【译文】

[经] 夏季，五月的丁丑日，举行烝祭。

[传] "烝"，是在冬天举行的一种祭祀活动，却在春季和夏季举行，这是对神圣的祭祀的亵渎，记载这件事，是为了表明不敬重祭祀。

2/8.4 [经] 秋，伐邾。

【译文】

[经] 秋季，攻伐邾国。

2/8.5 [经] 冬，十月，雨雪[1]。

【注释】

〔1〕十月，雨雪：《公羊》认为周历的十月，即夏历的八月，非雨雪之时，故说经文是"记异"。

【译文】

[经] 冬季，十月，下雪。

2/8.6 [经] 祭公来[1]，遂逆王后于纪[2]。

[传] 其不言使焉何也[3]？不正其以宗庙之大事即谋于我[4]，故弗与使也。"遂"，既事之辞也。其曰"遂逆王后"，故略之也。或曰天子无外[5]，王命之则成矣。

【注释】

〔1〕祭公：周朝的大夫。祭为姬姓的封国，故此人可能在周朝担任辅佐周王的要职。《集解》采用《公羊》的解说，认为是"天子三公"。

〔2〕王后：指周桓王的夫人。

〔3〕焉：语助词，表示语气的停顿。

〔4〕宗庙之大事：宗庙，这里代指周朝的统治。天子娶亲，是有关社稷的重大事情。

〔5〕天子无外：《穀梁》认为周王朝是天下一统的，它对于各诸侯国来说是不分内外的。

【译文】

[经] 祭公来到鲁国，于是到纪国迎娶王后。

[传] 经文中不说是天子派遣使臣前来，这是为什么？因为和鲁国商量这种与周朝的社稷有关的大事是不合正道的，所以就不给他加上"使"的名称。"遂"是表示紧接着发生下一件事的说法。经文中说"遂逆王后"，是有意省去了根据礼制规定的迎娶过程的记载。有人说：周朝的君王是没有国界的，天下的臣民都在他统治的范围之内，只要君王发出命令，这件事就成功了。

九　　年

2/9.1［经］九年^[1]，春，纪季姜归于京师^[2]。

［传］为之中者，归之也^[3]。

【注释】

〔1〕九年：本年为周桓王十七年，公元前703年。

〔2〕纪季姜：即前文所说的"王后"。

〔3〕归之：《春秋》经文中记载周朝天子迎娶王后的内容，均与鲁国有关，凡是鲁国参与了主婚之事的，迎娶王后时经过鲁国便写作"归"，凡不是鲁国主婚，经过鲁国时则写作"逆"。

【译文】

［经］桓公九年，春季，纪国的季姜回到了京城。

［传］鲁国是这桩婚事的主婚者，所以将季姜送到了京城。

2/9.2［经］夏，四月。

【译文】

［经］夏季，四月。

2/9.3［经］秋，七月。

【译文】

[经] 秋季，七月。

2/9.4 [经] 冬，曹伯使其世子射姑来朝[1]。

[传] "朝"不言"使"，言"使"，非正也。使世子伉诸侯之礼而来朝[2]，曹伯失正矣。诸侯相见曰"朝"，以待人父之道，待人之子，以内为失正矣。内失正，曹伯失正，世子可以已矣，则是放命也[3]。尸子曰[4]：夫已多乎道。

【注释】

〔1〕曹伯使其世子射姑：曹伯，曹桓公，名终生，公元前 756 年至前 702 年在位。 世子射姑，即太子，名射姑，后为曹庄公，公元前 701 年至前 671 年在位。

〔2〕伉诸侯之礼：伉，对等，匹敌的意思。据《左传》记载，"曹太子来朝，宾之以上卿"，"享曹大子初献，乐奏而叹"。《公羊》认为，《春秋》记载这一史实，是"讥父老子代从政"。《穀梁》的解说进一步发挥了这一意思。

〔3〕放命：放，违背的意思。

【译文】

[经] 冬季，曹桓公派遣他的太子射姑来朝会。

[传] "朝会"不能说成"派遣"，经文中说"派遣"，这是表示不合道。让太子用与诸侯相对等的礼节来朝见，曹国的国君就失去了正道了。只有诸侯之间的会见才能称为"朝"，用接待一个人的父亲的礼节，来接待他的儿子，这样鲁国也就失去了正道了。鲁国失去了正道，曹国的国君也失去了正道，太子当然可以不来朝见，但那样又违背了父亲的命令。尸子说：如果曹国的太子中止这次朝见，各方面就都合乎正道了。

十 年

2/10.1 [经] 十年^{〔1〕}，春，王正月庚申，曹伯终生卒^{〔2〕}。

[传] 桓无"王"，其曰"王"何也？正终生之卒也^{〔3〕}。

【注释】

〔1〕十年：本年为周桓王十八年，公元前702年。

〔2〕曹伯终生：即曹桓公。参见2/9.4注〔1〕。

〔3〕正终生之卒：《三传比义》引胡安国说："见二年书'王'，是正与夷之卒，此年书'王'，适曹伯薨，遂附益之，以为正终生之卒。误矣。果正诸侯之卒，不录篡弑者，陈侯鲍在五年之正月，曷不书'王'以正其卒？"可见，《穀梁》之说也有自我矛盾处。

【译文】

[经] 桓公十年，春季，周王的正月庚辰日，曹国的国君终生去世了。

[传]《春秋》经文中对桓公一般不写明"王"，这里为什么又写上"王"字？是正规地记载曹国国君终生之死。

2/10.2 [经] 夏，五月，葬曹桓公。

【译文】

[经] 夏季，五月，安葬了曹桓公。

2/10.3 [经] 秋，公会卫侯于桃丘[1]，弗遇。

[传] "弗遇"者，志不相得也[2]。"弗"，内辞也。

【注释】

〔1〕桃丘：卫国地名。

〔2〕"弗遇"者，志不相得：经文所说的"弗遇"，只是记载史实，但《穀梁》认为别有含义。其解释"遇"为"志相得"，"弗遇"自然就是"志不相得"了。又《集解》说："倡会者卫，鲁至桃丘而卫不来，故书'弗遇'，以杀耻。"

【译文】

[经] 秋季，桓公与卫国的国君约定在桃丘这个地方会面，但双方没能会见。

[传] "弗遇"这个词的意思，是表示双方的志趣互不相投。"弗"是经文为桓公遭到卫侯拒绝会见的隐讳写法。

2/10.4 [经] 冬，十有二月丙午，齐侯、卫侯、郑伯来战于郎[1]。

[传] "来战"者，前定之战也。内不言战，言战则败也。不言其人，以吾败也。不言"及"者，为内讳也。

【注释】

〔1〕来战于郎：《左传》记载了此次战役的起因。桓公六年，北戎攻伐齐国，齐向郑国求援，郑国公子忽率军出击，大败北戎。齐国为此犒

劳诸侯，请鲁国代为安排诸侯的席次。鲁国按周王朝分封的爵位等级为序，将郑国排在其他爵位较高的诸侯之后，公子忽大怒，因此酿成这次联合齐、卫攻鲁的战争。郎，鲁国的城邑，隐公时修筑。

【译文】

[经] 冬季，十二月的丙午日，齐国的国君、卫国的国君、郑国的国君在郎这个地方前来作战。

[传] 经文中说"来战"的意思，就是说双方已事先商定了会战。对于鲁国来说，经文中是不写明"战"的，如果写明"战"的话，那就是鲁国战败了。经文中没有提到应战的人，是因为鲁国战败了。又没有写到作战的另一方，这是在为鲁国避讳。

十 一 年

2/11.1 ［经］ 十有一年^{〔1〕}，春，正月，齐人、卫人、郑人盟于恶曹^{〔2〕}。

【注释】

　　〔1〕十有一年：本年为周桓王十九年，公元前701年。

　　〔2〕恶（wù，兀）曹：地名，在今河南延津东南。《左传》在齐、卫、郑三国后，又加"宋人"。

【译文】

　　［**经**］桓公十一年，春季，正月，齐国、卫国、郑国在恶曹这个地方举行盟会。

2/11.2 ［经］ 夏，五月癸未，郑伯寤生卒^{〔1〕}。

【注释】

　　〔1〕郑伯寤生：见1/1.3注〔1〕。

【译文】

　　［**经**］夏季，五月的癸未日，郑国的国君寤生去世了。

2/11.3 ［经］秋，七月，葬郑庄公。

【译文】

　［经］秋季，七月，安葬了郑庄公。

2/11.4 ［经］九月，宋人执郑祭仲[1]。

　［传］"宋人"者，宋公也[2]。其曰"人"，何也？贬之也[3]。

【注释】

　〔1〕祭仲：郑国的卿大夫，曾替郑庄公娶邓曼为妻，生公子忽，得宠于庄公。郑庄公死后，欲立公子忽为国君，后在宋国的干涉下，立公子突为国君。

　〔2〕宋公：宋庄公。

　〔3〕贬之：这里指贬斥宋国。宋国雍氏女嫁于郑庄公，生公子突，祭仲立忽为郑国国君后，雍氏因有宠于宋公，遂设计将祭仲捉到宋国，逼其出忽立突，祭仲答应了这一要求，于是立公子突，即郑厉公。

【译文】

　［经］九月，宋国人捉住了郑国的祭仲。

　［传］这里说的"宋人"，就是指宋庄公。经文中为什么要用"人"来称呼他？是为了贬斥他的行为。

2/11.5 ［经］突归于郑[1]。

　［传］曰"突"，贱之也。曰"归"，易辞也[2]。祭仲易其事，权在祭仲也。死君难，臣道也，今立恶而黜正，恶祭仲也。

【注释】

　　〔1〕突归于郑：据《左传》记载，祭仲答应了宋国的要求后，九月的丁亥日，公子忽出奔卫国，己亥日，公子突登上君位。

　　〔2〕易辞：简略的说法。《榖梁》认为经文中写到"归"，一般都指好的事情，这里上文用贱称，下文再说"归"，就是反语了。

【译文】

　　[**经**] 突回到了郑国。

　　[**传**] 这里直接称他的名字"突"，是轻视他的说法。将突回到郑国称为"归"，是表示蔑视的写法。祭仲改变了一国的立君大事，是因为大权掌握在他一人手中。当国君有难的时候，为国君而死，这是做臣下的应该遵循的道义。现在祭仲却立了不当立的人为国君，废黜了完全当立为国君的人，经文中这样写是为了表示对祭仲的憎恶。

2/11.6 [经] 郑忽出奔卫。

　　[传] "郑忽"者，世子忽也。其名，失国也。

【译文】

　　[**经**] 郑国的忽逃亡到卫国。

　　[**传**] 所谓"郑忽"，就是郑国的太子忽，直接称呼他的名字，是因为他失去了自己的国家。

2/11.7 [经] 柔会宋公、陈侯、蔡叔[1]，盟于折[2]。

　　[传] "柔"者何？吾大夫之未命者也。

【注释】

　　〔1〕柔：鲁国的大夫。

　　〔2〕折：地名，今所在不详。

【译文】

[经] 柔会见宋国国君、陈国国君、蔡国国君，在折这个地方结盟。

[传] 柔是什么人？是我们鲁国尚未正式任命的大夫。

2/11.8 [经] 公会宋公于夫锺[1]。

【注释】

〔1〕夫锺：郕国邑名。《公羊》经文，"锺"作"童"。

【译文】

[经] 桓公在夫锺会见宋庄公。

2/11.9 [经] 冬，十有二月，公会宋公于阚[1]。

【注释】

〔1〕阚：鲁国地名，一说鲁国公室的祖茔即在此地。参见10/32.2注〔1〕。

【译文】

[经] 冬季，十二月，桓公与宋庄公在阚这个地方会面。

十 二 年

2/12.1 [经] 十有二年[1]，春，正月。

【注释】

〔1〕十有二年：本年为周桓王二十年，公元前700年。

【译文】

[经] 桓公十二年，春季，正月。

2/12.2 [经] 夏，六月壬寅，公会纪侯、莒子，盟于曲池[1]。

【注释】

〔1〕公会纪侯、莒子，盟于曲池：纪侯，《左传》作"杞侯"，故以为自隐公四年莒人伐杞以后，莒、杞两国一直失和，此次在鲁国的参与下，两国才改善了关系。曲池，鲁国地名，今山东宁阳东北。

【译文】

[经] 夏季，六月的壬寅日，桓公会见纪国国君、莒国国君，在曲池这个地方缔结盟约。

2/12.3［经］秋，七月丁亥，公会宋公、燕人[1]，盟于穀丘[2]。

【注释】

　〔1〕公会宋公、燕人：据《左传》记载，宋国帮助郑厉公登上君位，向郑国索取财物，两国因此失和。桓公会见宋国国君，就是为了调解宋、郑的矛盾。

　〔2〕穀丘：地名。《左传》传文作"句渎之丘"，在今河南商丘。

【译文】

　［经］秋季，七月的丁亥日，桓公会见宋国国君、燕国人，在穀丘这个地方订立盟约。

2/12.4［经］八月壬辰，陈侯跃卒[1]。

【注释】

　〔1〕陈侯跃：即陈厉公，名跃。公元前706年即位，在位共七年。

【译文】

　［经］八月的壬辰日，陈厉公跃去世。

2/12.5［经］公会宋公于虚[1]。

【注释】

　〔1〕虚，宋国地名，今河南延津南。

【译文】

　［经］桓公在虚这个地方会见宋国国君。

2/12.6 ［经］ 冬，十有一月，公会宋公于龟[1]。

【注释】

〔1〕龟：宋国地名，今河南睢县一带。

【译文】

　［经］冬季，十一月，桓公在龟这个地方会见宋国国君。

2/12.7 ［经］ 丙戌，公会郑伯，盟于武父[1]。

【注释】

　〔1〕武父：郑图地名，今山东东明南部。据《左传》的解说，鲁、宋两国的国君多次会见，但终因宋国拒绝和解，所以鲁国转而与郑国结盟。

【译文】

　［经］丙戌日，桓公会见郑国的国君，在武父这个地方订立盟约。

2/12.8 ［经］ 丙戌，卫侯晋卒[1]。
　［传］ 再称日[2]，决日义也[3]。

【注释】

　〔1〕卫侯晋：即卫宣公，名晋。参见1/4.7注〔1〕。在位共十九年。
　〔2〕再称日：前条经文已经写明是丙戌日，这里再用"丙戌"记事，故说是"再称日"。
　〔3〕决日义：决，判别、区别的意思。一说这句中的"义"当理解为"宜"，即应该的意思。

【译文】

［经］丙戌日，卫国的国君晋去世了。

［传］经文再次用丙戌日记载所发生的事情，是为了判别这一天不同事情的不同含义。

2/12.9 ［经］十有二月，及郑师伐宋[1]。丁未，战于宋。

［传］非与所与伐战也[2]，不言与郑战，耻不和也[3]。于伐与战，败也，内讳败，举其可道者也。

【注释】

〔1〕及郑师伐宋：据《左传》记载，此次攻伐宋国，是因为宋国的"无信"。大约是指鲁桓公与宋国订立盟约而被拒绝的事。《公羊》的解说也认为是鲁国联合郑国与宋国交战。

〔2〕非与所与伐战：非，责备、批评的意思。所与伐，指同鲁国一起讨伐别国的国家，也就是郑国。《穀梁》以为是鲁国在联合郑国讨伐了宋国以后，又与郑国之间发生了战争。

〔3〕耻不和：《穀梁》因为将"战"理解为与郑国作战，而郑国又在不久前同鲁国订立了盟约，所以认为这是鲁郑两国之间不和的表现，经文耻于说明这一点，就用比较隐讳的文字来记载这件事。

【译文】

［经］十二月，与郑国的军队一起讨伐宋国。丁未日，双方在宋国的地界上交战。

［传］经文是在责备鲁国与曾一起讨伐宋国的盟国交战，这里不明确说出是和郑国作战，是因为对两个订有盟约的国家之间发生战争感到可耻。在共同讨伐宋国的时候，鲁、郑两国相互交战，鲁国又被打败了。经文为它隐讳，只选择了一些合适的话来讲。

十 三 年

2/13.1 ［经］十有三年[1]，春，二月，公会纪侯、郑伯[2]。己巳，及齐侯、宋公、卫侯、燕人战，齐师、宋师、卫师、燕师败绩。

［传］其言“及”者，由内及之也。其曰“战”者，由外言之也。战称“人”，败称“师”，重众也。其不地，于纪也。

【注释】

〔1〕十有三年：本年为周桓王二十一年，公元前699年。

〔2〕公会纪侯、郑伯：由于宋国向郑国索取财物，鲁国从中调解不成，所以鲁、宋失和。宋国利用齐国灭纪侵鲁之心，劝齐国出兵攻纪，宋则与卫、燕合兵助之。鲁国出于保纪即为自保的考虑，与纪、郑联合。

【译文】

［经］桓公十三年，春季，二月，桓公会见纪国的国君、郑国的国君。己巳日，与齐僖公、宋庄公、卫惠公、燕宣公率领的军队交战，齐、宋、卫、燕四国的军队被击败。

［传］这里所说的“及”，是从鲁国说到鲁国以外的诸侯国。这里所说的“战”，则是从纪国、郑国这些鲁国以外的诸侯国说起的。记述交战时只提到某些人，说到战败时称某国军队，这是

重视人数众多的意思。经文中没有记载双方交战的地点，因为战场就在纪国的土地上。

2/13.2 [经] 三月，葬卫宣公。

【译文】

　　[经] 三月，安葬了卫宣公。

2/13.3 [经] 夏，大水。

【译文】

　　[经] 夏季，大水泛滥。

2/13.4 [经] 秋，七月。

【译文】

　　[经] 秋季，七月。

2/13.5 [经] 冬，十月。

【译文】

　　[经] 冬季，十月。

十 四 年

2/14.1 ［经］ 十有四年^[1]，春，正月，公会郑伯于曹^[2]。

【注释】

〔1〕十有四年：本年为周桓王二十二年，公元前 698 年。

〔2〕公会郑伯于曹：曹，见 2/5.9 注〔1〕。据《左传》记载，当鲁桓公与郑厉公会见时，"曹人致饩"。饩，活的牲口。致是献的意思。

【译文】

　［经］桓公十四年，春季，正月，桓公与郑厉公在曹国会面。

2/14.2 ［经］ 无冰^[1]。

　［传］无冰，时燠也^[2]。

【注释】

〔1〕无冰：周历的正月为春季，在夏历中则为冬季，如按正常的时令，正当冰雪严寒之时。

〔2〕燠：读作"yù（育）"，温暖的意思。

【译文】

　　[经] 没有结冰。

　　[传] 没有结冰，是因为此时的气候温暖。

2/14.3 [经] 夏五[1]，郑伯使其弟御来盟[2]。

　　[传] 诸侯之尊，弟兄不得以属通，"其弟"云者，以其来我，举其贵者也。"来盟"，前定也。不日，前定之盟不日。孔子曰："听远音者，闻其疾而不闻其舒；望远者，察其貌而不察其形。"立乎定、哀[3]，以指隐、桓，隐、桓之日远矣。"夏五"，传疑也。

【注释】

　　〔1〕夏五：可能是指夏季的五月。《左传》无传文，《公羊》说："夏五者何？无闻焉尔。"

　　〔2〕其弟御：即郑厉公之弟，名御。《左传》"御"作"语"，解说中称其字为"子人"。

　　〔3〕立乎定、哀：定、哀，指春秋末期鲁国的最后两位国君定公和哀公。定公，公元前509年至公元前495年在位；哀公，公元前494年至公元前467年在位。孔子即生活在这一时期。

【译文】

　　[经] "夏五"，郑厉公派遣他的弟弟御来鲁国结盟。

　　[传] 由于诸侯的尊贵地位，兄弟之间不应当随便使用表示亲属关系的称呼。经文中说是"其弟"，那是因为他出使到我国来，所以要特别举出他尊贵的身份。所谓"来盟"，就是说这次结盟在以前就早已约定了的。没有记载结盟的日期，是因为事前约定的结盟照例是不记日期的。孔子说："倾听来自远处的声音，只能听到它激扬的声响，却听不到徐缓的音调；遥望远处的景物，只能看到它大致的面貌，却无法看清它细致的容颜形状。"孔子生

活在定公、哀公时代，要记述隐公、桓公时代发生的事情，当然就觉得隐公、桓公的日子已经离去很远了。所以这里的所谓"夏五"，也就是记下来存疑的。

2/14.4 ［经］ 秋，八月壬申，御廪灾[1]。乙亥，尝[2]。

［传］御廪之灾不志。此其志，何也？以为唯未易灾之余而尝可也，志不敬也。天子亲耕以共粢盛[3]，王后亲蚕以共祭服。国非无良农工女也，以为人之所尽，事其祖祢[4]，不若以己所自亲者也。何用见其未易灾之余而尝也？曰，甸粟而内之三宫[5]，三宫米而藏之御廪[6]，夫尝必有兼甸之事焉[7]。"壬申御廪灾，乙亥尝"，以为未易灾之余而尝也。

【注释】

〔1〕御廪灾：御廪，《公羊》说是"粢盛委之所藏也"，也就是国君存放祭祀所用的粮食的仓库。　灾，指发生火灾。

〔2〕尝：祭祀的名称。在秋天收获季节时举行，意在让先人品尝新收获的粮食。

〔3〕以共粢盛：共，通"供"。粢盛，举行尝祭时放在祭器中供先人享用的粮食。

〔4〕事其祖祢：事，侍奉。祢，读作"nǐ（你）"，去世的父亲在宗庙中所立的牌位，代指去世的父亲。《公羊传·隐公元年》"惠公者何？隐之考也"，汉何休注："生称父，死称考，入庙称祢。"

〔5〕甸粟而内之三宫：甸，《集解》说是"甸师"，即周朝时掌管诸侯、王家籍田耕耘、收获的官员。《周礼》中属"天官·冢宰"。内，同"纳"，收纳、保存的意思。三宫，指诸侯夫人所居的宫室。按照古礼，王后为六宫，诸侯夫人三宫。《集解》说，"三宫，三夫人也"，恐不当。时诸侯虽可纳妾，但称为夫人的只能有一人，犹如周王也只能有一个王后。

〔6〕米：作动词用，舂米的意思。

〔7〕兼甸：甸，同"田"，作动词用，耕作的意思。这里专指国君收割，夫人舂米。

【译文】

[经] 秋季，八月的壬申日，储藏祭祀所用粮食的仓库发生火灾。乙亥日，举行尝祭。

[传] 储藏祭祀所用粮食的仓库发生火灾，按经文的体例是不记载的。这里却加以记载，这是为什么？经文认为，虽然不换掉火灾烧剩的谷物就举行尝祭，也是可以的，但这里予以记载，则是为了记下桓公不敬重祖先的行为。天子要亲自耕种，以供给祭祀所用的谷物，王后要亲自养蚕，来供给制作祭祀礼服所用的丝绸。国家并不是没有优秀的农夫和织妇，但一个人尽他的努力去供奉他的祖先和父辈，再也没有比用亲自生产出来的东西去祭祀更好了。是怎么知道鲁国国君没有换掉火灾烧剩下来的谷物便举行尝祭的呢？回答是：掌管农田的官员将谷物送到夫人的宫中，夫人将谷子舂成米送到储藏祭祀所用粮食的仓库里去。尝祭是一定会有国君割稻、夫人舂米这样的事情的。现在经文中记载壬申日仓库发生火灾，乙亥日举行尝祭，这就可以知道鲁国的国君没有更换仓库中烧剩下来的粮食，就举行尝祭了。

2/14.5 [经] 冬，十有二月丁巳，齐侯禄父卒[1]。

【注释】

〔1〕齐侯禄父：即齐僖公，见1/3.6注〔1〕。

【译文】

[经] 冬季，十二月的丁巳日，齐国国君禄父去世。

2/14.6 ［经］ 宋人以齐人、蔡人、卫人、陈人伐郑[1]。

［传］"以"者，不以者也。民者，君之本也，使人以其死，非正也。

【注释】

〔1〕"宋人以齐人……伐郑"：据《左传》记载，此次战争，是宋国为了报复在桓公十三年二月四国伐纪之战失利而引起的。因四国伐纪主要是为了进一步对付鲁、郑两国，所以这次就直接攻打郑国了。

【译文】

［经］宋国用齐国人、蔡国人、卫国人、陈国人攻伐郑国。

［传］所谓"以"的意思，就是不应当用。民众，是国君的根本，驱使民众去作战送死，这是不合正道的。

十 五 年

2/15.1 ［经］十有五年[1]，春，二月，天王使家父来求车[2]。

［传］古者，诸侯时献于天子以其国之所有，故有辞让而无征求。求车，非礼也。求金[3]，甚矣。

【注释】

〔1〕十有五年：本年为周桓王二十三年，公元前697年。

〔2〕使家父来求车：家父，周桓王的大夫。求车，指向鲁国求取车辆。《左传》说，"天王使家父来求车，非礼也。诸侯不贡车服，天子不求私财。"

〔3〕求金：周朝天子向鲁国求取金钱一事，见"文公九年"。《穀梁》将后来之事提前议论，旨在说明当时周朝天子的权威正日益衰微。

【译文】

［经］桓公十五年，春季，二月，周桓王派遣大夫家父来向鲁国求取车辆。

［传］古时候，诸侯要按时将他国内出产的物品贡献给天子，所以天子只有推辞和谦让的事，却没有征敛和索取的事。向诸侯索取车辆，这是不符合礼制的。像后来的向诸侯索取钱财，那就更加过分了。

2/15.2 [经] 三月乙未，天王崩[1]。

【注释】

〔1〕天王崩：指周桓王去世。《公羊传·隐公三年》："天子曰崩，诸侯曰薨，大夫曰卒，士曰不禄。"

【译文】

[经] 三月的乙未日，周桓王去世了。

2/15.3 [经] 夏，四月己巳，葬齐僖公。

【译文】

[经] 夏季，四月的己巳日，安葬齐僖公。

2/15.4 [经] 五月，郑伯突出奔蔡[1]。
[传] 讥夺正也[2]。

【注释】

〔1〕郑伯突出奔蔡：据《左传》记载，郑厉公（突）因为不满祭仲的专权，想除掉他，但事泄，遂出逃蔡国。

〔2〕夺正：郑庄公死后，继承君位的应该是公子忽，但在宋国的干预下，辅政大臣祭仲立公子突为君，所以《穀梁》认为他是篡夺了嫡长子的君位。《集解》说："礼，诸侯不生名。今名突，以讥之。"

【译文】

[经] 郑国国君突出逃蔡国。
[传] 这是对篡夺了嫡长子君位的讥刺。

2/15.5 [经] 郑世子忽复归于郑[1]。
[传] 反正也[2]。

【注释】

〔1〕郑世子忽：郑庄公长子，本应继承君位，但在宋国的干预和祭仲的操纵下，被迫出逃卫国。现重新回到郑国，继承君位，是为郑昭公。

〔2〕反正：这是《穀梁》发挥"夺正"之义的又一说法。传文认为经文的记载是对公子忽重登君位表示褒扬。

【译文】

[经] 郑国的太子忽重新回到郑国。

[传] 这是嫡长子重新获得了本应属于他的国君之位。

2/15.6 [经] 许叔入于许[1]。

[传] 许叔，许之贵者也，莫宜乎许叔。其曰"入"，何也？其归之道，非所以归也[2]。

【注释】

〔1〕许叔入于许：许叔，参见1/11.3注〔1〕。许叔居许东偏后，郑国不准他祭祀祖庙，实际上就是剥夺了许叔的治国权力。现在郑昭公重新执政，又允许其复国。

〔2〕其归之道，非所以归也：归，指许叔复归其位。《穀梁》以"归"为善辞，认为许叔并非受王命而离国，又非受王命而复国，所以不能被认为是正当的回归。

【译文】

[经] 许叔回到许国。

[传] "许叔"，是许国地位尊贵的人，假如是立国君的话，没有比他更合适的了。经文对他回国称"入"，是什么意思？因

为他返回许国的方式，不是正常的。

2/15.7 ［经］公会齐侯于蒿[1]。

【注释】

〔1〕会齐侯于蒿：齐侯，齐僖公去世后，其子诸儿即位，是为襄公。蒿，地名。《左传》作"艾"，《公羊》作"鄗"。参见 1/6.2 〔2〕。据《左传》记载，此次两国会面，是为了安定许国的局势。

【译文】

［经］桓公在蒿这个地方会见齐襄公。

2/15.8 ［经］邾人、牟人、葛人来朝[1]。

【注释】

〔1〕牟人、葛人：牟，春秋时的小国，在今山东莱芜东部。葛，古国名。在今河南睢县一带，一说在今河南郾城一带，曾为商汤所灭，春秋时为鲁国的附庸。《公羊》说："皆何以称'人'？夷狄之也。"

【译文】

［经］邾国人、牟国人、葛国人来鲁国朝见。

2/15.9 ［经］秋，九月，郑伯突入于栎[1]。

【注释】

〔1〕郑伯突入于栎：据《左传》和《公羊》的解说，"栎"为郑国的一个城邑，在今河南禹县。栎人杀守邑大夫檀伯，突乘机进入栎，并以此为居住之处。又《史记·郑世家》记载，六月间，祭仲迎昭公入郑

复位，九月，诸侯闻厉公出奔，伐郑不克。突入栎后，宋国"颇与厉公兵，自守于栎，郑以故亦不伐栎"。

【译文】

［经］秋季，九月，郑国国君突进入栎。

2/15.10［经］冬，十有一月，公会宋公、卫侯、陈侯于袤[1]，伐郑。

［传］地而后伐，疑辞也，非其疑也。

【注释】

〔1〕袤：读作"yí（移）"，郑国地名，今安徽宿县西。袤，《公羊》作"侈"，"宋公"前有"齐侯"二字。据《左传》记载，此次伐郑的目的是准备接纳厉公，但讨伐没有成功。

【译文】

［经］冬季，十一月，桓公在袤这个地方与宋庄公、卫惠公、陈庄公会面，讨伐郑国。

［传］记载了会见的地点，然后写讨伐郑国，是表示对这次讨伐行动有所疑惑的写法，实际上这是不应当疑惑的。

十 六 年

2/16.1 ［经］十有六年[1]，春，正月，公会宋公、蔡侯、卫侯于曹[2]。

【注释】

〔1〕十有六年：本年为周庄王元年，公元前 696 年。

〔2〕公会宋公……于曹：此次会面仍是为了讨伐郑国。

【译文】

［经］桓公十六年，春季，正月，桓公在曹国与宋庄公、蔡桓侯、卫惠公会面。

2/16.2 ［经］夏，四月，公会宋公、卫侯、陈侯、蔡侯，伐郑[1]。

【注释】

〔1〕公会宋公……伐郑：《集解》说："蔡常在卫上，今序陈下，盖后至。"说明五国的军队不是同时出兵的。

【译文】

［经］夏季，四月，桓公会同宋庄公、卫惠公、陈庄公、蔡

桓侯，攻打郑国。

2/16.3 [经] 秋，七月，公至自伐郑[1]。

[传] 桓无会，其致何也？危之也[2]。

【注释】

〔1〕至自：至，国君外出归来后在祖庙举行祭告仪式，以向祖先汇报外出之事，并报平安回国。《左传》称"以饮至之礼"。自，来自。这里是说桓公参加了诸侯攻打郑国后回到了鲁国。

〔2〕危之：《集解》说："桓公再助篡伐正，危殆之甚。"

【译文】

[经] 秋季，七月，桓公从讨伐郑国的前线回国，举行祭告祖庙的典礼。

[传] 经文并未记载桓公为会盟的事举行过祭告祖庙的典礼，这里为什么又记载他攻打郑国归来时祭告祖庙的典礼？因为《春秋》认为桓公的行为已经非常危险了。

2/16.4 [经] 冬，城向[1]。

【注释】

〔1〕向：本为小国，春秋初为莒国兼并，成为莒邑，后于公元前605年为鲁国夺取。参见7/4.2注〔1〕。

【译文】

[经] 冬季，修筑向邑的城墙。

2/16.5 [经] 十有一月，卫侯朔出奔齐[1]。

[**传**] 朔之名，恶也，天子召而不往也[2]。

【注释】

〔1〕卫侯朔出奔齐：卫侯朔，即卫惠公，名朔，公元前699年即位。出奔齐，朔谋杀其兄而取得君位，后为公子泄、公子职所怨恨，遂立公子黔牟为国君，朔出奔齐国。

〔2〕天子召而不往：时周桓王去世不到两年，庄王即位后，经文中并未提到他召见卫侯的事，《穀梁》此说，与《公羊》"得罪于天子"的解说相似，不知何据。

【译文】

[**经**] 卫惠公朔逃亡到齐国。

[**传**] 直呼"朔"的名字，是因为憎恶他杀兄夺位的行为。周朝的天子召见他，他也拒绝前往。

十 七 年

2/17.1 [经] 十有七年[1]，春，正月丙辰，公会齐侯、纪侯，盟于黄[2]。

【注释】

〔1〕十有七年：本年为周庄王二年，公元前 695 年。

〔2〕黄：齐国地名，今地不详。此次盟会，是为了平息齐国与纪国之间的纠纷，并且谋划卫惠公朔返回国内的事。

【译文】

[经] 桓公十七年，春季，正月的丙辰日，桓公与齐襄公、纪国的国君在黄这个地方结盟。

2/17.2 [经] 二月丙午，公及邾仪父盟于趡[1]。

【注释】

〔1〕及邾仪父盟于趡：及，《左传》作"会"。邾仪父，见 1/1.2 注〔1〕。 趡，读作"cuǐ（璀）"。鲁国地名，今山东泗水、邹县一带。

【译文】

[经] 二月的丙午日，桓公与邾国的仪父在趡这个地方盟会。

2/17.3［经］夏，五月丙午，及齐师战于郎[1]。

［传］内讳败，举其可道者也。不言其人，以吾败也。不言及之者，为内讳也。

【注释】

〔1〕及齐师战于郎：郎，鲁国地名。《左传》作"奚"，在今山东滕县一带。

【译文】

［经］夏季，五月的丙午日，与齐国的军队在郎这个地方交战。

［传］因为要替鲁国掩饰作战失败，所以经文选择了比较合适的话来讲。经文没有提到率领鲁国军队的人，是因为我国战败了。不提对方统率军队的人，而只说是齐国军队，也是为了替鲁国掩饰失败。

2/17.4［经］六月丁丑，蔡侯封人卒[1]。

【注释】

〔1〕蔡侯封人：即蔡桓侯，名封人。公元前714年即位，在位共二十年。

【译文】

［经］六月的丁丑日，蔡国国君封人去世。

2/17.5［经］秋，八月，蔡季自陈归于蔡[1]。

［传］蔡季，蔡之贵者也，"自陈"，陈有奉焉尔。

【注释】

〔1〕蔡季自陈归于蔡：蔡季，名献舞，蔡桓侯之弟。自陈归，《集解》以为蔡季回到蔡国，"陈以力助"。

【译文】

[经] 秋季，八月，蔡季从陈国回到了蔡国。

[传] 蔡季，是蔡国地位尊贵的人，经文说他从陈国返回蔡国，意思就是陈国在其中出了不少力。

2/17.6 [经] 癸巳，葬蔡桓侯[1]。

【注释】

〔1〕葬蔡桓侯：《集解》引徐邈曰："葬者，臣子之事，故书葬皆以'公'配谥。此称'侯'，盖蔡臣子失礼，故即其所称以示过。"

【译文】

[经] 癸巳日，安葬了蔡桓侯。

2/17.7 [经] 及宋人、卫人伐邾[1]。

【注释】

〔1〕伐邾：据《左传》记载，此次伐邾，是由宋国提出的。《穀梁传·隐公元年》有"及者，内为志焉尔"的解说，此处说"及"，据杜预注，鲁国似有被迫之嫌。

【译文】

[经] 与宋国、卫国攻伐邾国。

2/17.8 ［经］冬，十月朔〔1〕，日有食之〔2〕。

［传］言朔不言日，食既朔也〔3〕。

【注释】

〔1〕十月朔：据《日食集证》，此次日食应在十一月的朔日。

〔2〕日有食之：食甚为本日十八时二十一分三十六秒。

〔3〕食既朔：《穀梁》以为经文言朔不言日，是因为此次日食不在朔的正日，而是在朔后的一日。《左传》以为这是因为记载天象的官员有失误。二说均不确。日食发生在朔的正日，月食发生在望的正日，这是不变的规律。此处言朔不言日，可能是由于经文的遗漏或略而未书。

【译文】

［经］冬季，十月的初一日，发生了日食。

［传］虽然写明了是初一，却没有记载这一天的干支日期，是因为这次日食发生在初一过后的那天。

十 八 年

2/18.1［经］十有八年[1]，春，王正月，公会齐侯于泺[2]。公与夫人姜氏遂如齐。

［传］泺之会，不言及夫人，何也？以夫人之伉[3]，弗称数也。

【注释】

〔1〕十有八年：本年为周庄王三年，公元前694年。

〔2〕泺：读作"luò（洛）"，古河流名。发源于今山东济南，趵突泉为其源头，向北流经泺口入古济水。

〔3〕伉：同"亢"，骄纵的意思。

【译文】

［经］桓公十八年，春季，周王的正月，桓公在泺这个地方会见齐国的国君。桓公又与夫人文姜一起到了齐国。

［传］在泺这个地方的会见中，经文不说桓公和他的夫人，这是为什么？因为夫人行为骄纵，所以没有将她列入在参与会见的人当中。

2/18.2［经］夏，四月丙子，公薨于齐[1]。

［传］其地，于外也，薨称"公"，举上也[2]。

【注释】

〔1〕公薨于齐：据《左传》记载，桓公与夫人一起到了齐国，夫人与齐国的国君私通，桓公谪夫人，夫人告于齐侯，于是齐侯派公子彭生驾车接桓公，桓公死于车上。

〔2〕举上：以称公而尊上。《穀梁》认为经文中称"公"，是以五等爵位的第一等来称呼他，表示对死者的尊重。《集解》说，"公，五等之上"。

【译文】

［经］夏季，四月的丙子日，桓公在齐国去世。

［传］经文中记载了桓公的死亡地点，表示他是死在国外的；桓公死后，经文中称他为"公"，是用最上等的爵位来表示对他的尊重。

2/18.3 ［经］丁酉，公之丧至自齐[1]。

【注释】

〔1〕公之丧至自齐：桓公于"丙子"死，"丁酉"灵柩回到鲁国，中间相隔了二十一天。

【译文】

［经］丁酉日，桓公的灵柩从齐国回到鲁国。

2/18.4 ［经］秋，七月。

【译文】

［经］秋季，七月。

2/18.5〔经〕 冬，十有二月己丑，葬我君桓公。

〔传〕葬我君，接上下也[1]。君弑，贼不讨，不书葬，此其言"葬"何也？不责逾国而讨于是也。桓公葬而后举谥，谥所以成德也，于卒事乎加之矣[2]。知者虑[3]，义者行，仁者守，有此三者备，然后可以会矣[4]。

【注释】

〔1〕接上下：《集解》说："言我君举国上下之辞。"

〔2〕"谥所以成德"二句：按照古代谥法制度，谥号必定要等盖棺以后才能确定。

〔3〕知：同"智"。

〔4〕然后可以会：《集解》说，"桓无此三者，而出会大国，所以见杀。"

【译文】

〔经〕冬季，十二月的己丑日，安葬了我国的国君桓公。

〔传〕经文中说安葬了我国的国君，这是连接君主与臣民为一体的说法。国君被人杀害，凶手还没有讨伐，照例是不能记载葬礼的，这里却说举行了葬礼，这是为什么？因为要在这种时候越过国境去讨伐杀害国君的人是不容易的，所以对此不能加以谴责。桓公安葬后才能制定他的谥号。谥号是用来表彰君主生前成就的功业德行的，所以只有在他死后才能加赠。有智慧的人思虑周全，讲道义的人遇事果断，行仁爱的人可以护守，一个国家有了这三种人，然后国君才能外出与别国会盟。

庄 公

元 年

3/1.1 [经] 元年[1]，春，王正月。

[传] 继弑君，不言即位，正也。继弑君不言即位之为正，何也？曰：先君不以其道终，则子不忍即位也。

【注释】

〔1〕元年：本年为周庄王四年，公元前693年。庄公名同，即位时仅十二岁。

【译文】

[经] 庄公元年，春季，周王的正月。

[传] 继承被杀害的国君而立，不说即位，这是符合经文的书例的。继承被杀害的国君而自立，照例不称即位，这是为什么呢？回答是：如果前代国君不是在正常情况下去世的，那么他的子弟也就不忍心举行正式的即位大典。

3/1.2 [经] 三月，夫人孙于齐[1]。

[传] "孙"之为言，犹孙也[2]，讳奔也[3]。接练时[4]，录母之变，始人之也[5]。不言氏姓，贬之也。人

之于天也，以道受命；于人也，以言受命。不若于道者〔6〕，天绝之也；不若于言者，人绝之也。臣子大受命。

【注释】

〔1〕夫人：即桓公的夫人、庄公的母亲文姜。

〔2〕孙：同"逊"，逃遁。

〔3〕奔：逃亡。

〔4〕接练：接，《补注》说，"接"与"际"同义，犹言会也。练，祭祀仪式的名称。父亲或母亲去世一周年之际，在家庙举行祭奠，届时与祭者均以槌练过的布帛为衣冠，故谓之"练"。桓公于去年四月薨于齐国，至本年三月，恰好为一年。

〔5〕人：同"仁"。

〔6〕若：顺从。

【译文】

［经］三月，夫人逃遁到齐国。

［传］经文中说"孙"，就相当于"逊"的意思，这是隐讳夫人出逃的说法。正当举行练祭的时候，庄公因为思念母亲遭到变故，就按照作为一个儿子所应该遵循的仁义道德，记录了这件事。经文中没有称夫人的姓氏，是为了贬斥她。任何人对于上天来说，都要通过道义来承受天命；对于君王、父母来说，都是通过言传身教来接受约束的。对于不顺从天道的人，上天便会弃绝他，对于不顺从言传身教的人，众人也会弃绝他。为人臣子，就要顺从天道和人道。

3/1.3 ［经］夏，单伯逆王姬〔1〕。

［传］"单伯"者何？吾大夫之命乎天子者也〔2〕，命大夫，故不名也。其不言"如"，何也？其义不可受

于京师也。其义不可受于京师，何也？曰：躬君弑于齐，使之主婚姻[3]，与齐为礼，其义固不可受也。

【注释】

〔1〕单伯逆王姬：单伯，鲁国的大夫。《集解》说"单，音善。单，姓；伯，字"。逆，迎接。王姬，周庄王的女儿。《左传》"逆"作"送"。

〔2〕命：受命。《集解》说："诸侯岁贡士于天子，天子亲命之，使还其国，为大夫者不名，天子就其国命之者，以名氏通也。"

〔3〕主婚姻：按照周朝的礼制，天子之女下嫁诸侯，必以同姓诸侯为之主婚。鲁国为姬姓，故王姬嫁齐襄公时，由鲁国的国君主持婚礼。

【译文】

[经] 夏季，单伯迎接周庄王的女儿。

[传] "单伯"这个人是谁？他是由周朝天子任命的鲁国大夫，既然是周朝天子任命的大夫，所以经文中就不写他的名了。经文中不说"如"，这是为什么？因为根据道义，鲁国不能从周天子那儿接受这样的命令。为什么不能从周天子那儿接受这样的命令？回答是：鲁国的前代国君就是在齐国被杀的，现在却让他的儿子庄公来为齐国的国君主婚，并与齐君按礼节来交往，这种事情，在道义上来说是不能接受的。

3/1.4 [经] 秋，筑王姬之馆于外[1]。

[传] "筑"，礼也。"于外"，非礼也。筑之为礼，何也？主王姬者，必自公门出，于庙则已尊[2]，于寝则已卑[3]，为之筑，节矣。筑之外，变之正也[4]。筑之外变之为正，何也？仇雠之人，非所以接婚姻也，衰麻非所以接弁冕也[5]。其不言齐侯之来逆，何也？不使齐侯

得与吾为礼也。

【注释】

〔1〕外：城外。

〔2〕庙：指朝堂，即诸侯听政公于的地方。《公羊》称为"路寝"。

〔3〕寝：指内室，即诸侯休憩睡眠的地方。《公羊》称为"小寝"。

〔4〕变之正也：变，指变通的礼节。正，指正常的礼节。

〔5〕衰麻：衰，读作"cuī（催）"，古人丧服的胸前当心处所缀长六寸、宽四寸的麻布条。衰麻，这里泛指丧服。　弁冕：弁，贵族所戴的帽子。冕，君王所戴的帽子。这里泛指王公贵族所戴的帽子。

【译文】

[经] 秋季，为周王之女在城外建造行馆。

[传] 为周王之女建造行馆是合乎礼制的，但将行馆建造在城外就不合礼制了。建造行馆是合乎礼制的，为什么呢？因为主持周王之女婚事的人，必定是从官殿的中门出来，如将周王之女安置在朝堂内就过于尊贵了，如果让她住在诸侯的内堂卧室，又太轻慢了，所以说为周王之女建造行馆的做法是合适的。将行馆建造在城外虽然变动了礼制，但还是合乎正道的。将行馆建在城外，虽然变动了礼制但还是合乎正道的，这是为什么呢？因为相互有仇的人，不可以一起来承办婚姻大事，正在服丧而披麻戴孝的人，也不可以同身穿迎亲礼服、头戴华丽冠冕的人往来交接。经文中没有说齐侯前来迎娶，这是为什么？为的是不让齐国的国君有机会与我国进行礼节上的交往。

3/1.5 [经] 冬，十月乙亥，陈侯林卒[1]。

[传] 诸侯日卒，正也。

【注释】

〔1〕陈侯林：陈庄公，名林，公元前699年即位，在位共七年。

【译文】

[经] 冬季，十月的乙亥日，陈庄公林去世。

[传] 诸侯死亡记载日期是正规的。

3/1.6 [经] 王使荣叔来锡桓公命[1]。

[传] 礼，有受命，无来锡命。锡命，非正也。生服之，死行之[2]，礼也；生不服，死追锡之，不正甚矣。

【注释】

〔1〕荣叔来锡桓公命：荣，氏；叔，字。周庄王的上大夫。锡，赐的意思。

〔2〕行：指死后按照一定的爵位等级举行葬礼。

【译文】

[经] 周庄王派荣叔送来追赐桓公的赏礼。

[传] 根据礼制，只有诸侯前往接受周朝君主的诏命和赏物，没有周朝君主派人前来赐予诏命和赏物的。周朝君主派人前来赐予诏命和赏物的做法，是不合正道的。诸侯生前穿天子赐予的礼服，死后便按这个等级来举行葬礼，这是正常的礼制；现在生前没有穿上，死后才追加赐予，这种做法太不符合正常的礼制了。

3/1.7 [经] 王姬归于齐[1]。

[传] 为之中者[2]，归之也。

【注释】

〔1〕王姬：即嫁于齐襄公的周王之女。

〔2〕为之中者：指鲁国主持了这次婚礼。

【译文】

[经] 将周王之女送到齐国。

[传] 因为周王之女的婚事是由鲁国主持的，所以派人送她出嫁。

3/1.8 [经] 齐师迁纪、郱[1]、鄑[2]、郚[3]。

[传] 纪，国也；郱、鄑、郚，国也。或曰：迁纪于郱、鄑、郚。

【注释】

〔1〕郱：读作"píng（评）"，纪国邑名，在今山东临朐东南。
〔2〕鄑：读作"zī（资）"，纪国邑名，在今山东昌邑西部。
〔3〕郚：读作"wú（吾）"，纪国邑名，在今山东安丘西南。

【译文】

[经] 齐国的军队迁移纪、郱、鄑、郚地的民众。

[传] "纪"是一个国家；"郱"、"鄑"、"郚"也是国家。也有的说：是把纪国的民众迁到了郱、鄑、郚这三个地方。

二　年

3/2.1 ［经］二年^[1]，春，王二月，葬陈庄公。

【注释】

〔1〕二年：本年为周庄王五年，公元前692年。

【译文】

［经］庄公二年，春季，周王的二月，安葬了陈庄公。

3/2.2 ［经］夏，公子庆父帅师伐於馀丘^[1]。

［传］国而曰"伐"。於馀丘，邾之邑也，其曰"伐"，何也？公子贵矣，师重矣^[2]，而敌人之邑，公子病矣^[3]。病公子，所以讥乎公也。其一曰：君在而重之也^[4]。

【注释】

〔1〕公子庆父：详见 3/2.6 注〔1〕。　於馀丘：邾国的城邑。《公羊》无"於"字。《左传》杜预注说是国名。

〔2〕师重：军队众多。

〔3〕病：可耻。

〔4〕君在而重之：《集解》说："邾君在此邑，故不继于邾，使若国。"

【译文】

[经] 夏季，公子庆父率领军队攻伐於馀丘。

[传] 攻打一个国家才称为"伐"。"於馀丘"是邾国的一个小城，经文中说"伐"，这是为什么？因为公子的身份尊贵，他率领的军队也人数众多，但却是同别国的一个小城对敌，公子的行为实在属于可耻的了。说公子可耻，其实是以此来讥刺庄公的。也有一种说法认为：当时邾国国君正在於馀丘，所以用"伐"这个字来表示对这个小城的重视。

3/2.3 [经] 秋，七月，齐王姬卒[1]。

[传] 为之主者，卒之也。

【注释】

〔1〕王姬：即元年冬嫁往齐国的周王之女。

【译文】

[经] 秋季，七月，嫁往齐国的周王之女去世了。

[传] 鲁国为周王之女主持过婚事，所以记载了她去世的事。

3/2.4 [经] 冬，十有二月，夫人姜氏会齐侯于禚[1]。

[传] 妇人既嫁，不逾竟，逾竟非正也；妇人不言会，言会非正也。飨，甚矣[2]。

【注释】

〔1〕夫人姜氏：即庄公之母文姜。　禚：读作"zhuó（啄）"，《公羊》作"郜"。齐国城邑，在今山东长清县。《左传》说经文记载文姜与齐侯的见面，是"书奸"，即记载文姜与齐侯通奸之事。

〔2〕飨，甚矣：飨，读作"xiǎng（想）"，用酒食款待人。此句所言之事，见庄公四年二月的经文。

【译文】

[经] 冬季，十二月，夫人姜氏在禚这个地方与齐襄公见面。

[传] 女子已经出嫁，就不能再走出国境，走出国境是不符合正常的礼制的；对于女子来说，也不能用"会"这样的说法，用"会"这种说法也是不符合正常的礼制的。至于像设宴款待之类的事，那就更加过分了。

3/2.5 [经] 乙酉，宋公冯卒[1]。

【注释】

〔1〕宋公冯：即宋庄公，公元前710年即位，在位共十九年。

【译文】

[经] 乙酉日，宋国国君冯去世了。

三　　年

3/3.1 ［经］ 三年[1]，春，王正月。溺会齐侯伐卫[2]。

［传］ "溺"者，何也？公子溺也。其不称公子，何也？恶其会仇雠而伐同姓[3]，故贬而名之也。

【注释】

〔1〕三年：本年为周庄王六年，公元前691年。

〔2〕溺：人名。鲁国的宗室，《公羊》说他是鲁国没有经周王任命的大夫。

〔3〕会仇雠而伐同姓：仇雠，这里仍指鲁桓公被齐襄公派人暗杀的事。同姓，卫国与鲁国都为姬姓。

【译文】

［经］ 庄公三年，春季，周王的正月。溺会同齐襄公攻打卫国。

［传］ 被称为"溺"的这个人是谁？就是公子溺。经文中为什么不称他为公子？因为憎恶他会同仇敌去攻打与鲁国同姓的诸侯国，所以要贬斥他，只称呼他的名。

3/3.2 ［经］ 夏，四月，葬宋庄公[1]。

[**传**] 月葬，故也^{〔2〕}。

【注释】

〔1〕葬宋庄公：宋庄公于上年十二月卒，此时安葬，正合诸侯五月而葬的礼制。

〔2〕故也：按照《穀梁》所发明的"《春秋》日月之例"，凡是诸侯去世，记载安葬日期的，都是属于正常情况的。这里记载了月份，说明国内有变故。但此时宋国有何变故，经、传均未说明。

【译文】

[**经**] 夏季，四月，安葬了宋庄公。

[**传**] 经文记载葬礼的月份，是因为发生了变故。

3/3.3 [**经**] 五月，葬桓王^{〔1〕}。

[**传**]《传》曰：改葬也。改葬之礼缌^{〔2〕}，举下，缅也^{〔3〕}。或曰：却尸以求诸侯^{〔4〕}。天子志崩不志葬，必其时也。何必焉？举天下而葬一人，其义不疑也。志葬，故也，危不得葬也^{〔5〕}。曰：近不失崩，不志崩，失天下也。独阴不生，独阳不生，独天不生，三合然后生。故曰：母之子也可，天之子也可，尊者取尊称焉，卑者取卑称焉，其曰王者，民之所归往也。

【注释】

〔1〕葬桓王：桓王，即周桓王。其于鲁桓公十五年三月崩，按周朝的礼制，天子七月而葬，那么当在桓公十五年十月安葬。所以《左传》说："缓也。"《公羊》与《穀梁》均认为是"改葬"。

〔2〕缌：读作"sī（思）"，质地细密的麻布，用来制丧服。这里用作动词，指穿细密的麻布做成的丧服。

〔3〕缅：遥远的样子。这里是指缅怀。

〔4〕却尸：《集解》引杜预说，"尸未葬之通称。"

〔5〕危不得葬：这是《穀梁》的臆断。

【译文】

　　[经] 五月，安葬周桓王。

　　[传]《传》文说：这是改葬。在改葬的仪式上，穿着普通的细麻布做成的丧服，那是因为桓王去世已经很久了。有一种说法认为：长时间地停放桓王的遗体，是为了等各国诸侯一起来参加葬礼。对于天子，只记载他的去世，不记载他的葬礼，因为为天子举行葬礼的日期是有规定的。为什么是有规定的呢？因为天下臣民都要为安葬天子一人而哀悼，这个道理是不容怀疑的。经文记载周天子的安葬日期，那是因为发生了变故，有危难而无法及时安葬。又以为，鲁国离天子所在的京师很近，不会得不到天子去世的消息，经文不记载周朝天子去世的消息，说明他已经失去了对天下的统治权威。世间万物，只有阴不能生成，只有阳不能生成，只有天也不能生成，要这三者合在一起然后才能生成。所以一个人说他是母亲的儿子是可以的，说他是上天的儿子也是可以的，尊贵的人就采用尊贵的称呼，卑贱的人就采用卑贱的称呼，称为"王"的，那就因为他是普天下民众所归附、向往的人。

3/3.4 [经] 秋，纪季以酅入于齐[1]。

　　[传] 酅，纪之邑也。入于齐者，以酅事齐也。"入"者，内弗受也[2]。

【注释】

　　〔1〕纪季：《公羊》说是纪国国君的弟弟。酅：读作"xī（牺）"，纪国地名，今山东临淄东部。

　　〔2〕内弗受：《集解》说，"齐受人之邑，灭人之国，故于义不可受也。"《三传比义》认为，经文用"入"字，隐含齐强取纪邑的意思，故

经义在讥齐。

【译文】

[经] 秋季，纪国的纪季将酅这个地方给了齐国。

[传] "酅" 是纪国的一个城邑。"入于齐"，就是说将这个城邑给了齐国，并作为齐国的附庸。这里说 "入" 的意思，表示齐国从道义上来说是不应当接受这种归附的。

3/3.5 [经] 冬，公次于郎[1]。

[传] 次，止也，有畏也，欲救纪而不能也。

【注释】

〔1〕次于郎：次，驻扎的意思。郎，鲁国的城邑，《左传》作 "滑"。据其传文记载，"冬，公次于滑，将会郑伯，谋纪故也。郑伯辞以难。"《公羊》说，"次于郎" 是 "欲救纪，而后不能也"。

【译文】

[经] 冬季，庄公驻扎在郎这个地方。

[传] 所谓 "次"，就是驻扎的意思。庄公有所畏惧，想要援救纪国，但未能成功。

四　　年

3/4.1〔经〕 四年^{〔1〕}，春，王二月，夫人姜氏飨齐侯于祝丘^{〔2〕}。

〔传〕 飨，甚矣，飨齐侯，所以病齐侯也^{〔3〕}。

【注释】

〔1〕四年：本年为周庄王七年，公元前 690 年。

〔2〕姜氏飨齐侯：姜氏，即庄公之母文姜。飨，《左传》所引经文作"享"。齐侯，即齐襄公。　祝丘：鲁国地名。

〔3〕病齐侯：讥刺齐侯的可耻。《三传比义》引唢助说，"'此乃鲁国之耻，岂独病齐侯乎？'但比较《左氏》、《公羊》之无说，《穀梁》可说差胜了。"

【译文】

〔经〕庄公四年，春季，周王二月，夫人姜氏在祝丘这个地方设宴款待齐襄公。

〔传〕用酒食款待，这种做法太过分了。经文中说用酒食款待齐襄公，是为了讥刺齐襄公的可耻。

3/4.2〔经〕 三月，纪伯姬卒^{〔1〕}。

〔传〕 外夫人不卒，此其言"卒"，何也？吾女也，适诸侯，则尊同。以吾为之变〔2〕，卒之也。

【注释】

〔1〕纪伯姬：纪国国君的夫人，见1/2.6注〔1〕。

〔2〕以吾为之变：吾，即指伯姬是鲁国之女。变，变更书例。

【译文】

[经] 三月，嫁往纪国的伯姬去世了。

[传] 对鲁国以外的诸侯夫人，《春秋》照例是不记载其去世的事的，这里记载了伯姬去世的事，是为什么？因为伯姬是鲁国之女，她既然嫁给了诸侯，那么地位也就与诸侯一样的尊贵了。又因为她是鲁国之女，所以经文就变通了常例，记载了她去世的事。

3/4.3 [经] 夏，齐侯、陈侯、郑伯遇于垂〔1〕。

【注释】

〔1〕遇于垂：遇，《穀梁》认为是会面的各方志趣相投。垂，卫国地名，今山东曹县北。

【译文】

[经] 夏季，齐襄公、陈宣公、郑伯子婴在垂这个地方会面，各方志趣相投。

3/4.4 [经] 纪侯大去其国〔1〕。

[传] "大去"者，不遗一人之辞也，言民之从四年而后毕也〔2〕。纪侯贤而齐侯灭之〔3〕，不言灭而曰"大去其国"者，不使小人加乎君子〔4〕。

【注释】

〔1〕大去其国:《公羊》说，"大去者何? 灭也"。《左传》以为纪侯不能抗拒齐国的威逼，又不肯屈辱投降，就将国家交给其弟纪季，离开纪国避难。按此解释，"大去"，即为永远离开，不再回来的意思。《穀梁》认为纪国的国君只是失去了国土，但并未失去民心。

〔2〕民之从四年而后毕:纪国的国君离国避难，纪国百姓亦相随而至。但《穀梁》的这一解释颇有疑问。如果纪国的百姓"不遗一人"地随纪侯而去，其人数必然众多，那么何处是其安身之地呢? 何况这应该是一个面积不小的地方，否则便不足以容身。经文未说明这一地点，可见《穀梁》的解说还是以推测为主的。

〔3〕齐侯灭之:据《史记》记载，齐襄公的九世祖哀公，在周夷王时受到纪国国君的诬告，因而被烹。故襄公灭纪国，是为了复其九世之仇。

〔4〕不使小人加乎君子:《穀梁》认为，齐国强行灭亡了纪国，而纪侯的行为贤明，所以不从齐国方面来说"灭"，而从纪国的角度来说"去"，这表示对贤君的褒扬，对暴君的贬斥。

【译文】

［经］纪国的国君带着他的臣民离开了他的国土。

［传］所谓"大去"，就是不留下一个人的说法，也就是说愿意追随国君的纪国民众，经过四年时间，全都离开了。纪国的国君有贤德，而齐国却灭亡了他的国家，经文中不说灭亡，而是说"大去其国"，就是为了不让小人凌驾于君子之上。

3/4.5［经］六月乙丑，齐侯葬纪伯姬[1]。

［传］外夫人不书葬，此其书葬，何也? 吾女也，失国，故隐而葬之。

【注释】

〔1〕齐侯葬纪伯姬:齐襄公为了掩饰其灭亡纪国的行为，在灭纪以后，安葬了不久前去世的纪国国君的夫人伯姬，以示其灭国的目的在于

逐君，而非灭国。

【译文】

　　[经] 六月的乙丑日，齐襄公安葬了纪伯姬。

　　[传] 对鲁国以外的诸侯国的夫人，经文中照例是不记载她们的葬礼的，这里记载纪伯姬的葬礼，是为什么？因为纪伯姬是鲁国的女子，现在又失去了国家，所以《春秋》带着痛惜之情而记载了她的葬礼。

3/4.6 [经] 秋，七月。

【译文】

　　[经] 秋季，七月。

3/4.7 [经] 冬，公及齐人狩于郜〔1〕。

　　[传] 齐人者，齐侯也。其曰"人"，何也？卑公之敌〔2〕，所以卑公也。何谓卑公也？不复雠而怨不释，刺释怨也。

【注释】

　　〔1〕狩于郜：狩，狩猎。郜，《集解》说是"齐地"。《左传》经文作"禚"，在今山东长清县境内。
　　〔2〕卑公之敌：卑，贬抑。公之敌，指庄公的仇人齐襄公。

【译文】

　　[经] 冬季，庄公与齐襄公在郜这个地方一起打猎。

　　[传] 经文中说的"齐人"，就是指齐襄公。经文为什么称他为"人"呢？因为这是在贬抑庄公的敌人，贬抑庄公的敌人，也

就是为了贬抑庄公本人。为什么要贬抑庄公？因为他还没有报齐
国的杀父之仇，旧怨就不能消除，所以经文中这样写，是指责庄
公消除了旧怨。

五　年

3/5.1［经］五年[1]，春，王正月。

【注释】
　〔1〕五年：本年为周庄王八年，公元前 689 年。

【译文】
　［经］庄公五年，春季，周王的正月。

3/5.2［经］夏，夫人姜氏如齐师。
　［传］师而曰“如”，众也。妇人既嫁，不逾竟，逾竟非礼也。

【译文】
　［经］夏季，夫人姜氏到齐国的军队中去。
　［传］对于到军队中去称为“如”，这是因为军队的人数众多。女子已经出嫁了，就不能走出国境，走出国境是不符合礼制的。

3/5.3［经］秋，郳黎来来朝[1]。
　［传］郳，国也。黎来，微国之君未爵命者也。

【注释】

〔1〕郳黎来：郳，读作"ní（尼）"，古国名，《公羊》作"倪"。后称"小邾"、"小邾娄"。曹姓，国在今山东滕县东部，一说在今山东枣庄西北。战国时灭于楚。　黎来，郳国国君名。

【译文】

　　［经］秋季，郳国的黎来到鲁国朝见。

　　［传］"郳"，是个诸侯国。"黎来"，是这个小国的国君，他还没有获得周天子封赏的爵位。

3/5.4　［经］冬，公会齐人、宋人、陈人、蔡人伐卫[1]。

　　［传］是齐侯、宋公也，其曰"人"，何也？人诸侯[2]，所以人公也。其人公，何也？逆天王之命也[3]。

【注释】

〔1〕伐卫：据《左传》记载，此次攻打卫国，是为了接纳卫惠公。桓公十六年十一月，卫宣公去世，公子朔即位，为惠公，公子职和公子泄逐朔立公子黔牟，朔出奔齐国。

〔2〕人诸侯：把诸侯称为人。

〔3〕逆天王之命：庄公六年，周庄王有救卫之师，《集解》说："王不欲立朔也。"《穀梁》将此事提前，作为解说经文的依据。

【译文】

　　［经］冬季，庄公会合了齐国人、宋国人、陈国人、蔡国人，攻打卫国。

　　［传］他们就是齐襄公、宋闵公，经文却说是"人"，这是为什么？把诸侯贬称为"人"，是为了以此来贬抑庄公。经文把庄公贬称为"人"，是为什么？因为他违背了周朝君王的命令。

六　　年

3/6.1 [经] 六年[1]，春，王三月[2]，王人子突救卫[3]。

[传]"王人"，卑者也，称名，贵之也，善救卫也。救者善，则伐者不正矣[4]。

【注释】

〔1〕六年：本年为周庄王九年，公元前688年。

〔2〕三月：《公羊》与《穀梁》同，《左传》引文作"正月"。

〔3〕王人子突：《公羊》说，"王人"，"微者也"。"子突"，"贵也"。《穀梁》的解说与此大致相同。可能此次率领周王军队的人职位并不高，但因为是奉王命出兵救助卫国，所以担负的任务是崇高的。

〔4〕伐者不正：伐者，即指鲁庄公、齐襄公等诸侯的军队。

【译文】

[经]庄公六年，春季，周王的三月，周王的部下子突领兵救助卫国。

[传]所谓"王人"，就是指职位卑微的人，记载他的名，是表示对他的尊敬，赞许他救助卫国的行动。既然救助卫国的人受到赞许，那么攻伐卫国的人当然也就不符合正道了。

3/6.2 [经] 夏，六月，卫侯朔入于卫[1]。

[传] 其不言伐卫纳朔，何也？不逆天王之命也。"入"者，内弗受也[2]。何用弗受也？为以王命绝之也。朔之名，恶也。朔入逆，则出顺矣。朔出入名，以王命绝之也。

【注释】

〔1〕卫侯朔入于卫：据《左传》记载，在鲁、齐、宋等国军队的干预下，卫惠公朔回到了卫国，并将公子黔牟放逐到周地，将宁跪放逐到秦地，又杀了公子职和公子泄，然后即位。

〔2〕内弗受：内，指卫国。《穀梁》认为，卫惠公朔是依靠了别国的武力帮助才得以即位的，这种做法不能使卫国人信服，所以对于卫国来说，这是不能接受的。

【译文】

[经] 夏季，六月，卫惠公朔进入卫国。

[传] 不说是攻打卫国并使卫国接纳了朔，这是为什么？因为不能违背周朝君王的命令。这里的"入"字，意思是说卫国人不能接受朔的返回。凭什么不能接受呢？因为是根据周朝君王的命令来拒绝他。直接称呼朔的名，是表示对他的憎恶。如果说朔返回卫国违背王命，那么他以前的离开就是顺应王命了。经文在记载朔离开卫国和返回卫国时都直接称呼他的名，这也是根据周朝君王的命令拒斥他。

3/6.3 [经] 秋，公至自伐卫。

[传] 恶事不致[1]，此其志，何也？不致，则无用见公之恶事之成也。

【注释】

〔1〕恶事不致：致，诸侯出国回来，在家庙举行饮至之礼，表示平

安抵达。这里所说的"恶事"，指庄公等违背周朝天子的命令，用武力强行让卫惠公朔返回国内。《穀梁》说"恶事不致"，依据"襄公九年"的记载，时有穆姜之丧，会诸侯伐郑，不致。

【译文】

［经］秋季，庄公从攻打卫国的战场上回到国内。

［传］经文对做了坏事而回到国内，是不记载其祭告祖庙的活动的，这里为什么又记载了呢？因为如果不加以记载，就没有什么可以用来表示庄公所做成的坏事了。

3/6.4 ［经］螟。

【译文】

［经］发生螟灾。

3/6.5 ［经］冬，齐人来归卫宝[1]。

［传］以齐首之，分恶于齐也。使之如下齐而我来然[2]，恶战则杀矣[3]。

【注释】

〔1〕来归卫宝：宝，《公羊》与《穀梁》同，《左传》经文作"俘"，传文则作"宝"。据《左传》记载，"齐人来归卫宝，文姜请之也。"

〔2〕使之如下齐而我来然：下，低下，这里指齐国既来鲁国归还卫宝，那么从外表上看齐国就比鲁国低下了。然，样子。

〔3〕恶战则杀矣：恶战，值得憎恶的战争，指此前联合齐、宋、陈、蔡伐卫之战。杀，减轻。

【译文】

[经] 冬季，齐国前来鲁国归还在卫国获取的宝物。

[传] 由于伐卫的战争是以齐国为首的，所以将这桩恶事的罪责分给齐国。这样，使得这件事像是齐国自己认为比鲁国低下，而前来馈赠，那么鲁国对抗王师的罪责就可以减轻了。

七　年

3/7.1 ［经］七年^{〔1〕}，春，夫人姜氏会齐侯于防^{〔2〕}。

［传］妇人不会，会非正也。

【注释】

〔1〕七年：本年为周庄王十年，公元前687年。

〔2〕防：鲁国地名，今山东费县东北。

【译文】

［经］庄公七年，春季，夫人姜氏在防这个地方与齐襄公见面。

［传］妇女不会见，会见是不符合正规礼制的。

3/7.2 ［经］夏，四月辛卯，昔^{〔1〕}，恒星不见。夜中，星陨如雨。

［传］"恒星"者，经星也。日入至于星出，谓之昔。"不见"者，可以见也。夜中星陨如雨，其陨也如雨，是夜中与？《春秋》著以传著，疑以传疑。中之几也，而曰"夜中"，著焉尔。何用见其中也？失变而录其时，则夜中矣。其不曰恒星之陨，何也？我知恒星之

不见，而不知其陨也，我见其陨，而接于地者，则是雨
说也。著于上见于下谓之雨，著于下不见于上谓之陨，
岂雨说哉？

【注释】

〔1〕昔：《左传》、《公羊》经文均作“夜”。

【译文】

[经] 夏季，四月的辛卯日，黄昏时分，看不见恒星出现。
到了半夜时，星星坠落，犹如下雨一样。

[传] 所谓“恒星”，就是经常可以看见的星。从太阳下山直
到恒星出现的这段时间，就叫做“昔”。这里说“不见”的意思，
就是本来可以看见的。“夜中”，星星像下雨一样地坠落，这说的
是在半夜时分吗？《春秋》用清楚明白的语句来记载清楚明白的
事实，用怀疑的语句来记载可疑的事情。根据当时的情况，这种
现象是否发生在半夜时分，实在隐微难知。经文说是“夜中”，
显然是有事实根据的。那么，究竟根据什么知道这种现象是发生
在半夜的呢？没有观察到星星最初的变化，却记下了星星坠落的
时间，这时恰好是在半夜。经文没有说恒星坠落，这是为什么？
鲁国的记录者注意到恒星看不见了，但不知它是否坠落了。对于
记录的人来说，只有看见星星坠落，从天上掉到了地面，才可以
用“雨”来称说。显现于天上而又被看见落在地面的，叫做
“雨”；显现于地面却未被看见在天上的，叫做“陨”，这样的话，
怎么可以用“雨”来称说呢？

3/7.3 [经] 秋，大水。
[传] 高下有水，灾，曰大水。

【译文】

　　[经] 秋季，发生大水。

　　[传] 高处和平地都有水，泛滥成灾，这就叫做"大水"。

3/7.4 [经] 无麦、苗[1]。

　　[传] 麦、苗同时也[2]。

【注释】

　　〔1〕苗：指黍、稷的禾苗。

　　〔2〕麦、苗同时：此句当承上一句经文而言。周历的秋季，为夏历的夏季，其时正当麦子收获，黍、稷的禾苗开始生长。故可理解为成熟的麦子与刚刚开始生长的黍、稷的禾苗同时被大水冲走。

【译文】

　　[经] 没有麦子、禾苗。

　　[传] 麦子和黍、稷的禾苗同时被大水冲走。

3/7.5 [经] 冬，夫人姜氏会齐侯于榖[1]。

　　[传] 夫人不会，会非正也。

【注释】

　　〔1〕榖：地名。在齐国的西部，为当时的交通要道。今山东东阿。

【译文】

　　[经] 冬季，夫人姜氏在榖这个地方与齐襄公见面。

　　[传] 夫人是不会见诸侯的，会见是不符合正规礼制的。

八　年

3/8.1 ［经］八年^{〔1〕}，春，王正月，师次于郎，以俟陈人、蔡人^{〔2〕}。

［传］次，止也。俟，待也。

【注释】

〔1〕八年：本年为周庄王十一年，公元前686年。

〔2〕俟：等待。《集解》说："时陈、蔡欲伐鲁，故出师以待之。"但孔颖达以为："陈蔡于鲁，竟绝路遥，春秋以来，未尝构怨，何因辄伐鲁也？又'俟'者，相须同行之辞，非防寇御敌之称，若是畏其来伐，当谓之御，不得称'俟'。"所言甚是。

【译文】

［经］庄公八年，春季，周王的正月，鲁国的军队驻扎在郎这个地方。

［传］所谓"次"，就是驻扎的意思。所谓"俟"，是等待的意思。

3/8.2 ［经］甲午，治兵^{〔1〕}。

［传］出曰治兵，习战也；入曰振旅^{〔2〕}，习战也。治兵而陈、蔡不至矣。兵事以严终^{〔3〕}，故曰：善陈者不

战[4]，此之谓也。善为国者不师，善师者不陈，善陈者不战，善战者不死，善死者不亡。

【注释】

〔1〕治兵：训练军队的作战能力。治，《公羊》作"祠"。

〔2〕振旅：操练士兵的队形、军容等。旅，军队。

〔3〕兵事以严终：《集解》说："以严整终事，故敌人不至。"

〔4〕陈：指排兵布阵。

【译文】

[经] 甲午日，训练军队。

[传] 出征前训练军队叫做"治兵"，这是演习作战；收兵时的操练叫做"振旅"，也是作战演习的一部分。鲁国训练军队，陈国和蔡国的军队便不敢来侵犯了。作战时依靠军容的严整才能取得胜利，所以说：善于排兵布阵的人用不着担心与敌人交战，指的就是这个道理。善于治理国家的人不必将精力放在训练军队上，善于训练军队的人不必将精力放在排兵布阵上，善于排兵布阵的人不必担心与敌人交战，善于与敌人交战的人不必担心作战时的伤亡，善于为正义而死的人，他的国家就能够不被灭亡。

3/8.3 [经] 夏，师及齐师围郕[1]，郕降于齐师。

[传] 其曰"降于齐师"何？不使齐师加威于郕也[2]。

【注释】

〔1〕师及齐师围郕：郕，见1/5.3注〔1〕。《公羊》经文作"成"，在解说中认为用"成"字是为了替鲁国灭同姓国避讳。

〔2〕不使齐师加威于郕：如果真是郕国投降了齐国，那么毫无疑问是在齐国强大的军事压力下才造成这一事实的，"不使加威"之说，完全没有道理。又据《左传》记载，鲁国军队与齐国的军队围攻郕国，郕

国降齐，鲁公子庆父请伐齐，庄公说，"不可，我实不德，齐师何罪？罪我之由"。郕国是鲁国的同姓诸侯国，鲁国却与昔日的仇人齐国共同攻之，《三传比义》引顾栋高说："案庄公亲仇雠而伐同姓，郕人不服，而降齐师，师久于外，甘为雠役，直书而罪自见，经文本直捷简易，不知传者何苦自生支离。《左传》以为善，《公》《穀》以为讳，俱谬。"

【译文】

[经] 鲁国的军队与齐国的军队围攻郕国。

[传] 经文中为什么要说投降了齐国军队？因为这样说就可以不必体现齐国军队向郕国所施加的威力。

3/8.4 [经] 秋，师还[1]。

[传] "还"者，事未毕也，遁也。

【注释】

〔1〕师还：指鲁国的军队从攻打郕国的前线回到国内。《左传》说："君子是以善鲁庄公。"似乎鲁庄公是因为认识到自己参与了灭郕的罪责后才返回国内的。

【译文】

[经] 秋季，鲁国的军队返回。

[传] "还"字的意思，是说战事尚未结束，鲁国军队就退逃了回去。

3/8.5 [经] 冬，十有一月癸未，齐无知弑其君诸儿[1]。

[传] 大夫弑其君，以国氏者，嫌也[2]，弑而代之也。

【注释】

〔1〕齐无知弑其君诸儿：无知，即公孙无知，齐僖公之弟夷仲年所生，得宠于僖公，服饰礼仪如嫡子。襄公即位后，被黜，因此伺机谋乱。

诸儿，即齐襄公，公元前697年即位。襄公被杀事，《左传·庄公八年》"十一月"有详细记载，可参看。

〔2〕嫌也：这里是指无知有杀君自立的罪嫌。其实按《左传》的记载，无知虽不满齐襄公，但在弑君一事上是被齐国的大臣连称、管至父利用的，襄公被叛贼杀害后，立无知为齐君，并非无知自己想杀襄公而取代之。经文在无知的名前冠以"国"字，是当时史官记录鲁国以外的诸侯国事的常例，除此之外没有特别的用意。

【译文】

[经] 冬季，十一月的癸未日，齐国的公孙无知杀害了自己的国君诸儿。

[传] 经文中对杀害自己国君的大夫，用国名作为他的姓氏来加以称呼，就表明他不是嫡系正传，而是杀害国君后取而代之的。

九 年

3/9.1 ［经］九年[1]，春，齐人杀无知[2]。

［传］无知之挈，失嫌也[3]。称"人"以杀大夫，杀有罪也。

【注释】

〔1〕九年：本年为周桓王十二年，公元前685年。

〔2〕齐人杀无知：据《左传》记载，公孙无知是被曾受其虐待的雍廪所杀。又，《史记·齐太公世家》作"雍林"，以为邑名，那么，无知则是被这个地方的人所杀的了。

〔3〕失嫌：失，指失去治国的权威或能力。嫌，罪嫌。

【译文】

［经］庄公九年，春季，齐国的人杀了公孙无知。

［传］对无知直呼他的名字，因为他失去了主持国政的权利。经文中说是"人"杀了大夫，那就表示被杀者是应该杀的有罪之人。

3/9.2 ［经］公及齐大夫盟于暨[1]。

［传］公不及大夫[2]。大夫不名[3]，无君也[4]。盟，纳子纠也[5]。不日，其盟渝也[6]。当齐无君，制在

公矣。当可纳而不纳，故恶内也。

【注释】

〔1〕暨：鲁国地名，今山东枣庄以东。《左传》作"蔇"。

〔2〕公不及大夫：《集解》说："《春秋》之义，内大夫可以会诸侯，公不可以盟外大夫，所以明尊卑，定内外也。"

〔3〕不名：《集解》说："礼，君前臣名，齐无君，故大夫不名。"

〔4〕无君：齐襄公被害之后，公孙无知又被齐人杀了，所以从庄公八年十一月至此时，齐国一直处于没有国君的混乱状态之下。

〔5〕子纠：即公子纠。齐僖公的庶子，其母为鲁国人，齐国发生了谋杀襄公的内乱后，他在大夫管仲、召忽的保护下，投奔鲁国。

〔6〕盟渝：渝，改变、违背的意思。这里是指与齐国的盟约后来有所改变。

【译文】

［经］庄公与齐国的大夫在暨这个地方订立盟约。

［传］《春秋》的惯例，不记载鲁公同其他诸侯国的大夫举行盟会。经文中只说是大夫而不记载他的名，那是因为齐国没有国君。这次盟会的目的，是为了打算送子纠回齐国即位。经文没有记载举行盟会的日期，是因为盟约的实行发生了变化。当齐国没有国君的时候，控制齐国的权力就在庄公手里了。在可以送子纠回国即位的时候，却没有这样做，所以经文对庄公延误时机的行为表示了不满。

3/9.3 ［经］夏，公伐齐，纳纠〔1〕。

［传］当可纳而不纳，齐变而后伐〔2〕，故乾时之战〔3〕，不讳败，恶内也。

【注释】

〔1〕纠：即公子纠。《左传》作"子纠"。

〔2〕齐变而后伐：当齐国无君的时候，齐国大臣中的一部分人奉出奔鲁国的子纠，另一部分人奉出奔莒国的小白（见3/9.4注〔1〕），双方为各自利益展开争夺，都想让自己所尊奉的人成为齐国的国君，为此引发了战争。管仲在战场上用箭射中小白袍服的带钩，小白佯装中箭身亡，伺机从小道由莒国先进入齐国即位。鲁国知道后，发兵攻打齐国，想让子纠成为国君。

〔3〕乾时之战：乾时，齐国地名，今山东淄博一带。乾时之战，即鲁国攻打齐国的战争。详见3/9.6正文及相关注释。

【译文】

[**经**] 夏季，庄公攻打齐国，想送子纠回国即位。

[**传**] 在可以送子纠回国即位的时候，却没有送成，等到齐国发生了变故，又借此攻打齐国，所以经文在记载乾时之战的时候，没有为鲁国的战败避讳，这是对庄公当断不断的做法表示厌恶。

3/9.4 [**经**] 齐小白入于齐[1]。

[**传**] 大夫出奔反[2]，以好曰"归"，以恶曰"入"。齐公孙无知弑襄公，公子纠、公子小白不能存，出亡。齐人杀无知而迎公子纠鲁，公子小白不让公子纠先入，又杀之于鲁，故曰"齐小白入于齐"，恶之也。

【注释】

〔1〕齐小白：即齐桓公，公元前685年即位。齐僖公的庶子，齐襄公的同父异母之弟。在位期间任用大夫管仲，改革齐国的政治，国力渐强。又以"尊王攘夷"为号召，联合燕国，打败北戎，营救邢、卫等国，制止了戎、狄向中原地区扩张。后与中原各诸侯进攻蔡、楚，并与楚国在召陵会盟，以防止楚国对中原的侵扰。周王室发生内乱时，他多次大会诸侯，订立盟约，成为春秋时期诸侯中的第一位霸主。

〔2〕反：同"返"。

【译文】

[经] 齐国的小白进入齐国。

[传] 大夫出逃后返回自己的国家，如果是合乎礼法的就叫做"归"，如果采用不正当的手法就叫做"入"。齐国的公孙无知杀害了齐襄公，公子纠和公子小白在齐国无法容身，只好外出逃亡。齐国人杀了无知，来到鲁国迎接公子纠回国，公子小白不愿让公子纠先回国，还在鲁国杀害了公子纠，所以经文记载说"齐小白入于齐"，以表示对他这种行为的憎恶。

3/9.5 [经] 秋，七月丁酉，葬齐襄公[1]。

【注释】

[1]葬齐襄公：诸侯卒，五月而葬。齐襄公于上年十一月被害，此时才安葬，是因为国内混乱，所以不能正常安葬。

【译文】

[经] 秋季，七月的丁酉日，安葬了齐襄公。

3/9.6 [经] 八月庚申，及齐师战于乾时，我师败绩[1]。

【注释】

[1]我师败绩：据《左传》记载，鲁庄公被齐军打败后，丢掉了兵车，另乘车辆回国，鲁将秦子和梁子为了掩护庄公撤退，打着庄公的旗号躲在小道上诱骗齐军，结果都被齐军俘虏。

【译文】

[经] 八月的庚申日，与齐国的军队在乾时这个地方交战，

结果我国的军队被打败。

3/9.7 [经] 九月，齐人取子纠杀之[1]。

[传] 外不言"取"，言"取"，病内也[2]。取，易辞也。犹曰取其子纠而杀之云尔。十室之邑，可以逃难，百室之邑，可以隐死，以千乘之鲁，而不能存子纠，以公为病矣。

【注释】

〔1〕齐人取子纠杀之：据《左传》记载，小白入齐以后，鲁国又在乾时之战中失利，子纠即位实际上已不可能。齐国大夫鲍叔牙曾奉小白奔莒，此时来对鲁庄公说，子纠是齐国国君的亲人，管仲则是我们的仇人，请将子纠交给我们处置。庄公听信其言，结果鲍叔牙在生窦这个地方杀了子纠。奉子纠出奔鲁国的大夫召忽闻讯而死，管仲则请囚。

〔2〕病：指责、责备。

【译文】

[经] 九月，齐国的人得到子纠并将他杀害了。

[传] 对于鲁国以外的诸侯国是不说"取得"这样的话的，这里说是"取得"，那是为了要指责鲁国。"取"是表示很容易就得到的说法。就等于说是很轻易地便得到了子纠并把他杀掉了。只有十户人家的小城，尚且能够让人躲过危难，若有百户人家的城邑，就能够让人藏匿死罪，像鲁国这样有着战车千乘的国家，却不能让公子纠生存，经文认为庄公实在太可耻了。

3/9.8 [经] 冬，浚洙[1]。

[传] "浚洙"者，深洙也，著力不足也[2]。

【注释】

〔1〕浚洙：浚，疏浚。洙，河流名。发源与今山东新泰东北，经泰安、曲阜、兖州、济宁而流入泗水。

〔2〕力不足：指鲁国的军事力量难以与齐国抗衡。其实冬季河水较少，农事空闲，是兴修水利的大好时机，鲁国于此时疏浚洙水，未必就一定是为了抵抗齐国的进犯。

【译文】

[经] 冬季，疏浚洙水。

[传] 所谓"浚洙"，就是加深洙水的河道，这显示出鲁国的兵力不足，想以河流作为天然屏障来抵御齐国的进犯。

十　年

3/10.1 ［经］十年[1]，春，王正月，公败齐师于
长勺[2]。

［传］不日，疑战也[3]。疑战而曰败，胜内也。

【注释】

〔1〕十年：本年为周庄王十三年，公元前684年。

〔2〕败齐师于长勺：长勺，鲁国地名，今山东曲阜东北一带。此战
为春秋时期的著名战例，史称"长勺之战"。据《左传》记载，本年春，
齐军攻打鲁国，庄公将迎战，鲁人曹刿（guì，桂）求见庄公，庄公派其
领军出战。曹刿利用齐军的骄横，待齐军击鼓三次以后才迎战，先杀其
锐气。当齐军败逃时，曹刿又待其阵形混乱以后才命鲁军追击，结果大
败齐军。详见《左传·庄公十年》。

〔3〕疑战：《集解》说："疑战者，言不克日而战，以诈相袭。"认
为鲁国是采用了欺诈的手段才取得胜利的，其实鲁军不过是设计以逸待
劳，以弱胜强罢了。《集解》之说，不免迂腐。

【译文】

［经］庄公十年，春季，周王的正月，庄公在长勺这个地方
击败了齐国的军队。

［传］经文没有记载作战的日期，是由于交战时鲁国采用了
疑兵之计。虽然疑兵之计有些欺诈的成分，但经文仍然说"打
败"，因为是鲁国取得了胜利。

3/10.2 ［经］ 二月，公侵宋[1]。

［**传**］侵时，此其月，何也？乃深其怨于齐，又退侵宋以众其敌，恶之，故谨而月之。

【注释】

〔1〕侵宋：从时间上看，庄公此时侵犯宋国，紧接在"长勺之战"以后，即可能是在击败齐军后又领军侵宋的。"侵"字在现存《春秋》中出现，此为首例，据《左传·庄公二十九年》说："凡师，有锺鼓曰伐，无曰侵。"即击鼓鸣锣攻打对方，称为"伐"，偃旗息鼓攻打对方，称为"侵"。

【译文】

［**经**］二月，庄公侵犯宋国。

［**传**］进犯别国，照例只记载时节，这里经文却记载了月份，是为什么？庄公已经与齐国结下了很深的怨仇，在击败齐国收兵的时候，又去侵犯宋国，结果是为自己树立了更多的敌人。经文因为厌恶这种做法，所以郑重地记下了发生此事的月份。

3/10.3 ［经］ 三月，宋人迁宿[1]。

［**传**］"迁"，亡辞也。其不地，宿不复见也。迁者，犹未失其国家以往者也。

【注释】

〔1〕宿：见1/1.5注〔1〕。

【译文】

［**经**］三月，宋国的人迁移宿国。

［**传**］所谓"迁"，就是表示一个国家被灭亡了的说法。经文

没有记载宿国迁往什么地方，以后在经文中再也看不到有关宿国的记载了。这里之所以用"迁"字，是还没有丧失自己的国家，像过去一样保持着自己的称号。

3/10.4 ［经］夏，六月，齐师、宋师次于郎。

［传］"次"[1]，止也，畏我也。

【注释】

〔1〕次：驻扎的意思。《左传》说，军队在外面驻扎一个晚上称为"舍"，驻扎两个晚上称为"信"，驻扎两个晚上以上的称为"次"。

【译文】

［经］夏季，六月，齐国、宋国的军队驻扎在鲁国的郎这个地方。

［传］所谓"次"，就是驻扎的意思，因为齐、宋的军队惧怕鲁国。

3/10.5 ［经］公败宋师于乘丘[1]。

［传］不日[2]，疑战也[3]。疑战而曰败，胜内也。

【注释】

〔1〕乘丘：鲁国地名，今山东兖州一带。

〔2〕不日：日，作动词用，记载日期。

〔3〕疑战：指庄公击败宋国的军队采用了疑兵之计。据《左传》记载，鲁公子偃从雩门私下出兵，并给马匹蒙上虎皮，进攻宋军。庄公乘机出战，结果大败宋军。齐国军队见宋军被击败，只好退兵。

【译文】

［经］庄公在乘丘这个地方击败了宋国的军队。

[传] 经文没有记载交战的日期，是由于交战时鲁国采用了疑兵之计。虽然用疑兵之计不免有欺诈的成分，但经文仍然称作"败"，这是因为鲁国取得了作战的胜利。

3/10.6 [经] 秋，九月，荆败蔡师于莘[1]，以蔡侯献武归[2]。

[传] "荆"者，楚也[3]。何为谓之"荆"？狄之也。何为狄之？圣人立，必后至。天子弱，必先叛，故曰"荆"，狄之也。蔡侯何以名也？绝之也。何为绝之？获也。中国不言败，此其言"败"，何也？中国不言败，蔡侯其见获乎！其言败，何也？释蔡侯之获也，以归，犹愈乎执也。

【注释】

〔1〕莘：读作"shēn（身）"，蔡国地名，今河南汝南一带。

〔2〕蔡侯献武：即蔡哀侯献武，公元前694年即位。《左传》、《公羊》经文作"献舞"。荆败蔡师事，据《左传》记载，蔡哀侯与息侯均娶妻于陈，息妫出嫁时途经蔡国，哀侯称这是我的小姨，有非礼的举动。息侯听说后很生气，就派人告诉楚文王，请他发兵攻打蔡国。楚国就出兵了。

〔3〕楚：国名。芈（mǐ，米）姓，其始祖为鬻熊。西周时立国于荆山一带，虽然服从周朝的统制，但时常与周发生战争，周人因此称之为"荆蛮"。后建都于郢（今湖北江陵）。春秋时不断兼并周围的小国，经常与晋争夺土地。至楚庄王时，成为当时的霸主。

【译文】

[经] 秋季，九月，荆在莘这个地方击败蔡国军队，将蔡哀侯献武俘虏后带回国内去了。

[传] 所谓"荆"，其实就是指楚国。那么为什么要称其为

"荆"呢？这是把它当做野蛮的夷狄之邦来看待。为什么把它看成野蛮的夷狄之邦呢？因为每当圣明的天子即位，楚国总是最后一个才来朝见。碰到在朝的天子柔弱一些的话，楚国总是最先萌生叛意的。所以说，要称他为"荆"，把它看成野蛮的夷狄之邦。对蔡侯为什么要称呼他的名呢？因为跟他断绝了关系。为什么跟他断绝关系？因为他被楚国俘获了。对中原的各诸侯国是不能说"败"这个词的，这里却说了"败"，这是为什么？对中原的各诸侯国不说"败"，怎么能够知道蔡侯会被俘获。经文中用"败"这个词，有什么道理？这是为了解释蔡侯被俘获的原因。所谓"以归"，就是比用"擒获"一词要显得委婉一些的说法。

3/10.7 [经] 冬，十月，齐师灭谭[1]，谭子奔莒。

【注释】

〔1〕齐师灭谭：谭，古国名。姓氏不详，一说为子姓。国土在今山东济南东龙山镇一带。据《左传》记载，齐桓公出行，经过谭国，谭国的国君未以礼相待，故齐国出兵灭之。

【译文】

[经] 冬季，十月，齐国的军队灭了谭国，谭国的国君出逃莒国。

十 一 年

3/11.1 [经] 十有一年〔1〕，春，王正月。

【注释】

〔1〕十有一年：本年为周庄王十四年，公元前683 年。

【译文】

[经] 庄公十一年，春季，周王的正月。

3/11.2 [经] 夏，五月戊寅，公败宋师于鄑〔1〕。

[传] 内事不言战，举其大者，其日，成败之也〔2〕，宋万之获也〔3〕。

【注释】

〔1〕鄑：鲁国地名，今山东汶上县以南一带。据《左传》记载，此次宋、鲁交战，是由宋国挑起的。上年夏，庄公败宋军于乘丘，宋国遂来侵鲁，庄公乘宋军尚未摆好作战的队形，先发制人，出兵击之，大败宋军。

〔2〕成败之也：《集解》说："结日列阵，不以诈相袭，得败师之道，故曰成也。"意思是庄公此次作战，没有像以往那样利用欺诈的手段获胜，所以对他有所褒扬。

〔3〕宋万之获：宋万，即南宫长万，又称南宫万，宋国的大夫。他

在此次交战中被鲁军俘虏，后于庄公十二年杀其君闵公。

【译文】

[经] 夏季，五月的戊寅日，庄公在鄑这个地方击败了宋国的军队。

[传] 经文一般对于鲁国的战事是不说"战"的，这是列举其中重要的方面来写，之所以记载它的日期，因为是要说明在这次交战中打败了宋国的军队，并且还俘获了宋万。

3/11.3 [经] 秋，宋大水[1]。

[传] 外灾不书，此何以书？王者之后也[2]。高下有水灾，曰"大水"。

【注释】

〔1〕宋大水：《左传》记载，宋国发生水灾，是由于连日暴雨所致，连祭祀宗庙所需的谷物也受到影响，因此鲁庄公前去慰问。

〔2〕王者之后：宋国的开国国君是商王纣的庶兄微子启，故称。但这一解释不过是《穀梁》的穿凿附会。如庄公二十年夏，经文记载齐国"大灾"，齐国的开国国君并不是"王者之后"。

【译文】

[经] 秋季，宋国发生大水灾。

[传] 对鲁国以外的诸侯国发生的灾害，照例经文是不予记载的，这里为什么又记载了呢？因为宋国是殷商王族的后裔。高地和平地大水泛滥成灾，这就叫做"大水"。

3/11.4 [经] 冬，王姬归于齐[1]。

[传] 其志，过我也。

【注释】

　　〔1〕王姬：周王之女，嫁齐桓公者。

【译文】

　　[经] 冬季，周王之女嫁到齐国。

　　[传] 经文记载这件事，是因为她经过了鲁国。

十 二 年

3/12.1 [经] 十有二年[1]，春，王三月，纪叔姬归于酅[2]。

[传] 国而曰"归"，此邑也[3]，其曰"归"，何也？吾女也失国，喜得其所，故言归焉尔。

【注释】

〔1〕十有二年：本年为周庄王十五年，公元前682年。

〔2〕纪叔姬归于酅：纪叔姬，鲁国女，随其姐伯姬嫁纪国国君。酅（xī，西），地名，在今山东淄博东北。庄公三年，齐国攻打纪国，纪侯分酅邑与其弟纪季，入齐为附庸。庄公四年，齐灭纪，叔姬暂回鲁国，至此才去酅邑，依靠纪季。

〔3〕此邑也：酅作为齐国的附庸，纪国被灭以后，纪季仍住在此，故虽为邑，实是纪国的宗祀所在。

【译文】

[经] 十二年，春季，周王的三月，纪叔姬回到了酅这个地方。

[传] 只有对一个国家才能说"归"，"酅"这个地方不过是一座小城，经文却也说"归"，这是为什么？因为纪叔姬原是鲁国的女子，但失去了国家，现在庆幸她得到安身的地方，所以说是"归"。

3/12.2 ［经］夏，四月。

【译文】

［经］夏季，四月。

3/12.3 ［经］秋，八月甲午，宋万弑其君捷及其大夫仇牧[1]。

［传］"宋万"，宋之卑者也，卑者以国氏。以尊及卑也。仇牧，闲也[2]。

【注释】

〔1〕宋万弑其君捷及其大夫仇牧：宋万，见3/11.2注〔3〕。捷，即宋闵公，公元前690年即位。仇牧，宋国的大夫。据《左传》记载，宋万在蒙泽杀害宋闵公，在宫门口遇到仇牧，再杀之。遇到宋国的太宰华父督，又杀之。于是立公子游为宋国的国君。宋国的贵族纷纷出奔萧国，公子御说出奔亳，宋万与猛获领兵包围了亳邑。

〔2〕闲：原指栏杆一类的遮拦物，引申为守护。

【译文】

［经］秋季，八月的甲午日，宋国的南宫长万杀害了他的国君捷以及大夫仇牧。

［传］"宋万"，是宋国一个地位卑微的人。经文中通常对于地位卑微的人是用国号作为其姓氏的，因为是要由尊贵的再写到卑微的。仇牧，是护卫宋国国君的人。

3/12.4 ［经］冬，十月，宋万出奔陈[1]。

【注释】

〔1〕宋万出奔陈：宋万杀君立子游后，萧叔大心联合宋戴公、武公、宣公、穆公、庄公的族人，率领曹国的军队攻打宋国，交战中杀了南宫牛，又进入宋国杀了子游，立公子御说为国君（即宋桓公）。后宋万在陈国被俘，押回宋国，宋人将其剁为肉泥。

【译文】

[经] 冬季，十月，宋万出逃到陈国。

十 三 年

3/13.1 ［经］十有三年[1]，春，齐人、宋人、陈人、蔡人、邾人会于北杏[2]。

［传］是齐侯、宋公也，其曰"人"，何也？始疑之。何疑焉？桓非受命之伯也[3]，将以事授之者也。曰可矣乎？未乎？举人，众之辞也。

【注释】

〔1〕十有三年：本年周庄王卒，僖王即位，故按年表为周僖王元年。时公元前681年。

〔2〕齐人……会于北杏：北杏，齐国地名，今山东东阿县境。此次诸侯聚会，由齐桓公发起，目的是商讨共同平息宋国因弑君而引起的动乱。《左传》"齐人"作"齐侯"。

〔3〕桓非受命之伯：伯，指方伯。春秋时，天子常指派某个诸侯国的国君负责协调周围诸侯国之间的关系，这种身份称为方伯。齐桓公召集众多诸侯聚会，商讨平息宋乱之事，充当了方伯的角色，《穀梁》认为桓公没有受到周王的任命，擅自主持诸侯的聚会，是不应当的。

【译文】

［经］庄公十三年，春季，齐国人、宋国人、陈国人、蔡国人、邾国人在北杏这个地方会面。

［传］明明是齐桓公、宋桓公，经文中却说是"人"，这是为

什么？因为对齐桓公的行为开始有所怀疑了。为什么要怀疑他？因为齐桓公并不是接受了周朝天子任命的方伯，不过是各位诸侯暂时将这次会盟的事授予他罢了。那么齐桓公的这种做法到底是说可以呢？还是不可以呢？经文中用"人"字，就表示是众人授权予他的写法。

3/13.2 ［经］夏，六月，齐人灭遂[1]。

［传］遂，国也。其不日[2]，微国也。

【注释】

〔1〕齐人灭遂：遂，古国名。妫姓，国君是舜的后裔，国土在今山东宁阳北部。据《左传》记载，本年春齐桓公召集各诸侯国商讨平息宋乱之事，遂国人"不至"，故此时齐国借机灭了遂国。

〔2〕不日：《穀梁》认为遂是个小国，所以经文中不记载它被齐国灭亡的日期。其实《春秋》全文共记载了三十三次灭国的事，这些被灭的国家无一个是大国，但记载被灭日期的仅有十次，可见这里不记载日期并非是因为国"微"。

【译文】

［经］夏季，六月，齐国人灭了遂国。

［传］"遂"是一个国家。经文中没有记载灭亡遂国的具体日期，因为它是一个很弱小的国家。

3/13.3 ［经］秋，七月。

【译文】

［经］秋季，七月。

3/13.4 ［经］冬，公会齐侯，盟于柯[1]。

[传] 曹刿之盟也[2]，信齐侯也。柯盟，虽内与，不日，信也[3]。

【注释】

〔1〕盟于柯：柯，齐国地名，今山东阳谷东北。鲁、齐两国，连年以来屡次交战，互有胜败，加上鲁桓公被齐襄公杀害，所以两国之间的关系一直不很融洽。现在齐桓公为了成就霸业，故与鲁国结盟，以修旧好。

〔2〕曹刿之盟：《集解》说："经、传无文，盖有信者也。"可能是曹刿参与了这次盟会。据《公羊》记载，有"曹子"者跟随庄公参加盟会，并在会面时与随同齐桓公前来的管子斗智。此"曹子"当即曹刿。

〔3〕信也：《公羊》记载，鲁、齐会盟时，曹子代庄公向齐桓公提出，要求得到"汶阳之田"，桓公同意了，曹子又要求结盟，桓公也同意了。《公羊》因此说："要盟可犯，而桓公不欺。曹子可雠，而桓公不怨。桓公之信，著乎天下，自柯之盟始焉。"《穀梁》此说"信也"，是袭用《公羊》之义。

【译文】

[经] 冬季，庄公会见齐桓公，在柯这个地方结盟。

[传] 曹刿参加了结盟，齐侯很讲信用。虽然齐桓公的这次会盟鲁庄公也参加了，经文却没有记载盟会的日期，因为齐桓公很讲信用。

十 四 年

3/14.1 ［经］十有四年^[1]，春，齐人、陈人、曹人伐宋^[2]。

【注释】

〔1〕十有四年：本年为周僖王二年，公元前680年。

〔2〕伐宋：《左传》上年"冬"传文说，"宋人被北杏之会"。故此番伐宋，可能就是为了讨伐宋背盟之罪。

【译文】

［经］庄公十四年，春季，齐国人、陈国人、曹国人讨伐宋国。

3/14.2 ［经］夏，单伯会伐宋^[1]。

［传］会，事之成也^[2]。

【注释】

〔1〕单伯会伐宋：单伯，见3/1.3注〔1〕。《左传》说齐桓公伐宋时，曾"请师于周"，目的是"挟天子以令诸侯"。照《左传》的说法，单伯是周朝的大夫。

〔2〕成：讲和。

【译文】

[经] 夏季，单伯会见讨伐宋国的各方诸侯。

[传] 这里说"会"，是指协调双方讲和。

3/14.3 [经] 秋，七月，荆入蔡[1]。

[传] "荆"者，楚也。其曰"荆"，何也？州举之也[2]。州不如国，国不如名，名不如字。

【注释】

〔1〕荆入蔡：蔡哀侯在莘之战中被楚国俘虏，于是在楚王面前称赞息妫的美丽，楚王乘机灭了息国，将息妫带回楚国，与其生了两个儿子。但息妫从不与楚王说话，楚王问其故，息妫说，我作为一个妇人，而身事两个丈夫，还有什么可说的。楚王为此攻打蔡国。

〔2〕州举之：州，指上古时代中国分为九州，荆州为其中之一，楚国居荆州，故以州名称楚国。

【译文】

[经] 秋季，七月，荆侵入蔡国。

[传] "荆"，指的就是楚国。经文称楚国为"荆"，这是为什么？这是用州的名称来代表楚国。称呼州名比不上称呼国名，称呼国名比不上称呼人名，称呼人名比不上称呼人的表字。

3/14.4 [经] 冬，单伯会齐侯、宋公、卫侯、郑伯于鄄[1]。

[传] 复同会也。

【注释】

〔1〕鄄：读作"juān（绢）"，卫国地名，今山东鄄城西北。《左传》

说，此次诸侯会面，因"宋服故也"。

【译文】

[经] 冬季，单伯在鄑这个地方会见齐桓公、宋桓公、卫惠公、郑厉公。

[传] 这是诸侯再次共同会面。

十 五 年

3/15.1 ［经］十有五年[1]，春，齐侯、宋公、陈侯、卫侯、郑伯会于鄄[2]。

　　［传］复同会也。

【注释】

　　[1] 十有五年：本年为周僖王三年，公元前679年。

　　[2] 会于鄄：《左传》说，此次诸侯会面，"齐始霸也"，即齐桓公成为春秋时的第一个霸主。

【译文】

　　［经］庄公十五年，春季，齐桓公、宋桓公、陈宣公、卫惠公、郑厉公在鄄这个地方会面。

　　［传］这是诸侯们的再次共同会面。

3/15.2 ［经］夏，夫人姜氏如齐。

　　［传］妇人既嫁，不逾竟，逾竟，非礼也。

【译文】

　　［经］夏季，鲁桓公的夫人姜氏到了齐国。

[传] 妇女已经出嫁了，就不能走出国境，走出国境是不符合礼制的。

3/15.3 [经] 秋，宋人、齐人、邾人伐郳[1]。

【注释】

〔1〕宋人……伐郳：郳，见 3/5.3 注〔1〕。《公羊》经文"郳"作"兒"。

【译文】

[经] 秋季，宋国人、齐国人、邾国人讨伐郳国。

3/15.4 [经] 郑人侵宋[1]。

【注释】

〔1〕郑人侵宋：《左传》以为是郑国乘宋国伐郳，国内兵力空虚之时，攻打宋国。

【译文】

[经] 郑国人攻打宋国。

3/15.5 [经] 冬，十月。

【译文】

[经] 冬季，十月。

十　六　年

3/16.1 ［经］十有六年^[1]，春，王正月。

【注释】

〔1〕十有六年：本年为周僖王四年，公元前678年。

【译文】

［经］庄公十六年，春季，周王的正月。

3/16.2 ［经］夏，宋人、齐人、卫人伐郑^[1]。

【注释】

〔1〕宋人……伐郑：由于上年秋郑国侵宋，故此番诸侯联合伐郑。

【译文】

［经］夏季，宋国人、齐国人、卫国人讨伐郑国。

3/16.3 ［经］秋，荆伐郑^[1]。

【注释】

〔1〕荆伐郑：郑厉公由栎进入郑国，没有及时通告楚国，楚国以为郑国无礼，遂发兵讨伐之。

【译文】

[经] 秋季，荆讨伐郑国。

3/16.4 [经] 冬，十有二月，会齐侯、宋公、陈侯、卫侯、郑伯、许男、曹伯、滑伯、滕子[1]，同盟于幽[2]。

[传]"同"者，有同也，同尊周也。不言公，外内寮一疑之也[3]。

【注释】

〔1〕会齐侯……滕子：《公羊》经文中"会"上有"公"字。《左传》"许男"下无"曹伯"。

〔2〕幽：宋国地名，今河南兰考境内。

〔3〕寮：通"僚"，即同僚，指诸侯。

【译文】

[经] 冬季，十二月，与齐桓公、宋桓公、陈宣公、卫惠公、郑厉公、许男、曹庄公、滑伯、滕子等，在幽这个地方共同举行盟会。

[传]"同"字的意思，就是说有共同的目的，也就是共同尊奉周王室。其中没有提到鲁国的庄公，那是因为远近的诸侯都对他能否拥戴齐桓公作为盟主有所怀疑。

3/16.5 [经] 邾子克卒[1]。

[**传**] 其曰"子",进之也。

【注释】

〔1〕邾子克：即邾国的国君克。隐公元年，鲁国与邾仪父盟于蔑，时经文未称他的爵号，《左传》、《穀梁》皆以为当时他还未得到周王的爵命。此处称其为"子"，《穀梁》以为"进之"，也就是接受过周王的爵命了。

【译文】

[**经**] 邾国的国君克去世了。

[**传**] 经文中称克为"子"，是因为周天子已经把爵位封赐给他了。

十 七 年

3/17.1 ［经］十有七年[1]，春，齐人执郑詹[2]。

［传］"人"者，众辞也。以"人执"，与之辞也。郑詹，郑之卑者。卑者不志，此其志，何也？以其逃来，志之也。逃来则何志焉？将有其末，不得不录其本也。郑詹，郑之佞人也。

【注释】
〔1〕十有七年：本年为周僖王五年，公元前 677 年。
〔2〕郑詹：《公羊》、《穀梁》都以为是郑国的"微者"、"卑者"，即地位很低的官员；杜预《左传注》说是郑国的执政大臣。

【译文】
［经］庄公十七年，春季，齐国的人捉住了郑詹。
［传］这里的"人"字，是表示人数众多的说法。由"人"来捉住他，是对此事表示赞同的写法。郑詹，是郑国的一个地位卑微的人。对于地位卑微的人按照惯例是经文不予记载的，这里经文却记载了，这是为什么？因为他逃到鲁国来了，所以就记载了。他逃到鲁国来，为什么要记载呢？因为这件事总要有一个结果的，所以不能不记录下事情发生的最初原因。郑詹，是郑国一个善于用花言巧语献媚的人。

3/17.2 ［经］夏，齐人歼于遂[1]。

［传］"歼"者，尽也。然则何为不言遂人尽齐人也？无遂之辞也[2]。无遂则何为言"遂"？其犹存遂也。存遂奈何？曰：齐人灭遂，使人戍之，遂之因氏饮戍者酒而杀之[3]，齐人歼焉。此谓狎敌也。

【注释】

〔1〕遂：见3/13.2注〔1〕。

〔2〕无遂之辞：遂被齐国所灭后，其国已不存，故说"无遂"。

〔3〕遂之因氏：因氏，遂国的部族。据《左传》记载，同时消灭齐国守军的还有遂国的颌氏、工娄氏、须遂氏等族的人。

【译文】

［经］夏季，齐国派驻在遂国的守军被遂国的人歼灭。

［传］这里的"歼"字，表示被全部消灭的意思。既然如此，为什么不说遂国人杀光了齐国人呢？这是用了遂国已经不存在的写法。既然已经没有了遂国，那为什么又要说到"遂"呢？经文这样写是为了让人觉得遂国实际上还是存在的。怎么让人觉得遂国实际上还存在呢？回答是：齐国人灭亡了遂国，派兵驻守在那儿，遂国的因氏请守兵喝酒，然后把他们杀掉，齐国人被全部消灭。这就叫做轻敌。

3/17.3 ［经］秋，郑詹自齐逃来。

［传］逃义曰逃[1]。

【注释】

〔1〕逃义：义，指道义。郑詹是出使齐国因无礼而被执的。出使被执，已是有辱国体，不能仗义死节，却又逃到鲁国，所以称之为"逃义"。

【译文】

　　[经] 秋季，郑詹从齐国逃到了鲁国。

　　[传] 逃避罪责的行为，就叫作"逃"。

3/17.4 [经] 冬，多麋[1]。

【注释】

　　[1] 麋：即麋鹿，俗称"四不像"。

【译文】

　　[经] 冬季，出现了很多麋鹿。

十 八 年

3/18.1 ［经］ 十有八年^{〔1〕}，春，王三月，日有
食之。

［传］ 不言日，不言朔，夜食也。何以知其夜食
也？曰王者朝日，故虽为天子，必有尊也，贵为诸侯，
必有长也，故天子朝日，诸侯朝朔。

【注释】
〔1〕本年为周惠王元年，公元前676年。

【译文】
［经］庄公十八年，春季，周王的三月，发生日食。
［传］既没有讲到日期，也没有写明初一，说明这次日食发
生在夜间。怎么知道是夜间日食的呢？回答是：天子在日出的时
候举行祭祀太阳的典礼（当时日食还没有结束，所以知道在夜间
发生了日食），因此，即使作为天子，也一定有所尊崇，即使是贵
为诸侯，也一定有所服从，所以天子要在初一举行祭祀太阳的典
礼，诸侯要在初一举行祭告祖庙的典礼。

3/18.2 ［经］夏，公追戎于济西^{〔1〕}。
［传］其不言戎之伐我，何也？以公之追之，不使

戎迩于我也。于济西者，大之也。何大焉？为公之追
之也。

【注释】

〔1〕济西：指济水以西的地区。

【译文】

[经] 夏季，庄公率领军队追击戎人一直到济水以西的地区。

[传] 经文不说戎人前来攻打鲁国，这是为什么？因为庄公
追逐戎人，没有让戎人逼近鲁国。说"于济西"，是一种褒大的
说法。为什么要褒大？因为是庄公亲自去追击戎人的。

3/18.3 [经] 秋，有蜮[1]。

[传] 一有一亡[2]，曰有。蜮，射人者也[3]。

【注释】

〔1〕蜮：也写作"蟈"。一种专食禾苗叶子的害虫。

〔2〕亡：同"无"。

〔3〕射人者：《穀梁》解"蜮"为射人者。《诗·小雅·何人斯》：
"为鬼为蜮"，唐陆德明《经典释文》说："状如鳖，三足，一名射工。
俗呼之水弩，在水中含沙射人。一曰射人影。"从季节上看，秋季发生
虫灾的可能性较大，《左传》解说为"秋有蜮，为灾也"。《公羊》说是
"记异也"。

【译文】

[经] 秋季，发生蜮灾。

[传] 有时有，有时没有，这就叫做"有"。蜮，是能够含沙
射人的动物。

3/18.4 ［经］冬，十月。

【译文】

　　［**经**］冬季，十月。

十 九 年

3/19.1 ［经］十有九年[1]，春，王正月。

【注释】

　　[1] 十有九年：本年为周惠王二年，公元前 675 年。

【译文】

　　［经］庄公十九年，春季，周王的正月。

3/19.2 ［经］夏，四月。

【译文】

　　［经］夏季，四月。

3/19.3 ［经］秋，公子结媵陈人之妇于鄄[1]，遂及齐侯、宋公盟[2]。

　　［传］媵，浅事也[3]，不志，此其志，何也？辟要盟也[4]。何以见其辟要盟也？媵，礼之轻者也；盟，国之重也，以轻事遂乎国重，无说。其曰"陈人之妇"，

略之也。其不日，数渝^[5]，恶之也^[6]。

【注释】

〔1〕公子结媵陈人之妇于鄄：公子结，鲁国的大夫。媵，随嫁，也指随嫁的人。汉郑玄注《仪礼·士昏礼》说："古者嫁女必侄娣从，谓之媵。侄，兄之子。娣，女弟也。"陈人之妇，这里指卫国随嫁到陈国的女子。因鲁、卫两国的国君都是姬姓，在血缘上是同族，故卫女嫁往陈国，到鲁国求媵。鄄，卫国的城邑，这里代指卫国。

〔2〕及齐侯、宋公盟：经文本为记事，但《穀梁》在解说中以为庄公的本意是要让公子结求盟于齐、宋，恐齐、宋不许，有失体面，于是就先书"媵"，然后引出"盟"。

〔3〕浅事：随嫁之事，只是诸侯娶妻仪式中的一部分，不足为道，将其与结盟之事相比，当然次要得多。

〔4〕辟要盟：辟，同"避"。要，同"邀"。

〔5〕渝：变化。

〔6〕恶之：此次结盟在秋季，但到了冬季，齐、宋两国就来攻打鲁国，所以这里指对结盟的事表示厌恶。

【译文】

［经］秋季，公子结护送随嫁到陈国的鲁国女子到卫国的鄄邑。于是同齐桓公、宋桓公结盟。

［传］护送随嫁女子，是件很小的事情，本来是不予记载的，这里却记载了，这是为什么？是为了要避讳邀请齐、宋两国结盟的事。凭什么知道这是在避讳鲁国邀请齐、宋结盟的事呢？因为护送随嫁女子，是诸侯娶妻礼仪中无关紧要的小事情，而国与国之间的结盟，则是一个国家中的重大事件，以小事情来带出重大事件，是说不通的。经文中又说是"陈人之妇"，这是一种省略的说法。经文也不记载结盟的日期，是因为盟约多次发生变化，所以对此表示厌恶。

3/19.4 ［经］夫人姜氏如莒。

[传] 妇人既嫁，不逾竟，逾竟，非正也。

【译文】

[经] 桓公的夫人姜氏到莒国。

[传] 妇女已经出嫁，就不能出国境了。如果出了国境，那就是不符合妇女应该遵守的礼节。

3/19.5 [经] 冬，齐人、宋人、陈人伐我西鄙[1]。

[传] 其曰"鄙"，远之也。其远之何也？不以难迩我国也。

【注释】

〔1〕西鄙：西部边远地区。

【译文】

[经] 冬季，齐国人、宋国人、陈国人攻打我国西部的边远地区。

[传] 经文中说"鄙"，就表示那是很远的地方。为什么要说明是在很远的地方？因为要表示还没有对我国带来迫在眉睫的危难。

二 十 年

3/20.1 ［经］ 二十年[1]，春，王二月，夫人姜氏如莒。

　　［传］妇人既嫁不逾竟，逾竟非正也。

【注释】

　　〔1〕二十年：本年为周惠王三年，公元前674年。

【译文】

　　［经］庄公二十年，春季，周王二月。夫人姜氏到了莒国。

　　［传］妇女已经出嫁，就不能走出国境，如果走出国境，那是不符合妇女所应该遵守的礼节的。

3/20.2 ［经］夏，齐大灾[1]。

　　［传］其志，以甚也[2]。

【注释】

　　〔1〕大灾：据《公羊》的解说，此次齐国"大灾"，是因为发生了"大痎（同疠）"而引起"大瘠"。疠，即瘟疫。夏天瘟疫流行，是很有可能的。

　　〔2〕甚：《集解》说："外灾不志。甚，灾及人也。外灾例时。"

【译文】

　　[经] 夏季，齐国发生大的灾害。

　　[传] 经文记载此事，是因为这次灾害非常严重。

3/20.3 [经] 秋，七月。

【译文】

　　[经] 秋季，七月。

3/20.4 [经] 冬，齐人伐我[1]。

【注释】

　　〔1〕伐我：《左传》、《公羊》经文均作"伐戎"。《补注》以为"我"为字误。

【译文】

　　[经] 冬季，齐国人攻打我国。

二十一年

3/21.1 [经] 二十有一年[1]，春，王正月。

【注释】

〔1〕二十有一年：本年为周惠王四年，公元前 673 年。

【译文】

[经] 庄公二十一年，春季，周王的正月。

3/21.2 [经] 夏，五月辛酉。郑伯突卒[1]。

【注释】

〔1〕郑伯突：即郑厉公。公元前 700 年在宋国的干预下即位，四年后因不满大夫祭仲专权，谋除之，事泄，出奔蔡国。公元前 679 年复位。

【译文】

[经] 夏季，五月的辛酉日，郑厉公突去世。

3/21.3 [经] 秋，七月戊戌，夫人姜氏薨[1]。
[传] 妇人弗目也[2]。

【注释】

〔1〕夫人姜氏：鲁桓公的夫人文姜。

〔2〕弗目：即不明确记载地点。因"二十年"的经文中记载"姜氏如莒"，后未再记载她回国的事，故其薨于何处，不明。《穀梁传》认为不记载妇人的死亡地点，符合《春秋》书例，其实不对。如僖公元年七月的经文记载，"夫人姜氏薨于夷，齐人以归"，说明并非"弗目"。

【译文】

［经］秋季，七月的戊戌日，夫人姜氏去世。

［传］经文对于妇女的死亡，是不明确记载地点的。

3/21.4 ［经］冬，十有二月，葬郑厉公。

【译文】

［经］冬季，十二月，安葬了郑厉公。

二十二年

3/22.1 ［经］ 二十有二年[1]，春，王正月。肆大眚[2]。

［传］"肆"，失也[3]。"眚"，灾也。灾，纪也[4]，失，故也，为嫌天子之葬也[5]。

【注释】

〔1〕二十有二年：本年为周惠王五年，公元前672年。

〔2〕肆大眚：肆，应为放纵的意思，这里可理解为赦免。眚，读作"shěng（省）"，过失。《公羊传》所引经文作"省"。大眚，即很大的过失，指犯罪。肆大眚，即实行大赦。

〔3〕失：读作"佚"，同"逸"，这里是赦免的意思。

〔4〕灾，纪也：《集解》说："灾谓罪恶，纪，治理也。有罪当治理之，今失之者，以文姜之故。"

〔5〕嫌天子之葬：嫌，避嫌。天子之葬，指周朝所规定的葬礼制度。《穀梁》认为，鲁国所以要实行大赦，是因为庄公想要安葬其母文姜，文姜由于涉嫌齐襄公杀害桓公之事，根据礼制是不应当记载其安葬的，所以在举行葬礼之前，先大赦犯罪的人，这样文姜就在大赦之列，等到安葬她的时候，也就不至于触犯天条。其实此说颇为牵强。文姜在世时，尚且没有因其涉嫌谋杀桓公而问罪，如今去世了，反倒提及此事，似乎无此必要。

【译文】

［经］ 庄公二十二年，春季，周王的正月。实行大赦。

［传］所谓"肆"，就是赦免的意思。所谓"眚"，就是罪恶的意思。对罪恶就要加以惩治，现在的大赦天下是有原因的，因为担心为夫人姜氏举行葬礼，会与周朝天子制定的葬礼制度发生抵触。

3/22.2 ［经］癸丑，葬我小君文姜[1]。

［传］"小君"，非君也，其曰"君"，何也？以其为公配[2]，可以言"小君"也。

【注释】

〔1〕小君：据《论语·季氏》孔子正邦君之名时说："邦人称之曰君夫人，称诸异邦曰寡小君。"说明在诸侯国内，臣民称其国君的夫人为"君夫人"，如果是对外的称呼，就叫"寡小君"。

〔2〕以其为公配：《穀梁》以为"小君"之名仅是为了与桓公相匹配，对照《论语》，此说似欠周到。

【译文】

［经］癸丑日，安葬了我国国君的夫人文姜。

［传］所谓"小君"，并不是指国君，那么经文中称为"君"，是为什么？因为文姜是国君的配偶，所以可以称作"小君"。

3/22.3 ［经］陈人杀其公子御寇[1]。

［传］言公子而不言大夫，公子未命大夫也。其曰"公子"，何也？公子之重视大夫，名以执公子[2]。

【注释】

〔1〕御寇：陈国的太子。《左传》传文作"杀其大子御寇"，"大

子"，即太子。

〔2〕名以执公子：指受命的大夫在名义上也可以得到公子的礼遇。

【译文】

[经] 陈国的人杀了他们的公子御寇。

[传] 经文中说是"公子"而不说是"大夫"，是由于公子御寇还没有正式受命成为大夫。那么经文称他为"公子"，有什么道理？因为公子地位的重要如同大夫一样，受命的大夫也可以执公子之礼。

3/22.4 [经] 夏，五月。

【译文】

[经] 夏季，五月。

3/22.5 [经] 秋，七月丙申，及齐高傒盟于防[1]。
[传] 不言公，高傒伉也[2]。

【注释】

〔1〕高傒：齐国的大夫。《公羊传》说："齐高傒者何？贵大夫也。"防：鲁国地名，一名东防，今山东费县东北。

〔2〕伉：对当。

【译文】

[经] 秋季，七月的丙申日，与齐国的高傒在防这个地方盟会。

[传] 没有提到庄公，是因为与高傒对当。

3/22.6 [经] 冬，公如齐纳币[1]。

[传] 纳币，大夫之事也。礼有纳采[2]，有问名[3]，有纳征[4]，有告期[5]，四者备而后娶，礼也。公之亲纳币，非礼也，故讥之。

【注释】

〔1〕纳币：古代婚礼"六礼"之一，也称"纳征"。详见注〔4〕。

〔2〕纳采：古代婚礼"六礼"之一。男家请媒人向女家提亲，女家同意后，男家备礼去女家求婚。

〔3〕问名：古代婚礼"六礼"之一。男家备礼请媒人向女方的名字及生年月日，然后男家将据此占卜，获得吉凶之兆，以决定是否缔结婚约。

〔4〕纳征：也称"纳币"，古代婚礼"六礼"之一。征，成的意思。男家通过占卜得到吉兆，于是备礼通知女家，决定缔结婚约，然后，将聘礼送往女家。聘礼一般有深红色的丝绸，皮毛等物。

〔5〕告期：古代婚礼"六礼"之一。男家向女家告知迎娶的日期。

【译文】

[经] 冬季，庄公到齐国去下定婚的聘礼。

[传] 下定婚的聘礼这类事，本来就是由大夫代办的。根据娶亲的礼节，有备下彩礼求婚，有询问女方名字和生辰八字，有馈赠聘礼定婚，有告知迎娶日期，这四件事全都齐备以后，才正式去迎亲，这是礼制的规定。现在庄公亲自去馈赠定婚的聘礼，是不符合礼制的，因此经文要讥刺他。

二十三年

3/23.1 [经] 二十有三年[1]，春，公至自齐。

【注释】

〔1〕二十有三年：本年为周惠王六年，公元前671年。

【译文】

[经] 庄公二十三年，春季，庄公从齐国回来。

3/23.2 [经] 祭叔来聘[1]。

[传] 其不言使，何也？天子之内臣也[2]，不正其外交，故不与使也[3]。

【注释】

〔1〕祭叔：周王的大夫。

〔2〕内臣：在王畿内任职的大臣。

〔3〕不与使：不给予"使者"的称号。《榖梁》以为《春秋》人臣无外交，从《春秋》记载周朝大夫与诸侯往来的史实来看，此说不确。《集解》引郑玄语说："诸称'使'者，是奉王命，其人无自来之意。今祭叔不一心于王，而欲外交，不得王命来，故去使以见之。"甚当。

【译文】

[经] 祭叔来访。

[传] 经文不说是派遣，这是为什么？因为祭叔是周天子的属臣，天子的属臣外出结交诸侯，是不符合正当的礼制的，所以就不给予"使"的称号。

3/23.3 [经] 夏，公如齐观社[1]。

[传] 常事曰"视"，非常曰"观"。观，无事之辞也，以是为尸女也[2]。无事不出竟。

【注释】

〔1〕观社：观看祭祀社神。社神，即土神。《白虎通·社稷》说："封土立社，示有土也。"

〔2〕尸女：尸，主持。女，指主持祭祀社神仪式的女子。上古时常以女子为祭祀仪式的主持人，《诗·召南·采蘋》："谁其尸之，有齐季女。"

【译文】

[经] 夏季，庄公到齐国去观看祭祀社神。

[传] 按照通常规矩去办事称为"视"，违反常规的就称为"观"。"观"，是表示没有什么重要事情的说法，因为庄公不过是借此去贪恋主持祭祀仪式的女子的美色。国君如果没有重大事情是不应该走出国境的。

3/23.4 [经] 公至自齐。

[传] 公如往时[1]，正也。致月[2]，故也。如往月，致月，有惧焉尔。

【注释】

〔1〕如往时：记载去时的季节。

〔2〕致月：致，指诸侯外出回国后在祖庙举行的祭告仪式。月，记载月份。

【译文】

[经] 庄公从齐国观社回国。

[传] 庄公去别的诸侯国，如果经文记载了出发时的季节，表明情况正常。要是记载回国后举行祭告祖庙仪式的月份，那就是发生了变故。如果既记载了到别的诸侯国去的月份，又记载了回国后举行祭告祖庙仪式时的月份，那就表明情况危险而有所担忧。

3/23.5 [经] 荆人来聘。

[传] 善累而后进之〔1〕。其曰"人"，何也？举道不待再〔2〕。

【注释】

〔1〕善累而后进之：善累，积累善行。进之，对善行加以表扬、褒奖。

〔2〕举道：褒奖善行的态度、道理。

【译文】

[经] 楚国人来行聘问之礼。

[传] 如果是好的行为，只要有所积累就应给予褒奖。但经文又称之为"人"，这是为什么？褒奖善行的态度应该是有善即奖，不必等待有了第二次才表扬。

3/23.6 [经] 公及齐侯遇于穀〔1〕。

[传]"及"者，内为志焉尔。"遇"者，志相得也。

【注释】

〔1〕穀：齐国地名，也称小穀，今山东东阿。为当时的交通要道，后齐桓公将此地赐给管仲。

【译文】

[经]庄公约齐桓公在穀这个地方进行了志趣相投的会面。

[传]这里的"及"字，即表示这次会见是鲁国主动约请的。"遇"，就是表明志趣相投。

3/23.7 [经]萧叔朝公〔1〕。

[传]微国之君，未爵命者。其不言"来"，于外也〔2〕。朝于庙，正也；于外，非正也。

【注释】

〔1〕萧叔：萧国的始封国君，名大心，曾于庄公十二年会同宋国贵族及曹国的军队，平息了宋国的内乱。萧国，亦称萧同。子姓，与宋国为同姓，为其附庸国。国土在今安徽萧县西北。

〔2〕于外：据经文记载来看，此时庄公尚在穀会见齐桓公，故萧叔当在穀与庄公见面。

【译文】

[经]萧国的国君来见庄公。

[传]萧叔是弱小国家的国君，他还没有受到周王正式封赐的爵号。经文中不说"来"，是因为这次朝见在鲁国以外的地方进行。国君之间的正式拜会，应该在太庙进行，这才符合正规的礼制，如果是在国外进行的，那就不符合正规的礼制了。

3/23.8 ［经］秋，丹桓宫楹^{〔1〕}。

［传］礼，天子、诸侯黝垩^{〔2〕}，大夫仓^{〔3〕}，士黈^{〔4〕}。丹楹，非礼也。

【注释】

〔1〕丹桓宫楹：丹，作动词用。桓宫，祭奉鲁桓公牌位的庙寝。楹，宫殿中间的两根大柱子。

〔2〕黝垩：黝，青黑色。垩，用白土粉刷。

〔3〕仓：青色。

〔4〕黈：读作"tǒu（黈）"，黄色。

【译文】

［经］秋季，将桓公庙寝的柱子漆成朱红色。

［传］礼制规定，天子和诸侯的庙堂柱子漆成青黑色、墙壁涂成白色，大夫的屋柱漆成青色，士的屋柱漆成黄色。将庙堂的柱子漆成朱红色，是不合礼制规定的。

3/23.9 ［经］冬，十有一月，曹伯射姑卒^{〔1〕}。

【注释】

〔1〕曹伯射姑：即曹庄公，公元前701年即位，在位三十一年。

【译文】

［经］冬季，十一月，曹国的国君射姑去世。

3/23.10 ［经］十有二月甲寅，公会齐侯，盟于扈^{〔1〕}。

【注释】

〔1〕扈：郑国地名。

【译文】

[**经**] 十二月的甲寅日，庄公会见齐桓公，在扈这个地方结盟。

二十四年

3/24.1［经］二十有四年[1]，春，王三月，刻桓宫桷[2]。

［传］礼，天子之桷，斫之砻之[3]，加密石焉[4]；诸侯之桷，斫之砻之；大夫斫之；士斫本[5]。刻桷，非正也。夫人所以崇宗庙也，取非礼与非正而加之于宗庙[6]，以饰夫人，非正也。刻桓宫桷，丹桓宫楹，斥言桓宫，以恶庄也。

【注释】

〔1〕二十有四年：本年为周惠王七年，公元前 670 年。

〔2〕桷：屋上承托瓦片的木条，圆的称为椽，方的称为桷。

〔3〕斫之砻之：斫，用刀砍削。砻，打磨。

〔4〕加密石：在木桷露出瓦片的一端镶嵌光洁细密的石子。

〔5〕本：指木棍的根部。

〔6〕取：同“娶”，指庄公准备娶齐国的女子为夫人。

【译文】

［经］庄公二十四年，春季，周王的三月，雕刻桓公庙寝的木桷。

［传］根据礼制的规定，天子庙寝的木桷要经过砍削和打磨，

然后镶上光洁细密的磨石；诸侯庙寝的木桷要经过砍削和打磨；大夫庙寝的木桷只须砍削光滑就可以了；士的庙寝的木桷只砍掉木棍的根须就行了。在木桷上雕刻花纹是不符合正规礼制的。诸侯娶妻，只是为了延续宗庙的承嗣。庄公娶亲原本已不符合礼制，又将不符合正规礼制的做法施加于宗庙，以此来向新夫人炫耀，这更是不合正道的行为。经文记载了在桓公庙寝的木桷上雕刻花纹，将桓公庙寝的柱子漆成朱红色的事，又直接称桓公的庙寝为"桓宫"，这些都是为了表示对庄公的谴责。

3/24.2 ［经］葬曹庄公。

【译文】

［**经**］安葬了曹庄公。

3/24.3 ［经］夏，公如齐逆女[1]。

［**传**］亲迎，恒事也，不志。此其志，何也？不正其亲迎于齐也。

【注释】

〔1〕逆：迎接。指庄公亲自到齐国迎娶夫人。

【译文】

［**经**］夏季，庄公到齐国去迎娶夫人。

［**传**］国君亲自迎娶夫人，本来是经常性的事，经文照例是不予记载的。这里却记载了，是为什么？这是认为庄公亲自去与其有仇的齐国迎娶夫人不合正道。

3/24.4 ［经］秋，公至自齐。

　［**传**］迎者，行见诸[1]，舍见诸，先至，非正也。

【注释】

〔1〕诸：之的意思，这里指夫人。

【译文】

　［**经**］秋季，庄公从齐国回到鲁国。

　［**传**］既然是迎娶，就应该在行走时看见新人，住宿时也看见新人。现在庄公一个人先回到鲁国，这是不符合正规礼制的。

3/24.5　［**经**］八月丁丑，夫人姜氏入[1]。

　［**传**］"入"者，内弗受也。日入，恶入者也。何用不受也？以宗庙弗受也[2]。其以宗庙弗受，何也？娶仇人子弟以荐舍于前，其义不可受也。

【注释】

〔1〕夫人姜氏：即庄公从齐国所娶的夫人哀姜。

〔2〕宗庙弗受：指桓公被害于齐，若他泉下有知，定然不会同意这门亲事。

【译文】

　［**经**］八月的丁丑日，夫人姜氏进入鲁国。

　［**传**］所谓"入"的意思，就是说鲁国对姜氏的进入不能接受。经文记载姜氏进入鲁国的日期，是对她进入鲁国表示憎恶。凭什么不能接受姜氏呢？因为宗庙里的祖先之灵不能接受她，这是为什么？娶仇人的女儿或是妹妹为妻，还让她去宗庙在桓公的牌位前进献祭品，这样的做法，从道义上讲实在是不能接受的。

3/24.6 [经] 戊寅，大夫宗妇觌[1]，用币[2]。

[传] 觌，见也。礼，大夫不见夫人。不言及，不正其行妇道，故列数之也。男子之贽[3]，羔雁雉腒[4]；妇人之贽，枣栗腵修[5]。用币，非礼也。用者，不宜用者也。大夫，国体也，而行妇道，恶之，故谨而日之也。

【注释】

〔1〕大夫宗妇觌：宗妇，《公羊》解释为大夫之妻。觌，读作"dí（敌）"，相见。《穀梁》认为是大夫及其妻子，但《左传》解说中未言大夫，只说"公使宗妇觌"。

〔2〕用币：指见面的双方行互赠物品的礼节。币，一般为玉帛之类。

〔3〕贽：初次见面时双方互赠的礼品。

〔4〕腒：鸟肉制成的干脯。

〔5〕腵修：经捶捣后加入生姜、桂皮等香辛料的干肉。腵，同"锻"。

【译文】

[经] 戊寅日，大夫及其妻子与夫人相见，互赠礼品。

[传] "觌"，就是双方见面。根据礼制的规定，大夫是不能够见夫人的。经文中不说"及"，因为大夫行妇人的礼节是不符合正当的礼制的，所以经文要用"大夫"、"宗妇"并列的方式加以记述。男子初次与对方见面时赠送的礼物有羊羔、大雁、野鸡和晒干的鸟肉；女子初次与对方见面时赠送的礼物有红枣、栗子和加了香料的干肉。经文说"用币"，显然是不符合礼制规定了。这里所说的"用"，就是表示不适宜"用"的意思。大夫是帮助国君治理国家的，现在却行妇人的礼节，史官对这种行为表示厌恶，所以就郑重地记下了这件事发生的日期。

3/24.7 [经] 大水。

【译文】

[经] 发生水灾。

3/24.8 [经] 冬，戎侵曹，曹羁出奔陈[1]，赤归于曹[2]。郭公[3]。

[传] 赤，盖郭公也。何为名也？礼，诸侯无外归之义[4]，外归，非正也。

【注释】

〔1〕曹羁：曹国的大夫。据《公羊》记载，戎将侵曹时，曹羁劝谏国君："戎众以无义，君请勿自敌也。"曹国的国君没有答应，曹羁再三劝谏，国君仍不听，曹羁于是出走。《左传》在此条经文下无传文，贾逵说曹羁是曹国的国君。

〔2〕赤：《公羊》说"曹无赤者，盖郭公也。"贾逵以为戎之外孙，故侵曹时逐羁而立赤。杜预《左传注》依此说，以为羁可能是曹国的世子，因曹庄公已死，其尚未称爵，微弱而不能自定。又以为赤是曹僖公，曾被戎接纳，所以经文中说其"归于曹"。

〔3〕郭公：《公羊》称其为"失地之君"，意即失去国土的曹国的国君。

〔4〕诸侯无外归之义：因戎侵曹，曹羁出奔，赤才得以归于曹，《穀梁》以为赤曾依附于戎，故有此议论。

【译文】

[经] 冬季，戎人侵犯曹国，曹羁逃亡到陈国，赤回到了曹国。这就是曹郭公。

[传] "赤"这个人，也许就是"郭公"。为什么称呼他的名呢？按照礼制，诸侯没有依附于外国的道理，依附于外国的行为是不合正道的。

二十五年

3/25.1 ［经］ 二十有五年[1]，春，陈侯使女叔来聘[2]。

［传］ 其不名，何也？天子之命大夫也。

【注释】

〔1〕二十有五年：本年为周惠王八年，公元前 669 年。

〔2〕陈侯使女叔来聘：陈侯，即陈宣公。女叔，陈国的大夫，女为氏，字叔。　庄公十九年公子结媵陈人之妇，其年冬，陈就追随齐国、宋国来攻打鲁国的"西鄙"，自此鲁、陈结怨。此次遣大夫来聘，《左传》说是"结陈之好"。

【译文】

［经］ 庄公二十五年，春季，陈宣公派遣大夫女叔来访。

［传］ 经文没有记载他的名，这是为什么？因为他是由周王任命的大夫。

3/25.2 ［经］ 夏，五月癸丑，卫侯朔卒[1]。

【注释】

〔1〕卫侯朔：即卫惠公。公元前 698 年即位，前 696 年卫国内乱，

公子泄与公子职废朔立黔牟，朔出奔齐国。前688年朔重入卫国复位。

【译文】

[经] 夏季，五月的癸丑日，卫国国君朔去世。

3/25.3 [经] 六月辛未，朔，日有食之[1]。鼓，用牲于社[2]。

[传] 言日言朔，食正朔也。鼓，礼也。用牲，非礼也[3]。天子救日[4]，置五麾[5]，陈五兵五鼓[6]。诸侯置三麾，陈三鼓三兵；大夫击门，士击柝[7]。言充其阳也。

【注释】

〔1〕日有食之：食甚为本日十二时十一分十一秒。

〔2〕鼓，用牲：鼓，击鼓。牲，专指用于祭祀的家畜。郑玄注《周礼》说，"始养之曰畜，将用之曰牲"。

〔3〕非礼：根据当时礼制，发生日食后，诸侯击鼓于朝堂，用币于社。但经文中记载"用牲于社"，所以不合礼制。《左传》也说："鼓，用牲于社，非常也。"

〔4〕救日：古人以为日食是太阳受到侵害，所以要举行"救日"的仪式。

〔5〕五麾：麾，旗帜。五麾即青、赤、白、黑、黄五种颜色的旗帜，分别插在东、南、西、北、中五个方位。

〔6〕五兵五鼓：五兵，随旗陈列在五个方位的兵器，分别为矛、戟、钺、楯、弓箭。五鼓，与旗帜颜色相配的五色鼓，也分别依旗帜的方位安放。

〔7〕柝：读作"tuò（拓）"，如今之梆子，以两块木板相互敲击。

【译文】

[经] 六月的辛未，是初一日，发生了日食。击鼓，用牲畜

祭祀社神。

[**传**] 既记载了日期，又写明是初一，证明这次日食是发生在初一这天的，这是正常的现象。（当日食发生时）击鼓是符合礼制的，用牲畜祭祀社神就不符合礼制了。天子举行救日仪式的时候，将五种颜色的旌旗分别插在五个不同的方位，旌旗旁陈列五种不同的兵器和五种与旌旗颜色相同的鼓；诸侯只须设置三种颜色的旌旗，陈列三种颜色的鼓和三种兵器；大夫要敲击门扉；士要敲击木梆。据说这样可以充实太阳的阳气。

3/25.4 [**经**] 伯姬归于杞[1]。

[**传**] 其不言逆，何也？逆之道微，无足道焉尔。

【注释】

〔1〕伯姬归于杞：伯姬，据《集解》说是庄公之女，即嫁往杞国的鲁国之女。

【译文】

[**经**] 伯姬嫁往杞国。

[**传**] 经文中没有说是迎娶，这是为什么？因为迎娶的礼节很简单，所以不值得一记。

3/25.5 [**经**] 秋，大水。鼓，用牲于社、于门[1]。

[**传**] 高下有水，灾，曰大水。既戒鼓而骇众，用牲可以已矣。救日以用兵，救水以鼓众。

【注释】

〔1〕门：指城门。

【译文】

[经] 秋季，发生大水灾。击鼓，在土地庙和城门口用牲畜祭祀。

[传] 高原和平地大水泛滥成灾，这就叫做"大水"。既然已经击鼓报警，惊动了民众，那么用牲畜祭祀的仪式就可以作罢了。"救日"，可以用击鼓来陈列兵器，"救水"，可以用击鼓来聚集民众。

3/25.6 [经] 冬，公子友如陈[1]。

【注释】

〔1〕公子友：也称季友，鲁桓公之子。

【译文】

[经] 冬季，公子友前往陈国。

二十六年

3/26.1［经］二十有六年[1]，春，公伐戎。

【注释】

〔1〕二十有六年：本年为周惠王九年，公元前 668 年。

【译文】

［经］庄公二十六年，春季，庄公讨伐戎人。

3/26.2［经］夏，公至自伐戎。

【译文】

［经］夏季，庄公讨伐戎人后回国，向祖庙行祭告之礼。

3/26.3［经］曹杀其大夫[1]。

［传］言"大夫"而不称名姓，无命大夫也。无命大夫而曰"大夫"，贤也。为曹羁崇也[2]。

【注释】

〔1〕曹杀其大夫：大夫，《穀梁》、《公羊》都说是"曹羁"，《左传》

无传文。庄公二十三年曹伯卒，戎侵曹，曹羁出奔陈国，赤归于曹，关于经文的这些记载，《左传》均无传文，或因史料不足，故存疑而不说。

〔2〕为曹羁崇：崇，推崇。《穀梁》的这一解说，不合经义。《三传比义》引孙觉说，《春秋》记载被杀的大夫共三十八人，其中不书名者有三，非其贤明，而是史官记载的缺失。

【译文】

[经] 曹国杀了他的大夫。

[传] 说是"大夫"，却不称呼他的姓名，因为此人是尚未受到周王任命的大夫。对一个没有受到任命的大夫称他作"大夫"，说明他非常贤明。经文这是在推崇曹羁。

3/26.4 [经] 秋，公会宋人、齐人伐徐[1]。

【注释】

〔1〕徐：古国名。先祖为东夷的一支，称徐夷、徐方，分布于今淮河中下游流域。西周初，以今安徽泗县为中心建立徐国。公元前512年为吴国所灭。

【译文】

[经] 秋季，庄公会同宋国人、齐国人攻打徐国。

3/26.5 [经] 冬，十有二月癸亥朔，日有食之[1]。

【注释】

〔1〕日有食之：食甚为本日十二时四十四分十五秒。

【译文】

[经] 冬季，十二月的癸亥日，初一，发生日食。

二十七年

3/27.1〔经〕 二十有七年^[1]，春，公会杞伯姬于洮^[2]。

【注释】

〔1〕二十有七年：本年为周惠王十年，公元前 667 年。

〔2〕公会杞伯姬于洮：杞伯姬，鲁庄公之女，于庄公二十五年嫁杞成公。但此时杞惠公尚在位，杞成公并未立为国君。庄公与其女见面，想是念女心切，非为国事。洮，曹国地名，今山东鄄城西。

【译文】

〔经〕庄公二十七年，春季，庄公在洮这个地方与嫁往杞国的伯姬见面。

3/27.2〔经〕 夏，六月，公会齐侯、宋公、陈侯、郑伯，同盟于幽^[1]。

〔传〕"同"者，有同也，同尊周也。于是而后授之诸侯也。其授之诸侯，何也？齐侯得众也。桓会不致，安之也。桓盟不日，信之也。信其信，仁其仁。衣裳之会十有一^[2]，未尝有歃血之盟也^[3]，厚也。兵车之会四[4]，未尝有大战也，爱民也。

【注释】

〔1〕幽：见3/16.4注〔2〕。

〔2〕衣裳之会十有一：衣裳之会，指诸侯之间在和平友好的气氛下进行的会见。据《春秋》经文记载，齐桓公与诸侯之间的十一次会见为：庄公十三年会北杏、十四年、十五年会鄄、十六年、二十七年会幽，僖公元年会柽、二年会贯、三年会阳谷、五年会首戴、七年会宁毋、九年会葵丘。

〔3〕歃血之盟：古人订立盟约时的一种方式，即口含牲畜之血，或将血涂抹于口旁，以表示决不违背盟约。歃，读作"shà（剎）"。

〔4〕兵车之会四：兵车之会，诸侯之间各自带领军队参加盟会。齐桓公与诸侯之间四次兵车之会为：僖公八年会洮、十三年会咸、十五年会牡丘、十六年会淮。

【译文】

[经] 夏季，六月，庄公会同齐桓公、宋桓公、陈宣公、郑文公，在幽这个地方举行盟会。

[传] "同"字的意思，就是说有共同的目的，这个目的就是共同尊奉周王室。从此以后，将指挥调动诸侯的领导权授予齐桓公。经文中说将诸侯的领导权授予齐桓公，这是为什么？因为齐桓公得到了众位诸侯的拥护。凡是鲁侯参加齐桓公主持的会，经文不记载他回国后举行祭告祖庙的活动，这是表示他非常安全，凡是齐桓公参加会盟，经文也不记载会盟的日期，这表示他很守信用。诸侯们都相信齐桓公的信义，佩服他的仁爱。齐桓公参加过十一次诸侯之间的友好会见，从来没有出现过歃血为盟的情况，这都是由于他的信义深厚。齐桓公又参加过四次诸侯之间带着军队的盟会，也没有发生过大的战斗，这都是因为他的仁慈爱民。

3/27.3 [经] 秋，公子友如陈，葬原仲[1]。

[传] 言"葬"不言"卒"，不葬者也。不葬而曰

"葬"，讳出奔也[2]。

【注释】

〔1〕原仲：原氏，字仲。《公羊》说是陈国的大夫，《左传》说是公子友过去的朋友。

〔2〕讳出奔：据《公羊》说，公子友与公子庆父、公子牙，都是庄公的同母之弟。庆父与牙私通庄公夫人哀姜，友欲治其罪，却又无权，欲坐视不问，又不忍与庄公的同胞之情，于是请求庄公让自己到陈国去，名义上是参加原仲的葬礼，实际上是为了躲避庆父等人的迫害。《穀梁》的解说，全袭《公羊》。

【译文】

〔经〕秋季，公子友到了陈国，安葬原仲。

〔传〕经文只说是安葬，却没有提到死亡，表明此人是不应该被记载葬礼的。对于不应该记载其葬礼的却又称"葬"，这是为公子友的外出逃亡而避讳。

3/27.4〔经〕冬，杞伯姬来[1]。

【注释】

〔1〕杞伯姬来：来，《集解》引《左传》说是"归宁"，即女子出嫁后回来探望父母。《公羊》说是"直来"，即回来途中未在其他地方停留，直接回到国内。

【译文】

〔经〕冬季，嫁到杞国的伯姬回来。

3/27.5〔经〕莒庆来逆叔姬[1]。

〔传〕诸侯之嫁子于大夫，主大夫以与之。来者，接内也。不正其接内，故不与夫妇之称也[2]。

【注释】

　〔1〕莒庆来逆叔姬：莒庆，莒国的大夫。庆为其名。　叔姬，庄公之女。《集解》引《公羊》说："大夫越竟（境）逆女，非礼也。"又引董仲舒说："大夫无束脩之馈，无诸侯之交。越竟（境）逆女，纪罪之。"当时大夫只是无境外之交，至于亲迎之礼，并非私事，故多行之。越竟非礼之说，不妥。

　〔2〕不与夫妇之称：《穀梁》认为，莒庆来逆叔姬不合礼制，所以经文没有称庆与叔姬为夫妇。此说不通。经文只是没有明言由谁主持婚礼罢了，但也未必不是鲁国大夫主持的婚礼。例如庄公十一年，王姬归于齐，明是庄公主持了婚礼，但经文亦未明言。此例正与十一年事同。传文妄加猜测，故结论亦谬。

【译文】

　[经] 莒国大夫庆来迎娶叔姬。

　[传] 诸侯将女儿嫁给别国的大夫，应当由本国的大夫来主持婚礼。"来"字的意思，就是前来鲁国迎娶。经文以为，大夫自己来鲁国迎娶妻子，是不符合礼制规定的，所以记述的时候就不将他们称为夫妇。

3/27.6 [经] 杞伯来朝[1]。

【注释】

　〔1〕杞伯：《集解》说："杞称伯，盖时王所黜。"经文此前称杞国的国君为侯，按照周时的五等爵位制度，侯在伯之上，为第二等，伯则为第三等。今称其为伯，可能是降低了他的爵位。

【译文】

　[经] 杞国的国君来朝会。

3/27.7 ［经］公会齐侯于城濮[1]。

【注释】

〔1〕城濮：卫国地名，在今山东鄄城西南临濮集。

【译文】

［经］庄公在城濮这个地方会见齐桓公。

二十八年

3/28.1 ［经］二十有八年^[1]，春，王三月甲寅，齐人伐卫，卫人及齐人战，卫人败绩^[2]。

［传］于"伐"与"战"，安战也？"战"卫。"战"则是师也，其曰"人"，何也？微之也^[3]。何为微之也？令授之诸侯，而后有侵伐之事，故微之也。其人卫，何也？以其人齐，不可不人卫也。卫小齐大，其以卫"及"之，何也？以其微之，可以言"及"也。其称"人"以败，何也？不以师败于人也。

【注释】

〔1〕二十有八年：本年为周惠王十一年，公元前666年。

〔2〕齐人伐卫……卫人败绩：据《左传》记载，庄公十九年秋，周王室发生了子颓企图取代惠王的动乱，卫、燕等国参与其事，后伐王不成，子颓出奔卫国，卫国、燕国伐周，立子颓。二十年春，郑厉公试图调和王室矛盾，不克。后郑伐王城，杀子颓及参与其事的五大夫。此事先后持续了五年。时齐桓公正当扩大自己的霸权，无暇顾及王室之事，到了庄公二十七年夏，齐桓公得到周王的认可，确立了在诸侯中的霸主地位。此次伐卫，《左传》说是"王使召伯赐之命"，也就是周王向诸侯"乞师"，为王室讨伐卫国，以泄卫助子颓之宿怨。

〔3〕微之：因为齐桓公虽然是奉王命，以侯伯的身份讨伐卫国，但其打败了卫国之后，又向卫国索取财物，然后撤兵。《穀梁》认为齐桓

公作为侯伯，此举实不应当，故说其行为卑微。

【译文】

[经] 庄公二十八年，春季，周王三月的甲寅日，齐国人讨伐卫国，卫国人与齐国交战，卫国被打败了。

[传] 一方讨伐，另一方就要应战，两国互相交战，究竟是在哪里交战呢？是在卫国的都城内交战。既然是交战，那就一定是军队了，经文却说是"人"，这是为什么？是为了鄙视齐国。为什么要鄙视齐国呢？因为周朝的天子刚刚把领导诸侯的权力授予齐国，就发生了齐国攻打别国的事情，所以对他表示鄙视。经文把卫国也称为"人"，这是为什么？因为经文已经用"人"来称呼齐国，就不得不也用"人"来称呼卫国。卫国弱小，齐国强大，经文却说是卫国"及"齐国交战，这是为什么？因为要鄙视齐国，所以先称卫国，然后再说"及"齐国。经文中说"人"溃败了，这是为什么？为了要表示出不能让卫国的军队被齐国的"人"打败的意思。

3/28.2 [经] 夏，四月丁未，邾子琐卒[1]。

【注释】

〔1〕邾子琐：邾国的国君，琐是其名。

【译文】

[经] 夏季，四月的丁未日，邾国的国君琐去世。

3/28.3 [经] 秋，荆伐郑[1]。

[传]"荆"者，楚也。其曰"荆"，州举之也。

【注释】

〔1〕伐郑：据《左传》记载，楚文王死后，留下夫人，时楚国令尹子元欲"惑之"，文夫人鼓动其攻打与楚国有宿仇的郑国，于是子元以车六百乘伐郑。

【译文】

[经] 秋季，荆攻打郑国。

[传] 所谓"荆"，就是指楚国。经文称它为"荆"，这是用州的名称来代表楚国。

3/28.4 [经] 公会齐人、宋人救郑[1]。

[传] 善救郑也。

【注释】

〔1〕救郑：本年秋，楚国无端攻打郑国，庄公于是会同齐国、宋国出兵援助，楚军连夜逃遁。《公羊》经文在"宋人"下有"邾娄人"。

【译文】

[经] 庄公会同齐国、宋国出兵援救郑国。

[传] 这是褒奖庄公出兵救援郑国的行动。

3/28.5 [经] 冬，筑微[1]。

[传] 山林薮泽之利[2]，所以与民共也，虞之[3]，非正也。

【注释】

〔1〕微：鲁国地名，在今山东阳谷东南寿张县南。《左传》经文作"郿"，古时此二字同音通假。

〔2〕薮泽：泛指湖泊河流。

〔3〕虞之：虞，掌管山泽禽鸟鱼兽的官员。这里是指设置这样的官员将微这个地方看管起来。经文中说是"筑"，是修筑的意思，传文误以为"筑"是筑网圈地，禁止百姓入内，所以有"非正"之议。不当。

【译文】

[经] 冬季，修筑微这个地方。

[传] 山林湖泽中的物产，是用来和民众共同享用的，现在却设置专门的官员进行看管，这是不符合治国之道的。

3/28.6 [经] 大无麦禾[1]。

[传]"大"者，有顾之辞也。于无禾及无麦也[2]。

【注释】

〔1〕大无麦禾：大，都的意思。传文以为"顾"，即等待，是其发挥，并非字的本义。麦禾，指麦子与稻子。

〔2〕于无禾及无麦：此为《穀梁》"一灾不书"之例。即它以为《春秋》中光发生一种灾害是不予记载的，必得有两种以上的灾害发生，才一并记载。周历的冬季，为夏历的秋季，麦收在夏季，稻收在秋季，两者均无收成，所以这里就将"无禾"与"无麦"放在一起记载了。但《穀梁》倒错经文，实为不当。

【译文】

[经] 麦子与稻子都没有收成。

[传]"大"字的意思，就是有所等待的说法。也就是说必须等稻子和麦子都没有收成时才一并加以记载。

3/28.7 [经] 臧孙辰告籴于齐[1]。

[传] 国无三年之畜[2]，曰国非其国也。一年不

升[3]，告籴诸侯。告，请也。籴，入也。不正，故举臧孙辰以为私行也。国无九年之畜，曰不足；无六年之畜，曰急；无三年之畜，曰国非其国也。诸侯无粟，诸侯相归粟，正也。"臧孙辰告籴于齐"，告，然后与之，言内之无外交也。古者税什一[4]，丰年补败，不外求而上下皆足也。虽累凶年，民弗病也。一年不艾而百姓饥[5]，君子非之。不言"如"，为内讳也。

【注释】

〔1〕臧孙辰告籴于齐：臧孙辰，鲁国大夫，字文仲。告籴于齐，籴，买进粮食。据《国语·鲁语》的记载，鲁国发生饥荒，臧文仲到齐国求援，齐桓公不仅向鲁国提供了救灾的粮食，还归还了鲁国献上的铜器玉磬等物。

〔2〕畜：同"蓄"，储藏。这里指储存的粮食。

〔3〕升：指收成。

〔4〕古者税什一：上古时农民受田百亩，称为私田，其收成全部归己所有，但须另种公田十亩，所得全部归公。

〔5〕艾：同"刈"，收割。

【译文】

[经] 臧孙辰到齐国去买粮。

[传] 一个国家如果没有三年的粮食积蓄，可以说这个国家就算不上是个国家了。鲁国只是一年没有收成，便要向邻国的诸侯"告籴"。"告"，就是请求；"籴"，就是购买粮食。鲁国的这种行为是不符合正道的，所以仅仅是说"臧孙辰"，以表示这次请求购买粮食只是他的个人行为。一个国家如果没有九年的粮食积蓄，就叫做不足；没有六年的粮食积蓄，就叫做危急；没有三年的粮食积蓄，可以说这个国家已经不像是个国家了。一个诸侯如果没有粮食，其他的诸侯就要馈赠粮食给他，这是合乎正道的。臧孙辰向齐国请求购买粮食，要等请求了之后才有粮食给鲁国，

这表明鲁国平时太不注意同外国的交往。古时候实行"什一税"，丰收之年积余的粮食可以弥补灾荒之年的不足，这就不必向外国求助，而国君臣民却可以人人富足。即使是连年灾荒，民众也不会因此受到困扰。鲁国仅仅只是一年没有收成，百姓却已经发生了饥荒，所以君子要指责这样的现象。经文中没有说臧孙辰"到"齐国，这是在替鲁国的行为避讳。

二十九年

3/29.1 [经] 二十九年^[1]，春，新延厩^[2]。

[传]"延厩"者，法厩也^[3]。其言"新"，有故也。有故则何为书也？古之君人者，必时视民之所勤，民勤于力，则功筑罕；民勤于财，则贡赋少；民勤于食，则百事废矣。冬筑微^[4]，春新延厩，以其用民力已悉矣。

【注释】

〔1〕二十有九年：本年为周惠王十二年，公元前665年。

〔2〕新延厩：新，将旧建筑翻新。延厩，厩指马棚，延厩是庄公专门养马的地方。将马棚翻新，本为小事，经文予以记载，当有别意。

〔3〕法厩：指根据礼制的规定来建造马厩。

〔4〕冬筑微：指上年冬季修筑微邑。

【译文】

[经] 庄公二十九年，春季，翻造延厩。

[传]"延厩"，就是按礼制规定建造的马棚。经文说"新"，因为原来有旧的。既然原来就有旧的马棚，那为什么还要记载呢？古时候统治民众的人，必须按时外出巡视，以了解本国民众的疾苦，如果民众对劳役的频繁感到困苦，就应当减少各种工程；如

果民众对上交的钱财感到愁苦，就应当减少贡品和赋税的征收；如果民众对粮食的满足感到愁苦，那么国家的各项事务就要荒废了。去年冬天刚刚修筑了微邑，今年春天又修缮国君的马房，可见鲁国使用民力已经到了令百姓精疲力尽的地步了。

3/29.2 ［经］夏，郑人侵许。

【译文】

［经］夏季，郑国人侵入许国。

3/29.3 ［经］秋，有蜚[1]。
［传］一有一亡，曰有。

【注释】

〔1〕有蜚：蜚，一种草虫。隐公元年八月《左传》说："有蜚，不为灾，故不书。"孔颖达《左传疏》说，"蜚，厉虫也，然则蜚是臭恶之虫，害人之物，故或为灾，或不为灾也"。

【译文】

［经］秋季，有蜚虫。
［传］有时候有，有时候没有，这就叫做"有"。

3/29.4 ［经］冬，十有二月，纪叔姬卒[1]。

【注释】

〔1〕纪叔姬：鲁惠公之女，作为伯姬的陪媵嫁往纪国，纪国亡于齐后，一度回到鲁国，于庄公十二年春与纪季同住酅邑。

【译文】

　　［经］冬季，十二月，纪叔姬去世。

3/29.5 ［经］城诸及防[1]。

　　［传］可城也[2]，以大及小也[3]。

【注释】

　　〔1〕诸及防：均为鲁国邑名。诸，在今山东诸城西南。防，春秋时鲁国有两处，一称东防，世为臧氏的领地，在今山东费县东北。一称西防，原为宋国的城邑，隐公十年鲁国打败宋国后取之，在今山东金乡西部。此处所说的"防"，具体方位不明。

　　〔2〕可城：这里是指可以修筑城墙。《穀梁》在隐公七年的传文中说："凡城之志，皆讥也。"今因经文所记的意义与前说不同，特加以解释。《穀梁》说的"讥"志"城"，是由于鲁国常常因不合时令地修筑城墙而延误农事，此处所记，时在冬季，正是农闲之时，故可以修筑。《集解》说："今可用者，谓冬可用城，不妨农役耳，不谓作城无讥。"《穀梁》的解说显然是以注重农本为指导思想的，但其忽略国防之见，亦未尽善。

　　〔3〕以大及小：大，指农事。小，指修筑城墙。

【译文】

　　［经］修筑诸邑和防邑的城墙。

　　［传］在这个季节修筑城墙，是可以的，因为是在重要的农事完毕之后，就可以进行较为次要的工程了。

三 十 年

3/30.1［经］三十年[1]，春，王正月。

【注释】

〔1〕三十年：本年为周惠王十三年，公元前664年。

【译文】

［经］庄公三十年，春季，周王的正月。

3/30.2［经］夏，师次于成[1]。

［传］次，止也，有畏也，欲救郓而不能也[2]。不言公，耻不能救郓也。

【注释】

〔1〕成：古国名，即"郕"。见1/5.3注〔1〕。

〔2〕郓：《公羊》、《穀梁》都以为纪国的城邑。但纪国早已在庄公四年时被齐国灭亡，若"郓"为纪国的遗邑，怎么可能以一邑之力与齐国抗衡。《左传》在"昭公十九年"经文下记载，莒国有城邑称"纪郓"，很可能就是这里所说的"郓"。

【译文】

[经] 夏季，庄公的军队驻扎在成这个地方。

[传]"次"，就是驻扎多天的意思，因为鲁国的军队有所畏惧，想救援郜地却又不敢前去。经文的记载中没有提到庄公，是因为对他不能援救郜地而感到耻辱。

3/30.3 [经] 秋，七月，齐人降郜。

[传] 降，犹下也。郜，纪之遗邑也。

【译文】

[经] 秋季，七月，齐国人攻下了郜邑。

[传]"降"的意思，就相当于"攻下"。"郜"，是纪国被灭亡后留下的一个小城。

3/30.4 [经] 八月癸亥，葬纪叔姬。

[传] 不日卒，而日葬，闵纪之亡也[1]。

【注释】

〔1〕闵：同"悯"。

【译文】

[经] 八月的癸亥日，安葬了纪叔姬。

[传] 经文中没有记载纪叔姬的死亡的具体日期，却记载了安葬她的具体日期，这是因为哀怜纪国的灭亡。

3/30.5 [经] 九月庚午朔，日有食之。鼓，用牲于社。

【译文】

[经] 九月的庚午日，初一，发生了日食。在祭祀土神的场所击鼓，以牲畜祭日。

3/30.6 [经] 冬，公及齐侯遇于鲁济[1]。

[传]"及"者，内为志焉尔。"遇"者，志相得也。

【注释】

[1] 鲁济：济，指济水。时贯通齐、鲁两国，流经齐国境内的一段称为"齐济"，流经鲁国境内的一段称为"鲁济"。在鲁国境内与齐桓公见面，当为庄公的提议，故传文也说"内为志"。又据《左传》，此次鲁齐两国国君相见，是为了"谋山戎"。

【译文】

[经] 冬季，庄公与齐桓公在济水流经鲁国的地方见面。

[传]"及"，就是说这次会见是出于鲁国的意愿。"遇"，就是表明两人志趣相投，意见是一致的。

3/30.7 [经] 齐人伐山戎[1]。

[传]"齐人"者，齐侯也。其曰"人"，何也？爱齐侯乎山戎也。其爱之何也？桓内无因国[2]，外无从诸侯，而越千里之险，北伐山戎，危之也。则非之乎？善之也。何善乎尔？燕，周之分子也[3]，贡职不至[4]，山戎为之伐矣。

【注释】

[1] 山戎：当时对北方少数民族的称呼。

[2] 因国：因，跟随顺从的意思。因国，指跟随齐国讨伐山戎的诸

侯国。

〔3〕燕，周之分子：燕，古国名。姬姓，第一代国君为西周初担任太保的召公，其后世国君均为其子孙，故称之为"周之分子"。

〔4〕贡职不至：贡职，指诸侯国按照制度的规定所担负的责任，如向中央提供一定数量的物产赋税，提供各种劳役等，国君、大臣也要定期向王室汇报治理国家的情况。由于山戎经常侵扰燕国，阻挠了燕国向王室进贡各种物产赋税等。这也是齐国讨伐山戎的主要理由。

【译文】

［经］齐国人讨伐山戎。

［传］经文中所说的"齐人"，指的就是齐桓公。经文称他为"人"，这是为什么？是为了尊重身处山戎的齐桓公。为什么要尊重齐桓公呢？因为齐桓公身处讨伐山戎的战场之中，没有可以借助力量的诸侯国，在讨伐山戎的战场外围，也没有其他诸侯可以随时接应，他就这样独自率领军队跋涉千里险途，去北方讨伐山戎，所以为他的危险处境感到担忧。那么经文是要责备齐桓公吗？不是的，而是在称赞他。称赞他什么呢？燕国国君是周王功臣的后裔，现在由于经常受到山戎的侵扰，却不能按时向王室进贡赋税、汇报职任，所以山戎就要得到齐国的讨伐。

三十一年

3/31.1 [经] 三十有一年^[1]，春，筑台于郎^[2]。

【注释】

〔1〕三十有一年：本年为周惠王十四年，公元前 663 年。

〔2〕筑台于郎：据《公羊》说，此条经文是"讥临民之所漱浣"，即庄公在民间妇女经常漱洗浣衣的地方建造高台，以作娱乐之所。

【译文】

[经] 庄公三十一年，春季，在郎这个地方建造高台。

3/31.2 [经] 夏，四月，薛伯卒^[1]。筑台于薛^[2]。

【注释】

〔1〕薛伯：薛国国君。薛，见 1/11.1 注〔2〕。

〔2〕筑台于薛：《集解》说，"薛，鲁地"。薛实为国，因国君刚逝，新君尚未即位，故庄公乘机在此筑台。《公羊》解说中以为经文的记载是为了讥刺庄公在边远的地方筑台。

【译文】

[经] 夏季，四月，薛国的国君去世了。在薛建造高台。

3/31.3 [经] 六月，齐侯来献戎捷[1]。

[传] "齐侯来献捷"者，内齐侯也。不言使[2]，内于同，不言使也。献戎捷，军得曰捷。戎，菽也[3]。

【注释】

〔1〕齐侯来献戎捷：齐桓公于上年冬讨伐山戎，此时得胜还师，来鲁国报捷。《公羊》以为是齐国到鲁国来展示其伐戎的战利品，以此向鲁国显示其强大，与《穀梁》异。

〔2〕不言使：《集解》说："齐桓内救中国，外攘夷狄，亲倚之情，不以齐为异国，故不称使，若同一国也。"

〔3〕菽：大豆。这里指齐桓公来鲁国所献的战利品是大豆。

【译文】

[经] 六月，齐桓公来献伐戎所获得的战利品。

[传] 说齐桓公前来献上"捷"，这是将齐桓公当成了自己人。经文中没有提到派遣使臣，因为已经把齐桓公看作如同一个国家的人，就不能再说派遣使臣了。经文所谓的"献戎捷"，军队获得的战利品叫做"捷"，"戎"就是指出产于戎的大豆。

3/31.4 [经] 秋，筑台于秦[1]。

[传] 不正罢民三时[2]，虞山林薮泽之利。且财尽则怨，力尽则怼[3]，君子危之，故谨而志之也。或曰：倚诸桓也[4]。桓外无诸侯之变，内无国事，越千里之险，北伐山戎，为燕辟地。鲁外无诸侯之变，内尤国事，一年罢民三时，虞山林薮泽之利，恶内也。

【注释】

〔1〕秦：《集解》说："秦，鲁地。"据《左传》杜预注，在范县西

北有秦亭，可能即为筑台之地。

〔2〕罢民三时：罢，通疲。此前经文分别记载了鲁国本年春、夏两季在郎、薛筑台，此处又记秋季筑台，此三个季节都是农作繁忙之时，故不当大兴土木。

〔3〕怼：怨恨。

〔4〕桓：齐桓公。

【译文】

[经] 秋季，在秦这个地方建造高台。

[传] 在春、夏、秋这三个季节兴修工程，耗费民力，又设置专门的官吏看管山林湖泽的物产，这样做是不符合治国的正道的。民众的财产被搜刮殆尽，就会产生怨怒，民众的劳力被耗费无余，就会产生愤恨，君子正是因为担忧出现这种结果，所以郑重地把这些事记录下来了。有一种说法认为：鲁庄公是想将自己的行为向齐桓公靠拢。在齐桓公的治理下，齐国的境外没有诸侯侵扰，境内也没有国家大事，他因此能够跋涉千里险途，去北方讨伐山戎，为燕国开辟了疆域；鲁国在境外没有诸侯侵扰，境内没有国家大事的时候，却在一年内连续三个季节里劳累民众，还设置专门的官吏看管山林湖泽的物产。（经文如实记载这些事情，）正是为了表示对鲁国这种做法的厌恶。

3/31.5 [经] 冬，不雨[1]。

【注释】

〔1〕不雨：《公羊》认为是记载反常的气候。周历的冬季，为夏历的秋季，秋季不下雨，影响小麦的播种，故为反常。

【译文】

[经] 冬季，不下雨。

三十二年

3/32.1 [经] 三十有二年[1]，春，城小穀[2]。

【注释】

〔1〕三十有二年：本年为周惠王十五年，公元前 662 年。

〔2〕小穀：地名，《集解》说在鲁国。今地不详。一说即齐国的"穀"，后分封给管仲为其领地，在今山东东阿。

【译文】

[经] 庄公三十二年，春季，修筑小穀的城墙。

3/32.2 [经] 夏，宋公、齐侯遇于梁丘[1]。

[传] "遇"者，志相得也。梁丘在曹、邾之间，去齐八百里，非不能从诸侯而往也。遇所不遇，大齐桓也。

【注释】

〔1〕梁丘：地名，今山东成武东北。

【译文】

[经] 夏季，宋桓公、齐桓公在梁丘这个地方相遇。

[传] "遇"字的意思，表示两人的志趣相投，意见一致。梁

丘在曹国和邾国之间，离齐国有八百里之遥，齐桓公并非不能让其他诸侯随同前往。而是为了尊重宋桓公的意愿，谢绝了想与他会面的诸侯，远离齐国到梁丘会见宋桓公。经文中这样记载是为了尊崇齐桓公。

3/32.3 [经] 秋，七月癸巳，公子牙卒[1]。

【注释】

〔1〕公子牙：也称叔牙。庄公的同母之弟（《左传》为庶母弟），曾与其兄公子庆父勾结，私通庄公夫人哀姜，并将公子友逼到陈国去。庄公病危时，问其谁可继任国君，牙推荐了公子庆父。又问公子友，友以为庄公与鲁国党氏之女孟任所生的子般可以继任。庄公遂将公子牙推荐庆父的话告诉公子友，友假传庄公之命，让牙饮毒酒身亡。牙死，庄公立叔孙为牙之后。

【译文】

[经] 秋季，七月的癸巳日，公子牙去世。

3/32.4 [经] 八月癸亥，公薨于路寝[1]。

[传] "路寝"，正寝也。寝疾居正寝，正也。男子不绝于妇人之手，以齐终也[2]。

【注释】

〔1〕路寝：指诸侯日常处理政事的宫室。参见5/33.11注〔1〕。

〔2〕以齐终：齐，《集解·音义》作"斋"，在祭祀等盛典之前清心洁身以示庄敬。这里是对庄公的寿终正寝有褒扬之意。

【译文】

[经] 八月的癸亥日，庄公逝世于听政的宫室。

[传] 所谓"路寝"，就是正寝。当国君病危的时候，睡在正寝里，这是符合礼制的规定的。作为一个男子，不应当死在妇人的手里，而应在身心都洁净无瑕的状况下死去。

3/32.5 [经] 冬，十月乙未[1]，子般卒[2]。

[传] 子卒日，正也。不日，故也。有所见[3]，则日。

【注释】

〔1〕乙未：《左传》经文作"己未"。

〔2〕子般：庄公与鲁国党氏之女所生之子。据《左传》记载，庄公即位初，筑台以临鲁国大夫党氏之家，见党氏之女孟任美貌，乃求欢，孟任不从，庄公许以将来立其为夫人，孟任遂与庄公歃血为盟，并为之生子般。后庄公娶齐哀姜为夫人，孟任终未得为夫人，子般亦未为世子。庄公病危时，公子友曾发誓以生命保护子般即位。庄公八月去世，子般一度代行国君之事。十月，公子庆父因谋即位不成，便利用子般的仇人杀了子般。公子友再次出奔陈国，庆父于是立子启为闵公。

〔3〕见：读作"xiàn（现）"，显示。

【译文】

[经] 冬季，十月的乙未日，子般去世。

[传] 公子去世，经文记载他的死亡日期，这是正常的。如果不记载死亡的日期，那就是发生了变故。如果想有所显示的话，也要记下日期。

3/32.6 [经] 公子庆父如齐[1]。

[传] 此奔也，其曰"如"，何也？讳莫如深[2]，深则隐。苟有所见，莫如深也。

【注释】

〔1〕公子庆父：也称共仲、仲庆父，又称孟氏，鲁国的贵族，《左传》以为他是庄公的庶兄，《公羊》以为同母之弟。庄公在位时，他即与公子牙勾结，私通庄公的夫人哀姜，庄公死后，又派人杀害世子子般，立闵公。两年后，再派人杀害闵公，自己出奔莒国。后鲁国用贿赂求请莒国归还庆父，莒国遂将庆父解送回国。途中庆父自缢而死。后人常将惯于制造内乱的人比作庆父。"庆父不死，鲁难未已"一语，即由此而来。

〔2〕讳莫如深：莫如，不如，比不上的意思。这里是说没有什么比重大的变故更应该隐讳的了。

【译文】

[经] 公子庆父到了齐国。

[传] 这里分明是指逃亡，经文却说是"如"，这是为什么？因为要想替鲁国隐讳，没有什么比重大变故更应该隐讳的了，越是隐讳得深，就越能显示出悲痛的程度。如果想要有所暗示，什么都比不上利用隐讳重大变故的手法来得清楚。

3/32.7 [经] 狄伐邢[1]。

【注释】

〔1〕狄伐邢：狄，古时中原地区对北方游牧民族的称呼。也作"翟"。邢，古国名。姬姓，西周初分封的诸侯国，第一代国君为周公之子，国土在今河北邢台一带。因此次狄人的攻打，邢国在齐、宋、曹等国的帮助下，迁国至夷仪，在今山东聊城西南。后为卫国所灭。

【译文】

[经] 狄人攻打邢国。

闵　公

元　年

4/1.1 ［经］元年^{〔1〕}，春，王正月。

［传］继弑君^{〔2〕}，不言即位，正也。亲之非父也，尊之非君也^{〔3〕}。及之如君父也者，受国焉尔^{〔4〕}。

【注释】

〔1〕元年：本年为周惠王十六年，公元前661年。

〔2〕继弑君：指闵公继承的是被公子庆父派人杀害的子般的君位。闵公，名开，字启，子般的庶弟。

〔3〕尊之非君：子般是在公子友与其母家党氏的帮助下即位的，时庄公尚未安葬，故还不能真正成为国君。

〔4〕受国：指闵公从子般那里接受了治理国家的权力。

【译文】

［经］闵公元年，春季，周王的正月。

［传］继承被杀害的国君的君位，经文不记载他举行即位典礼，这是符合惯例的。从亲属关系来说，子般不是闵公的父亲，以尊卑关系而言，子般也还没有正式成为国君，但闵公与他的关系就像是国君和父亲那样，这是因为他从子般那里接受了国家权力。

4/1.2 ［经］齐人救邢^{〔1〕}。

［传］善救邢也。

【注释】

〔1〕齐人救邢：庄公三十二年冬，狄人伐邢，管仲对齐桓公说："戎狄豺狼，不可厌也。诸侯亲匿，不可弃也。"请求桓公出兵，于是齐桓公发兵救邢。

【译文】

［经］齐国人援救邢国。

［传］这是经文称赞援救邢国的行动。

4/1.3［经］夏，六月辛酉，葬我君庄公[1]。

［传］庄公葬，而后举谥[2]，谥所以成德也。于卒事乎加之矣。

【注释】

〔1〕葬我君庄公：庄公于去年八月去世，至本月才安葬，相隔十个月，为此《左传》说："乱故，是以缓。"

〔2〕举谥：根据礼制，诸侯去世安葬后，才为他制定谥号。

【译文】

［经］夏季，六月的辛酉日，安葬了我国的国君庄公。

［传］庄公安葬以后才制定他的谥号，谥号是用来表彰国君生平成就的功德的，只有当办完他的丧事后才能加封于他。

4/1.4［经］秋，八月，公及齐侯盟于洛姑[1]。

［传］盟，纳季子也[2]。

【注释】

〔1〕洛姑：齐国地名，今山东平阴县境内。洛，《左传》经文

作"落"。

〔2〕季子：即公子友，也称季友。

【译文】

[经] 秋季，八月，闵公与齐桓公在洛姑这个地方会盟。

[传] 这次会盟的目的，是为了接纳季子回鲁国。

4/1.5 [经] 季子来归。

[传] 其曰"季子"，贵之也[1]。其曰"来归"，喜之也。

【注释】

〔1〕贵之：公子友为鲁庄公之弟，经文用对当时男子的美称称之为"子"，而不称其名"友"，这在《春秋》中是不多见的，可谓特例。三传的解说均认为这是经文对季友的嘉美。

【译文】

[经] 季子回到了国内。

[传] 经文称他为"季子"，是对他的尊贵地位表示嘉许。经文说是"来归"，是对他返回鲁国感到高兴。

4/1.6 [经] 冬，齐仲孙来[1]。

[传] 其曰"齐仲孙"，外之也[2]。其不目而曰"仲孙"，疏之也。其言"齐"，以累桓也[3]。

【注释】

〔1〕仲孙：《公羊》、《穀梁》均认为仲孙就是公子庆父，故在解说中对其不乏指责之辞。《左传》说是"仲孙湫（读作 jiǎo，皎）"，齐国

的大夫，曾向齐桓公提出翦除庆父的建议。

〔2〕外之：把他当做外人来看待。

〔3〕累桓：桓，即齐桓公。这里是说因齐桓公接待了庆父，所以对他提出责备。

【译文】

[经] 冬季，齐国的仲孙来。

[传] 经文称此人为"齐仲孙"，是为了把他排斥在鲁国以外。经文不说是公子庆父而称他为"仲孙"，则是为了疏远他。经文又提到"齐"，这是为了要通过此事来责备齐桓公接待庆父的行为。

二　年

4/2.1［经］二年^[1]，春，王正月，齐人迁阳^[2]。

【注释】

〔1〕二年：本年为周惠王十七年，公元前660年。

〔2〕阳：国名，姬姓，一说偃姓，一说御姓。故城在今山东沂水西南。

【译文】

［经］闵公二年，春季，周王的正月，齐国人迁徙阳国。

4/2.2［经］夏，五月乙酉，吉禘于庄公^[1]。

［传］"吉禘"者，不吉者也。丧事未毕而举吉祭，故非之也^[2]。

【注释】

〔1〕吉禘：禘，读作"dì（地）"，古代的一种祭祀仪式，也称为大祭。《集解》说："三年丧事毕，致新死者之主于庙。庙之远主当迁如大祖之庙，因是大祭，以审昭穆，谓之禘。"

〔2〕"丧事未毕……故非之也"：时庄公去世不过二十二个月，三年丧期还未满，就举行大祭，不合礼制。

【译文】

　　[经] 夏季，五月的乙酉日，为庄公举行吉祭。

　　[传] 说"吉禘"的意思，就是还不到举行吉祭的时候。丧期还没有满就举行大祭，所以经文指责这种做法。

4/2.3 [经] 秋，八月辛丑，公薨[1]。

　　[传] 不地，故也[2]。其不书葬，不以讨母葬子也[3]。

【注释】

　　[1] 公薨：据《左传》记载，闵公的师傅曾侵夺卜齮（读作 qí，奇）的田地，闵公未加制止。公子庆父借机指使卜齮在宫寝的小门边杀害了闵公。

　　[2] 故也：《穀梁》据解说经文的惯例，凡是国君去世而不写明地点的，都是与其死于非命有关，所以这里说是有变故。

　　[3] 不以讨母葬子：母，指庄公的夫人哀姜。因公子庆父与哀姜勾结作乱，故杀害闵公也与哀姜有关。子，指闵公。闵公实为哀姜之妹叔姜的儿子，但哀姜是庄公的夫人，故名义上闵公也是她的儿子。

【译文】

　　[经] 秋季，八月的辛丑日，闵公去世。

　　[传] 经文没有记载闵公去世的地点，那是因为鲁国发生了变故。经文也没有记载安葬闵公，那是因为不能通过声讨他的母亲来记载安葬儿子的事。

4/2.4 [经] 九月，夫人姜氏孙于邾[1]。

　　[传] 孙之为言，犹孙也，讳奔也。

【注释】

〔1〕夫人姜氏：庄公夫人哀姜。

【译文】

[经] 九月，夫人哀姜逃遁邾国。

[传] 所谓"孙"，就相当于"逊让"，这是对她逃遁国外的隐讳之辞。

4/2.5 [经] 公子庆父出奔莒[1]。

[传] 其曰"出"，绝之也，庆父不复见矣[2]。

【注释】

〔1〕公子庆父出奔莒：庆父使人杀闵公后，本欲再杀僖公，以绝庄公之后，这样即位者便非他莫属了。不料公子友事先已将僖公带往邾国，庆父的计划落空，不得不与哀姜分头出逃。于是公子友携僖公回国，准备即位。

〔2〕庆父不复见：据《左传》记载，公子友携僖公回国后，一面准备僖公的即位之事，一面贿赂莒国，请他们交出庆父。莒国接受了公子友的财物，解送庆父回鲁国，到了密这个地方，庆父让公子鱼先回国请求僖公的宽恕，僖公不答应，公子鱼哭着返回，庆父听到哭声，叹道："这是公子鱼的哭声啊！"于是自缢而死。

【译文】

[经] 公子庆父出逃莒国。

[传] 经文中说"出"，这是表明鲁国已经断绝了与庆父的关系，庆父从此再也没有在经文中出现了。

4/2.6 [经] 冬，齐高子来盟[1]。

[传] 其曰"来"，喜之也。其曰"高子"，贵之

也。盟立僖公也。不言使，何也？不以齐侯使高子也。

【注释】

〔1〕高子：齐国的大夫，或即为高傒。

【译文】

[经] 冬季，齐国的高子来鲁国会盟。

[传] 经文中说是"来"，这是为此事感到高兴。经文称来人为"高子"，这是对他表示尊重。高子来鲁国是为了立僖公为鲁国国君的事。经文没有说是谁派他来的，这是为什么？这样写是为了表明不是齐桓公派他来的。

4/2.7 [经] 十有二月，狄入卫[1]。

【注释】

〔1〕狄入卫：据《左传》记载，卫懿公平时爱鹤，甚至让鹤乘他的车，等到狄人侵卫，卫国人都说："让鹤去替他打仗吧。"懿公只得自己率军与狄人战于荥泽，卫师大败，懿公还不肯去掉自己的旗帜，结果败得更惨。经文说"入"，隐含着卫国被狄人灭亡的意思。

【译文】

[经] 十二月，狄人进入卫国。

4/2.8 [经] 郑弃其师[1]。

[传] 恶其长也[2]，兼不反其众[3]，则是弃其师也。

【注释】

〔1〕郑弃其师：据《左传》记载，郑国国君厌恶将领高克，设法除掉他，于是让高克率军驻扎在河上这个地方，久而不召其还，军队于是溃散，高克也出奔陈国。

〔2〕长：指军队的统帅，即高克。

〔3〕反：同"返"。

【译文】

［**经**］郑国抛弃了自己的军队。

［**传**］厌恶军队的统帅，再加上不召回自己的军队，这样就是抛弃自己的军队。

僖　公

元　年

5/1.1 ［经］元年[1]，春，王正月。

［传］继弑君，不言即位，正也。

【注释】

〔1〕元年：本年为周惠王十八年，公元前659年。鲁僖公，名申，庄公之子，闵公庶兄。

【译文】

［经］僖公元年，春季，周王的正月。

［传］继承被杀害的国君的君位，经文不记载他举行即位典礼是符合惯例的。

5/1.2 ［经］齐师、宋师、曹师次于聂北[1]，救邢。

［传］"救"不言"次"，言"次"非"救"也。非救而曰"救"，何也？遂齐师之意也。是齐侯与？齐侯也。何用见其是齐侯也？曹无师[2]，"曹师"者，曹伯也。其不言曹伯，何也？以其不言齐侯，不可言曹伯也。其不言齐侯，何也？以其不足乎扬[3]，不言齐侯也。

【注释】

〔1〕"齐师……次于聂北"：据《左传》，邢国当时已被狄人入侵，诸侯援救的军队先驻扎在邢国的聂北，邢人知道后，便丢弃一切东西纷纷奔向诸侯的军队，于是齐、宋等国的军队向狄人发起进攻，赶走了狄人，又将邢人丢弃的东西还给了他们。

〔2〕曹无师：《穀梁》的解说认为曹是小国，故不得有军队，其实按照当时的制度，小国也有军队。《周礼》说"小国一军"即是。又庄公十二年"萧叔大心及戴、武、宣、穆、庄之族以曹师伐之"，是曹有军队的明证。

〔3〕不足乎扬：《穀梁》误解经义，认为齐、宋等国的军队驻扎在聂北是害怕狄人，故说救邢之举有美中不足之处，齐桓公的行为也不足以赞扬。不当。

【译文】

[**经**] 齐国、宋国、曹国的军队驻扎在聂北这个地方好几天。

[**传**] 既然是援救，就不能说是驻扎，说驻扎那就不是援救了。既然不是救援，却又说是"救"，这是为什么？是为了要成全齐桓公的心意。指的是齐桓公吗？就是齐桓公。凭什么知道指的就是齐桓公呢？因为曹国是没有军队的，这里所说的"曹师"，指的就是曹昭公。经文中不说是曹昭公，这是为什么？因为经文也没有提到齐桓公，所以就不能说是曹昭公。经文不提到齐桓公，这是为什么？因为援救邢国的这件事不值得赞扬，所以就不提齐桓公了。

5/1.3 [**经**] 夏，六月，邢迁于夷仪[1]。

[**传**] "迁"者，犹得其国家以往者也。其地，邢复见也[2]。

【注释】

〔1〕邢迁于夷仪：夷仪，在今山东聊城西南。《公羊》作"陈仪"。《集解》说此举是为了避开狄人的侵扰。

〔2〕邢复见：见，同"现"。狄人入侵邢国，几乎将其灭亡，在齐国、宋国等诸侯的帮助下，邢人迁至夷仪，重新建立国家，故说"复见"。

【译文】

［经］夏季，六月，邢人迁到夷仪这个地方。

［传］"迁"字的意思，就好比说它的整个国家都迁到别处去了。经文记载了迁往的地名，是因为邢国此后又重新恢复了它的国家了。

5/1.4 ［经］齐师、宋师、曹师城邢。

［传］是向之师也[1]，使之如改事然[2]，美齐侯之功也。

【注释】

〔1〕向：以往。

〔2〕改事：改变成另外一件事。此前"救邢"的记载中，《穀梁》认为经文有贬齐桓公之意，而此次帮助邢国修筑城墙，则是值得称赞的，所以经文再提"齐师、宋师、曹师"，就将文意改变了。

【译文】

［经］齐国、宋国、曹国的军队帮助邢国修筑城墙。

［传］这就是以前去救援邢国的军队，但经文将其写得像另外一件事那样，这是为了赞美齐桓公的功绩。

5/1.5 ［经］秋，七月戊辰，夫人姜氏薨于夷[1]。

［传］夫人薨，不地。地，故也。

【注释】

〔1〕姜氏薨于夷：据《左传》记载，庄公的夫人哀姜在庆父派人杀了闵公后，出逃邾国，后齐人将其捉到，并在夷这个地方杀了她。夷，齐国地名。

【译文】

[经] 秋季，七月的戊辰日，庄公的夫人姜氏死于夷地。

[传] 夫人死了，照例经文是不记载其死亡地点的。如果记载死亡地点，那就说明发生了变故。

5/1.6 [经] 齐人以归[1]。

[传] 不言以丧归，非以丧归也。加丧焉，讳以夫人归也。其以归，薨之也[2]。

【注释】

〔1〕齐人以归：哀姜在夷地被齐人杀死以后，齐人将其尸体运回国都，鲁僖公请求归还哀姜的尸体，以便安葬。《穀梁》认为是齐国捉到了哀姜后，将其带回齐国。

〔2〕薨之：《集解》说："以归，然后杀之。"也就是齐国将哀姜带回齐国，然后杀了她。

【译文】

[经] 齐国人将哀姜的遗体运回国都。

[传] 不说是将夫人的遗体带回去，因为原本就不是带遗体回去的。经文添加了夫人已经死亡的意思，是为了隐瞒把夫人带回去的事实。齐国人先把夫人带回国去，然后杀了她。

5/1.7 [经] 楚人伐郑[1]。

【注释】

〔1〕楚人伐郑：据《左传》说，是因为郑国实行了亲齐远楚的政策。

【译文】

〔经〕楚国人攻打郑国。

5/1.8〔经〕八月，公会齐侯、宋公、郑伯、曹伯、邾人于柽[1]。

【注释】

〔1〕"公会齐侯……于柽"：柽，读作"chēng（称）"，又名莘，宋国地名，今河南淮阳西北。《公羊》经文作"朾"。《左传》说是为了"谋救郑"。

【译文】

〔经〕八月，僖公在柽这个地方会见齐桓公、宋桓公、郑文公、曹昭公、邾国的国君。

5/1.9〔经〕九月，公败邾师于偃[1]。

〔传〕不日，疑战也。疑战而曰败，胜内也。

【注释】

〔1〕偃：邾国地名，今山东费县南部。《公羊》所引经文作"缨"。

【译文】

〔经〕九月，僖公在偃这个地方打败了邾国的军队。

〔传〕没有记载双方交战的日期，是由于交战时鲁国采用了欺诈手段。虽然采用了欺诈手段，但经文仍然说鲁国打败了邾国，这是因为鲁国确实取得了这次战争的胜利。

5/1.10 [经] 冬，十月壬午，公子友帅师败莒师于丽[1]，获莒挐[2]。

[传] 莒无大夫，其曰"莒挐"，何也？以吾获之目之也[3]。内不言获，此其言"获"，何也？恶公子之绐[4]。绐者奈何？公子友谓莒挐曰："吾二人不相说[5]，士卒何罪？"屏左右而相搏，公子友处下，左右曰"孟劳"。孟劳者，鲁之宝刀也，公子友以杀之。然则何以恶乎绐也？曰：弃师之道也。

【注释】

〔1〕败莒师于丽：丽，《左传》经文作"郦"，《公羊》经文作"犁"，鲁国地名，今地不详。因此前庆父出奔莒国，鲁国许诺以财物换回庆父，莒国即将其交还。此次莒国人来鲁国求取财物，公子季友即率领鲁军在丽这个地方打败了莒国人。

〔2〕莒挐：莒国国君之弟。

〔3〕目：看待。这里是指称呼。

〔4〕绐：读作"dài（代）"，欺骗。

〔5〕说：通"悦"。

【译文】

[经] 冬季，十月的壬午日，公子季友率领军队在丽这个地方打败了莒国的军队，并俘获了莒国的挐。

[传] 莒国没有经周天子正式任命的大夫，经文却称此人为"莒挐"，这是为什么？因为他被鲁国俘获了，所以就这样称呼他。按照经文的惯例，对鲁国是不用"俘获"这种说法的，这里却说"俘获"，这是为什么？是为了表示对公子友欺诈行为的厌恶。他是怎么进行欺诈的呢？公子友对莒挐说："我们之间彼此不愉快，士兵们又有什么罪呢？"于是就让左右随从退到一边，两人徒手进行搏斗。在搏斗中，公子友处于下风，他的随从就叫着

"孟劳"。所谓"孟劳",就是鲁国的一把宝刀,于是公子友就用这把宝刀杀死了莒挐。既然是这样,为什么还要厌恶欺诈行为呢?回答是:这是抛弃了军队交战的做法。

5/1.11 ［经］十有二月丁巳,夫人氏之丧至自齐[1]。

［传］其不言姜,以其杀二子[2],贬之也。或曰:为齐桓讳杀同姓也[3]。

【注释】

〔1〕夫人氏之丧至自齐:夫人氏,其中缺一"姜"字。杜预《左传注》以为是经文缺字,并非故意这么写的。丧至自齐,丧,指哀姜的遗体。七月间,齐国杀了哀姜后,鲁国曾要求归还其遗体,以便安葬。相隔数月后,齐国将遗体交还鲁国。

〔2〕杀二子:子般、闵公虽然是由庆父派人杀的,但都与哀姜有关。其实《春秋》未必有因罪而不书姓氏的定例。如文姜有杀夫之罪,但经文并未贬其姓。哀姜有杀子之罪,反而要贬其姓氏,似乎说不通。

〔3〕讳杀同姓:哀姜为齐国人,与齐桓公是同姓。

【译文】

［经］十二月的丁巳日,夫人氏的遗体从齐国运回鲁国。

［传］经文没有写明她的姓氏"姜",这是因为她杀死了两个儿子,所以要贬斥她。也有一种说法认为:这是在为齐桓公隐瞒杀害同姓之人的行为。

二　年

5/2.1 [经] 二年[1]，春，王正月，城楚丘[2]。

[传] "楚丘"者何？卫邑也。国而曰城，此邑也，其曰"城"，何也？封卫也。则其不言城卫，何也？卫未迁也。其不言卫之迁焉，何也？不与齐侯专封也[3]。其言城之者，专辞也。故非天子不得专封诸侯，诸侯不得专封诸侯，虽通其仁，以义而不与也。故曰：仁不胜道。

【注释】

〔1〕二年：本年为周惠王十九年，公元前658年。

〔2〕城楚丘：楚丘：地名。在卫国，今河南滑县东部。闵公二年冬，狄人入卫，卫国名存实亡，所以以诸侯帮助卫国重建。

〔3〕不与齐侯专封：《穀梁》认为在楚丘修筑城墙，有替卫国营造国都的意思，这是代天子行分封之事。齐桓公只是诸侯，虽有统领其他诸侯的权力，但不能擅自分封，所以有此议论。

【译文】

[经] 僖公二年，春季，周王的正月，在楚丘修筑城墙。

[传] "楚丘"是什么地方？只是卫国的一个小城。对诸侯国的国都才可以说是"城"，这只不过是一个小城，经文为什么也

把它叫做"城"呢？这是为了替卫国重新规划一个范围。那么经文中不说是替卫国的国都筑城，这是为什么？因为卫国并没有迁徙。经文不提卫国迁徙的事，是为什么？因为不赞许齐桓公擅自分封诸侯。经文说在某个地方筑城，用的是鲁国国史记叙本国事情时所用的言辞。所以，不是天子就不能擅自分封诸侯，诸侯更不能擅自分封其他的诸侯，尽管认可齐桓公的仁爱之心，但君臣之间的道义是不赞许他擅自分封诸侯的。所以说：仁爱之心不能够超越规定的道义和礼法。

5/2.2 [经] 夏，五月辛巳，葬我小君哀姜[1]。

【译文】

[经] 夏季，五月的辛巳日，安葬我国国君的夫人哀姜。

5/2.3 [经] 虞师、晋师灭夏阳[1]。

[传] 非国而曰"灭"，重夏阳也。虞无师[2]，其曰"师"，何也？以其先晋，不可以不言师也。其先晋何也？为主乎灭夏阳也。夏阳者，虞、虢之塞邑也[3]，灭夏阳而虞、虢举矣。虞之为主乎灭夏阳，何也？晋献公欲伐虢[4]，荀息曰[5]："君何不以屈产之乘[6]，垂棘之璧[7]，而借道乎虞也？"公曰："此晋国之宝也。如受吾币而不借吾道，则如之何？"荀息曰："此小国之所以事大国也。彼不借吾道，必不敢受吾币，如受吾币而借吾道，则是我取之中府而藏之外府[8]，取之中厩而置之外厩也[9]。"公曰："宫之奇存焉[10]，必不使受之也。"荀息曰："宫之奇之为人也，达心而懦[11]，又少长于君[12]。达心则其言略，懦则不能强谏，少长于君，

则君轻之。且夫玩好在耳目之前，而患在一国之后，此中知以上乃能虑之[13]。臣料虞君，中知以下也。"公遂借道而伐虢。宫之奇谏曰："晋国之侍者，其辞卑而币重，必不便于虞。"虞公弗听，遂受其币而借之道。宫之奇谏曰："语曰，唇亡则齿寒，其斯之谓与！"挈其妻子以奔曹。献公亡虢，五年而后举虞。荀息牵马操璧而前曰："璧则犹是也，而马齿加长矣。"

【注释】

〔1〕虞师、晋师灭夏阳：虞，西周初始建，姬姓，第一代国君是虞仲的后代，国土在今山西平陆。晋，西周初始建，姬姓。第一代国君是周成王之弟唐叔虞，国土在今山西西南部，国都在翼（今山西翼城）。春秋初，晋昭侯分封叔父成师于曲沃（今山西闻喜东北）。晋献公时，迁都于绛（今山西翼城东部），陆续攻灭周围的小国。晋文公时，国力逐渐强大，成为当时的霸主。晋景公时，迁都于新田（今山西曲沃西南，也称新绛），兼并赤狄，国土有今山西大部、河北西南部、河南北部、陕西局部地区。春秋后期，为韩、赵、魏等国所灭。夏阳，（《左传》经文作"下阳"）虢国的都城，在今山西平陆东北。虢国，西周初始建，姬姓，有东虢、西虢之分。东虢在今河南荥阳，公元前767年为郑国所灭。西虢也称城虢，在今陕西宝鸡一带，随周平王东迁至上阳（今河南陕县一带），支族仍居原处，称小虢。西虢于公元前655年为晋献公所灭。

〔2〕虞无师：《穀梁》认为小国无军队，虞为小国，故称其"无师"。此说不当。

〔3〕塞邑：《集解》说："其地险要，故二国以为塞邑。"即边境上的军事要地。

〔4〕晋献公：晋国国君，名诡诸，公元前676年至前651年在位，共二十六年。

〔5〕荀息：字叔，晋国的大夫，食邑于荀地，故以为氏。

〔6〕屈产之乘：屈，晋国邑名。以盛产良马著称，在今山西吉县北。乘，即马匹。

〔7〕垂棘：地名。在今山西潞县北。

〔8〕中府、外府：府，诸侯收藏珍宝器物的库房。中府，指晋国宫中的库房。外府，这里指虞国宫中的库房。

〔9〕中厩、外厩：厩，诸侯的马房。中厩，指晋国宫中的马房。外厩，这里指虞国宫中的马房。

〔10〕宫之奇：又称宫奇，虞国的大夫。

〔11〕达心：指人的内心通达事理。

〔12〕少长：少，从小。长，成长。这里指宫之奇从小与虞国的国君一同长大。

〔13〕中知：知，同"智"。古时将人的智慧分为上智、中智、下智。中智即指能力一般。

【译文】

[经] 虞国的军队、晋国的军队灭了虢国的夏阳。

[传] 所灭的不是一个国家，却说是"灭"，是重视夏阳这个地方。虞国是没有军队的，经文却说"师"，这是为什么？因为虞国在经文的记载中排在晋国的前面，所以就不得不说是"师"了。经文为什么要将虞国排在晋国的前面？因为在灭夏阳的过程中，虞国起了主要的作用。夏阳这个地方，是虞国和虢国边境上的军事要塞，灭了夏阳，虞国和虢国就都会被攻破。说虞国在灭亡夏阳的过程中起了主要的作用，这是为什么？晋献公准备攻打虢国，大夫荀息说："国君为什么不用屈地出产的良马和垂棘出产的玉璧，去向虞国请求借一条可以通向虢国的道路呢？"晋献公说："良马和玉璧都是晋国的宝物啊，如果虞国收下了我的礼物却不肯借道给我，那我怎么办呢？"荀息说："这些东西本来都是小国用来奉献给大国的礼物，虞国假如不肯借给我们道路，就一定不敢接受我们的礼物；如果他收下了我们的礼物，然后借给我们道路，那么这就好比我们将玉璧从宫中取出来存放到外面的库房中去，把良马从宫内的马房里牵出来寄养到外面的马房里去一样。"晋献公说："宫之奇还在虞国，他一定不肯让虞国的国君接受这些礼物的。"荀息说："宫之奇的为人，内心通达而性格懦弱，又从小就和虞国国君一起长大。内心通达，说话就比较简略，

性格懦弱，就不会坚持劝谏，从小和国君一起长大，国君就不会重视他的意见。况且令人喜爱的玩物就在自己的面前，而将要发生的祸患却还在另一个国家的后面，这里面的道理，要有中等以上智力的人才会想得到，为臣我料定虞国国君的智力是在中等以下的。"晋献公于是去向虞国借道攻打虢国。宫之奇向国君劝谏说："晋国派来的使臣，言语谦卑，但送上的礼物却非常贵重，这对虞国来说是不正常的。"虞国国君不听他的话，于是收下了晋国的礼物，将通向虢国的道路借给晋国。宫之奇又劝谏说："俗话说'嘴唇没有了，牙齿便抵挡不住风寒'，大概说的就是这样的事吧！"就带着妻子儿女逃亡到曹国去了。晋献公灭了虢国，僖公五年，又攻破虞国。荀息牵着骏马，拿着玉璧，来到晋献公面前，对他说："玉璧还是原来的样子，只是骏马老了一些。"

5/2.4 ［经］秋，九月，齐侯、宋公、江人、黄人盟于贯[1]。

［传］贯之盟，不期而至者，江人、黄人也。"江人"、"黄人"者，远国之辞也。中国称齐、宋，远国称江、黄，以为诸侯皆来至也。

【注释】

〔1〕江人、黄人：江，嬴姓小国，在今河南正阳一带，公元前623年为楚国所灭。黄，嬴姓小国，在今河南潢川西部，公元前648年为楚国所灭。贯：宋国地名，今山东曹县南部。

【译文】

［经］秋季，九月，齐桓公、宋桓公、江国人、黄国人在贯这个地方会盟。

［传］在贯这个地方举行的盟会上，没有事先约定而前来的有江国人、黄国人。经文中说"江人"、"黄人"，这是记载边远

国家的写法。地处中原的国家以齐国、宋国为代表，边远地区的国家以江国、黄国为代表，由此就可以表示各国诸侯都来参加了盟会。

5/2.5 [经] 冬，十月，不雨。

[传] "不雨"者，勤雨也[1]。

【注释】

〔1〕勤：殷切盼望。

【译文】

[经] 冬季，十月，不下雨。

[传] 经文说"不雨"，就是表示十分迫切地盼望着下雨。

5/2.6 [经] 楚人侵郑。

【译文】

[经] 楚国人侵犯郑国。

三　　年

5/3.1 ［经］三年^{〔1〕}，春，王正月。不雨。

［传］不雨者，勤雨也。

【注释】

〔1〕三年：本年为周惠王二十年，公元前657年。

【译文】

［经］僖公三年，春季，周王正月。不下雨。

［传］经文说"不雨"，就是表示十分迫切地盼望着下雨。

5/3.2 ［经］夏，四月，不雨。

［传］一时言"不雨"者，闵雨也^{〔1〕}。闵雨者，有志乎民者也。

【注释】

〔1〕闵：同"悯"，担忧。

【译文】

［经］夏季，四月，不下雨。

[传] 在一个季节中说"不雨",就是表示对不下雨深感担忧。对不下雨深感担忧,也表明了国君有体恤民情的意思。

5/3.3 [经] 徐人取舒[1]。

【注释】

〔1〕取舒:取,义应为灭。《公羊》的解说以为,因为灭舒太容易,所以说"取"。舒,古族名,大约分布于今安徽北部。

【译文】

[经] 徐国人攻取了舒族人的领地。

5/3.4 [经] 六月,雨。

[传] "雨"云者,喜雨也[1]。喜雨者,有志乎民者也。

【注释】

〔1〕喜雨:从经文的记载来看,上年冬季开始就不下雨,直到本年六月才下雨,说明旱情较为严重。周历的六月为夏历的四月,正当播种季节,所以"喜雨"一语中也包含了适应农时的意思。《左传》说:"不曰旱,不为灾也。"六月之雨正赶上播种,所以没有造成很大的旱灾。

【译文】

[经] 六月,下雨了。

[传] 经文说下雨了,这是表示对下雨感到高兴。对下雨感到高兴,就表明国君有体恤民情的意思。

5/3.5 [经] 秋,齐侯、宋公、江人、黄人会于

阳谷[1]。

[传] 阳谷之会，桓公委端绶笏而朝诸侯[2]，诸侯皆谕乎桓公之志[3]。

【注释】

〔1〕阳谷：齐国地名，今山东阳谷北部。

〔2〕委端绶笏：委，委貌，指国君在隆重的仪式上佩戴的一种以黑色丝织物制成的礼帽。端，玄端，黑赤色的礼服。绶，插，束在礼服外用以安插笏板的腰带。笏，朝笏，大臣朝见国君时手中持的板子，狭而长，可以记事。这里指诸侯相互会面时手中持的板子，以表示尊重对方。

〔3〕桓公之志：据《左传》说此会的目的，是"谋乎楚也"，即谋求讨伐楚国。

【译文】

[经] 秋季，齐桓公、宋桓公、江国人、黄国人，在阳谷这个地方会盟。

[传] 在阳谷盟会时，齐桓公头戴礼帽、身着礼服，腰间束带，手持笏板来会见诸侯，与会的诸侯们也都知晓齐桓公心中的意思。

5/3.6 [经] 冬，公子季友如齐，莅盟[1]。

[传] "莅"者，位也。其不日，前定也。不言及者，以国与之也。不言其人，亦以国与之也。

【注释】

〔1〕莅盟：《集解》引《传例》说："内之前定之盟谓之莅，外之前定之盟谓之来。"《左传》经文"莅"作"涖"。

【译文】

[经] 冬季，公子季友去齐国参加事先约定的盟会。

[传]"莅"字的意思，就是到盟会中事先安排好的鲁国的位置中去。经文没有记载这次会盟的日期，因为会盟的事是以前就约定的。经文不说"及"，因为公子季友是以鲁国的名义参加盟会的。经文也没有提到其他人，因为与会者都是以本国的名义参加盟会的。

5/3.7 [经] 楚人伐郑。

【译文】

[经] 楚国攻打郑国。

四　　年

5/4.1 ［经］ 四年〔1〕，春，王正月。公会齐侯、宋公、陈侯、卫侯、郑伯、许男、曹伯侵蔡〔2〕，蔡溃。遂伐楚，次于陉〔3〕。

［传］"溃"之为言，上下不相得也。"侵"，浅事也。侵蔡而蔡溃，以桓公为知所侵也。不土其地，不分其民，明正也。"遂伐楚，次于陉"。遂，继事也。次，止也。

【注释】

〔1〕四年：本年为周惠王二十一年，公元前656年。

〔2〕侵蔡：蔡国自庄公十四年遭楚国入侵以后，一直追随楚国，此次齐桓公联合诸侯侵蔡，实际上是为攻打楚国作准备。

〔3〕次于陉：陉读作"xíng（形）"，楚国地名，今湖北应山北部。《集解》说："楚强，齐欲绥之以德，故不速进，而次于陉。"

【译文】

［经］僖公四年，春季，周王正月。僖公会同齐桓公、宋桓公、陈宣公、卫文公、郑文公、许穆公、曹昭公进攻蔡国，蔡国军队溃败。然后又讨伐楚国，将军队驻扎在陉这个地方。

［传］经文之所以要说"溃"，意思就是蔡国的国君和臣民的心意不能互相沟通。"侵"，只是小规模的战斗。仅是稍微打了一

下蔡国，蔡国的军队就溃败了，可见齐桓公是很了解他所要进攻的对象的。既不占领蔡国的土地，也不掳掠蔡国的人民，这些都可证明齐桓公的行为是合乎正道的。"然后又讨伐楚国，将军队驻扎在陉这个地方。""遂"，表示接下来所做的事。"次"，表示停止的意思。

5/4.2［经］夏，许男新臣卒[1]。

［传］诸侯死于国，不地，死于外，地。死于师，何为不地？内桓师也[2]。

【注释】

〔1〕许男新臣卒：男，许国国君的爵位。新臣，他的名。

〔2〕内桓师：《穀梁》认为许国的国君是在参与齐桓公伐楚的战争中去世的，伐楚为正义之战，故在军中就如同在自己国内一样。杜预《左传注》、孔颖达《左传疏》均同意此说，《三传比义》引赵匡、刘敞说以为，许国近楚，因患病而回国，死于国内，故经文不书死亡的地点。"死于师"，只是《穀梁》根据经义所作的推测，并无明证，所以"内桓"之说，"绝不可信"。

【译文】

［经］夏季，许国国君新臣去世。

［传］诸侯在国内去世，经文照例是不记载他的死亡地点的，但如果是在国外去世，那就要记载他的死亡地点了。现在许国的国君在军旅中去世，为什么不记载他的死亡地点？因为他在齐桓公的军队中去世，和在国内去世没有什么不同。

5/4.3［经］楚屈完来盟于师[1]，盟于召陵[2]。

［传］楚无大夫，其曰"屈完"，何也？以其来会桓，成之为大夫也[3]。其不言使，权在屈完也，则是正

乎？曰：非正也[4]。以其来会诸侯，重之也。"来"者何？内桓师也。"于师"，前定也。"于召陵"，得志乎桓公也。得志者，不得志也，以桓公得志为仅矣[5]。屈完曰："大国之以兵向楚，何也？"桓公曰："昭王南征不反[6]，菁茅之贡不至[7]，故周室不祭。"屈完曰："菁茅之贡不至，则诺，昭王南征不反，我将问诸江[8]。"

【注释】

〔1〕屈完来盟：屈完，楚国的大夫。来盟之事，据《左传》记载，诸侯的军队驻扎在陉，楚国派屈完来谈判。齐桓公对他说："以诸侯的众多的军队，没有谁能够抵抗，没有什么城邑不能攻破。"屈完回答道："您如果以德行来统率诸侯，谁敢不服从？但您如果用武力来强迫我国屈服，那么楚国的方城山就是城邑，汉水就是护城河，尽管您的军队众多，也无以为用。"于是，齐桓公与屈完在召陵订立盟约。

〔2〕召陵：楚国地名，今河南郾城东部。

〔3〕成之为大夫：《集解》说，"尊桓，不欲令与卑者盟"，所以经文要用称呼大夫的方式来称呼屈完。

〔4〕非正：《集解》以为"臣无自专之道"。

〔5〕得志为仅：《集解》说："桓为霸主，以会诸侯，楚子不来，屈完受盟，令问诸江，辞又不顺，仅乃得志。言楚之难服。"

〔6〕昭王南征：昭王，即周昭王，名瑕，周康王子。公元前1004年至前986年在位。其南征事，据《史记正义》引《帝王世纪》记载，"昭王德衰，南征，济于汉，船人恶之，以胶船进王。王御船至中流，胶液船解，王及祭公俱没于水中而崩。"

〔7〕菁茅：一种带刺的茅草，生长于楚国，可滤酒，多用来制作祭祀时供奉祖先的清酒。

〔8〕问诸江：《集解》在此句下说："此不服之言"。

【译文】

[经] 楚国的屈完前来军中谈判立盟的事，在召陵这个地方

订立了盟约。

[传] 楚国没有经过周天子正式任命的大夫，经文中却说是"屈完"，这是为什么？他来会见齐桓公，为了表明他的地位，所以让他具有大夫的身份。经文中不说"使"，因为谈判的大权全都掌握在屈完的手中，这种情况合乎正道吗？回答是：不合乎君臣之间的正道。不过因为他前来会见诸侯，所以还是对他表示尊重。"来"字表示什么意思？就是把齐桓公的军队看作是自己国家的一方。"于师"的意思，就表示这次会盟是事先约定的。"于召陵"，是说屈完要与齐桓公会盟的目的在他那里达到了。屈完是达到了目的，那么齐桓公就还没有达到目的，也可以说齐桓公仅仅达到了此行目的中的一小部分。屈完说："你们这些大国用武力逼近楚国，这是为什么？"齐桓公说："周昭王征讨南方没有返回，本应由楚国进献的菁茅贡品也没有进献，所以周王室没有清酒，就无法举行祭祀了。"屈完说："菁茅的贡品没有进献之事，我国可以答应进献，至于周昭王征讨南方而没有返回的事，还是让我去问一下汉江吧。"

5/4.4 [经] 齐人执陈袁涛涂[1]。

[传] "齐人"者，齐侯也。其"人"之，何也？于是哆然外齐侯也[2]，不正其逾国而执也[3]。

【注释】

〔1〕陈袁涛涂：陈国的大夫。袁，《左传》经文作"辕"。据《左传》记载，齐桓公联合诸侯伐楚，与屈完在召陵订立盟约，准备退兵。袁涛涂对郑国大夫申侯说，军队如果由陈国与郑国之间通过，两国必然要提供大量的粮草。如果绕道东方，既可向东夷、莒等国显示中原诸侯的强大，陈、郑两国也可免去损失。申侯以为是，袁涛涂就向齐桓公提出这个建议。但申侯却对齐桓公说，诸侯的军队长期在外作战，已经疲惫，如果再绕道从东方回国，万一遭遇袭击，恐怕无力应战，若直接从陈、郑回国，则可以随时补充粮草。齐桓公认为此说有理，就将虎牢赏赐给申侯，而将袁涛涂拘押起来。《公羊》也以此史实为依据，说执袁

涂是因为他犯了"辟军之罪"，辟，通"避"，也就是试图逃避对诸侯
联军所担负的应有的责任。

〔2〕哆然：哆，读作"chǐ（齿）"，纷纷指责的样子。

〔3〕逾国而执：《穀梁》认为齐桓公执袁涛涂的行为超越了国界。此
说有欠公正。当时诸侯联合出兵，服从齐桓公的统一调动，袁涛涂虽为
陈国大夫，但在军中，也受统帅节制，他既从私利出发提出不合情理的
建议，当然有损军心，故齐桓公将其拘押，并不为过。

【译文】

　　[经] 齐国的人拘押陈国的袁涛涂。

　　[传] 所谓"齐人"，实际上指的就是齐桓公。那么经文称他
为"人"，这是为什么？因为诸侯在这件事上纷纷提出指责，有
排斥齐桓公的意思，认为他超越国界而捉人的做法是不符合正
道的。

5/4.5 [经] 秋，及江人、黄人伐陈[1]。

[传] 不言其人，及之者何？内师也。

【注释】

　　〔1〕伐陈：《左传》说此次伐陈，是因为伐"不忠"。可能仍是指陈
国袁涛涂事。

【译文】

　　[经] 秋季，与江国人、黄国人讨伐陈国。

　　[传] 经文中没有说明是什么人，就说"及"江国人、黄国
人，这是为什么？因为就是鲁国的军队。

5/4.6 [经] 八月，公至自伐楚。

[传] 有二事偶，则以后事致，后事小，则以先事

致。其以伐楚致，大伐楚也。

【译文】

[经] 八月，僖公从征伐楚国的前线回国，向祖庙行祭告之礼。

[传] 如果有两件同样重要的事情，就要在祭告祖庙时将后来发生的事告知，但如果后一件事并不重要，那么也可以将前一件事祭告于祖庙。僖公将讨伐楚国的事祭告祖庙，这是表示重视讨伐楚国的行动。

5/4.7 [经] 葬许穆公。

【译文】

[经] 安葬了许穆公。

5/4.8 [经] 冬，十有二月，公孙兹帅师会齐人、宋人、卫人、郑人、许人、曹人侵陈[1]。

【注释】

〔1〕公孙兹：《左传》称"叔孙戴伯"，鲁国公子叔牙的儿子。《公羊》经文中"兹"作"慈"。 侵陈：以陈国大夫袁涛涂被执事而攻打陈国，陈国求和，齐桓公释放了袁涛涂。

【译文】

[经] 冬季，十二月，公孙兹率领军队会同齐国人、宋国人、卫国人、郑国人、许国人、曹国人攻打陈国。

五　　年

5/5.1　[经]　五年^[1]，春，晋侯杀其世子申生^[2]。

[传]　目晋侯，斥杀，恶晋侯也。

【注释】

〔1〕五年：本年为周惠王二十二年，公元前655年。

〔2〕晋侯杀其世子申生：此事发生在僖公四年十二月，经文在僖公五年记载，是根据鲁国得到晋侯的讣告而后书。晋侯，即晋献公。世子申生，晋献公夫人齐姜所生。齐姜死后，晋献公立骊姬为夫人，骊姬生奚齐，欲以其取代世子申生。她欺骗申生到曲沃祭齐姜，暗中将毒药放在申生准备献给献公吃的肉中，献公不明真相，先杀了世子申生的师傅，申生明知骊姬从中捣鬼，但为了成全献公宠爱骊姬的心愿，遂自尽。骊姬接着又诬陷公子重耳和夷吾，迫使二人分别逃亡到蒲地和屈地。

【译文】

[经]　春季，晋献公杀了太子申生。

[传]　经文直接称呼"晋侯"，是因为要斥责他杀人的行为，以此表示对晋侯的憎恶。

5/5.2　[经]　杞伯姬来朝其子^[1]。

[传]　妇人既嫁，不逾竟，逾竟，非正也。诸侯相见曰"朝"，伯姬为志乎朝其子也。伯姬为志乎朝其

子，则是杞伯失夫之道矣。诸侯相见曰朝，以待人父之道待人之子，非正也。故曰："杞伯姬来朝其子"，参讥也[2]。

【注释】

〔1〕杞伯姬：鲁国之女，于庄公二十五年嫁杞国的国君。

〔2〕参讥：《集解》说："参讥，谓伯姬、杞伯、鲁侯也。桓九年曹伯使其世子射姑来朝，讥世子。此不讥者，明子随母行，年尚幼弱，未可责以人子之道。"《穀梁》以为，只有诸侯来访，才能称为"朝"，伯姬及其子皆非诸侯，故不得称"朝"，何况伯姬又违背了"妇人既嫁不逾竟"的礼制，说明杞伯有失管束，而鲁国以人父之道接待人子，故鲁国的做法也不合礼制。所谓"参讥"，就是将这些行为一并加以讥刺。

【译文】

[经] 嫁杞国国君的伯姬带着儿子一起来朝见。

[传] 妇女已经出嫁，就不能再走出国境了，走出国境是不符合礼制规定的。诸侯之间的访问称作"朝"，伯姬的意愿是要让他的儿子来朝见。如果的确是伯姬要实现让她的儿子来朝见的意愿，那么这就是杞伯失去了作为丈夫所应尽的职责了。诸侯之间的访问称为"朝"，现在僖公用接待一个人的父亲的礼节来接待他的儿子，这也不符合礼制的规定。所以，经文说"杞伯姬来朝其子"，这是对伯姬、杞伯和僖公三个人的讥刺。

5/5.3 [经] 夏，公孙兹如牟[1]。

【注释】

〔1〕牟：春秋时的小国，为鲁国的附庸。在今山东莱芜东部。《左传》说，公孙兹到牟国去是为了娶亲。《公羊》所引经文中"兹"作"慈"。

【译文】

[经] 夏季，公孙兹前往牟国。

5/5.4 [经] 公及齐侯、宋公、陈侯、卫侯、郑伯、许男、曹伯会王世子于首戴[1]。

[传] "及"以"会"，尊之也。何尊焉？"王世子"云者，唯王之贰也，云可以重之存焉，尊之也。何重焉？天子世子，世天下也。

【注释】

〔1〕会王世子于首戴：王世子，即周惠王在位时的太子，名郑，后为周襄王。此次诸侯与其会见，目的是为了安定周王室。周惠王之后宠爱郑的同母之弟子带，劝惠王废郑立子带为太子，惠王不明真相，欲行之。齐桓公遂联合诸侯干预此事。首戴，卫国地名，今河南睢县一带。《左传》经文"戴"作"止"，下同。

【译文】

[经] 僖公与齐桓公、宋桓公、陈宣公、卫文公、郑文公、许昭公、曹昭公在首戴这个地方会见周王的太子。

[传] 经文中说"及"诸侯会见周王的太子，这是为了表示对太子的尊重。为什么要尊重他呢？所谓周王的太子，是唯一能继承王位的人，也就是说可以担负起治理天下的重任的，所以要对他表示尊重。是什么样的重任呢？天子的太子，就是世世代代要统治天下的人。

5/5.5 [经] 秋，八月，诸侯盟于首戴。

[传] 无中事而复举诸侯，何也？尊王世子，而不敢于盟也。尊则其不敢于盟，何也？盟者，不相信也，

故谨信也，不敢以所不信而加之尊者。桓，诸侯也，不能朝天子，是不臣也。王世子，子也，块然受诸侯之尊己而立乎其位[1]，是不子也。桓不臣，王世子不子，则其所善焉，何也？是则变之正也。天子微，诸侯不享觐[2]，桓控大国，扶小国，统诸侯，不能以朝天子，亦不敢致天王，尊王世子于首戴，乃所以尊天王之命也。世子含王命会齐桓，亦所以尊天王之命也。世子受之可乎？是亦变之正也。天子微，诸侯不享觐，世子受诸侯之尊己，而天王尊矣，世子受之，可也。

【注释】

〔1〕块然：安然无事，无动于衷的样子。

〔2〕享觐：享，以食物进献。觐，朝见。

【译文】

[经] 秋季，诸侯在首戴这个地方订立盟约。

[传] 从上一条经文到这一条经文之间，并没有发生什么事，却再次提到各国诸侯，这是为什么？因为要尊重周王的太子，但不敢同他结盟。既然尊重他，却又不敢与他结盟，这是为什么？"盟"字的意思，就是彼此不敢信任，所以要郑重其事地通过结盟的仪式以表示信义，这样，诸侯们就不敢将表示相互不信任的盟约用在所尊重的人身上了。齐桓公不过是诸侯，却不去朝见周王，这就不像是一个臣子了。周王的太子是王的儿子，却心安理得地接受各国诸侯的尊重，高居于太子的位置上，这就是不像是王的儿子了。齐桓公背离了作为臣子的道义，周王的太子背离了作为儿子的道义，那么经文所称赞的又是什么呢？因为这是变通礼制以适应具体情况的正确做法。周王的势力已经逐渐衰微，各国诸侯都不来进贡和朝拜，齐桓公能够控制大国，扶助小国，统领诸侯，却不能带领各国诸侯去朝拜周王，也不敢迎请周王到这

里来，他在首戴这个地方尊崇周王的太子，就是用这样的行动来尊崇周王的命令。周王的太子奉王命来会见齐桓公，也就是用这样的行动来尊崇周王的命令。那么，周王的太子可以接受诸侯的尊崇吗？这也是变通礼制以适应具体情况的正确做法。周王的势力已经逐渐衰微，各国诸侯都不来进贡和朝拜，周王的太子接受诸侯们对自己的尊重，这样周王也就相应地受到了尊重，所以说，周王的太子接受诸侯的尊重，也是可以的。

5/5.6［经］郑伯逃归不盟[1]。

［传］以其去诸侯，故逃之也。

【注释】

〔1〕郑伯逃归不盟：据《左传》记载，当诸侯在首戴会盟时，周惠王召郑文公，对他说，我让你依从楚国，再让晋国辅助郑国，这样你就可以稍微安定一些了。郑文公很高兴，所以就逃离不参加诸侯的盟会。

【译文】

［经］郑文公逃回郑国，不参与诸侯的盟会。

［传］因为他脱离了各国诸侯，所以将这样的行为称作"逃"。

5/5.7［经］楚人灭弦，弦子奔黄[1]。

［传］弦，国也。其不日，微国也。

【注释】

〔1〕弦子奔黄：弦，古国名。姓氏不详，一说隗姓，国土在今河南潢川西南。

【译文】

[经] 楚国人灭了弦国，弦国的国君出逃黄国。

[传] "弦"，也是诸侯国。经文中没有记载被灭亡的日期，因为它是一个很小的国家。

5/5.8 [经] 九月戊申，朔，日有食之[1]**。**

【注释】

〔1〕日有食之：食甚为本日十六时三十八分五十一秒。

【译文】

[经] 九月的戊申日，初一，发生日食。

5/5.9 [经] 冬，晋人执虞公[1]**。**

[传] "执"，不言所于地，缊于晋也[2]。其曰"公"，何也？犹曰其下执之之辞也[3]。其犹下执之之辞，何也？晋命行乎虞民矣。虞、虢之相救，非相为赐也，今日亡虢，而明日亡虞矣。

【注释】

〔1〕晋人执虞公：虞公，即虞国的国君。僖公二年夏，晋夺取了虢国的夏阳。此次晋国再向虞国借道，宫之奇劝谏国君："虢亡，虞必从之，晋不可启，寇不可玩，一之为甚，其可再乎？谚所谓'辅车相依，唇亡齿寒'者，其虞、虢之谓也。"虞君不听，八月，晋军围攻虢国的上阳，十二月，灭虢，虢国的国君率军逃至虞国，晋军再攻虞国，灭之，并俘虏其国君和大夫。

〔2〕缊于晋：缊，通"蕴"。这里指虞国之地为晋国所包蕴。

〔3〕其下：指虞公手下的大臣。

【译文】

　　[经] 冬季，晋国人俘虏了虞国的国君。

　　[传] 俘虏了虞国的国君，却不记载地点，因为虞国的国土已经被晋国占领了。经文中称虞国的国君为"公"，这是为什么？这是好比表示他被手下的臣民捉住了的那种写法。使用好比表示被他手下的臣民捉住了的写法，这是为什么？就是说晋国的命令已经在虞国的民众中得以施行了。虞国和虢国是互相救援的关系，而不是彼此之间利用对方获取什么恩惠，因为如果今天灭亡了虢国，那么明天就会轮到虞国被灭亡了。

六　　年

5/6.1 ［经］六年^{〔1〕}，春，王正月。

【注释】

〔1〕六年：本年为周惠王二十三年，公元前 654 年。

【译文】

［**经**］僖公六年，春季，周王的正月。

5/6.2 ［经］夏，公会齐侯、宋公、陈侯、卫侯、曹伯伐郑，围新城^{〔1〕}。

［**传**］伐国不言围邑，此其言“围”，何也？病郑也，著郑伯之罪也^{〔2〕}。

【注释】

〔1〕新城：郑国地名，在今河南密县东南。原称“密”，后郑国重新修筑城墙，故名新城。《左传》解说中作“新密”。

〔2〕郑伯之罪：指郑文公中途逃离首戴之会的事。

【译文】

[经] 夏季，僖公会同齐桓公、宋桓公、陈宣公、卫文公、曹昭公讨伐郑国，围攻新城。

[传] 攻打别国，一般是不说围城之事的，经文在这里却说"围"，这是为什么？因为要指责郑国，显露郑文公的罪过。

5/6.3 [经] 秋，楚人围许，诸侯遂救许[1]。

[传] 善救许也。

【注释】

〔1〕救许：首戴会盟许国亦与会。楚国出兵围攻许国，是为了解郑国之围。齐桓公果然与诸侯救许，郑围亦因此而解。

【译文】

[经] 秋季，楚国人围攻许国，诸侯于是出兵援救许国。

[传] 这是称赞援救许国。

5/6.4 [经] 冬，公至自伐郑。

[传] 其不以救许致，何也？大伐郑也。

【译文】

[经] 僖公从讨伐郑国的前线回国，向祖庙行祭告之礼。

[传] 不以援救许国之事来祭告祖庙，这是为什么？因为更重视讨伐郑国的行动。

七　年

5/7.1［经］七年[1]，春，齐人伐郑[2]。

【注释】

〔1〕七年：本年为周惠王二十四年，公元前653年。

〔2〕齐人伐郑：齐桓公于僖公六年因救许，伐郑未成，故再次讨伐。

【译文】

［经］僖公七年，春季，齐国人讨伐郑国。

5/7.2［经］夏，小邾子来朝[1]。

【注释】

〔1〕小邾子：即小邾国的国君。小邾即郳国，见3/5.3注〔1〕。

【译文】

［经］夏季，小邾国的国君来访。

5/7.3［经］郑杀其大夫申侯[1]。

［传］称国以杀大夫，杀无罪也[2]。

【注释】

〔1〕申侯：郑国的大夫，曾得宠于楚文王，文王赐以玉璧。文王死，出奔郑国，又得宠于郑厉公。在僖公四年齐桓公率领诸侯军队伐楚时，出卖陈国大夫袁涛涂，致使袁涛涂遭齐桓公拘押，陈国也因此受到齐桓公的讨伐。

〔2〕杀无罪：《穀梁》解说庄公九年"齐人杀无知"的经文时称，"称'人'以杀，杀有罪也。"申侯虽在私德方面有亏，但对于齐桓公和诸侯来说，并非无利，所以说他无罪。

【译文】

［经］郑国杀了它的大夫申侯。

［传］经文以国家的名义来记载杀了大夫的事，被杀的是无罪的。

5/7.4［经］秋，七月，公会齐侯、宋公、陈世子款、郑世子华，盟于宁母〔1〕。

［传］衣裳之会也〔2〕。

【注释】

〔1〕宁母：地名，在今山东鱼台县境内。

〔2〕衣裳之会：诸侯之间友好的盟会。僖公三年秋传文中说，"桓公委端搢笏而朝诸侯"，《集解》认为此即"所谓衣裳之会"。

【译文】

［经］秋季，七月，僖公会同齐桓公、宋桓公、陈国的太子款、郑国的太子华，在宁母这个地方结盟。

［传］这是诸侯之间友好的盟会。

5/7.5［经］曹伯班卒〔1〕。

【注释】

〔1〕曹伯班：即曹昭公，名班。公元前 661 年即位，在位共九年。班，《公羊》经文作"般"。

【译文】

[经] 曹国的国君班去世了。

5/7.6 [经] 公子友如齐。

【译文】

[经] 公子友前往齐国。

5/7.7 [经] 冬，葬曹昭公。

【译文】

[经] 冬季，安葬了曹昭公。

八　年

5/8.1 ［经］　八年^[1]，春，王正月。公会王人^[2]、齐侯、宋公、卫侯、许男、曹伯、陈世子款^[3]，盟于洮^[4]。

［传］"王人"之先诸侯，何也？贵王命也。朝服虽敝，必加于上；弁冕虽旧，必加于首。周室虽衰，必先诸侯。兵车之会也^[5]。

【注释】

〔1〕八年：本年为周惠王二十五年，公元前652年。据《左传》"僖公七年"岁终闰月的传文记载，惠王于去年岁末去世，惠王曾欲废太子郑，立其弟子带，故太子郑因害怕子带乘机发难，遂秘不发丧，并告难于齐。今诸侯在齐桓公的召集下，会同周王室中拥护太子的大臣共立郑为王。按照《春秋》纪年的惯例，王或诸侯去世，发丧的当年仍为原王的纪年，次年才是新王的元年。

〔2〕王人：指周王室中拥护太子郑的大臣。

〔3〕陈世子款：《公羊》在此下有"郑世子华"。

〔4〕洮：地名。在曹国，今山东鄄城西部。

〔5〕兵车之会：指诸侯各自带领军队的盟会。此次诸侯会盟，因是商量立郑为王之事，考虑到可能会与周室中拥护子带的人发生冲突，故各自带领军队。

【译文】

[**经**] 僖公八年，春季，周王正月。僖公会同周王室中的人、齐桓公、宋桓公、卫文公、许昭公、曹共公、陈国的太子款，在洮这个地方举行盟会。

[**传**] 经文的记载中将周王的人排列在诸侯前面，这是为什么？因为要尊重周王的命令。会见贵宾时穿的礼服虽然破了，但必定是穿在其他衣服外面的；会见贵宾时佩戴的礼帽尽管旧了，也必定是戴在头上的。周王室的势力如今固然衰微了，但代表它的人必定要排列在诸侯前面。这是诸侯们各自带有军队的一次盟会。

5/8.2 [**经**] 郑伯乞盟[1]。

[**传**] 以向之"逃归"，乞之也。"乞"者，重辞也，重是盟也。乞者，处其所而请与也，盖汋之也[2]。

【注释】

〔1〕郑伯乞盟：僖公五年首戴之会时，郑文公中途退出，因此得罪齐桓公与诸侯。今惠王去世，郑文公复要求与诸侯举行盟会，以补前过。

〔2〕汋：通"酌"。

【译文】

[**经**] 郑文公来要求结盟。

[**传**] 由于以前脱离了诸侯的盟会，所以这次来要求结盟。所谓"乞"的意思，就是表示非常重视的写法，也就是非常重视这次结盟。"乞"的意思，也表示郑文公自己还在郑国，但提出了请求结盟的希望，大约是为了让齐桓公可以有所斟酌吧。

5/8.3 [**经**] 夏，狄伐晋[1]。

【注释】

〔1〕狄伐晋：据《左传》记载，本年春季，狄人攻打晋国，大夫里克率军败狄人，车右虢射建议追击，里克恐犯狄人众怒，不许。虢射预料狄人必定再次来犯，果然到了夏季，狄人又攻打晋国。

【译文】

[经] 夏季，狄人攻打晋国。

5/8.4 [经] 秋，七月，禘于大庙^[1]，用致夫人^[2]。

[传] "用"者，不宜用者也。"致"者，不宜致者也。言夫人必以其氏姓，言夫人而不以氏姓，非夫人也，立妾之辞也，非正也。夫人之，我可以不夫人之乎？夫人卒葬之，我可以不卒葬之乎？一则以宗庙临之而后贬焉，一则以外之弗夫人而见正焉。

【注释】

〔1〕禘于大庙：禘，见4/2.2注〔1〕。大庙，周公之庙。
〔2〕用致：以食物祭奉先人。这里指祭奉夫人。

【译文】

[经] 秋季，七月，在周公之庙举行大祭，以食物祭奉夫人。

[传] "用"字的意思，就是表示不适宜"用"。"致"字的意思，就是表示不适宜"致"。按照经文记载的惯例，提到夫人的时候必定要加上她的姓氏，如果提到夫人却没有加上姓氏，那就说明此人不是夫人，也就是表示将妾立为夫人的写法，将妾立为夫人的做法是不符合礼制的。但是如今国君把她当作夫人，我难道可以不称她为夫人吗？国君按照夫人死亡的礼仪来安葬她，我难道可以不按照夫人死亡的礼仪来记载她的葬礼吗？所以，经文一方面把"祖庙"写在前面，然后省略她的姓氏作为贬斥，另

一方面通过其他国家不称她为夫人的事实，来显示不能将妾立为夫人的礼制。

5/8.5 [经] 冬，十有二月丁未，天王崩[1]。

【注释】

〔1〕天王崩：即指周惠王去世。据《左传》的记载，周惠王其实是在僖公七年的岁终闰月去世的，参见 5/8.1 注〔1〕。《左传》在本条经文的解说中说："王人来告丧，难故也，是以缓。"缓，就是延迟的意思。

【译文】

[经] 冬季，十二月的丁未日，得到了周惠王去世的消息。

九　　年

5/9.1［经］九年[1]，春，王三月。丁丑，宋公御说卒。[2]

【注释】

〔1〕九年：本年为周襄王元年，公元前651年。

〔2〕宋公御说：即宋桓公，名御说，公元前681年即位，在位共三十一年。

【译文】

［经］僖公九年，春季，周王三月。丁丑日，宋桓公御说去世。

5/9.2［经］夏，公会宰周公[1]、齐侯、宋子[2]、卫侯、郑伯、许男、曹伯于葵丘[3]。

［传］天子之宰，通于四海。宋其称"子"，何也？未葬之辞也。礼，柩在堂上，孤无外事[4]，今背殡而出会，以宋子为无哀矣。

【注释】

〔1〕宰：官职名。殷商始置，负责掌管王室家务及家奴。西周沿置，

为卿，掌管王家事务及传达王命。春秋时除王室仍保留此职外，各诸侯国亦设置。卿大夫家臣中也有称为"宰"的。此处的"宰周公"，即周王朝的宰。

〔2〕宋子：指宋国的继承君位者兹父，即宋襄公。《左传》说："凡在丧，王曰小童，公侯曰子。"时宋桓公刚刚去世，尚未下葬，故继承君位的宋襄公亦不得称侯。

〔3〕葵丘：地名，在今河南兰考东部。

〔4〕孤无外事：孤，指死去了父亲的儿子。外事，与外界交往之事。

【译文】

[经]夏季，僖公在葵丘这个地方会见宰周公、齐桓公、宋国的兹父、卫文公、郑文公、许昭公、曹共公。

[传]周王的宰，是可以与四海之内的诸侯交往会面的。把宋国的国君称为"子"，这是为什么？这是表示去世的国君还没有安葬的写法。按照礼制的规定，先人的灵柩还停放在堂上，丧父的儿子是不能参与外界的各种活动的，现在宋子不顾殡葬之事而外出会见诸侯，经文认为宋子对父亲的死毫无哀痛之情。

5/9.3 [经] 秋，七月乙酉，伯姬卒〔1〕。

[传] 内女也。未适人不卒，此何以卒也？许嫁笄而字之〔2〕，死则以成人之丧治之。

【注释】

〔1〕伯姬：僖公女儿的字。其字前无姓氏，是尚未出嫁，否则当以所嫁之国的国名为姓氏。

〔2〕许嫁笄而字之：许嫁，即定婚。笄，指女子到了可以盘发插笄的年龄，也就是成年。字，指女子成年以后，除了用名之外，再另取字。《礼记·曲礼》中说："男子二十，冠而字……女子许嫁，笄而字。"

【译文】

[经] 秋季，七月的乙酉日，伯姬去世。

[传] 伯姬是鲁国国君的女儿，按照经文记载的惯例，女子如果尚未嫁人就不记载她的死亡，这里为什么记载她的死亡呢？如果女子已经定婚，举行过成年礼并且取了字，那么她死去之后就要根据成年人的丧仪来办理丧事。

5/9.4 [经] 九月戊辰，诸侯盟于葵丘[1]。

[传] 桓盟不日[2]，此何以日？美之也。为见天子之禁，故备之也。葵丘之会，陈牲而不杀[3]，读书加于牲上，壹明天子之禁，曰："毋雍泉[4]，毋讫籴[5]，毋易树子[6]，毋以妾为妻，毋使妇人与国事。"

【注释】

[1] 盟于葵丘：此次会盟，是春秋时期的一次重要事件。也是齐桓公作为诸侯霸主期间很有影响的一次行动。但是，据《左传》记引述当时与会的宰孔的话说："齐侯不务德，而勤远略。故北伐山戎，南伐楚。西为此会也，东略之不知，西则否矣。其在乱乎？"说明齐桓公的霸业已由当初的勤王转变为利用机会扩大齐国势力的范围了。葵丘，地名。在今河南兰考东部。

[2] 桓盟不日：《穀梁》认为《春秋》中凡是记载齐桓公召集诸侯会盟，都不记载具体的日期。详见"庄公十三年冬"传文及注释。

[3] 陈牲而不杀：诸侯举行盟会时，要陈设牺牲，杀之以取其血，即所谓歃血之盟，表示相互间的信义。此处所说"陈牲而不杀"，《集解》以为即"所谓无歃血之盟"。《三传比义》引赵匡说："按经无异文，安知不歃血乎？"对《穀梁》之说提出了批评。

[4] 雍泉：雍，同"壅"，堵塞。泉，这里泛指水源。当时中原地区各诸侯国之间往往数国合用一个水源，地处上游的国家一旦堵塞水源，下游的国家就将受到干旱的威胁。所以齐桓公为了协调各国的关系，尽可能地平息矛盾，便将这一现象列入天子的五条禁令之首。

[5] 讫籴：讫，终止。籴，购买粮食。这里是指故意囤积粮食，不

让那些发生了饥荒的诸侯国购买粮食。

〔6〕易树子：易，交换。树子，指继承君位的太子。春秋时不少诸侯国的内乱，皆因国君随意地废立太子而引起的，甚至连周王室也不免其事。

【译文】

[经] 九月的戊辰日，各国诸侯在葵丘这个地方订立盟约。

[传] 由齐桓公主持召集诸侯参加的盟会，经文照例是不记载具体日期的，这里为什么记载了日期呢？是为了称赞他的行动。因为齐桓公能够显彰周王的禁令，所以就详细记载了盟会的月份和日期。在这次葵丘的盟会中，虽然也陈列了供奉先人的牲畜，却并不宰杀取血，宣读的盟书就放在牲畜身上，这是为了专一阐明周天子的禁令。禁令中规定："不得壅塞通向别国的水源，不得囤积粮食以阻止别国购买救灾，不得随意撤换嫡子的君位继承权，不得将侍妾立为正妻，不得让妇人参与国家大事。"

5/9.5 [经] 甲子，晋侯诡诸卒[1]。

【注释】

〔1〕晋侯诡诸：即晋献公，名诡诸。公元前 676 年即位，在位共二十六年。

【译文】

[经] 甲子日，晋国国君诡诸去世。

5/9.6 [经] 冬，晋里克杀其君之子奚齐[1]。

[传] 其"君之子"云者，国人不子也。国人不子，何也？不正其杀世子申生而立之也[2]。

【注释】

〔1〕里克杀其君之子奚齐：里克，晋国大夫，据《左传》记载，奚齐是在为其父献公居丧的住所被里克所杀的。君之子，诸侯去世，在尚未安葬时，已继承君位而尚未举行即位典礼的新君称为"子"。奚齐，晋献公与骊姬所生的儿子，受宠于献公，在骊姬的要求下，献公杀太子申生而立奚齐为太子。"杀"，《公羊》经文作"弑"。

〔2〕杀世子申生而立之：详见《左传·僖公四年》传文。

【译文】

[经] 冬季，晋国的里克杀了他国君的儿子奚齐。

[传] 经文中说"君之子"的意思，就表示晋国人不认为奚齐是国君的太子。晋国人不认为奚齐是国君的太子，这是为什么？因为晋国人认为，国君杀掉太子申生而改立奚齐的做法是不符合正道的。

十　年

5/10.1 ［经］十年[1]，春，王正月，公如齐。

【注释】

〔1〕十年：本年为周襄王二年，公元前650年。

【译文】

［经］僖公十年，春季，周王的正月。僖公去齐国。

5/10.2 ［经］狄灭温[1]，温子奔卫[2]。

【注释】

〔1〕狄灭温：温，古国名，国君为西周时司寇苏忿生的后代，故也以姓氏为国名，称为苏，都城为温邑，在今河南温县西南。鲁庄公十九年，周王室五大夫奉王子颓伐惠王失败，苏氏奉王子颓奔卫，依靠卫、燕军队再次伐惠王，立王子颓。后郑伯及虢叔勤王，杀子颓及五大夫，苏氏遂与狄亲近以自保，但不能与狄人长期友好相处，故狄人灭温，即为此。

〔2〕温子奔卫：温子，即温国的国君。《左传》中称为"苏子"。

【译文】

［经］狄人灭亡了温国，温国的国君出逃卫国。

5/10.3 [经] 晋里克弑其君卓及其大夫荀息[1]。

[传] 以尊及卑也，荀息闲也。

【注释】

〔1〕弑其君卓及其大夫荀息：卓，《左传》说是晋献公与骊姬的妹妹所生之子，《穀梁》以为也是骊姬所生之子。里克杀了奚齐之后，晋国的辅政大夫荀息又立卓子为国君，不久，里克再杀卓子于朝堂，荀息随后亦死。据《左传》记载，此事发生在僖公九年的十一月，经文将其列入本年春，可能是按照得到晋国讣告的日期来记载的。卓，《公羊》经文作卓子。

【译文】

[经] 晋国的里克又杀了国君卓子及其大夫荀息。

[传] 先写国君再写到大夫，这是由尊贵者带出卑下者的写法，荀息是护卫国君的人。

5/10.4 [经] 夏，齐侯、许男伐北戎。

【译文】

[经] 夏季，齐桓公、许昭公讨伐北方的戎人。

5/10.5 [经] 晋杀其大夫里克。

[传] 称国以"杀"，罪累上也[1]。里克弑二君与一大夫，其以累上之辞言之，何也？其杀之不以其罪也。其杀之不以其罪奈何？里克所为杀者，为重耳也[2]。夷吾曰[3]："是又将杀我乎！"故杀之不以其罪也。其为重耳弑奈何？晋献公伐虢，得丽姬[4]，献公私

之，有二子，长曰奚齐，稚曰卓子。丽姬欲为乱，故为君曰："吾夜者梦夫人趋而来曰[5]：'吾苦畏。'胡不使大夫将卫士而卫冢乎！"公曰："孰可使？"曰："臣莫尊于世子，则世子可[6]。"故君谓世子曰："丽姬梦夫人趋而来曰：'吾苦畏。'女其将卫士而往卫冢乎[7]！"世子曰："敬诺。"筑宫，宫成。丽姬又曰："吾夜者梦夫人趋而来曰：'吾苦饥。'世子之宫已成，则何为不使祠也[8]？"故献公谓世子曰："其祠。"世子祠。已祠，致福于君，君田而不在[9]。丽姬以鸩为酒[10]，药脯为毒，献公来，丽姬曰："世子已祠，故致福于君。"君将食，丽姬跪曰："食自外来者，不可不试也。"覆酒于地，而地贲[11]，以脯于犬，犬死。丽姬下堂而啼呼曰："天乎，天乎！国，子之国也，子何迟于为君！"君喟然叹曰："吾与女未有过切，是何与我之深也。"使人谓世子曰："而其图之。"世子之傅里克谓世子曰："入自明。入自明则可以生，不入自明则不可以生。"世子曰："吾君已老矣，已昏矣，吾若此而入自明，则丽姬必死，丽姬死，则吾君不安。所以使吾君不安者，吾不若自死。吾宁自杀，以安吾君，以重耳为寄矣。"刎脰而死[12]。故里克所为弑者，为重耳也。夷吾曰："是又将杀我也。"

【注释】

〔1〕上：指国君。此时的晋国国君是晋惠公。

〔2〕重耳：即晋文公，晋献公之子。僖公五年春，晋献公听信骊姬的谗言，不明真相，杀太子申生，立幼子奚齐为嗣，又驱逐群公子，重

耳及夷吾等分别逃往蒲、屈。晋献公死后，大夫里克先杀奚齐，又杀卓子及荀息，欲立重耳为国君，但齐、秦等国帮助在梁国避难的公子夷吾回国即位，重耳继续流亡在外。直到僖公二十四年（公元前636年），才在秦国的帮助下返回晋国即位，即晋文公。

〔3〕夷吾：即晋惠公。参见注〔2〕。

〔4〕丽姬：即骊姬。本为骊戎之女，晋献公攻打骊戎时被夺回晋国，不久立为夫人。

〔5〕夫人：指晋献公已经去世的夫人齐姜。

〔6〕世子：即太子申生。

〔7〕女：同"汝"。

〔8〕祠：春季时祭祀先人的仪式。

〔9〕田：通"畋"，春季时国君外出打猎。

〔10〕酖：同"鸩"，即毒酒。

〔11〕贲：通"坟"，指地面隆起。

〔12〕脰：颈项。

【译文】

[**经**] 晋国杀了它的大夫里克。

[**传**] 经文中说国家把他杀了，这是连带着指责国君的意思。里克杀害了两位国君和一位大夫，经文用连带着指责国君的话来加以记载，这是为什么？因为杀里克并不是根据他的罪行来杀的。怎么说是不根据里克的罪行来杀他呢？因为里克杀害国君，完全是为了重耳的缘故。夷吾说："这个人又要来杀我了吧！"所以说，夷吾并不是根据里克的罪行来杀他的。里克为了重耳而杀害国君，这是为什么？晋献公攻打虢国时，俘获了丽姬，献公非常宠爱她，和她生了两个儿子，长子名叫奚齐，幼子名叫卓子。丽姬企图发动晋国的内乱，因此对国君说："我夜里梦见去世的夫人走过来对我说，'我由于恐惧而感到痛苦'，您为什么不派大夫率领卫兵去守护她的坟墓？"晋献公说："可以派谁去呢？"丽姬说："大臣当中再也没有比太子更尊贵的了，那么太子是可以派去的。"于是国君便对太子说："丽姬梦见去世的夫人走来对她说，'我由于恐惧而感到痛苦'，你就率领卫兵去守护她的坟墓吧！"太子说："我恭敬地从命。"于是便在坟墓旁修建祭庙。祭庙建成

后，丽姬又说："我夜里梦见已经去世的夫人走过来对我说，'我由于饥饿而感到痛苦'，现在太子已经建好了祭庙，那么为什么不派他去举行春祭呢？"于是晋献公对太子说："你去行春祭吧。"太子便去举行春祭。春祭完毕之后，太子将献祭用的酒肉等食物送给晋献公，正好国君这时在野外打猎，不在宫里。丽姬将鸩毒屬入酒中，又把毒药放在干肉里，晋献公打猎回来，丽姬对他说："太子已经举行过春祭，所以把献祭用的酒肉送给国君您。"国君正准备享用的时候，丽姬跪下说道："酒肉食物都是从外面拿进来的，不能不尝试一下。"说着就把酒倒在地上，地面顿时高了起来，又把干肉给狗吃，狗立刻就死了。丽姬走下堂来大声哭喊道："天哪，天哪！这个国家总有一天是您太子的国家，您为什么还要嫌当国君太迟了呢！"国君也无可奈何地叹息道："我和你之间并没有什么过失和责备的事，你为什么要对我恨得这样深呢！"于是便派人去对太子说："你自己好好考虑一下这件事吧。"太子的老师里克对太子说："你进宫去自己解释明白。进宫去替自己解释明白还能够活命，如果不进宫去替自己解释明白，就不能活下去了。"太子说："我们的国君已经老了，已经糊涂了，我如果像这样进宫去替自己辩白，那么丽姬就必死无疑，如果丽姬死了，那么我们的国君就会感到不安。像这样的使我们的国君感到不安，还不如我自己去死。我宁可自杀，以此来使国君感到安心。公子重耳的命运就拜托给您了。"说完，太子就割断颈项自尽了。所以，里克的杀害国君，是为了重耳。可是夷吾却说："这个人又要来杀我了。"

5/10.6 ［经］ 秋，七月。

【译文】

［经］秋季，七月。

5/10.7 ［经］ 冬，大雨雪[1]。

【注释】

　　〔1〕大雨雪：雪，《公羊》经文作"雹"。

【译文】

　　［经］冬季，下了很大的雪。

十 一 年

5/11.1 ［经］ 十有一年[1]，春，晋杀其大夫丕郑父[2]。

［传］ 称国以杀，罪累上也。

【注释】

〔1〕十有一年：本年为周襄王三年，公元前649年。

〔2〕丕郑父：丕，读作"pǐ（丕）"。丕郑父，《左传》作"丕郑"，晋国大夫，与里克皆为重耳同党，里克杀奚齐、卓子及荀息后，掌握晋国大权，派丕郑父到秦国，劝说秦国召拥护夷吾的吕甥、却称、冀芮三人，想趁此三人离开晋国之机在国内发难，让公子重耳即位。不料此计为吕甥等人识破，遂杀了丕郑父及里克等人。此事发生在僖公十年，经文放在十一年春，可能是根据晋国来告难的日期记载的。

【译文】

［经］ 僖公十一年，春季。晋国杀了它的大夫丕郑父。

［传］ 经文中说是国家杀了他的，就表示事情涉及这个国家的国君。

5/11.2 ［经］ 夏，公及姜氏会齐侯于阳谷[1]。

【注释】

〔1〕阳谷：齐国地名，今山东阳谷县北部。

【译文】

［经］夏季，僖公和姜氏在阳谷这个地方会见齐桓公。

5/11.3 ［经］秋，八月，大雩[1]。
［传］雩月，正也。雩得雨曰雩，不得雨曰旱。

【注释】

〔1〕大雩：雩，读作"yù（育）"，求雨的祭祀仪式。大雩为天子之祭，周成王命周公旦得用天子之礼，故鲁国可以行大雩求雨。

【译文】

［经］秋季，八月，举行大雩之祭求雨。

［传］记载举行大雩之祭的月份，是符合正规的礼制的。举行雩祭，如果求得了雨，就叫做"雩"，没有求得雨就叫做"旱"。

5/11.4 ［经］冬，楚人伐黄[1]。

【注释】

〔1〕楚人伐黄：据《左传》，是因为黄国不向楚国交纳贡品。

【译文】

［经］冬季，楚国人攻打黄国。

十 二 年

5/12.1 ［经］十有二年^{［1］}，春，王正月。庚午，日有食之^{［2］}。

【注释】

〔1〕十有二年：本年为周襄王四年，公元前648年。

〔2〕日有食之：食甚为本日十二时十五分三十五秒。

【译文】

［经］僖公十二年，春季，周王的正月。庚午日，发生日食。

5/12.2 ［经］夏，楚人灭黄^{［1］}。

［传］贯之盟^{［2］}，管仲曰^{［3］}：“江、黄远齐而近楚，楚为利之国也，若伐而不能救，则无以宗诸侯矣。”桓公不听，遂与之盟。管仲死^{［4］}，楚伐江灭黄，桓公不能救，故君子闵之也。

【注释】

〔1〕楚人灭黄：黄国自恃与齐国保持着良好的关系，扬言“自郢及

我九百里，焉能害我"，楚国遂灭黄。

〔2〕贯之盟：见5/2.4及注文。

〔3〕管仲：春秋时齐国的政治家，也称管敬仲。名夷吾，字仲，颍上人。曾由齐国大夫鲍叔牙推荐给齐桓公，帮助其以"尊王攘夷"为号召，联合诸侯，使之成为春秋时的第一个霸主。在担任齐国大夫期间，大力改革齐国政治，制定了一系列有利于经济发展的措施，使齐国的国力大大增强。今存《管子》一书，为后人根据其言行思想汇编的著作。

〔4〕管仲死：管仲去世是在鲁僖公十五年（公元前645年）。楚国灭黄时，他尚未去世，故《穀梁》可能是将后来发生的事提前用来说明经文了。此类情况，在前文也出现过。

【译文】

[经] 夏季，楚国人灭了黄国。

[传] 在贯这个地方的诸侯盟会时，管仲说："江国和黄国远离齐国，而靠近楚国，是楚国可以从中获取好处的国家。如果楚国攻打他们，而齐国不能加以援救，这就无法体现齐国作为诸侯的宗主的作用了。"齐桓公不听管仲的话，于是与江国、黄国结盟。管仲去世后，楚国不仅攻打江国，还灭了黄国，但齐桓公无法前去援救，所以君子对此表示怜恤。

5/12.3 [经] 秋，七月。

【译文】

[经] 秋季，七月。

5/12.4 [经] 冬，十有二月丁丑，陈侯杵臼卒[1]。

【注释】

〔1〕陈侯杵臼：即陈宣公，名杵臼。公元前692年即位，在位共四

十五年。其子款继承君位，为穆公。杵，《公羊》经文作"处"。

【译文】

　　[经] 冬季，十二月的丁丑日，陈宣公杵臼去世。

十 三 年

5/13.1［经］十有三年[1]，春，狄侵卫。

【注释】

〔1〕十有三年：本年为周襄王五年，公元前647年。

【译文】

［经］僖公十三年，春季，狄人侵犯卫国。

5/13.2［经］夏，四月，葬陈宣公。

【译文】

［经］夏季，四月，安葬了陈宣公。

5/13.3［经］公会齐侯、宋公、陈侯、卫侯、郑伯、许男、曹伯于咸[1]。

［传］兵车之会也。

【注释】

〔1〕"公会……于咸"：咸，卫国地名，今河南濮阳东南。《左传》

说，此次诸侯盟会，是因为淮夷侵扰杞国，周王室又发生了兄弟相争的事，故共商救杞、平周乱。《穀梁》解说为"兵车之会"，也是这个意思。

【译文】

[经] 僖公在咸这个地方会见齐桓公、宋襄公、陈穆公、卫文公、郑文公、许昭公、曹共公。

[传] 这是诸侯们带领军队的一次盟会。

5/13.4 [经] 秋，九月，大雩。

【译文】

[经] 秋季，九月，举行求雨的大祭。

5/13.5 [经] 冬，公子友如齐。

【译文】

[经] 冬季，公子友前往齐国。

十 四 年

5/14.1 ［经］ 十有四年[1]，春，诸侯城缘陵[2]。

［传］ 其曰"诸侯"，散辞也。聚而曰"散"，何也？诸侯城，有散辞也，桓德衰矣。

【注释】

〔1〕十有四年：本年为周襄王六年，公元前646年。

〔2〕缘陵：杞国邑名，今山东昌乐东南。诸侯盟会于咸，共商救杞之事，于是有在缘陵筑城的行动。

【译文】

［经］僖公十四年，春季，诸侯修筑缘陵的城墙。

［传］经文中说"诸侯"，是表示诸侯行动散漫的写法。明明是诸侯聚集在一起却说是"散漫"，这是为什么？说"诸侯城"这样的话，就是包含着诸侯不听调动的意思的写法，齐桓公的德行开始衰微了。

5/14.2 ［经］ 夏，六月，季姬及鄫子遇于防[1]，使鄫子来朝。

［传］"遇"者，同谋也。"来朝"者，来请己也。朝不言使，言使非正也，以病鄫子也。

【注释】

〔1〕季姬及缯子遇于防：季姬，鲁僖公之女，嫁给缯国的国君为夫人。缯，读作"céng（层）"，《左传》、《公羊》经文作"鄫"（下同），古国名。姒姓，相传为大禹的后裔，故城在今山东枣庄东部。据《左传》说，季姬因回鲁国探亲时缯国的国君没有一同前来，僖公不满，遂留季姬在鲁，欲绝此婚姻。防，鲁国地名，今山东费县东部。

【译文】

[经] 夏季，六月，季姬和缯国的国君在防这个地方相遇，让缯子来见僖公。

[传] "遇"字的意思，就是说这次相遇是季姬和缯国的国君之间商量好的事情。"来朝"的意思，表示来鲁国请求僖公让季姬返回缯国。诸侯之间相互会见照例是不说"使"的，说了"使"就表明会见不符合诸侯会见的礼制，经文就是用这样的方法来指责缯国国君的。

5/14.3 [经] 秋，八月辛卯，沙鹿崩[1]。

[传] 林属于山为鹿。沙，山名也。无崩道而崩，故志之也。其日，重其变也。

【注释】

〔1〕沙鹿崩：沙，《穀梁》以为山名，但传注未指出其所在何处。鹿，同"麓"，山脚。《公羊》以"沙鹿"为"河上之邑"，亦不明其详。

【译文】

[经] 秋季，八月的辛卯日，沙鹿崩塌了。

[传] 树林生长到山脚的部分就是"鹿"。"沙"，是山的名称。并无导致崩塌的原因而自己崩塌了，所以经文就记载了这件事。记载了日期，是为了表示重视这种异常的变化。

5/14.4 ［经］狄侵郑。

【译文】

［经］狄人侵犯郑国。

5/14.5 ［经］冬，蔡侯肸卒[1]。
［传］诸侯时卒，恶之也。

【注释】

〔1〕蔡侯肸：肸，读作"xī（希）"。即蔡穆侯，名肸。公元前674年即位，在位共二十九年。其父蔡哀侯曾在楚国攻打蔡国的战争中被楚国俘虏，肸不附中原诸侯，反而与楚国亲近，所以《榖梁》在解说中说"恶之也"。

【译文】

［经］冬季，蔡国国君肸去世了。
［传］经文记载诸侯死亡时的季节，是表示对他的行为有所憎恶。

十 五 年

5/15.1 ［经］十有五年^[1]，春，王正月。公如齐。

【注释】
〔1〕十有五年：本年为周襄王七年，公元前645年。

【译文】
［经］僖公十五年，春季，周王的正月。僖公前往齐国。

5/15.2 ［经］楚人伐徐。

【译文】
［经］楚国人攻打徐国。

5/15.3 ［经］三月，公会齐侯、宋公、陈侯、卫侯、郑伯、许男、曹伯，盟于牡丘^[1]。
［传］兵车之会也。

【注释】
〔1〕牡丘：地名，在今山东茌平东部。此次盟会，是为了继续僖公

九年的葵丘之盟，并共商援救徐国之事。

【译文】

　　[**经**] 三月，僖公会同齐桓公、宋襄公、陈穆公、卫文公、郑文公、许昭公、曹共公，在牡丘这个地方举行盟会。
　　[**传**] 这是诸侯们带领军队的一次盟会。

5/15.4 [**经**] 遂次于匡[1]。

　　[**传**] "遂"，继事也。"次"，止也，有畏也。

【注释】

　　[1] 匡：卫国地名，今河南睢县西部。

【译文】

　　[**经**] 接着军队驻扎在匡这个地方好几天。
　　[**传**] "遂"的意思，就是紧接着下一件事。"次"的意思是，将军队驻扎在某个地方好几天，因为诸侯的军队有所畏惧。

5/15.5 [**经**] 公孙敖师师及诸侯之大夫救徐[1]。

　　[**传**] 善救徐也。

【注释】

　　[1] 公孙敖：鲁国公子庆父之子，也称孟穆伯，时为鲁国大夫。

【译文】

　　[**经**] 公孙敖率领军队与诸侯的大夫共同援救徐国。
　　[**传**] 这是经文称赞诸侯们援救徐国的行动。

5/15.6 ［经］夏，五月，日有食之[1]。

【注释】

〔1〕日有食之：此次日食，经文没有写明是朔日，《左传》的解说以为是史官的失误。

【译文】

［经］夏季，五月，发生了日食。

5/15.7 ［经］秋，七月，齐师、曹师伐厉[1]。

【注释】

〔1〕厉：古国名。姓氏、国土所在地均不详。《左传》说伐厉是为了"救徐"。

【译文】

［经］秋季，七月，齐国的军队、曹国的军队攻打厉国。

5/15.8 ［经］八月，螽。

［传］"螽"，虫灾也。甚则月，不甚则时。

【译文】

［经］八月，发生蝗灾。

［传］记载了"螽"，就表示蝗虫成灾了。假如蝗灾严重就记载发生的月份，不怎么严重就记载发生的季节。

5/15.9 ［经］九月，公至自会[1]。

【注释】

〔1〕至自会：指僖公参加了本年三月与齐桓公、宋襄公等在牡丘的盟会以后回来。《公羊》说，"桓公之会不致，此何以致？久也。"《三传比义》引啖助说以为，僖公此次出国，达三个季节之久，回国后举行祭告祖庙的仪式，是很正常的事，所以经文书"至"与否，是以是否举行祭告祖庙的仪式为准的。

【译文】

〔经〕九月，僖公参加了牡丘的盟会以后回国，向祖庙行祭告之礼。

5/15.10〔经〕 季姬归于缯。

【译文】

〔经〕季姬回到缯国。

5/15.11〔经〕 己卯，晦[1]，震夷伯之庙[2]。

〔传〕"晦"，冥也。"震"，雷也。夷伯，鲁大夫也。因此以见天子至于士皆有庙。天子七庙，诸侯五，大夫三，士二[3]。故德厚者流光，德薄者流卑，是以贵始，德之本也，始封必为祖[4]。

【注释】

〔1〕晦：按照历数，晦当为每月的月末，《公羊》、《穀梁》均以为是晚上，故传文中说"晦，冥也"。

〔2〕夷伯之庙：夷伯，《穀梁》以为是鲁国的大夫。《公羊》说是鲁国公室季氏的家臣，为微贱之人。《左传》认为是鲁国展氏的先人，展氏此时有罪于鲁，故天雷击其祖庙，表示惩罚。后人于三家之说中，较为倾向于《左传》。

〔3〕"天子七庙……士二"：《集解》引《祭法》说："王立七庙，曰考庙、王考庙、皇考庙、显考庙、祖考庙，有二祧，远庙称祧。"诸侯之庙是："考庙、王考庙、皇考庙、显考庙、祖考庙。"大夫之庙是："考庙、王考庙、皇考庙。"士之庙是："考庙、王考庙。"

〔4〕始封必为祖：《集解》说，"若契为殷祖，弃为周祖。"

【译文】

[经] 己卯日，黄昏，打雷，震坏了夷伯的祭庙。

[传] "晦"是昏暗。"震"是打雷。"夷伯"，是鲁国的大夫。由此可以看出，从天子一直到士，都是有宗庙的。天子有七个庙，诸侯有五个庙，大夫有三个庙，士有两个庙。因此德行深厚的人他的声名就能流传久远，德行浅薄的人他的声名也就流传短暂。所以，尊崇最初受封的先祖，因为他是德泽的根本，最初接受封号的人一定就是某个氏族的祖先。

5/15.12 [经] 冬，宋人伐曹[1]。

【注释】

〔1〕宋人伐曹：《左传》记载说这是"伐旧怨"。庄公十四年春，齐、陈、曹伐宋，时齐桓公的霸业初盛，宋国不敢有所反抗，现在齐桓公在诸侯中的威望已大不如前，宋襄公颇有取而代之之意，故借伐曹之机试探各国的反应。

【译文】

[经] 冬季，宋国人攻打曹国。

5/15.13 [经] 楚人败徐于娄林[1]。

[传] 夷狄相败，志也。

【注释】

〔1〕娄林：徐国地名，今安徽泗县东北。

【译文】

［经］楚国人在娄林这个地方打败了徐国。

［传］对于夷狄之族相互作战的胜败情况，经文不过予以如实记载罢了。

5/15.14 ［经］十有一月，壬戌，晋侯及秦伯战于韩[1]，获晋侯。

［传］韩之战，晋侯失民矣，以其民未败而君获也。

【注释】

〔1〕晋侯及秦伯战于韩：晋侯，即晋惠公。秦伯，即秦穆公，名任好，公元前 659 年即位，任用百里奚、蹇叔、由余等谋臣，发展军事，将国土逐渐向中原方向推进，称霸西戎。韩，晋国地名。

【译文】

［经］十一月，壬戌日，晋惠公与秦穆公在韩这个地方交战，秦军俘获了晋惠公。

［传］在韩这个地方的交战，表明晋惠公已经失去了民众的信任，因为晋国的民众并没有被打败，但国君却被对方俘获了。

十 六 年

5/16.1 ［经］ 十有六年[1]，春，王正月。戊申，朔，陨石于宋，五。

［传］先陨而后石，何也？陨而后石也。于宋四竟之内曰"宋"。后数，散辞也，耳治也[2]。

【注释】

〔1〕十有六年：本年为周襄王八年，公元前 644 年。

〔2〕耳治：治，整理的意思。耳治，根据传言得到的材料记载。

【译文】

［经］僖公十六年，春季，周王的正月。戊申日，初一，在宋国落下陨石，一共有五块。

［传］经文先写"陨"然后写"石"，这是为什么？因为有东西从天上落下来，然后才知道是石头。由于石头落在宋国境内四个不同的地方，所以就笼统地说是"宋"。最后才记载数字，就表示陨石是分散落在各地的写法，也表明这是根据传闻的材料来记载的。

5/16.2 ［经］ 是月，六鹢退飞[1]，过宋都[2]。

［传］"是月"也，决不日而月也。"六鹢退飞，过

宋都”，先数，聚此也，目治也。子曰[3]：石，无知之物；鹢，微有知之物。石无知，故日之，鹢微有知之物，故月之。君子之于物，无所苟而已。石、鹢且犹尽其辞，而况于人乎？故五石、六鹢之辞不设，则王道不亢矣。民所聚曰“都”。

【注释】

〔1〕鹢：读作“yì（翼）”，《公羊》、《左传》经文作“鷁”。类似鸬鹚的一种水鸟，能高飞。

〔2〕宋都：宋国的都城商丘，今河南商丘南部。

〔3〕子：指《穀梁》的先师，相传为穀梁赤。

【译文】

［经］这个月，有六只鹢倒退着飞过宋国的都城。

［传］“是月”的意思，就表示与此前的“陨石”之事不是在同一天却是在同一个月内发生的。说“六鹢退飞过宋都”，先记载鹢的数量，这就表示鹢是集中在一起飞的写法，说明这是亲眼看到的现象。穀梁先生说：石头是没有感觉的物体；鹢是稍微有点知觉的动物。因为石头没有感觉，所以就记载它坠落的日期，鹢是稍微有点知觉的动物，所以就记载它飞过的月份。君子对于各种事物，不过是不草率对待罢了。对石头和鹢尚且要详尽记载，更何况对于各种人间的事呢？所以，像五石陨落、“六鹢退飞”这样的话如果不在典册中予以记载，那么周王统治天下的大道就得不到弘扬了。民众集聚的地方叫做“都”。

5/16.3［经］三月壬申，公子季友卒[1]。

［传］大夫日卒，正也。称“公弟”[2]、“叔”、“仲”，贤也。大夫不言“公子”、“公孙”，疏之也。

【注释】

〔1〕公子季友：即公子友，鲁桓公少子，鲁庄公之弟。桓公去世后，他为稳定鲁国的局势起了一定的作用。其后逐渐掌握鲁国政治的实权，从其孙季文子开始，相继成为鲁国的执政大臣。

〔2〕称"公弟"：因公子友为庄公之弟，所以用了"季"字。《穀梁》认为经文中凡于记载贵族去世时使用体现其与国君关系的身份，就表示此人的德行贤明。如"宣公十八年"记"公弟叔肸卒"，也以其贤而称"公弟"。

【译文】

[经] 三月的壬申日，公子季友去世了。

[传] 记载大夫的死亡日期，这是符合经文惯例的。称"公弟"、"叔"、"仲"，这都表明他是有贤德的。对大夫如果不说是"公子"、"公孙"这样的话，那就表示在疏远他了。

5/16.4 [经] 夏，四月丙申，缯季姬卒[1]。

【注释】

〔1〕缯季姬：见5/14.2注〔1〕。

【译文】

[经] 夏季，四月的丙申日，嫁于缯国国君的季姬去世了。

5/16.5 [经] 秋，七月甲子，公孙兹卒[1]。
[传] 大夫日卒，正也。

【注释】

〔1〕公孙兹：见5/5.3及注。

【译文】

　　[经] 秋季，七月的甲子日，公孙兹去世。

　　[传] 大夫记载去世的日期，是符合正规的惯例的。

5/16.6 [经] 冬，十有二月，公会齐侯、宋公、陈侯、卫侯、郑伯、许男、邢侯、曹伯于淮[1]。

　　[传] 兵车之会也[2]。

【注释】

　　[1] 淮：指淮水流域，当时为淮夷所居之地。约为今河南南部、安徽北部及江苏西北部。

　　[2] 兵车之会：《左传》说诸侯以淮夷侵犯缯国，故会师救缯，并打算向东扩展势力。后传说齐国发生内乱，计划未能实现。

【译文】

　　[经] 冬季，十二月，僖公在淮与齐桓公、宋襄公、陈穆公、卫文公、郑文公、许昭公、邢侯、曹共公会见。

　　[传] 这是诸侯们带领军队的一次会见。

十 七 年

5/17.1 ［经］ 十有七年[1]，春，齐人、徐人伐英氏[2]。

【注释】

〔1〕十有七年：本年为周襄王九年，公元前643年。

〔2〕英氏：也称英，古国名。偃姓，楚国的属国。故址在今湖北英山县。据《左传》说，这次行动是为了报僖公十五年楚国败徐于娄林之仇。英氏在那次战争中，曾助楚攻徐，故齐、徐联合讨伐之。

【译文】

［经］僖公十七年，春季，齐国人、徐国人讨伐英氏。

5/17.2［经］夏，灭项[1]。

［传］孰灭之？桓公也。何以不言桓公也？为贤者讳也。项，国也，不可灭而灭之乎？桓公知项之可灭也，而不知己之不可以灭也。及灭人之国矣，何贤乎？君子恶恶疾其始，善善乐其终，桓公尝有存亡继绝之功[2]，故君子为之讳也。

【注释】

〔1〕灭项：项，古国名。姓氏不详，或以为姞姓，在今河南项城。经文中未说是谁灭了项国。《左传》以为僖公与诸侯会于淮而未归，鲁国执政灭了项国，于是齐桓公扣留了僖公，谴责鲁国擅自灭项。结合下面的经文来看，此说有一定依据。《穀梁》认为是齐桓公灭了项国，于是引出传文的解说。

〔2〕存亡继绝之功：指齐桓公曾经联合诸侯救助卫国、邢国，避免了被狄人灭亡。又曾经帮助僖公即位，安定了鲁国的政局。

【译文】

[经] 夏季，灭了项国。

[传] 是谁灭亡了项国？就是齐桓公。为什么不明说是齐桓公呢？是为了替贤明的人避讳。"项"是一个国家，这么说来明明是不可以灭亡的，但为什么把它灭亡了？齐桓公当然知道项国是可以灭亡的，但却不知道自己不可以去灭亡别的国家。既然是灭亡了别的国家，为什么还认为他是贤明的呢？因为君子的憎恨罪恶，是从一开始便表示憎恶的；君子的称赞善行，是直到最后都乐于称赞的，齐桓公曾有过帮助别人恢复已被灭亡了的国家，又帮助别人延续面临着断绝社稷危险的功绩，所以君子要为他避讳。

5/17.3 [经] 秋，夫人姜氏会齐侯于卞〔1〕。

【注释】

〔1〕夫人姜氏会齐侯于卞：夫人姜氏，即僖公的夫人声姜，齐桓公之女。会齐侯于卞，卞为鲁地（今山东泗水东部），或以为因齐桓公扣留僖公事，故声姜出面请求其父释放僖公。妇人既嫁，不出边境，故在鲁国的卞地与其父会面。

【译文】

[经] 秋季，僖公的夫人声姜在卞这个地方与齐桓公会面。

5/17.4 [经] 九月，公至自会。

【译文】

[经] 九月，僖公参与了诸侯在淮地的会见后返回，向祖庙行祭告之礼。

5/17.5 [经] 冬，十有二月乙亥，齐侯小白卒[1]。

[传] 此不正[2]，其日之，何也？其不正前见矣。其不正之前见，何也？以不正入虚国[3]，故称嫌焉尔。

【注释】

〔1〕齐侯小白：即齐桓公，详见 3/9.4 注〔1〕。
〔2〕不正：指齐桓公当初进入齐国不合礼制。
〔3〕虚国：指当时没有国君的国家。

【译文】

[经] 冬季，十二月的乙亥日，齐桓公小白去世了。
[传] 这个人不符合正道，经文却记载了他去世的日期，这是为什么？因为经文对他不符合正道的行为已经在前文有所贬抑了。为什么说对他不符合正道的行为已经在前文有所贬抑了呢？因为他采用不符合正规礼制的方式进入当时没有国君的齐国，所以经文已对他作了贬抑。

5/18.1 ［经］十有八年^[1]，春，王正月。宋公^[2]、曹伯、卫人、邾人伐齐^[3]。

［传］非伐丧也。

【注释】

〔1〕十有八年：本年为周襄王十年，公元前642年。

〔2〕宋公：《公羊》在"宋公"下有"会"字。

〔3〕伐齐：据《左传》记载，宋襄公联合诸侯伐齐，是为了让出奔宋国的公子昭当齐国的国君。三月，齐国杀了在齐桓公去世后由易牙、寺人貂等扶助即位的公子无亏，公子昭于是回到国内即位。

【译文】

［经］僖公十八年，春季，周王的正月。宋襄公、曹共公、卫国人、邾国人攻打齐国。

［传］这是责备攻打正在办理丧事的国家。

5/18.2 ［经］夏，师救齐^[1]。

［传］善救齐也。

【注释】

〔1〕师救齐：指鲁国出兵援救齐国。

【译文】

[经] 夏季，鲁国出兵援救齐国。

[传] 这是在称赞鲁国出兵援救齐国。

5/18.3 [经] 五月戊寅，宋师及齐师战于甗[1]，齐师败绩。

[传] 战不言伐，客不言及[2]。言"及"，恶宋也。

【注释】

〔1〕宋师及齐师战于甗：甗，读作"yǎn（演）"，齐国地名，今山东济南一带。宋国欲助齐公子昭回国即位，联合诸侯攻打齐国，齐人为了不与宋国交战，先杀了无亏，不料无亏的党徒不服，群起反抗，于是与宋国交战。宋国凭借诸侯之力，击败之。

〔2〕客：交战双方分主客，宋国前往齐国作战，当为客。

【译文】

[经] 五月的戊寅日，宋国军队与齐国军队在甗这个地方交战，齐国的军队被击败。

[传] 既然说是"战"，就不能说成讨伐，主动进攻别的国家，也不能说"及"。现在经文中用了"及"的说法，是表示对宋国的厌恶。

5/18.4 [经] 狄救齐。

[传] 善救齐也[1]。

【注释】

〔1〕善救齐:《穀梁》认为经文是称赞狄人援救被宋国打败的齐国,其实中原诸侯之争,与远在北方的狄人并无多大关系,毛奇龄以为可能是无亏的党徒召集狄人来战。

【译文】

[经] 狄人援救齐国。

[传] 这是称赞援救齐国的做法。

5/18.5 [经] 秋,八月丁亥,葬齐桓公[1]。

【注释】

〔1〕葬齐桓公:齐桓公于上年冬去世,至此才安葬,早已超过了诸侯五月而葬的期限。这是因齐国内乱,直到孝公正式即位,才将齐桓公的丧事办妥。

【译文】

[经] 秋季,八月的丁亥日,安葬了齐桓公。

5/18.6 [经] 冬,邢人、狄人伐卫[1]。

[传] 狄其称"人"[2],何也? 善累而后进之。伐卫,所以救齐也,功近而德远矣。

【注释】

〔1〕伐卫:据《左传》记载,当邢人、狄人攻打卫国时,卫文公毁将治理国家的权力交给公室大臣,说,如果谁能够治理这个国家,就让他来治理吧,无人答应。然后卫文公带领军队御敌,狄人遂退兵。

〔2〕狄其称"人":《穀梁》认为,经文中对中原的诸侯国都称"人",狄为蛮族,本不得称为"人",此处称之,必有含义。故如下文

所说，狄人攻打卫国是为了救齐。

【译文】

[经] 冬季，邢国人、狄人攻打卫国。

[传] 此处将狄的军队称为"人"，是为什么？善行积累到一定程度之后，就应该提高他的名誉。由于攻打卫国，是为了救援齐国，它的功绩虽然近在眼前，但德行却可以远播四方。

十 九 年

5/19.1 〔经〕十有九年^[1]，春，王三月，宋人执滕
子婴齐^[2]。

【注释】

〔1〕十有九年：本年为周襄王十一年，公元前641年。

〔2〕滕子婴齐：即滕宣公，名婴齐。宋国人究竟为何将他捉起来，
三传均无解说。

【译文】

〔经〕僖公十九年，春季，周王三月，宋国人捉了滕宣公婴齐。

5/19.2 〔经〕夏，六月，宋公、曹人、邾人盟于
曹南^[1]。

【注释】

〔1〕宋公……盟于曹南：宋公，《公羊》作"宋人"。 曹南，即曹
国南部的边境地区。

【译文】

〔经〕夏季，六月，宋襄公、曹国人、邾国人在曹国南部的

边境盟会。

5/19.3 [经] 缯子会盟于邾[1]。

【注释】

〔1〕缯子会盟于邾：此与六月的盟会为同一事。齐桓公去世后，宋襄公想充当霸主，故到处插手其他诸侯国的内政，又举行盟会。但几次盟会，均只有小国参与，可见襄公并不受诸侯的欢迎。

【译文】

[经] 缯国的国君参与了邾国的盟会。

5/19.4 [经] 己酉，邾人执缯子，用之[1]。

[传] 微国之君，因邾以求与之盟。人因己以求与之盟，己迎而执之，恶之，故谨而日之也。"用之"者，叩其鼻以衈社也[2]。

【注释】

〔1〕邾人……用之：据《左传》记载，宋襄公让邾文公用缯国的国君祭祀神庙，以取悦东夷，满足其充当霸主的愿望。又引司马子鱼的话说："古者六畜不相为用，小事不用大牲，而况敢用人乎？祭祀以为人也，民，神之主也。用人，其谁飨之？"还说，当年齐桓公联合诸侯帮助邢、卫等国摆脱亡国之危，尚且有人说他的德行还不够深厚，现在宋襄公为了求得霸主的地位，竟然利用诸侯以活人祭祀神庙，虚张声势，实在是罪恶深重。

〔2〕叩其鼻以衈社：衈，读作"ěr（耳）"，祭祀时杀牲畜取其血，以供祭奠之用。这里是指将缯国的国君的鼻子打出血来，然后用此鼻血作祭祀之用。

【译文】

[经] 己酉日，邾文公捉住缯国的国君，用他祭祀社神。

[传] 缯子是小国的国君，所以他想通过邾国来请求自己参与这次盟会。别人想通过自己来请求参与盟会，自己却迎上去把别人捉拿起来，《春秋》的作者因为憎恶这种行为，所以郑重地记载了这件事发生的日期。所谓"用之"的意思，就是击打缯国国君的鼻子，弄出血来，用鼻血祭祀社神。

5/19.5 [经] 秋，宋人围曹[1]。

【注释】

〔1〕宋人围曹：经文前记"宋公、曹人、邾人盟于曹南"，极有可能曹国的国君并未亲自参与盟会。其作为地主而不与盟，自然被认为是对宋襄公的蔑视。故《左传》说："讨不服也。"

【译文】

[经] 秋季，宋国人围攻曹国。

5/19.6 [经] 卫人伐邢[1]。

【注释】

〔1〕卫人伐邢：《左传》以为是报此前邢、狄伐卫之仇。

【译文】

[经] 卫国攻打邢国。

5/19.7 [经] 冬，会陈人、蔡人、楚人、郑人，盟于齐[1]。

【注释】

〔1〕会陈人……盟于齐：宋襄公为了实现其霸业，用邾、曹等国，时陈穆公追念齐桓公的德行，召集诸侯会盟于齐，《左传》说此举是"修桓公之好"，实为与宋襄公分庭抗礼。

【译文】

[经] 冬季，僖公会同陈国人、蔡国人、楚国人、郑国人在齐国举行盟会。

5/19.8 [经] 梁亡[1]。

[传] 自亡也。湎于酒[2]，淫于色，心昏耳目塞，上无正长之治[3]，大臣背叛，民为寇盗，梁亡，自亡也。如加力役焉[4]，湎不足道也。梁亡，郑弃其师[5]，我无加损焉，正名而已矣。梁亡，出恶正也[6]。郑弃其师，恶其长也。

【注释】

〔1〕梁：古国名。嬴姓，国土在今陕西韩城一带，靠近当时的秦国。据《左传》记载，梁国是被秦国所灭亡的。《公羊》、《穀梁》未直言秦灭梁，认为梁因其国君昏庸，故在遭到别国入侵时无力抵抗而灭亡。
〔2〕湎：读作"miǎn（缅）"，沉溺的意思。
〔3〕无正长之治：指没有敢于承担责任的人治理国家。
〔4〕力役：《集解》说"伐之而灭亡"。
〔5〕郑弃其师：见4/2.8注〔1〕。
〔6〕正：同"政"，这里指政治、教化。

【译文】

[经] 梁国灭亡。
[传] 梁国是自取灭亡的。梁国的国君沉溺于酒宴，纵欲于

女色，内心惑乱，耳目闭塞，上面没有敢于承担责任的卿大夫治理，以致大臣背叛了国君，民众也沦为盗匪寇贼，所以梁国的灭亡是它自取灭亡。如果经文加进了别国攻打梁国使其灭亡的记载，那么梁国国君荒淫无耻的行为就不能得到详尽的揭示了。对"梁亡"、"郑弃其师"这两段史料的记载，我没有进行任何的添加或删改，只是弄清楚究竟谁是谁非的责任罢了。"梁亡"，是因为国君实行了腐败的政治。"郑弃其师"，是因为国君憎恶军队的统帅。

二 十 年

5/20.1 ［经］二十年[1]，春，新作南门。

［传］"作"，为也，有加其度也。言"新"，有故也，非作也[2]。"南门"者，法门也[3]。

【注释】

〔1〕二十年：本年为周襄王十二年，公元前 640 年。

〔2〕非作：非，责备、指责的意思。春季为农耕之时，用民力不当，故非之。

〔3〕法门：国都的正门。《集解》说："天子、诸侯皆南面而治，法令之所出入，故谓之法门。"

【译文】

［经］僖公二十年，春季，重新修筑南门。

［传］所谓"作"，就是修建的意思，也就是扩大它原来的规模。说是"新"，就表明原来已经有了旧的城门，这是指责扩建南门的行为。所谓"南门"，就是向民众发布法令、政策的正门。

5/20.2 ［经］夏，郜子来朝[1]。

【注释】

〔1〕郜子来朝：郜子，郜国的国君。参见2/2.4并注〔1〕。从"取郜大鼎于宋"的记载看，似郜已经灭亡，否则其国宝不会轻易落入他国之手。此处言其国君来朝，可能是因为与鲁国国君有亲戚关系，故仍以国君的礼遇来接待他。

【译文】

［经］夏季，郜国的国君来拜见。

5/20.3 ［经］五月己巳〔1〕，西宫灾〔2〕。

［传］谓之新宫，则近为祢宫〔3〕，以谥言之，则如疏之然，以是为闵宫也。

【注释】

〔1〕己巳：己，《公羊》、《左传》均作"乙"。

〔2〕西宫：《穀梁》说是祭奉闵公神位的庙。《公羊》说是僖公的"小寝"，即临时休憩之所。宗庙的位置有一定的区别。祖父辈的称为"昭"，父亲辈的称为"穆"，昭庙在左，方位当为东，穆庙在右，方位当为西，所以《穀梁》的解释是正确的。

〔3〕祢宫：祢，读作"nǐ（你）"，已故的父亲在宗庙中的牌位。祢宫，即指父亲的宗庙。

【译文】

［经］五月的己巳日，西宫发生火灾。

［传］如果称这个庙为"新庙"，那么就好像说这是亡父的宗庙了，如果用谥号来称呼这个庙，又好像是在指去世年代很远的祖先的宗庙了，由此可以知道，这个"西宫"，指的就是闵公的庙。

5/20.4 [经] 郑人入滑[1]。

【注释】

〔1〕滑：古国名。姬姓，因建国于费地，故也称费滑，在今河南偃师南部。郑人入侵滑国，是由于滑国原先与郑国友好，后背郑而与卫国亲近，故郑国入侵之。

【译文】

[经] 郑国入侵滑国。

5/20.5 [经] 秋，齐人、狄人盟于邢。

[传] 邢为主焉尔。邢小，其为主，何也？其为主乎救齐[1]。

【注释】

〔1〕其为主乎救齐：经文前记邢人、狄人救齐，即以为此次盟会的目的也是为了援救齐国。据《左传》记载，僖公十六年春，宋、卫伐齐。夏，齐败，狄救齐。冬，邢、狄伐卫以救齐。十九年秋，卫伐邢。此数年中，邢、狄、齐均与卫为敌，其目的是想削弱宋襄公的势力。故《左传》说是为了"谋卫难"，比较符合事实。

【译文】

[经] 秋季，齐国人、狄人在邢国举行盟会。

[传] 此次盟会是以邢国为主的。但邢国很小，却由它来主持盟会，这是什么原因？因为上次就是邢国带头出兵去援救齐国的。

5/20.6 [经] 冬，楚人伐随[1]。

[**传**] 随，国也。

【注释】

〔1〕随：古国名，西周初始封，姬姓，国土在今湖北随县一带。《左传》说楚国攻打随国，是因为随国不听从楚国的指挥，反而鼓动汉水以东的诸侯叛离楚国。

【译文】

[**经**] 冬季，楚国攻打随国。

[**传**] 随，指的是一个国家。

二十一年

5/21.1 ［经］ 二十有一年^[1]，春，狄侵卫。

【注释】

〔1〕二十有一年：本年为周襄王十三年，公元前639年。

【译文】

［经］僖公二十一年，春季，狄人侵犯卫国。

5/21.2 ［经］ 宋人、齐人、楚人盟于鹿上^[1]。

【注释】

〔1〕鹿上：宋国地名，今山东巨野西南。齐桓公去世后，楚国的势力日益强大，宋襄公为争中原的霸主地位，遂请楚、齐来盟，意在取得两国的谅解。

【译文】

［经］宋国人、齐国人、楚国人在鹿上这个地方举行盟会。

5/21.3 ［经］ 夏，大旱。

［传］旱时，正也。

【译文】

　　［经］夏季，大旱。

　　［传］记载旱灾时写明它发生的季节，这是正常的。

5/21.4［经］秋，宋公、楚子、陈侯、蔡侯、郑伯、许男、曹伯会于雩[1]，执宋公以伐宋[2]。

　　［传］以[3]，重辞也。

【注释】

　　〔1〕雩：宋国地名。《左传》经文作"盂"，即今河南睢县一带。《公羊》经文作"霍"。

　　〔2〕执宋公以伐宋：《公羊》、《左传》都说是楚庄王在盟会时"执宋公"。诸侯一来迫于楚国的武力，二来也因宋襄公的狂妄无能，于是当楚王攻打宋国时，无一援救。本来此次盟会由宋襄公发起，但宋襄公却引火烧身，招致攻打。于此也可见宋襄公当时称霸行为的不得人心。

　　〔3〕以：《集解》引《传例》说："以者，不以者也。"这里的"以"字当作连词解释，即"而"、"又"的意思。下文说"重辞"，表示为了重视被伐的国家，所以就不写明是楚国攻打宋国了。

【译文】

　　［经］秋季，宋襄公、楚成王、陈穆公、蔡庄公、郑文公、许僖公、曹共公在雩这个地方举行盟会，楚庄王捉拿了宋襄公，攻打宋国。

　　［传］"以"的意思，就表示重视被攻伐的国家。

5/21.5［经］冬，公伐邾[1]。

【注释】

〔1〕伐邾:《左传》说因邾国灭了僖公母亲娘家所在的须句(读作qú,瞿)国,须句国的国君出奔鲁国,求僖公援助,故僖公亲自率鲁军攻打邾国。

【译文】

[**经**] 冬季,僖公攻打邾国。

5/21.6 [经] 楚人使宜申来献捷[1]。

[**传**] "捷",军得也。其不曰宋捷,何也?不与楚捷于宋也[2]。

【注释】

〔1〕宜申:楚国的大夫。
〔2〕与:赞许。

【译文】

[**经**] 楚国派宜申来鲁国进献战利品。

[**传**] 所谓"捷",就是军队作战获胜后得到的物品。经文中不说明战胜宋国后取得的战利品,这是为什么?因为不赞许楚国从宋国得到战利品。

5/21.7 [经] 十有二月癸丑,公会诸侯,盟于薄[1]。

[**传**] "会"者,外为主焉尔。

【注释】

〔1〕薄:《史记》作"亳",宋国地名,商朝的旧都,今河南商丘北

部。《集解》认为经文中所说的"诸侯"，就是本年秋季在零地举行盟会的那些人。

【译文】

[经] 十二月的癸丑日，僖公会同上次参与零之盟的诸侯，在薄这个地方举行了盟会。

[传] "会"字的意思，就是说这次盟会是以鲁国以外的诸侯为主的。

5/21.8 [经] 释宋公[1]。

[传] 外释不志，此其志，何也？以公之与之盟目也。不言楚，不与楚专释也。

【注释】

〔1〕释宋公：宋襄公与楚庄王约定会见，宋国大夫目夷告诫宋襄公，楚国不讲信义，劝他不要与楚成王见面，宋襄公不听，结果被楚国预先埋伏的士兵俘虏。楚成王对宋国的人说，如果你们不投降，就杀了你们的国君。宋人回答，我们依靠的是祖先神灵的保佑，宋国已经有国君了。楚国知道即使杀了宋襄公，也不会得到宋国，只好将宋襄公释放。

【译文】

[经] 释放了宋襄公。

[传] 对别的诸侯国释放其他诸侯国的人，经文照例是不予记载的，这里却予以记载了，是为什么？因为僖公也参与了这次诸侯的会盟，所以经文就把此事当做鲁国参与的事加以记述了。经文中没有提到楚国释放宋襄公，那是因为不赞许楚国独自享有释放宋襄公的权力。

二十二年

5/22.1 ［经］ 二十有二年[1]，春，公伐邾，取须句[2]。

【注释】

〔1〕二十有二年：本年为周襄王十四年，公元前638年。

〔2〕须句（读作 qú，瞿）：古国名。风姓，为太皞的后裔。僖公之母成风即须句国之女。《公羊》经文作"须朐"。

【译文】

［经］僖公二十二年，春季，僖公攻打邾国，夺回了被邾国侵占的须句国。

5/22.2 ［经］ 夏，宋公、卫侯、许男、滕子伐郑[1]。

【注释】

〔1〕伐郑：据《左传》说，是因为郑国亲楚。

【译文】

［经］夏季，宋襄公、卫文公、许昭公、滕宣公讨伐郑国。

5/22.3 [经] 秋，八月丁未，及邾人战于升陉[1]。

[传] 内讳败，举其可道者也。不言其人，以吾败也。不言及之者，为内讳也。

【注释】

〔1〕及邾人战于升陉：升陉（xíng，形），鲁国地名，今所在不详。邾国以僖公春季夺取须句之事，再来报仇，僖公轻视邾国的力量，不设防，结果战败。邾国人还夺得僖公的甲胄，将之悬于城门示众。

【译文】

[经] 秋季，八月的丁未日，与邾国人在升陉这个地方交战。

[传] 对于鲁国战败的事要加以隐讳，所以经文只是选择一些合适的话来加以记载。没有提到统帅邾国军队的人，这是因为鲁国战败了。也没有说明是谁与邾国人交战，也是为了掩饰鲁国战败的事。

5/22.4 [经] 冬，十有一月己巳，朔，宋公及楚人战于泓[1]，宋师败绩。

[传] 日事遇朔曰"朔"，《春秋》三十有四战，未有以尊败乎卑，以师败乎人者也。以尊败乎卑，以师败乎人，则骄其敌。襄公以师败乎人，而不骄其敌，何也？责之也。泓之战，以为复雩之耻也[2]。雩之耻，宋襄公有以自取之。伐齐之丧，执滕子，围曹，为雩之会，不顾其力之不足，而致楚成王，成王怒而执之。故曰：礼人而不答，则反其敬[3]；爱人而不亲，则反其仁；治人而不治，则反其知。过而不改，又之，是谓之过。襄公之谓也。古者，被甲婴胄[4]，非以兴国也，则

以征无道也，岂曰以报其耻哉！宋公与楚人战于泓水之上，司马子反曰[5]："楚众我少，鼓险而击之，胜无幸焉。"襄公曰："君子不推人危，不攻人危，须其出。"既出，旌乱于上，陈乱于下。子反曰："楚众我少，击之，胜无幸焉。"襄公曰："不鼓不成列，须其成列，而后击之。"则众败而身伤焉，七月而死。倍则攻，敌则战，少则守。人之所以为人者，言也；人而不能言，何以为人？言之所以为言者，信也；言而不信，何以为言？信之所以为信者，道也；信而不道，何以为道？道之贵者时，其行势也。

【注释】

〔1〕宋公及楚人战于泓：夏季，宋国以郑亲楚，伐郑，楚国出兵援救，楚、宋双方约定于十一月己巳日在泓水（今河南柘城西北）交战。

〔2〕雩之耻：见5/21.4注〔2〕。《穀梁》以为这次楚宋交战，是宋国为了报复在雩之盟上遭擒的耻辱。这是误解。此战实因宋伐郑、楚救郑而引起。

〔3〕反：反省，自我检查的意思。

〔4〕婴：戴。

〔5〕司马：官职名，也称大司马，掌管一国军事的最高长官。

【译文】

[经]冬季，十一月的己巳日，初一，宋襄公与楚成王在泓水交战，宋军战败。

[传]经文在记载史事时，逢到初一就称为"朔"。《春秋》经文中一共记载了三十四次战役，其中没有一次是讲到尊贵的一方被卑微的一方所打败的，也没有讲到军队是被"人"打败的。如果地位尊贵的一方败给了身份卑微的一方，正规的军队败给了称不上是军队的"人"，那么这一定是因为战败一方的骄傲轻敌。

经文中说宋襄公的军队败给了"人",但宋襄公其实并没有骄傲轻敌,这是什么道理?这是指责宋襄公。这次宋、楚在泓水交战,宋襄公是为了报复他以前在盂之盟中所蒙受的耻辱。然而盂之盟中的耻辱,是宋襄公咎由自取。他攻打正在操办丧事的齐国,又捉拿滕国的国君,还包围了曹国,更召集各国的诸侯到盂地来会盟,完全不顾自己的力量不足,竟召来了楚成王,楚成王一怒之下,就把他抓起来了。所以说:对别人礼貌却没有相应的报答,就应该反省自己的礼貌是否得当;对别人友好,别人却并不对自己亲近,就应该反省自己的仁爱是否值得;要管理别人,别人却并不服从,就应该反省自己是否有足够的才智治理别人。犯了错误而不改正,又再次犯错,这是所谓"过"。说的就是宋襄公这样的人啊。古时候,披上铠甲,带上头盔,不是为了使国家兴盛,就是为了征讨没有道义的人,难道说是用它来报复自己的耻辱的吗!宋襄公与楚国在泓水附近交战,宋国的大司马子反说:"楚国的兵多,我们的兵少,趁敌人还处在不利境地的时候就擂鼓向他们发起攻击,再也没有比这更侥幸的取胜机会了。"宋襄公却说:"讲仁义的人不在别人危险的时候去排挤他,不在别人困难的时候去攻击他,还是等到敌人摆脱了险境再进攻吧。"楚军渡过了泓水,但军队的上空战旗凌乱,士兵的队形也错杂不齐。大司马子反说:"楚国的兵多,我们的兵少,趁现在向他们发起进攻,再没有比这更侥幸的取胜机会了。"宋襄公说:"不能击鼓攻击没有排好队形的军队,必须要等他们排好队形然后再发起攻击。"就这样,双方一交战,宋军大败,宋襄公也受了伤,七个月后就死了。双方作战,如果兵力超过对方一倍就可以主动进攻,如果双方兵力相当也可以交战,如果兵力比对方少那就只能防守了。人之所以称为人,就在于能够说话;如果人不能够说话,还算是什么人呢?言语之所以成其为言语,就在于讲究信义;如果虽能说话却不能够守信义,那还算什么言语呢?信义之所以成为信义,就在于符合正当的道理;如果虽讲信义但不符合正当的道理,那还算什么正道呢?正道的可贵之处就在于合乎时宜,根据时宜来施行正道,那就是顺应了形势的发展。

二十三年

5/23.1 ［经］ 二十有三年^[1]，春，齐侯伐宋，围闵^[2]。

［传］ 伐国不言围邑，此其言"围"，何也？不正其以恶报恶也^[3]。

【注释】

〔1〕二十有三年：本年为周襄王十五年，公元前637年。

〔2〕闵：地名，在今山东金乡东北。《公羊》、《左传》经文作"缗"。

〔3〕以恶报恶：宋襄公曾于僖公十八年趁齐桓公去世时伐齐，经文"恶之"，现齐国亦趁宋国被楚国打败时来伐，此即所谓"以恶报恶"。

【译文】

［经］ 僖公二十三年，春季，齐孝公攻打宋国，包围闵邑。

［传］ 攻打一个诸侯国一般是不说围攻城邑的事的，这里经文却说"围"，是为什么？因为经文认为齐国用恶行来报复恶行的做法是不符合正当的道义的。

5/23.2 ［经］ 夏，五月庚寅，宋公兹父卒^[1]。

［传］ 兹父之不葬，何也？失民也。其失民何也？

以其不教民战，则是弃其师也。为人君而弃其师，其民
孰以为君哉！

【注释】

〔1〕宋公兹父：即宋襄公，公元前650年即位，在位共十四年。兹，
《公羊》经文作"慈"。

【译文】

[经] 夏季，五月的庚寅日，宋国国君兹父去世。

[传] 不记载兹父的安葬之事，这是为什么？因为他已经失
去了民心。为什么说他失去了民心？由于他不能教导民众正确地
作战，这就等于是抛弃了自己的军队。作为统治民众的国君，却
抛弃了自己的军队，民众还有谁会把他当作自己的国君呢！

5/23.3 [经] 秋，楚人伐陈[1]。

【注释】

〔1〕楚人伐陈：宋、楚争霸，陈国动摇于两国之间，时而亲楚，时
而亲宋，现宋国既败，襄公亦死，于是楚国就攻打陈国，夺取了陈国的
焦、夷二邑。

【译文】

[经] 秋季，楚国攻打陈国。

5/23.4 [经] 冬，十有一月，杞子卒[1]。

【注释】

〔1〕杞子卒：杞子，即杞成公。《春秋》最初记载杞国国君的爵位时

称"侯",在庄公二十七年时称其为"伯",现在又称其为"子",子为五等爵位中的第四等。《左传》说:"不书名,未同盟也。"

【译文】

[经] 冬季,十一月,杞国的国君去世。

二 十 四 年

5/24.1 ［经］二十有四年[1]，春，王正月。

【注释】
　〔1〕二十有四年：本年为周襄王十六年，公元前636年。

【译文】
　［经］僖公二十四年，春季，周王的正月。

5/24.2 ［经］夏，狄伐郑[1]。

【注释】
　〔1〕伐郑：狄人此次伐郑，是由于周襄王不满郑文公擅自拘禁周朝的使臣，于是指使狄人攻打郑国。

【译文】
　［经］夏季，狄人攻打郑国。

5/24.3 ［经］秋，七月。

【译文】

[经] 秋季，七月。

5/24.4 [经] 冬，天王出居于郑[1]。

[传] 天子无出。"出"，失天下也。"居"者，居其所也，虽失天下，莫敢有也。

【注释】

〔1〕天王出居于郑：周襄王的继母生有一子，名子带，甚宠爱之，惠王曾欲立其为太子，事未成而惠王先死。襄王即位后，子带以此前曾与狄人勾结而畏罪出逃于齐国，襄王念及兄弟之情，遂召子带回国。及襄王娶狄人之女隗氏为夫人，子带竟与隗氏私通，于是襄王废了隗氏。王叔子颓即奉子带召狄人攻打周王室，襄王力不能敌，逃亡到郑国避难，同时向鲁、秦、晋告急，请求援救。

【译文】

[经] 冬季，周襄王离开王都居住到郑国去了。

[传] 周王是没有什么外出之说的，如果说到"出"，那就表明周王已经失去天下了。"居"字的意思，就是居住在他应该居住的地方，周王虽然失去了天下，但是还没人敢占有这个天下。

5/24.5 [经] 晋侯夷吾卒[1]。

【注释】

〔1〕晋侯夷吾：即晋惠公，公元前650年即位，在位共十四年。此后晋国由公子重耳为国君，即晋文公。《左传》记载此事时说："二十三年九月，晋惠公卒。"比经文记载的时间早了一年多。《集解》认为："诸侯时卒，恶之也。不葬，篡文公而立失德。"这一说

法，只能参考。

【译文】

［**经**］晋惠公夷吾去世了。

二十五年

5/25.1 ［经］二十有五年[1]，春，王正月，丙午，卫侯毁灭邢[2]。

［传］毁之名，何也？不正其伐本而灭同姓也[3]。

【注释】

〔1〕二十有五年：本年为周襄王十七年，公元前635年。

〔2〕卫侯毁灭邢：卫侯毁，即卫文公。灭邢，卫人于本年春伐邢，杀邢国国君。

〔3〕灭同姓：邢国的始封国君是周公旦之子，卫国的始封国君为周武王弟康叔，同为姬姓。

【译文】

［经］僖公二十五年，春季，周王的正月。丙午日，卫文公毁灭亡了邢国。

［传］用"毁"直接称呼卫文公的名，是为什么？因为经文认为他断绝先祖血脉、灭亡了同姓的诸侯国的做法不合正道。

5/25.2 ［经］夏，四月癸酉，卫侯毁卒[1]。

【注释】

〔1〕卫侯毁：卫文公于公元前 659 年即位，在位共十四年。

【译文】

[经] 夏季，四月的癸酉日，卫国国君毁去世。

5/25.3 [经] 宋荡伯姬来逆妇[1]。

[传] 妇人既嫁，不逾竟，"宋荡伯姬来逆妇"，非正也。其曰"妇"，何也？缘姑言之之辞也[2]。

【注释】

〔1〕宋荡伯姬：《公羊》说是"荡氏之母"。宋桓公生公子荡，其后代即以荡为姓氏。伯姬为鲁国公室之女，可能是僖公之姐。她来鲁国"逆妇"，当是为其子娶妻事。

〔2〕姑：即指宋荡伯姬。她是僖公之姐，对于所迎僖公之女来说，既是姑姑，又是婆婆，姑有婆婆之义，即由这种关系而来。这里的姑，意指婆婆。

【译文】

[经] 宋国的荡伯姬来迎接媳妇。

[传] 妇女已经出嫁，就不能够走出国境，宋国的荡伯姬来鲁国迎接她的儿媳，这是不符合礼制规定的。经文中称儿媳为"妇"，这是为什么？因为这是顺着荡伯姬作为婆婆的身份来说的话。

5/25.4 [经] 宋杀其大夫。

[传] 其不称名姓，以其在祖之位，尊之也[1]。

【注释】

〔1〕以其在祖之位，尊之也：《穀梁》认为宋国所杀的大夫是孔子的祖父辈，故因尊之而不书姓名。

【译文】

［经］宋国杀了它的大夫。

［传］经文中没有记载大夫的姓名，因为他是孔子祖父一辈的人，所以为了对他表示尊敬，就不写明姓名了。

5/25.5 ［经］秋，楚人围陈，纳顿子于顿[1]。

［传］"纳"者，内弗受也[2]。围一事也，纳一事也，而遂言之[3]，盖纳顿子者，陈也。

【注释】

〔1〕顿：古国名。国土原在今河南商水北部，紧靠陈国，后因经常受到陈国武力的威胁，向南迁至今河南项城西南。楚国此次伐陈，就是因为顿国的国君不堪陈国威胁，出奔楚国。

〔2〕"纳"者，内弗受：《穀梁》认为，凡是经文中写明"纳某人"的事，都是因为国内不愿接受此人，而由其他诸侯国出面帮助其进入本国的，所以说"内弗受"。

〔3〕遂言之：遂，由前事而生后事。《集解》在"纳顿子于顿"后说，"围陈，使陈纳顿子"。认为是陈国在楚国的压力下接纳了顿子。

【译文】

［经］秋季，楚国人围攻陈国，接纳顿国的国君回顿国。

［传］"纳"字的意思，就是说顿国拒绝接受他们的国君。包围陈国是一件事，送顿国国君回国又是一件事，经文将这两件不同的事连在一起予以记载，原来送顿子回国的是陈国。

5/25.6 ［经］ 葬卫文公。

【译文】

　　［经］安葬了卫文公。

5/25.7 ［经］冬，十有二月，癸亥，公会卫子、莒庆，盟于洮[1]。

　　［传］莒无大夫，其曰"莒庆"，何也? 以公之会目之也[2]。

【注释】

　　[1]洮: 鲁国地名，今地不详。此次鲁国与卫、莒会盟，起因是当年庆父杀子般、闵公后出逃莒国，公子友立僖公为国君后，向莒国提出以财物交换庆父，莒国先以庆父归鲁。不久，莒国为此事来向鲁国索要答应给莒国的财物，公子友却率军队攻击莒国的来使，还俘获了莒国国君之弟，为此，鲁、莒两国结下怨仇。现在在卫国的调和下，两国欲重归于好，但莒国国君只派大夫与会，说明其怨气仍未完全消除。

　　[2]以公之会目之: 前一个"之"字，去到、前往的意思。后一个"之"字，指经文记载的事情。《穀梁》以为莒国没有周王正式任命的大夫，照例经文中是不用"莒"的国名来称呼"庆"的，但由于僖公参与了这次会盟，为了表示对僖公的尊重，所以对不是周王正式任命的大夫也一并表示尊重。此说与庄公二十七年矛盾。前经"莒庆来逆叔姬"，传文说"诸侯之嫁子于大夫，主大夫以与之"，这是承认莒国有其大夫的。逆叔姬的莒庆，即此处的与会者莒庆，前后为同一人，解说却不一致。目，根据某种情况来称说。

【译文】

　　［经］冬季，十二月的癸亥日，僖公会同卫成公、莒庆，在洮这个地方举行盟会。

[**传**] 莒国没有经过周王任命的大夫，经文却称他为"莒庆"，这是为什么？因为僖公也参与了这次会盟，为了表示对与会者的尊重，所以才称他为莒庆。

二十六年

5/26.1 ［经］二十有六年[1]，春，王正月，己未。公会莒子[2]、卫宁速[3]，盟于向[4]。

［传］公不会大夫，其曰"宁速"，何也？以其随莒子，可以言"会"也。

【注释】

〔1〕二十有六年：本年为周襄王十八年，公元前634年。

〔2〕莒子：即莒国的国君，《左传》"莒兹平公"。

〔3〕宁速：卫国的大夫，《左传》称为"宁庄子"。速，《公羊》经文作"邀"。

〔4〕盟于向：向，见1/2. 2注〔1〕。上年十二月在洮的盟会，莒国只派大夫莒庆来会，此次由其国君与会，或为订立正式的盟约。

【译文】

［经］僖公二十六年，春季，周王的正月。己未日，僖公会同莒国的国君、卫国的宁速，在向这个地方订立盟约。

［传］诸侯是不与大夫订立盟约的，经文却称卫国与会者"宁速"，这是为什么？因为他是随同莒国的国君一同与会的，所以也能够说是"会"。

5/26.2 ［经］齐人侵我西鄙，公追齐师，至酅[1]，弗及[2]。

[传]“人”，微者也。“侵”，浅事也。公之“追”之，非正也。“至巂”，急辞也。“弗及”者，弗与也，可以及而不敢及也。其“侵”也曰“人”，其“追”也曰“师”，以公之“弗及”，大之也。“弗及”，内辞也。

【注释】

〔1〕巂：读作“xī（西）”，齐国地名，今山东东阿西南。《左传》经文作“酅”。

〔2〕弗及：《左传》经文作“不及”。

【译文】

[经]齐国人入侵我国的西部边境，僖公率军追击齐国来犯的军队，追到巂这个地方，结果没有追上。

[传]经文中的“人”的意思，就是指齐国的军队微不足道。“侵”的意思，就是说这只是一场规模不大的战斗。僖公亲自率军追击齐国军队的行为，是不符合诸侯的身份的。“至巂”，这是形容急迫的写法。说“弗及”的意思，就是指鲁国并没有同齐国军队交战，其实本来鲁军是可以追上齐军的，只是没有敢追上去。经文记载齐国来犯时称它的军队为“人”，在记载僖公追逐时却称他的军队为“师”，这是因为僖公没有追上，所以夸大了齐国军队的力量。经文中说“弗及”，这是针对鲁国军队不敢追击而采取的一种写法。

5/26.3 [经] 夏，齐人伐我北鄙，卫人伐齐[1]。

【注释】

〔1〕齐人伐我北鄙，卫人伐齐：春季齐人侵西鄙，是因为鲁国与卫、莒订立盟约，没有告知齐国，齐国于是接连来犯，以显示其大国的武力。

卫兵出面援救，也是因为与鲁国订有盟约。

【译文】

　　［经］夏季，齐国攻打我国北方边境，卫国出兵攻打齐国。

5/26.4 ［经］公子遂如楚乞师[1]。

　　［传］"乞"，重辞也。何重焉？重人之死也，非所乞也。师出不必反，战不必胜，故重之也。

【注释】

　　〔1〕公子遂：鲁国的大夫。《左传》称为"东门襄仲"。东门是其居住之地，襄是他死后追封的谥号，仲是他的字。据《左传》记载，此次出使楚国求援者有二人，除了公子遂之外，还有臧文仲。

【译文】

　　［经］公子遂到楚国乞求援兵。

　　［传］"乞"的意思，就是表示重视的言辞。重视什么呢？重视人的死亡，责备乞求援军的行为。军队出征不是必定能返回的，作战也不是必定能取胜的，所以经文重视这件事。

5/26.5 ［经］秋，楚人灭夔[1]，以夔子归。

　　［传］夔，国也。不日，微国也。以归，犹愈乎执也。

【注释】

　　〔1〕夔：古国名。芈（mǐ，米）姓，《公羊》经文作"隗"，也称为"归"，国土在今湖北秭归东。据《左传》说，楚国灭夔的原因是由于夔国的国君不愿祭祀祝融与鬻熊（祝融与鬻熊都是楚国的远祖）。

【译文】

[经] 秋季，楚国人灭亡了夔国，并将夔国的国君捉到了楚国。

[传] "夔"是一个国家。经文不记载它灭亡的日期，因为夔是一个很小的国家。"以归"，这是比"捉拿"显得较为客气一些的写法。

5/26.6 [经] 冬，楚人伐宋，围闵[1]。

[传] 伐国不言围邑，此其言"围"，何也？以吾用其师，目其事也，非道用师也。

【注释】

〔1〕围闵：闵，见5/23.1注〔2〕。楚国讨伐宋国，是因为宋国曾接纳晋国公子重耳避难，当重耳回国执政时，赠其马二十四。重耳即位后，感念宋国的恩德，与宋亲近。宋成公虽已无力与楚国抗衡、争霸，但若与晋国联合起来，仍可能对楚国构成威胁，故楚国趁这种局面尚未形成之时，打击宋国。

【译文】

[经] 冬季，楚国人攻打宋国，围攻了闵这个地方。

[传] 攻打一个国家，经文中一般是不说围城之事的，这里说"围"，是为什么？因为是鲁国借用了楚国的军队，所以要特别标明这件事，这是经文在责备楚国于援救鲁国的半路上使用军队。

5/26.7 [经] 公以楚师伐齐[1]，取穀[2]。

[传] "以"者，不以者也。民者，君之本也，使民以其死，非其正也。

【注释】

〔1〕以楚师伐齐：以，《左传》说："凡师能左右之曰'以'。"此为僖公指挥楚国的军队攻打齐国。

〔2〕穀：见3/7.5注〔1〕。

【译文】

［经］僖公指挥楚国的军队攻打齐国，夺取了穀这个地方。

［传］经文中用"以"字的意思，就表示其实是不应该"以"，也就是不应借用楚国的军队。民众，是国君的根本，驱使民众走上死亡的道路，这不是一个国君应该做的。

5/26.8 ［经］公至自伐齐。

［传］恶事不致，此其致之，何也？危之也。

【译文】

［经］僖公攻打齐国以后回国，向祖庙行祭告之礼。

［传］在外作恶的事是不能祭告祖庙的，这里为什么记载了呢？因为感到这件事的后果会对鲁国带来危险。

二十七年

5/27.1 ［经］ 二十有七年[1]，春，杞子来朝[2]。

【注释】
〔1〕二十有七年：本年为周襄王十九年，公元前 633 年。
〔2〕杞子：杞桓公，杞成公之子。

【译文】
［经］僖公二十七年，春季，杞国的国君来访。

5/27.2 ［经］ 夏，六月庚寅，齐侯昭卒[1]。

【注释】
〔1〕齐侯昭：即齐孝公，公元前 642 年即位，在位共十年。

【译文】
［经］夏季，六月的庚寅日，齐国国君昭去世。

5/27.3 ［经］ 秋，八月乙未，葬齐孝公。

【译文】

[**经**] 秋季，八月的乙未日，安葬了齐孝公。

5/27.4 [经] 乙巳，公子遂帅师入杞[1]。

【注释】

〔1〕公子遂帅师入杞：据《左传》说，本年春季杞国国君来访时用"夷礼"，这次"入杞"，即为责其无礼。

【译文】

[**经**] 乙巳日，公子遂率领军队进入杞国。

5/27.5 [经] 冬，楚人、陈侯、蔡侯、郑伯、许男围宋[1]。

[**传**] "楚人"者，楚子也。其曰"人"，何也？"人"楚子，所以"人"诸侯也。其人诸侯，何也？不正其信夷狄而伐中国也。

【注释】

〔1〕楚人……围宋：楚国会同陈、蔡等国诸侯出兵攻打宋国，仍是为了削弱宋国的实力，达到其称霸中原的目的。

【译文】

[**经**] 冬季，楚成王、陈穆公、蔡庄公、郑文公、许僖公围攻宋国。

[**传**] 经文中的所谓"楚人"，指的就是楚成王。既然是楚成王，经文中称他为"人"，是为什么？把楚成王当作一般的"人"

来看待，也就是为了将诸侯贬称为一般的"人"。经文将诸侯贬称为一般的"人"，这又是为什么？因为经文认为这些诸侯听从夷狄之国的指挥，来攻打中原国家的行为，是不符合正道的。

5/27.6 [经] 十有二月甲戌，公会诸侯^[1]，盟于宋。

【注释】

〔1〕诸侯：承上指楚、陈、蔡等国诸侯。

【译文】

[经] 十二月的甲戌日，僖公会同诸侯，在宋国举行盟会。

二十八年

5/28.1 ［经］二十有八年[1]，春，晋侯侵曹，晋侯伐卫[2]。

［传］再称晋侯，忌也。

【注释】

〔1〕二十有八年：本年为周襄王二十年，公元前632年。

〔2〕侵曹、伐卫：晋国欲攻打曹国，向卫国借道，卫国不同意，于是晋国转而攻打卫国。当初重耳因国内政局混乱时，出奔经过曹国、卫国，两国均未能接待他，因此忌恨之。

【译文】

［经］僖公二十八年，春季，晋文公侵犯曹国，晋文公又攻打卫国。

［传］经文中一再提到"晋侯"，这是在对他表示厌恶。

5/28.2 ［经］公子买戍卫[1]，不卒戍，刺之[2]。

［传］先名后刺，杀之有罪也。公子启曰[3]："不卒戍者，可以卒也。可以卒而不卒，讥在公子也，刺之可也。"

【注释】

〔1〕公子买戍卫：公子买，鲁国大夫，字子丛。戍卫，守卫卫国。据《左传》记载，时晋、齐两国在卫国结盟，卫国请求参与同盟，晋人不许，卫欲从楚，卫国的民众又不同意，遂将卫国的国君放逐到襄牛这个地方，以取悦于晋。鲁国派公子买戍卫，楚国军队救卫未成，鲁僖公因惧晋国报复，遂杀了公子买，又对楚国说，公子买没有将守卫卫国的任务坚持到底。

〔2〕刺之：按周朝的礼制，刺为讯问之义。一刺，讯问群臣，此人是否该杀，或曰该杀，再行二刺，讯问群吏，如曰该杀，又行三刺，讯问万民，万民以为该杀，然后杀之。故凡是行三刺而杀者，均为有罪之人。

〔3〕公子启：也称子间，鲁国的宗室。

【译文】

[经] 公子买守卫卫国，结果没有坚持到底，行刺问后被杀。

[传] 先记载公子的名，再写到他的被杀，这就表明公子买是有罪而应该杀的。公子启说："经文中说没有将戍卫的任务坚持到底，就是说本来是可以坚持到底的。本来可以坚持到底却不坚持，责任就在公子买身上了，所以杀掉他是可以的。"

5/28.3 [经] 楚人救卫[1]。

【注释】

〔1〕楚人救卫：此即与公子买被杀有关之事。

【译文】

[经] 楚国人援救卫国。

5/28.4 [经] 三月丙午，晋侯入曹，执曹伯，畀宋人[1]。

[传]"入"者，内弗受也。日入，恶入者也。以晋侯而斥执曹伯，恶晋侯也。"畀"，与也。其曰"人"，何也？不以晋侯畀宋公也。

【注释】

〔1〕畀宋人：畀，读作"bì（币）"，给予，交付的意思。本年春晋文公率军攻打曹国，在曹国国都的城门口遇到曹国军队的顽强抵抗，晋军死伤甚多，曹国又将晋军尸体陈列在城头示众，晋文公很焦急，就听从了士兵的意见，声称要将军队驻扎在曹国人的墓地宿营，曹国人听到这一消息后，十分恐惧，就将晋军的尸体装进棺木，送出城来，晋军便趁此机会，攻进曹国的都城，并俘虏了曹共公，将他交给宋国。

【译文】

[经]三月的丙午日，晋文公率军攻进曹国，并俘虏了曹共公，将他交给宋国。

[传]"入"字的意思，就是说曹国不能接受。记载晋军进入曹国的日期，则是对进入曹国的人表示憎恶。称晋侯去捉拿曹伯，这又是对晋侯表示憎恶。"畀"是给予的意思。经文中说到宋国的"人"，这是什么意思？是为了不让晋侯对宋公有所给予。

5/28.5 [经] 夏，四月己巳，晋侯、齐师、宋师、及楚人战于城濮[1]，楚师败绩。

【注释】

〔1〕晋侯……战于城濮：此即春秋时期著名的城濮之战。城濮，地名，在今山东鄄城西南临濮集。楚成王于上年率陈、蔡等国攻打宋国，宋向晋求援，本年晋攻打曹、卫，迫使楚军北上支援，时楚军兵力强大于晋，晋军故意先退兵三舍，楚军统帅子玉以为晋军害怕，便下令紧追不舍。四月的戊辰日，晋、宋、齐三国的军队驻扎在城濮。己巳日，双方正式交战，晋、宋、齐军首先攻破了楚国方面由陈、蔡两国军队组成

的右翼阵营，接着晋军主力佯装退却，趁楚军左翼追击时，晋军右翼与左翼形成夹攻之势，猛攻楚军左翼，楚军大败。不久，晋文公就确立了他在诸侯国中的霸主地位。

【译文】

[经] 夏季，四月的己巳日，晋文公、齐国的军队、宋国的军队，与楚国人在城濮这个地方交战，楚国的军队被打败。

5/28.6 [经] 楚杀其大夫得臣[1]。

【注释】

〔1〕楚杀其大夫得臣：得臣，即成得臣，楚国的执政大夫，也称子玉。在城濮之战中曾劝楚王及早与晋军交战。楚军的两翼被击败后，又及时调整兵力，使楚国的中军免遭重创。楚军败退后，他受到楚国的大臣猜忌，自杀而死。

【译文】

[经] 楚国杀了它的大夫得臣。

5/28.7 [经] 卫侯出奔楚[1]。

【注释】

〔1〕卫侯出奔楚：楚国在城濮被晋军打败后，卫成公因为害怕晋军会来报复，遂出奔楚国，后又前往陈国，派大臣接受诸侯践土之盟所订立的盟约。

【译文】

[经] 卫成公出奔楚国。

5/28.8 ［经］五月癸丑，公会晋侯、齐侯、宋公、蔡侯、郑伯、卫子、莒子，盟于践土[1]。

［传］讳会天王也。

【注释】

〔1〕盟于践土：践土，地名，在郑国靠近黄河的地方，今河南原阳西南。此次中原诸侯国之间的会盟，与僖公九年由齐桓公发起的葵丘之会一样，是春秋中期的一次重要事件。据《左传》记载，本月的丙午日，晋文公与郑文公来到衡雍，丁未日，向周王献上在城濮之战中俘获的楚人，以及战车等战利品。己酉日，周王用享礼，并策命晋文公为侯伯，赐以大辂之服、戎辂之服、彤弓一张、彤矢百枚等兵器，以及兵士三百人。晋文公三辞而从命。周王又让大臣子虎宣读盟约："皆奖王室，无相害也。有逾此盟，明神殛之。"此后，中原地区有了暂时的安宁。

【译文】

［经］五月的癸丑日，僖公会同晋文公、齐昭公、宋成公、蔡庄公、郑文公、卫成公、莒桓公，在践土这个地方举行盟会。

［传］经文隐去了同周天子会见的事。

5/28.9 ［经］陈侯如会[1]。

［传］"如会"，外乎会也[2]，于会受命也。

【注释】

〔1〕陈侯如会：陈侯，即陈穆公。因在城濮之战中，陈、蔡两国受到楚国的制约，与晋军作战，故诸侯践土之盟时陈国没有及时与会，但后来还是接受了盟约。

〔2〕外乎会：会，指歃血立盟的仪式。

【译文】

[经] 陈穆公到了诸侯会盟的地方。

[传] "如会"的意思，就是说陈穆公没能赶上参加歃血立盟的仪式，只是到盟会上接受了盟约。

5/28.10 [经] 公朝于王所[1]。

[传] 朝不言所，言"所"者，非其所也。

【注释】

〔1〕公朝于王所：践土之盟时，周襄王亲临其地，但没有主持会盟，而是让王子虎主盟。这里的"王所"，当指周襄王在践土时的临时住处。

【译文】

[经] 僖公在周王的行宫朝见周王。

[传] 诸侯朝见周王，经文中照例是不记载王的所在地的，这里记载的所在地，说明那里原本不是周王住的地方。

5/28.11 [经] 六月，卫侯郑自楚复归于卫[1]。

[传] "自楚"，楚有奉焉尔。"复"者，复中国也[2]。"归"者，归其所也。郑之名，失国也[3]。

【注释】

〔1〕卫侯郑自楚复归：卫成公在晋军打败楚军后，恐怕晋军前来报复，就逃往楚国避难，另派大臣到践土的盟会上接受盟约，表示仍愿与中原诸侯和睦相处。践土之盟结束后，他返回国内。

〔2〕中国：这里是指中原地区。

〔3〕失国：卫成公在楚国避难期间，命大夫元咺奉戴叔武守国，叔武参与了践土之盟，请求晋文公让卫成公返回卫国，晋文公同意了。实际上卫成公仍然控制着卫国的政治，但《穀梁》以为他既然出奔楚国，

就是失去了自己的国家。

【译文】

[经] 六月，卫成公郑从楚国返回卫国。

[传] "自楚" 的意思，就是说楚国向卫成公提供了帮助。 "复" 字的意思，就是返回到中原地区。"归" 字的意思是说，卫成公重新回到了他的国家。经文直接称呼郑的名，因为他曾经失去过自己统治的国家。

5/28.12 [经] 卫元咺出奔晋[1]。

【注释】

〔1〕元咺出奔晋：元咺（xuān，宣），卫国的大夫。曾受卫成公之命奉戴叔武守国，卫成公返回卫国后，疑其拥立叔武为君，遂杀其子角，后又杀叔武。元咺不得已出奔晋国。

【译文】

[经] 卫国的元咺出逃到晋国。

5/28.13 [经] 陈侯款卒[1]。

【注释】

〔1〕陈侯款：即陈穆公，公元前647年即位，在位共十六年。

【译文】

[经] 陈国国君款去世。

5/28.14 [经] 秋，杞伯姬来。

【译文】

[经] 嫁到杞国的伯姬回来。

5/28.15 [经] 公子遂如齐。

【译文】

[经] 公子遂去了齐国。

5/28.16 [经] 冬，公会晋侯、宋公、蔡侯、郑伯、陈子、莒子、邾子、秦人于温[1]。

[传] 讳会天王也。

【注释】

〔1〕公会晋侯……于温：温，古国名。原称苏，因建国于温，故又以地为国名。春秋时，温已成为周王室的一个邑，后又赐于晋文公。在今河南温县西南。陈子，陈共公。时因陈穆公去世，尚未下葬，国君不能算正式即位，故称"子"以代之。此次诸侯会盟，据《左传》说是"讨不服"，下文有"执卫侯"、"遂讨许"等事的记载，应是此次会盟后的行动。

【译文】

[经] 冬季，僖公在温地会见了晋文公、宋成公、蔡庄公、郑文公、尚未正式即位的陈共公、莒桓公、邾文公、秦国人。

[传] 经文隐讳了同周王的会见。

5/28.17 [经] 天王守于河阳[1]。

[传] 全天王之行也[2]，为若将守而遇诸侯之朝

也，为天王讳也。水北为阳，山南为阳，温，河阳也。

【注释】

〔1〕天王守于河阳：守，《左传》、《公羊》经文作"狩"，君王冬季打猎，称为狩。这里是指周襄王借冬狩之名住在河阳。河阳，属晋国，在黄河的北岸。

〔2〕全天王之行：全，保全的意思。《左传》说诸侯在温的会盟，是晋文公出面召请周襄王前来与诸侯见面的，故引孔子语说："以臣召君，不可以训，故书曰'天王守于河阳'。"

【译文】

[经] 周襄王以冬狩之名住在河阳。

[传] 这是为了保全周王此次出行的名誉，使人看起来就好像是周王正准备去巡狩，恰好遇到诸侯前来朝见一样。这是在为周王隐讳。河水的北边叫做"阳"，山岭的南面也叫做"阳"，温这个地方就在黄河的北岸。

5/28.18 [经] 壬申，公朝于王所[1]。

[传] 朝于庙，礼也；于外，非礼也。独公朝与？诸侯尽朝也。其日，以其再致天子，故谨而日之。主善以内，目恶以外。言曰"公朝"，逆辞也，而尊天子。会于温，言小诸侯。温，河北地，以河阳言之，大天子也。日系于月，月系于时。"壬申，公朝于王所"，其不月，失其所系也，以为晋文公之行事为已慎矣[2]。

【注释】

〔1〕公朝于王所：指僖公在温地与诸侯会面时朝见周襄王。

〔2〕慎：同"颠"。这里指晋文公召请天子会见诸侯是颠倒了君臣关系。

【译文】

[经] 壬申日，僖公在周王的行宫朝见了襄王。

[传] 在宗庙里朝见周王是符合礼制的；在王城之外朝见周王就不符合礼制了。只是僖公一个人朝见了周王吗？各国的诸侯都去朝见了。经文记载朝见的日期，这是因为晋文公已经是第二次召请周王了，所以郑重地记下了这件事发生的日期。经文记载善事是以鲁国为主的，记述恶行则通过鲁国以外的国家。经文中说"公朝"，这是用于违反常规时的词句，但却体现了对周王的尊崇。说是在温地会见，这是对诸侯地位的贬抑。温这个地方在黄河的北边，称它作"河阳"，是为了表示对周王的尊崇。经文在记事的时候，通常都将日期紧接在月份之下，将月份紧接在季节之下。但经文称"壬申，公朝于王所"，却没有记载哪一个月，失去了联缀日期的月份，这是认为晋文公的所作所为已经上下颠倒了。

5/28.19 [经] 晋人执卫侯[1]，归之于京师。

[传] 此入而执，其不言入，何也？不外王命于卫也。"归之于京师"，缓辞也，断在京师也。

【注释】

〔1〕晋人执卫侯：卫成公出奔楚国后回国时，因猜疑元咺与叔武篡位，先杀元咺之子，又杀叔武。元咺出奔晋，为叔武诉冤，晋文公让卫侯与元咺对质，结果卫侯败诉，晋文公将卫侯与诉讼状一起送给周襄王，由其作出最后的裁决。故实际上并非晋文公进入卫国将卫成公捉起来的。《穀梁》的解说中称"入而执"，不当。

【译文】

[经] 晋国人捉住了卫成公，并将他送到了京师。

[传] 这是进入卫国捉拿卫成公的，经文中没有说明是"入"，这是为什么？是为了不让卫国排除在周王的命令之外。经

文说"归之于京师",这是表示迟缓的写法,卫成公的罪责应当在京师由周王来裁决。

5/28.20 [经] 卫元咺自晋复归于卫[1]。

[传]"自晋",晋有奉焉尔。"复"者,复中国也。"归"者,归其所也[2]。

【注释】

〔1〕卫元咺自晋复归于卫:元咺在晋文公的支持下胜诉,于是回到国内,因卫成公被执,于是他立公子瑕为国君。

〔2〕归其所:所,指元咺原先所担任的职务。

【译文】

[经] 卫国的元咺从晋国回到了卫国。

[传]"自晋"的意思,是说晋国对元咺提供了庇护。"复"字的意思,是表明他返回了国都。"归"字的意思是说,元咺重新担任了以前的官职。

5/28.21 [经] 诸侯遂围许。

[传] 遂,继事也。

【译文】

[经] 诸侯于是围攻许国。

[传]"遂"的意思,就表明紧接在某件事之后发生的另一件事。

5/28.22 [经] 曹伯襄复归于曹[1]。

[**传**]"复"者，复中国也。天子免之，因与之会，其曰"复"，通王命也。

【注释】

〔1〕曹伯襄复归于曹：曹国的国君襄曾于城濮之战前夕为晋文公所执，作为引楚军北上的诱饵，《左传》说，曹伯之竖侯獳行贿于晋国的筮史，结果晋文公听从了筮史的建议，曹伯于是得以归国复位。《穀梁》的解说认为是周王赦免了曹伯，晋文公不过是代行王命而已。

【译文】

[**经**]曹国的国君襄重新回到了曹国。

[**传**]"复"字的意思，就是指曹伯又返回了国都。周王赦免了他，所以他得以参加诸侯围攻许国的行动。经文中说"复"，那是为了表明晋文公宣达了周王的命令。

5/28.23[**经**]遂会诸侯围许[1]。

[**传**]遂，继事也。

【注释】

〔1〕遂会诸侯围许：指曹共公获释后参与了诸侯围攻许国的行动。

【译文】

[**经**]曹共公于是会同诸侯围攻许国。

[**传**]"遂"的意思，就表示紧接在某件事情之后发生的另一件事。

二十九年

5/29.1 ［经］二十有九年[1]，春，介葛卢来[2]。

［传］"介"，国也。"葛卢"，微国之君，未爵者也。其曰"来"，卑也。

【注释】

〔1〕二十有九年：本年为周襄王二十一年，公元前 631 年。

〔2〕介葛卢：介，古国名，姓氏不详。葛卢，其国君的名。据《左传》记载，其来鲁国时，僖公正在参与诸侯围攻许国的行动，不能与他会见，故特地"馈之刍米"，以表示礼貌。

【译文】

［经］僖公二十九年，春季，介国的葛卢来。

［传］"介"，是一个国家。"葛卢"，是没有经过周王赐封爵位的小国国君。经文中称"来"，含有看不起他的意思。

5/29.2 ［经］公至自围许。

【译文】

［经］僖公参加了围攻许国后返回，向祖庙行祭告之礼。

5/29.3 ［经］夏，六月，公会王人、晋人、宋人、齐人、陈人、蔡人、秦人，盟于翟泉[1]。

【注释】

〔1〕公会王人……盟于翟泉：翟泉，地名，在今河南洛阳市内。此次会盟是为了共商伐郑之事。据《左传》记载，与会者有周王的卿王子虎、晋国的狐偃、宋国的公孙固、齐国的归父、陈国的辕涛涂、秦国的小子慭。《左传》经文无"公"字，传文有。当为脱漏。

【译文】

［**经**］夏季，六月，僖公会同周王的大夫、晋国人、宋国人、齐国人、陈国人、蔡国人、秦国人，在翟泉这个地方会盟。

5/29.4 ［经］秋，大雨雹。

【译文】

［**经**］秋季，下大冰雹。

5/29.5 ［经］冬，介葛卢来[1]。

【注释】

〔1〕介葛卢来：春来未遇僖公，故此次再来，表示友好之意。

【译文】

［**经**］冬季，介国的葛卢来到鲁国。

三 十 年

5/30.1 ［经］三十年^[1]，春，王正月。

【注释】
〔1〕三十年：本年为周襄王二十二年，公元前630年。

【译文】
　　［经］僖公三十年，春季，周王正月。

5/30.2 ［经］夏，狄侵齐。

【译文】
　　［经］夏季，狄人侵犯齐国。

5/30.3 ［经］秋，卫杀其大夫元咺及公子瑕^[1]。
　　［传］称国以"杀"，罪累上也，以是为讼君也。卫侯在外，其以累上之辞言之，何也？待其杀而后入也。公子瑕累也，以尊及卑也。

【注释】

〔1〕卫杀其大夫……：卫成公因杀叔武事与元咺对质，败诉，为晋文公所执送周王裁决，元咺返回卫国后即立公子瑕行国君事。后晋文公暗中命医衍用毒酒毒死卫成公，卫国大夫甯俞向医衍行贿，医衍将毒酒稀释，卫成公饮酒后不死，僖公遂请求周王，让卫成公向周室及晋文公上交玉器，周王同意，于是在秋季释放了卫成公。卫成公为了返回卫国，又向卫国的周歂（chuǎn，喘）、冶廑行贿，请求帮助，并答应他们，如果事情成功，让他们当大夫。于是周歂、冶廑杀了元咺、子适及公子瑕的同母之弟子仪，卫成公因此得以返回卫国。

【译文】

[经] 秋季，卫国杀了它的大夫元咺和公子瑕。

[传] 经文中说是国家出面把元咺杀了，这是连带着斥责国君的意思，谋杀元咺的原因，是由于他状告国君。卫成公当时正在国外，经文用连带着斥责国君的言辞来记载这件事，这是为什么？因为卫成公是等元咺等人被谋杀以后才返回卫国的。公子瑕的被杀是受到了这件事的连累，经文先写地位尊贵的人，然后再提到地位卑微的人。

5/30.4 [经] 卫侯郑归于卫。

【译文】

[经] 卫国国君郑返回卫国。

5/30.5 [经] 晋人、秦人围郑[1]。

【注释】

〔1〕晋人、秦人围郑：此事在九月庚午，晋、秦以郑国国君曾于重耳流亡时不予礼遇，后又不参加诸侯的盟会，显然有亲楚之心，故攻打之。晋国军队由子犯率领。

【译文】

[经] 晋国人、秦国人围攻郑国。

5/30.6 [经] 介人侵萧。

【译文】

[经] 介国人入侵萧国。

5/30.7 [经] 冬，天王使宰周公来聘^[1]。

[传] 天子之宰，通于四海。

【注释】

〔1〕宰周公：宰，官职名，掌管周王朝百官事务。周公，名阅。

【译文】

[经] 冬季，周王派遣宰周公来鲁国聘问。

[传] 周王的冢宰，可以与四海之内的诸侯往来结交。

5/30.8 [经] 公子遂如京师^[1]，遂如晋。

[传] 以尊遂乎卑，此言不敢叛京师也。

【注释】

〔1〕公子遂：《左传》称为"东门襄仲"，说其"将聘于周，遂初聘于晋"，这是鲁国大夫在晋文公充当方伯以后的首次访晋。

【译文】

　　[经] 公子遂去京师，又到了晋国。

　　[传] 先记载地位尊贵者，再带出地位卑下者，这也就是说鲁国不敢背叛京师。

三十一年

5/31.1 [经] 三十有一年[1]，春，取济西田[2]。

【注释】

〔1〕三十有一年：本年为周襄王二十三年，公元前 629 年。

〔2〕济田西：济水以西的土地。济水，黄河的支流，自西向东流经周朝的王畿、宋国、曹国、鲁国、齐国，然后入海。曹国在鲁国的西南面，《左传》说此处所言之"取"，是"分曹地"。据《公羊》的解说，此田原为鲁国所有，长期以来为曹国侵占。现晋文公出面将曹国所占土地归还原有的诸侯国。

【译文】

[经] 僖公三十一年，春季，取回了济水以西的土地。

5/31.2 [经] 公子遂如晋[1]。

【注释】

〔1〕公子遂如晋：此行是为了感谢晋文公出面归还被曹国侵占的土地。

【译文】

[经] 公子遂前往晋国。

5/31.3［经］夏，四月，四卜郊[1]，不从，乃免牲，犹三望[2]。

［传］"夏四月"，不时也[3]。"四卜"，非礼也。"免牲"者，为之缁衣熏裳[4]，有司玄端奉送[5]，至于南郊[6]，免牛亦然[7]。"乃"者，亡乎人之辞也[8]。"犹"者，可以已之辞也。

【注释】

〔1〕四卜郊：郊，指郊祭。一种祭祀仪式，必须于春季在南郊举行。天子所用者为祭天，诸侯所用者为祈谷。西周时周公辅佐成王，他去世后，成王以王礼葬之，命鲁国得以行郊祭，以表彰周公的功德，与一般诸侯所用的郊祭不同。四卜，即接连四次占卜。据《公羊》说，郊祭时"三卜，礼也"，"四卜，非礼也"，说法与《穀梁》相同。

〔2〕三望：望，即望祭，祭祀山川的一种仪式。《公羊》说是祭祀"泰山、河、海"。《集解》释"河"为淮河，引《书·禹贡》语说："海岱及淮，唯徐州。徐州，鲁地。"根据礼制，诸侯只能祭祀在他封地内的山川，天子才可以祭祀天下的山川。望祭一般只在举行郊祭之后才进行。

〔3〕不时：郊祭是在春季进行的，《穀梁》认为此时已是夏季的四月，故不合时令。但周历的四月，正当夏历的二月，时在春季，故仍得以举行崇仰上天的郊祭。

〔4〕缁衣熏裳：缁衣，黑色的上衣。熏裳，红色的下裳。

〔5〕有司玄端奉送：有司，负责某项事务的官员。这里指负责饲养牛的官员。玄端，青黑色的服装，接送神灵时穿着的服装。奉送，指将牛送到举行郊祭的地方。

〔6〕至于南郊：南郊，举行郊祭的地方，称为"天位"，代表"阳"。

〔7〕免牛：牛，此处专指用于祭祀的牲畜。《集解》说："全曰牲，伤曰牛。"免牛，是指因占卜不利而中止郊祭，也就不再宰杀牲畜了。

〔8〕亡：同"无"，没有的意思。

【译文】

　　[经] 夏季，四月，四次占卜举行郊祭，都不吉利，于是就免去宰杀专供祭祀的牛，但还是举行了望祭。

　　[传] "夏季的四月"占卜举行郊祭，这是不符合举行郊祭的时令的。"四次占卜"，这也不符合礼制的规定。所谓"免去杀牲"，就是给本来要宰杀的牲畜重新披上黑色的上衣和红色的下裳，让负责养牛的官员穿着青黑色的礼服，将牛一直护送到南郊，如果是"免牛"，也采用同样的仪式。经文中用"乃"字的意思，是表示鲁国没有懂得祭礼之人的写法。"犹"字的意思，是表示可以停止的文辞。

5/31.4 [经] 秋，七月。

【译文】

　　[经] 秋季，七月。

5/31.5 [经] 冬，杞伯姬来求妇[1]。
　　[传] 妇人既嫁，不逾竟，杞伯姬来求妇，非正也。

【注释】

　　〔1〕杞伯姬：鲁庄公之女，于庄公二十五年嫁杞成公，二十七年与庄公会于洮。僖公二十三年，杞成公去世。其子桓公立，二十七年春，杞桓公来朝，因用夷礼，鲁人非之。同年八月，公子遂入杞，责其来朝时非礼，自此甥舅不和。现在伯姬来为其子桓公求娶妻子，隐含谋求和解之意。但《穀梁》的解说仅就妇人出嫁后能否出境一事再重复老调，未免不得要领。

【译文】

　　[经] 冬季，杞国的伯姬来求娶儿媳。

[**传**] 妇女已经出嫁，就不能够走出国境，嫁往杞国的伯姬前来求娶儿媳，这是不符合礼制规定的。

5/31.6 [经] 狄围卫。

【译文】

[经] 狄人围攻卫国。

5/31.7 [经] 十有二月，卫迁于帝丘[1]。

【注释】

〔1〕迁于帝丘：帝丘，卫国地名，今河南濮阳一带，相传是颛顼氏的故丘。卫国因经常受到狄人的侵犯，此前已经于公元前 660 年，在齐桓公的帮助下，将国都从朝歌（今河南淇县）迁至楚丘（今河南滑县）。这次迁都，就是从楚丘再迁至帝丘。

【译文】

[经] 十二月，卫国迁都到帝丘这个地方。

三十二年

5/32.1 ［经］ 三十有二年^{〔1〕}，春，王正月。

【注释】

　〔1〕三十有二年：本年为周襄王二十四年，公元前 628 年。此条经文下，三传皆无传文。

【译文】

　［经］僖公三十二年，春季，周王的正月。

5/32.2 ［经］ 夏，四月己丑，郑伯捷卒^{〔1〕}。

【注释】

　〔1〕郑伯捷：即郑文公。公元前 672 年即位，在位共四十五年。捷，《公羊》经文作"接"。

【译文】

　［经］夏季，四月的己丑日，郑国的国君姬捷去世了。

5/32.3 ［经］ 卫人侵狄^{〔1〕}。

【注释】

〔1〕卫人侵狄：上年的十二月，卫人因不堪狄人屡次侵犯，被迫迁都，时隔数月，狄人因内部发生了变乱，卫人趁机报复，据《左传》记载，卫国侵狄后，狄人以求和来结束了这场战争。

【译文】

[经] 卫国人侵犯狄人。

5/32.4 [经] 秋，卫人及狄盟[1]。

【注释】

〔1〕卫人及狄盟：此即卫国侵狄后，狄人求和的结果。

【译文】

[经] 秋季，卫国人与狄人结盟。

5/32.5 [经] 冬，十有二月己卯，晋侯重耳卒[1]。

【注释】

〔1〕晋侯重耳：即晋文公。公元前636年即位，在位九年中，以"勤王"为号召，联合中原的诸侯国，遏止了楚国势力的向北扩张，成为继齐桓公之后的又一位霸主。他去世之后，晋国虽仍然保持着诸侯霸主的称号，但因国势渐弱，号召力已远不如前。

【译文】

[经] 冬季，十二月的己卯日，晋国的国君重耳去世了。

三十三年

5/33.1 ［**经**］三十有三年[1]，春，王二月。秦人入滑[2]。

［**传**］滑，国也。

【注释】

〔1〕三十有三年：本年为周襄王二十五年，公元前 627 年。

〔2〕秦人入滑：据《左传》，秦国本为袭击郑国，但郑国预先作了充分的准备，故袭击失败，只得在退兵途中灭了滑国，不久，滑又为晋国所取。

【译文】

［**经**］僖公三十三年，春季，周王二月。秦国人入侵滑国。

［**传**］滑，是一个国家。

5/33.2 ［**经**］齐侯使国归父来聘[1]。

【注释】

〔1〕国归父：齐国的执政大夫，《左传》作"国庄子"，记载其来聘"有礼"。

【译文】

[经] 齐昭公派遣国归父来访。

5/33.3 [经] 夏,四月辛巳,晋人及姜戎败秦师于殽[1]。

[传] 不言战而言败,何也?狄秦也。其狄之何也?秦越千里之险,入虚国,进不能守,退败其师,徒乱人子女之教,无男女之别,秦之为狄,自殽之战始也。秦伯将袭郑[2],百里子与蹇叔子谏曰[3]:"千里而袭人,未有不亡者也。"秦伯曰:"子之冢木以拱矣,何知!"师行,百里子与蹇叔子送其子,而戒曰:"女死必于殽之岩唫之下[4],我将尸女于是。"师行,百里子与蹇叔子随其子而哭之。秦伯怒曰:"何为哭吾师也?"二子曰:"非敢哭师也,哭吾子也。我老矣,彼不死则我死矣。"晋人与姜戎要而击之殽[5],匹马倚轮无反者[6]。"晋人"者,晋子也[7]。其曰"人",何也?微之也。何为微之?不正其释殡而主乎战也。

【注释】

〔1〕晋人及姜戎败秦师于殽:殽,山名,即今崤山,为秦岭东段的支脉,延伸于黄河、洛河沿岸,在今河南西部。此处所说的殽,在今河南陕县东。据《左传》记载,此战以晋国不满秦国势力的日益东扩,主动联合姜戎人攻秦,秦国自恃兵力充足,过于轻敌,不听从谋臣百里子、蹇叔子的劝谏,贸然应战,因此大败,晋军俘虏了秦国大夫百里子之子百里孟明视、西乞术、白乙丙后回师。《公羊》所引经文中无"师"字。

〔2〕秦伯:即秦穆公,名任好,公元前659年即位,曾用谋臣百里子、蹇叔子的建议,击败晋国,俘获晋惠公。殽之战失败后转而向中原的西部地区发展势力,先后吞灭十二个小国,成为西戎中的霸主。

〔3〕百里子与蹇叔子：秦国的谋臣。百里子，名奚，一作"傒"，原为虞国的大夫，晋国灭虞国时被俘，后出走楚国，为楚人所执，秦穆公以五张公羊皮将其赎回，用为大夫，在秦穆公建立霸业的过程中，起了重要的作用。其子孟明视在殽之战中被俘，释放回秦后，仍受秦穆公的重用，最终击败晋军。蹇叔子，也称蹇叔。本年春，秦穆公将袭击郑国，蹇叔力陈劳师远袭之弊，秦穆公不听其言，果然失利。

〔4〕女：同"汝"。　岩唫：唫，读作"jìn（禁）"，形容山势高耸险峻的样子。

〔5〕要而击之：要，通"邀"，指在途中狙击秦军。

〔6〕倚轮无反：倚，独只，单个。反，同"返"。

〔7〕晋子：即晋襄公。晋国国君的爵位为侯，此处以晋文公去世，尚未下葬，新君还没有举行正式的即位仪式，故称"子"以代表国君。

【译文】

[经] 夏季，四月的辛巳日，晋国人与姜戎在殽这个地方打败了秦国军队。

[传] 还没有记载交战的事，就已经写到打败，这是为什么？因为把秦国看成野蛮的狄人。经文要把秦国人看成是狄人，这是为什么？因为秦国的军队跋涉千里险途，入侵毫无防备的国家，进军的时候不能够保住获得的战果，退兵的时候又使军队溃败，只是施暴抢掠，搅乱子女人伦的教化，毫无男女之间的分别，秦国变成野蛮的狄人，就是从殽山这场战役开始的。秦国国君即将袭击郑国时，百里子和蹇叔子劝谏他说："跋涉千里路途去侵袭别人，没有不覆亡的。"秦国国君却说："你们坟墓上的树木都已经长得合抱粗了，懂些什么？"军队出发前，百里子和蹇叔子去送他们从军的儿子，告诫他们说："你们如果战死的话，一定是在殽山高峻险要的地方，我将到那儿为你们收尸。"军队出发了，百里子和蹇叔子紧随着他们的儿子哭泣。秦国国君怒气冲冲地说道："为什么要哭我的军队？"两人说："我们不敢哭你的军队，我们是在哭自己的儿子。我们老了，如果他们不死的话，那么就是我们去死了。"结果晋国人和姜戎在殽山中途狙击了秦国军队，秦军连一匹马、一只车轮都没有返回。经文中所说的"晋人"，就是指晋

国尚未即位的国君。经文称他为"人",这是为什么?因为要对他表示鄙视。为什么要鄙视他呢?经文认为他不顾父亲的安葬之事,却一心去打仗的行为是不符合为子之道的。

5/33.4 [经] 癸巳,葬晋文公。

[传] 日葬,危不得葬也。

【译文】

[经] 癸巳日,安葬了晋文公。

[传] 经文记载安葬的日期,是因为有危难而不能够及时安葬。

5/33.5 [经] 狄侵齐[1]。

【注释】

〔1〕狄侵齐:狄人因晋国正在办理文公的丧事,无暇顾及齐国,于是趁机攻打齐国。

【译文】

[经] 狄人侵犯齐国。

5/33.6 [经] 公伐邾,取訾楼[1]。

【注释】

〔1〕訾楼:邾国地名。《左传》经文作"訾娄",《公羊》经文作"丛"。

【译文】

　　[经] 僖公攻打邾国，夺取了訾楼。

5/33.7 [经] 秋，公子遂帅师伐邾[1]。

【注释】

　　〔1〕帅：《公羊》经文作"率"。

【译文】

　　[经] 秋季，公子遂率领军队攻打邾国。

5/33.8 [经] 晋人败狄于箕[1]。

【注释】

　　〔1〕箕：晋国地名。狄人攻打晋国，在箕与前来御敌的晋军相遇，八月的戊子日，晋军击败狄人，晋军将领郤（xì，戏）缺俘获白狄首领，升任为卿大夫。

【译文】

　　[经] 晋国人在箕这个地方击败狄人。

5/33.9 [经] 冬，十月，公如齐[1]。

【注释】

　　〔1〕公如齐：据《左传》记载，僖公到齐国，一是为了答谢前年齐国派国归父来访，二是为了对齐国遭受狄人的侵犯表示慰问。

【译文】

[经] 冬季，十月，僖公去齐国。

5/33.10 [经] 十有二月，公至自齐。

【译文】

[经] 十二月，僖公从齐国回来，向祖庙行祭告之礼。

5/33.11 [经] 乙巳，公薨于小寝[1]。
[传] 小寝，非正也。

【注释】

　　[1] 小寝：国君听政后休息宴乐的地方。《周礼·宫人》郑玄注引《玉藻》说："君日出而视朝，退适路寝听政……大夫退，然后适小寝释服。是路寝以治事，小寝以时燕息焉。"

【译文】

[经] 乙巳日，僖公在内寝去世。
[传] 在内寝去世，这是不符合正规礼制的。

5/33.12 [经] 陨霜，不杀草。
[传] 未可杀而"杀"，举重也[1]；可杀而"不杀"，举轻也。

【注释】

　　[1] 未可杀而"杀"，举重也：《穀梁》征引下文"定公元年冬十月"发生的陨霜杀菽之事来解说。周历十月为夏历八月，霜情不会太

重，但却冻死了菽，表明秋霜十分严重。菽为豆类，是粮食作物，不应
当遭受秋霜，却被冻死，故说"举重也"。下句"可杀"之言，指此时
已在十二月，草却没有被霜冻死，说明霜情很轻。

【译文】

　　[经] 降下霜，但连草也没有冻死。

　　[传] 不应当冻死的却冻死了，经文就列举重要的植物为例；
可以冻死的却没有冻死，经文就列举无足轻重的植物为例。

5/33.13 [经] 李、梅实。
[传] "实"之为言，犹实也。

【译文】

　　[经] 李树、梅树结果。

　　[传] 经文说"实"的意思，就是指果实。

5/33.14 [经] 晋人、陈人、郑人伐许[1]。

【注释】

　　〔1〕伐许：许国在楚成王向北扩张势力时，曾参与其攻打中原诸侯
的战争，晋国在城濮之战中打败楚国以后，相继对当时楚国的盟国进行
报复。故《左传》说"讨其贰于楚也"。

【译文】

　　[经] 晋国人、陈国人、郑国人攻打许国。

文 公

元　年

6/1.1 ［经］元年^{〔1〕}，春，王正月，公即位^{〔2〕}。
［传］继正即位^{〔3〕}，正也。

【注释】

〔1〕元年：本年为周襄王二十六年，公元前626年。

〔2〕公即位：公，鲁文公，名兴。僖公之子。

〔3〕继正：自隐公起，鲁国国君一直未有正当的即位。隐公心存让位之志，桓公有弑隐公之罪，庄公继桓公薨于外，闵公继子般被弑，僖公又继闵公被弑，故均不能说是正常的即位。现僖公寿终，故文公得以名正言顺地记载即位。

【译文】

［经］文公元年，春季，周王的正月，文公即位。

［传］继承已经寿终的国君之位，经文写明"即位"，表明这是符合正当礼制的。

6/1.2 ［经］二月癸亥^{〔1〕}，日有食之^{〔2〕}。

【注释】

〔1〕二月癸亥：《公羊》经文在"癸亥"下有"朔"字。

〔2〕日有食之：食甚为本日十三时二十四分十六秒。

【译文】

　　[经] 二月的癸亥日，发生了日食。

6/1.3 [经] 天王使叔服来会葬[1]。
　　[传] 葬曰"会"，其志，重天子之礼也。

【注释】

　　〔1〕叔服：周王朝的内史。

【译文】

　　[经] 周王派遣叔服来鲁国参加僖公的葬礼。
　　[传] 将葬礼称为"会"，经文作这样的记载，是为了表示对周王这一礼节的重视。

6/1.4 [经] 夏，四月丁巳，葬我君僖公。
　　[传] 薨称公，举上也。"葬我君"，接上下也。僖公葬而后举谥[1]，谥所以成德也，于卒事乎加之矣[2]。

【注释】

　　〔1〕举谥：谥，谥号，古代有地位的人去世以后，根据其一生的表现授予的称号。
　　〔2〕卒事：卒，完毕的意思。这里指安葬了鲁僖公以后。

【译文】

　　[经] 夏季，四月的丁巳日，安葬了我国的国君僖公。
　　[传] 国君死后称他为"公"，这是用最上等的爵位来称呼他。说"葬我君"，这是将鲁国的君臣上下连为一体的说法。僖公安葬以后才确定给他的谥号，谥号是用来表彰国君生前的功德

的，只有在去世以后才予以封赠。

6/1.5 ［经］天王使毛伯来锡公命^{〔1〕}。

［传］礼，有受命，无来锡命。锡命，非正也。

【注释】

〔1〕毛伯来锡公命：毛伯，名卫。毛为周王畿内的封国，姬姓。毛伯当为此国的国君，并在周王室担任高级官职。锡，赏赐的意思。命，加赠爵位服饰。

【译文】

［**经**］周王派遣毛伯来鲁国送上赏赐的仪物。

［**传**］礼制规定，只有诸侯前去接受天子赏赐的仪物爵位，没有天子派人送赏赐之物给诸侯的。派人送来赏赐的仪物，这是不符合正当的礼制的。

6/1.6 ［经］晋侯伐卫^{〔1〕}。

【注释】

〔1〕晋侯伐卫：据《左传》的记载，卫成公在晋文公的晚年，非但不朝见晋侯，还派人攻打郑国。文公去世后，晋襄公为了维护晋国的诸侯霸主地位，遂将卫侯的所作所为通告诸侯，并率军讨伐之，俘获其大夫孙昭子。

【译文】

［**经**］晋襄公讨伐卫国。

6/1.7 ［经］叔孙得臣如京师^{〔1〕}。

【注释】

〔1〕叔孙得臣：也称叔孙庄叔，庄公之弟公子牙的孙子。

【译文】

[经] 叔孙得臣到京城去。

6/1.8 [经] 卫人伐晋[1]。

【注释】

〔1〕卫人伐晋：这是前经所说"晋侯伐卫"事件的继续。晋军俘获了卫国的大夫后，卫人告诉陈国的国君，陈共公建议卫国反过来再攻打晋国，于是卫国派大夫孔达率军伐晋。

【译文】

[经] 卫国人攻打晋国。

6/1.9 [经] 秋，公孙敖会晋侯于戚[1]。

【注释】

〔1〕公孙敖会晋侯于戚：公孙敖，也称穆伯，鲁国贵族，时任大夫，庄公之弟公子庆父的儿子。戚，卫国地名，今河南濮阳北部，临黄河，为当时晋、郑、吴、楚等国的交通要道。晋侯伐卫后，戚地为晋所有，晋侯前往划定疆界，因涉及鲁国的疆土，故公孙敖前去会见晋侯。

【译文】

[经] 秋季，公孙敖在戚这个地方会见晋襄公。

6/1.10 [经] 冬，十月丁未，楚世子商臣弑其

君髡[1]。

[传] 日髡之卒，所以谨商臣之弑也。夷狄不言正不正[2]。

【注释】

〔1〕楚世子商臣弑其君髡：商臣，楚成王之子。髡，即楚成王。成王将立商至为太子，令尹子上以为商臣性情乖戾，不适合担当太子的重任。后成王又欲改立商臣的庶弟王子职，商臣遂与其师潘崇合谋，以武士围攻成王，逼成王自缢而死。商臣即位为楚国国君，即楚穆王。

〔2〕不言正不正：《集解》引徐乾语说："中国君卒，正者例日，篡立不正者，不日。夷狄君卒皆略而不日，所以殊夷夏也。今书日，谨识商臣之大逆尔。不以明髡正与不正。"

【译文】

[经] 冬季，十月的丁未日，楚国的太子商臣杀害了国君髡。

[传] 记载髡的死亡日期，是用来表示郑重地看待商臣杀害国君这一事件。经文对夷狄之国的记载是不说正与不正的。

6/1.11 [经] 公孙敖如齐[1]。

【注释】

〔1〕如齐：《左传》说："凡君即位，卿出并聘，践修旧好，要结外援，好事邻国，以卫社稷，忠信卑让之道也。"公孙敖如齐，即为此意。

【译文】

[经] 公孙敖前往齐国。

二　　年

6/2.1［经］二年^[1]，春，王二月。甲子，晋侯及秦师战于彭衙^[2]，秦师败绩。

【注释】

〔1〕二年：本年为周襄王二十七年，公元前625年。

〔2〕彭衙：秦国地名，今陕西白水东北。晋、秦殽之战，秦穆公因为轻敌而战败，秦国不少大臣均认为是秦将百里孟明视指挥不力所致，当杀之，秦穆公自引其咎，再次起用孟明视统帅秦军，与晋军在彭衙交战，欲报殽之战失利之仇。但仍为晋军所败。

【译文】

［经］文公二年，春季，周王二月。甲子日，晋襄公与秦军在彭衙这个地方交战，秦国军队被击败。

6/2.2［经］丁丑，作僖公主^[1]。

［传］"作"，为也，为僖公主也。立主，丧主于虞^[2]，吉主于练^[3]，作僖公主，讥其后也^[4]。作主坏庙有时日^[5]，于练焉坏庙。坏庙之道，易檐可也^[6]，改涂可也。

【注释】

〔1〕主：即供奉死者的灵牌，也称神主。为一长方形的木牌，上书死者名讳，以供祭祀。当灵柩下葬之前，祭奠之礼以灵柩为主，灵柩下葬之后，需作神主，送入宗庙，与祖先的神主同祭，祭毕迎回家，以供孝子在守孝期间朝夕祭奠。待三年丧期结束，行除灵仪式后，再将神主送入宗庙。

〔2〕丧主于虞：虞，虞祭。灵柩下葬归来后举行的祭奠仪式。举行过虞祭之后，就要罢哭，所以也称为卒哭。丧主于虞，指在虞祭阶段供奉的神主，《集解》用《公羊》的解释说："其主用桑。"即用桑木制成的神主。

〔3〕吉主于练：练，练祭。父母去世以后的第十一个月在家庙举行的祭奠仪式。因祭奠时所穿的服装是用练过的布帛制成的，故称练祭。吉主于练，指在练祭以后供奉的神主。《集解》用《公羊》的解释说："其主用栗。"即用栗木制成的神主。

〔4〕讥其后：因僖公去世至此已过了十五个月，再作神主，为时过晚了，所以经文讥之。

〔5〕坏庙：即毁庙。诸侯庙中供奉的神主，由父辈而至高祖辈，有新主入庙，就意味着原先的高祖辈已为远祖，就要将其神主迁至太庙，这就叫毁庙。毁庙时，一般要将家庙重新加以修缮。

〔6〕易檐：易，更换。修缮家庙时，更换西北角的屋檐。

【译文】

[经] 丁丑日，制作僖公的神主。

[传] 所谓"作"，就是制作的意思，这是为僖公制作神主。设立神主后，虞祭阶段用桑木制成的"丧主"，练祭过后就用栗木制成的"吉主"。经文中说"作僖公主"，这是在讥讽神主做得太晚了。制作神主和毁庙，礼制有规定的时间，在举行练祭时就要毁庙。毁庙的方法是，可以更换家庙西北角的屋檐，也可以对庙堂重新进行粉饰。

6/2.3 [经] 三月乙巳，及晋处父盟[1]。

[传] 不言公，处父伉也[2]，为公讳也。何以知其

与公盟？以其日也。何以不言公之如晋？所耻也。出不
书，反不致也。

【注释】

〔1〕及晋处父盟：处父，即阳处父，晋国的大夫。文公与阳处父立
盟，是因为文公未朝见晋襄公，晋襄公以为文公无礼，遂来讨，文公至
晋，晋国为了羞辱文公，让大夫与他立盟。经文记载的时间为"三月乙
巳"，《左传》记载此事的时间为"四月己巳"。

〔2〕伉：对当。

【译文】

［经］三月的乙巳日，与晋国的阳处父订立盟约。

［传］经文中不提起文公，是因为与阳处父对当，所以要为
文公隐讳。怎么知道阳处父是和文公会盟的？因为经文记载了日
期。那么经文为什么没有记载文公去晋国的事？因为这是使人感
到可耻的事情。经文既然没有记载文公的出访，所以也就不记载
他回国后举行祭告祖庙的仪式了。

6/2.4 ［经］夏，六月，公孙敖会宋公、陈侯、郑
伯、晋士縠，盟于垂敛[1]。

［传］内大夫可以会外诸侯。

【注释】

〔1〕公孙敖会宋公……盟于垂敛：士縠（hú，胡），晋国的司空，掌
管一国的土地、水利工程等事务。垂敛，郑国地名，《左传》作"垂
陇"，今河南荥阳北部。此次会盟，主要是为了讨伐卫国。

【译文】

［经］夏季，六月，公孙敖会同宋成公、陈共公、郑穆公、

晋国的士縠，在垂敛这个地方举行盟会。

[传] 鲁国大夫可以会见别国的诸侯。

6/2.5 [经] 自十有二月不雨，至于秋七月。

[传] 历时而言"不雨"[1]，文不忧雨也[2]。"不忧雨"者，无志乎民也[3]。

【注释】

〔1〕历时：指经历了三个季节。

〔2〕文不忧雨：文，指文公。按照当时的制度，如果发生了旱情并造成灾害，国君当举行雩祭，以求雨。但三个季节没有下雨，却没有在经文中提到文公有举行雩祭的事，故有此说。

〔3〕志：铭记。

【译文】

[经] 从去年的十二月起就没有下过雨，直到现在已是秋季的七月了。

[传] 经历了三个季节的时间，才说"不下雨"，这表明文公没有为不下雨而担忧过。既然他没有为不下雨而担忧，那么也就表明他没有将民众的事放在心上。

6/2.6 [经] 八月丁卯，大事于大庙[1]，跻僖公[2]。

[传] "大事"者何？大是事也，著祫尝[3]。祫尝者，毁庙之主，陈于大祖，未毁庙之主，皆升合祭于大祖[4]。跻，升也，先亲而后祖也，逆祀也[5]。逆祀则是无昭、穆也[6]，无昭、穆，则是无祖也。无祖则无天也，故曰文无天。无天者，是无天而行也。君子不以亲亲害尊尊，此《春秋》之义也。

【注释】

〔1〕大事于大庙：大事，也称大袷，即合祭。据《公羊》的解释，"其合祭奈何？毁庙之主，陈于大祖。未毁庙之主，皆升，合食于大祖，五年而再殷祭"。大庙，即太庙。

〔2〕跻僖公：跻，传文解释为"升"，"跻僖公"，就是将僖公的神主安放在闵公之前。

〔3〕著袷尝：著，显彰，突出的意思。袷，读作"xiá（霞）"，指合祭。尝，秋祭。

〔4〕升合祭于大祖：提升新薨之君的神主，将其与以前各代祖宗一同合起来祭祀。

〔5〕逆祀：颠倒庙次的祭祀。这里是指先祭僖公，再祭闵公。僖公与闵公同为庄公之子，僖公又为闵公的庶兄，故血缘上的辈分为兄弟，但闵公为国君在前，僖公在后，君臣上的辈分为闵公为父，僖公为子。《穀梁》认为文公将僖公的神主安放在闵公之前，就是在祭祀中颠倒了君臣的名分。

〔6〕昭、穆：诸侯的祖庙有五，中间为祖庙，两旁各二，左为昭，是父辈，右为穆，是子辈。

【译文】

[**经**] 八月的丁卯日，在太庙举行大祭，提升僖公的神主。

[**传**] "大事"是什么意思？是为了强调这次祭祀的意义重大，从而突出这次合祭兼秋祭的仪式。"袷祭"的意思，就是指将属于毁庙之列的神主安放到太庙中去，不属毁庙之列的神主则依次递升其位置，然后集中列祖列宗的神主，在太庙中一并予以祭祀。"跻"的意思，就是递升。如果在祭祀中先祭父亲辈的，再祭祖父辈的，那就是颠倒了庙次的祭祀。如果举行颠倒了庙次的祭祀，那么也就没有了昭庙和穆庙的区别。如果没有昭庙和穆庙的区别，也就无所谓祖宗了。没有祖宗就是没有天道，所以说文公没有天道，没有天道也就是不顾天道去行事。一个讲道义行仁德的人，是决不能因为爱护自己的亲人而有损于尊崇长辈的，这也是《春秋》所昭示的大义。

6/2.7 ［经］冬，晋人、宋人、陈人、郑人伐秦[1]。

【注释】

〔1〕伐秦：四国伐秦，主事者晋国为先且居，宋国为公子成、陈国为辕选、郑国为公子归生。伐秦是为了报复秦国于本年春挑起的彭衙战役。

【译文】

［经］冬季，晋国人、宋国人、陈国人、郑国人攻打秦国。

6/2.8 ［经］公子遂如齐纳币[1]。

【注释】

〔1〕纳币：指公子遂为文公到齐国求婚，并送上聘礼。

【译文】

［经］公子遂前往齐国送求婚的聘礼。

三　　年

6/3.1 ［经］三年[1]，春，王正月。叔孙得臣会晋人、宋人、陈人、卫人、郑人伐沈[2]，沈溃。

【注释】

〔1〕三年：本年为周襄王二十八年，公元前 624 年。

〔2〕伐沈：沈，古国名。姬姓，或以为妘姓，国在今河南汝南东南。伐沈事，是因为其与蔡国曾经依附于楚国。

【译文】

［经］文公三年，春季，周王的正月。叔孙得臣会同晋国人、宋国人、陈国人、卫国人、郑国人攻打沈国，沈国溃败。

6/3.2 ［经］夏，五月，王子虎卒[1]。

［传］叔服也[2]，此不卒者也，何以卒之？以其来会葬，我卒之也。或曰，以其尝执重以守也[3]。

【注释】

〔1〕王子虎：周王朝的大夫，曾多次代表周襄王与诸侯交往，参与诸侯的盟会。《左传》释为王叔，谥号为文公。《公羊》、《穀梁》认为是另外一个人，详见下文。

〔2〕叔服：《公羊》、《穀梁》皆认为"王子虎"即叔服。何休《公羊注》说，王子虎即叔服，新为王者来会葬。所谓会葬事，即文公为僖公举行的葬礼，但《左传》中记载是周王的内史叔服来参加葬礼的。

〔3〕尝执重以守：此事指僖公二十四年"天王出居郑"时叔服守卫京师而言。时周王室发生内乱，襄王出走京师，避难于郑，并向诸侯告急，但经文及各传中均未提到"叔服"其人，后来晋文公迎接周王入王城时也不见有"叔服"的记载，故《公羊》、《穀梁》所说是否属实，也还有疑问。

【译文】

[经] 夏季，五月，王子虎去世。

[传] 王子虎就是叔服，这是不应当记载其死亡消息的人，经文为什么记载了他的死亡？因为他曾经来鲁国一起参加过僖公的葬礼，所以鲁国就当他是自己人死了一样记载了他的死亡。有的说法认为：这是因为他曾经担负过镇守京师的重任的缘故。

6/3.3 [经] 秦人伐晋[1]。

【注释】

〔1〕秦人伐晋：秦穆公再次起用百里孟明视为统帅，渡过黄河以后将船只全部烧毁，以明其决死之心。在与晋军交战中，"取王官及郊（二地名），晋人不出"，于是掩埋了当年在殽山阵亡的将士，回师，从此称霸西戎。

【译文】

[经] 秦国人攻打晋国。

6/3.4 [经] 秋，楚人围江。

【译文】

[经] 秋季，楚国人围攻江国。

6/3.5 [经] 雨螽于宋。

[传] 外灾不志，此何以志也？曰：灾甚也。其甚奈何？茅茨尽矣[1]。著于上，见于下，谓之雨[2]。

【注释】

〔1〕茅茨：茅草，蒺藜。

〔2〕著于上……谓之雨：指螽自天上落下，满地皆是，就像下雨一样。

【译文】

[经] 在宋国蝗虫像下雨般落下来。

[传] 发生在鲁国以外的国家的灾害照例是不予记载的，这里为什么予以记载？回答是：因为灾害十分严重的缘故。灾害究竟严重到什么程度呢？连茅草、蒺藜都被蝗虫吃光了。显现在天上，又被看见在地面，这就叫做"雨"。

6/3.6 [经] 冬，公如晋[1]。

【注释】

〔1〕公如晋：文公二年，晋国故意让阳处父与文公立盟，实为羞辱文公，后晋国觉得此事太无礼貌，担心因此而影响晋、鲁之间的关系，遂要求改盟。于是文公再次到晋国去。

【译文】

[经] 冬季，文公前往晋国。

6/3.7 ［经］十有二月己巳，公及晋侯盟[1]。

【注释】

〔1〕公及晋侯盟：两国国君订立盟约后，晋襄公设宴款待文公，并赋《菁菁者莪》一诗，将文公比作君子，文公也回敬一首《嘉乐》诗，表示此次赴晋立盟，十分荣幸。

【译文】

［经］十二月的己巳日，文公与晋襄公订立盟约。

6/3.8 ［经］晋阳处父帅师伐楚救江[1]。

［传］此伐楚，其言"救江"，何也？江远楚近，伐楚所以救江也。

【注释】

〔1〕救江：楚国在秋季围攻江国，晋国先将此事报告周王，周王派王叔桓公与晋国的阳处父率军攻打楚国，以解江国之围。王师与晋军打到楚国的方城时，围攻江国的楚将息公子朱从江国赶回援救，于是王师与晋军就退兵了。

【译文】

［经］晋国的阳处父率军讨伐楚国，以援救江国。

［传］这明明是讨伐楚国，经文中却说是"救江"，这是为什么？因为江国离晋国远，楚国离晋国近，讨伐楚国就等于是援救了江国。

四　　年

6/4.1 ［经］四年^{〔1〕}，春，公至自晋。

【注释】

〔1〕四年：本年为周襄王二十九年，公元前 623 年。

【译文】

　　［经］文公四年，春季，文公从晋国返回，向祖庙行祭告之礼。

6/4.2 ［经］夏，逆妇姜于齐^{〔1〕}。

　　［传］其曰"妇姜"，为其礼成乎齐也^{〔2〕}。其逆者谁也？亲逆而称妇，或者公与？何其速妇之也？曰：公也。其不言公，何也？非成礼于齐也。曰"妇"，有姑之辞也。其不言氏，何也？贬之也。何为贬之也？夫人与有贬也。

【注释】

〔1〕逆妇姜于齐：鲁、齐两国国君数代联姻，文公也不例外。经文所记载的就是文公到齐国迎娶其妻。

〔2〕礼成乎齐：礼，指成婚的大礼。《穀梁》认为经文中称"妇"，就表示齐国的那位女子已经与文公在齐国举行过婚礼了。

【译文】

[经] 夏季，在齐国迎娶妻子姜氏。

[传] 经文中称所迎娶的女子为"妇姜"，是因为她已经在齐国与文公举行过婚礼。去迎接妇姜的是什么人？只有亲自去迎接才可以称为"妇"，这样看来去迎接的人也许就是文公吧？为什么这么快就使她成为妻子了呢？回答是：就是文公这么办的。经文中没有说到文公，这是为什么？是为了责备他不应该在齐国举行婚礼。经文称她为"妇"，也是表示有婆婆的文辞。经文不称她的姓氏，这是为什么？是为了贬斥她。为什么要贬斥她呢？因为她这么快就成为文公的妻子了，所以应该与文公同样得到贬斥。

6/4.3 [经] 狄侵齐。

【译文】

[经] 狄人侵犯齐国。

6/4.4 [经] 秋，楚人灭江。

【译文】

[经] 秋季，楚国灭了江国。

6/4.5 [经] 晋侯伐秦[1]。

【注释】

〔1〕晋侯伐秦：此战是为了报复秦军于上年夏伐晋、取王官之役。

经文紧接"楚人灭江"一事来写晋侯伐秦事，是《春秋》中"比事"的写法，以体现晋侯名为霸主，却不敢讨伐刚刚灭了盟国的楚国，而热衷于报私仇的面目。

【译文】

[经] 晋襄公攻打秦国。

6/4.6 [经] 卫侯使甯俞来聘[1]。

【注释】

〔1〕甯俞来聘：甯俞，即卫国的大夫甯武子，有贤德。据《左传》记载，文公设宴款待甯武子，席间命乐工演唱《湛露》、《彤弓》，这两首乐曲只有天子宴请诸侯时才能演唱，文公用以款待甯武子，当然属于逾越礼制。故甯武子采取了视而不见、听而不闻的态度。等到乐工演唱完毕，文公问他有何感受时，他说，我还以为是乐工正在练习，并非专门为我演唱的。由此表现了甯武子的机智。

【译文】

[经] 卫成公派甯俞前来访问。

6/4.7 [经] 冬，十有一月壬寅，夫人风氏薨[1]。

【注释】

〔1〕夫人风氏：庄公之妾、僖公之母成风，僖公因是国君，母以子贵，她才被尊为夫人。

【译文】

[经] 冬季，十一月的壬寅日，夫人风氏去世了。

五　年

6/5.1 ［经］五年[1]，春，王正月。王使荣叔归含[2]，且赗[3]。

［传］含，一事也，赗一事也，兼归之，非正也。其曰"且"，志兼也。其不言来，不周事之用也。赗以早，而含以晚。

【注释】

〔1〕五年：本年为周襄王三十年，公元前 622 年。

〔2〕使荣叔归含：荣叔，周王朝的大夫。归，"馈"的通假字，馈赠。含，古代死者大殓时含在口中的珍珠、贝、玉、米等物。此物为遗体入棺时用。

〔3〕赗：赠送给丧家的助葬之物，如车马束帛之类，用于出殡时。

【译文】

［经］文公五年，春季，周王的正月。周襄王派荣叔送来含，并且还有赗。

［传］赠送"含"是一件事，赠送"赗"又是另一件事，把两种东西合在一起馈赠，这是不符合礼制规定的。经文用"且"字，来表示荣叔一人兼办了两种物品的赠送之事。经文中不说"来"，表明周王送来的东西都不合丧事的用途。"赗"，赠送得太早了，而"含"却送得太晚了。

6/5.2［经］三月辛亥，葬我小君成风。

【译文】

［经］三月的辛亥日，安葬了我国的夫人成风。

6/5.3［经］王使毛伯来会葬[1]。
［传］会葬之礼于鄙上[2]。

【注释】

〔1〕毛伯：周王朝的大夫。《左传》、《公羊》经文作"召伯"。
〔2〕会葬之礼于鄙上：鄙，郊野。《集解》说："从竟（境）至墓，主为送葬来。"也就是说，周王派遣的使者，以及其他诸侯国来参加葬礼的人，在入境之后要直接前往墓地，这样才能显示出是专门来送葬的。

【译文】

［经］周王派遣毛伯前来参加葬礼。
［传］根据参加安葬仪式的礼节，来人都要从边境直接到墓地的。

6/5.4［经］夏，公孙敖如晋。

【译文】

［经］夏季，公孙敖前往晋国。

6/5.5［经］秦人入鄀[1]。

【注释】

〔1〕鄀：读作"ruò（若）"，古国名。允姓，有"上鄀"、"下鄀"之别。上鄀在今湖北宜城东南，后被楚国所灭，春秋后期曾为楚国的国都。下鄀在今河南内乡、陕西商县一带，后灭于晋，成为晋国的邑。此处所指不知为何"鄀"。《左传》说其"叛楚即秦，有贰于楚"，于是秦人其国。

【译文】

［经］秦国人入侵鄀国。

6/5.6 ［经］秋，楚人灭六〔1〕。

【注释】

〔1〕灭六：六，读作"lù（录）"，古国名。偃姓，相传为皋陶的后代。国土在今安徽六安一带。楚国因六国人背离了楚国的控制，而与东夷有善，因此派成大心、仲归率军灭了六国。

【译文】

［经］秋季，楚国人灭亡了六国。

6/5.7 ［经］冬，十月甲申，许男业卒〔1〕。

【注释】

〔1〕许男业：即许僖公，公元前655年即位，在位共三十二年。

【译文】

［经］冬季，十月的甲申日，许国国君业去世了。

六　　年

6/6.1 [经] 六年^[1]，春，葬许僖公。

【注释】

〔1〕六年：本年为周襄王三十一年，公元前621年。

【译文】

[经] 文公六年，春季，安葬了许僖公。

6/6.2 [经] 夏，季孙行父如陈^[1]。

【注释】

〔1〕季孙行父：即季文子，鲁桓公少子公子季友之孙，宣公时成为鲁国的执政大夫。其后季孙氏家族连续数代均掌握鲁国的政治权力。

【译文】

[经] 夏季，季孙行父前往陈国。

6/6.3 [经] 季孙行父如晋^[1]。

【注释】

　　〔1〕季孙行父如晋：据下文的记载来看，可能与问候晋襄公病情有关。

【译文】

　　[经] 季孙行父前往晋国。

6/6.4 [经] 八月乙亥，晋侯骦卒[1]。

【注释】

　　〔1〕晋侯骦：即晋襄公。《公羊》经文作"讙"。公元前627年即位，在位共七年，其间努力维护了晋国的霸主地位。

【译文】

　　[经] 八月的乙亥日，晋国国君骦去世了。

6/6.5 [经] 冬，十月，公子遂如晋[1]。

【注释】

　　〔1〕如晋：此行为参加晋襄公的葬礼而去。

【译文】

　　[经] 冬季，十月，公子遂前往晋国。

6/6.6 [经] 葬晋襄公。

【译文】

[经] 安葬了晋襄公。

6/6.7 [经] 晋杀其大夫阳处父。

[传] 称国以杀，罪累上也。襄公已葬，其以累上之辞言之，何也？君漏言也[1]。上泄则下闇，下闇则上聋，且闇且聋，无以相通。夜姑[2]，杀者也。夜姑之杀，奈何？曰：晋将与狄战，使狐夜姑为将军，赵盾佐之[3]。阳处父曰：“不可。古者君之使臣也，使仁者佐贤者，不使贤者佐仁者。今赵盾贤，夜姑仁，其不可乎！”襄公曰：“诺。”谓夜姑曰：“吾始使盾佐女[4]，今女佐盾矣。”夜姑曰：“敬诺。”襄公死，处父主竟上事，夜姑使人杀之。君漏言也，故士造辟而言[5]，诡辞而出[6]，曰：“用我则可，不用我则无乱其德。”

【注释】

〔1〕漏言：泄漏了别人对自己所说的秘密。

〔2〕夜姑：夜，《左传》、《公羊》所引经文作“射”。射，读作“yè（夜）”。射姑即狐射姑，晋上军之佐狐偃之子，封邑于贾地，故也称“贾季”。

〔3〕赵盾：晋上军之将赵衰之子，后为晋襄公时的中军元帅，掌握国政，也称赵宣子。

〔4〕女：同“汝”。

〔5〕造辟而言：造，旧时读作“cāo”，往，到的意思。辟，读作“bì（必）”，指国君。造辟而言：指到国君那里去谈话。

〔6〕诡辞：不说实话。

【译文】

[经] 晋国杀了它的大夫阳处父。

[传] 经文中说用国家的名义把阳处父杀了，这是连带着斥责国君的意思。此时晋襄公已经安葬，经文还要用连带着斥责国君的言辞记载此事，是什么原因？因为是晋襄公泄漏了阳处父向他透露的秘密。如果国君泄漏了臣下透露的秘密，做臣下从此就闭口不再说什么了，这样，做国君的就成了聋子，又哑又聋，君臣上下也就无法相互沟通。狐夜姑，就是杀害阳处父的人。夜姑杀害阳处父是怎么一回事？回答是：晋国将要与狄人交战，就派狐夜姑担任将军，让赵盾当他的副手。阳处父说："不可以。古时候君王任用臣下，是让有仁德的人去辅佐有贤才的人，而不是让有贤才的人去辅佐有仁德的人。现在赵盾具有贤才，狐夜姑则有仁德，所以像这样的安排恐怕不妥当吧！"晋襄公说："我听你的。"就对狐夜姑说："我一开始准备让赵盾来辅佐你，现在由你去辅佐赵盾吧。"狐夜姑说："我恭敬地服从您的命令。"晋襄公死后，阳处父主持边境的防务，狐夜姑就派人去把他杀了。这都是晋襄公泄漏了阳处父向他秘密进言的话以后所造成的。所以，士人如果到国君那里去进言，出来后就不将实话告诉别人，而是说："如果听我的话就这样办，如果不听我的话，那也不要随随便便地去和别人说三道四。"

6/6.8 [经] 晋狐夜姑出奔狄[1]。

【注释】

〔1〕狐夜姑出奔狄：赵盾在晋襄公去世后，整顿国政，又封阳处父为太傅，狐夜姑派人杀了阳处父，在晋国已无法容身，遂出逃。

【译文】

[经] 晋国的狐夜姑出逃狄人之地。

6/6.9 ［经］闰月，不告月，犹朝于庙[1]。

［传］"不告月"者，何也？不告朔也[2]。不告朔则何为不言朔也？"闰月"者，附月之余日也，积分而成于月者也，天子不以告朔，而丧事不数也[3]。"犹"之为言，可以已也。

【注释】

〔1〕朝于庙：《集解》说："礼，天子以十二月朔政班告于诸侯，诸侯受于祢庙，孝子尊事先君，不敢自专也。"

〔2〕告朔：朔，每月的初一日。这天诸侯均应祭于祖庙，按照历书中的时辰，宣告于众，作为施政行令的依据。

〔3〕丧事不数：服丧期限也不将闰月计算在内。

【译文】

［经］闰月，不举行祭告祖庙的仪式，但还是朝拜祖庙。

［传］这里的"不告月"是什么意思？也就是到祖庙去举行祭告的仪式。既然不到祖庙去举行祭告的仪式，经文为什么不说明是初一日呢？因为闰月是附在某个正常的月份后面的剩余天数，是积累了好几个月的剩余天数而形成的月份，天子在闰月中也不举行祭告祖庙的仪式，丧事的有关规定也不把闰月计算在内。"犹"的意思，就是说本可以停止举行的。

七 年

6/7.1 ［经］七年[1]，春，公伐邾。

【注释】

〔1〕七年：本年为周襄王三十二年，公元前 620 年。

【译文】

　　［经］文公七年，春季，文公攻打邾国。

6/7.2 ［经］三月甲戌，取须句[1]。

　　［传］取邑不日，此其日何也？不正其再取，故谨而日之也。

【注释】

〔1〕须句：见 5/22.1 注〔2〕。

【译文】

　　［经］三月的甲戌日，夺取了须句。

　　［传］经文对攻取小城，一般是不记载日期的。这里为什么记载日期呢？经文认为再次夺取须句是不合正道的，所以就郑重

地记载了攻取的日期。

6/7.3 ［经］遂城郚[1]。
［传］"遂"，继事也。

【注释】

〔1〕郚：鲁国邑名，今山东泗水东南。

【译文】

［经］于是修筑郚邑的城墙。

［传］"遂"的意思，就是紧接着从事下一件事。

6/7.4 ［经］夏，四月，宋公壬臣卒[1]。

【注释】

〔1〕宋公壬臣：即宋成公，公元前 636 年即位，在位共十七年。《集解》说："壬，本或作王臣。"《左传》、《公羊》经文作"王臣"。

【译文】

［经］夏季，四月，宋国国君壬臣去世了。

6/7.5 ［经］宋人杀其大夫[1]。
［传］称人以杀，诛有罪也[2]。

【注释】

〔1〕宋人杀其大夫：宋成公时，国中的重要职务均为公室所占有，成公去世后，昭公即位，想收回大权，于是公室发难，宋穆、宋襄两族

后人率众攻击昭公，此时正好大夫公孙固、公孙郑也在宫中，结果被杀。

〔2〕诛有罪：《穀梁》以为凡是经文记载时说"人以杀"的，被杀者就是有罪之人。依《春秋》之例，当说"人以杀"时，只有不记载被杀者的爵位，才是"诛有罪"，如果记载被杀者的爵位，那么就是无罪而被杀了。

【译文】

[经] 宋国人杀了它的大夫。

[传] 经文中说是"人"杀了大夫，那就是诛杀有罪之人的意思。

6/7.6 [经] 戊子，晋人及秦人战于令狐[1]。晋先蔑奔秦[2]。

[传] 不言出，在外也。缀战而奔秦，以是为逃军也[3]。

【注释】

〔1〕令狐：令，读作"líng（灵）"。晋国地名，今山西临猗西部。《集解》说在秦国。

〔2〕先蔑奔秦：先蔑，《公羊》经文作"先昧"，晋国的大夫。晋襄公去世后，国内发生立君之争，赵盾欲将住在秦国的公子雍立为国君，就派先蔑与士会二人前往秦国迎公子雍回国。但赵盾后来改变了主意，不等公子雍回国，就立夷皋为国君，即晋灵公，并派出军队在令狐这个地方阻击护送公子雍回国的秦军。先蔑对赵盾言而无信的行为十分气愤，因而投奔秦国。

〔3〕逃军：《穀梁》沿袭《公羊》的解说，言"在外"，又进一步解释"外"的具体处所，误以为先蔑当时正在阻击秦军的晋军中。先蔑被赵盾派往秦国迎公子雍回国，自然应当是与公子雍同行的，不可能在晋军中。故"逃军"之说，不一定准确。

【译文】

[经] 戊子, 晋国人与秦国人在令狐这个地方交战。晋国的先蔑投奔了秦国。

[传] 经文没有说先蔑外出, 是因为他当时就身在晋国之外。先蔑中止了与秦国作战, 反而逃到秦国, 所以将他的这种行为看成是逃离军队。

6/7.7 [经] 狄侵我西鄙。

【译文】

[经] 狄人侵犯我国西部边境。

6/7.8 [经] 秋, 八月, 公会诸侯、晋大夫, 盟于扈[1]。

[传] 其曰"诸侯", 略之也。

【注释】

〔1〕扈: 郑国地名。此次诸侯会盟, 是因赵盾立夷皋为国君。据《左传》记载, 这次结盟的有齐、宋、卫、陈、郑、许、曹等国的国君, 晋国是赵盾参与的。

【译文】

[经] 秋季, 八月, 文公会同诸侯、晋国的大夫在扈这个地方结盟。

[传] 经文中只说"诸侯", 而没有列出是哪些诸侯, 这是省略了的缘故。

6/7.9 [经] 冬, 徐伐莒。

【译文】

　　［经］冬季，徐国攻打莒国。

6/7.10［经］公孙敖如莒莅盟。

　　［传］莅，位也。其曰"位"，何也？前定也。其不日，前定之盟不日也。

【译文】

　　［经］公孙敖到莒国莅临盟会。

　　［传］"莅"，就是到盟会中所确定的位置上去。为什么说是到盟会中所确定的位置上去？因为这次盟会是以前约定好了的。经文没有记载会盟的日期，是因为对预先约定了的盟会就不记载日期了。

八　　年

6/8.1 ［经］ 八年^{〔1〕}，春，王正月。

【注释】

〔1〕八年：本年为周襄王三十三年，公元前 619 年。

【译文】

［经］ 文公八年，春季，周王的正月。

6/8.2 ［经］ 夏，四月。

【译文】

［经］ 夏季，四月。

6/8.3 ［经］ 秋，八月戊申，天王崩^{〔1〕}。

【注释】

〔1〕天王：即周襄王，公元前 651 年即位，在位共三十三年。

【译文】

[经] 秋季，八月的戊申日，周襄王去世。

6/8.4 [经] 冬，十月壬午，公子遂会晋赵盾，盟于衡雍[1]。

【注释】

〔1〕盟于衡雍：文公七年秋八月，赵盾召诸侯在扈会盟，文公后至，有轻视盟主之意，晋国怪罪于鲁，于是公子遂赴衡雍，再与晋国结盟。衡雍，郑国地名。

【译文】

[经] 冬季，十月的壬午日，公子遂与晋国的赵盾会见，在衡雍这个地方结盟。

6/8.5 [经] 乙酉，公子遂会雒戎[1]，盟于暴[2]。

【注释】

〔1〕雒戎：雒，通"洛"。雒戎，指生活于洛水一带的戎人。

〔2〕盟于暴：公子遂在与晋国的赵盾结盟后返回鲁国途中，探知雒戎将有伐鲁之举，于是前往暴地，与之结盟，避免了这次战争。暴，郑国地名。

【译文】

[经] 乙酉日，公子遂会见雒戎，在暴这个地方与雒戎结盟。

6/8.6 [经] 公孙敖如京师[1]，不至而复。丙戌，奔莒[2]。

〔传〕不言所至，未如也，未如则未复也。未如而曰"如"，不废君命也。未复而曰"复"，不专君命也。其如非如也，其复非复也。唯奔莒之为信，故谨而日之也。

【注释】

〔1〕如京师：因周襄王去世，诸侯皆遣使者前去凭吊，公孙敖即奉文公之命去京师吊丧。

〔2〕奔莒：指公孙敖投奔莒国。公孙敖曾娶莒国之女戴己为妻，戴己去世后，他又向莒国求婚，莒国以戴己之妹声己已陪嫁为由，没有同意，公孙敖只得改说是替公子遂求亲。七年冬，公孙敖到莒国参加盟会时，顺便为公子遂迎娶莒女，见其貌美，竟自娶之。此次又借去京师吊丧之机，转道至莒国，将鲁国赠送给周王室的礼物送给了所娶的莒女。

【译文】

〔经〕公孙敖前往京师，没有到那里就回来了。丙戌日，投奔了莒国。

〔传〕经文中没有说明公孙敖到达的是什么地方，是因为他并没有去。没有前去也就无所谓返回。根本没有去过，经文却说"如"，这是为了表示不能废弃国君的命令。明明没有返回，经文却说"复"，这是表示不能擅自对待国君的命令。经文中说的"如"，并非表示真的去过了，经文中说的"复"，也并非表示真的返回了。只有逃奔莒国这件事是可以相信的，所以经文就郑重地记载了这件事发生的日期。

6/8.7 〔经〕螽[1]。

【注释】

〔1〕螽：《公羊》经文作"蝝"。下同。

【译文】

[经] 发生蝗灾。

6/8.8 [经] 宋人杀其大夫、司马[1]。

[传] "司马"，官也。其以官称，无君之辞也[2]。

【注释】

〔1〕宋人杀其大夫、司马：司马，官职名，掌管一国军事的最高长官。宋昭公不肯对其祖母、襄公夫人致以礼貌，襄公夫人让戴氏的族人杀了大夫孔叔、公孙锺离，以及大司马公子卬（áng，昂）。

〔2〕无君之辞：上年四月，宋国因昭公得罪了公室，引起国人的骚乱，杀了大夫，此次昭公得罪了襄公夫人，又使大夫及司马被杀。大臣屡次被杀，国君竟不过问，这就等于像没有国君一样了。故《穀梁》有此言。

【译文】

[经] 宋国人杀了他们的大夫、司马。

[传] "司马"，是一种官职。经文用官职来称呼被杀的人，这是表示宋国的国君实际上已经失去了权威的写法。

6/8.9 [经] 宋司城来奔[1]。

[传] "司城"，官也。其以官称，无君之辞也。来奔者不言出，举其接我也[2]。

【注释】

〔1〕司城：官职名。相当于司空，掌管一国工程建筑事务的最高长官。当时宋国的司城为荡意诸。《左传》记其奔鲁时，将代表官职的信物交给手下人保管，意为不以官出奔，免得有辱国体。鲁文公敬佩其为人，在鲁国用司城的礼节来迎接他，还准备替他向宋昭公说情，让他回

国复职。

　〔2〕接我：与我交接。

【译文】

　　［经］宋国的司城前来投奔。

　　［传］"司城"，是一种官职。经文用官职来称呼投奔鲁国的人，这是表示宋国的国君实际上已经失去权威的写法。对前来投奔鲁国的人不说他出奔，这是根据他与鲁国交往的一面来记载的。

九　年

6/9.1 ［经］九年^{〔1〕}，春，毛伯来求金^{〔2〕}。

［传］求车犹可^{〔3〕}，求金甚矣。

【注释】

〔1〕九年：本年为周顷王元年，公元前 618 年。周顷王，名壬臣，在位共六年。

〔2〕毛伯来求金：毛伯，名卫，周王朝的卿大夫。来求金，即向鲁国求取进贡的财物。据周朝的礼制，太宰以九贡致邦国之用，其中第六项为"货贡"，郑玄注说："货贡，金、玉、龟、贝也。"

〔3〕求车：此为桓公十五年之事。当时周桓王派卿大夫家父来向鲁国求车。

【译文】

［经］文公九年，春季，毛伯来求取金玉等财物。

［传］索取车辆还说得过去，求取金玉之类那就太过分了。

6/9.2 ［经］夫人姜氏如齐^{〔1〕}。

【注释】

〔1〕姜氏如齐：《集解》说"归宁"，也就是文公的夫人探望其父母。

【译文】

[经] 夫人姜氏前往齐国。

6/9.3 [经] 二月，叔孙得臣如京师[1]。

[传] "京"，大也。"师"，众也。言周，必以众与大言之也。

【注释】

〔1〕如京师：叔孙得臣此行是为参加周襄王的葬礼而去。

【译文】

[经] 二月，叔孙得臣前往京师。

[传] "京"，就是地域广袤的意思。"师"，就是人数众多的意思。说到周王朝，就一定要用人数众多、地域广袤这样的话来加以表达。

6/9.4 [经] 辛丑，葬襄王。

[传] 天子志崩不志葬[1]，举天下而葬一人，其道不疑也。志葬，危不得葬也[2]。日之，甚矣，其不葬之辞也。

【注释】

〔1〕天子志崩不志葬：《穀梁》认为经义只记载周王去世的日期，不记载其安葬的日期，这是误解。《春秋》经文共涉及东周十二个王的去世、安葬之事，其中记载了去世日期的为九个，未记载者有三个，说明经文并非对每个王去世都记载日期的。还有，记载了去世日期的九个王中，有五个分别记载了他们的安葬日期。说明经文并非"不志葬"。《三传比义》引赵匡语说："春秋王崩，三不书（指庄、僖、顷三王），见王

室不告，鲁之不赴也，哀王室之无人，著诸侯之不臣也。"又引唊助语说："凡天子之葬，鲁会则书，不书者皆不会也。"可以作为理解《春秋》经文记载天子去世、安葬之例的参考。

〔2〕危不得葬：在经文记载了安葬日期的五个王中，其中桓王为改葬，另四人或二月而葬（匡王），或五月而葬（简王），或三月而葬（景王），只有襄王一人是符合天子葬期的七月而葬。现在传文却反而说襄王之葬是"危不得葬"，于理不通。

【译文】

[经] 辛丑日，安葬了周襄王。

[传] 经文对周王只记载他的去世，不记载他的葬礼，因为天下的臣民都要为周王一人举行葬礼，这个道理是没有什么可怀疑的。经文如果记载了他的葬礼，那么就是因为担心不能为他备礼安葬。记载葬礼的日期，就表示担心的程度十分严重了，是不能以礼安葬的文辞。

6/9.5 [经] 晋人杀其大夫先都[1]。

【注释】

〔1〕杀其大夫先都：晋灵公准备提升箕郑父、先都，就让士縠、梁益耳作为中军的主帅，先且居之子先克对灵公说，狐偃、赵衰的功勋不可废弃。灵公听从了先克的意见。不久，箕郑父、先都、士縠、梁益耳发动了叛乱，先都和梁益耳还派刺客杀了先克。正月的乙丑日，晋国人杀了先都。

【译文】

[经] 晋国人杀了他们的大夫先都。

6/9.6 [经] 三月，夫人姜氏至自齐[1]。

[传] 卑以尊致，病文公也。

【注释】

〔1〕姜氏至自齐：夫人返回后行祭告之礼，《春秋》中仅此一条。《穀梁》认为是逾越礼制之举。

【译文】

[经] 三月，夫人姜氏从齐国返回后行祭告之礼。

[传] 以夫人卑下的身份，却举行了庄重的祭告之礼，这是在讥讽文公过分宠爱姜氏了。

6/9.7 [经] 晋人杀其大夫士縠及箕郑父[1]。

[传] 称人以"杀"，诛有罪也，郑父累也[2]。

【注释】

〔1〕杀其大夫士縠及箕郑父：也因叛乱而杀之，参6/9.5注〔1〕。

〔2〕郑父累也：《穀梁》认为经文在士縠与箕郑父之间用了一个"及"字，其例与僖公三十年记载"卫杀其大夫元咺及公子瑕"相同。而据《左传》记载，箕郑父也参加了先都等人的叛乱，所以《穀梁》以一个"及"字来说明是受连累的依据并不充分。

【译文】

[经] 晋国人杀了他们的大夫士縠和箕郑父。

[传] 经文中说是"人"杀的，这就表明被杀者都是有罪之人，箕郑父的被杀，是受了士縠等人的连累。

6/9.8 [经] 楚人伐郑[1]，公子遂会晋人、宋人、卫人、许人救郑[2]。

【注释】

〔1〕楚人伐郑：楚国是趁晋灵公年龄尚幼不能承担诸侯霸主的责任而攻打郑国的。

〔2〕公子遂会晋人……救郑：据《左传》记载，与公子遂一起率军援救郑国的有，晋国的赵盾、宋国的华耦、卫国的孔达、许国的大夫等。但这次援救行动并没有成功。

【译文】

[经]楚国人攻打郑国。公子遂会同晋国人、宋国人、卫国人、许国人援救郑国。

6/9.9 [经]夏，狄侵齐。

【译文】

[经]夏季，狄人入侵齐国。

6/9.10 [经]秋，八月，曹伯襄卒[1]。

【注释】

〔1〕曹伯襄：即曹共公，公元前652年即位，在位共三十五年。

【译文】

[经]秋季，八月，曹国国君襄去世。

6/9.11 [经]九月癸酉，地震。

[传]"震"，动也。地，不震者也，震，故谨而日之也。

【译文】

　　[经] 九月的癸酉日，发生地震。

　　[传] 所谓"震"，就是震动的意思。地，本来是不震动的，现在震动了，所以经文就郑重地记载了这件事的发生日期。

6/9.12 [经] 冬，楚子使萩来聘[1]。

　　[传] 楚无大夫，其曰萩何也？以其来，我褒之也。

【注释】

　　[1] 萩：《集解》说"或作'荻'"。《左传》、《公羊》经文作"椒"。楚国的大夫。《左传》记事称为"子越椒"，杜预注说是楚国令尹子文的从子。

【译文】

　　[经] 冬季，楚穆王派遣萩来访。

　　[传] 楚国没有经过周王正式任命的大夫，经文为什么称来人为"萩"？因为他是到鲁国来的，经文就站在鲁国的立场上来褒扬他。

6/9.13 [经] 秦人来归僖公、成风之襚[1]。

　　[传] 秦人弗夫人也[2]，即外之弗夫人而见正焉。

【注释】

　　[1] 来归……襚：归，馈赠。襚，赠送给死者入殓时用的衣被。僖公去世已经十年，其母成风去世也已五年，秦人此时来赠送丧物，完全是为了表示诸侯之间的一种亲密关系，并非为了助丧。

　　[2] 秦人弗夫人：经文中没有写明夫人成风，《穀梁》就认为秦人没有将她当做夫人来看待。

【译文】

　　[经] 秦国人送来了给僖公、成风入殓时用的衣被。

　　[传] 秦国人不认为成风是夫人，经文通过别国不认为成风是夫人的记载，来揭示不能将妾作为正妻的礼制。

6/9.14 [经] 葬曹共公。

【译文】

　　[经] 安葬了曹共公。

十　　年

6/10.1 ［经］ 十年[1]，春，王三月。辛卯，臧孙辰卒[2]。

【注释】

〔1〕十年：本年为周顷王二年，公元前617年。

〔2〕臧孙辰：即臧文仲，鲁国的执政大臣。姓臧孙氏，名辰。先后在庄、闵、僖、文公时期任职，对鲁国的发展有所贡献。其言论多见于《左传》。

【译文】

［经］文公十年，春季，周王三月。辛卯日，臧孙辰去世。

6/10.2 ［经］ 夏，秦伐晋。

【译文】

［经］夏季，秦国攻打晋国。

6/10.3 ［经］ 楚杀其大夫宜申[1]。

【注释】

〔1〕杀其大夫宜申：宜申，姓鬥，字子西。城濮之战后，曾欲自缢而死，成王遣使来制止，遂得不死，封为商公，请辞，改任工尹。后成王遭太子商臣杀害，商臣为穆王，宜申与子家密谋杀穆王，事泄被害。

【译文】

［经］楚国杀了他们的大夫宜申。

6/10.4 ［经］自正月不雨，至于秋七月。

［传］历时而言不雨，文不闵雨也。不闵雨者，无志乎民也。

【译文】

［经］从正月开始就没有下雨，直到现在已经是秋季的七月了。

［传］经历了三个季节才说"不下雨"，这说明文公根本没有思念雨水的想法。国君不为缺乏雨水而担忧，也就表明他没有把民众的生计放在心上。

6/10.5 ［经］及苏子盟于女栗〔1〕。

【注释】

〔1〕及苏子盟于女栗：苏子，周王的卿士。女栗，女读为"汝"，地名，今处所不详。当时周顷王刚刚即位不久，所以分别派遣使臣与诸侯结盟。

【译文】

［经］与苏子在女栗这个地方结盟。

6/10.6 ［经］冬，狄侵宋。

【译文】

［**经**］冬季，狄人入侵宋国。

6/10.7 ［经］楚子、蔡侯次于厥貉[1]。

【注释】

〔1〕次于厥貉：厥貉，地名。在今河南项城境内。厥，《公羊》经文作"屈"。据《左传》记载，本年陈共公与郑穆公已经会见了楚穆王，至冬季，楚穆王与蔡庄公率军驻扎在厥貉，准备会合陈、郑两国的军队攻打宋国。

【译文】

［**经**］楚穆王、蔡庄公率军驻扎在厥貉这个地方。

十 一 年

6/11.1 ［经］十有一年^{〔1〕}，春，楚子伐麇^{〔2〕}。

【注释】

〔1〕十有一年：本年为周顷王三年，公元前616年。

〔2〕伐麇：麇，读作"jūn（军）"，古国名。姓氏不详，或谓祁姓，国土在今湖北郧（yún，云）县西部。《公羊》经文作"圈"。麇国的国君也参与了去年的厥貉之会，但中途回国了，楚国以为这是轻视会师的举动，因此讨伐之。

【译文】

［**经**］文公十一年，春季，楚国的国君攻打麇国。

6/11.2 ［经］夏，叔彭生会晋郤缺于承匡^{〔1〕}。

【注释】

〔1〕叔彭生会晋郤缺于承匡：叔彭生，《左传》经文作"叔仲彭生"，名惠伯，鲁国的大夫。郤缺，即郤成子，晋国的大夫。其父郤芮，曾受封于冀地（今山西河津东北），故也称冀缺。因其父获罪被杀，一度降为庶人，剥夺封地。后由白季推荐，任下军大夫，在与白狄的交战中，俘获白狄首领，因升为卿，并重得封冀。晋成公即位后，执掌晋国国政。承匡，《左传》经文作"承筐"。宋国地名，今河南睢县西部。

【译文】

[经] 夏季，叔彭生在承匡这个地方与晋国的郤缺会见。

6/11.3 [经] 秋，曹伯来朝[1]。

【注释】

〔1〕曹伯：即曹文公，名寿。

【译文】

[经] 秋季，曹文公来朝见。

6/11.4 [经] 公子遂如宋[1]。

【注释】

〔1〕公子遂如宋：据《左传》说，此行的目的，是为了说服宋昭公让荡意诸返回宋国。参6/8.9注〔1〕。

【译文】

[经] 公子遂前往宋国。

6/11.5 [经] 狄侵齐。

【译文】

[经] 狄人侵犯齐国。

6/11.6 [经] 冬，十月甲午，叔孙得臣败狄于咸[1]。

[传] 不言帅师而言"败"，何也？直败一人之辞也。一人而曰"败"，何也？以众焉言之也。《传》曰："长狄也[2]，弟兄三人[3]，佚宕中国[4]，瓦石不能害。叔孙得臣，最善射者也，射其目，身横九亩，断其首而载之，眉见于轼[5]。"然则，何为不言获也？曰：古者不重创，不禽二毛[6]，故不言获，为内讳也。其之齐者，王子成父杀之[7]，则未知其之晋者也。

【注释】

〔1〕败狄于咸：咸，鲁国地名，今河南濮阳东南。时狄人中的鄋（sōu，搜）瞒国侵犯齐国后，又侵犯鲁国，文公派遣叔孙得臣前去御敌，俘获其首领侨如，将其杀于鲁国的子驹之门。

〔2〕长狄：也称长翟，春秋时狄人中的一支，其流动范围约在今山西临汾、长治，以及山东边境的山区。侵犯鲁国的鄋瞒，即其部族之一，约活动于今山东边缘地区。

〔3〕弟兄三人：指鄋瞒国的三个首领，据《左传》的记载，除侨如之外，还有其弟容如，曾侵齐，于公元前696年被杀；简如，随侨如侵鲁，见侨如被俘后逃入卫，被卫人俘获后杀之；焚如，后侵晋，于公元前593年被俘获杀之。

〔4〕佚宕：佚，读作"diē（迭）"。佚宕，也作"跌荡"。原指洒脱，毫无拘束，这里指行为放荡不羁。

〔5〕眉见于轼：见，同"现"，显露的意思。轼，车厢扶手的横木。

〔6〕不禽二毛：禽，通"擒"。二毛，头发斑白，即老人。

〔7〕王子成父：齐国的大夫。

【译文】

[经] 冬季，十月的甲午日，叔孙得臣在咸这个地方击败了狄人。

[传] 经文没有提到他率领军队，只说是打败了狄人，这是

为什么？这是表示只打败了一个人的言辞。打败了一个人就说是打败了狄人，这是为什么？因为被打败的那个人力气之大足可以抵得上很多人。《传》中说："长狄人有弟兄三人，在中原地区放荡无羁，为非作歹，他们身强力壮，瓦片石块根本不能伤害他们。叔孙得臣是最善于射箭的，射中了那个人的眼睛，那人被射死后，身体倒下来横占了九亩地的面积。叔孙得臣又把他的头砍下来装在车子上，那人的眉毛从车子的扶手横木上露出来。"既这样，经文为什么不说是"获"长狄呢？回答是：古人不两次击中对方，不擒拿头发斑白的老人，以表示仁道，所以不说"获"，是为了替鲁国隐讳。长狄兄弟中到齐国的一个，王子成父把他杀了，还有一个去晋国的，情况怎样就不清楚了。

十 二 年

6/12.1 ［经］十有二年[1]，春，王正月，郕伯
来奔[2]。

【注释】
　〔1〕十有二年：本年为周顷王四年，公元前 615 年。
　〔2〕郕伯：《公羊》经文作"盛伯"。据《左传》说，是该国的太子
朱儒，时国君去世，太子因平时不住在国都内，故不得国人的信任，国
人遂另立新君，太子即投奔鲁国，文公待其以诸侯之礼。

【译文】
　［经］文公十二年，春季，周王的正月，郕国的国君来投奔。

6/12.2 ［经］杞伯来朝。

【译文】
　［经］杞桓公来朝见。

6/12.3 ［经］二月庚子，子叔姬卒[1]。
　［传］其曰"子叔姬"，贵也，公之母姊妹也。其

一传曰：许嫁以卒之也[2]。男子二十而冠[3]，冠而列丈夫，三十而娶。女子十五而许嫁，二十而嫁。

【注释】

〔1〕子叔姬：《公羊》、《穀梁》以为文公的同母姊妹，《左传》说是文公之女，即僖公三十一年"杞伯姬（僖公之女）来求妇"的那一位。今人参酌各家之说，认为以《左传》的意见较为准确。经文中称其为"子"，可能是因夫妇不和而分居的原因，故不以国名为姓氏。

〔2〕许嫁以卒之：按照《春秋》记载女子去世的惯例，没有出嫁的女子是不予记载的，但如果是已经订婚的女子，则也可以予以记载。

〔3〕冠：古代的男子年满二十岁后，就举行加冠的仪式，表示已经成年。

【译文】

[经] 二月的庚子日，子叔姬去世。

[传] 经文中称她为"子叔姬"，说明她具有高贵的身份，她是文公的同母姊妹。另外一种说法认为：因为叔姬已经许嫁，所以经文就记载了她的去世。男子年满二十岁举行加冠的仪式，加冠后就进入了成年人的行列，到三十岁就能娶妻。女子年满十五岁可以许配给人家，到二十岁就能出嫁。

6/12.4 [经] 夏，楚人围巢[1]。

【注释】

〔1〕巢：古国名。属于群舒的一个小国，偃姓，一说为子姓。国在今安徽巢湖一带。楚人围攻巢国，是因为群舒叛楚。

【译文】

[经] 夏季，楚国围攻巢国。

6/12.5 [经] 秋，滕子来朝。

【译文】

[经] 秋季，滕昭公来朝见。

6/12.6 [经] 秦伯使术来聘[1]。

【注释】

〔1〕术：《公羊》经文作"遂"。即西乞术，秦国的大夫，殽之战兵败被俘，后被释放，仍为秦穆公所重用。西乞术此次来的目的是想说服鲁国与秦国一同攻打晋国，鲁国由公子遂出面委婉地拒绝了，但因不想得罪秦国，就送给西乞术许多财物，让他带给秦穆公。

【译文】

[经] 秦穆公派西乞术来访。

6/12.7 [经] 冬，十有二月戊午，晋人、秦人战于河曲[1]。

[传] 不言及，秦、晋之战已亟[2]，故略之也。

【注释】

〔1〕晋人、秦人战于河曲：河曲，晋国地名，今山西永济南部。因其正好位于黄河的转弯处，故名。此战为晋国报令狐之役失利之仇。据《左传》记载，秦国出兵伐晋，晋军予以反击，秦军惧而遁，晋亦未追击。

〔2〕亟：读作"qì（气）"，屡次。

【译文】

[经] 冬季，十二月的戊午日，晋国人、秦国人在河曲这个

地方交战。

[传] 经文中不说"及"，是因为秦、晋两国的战争已发生过许多次了，所以就把这个字省略了。

6/12.8 [经] 季孙行父帅师城诸及郓[1]。

[传] 称"帅师"，言有难也。

【注释】

〔1〕诸及郓：鲁国边境的小邑。诸，在今山东诸城西南。郓，在今山东沂水东北。

【译文】

[经] 季孙行父率领军队修筑诸邑和郓邑的城墙。

[传] 经文说"帅师"，就表示鲁国有危难了。

十 三 年

6/13.1 [经] 十有三年^[1]，春，王正月。

【注释】

〔1〕十有三年：本年为周顷王五年，公元前 614 年。

【译文】

[经] 文公十三年，春季，周王的正月。

6/13.2 [经] 夏，五月壬午，陈侯朔卒^[1]。

【注释】

〔1〕陈侯朔：即陈共公，公元前 631 年即位，在位共十八年。

【译文】

[经] 夏季，五月的壬午日，陈共公朔去世。

6/13.3 [经] 邾子籧篨卒^[1]。

【注释】

〔1〕邾子蘧蒢：邾文公，名蘧蒢（qú chú 渠除）。《公羊》、《左传》经文分别作"蘧蒢"、"蘧蒢"。

【译文】

［经］邾国国君蘧蒢去世。

6/13.4 ［经］ 自正月不雨，至于秋七月〔1〕。

【注释】

〔1〕至于：《公羊》经文无"于"字。

【译文】

［经］从正月开始就没有下雨，一直到秋季的七月。

6/13.5 ［经］ 大室屋坏〔1〕。

［传］"大室屋坏"者，有坏道也，讥不修也。大室，犹世室也。周公曰"大庙"〔2〕，伯禽曰"大室"〔3〕，群公曰"宫"〔4〕。礼，宗庙之事，君亲割，夫人亲舂，敬之至也。为社稷之主，而先君之庙坏，极称之，志不敬也。

【注释】

〔1〕大室：《公羊》经文作"世室"。

〔2〕周公曰"大庙"：周公，名旦，周武王之弟，也称叔旦。其采邑在周（今陕西岐山东北），故称周公。曾帮助武王灭商，成王即位后，因年幼，由其摄政。击败商朝贵族武庚，以及三监、东夷的叛乱，分封诸侯，制定了一系列典章制度，确立了以雒邑（今河南洛阳）为中心的

统治中原的政治格局。大庙，即太庙。本为天子享用的礼制，因周公晚年被周成王封于曲阜，命鲁公世代以天子的礼乐祭祀周公，故其庙得以称为"太庙"。陈设及建筑均与天子之庙相同。

〔3〕伯禽曰"大室"：伯禽，周公之子，鲁国的始封国君。其庙称为大室，或世室。

〔4〕群公曰"宫"：群公，指鲁国历代其他国君。《集解》引《尔雅》说："宫谓之室，室谓之宫。然则其实一也。盖尊伯禽，而异其名。"

【译文】

[经] 祖庙的屋子坏了。

[传] 经文中记载"大室屋坏"，就表示它的受损坏是有原因的，这是在讥刺文公不重视修缮祖庙。所谓"大室"，等于说世室。周公的庙叫"大庙"，伯禽的庙叫做"大室"，其他历代国君的庙叫做"宫"。根据礼制的规定：有关宗庙所需的祭品，必须由国君亲自收割庄稼，夫人亲自舂米，以此来表示对祖宗的尊崇敬仰。现在文公身为一国的君主，却让先王的庙受到损坏，所以经文要极力地称述这件事，这也是为了记载文公对先王的不敬。

6/13.6 [经] 冬，公如晋[1]。

【注释】

〔1〕公如晋：此行目的是为了寻求与晋国结盟。

【译文】

[经] 冬季，文公前往晋国。

6/13.7 [经] 卫侯会公于沓[1]。

【注释】

〔1〕沓：卫国地名，今地不详。

【译文】

［经］卫成公在沓这个地方会见文公。

6/13.8 ［经］狄侵卫。

【译文】

［经］狄人侵犯卫国。

6/13.9 ［经］十有二月己丑，公及晋侯盟，还自晋[1]。

［传］"还"者，事未毕也。"自"晋，事毕也。

【注释】

〔1〕还自晋：据下文来看，文公与晋灵公结盟后，离开了晋国，但尚未回到鲁国。

【译文】

［经］十二月的己丑日，文公与晋灵公结盟后，从晋国动身回国。

［传］"还"字的意思，就表示会盟的事还没有结束。说"自晋"，就表示与晋会盟的事已经完毕了。

6/13.10 ［经］郑伯会公于棐[1]。

【注释】

〔1〕会公于棐：棐，读作"fěi（匪）"，也称棐林、北林，郑国地名，今河南新郑北部。《公羊》经文作"斐"。此次会见，在文公返回鲁国的途中。

【译文】

［经］郑穆公在棐这个地方会见文公。

十 四 年

6/14.1 ［经］ 十有四年^[1]，春，王正月，公至
自晋。

【注释】
〔1〕十有四年：本年为周顷王六年，公元前613年。

【译文】
［经］文公十四年，春季，周王的正月，文公从晋国回来，
向祖庙行祭告之礼。

6/14.2 ［经］ 邾人伐我南鄙。

【译文】
［经］邾国人攻打我国的南部边境。

6/14.3 ［经］ 叔彭生帅师伐邾。

【译文】
［经］叔彭生率领军队攻打邾国。

6/14.4 [经] 夏，五月乙亥，齐侯潘卒[1]。

【注释】

〔1〕齐侯潘：即齐昭公，公元前 632 年即位，在位共二十年。

【译文】

[经] 夏季，五月的乙亥日，齐国国君潘去世。

6/14.5 [经] 六月，公会宋公、陈侯、卫侯、郑伯、许伯、曹伯、晋赵盾。癸酉，同盟于新城[1]。

[传] "同"者，有同也，同外楚也。

【注释】

〔1〕盟于新城：新城，宋国地名，今河南商丘西南。此次中原诸侯的盟会，目的是为了共同对付楚国的扩张。

【译文】

[经] 六月，文公会见宋昭公、陈灵公、卫成公、郑穆公、许昭公、曹文公、晋国的赵盾。癸酉这一天，在新城这个地方举行盟会。

[传] "同"字的意思，就是说有共同的目的，这就是将楚国抵挡于中原之外。

6/14.6 [经] 秋，七月，有星孛入于北斗[1]。

[传] "孛"之为言，犹茀也[2]。其曰入北斗，斗有环城也[3]。

【注释】

〔1〕星孛入于北斗：孛，读作"bèi（倍）"，也读作"bó（勃）"，指星星的光芒四出放射，用以作为彗星的别称。入于北斗，指彗星运动到北斗星的中心部位。

〔2〕茀：读作"fú（弗）"，也指彗星。

〔3〕斗有环城：北斗七星中的第一至第四颗星形成斗状，犹如环城。

【译文】

［经］秋季，七月，有彗星运动到北斗七星的中间。

［传］用"孛"这样的话来记载，就如同说"茀"一样。经文说"入于北斗"，就是说北斗七星的第一至第四颗星连起来像是一座环城。

6/14.7［经］公至自会。

【译文】

［经］文公参加盟会后返回，向祖庙行祭告之礼。

6/14.8［经］晋人纳捷菑于邾[1]，弗克纳。

［传］是郤克也[2]，其曰"人"，何也？微之也。何为微之也？长毂五百乘[3]，绵地千里，过宋、郑、滕、薛，复入千乘之国[4]，欲变人之主。至城下，然后知，何知之晚也。"弗克纳"，未伐而曰"弗克"，何也？弗克其义也。捷菑，晋出也；貜且，齐出也[5]，貜且正也，捷菑不正也。

【注释】

〔1〕捷菑：菑，读作"zī（资）"。捷菑，邾文公的庶子，为晋国女

子所生。

〔2〕郤克：晋国的大夫，后为晋国的执政大臣。此次率军护送捷菑去邾国即位，时邾国已立貜且，就在城门口面对晋军，将捷菑与貜且的地位、年龄对郤克作了比较，郤克自知理亏，引军而退。

〔3〕长毂：毂，读作"gǔ（谷）"，车轮中心的圆木，中有圆孔，用以安插车轴，故一般用以指车轮。长毂，即指排成长列的车队。乘，读作"shèng（胜）"，一车四马谓之乘。

〔4〕复入千乘之国：复，读作"jiǒng（炯）"。遥远的意思。千乘之国，指诸侯大国。这里是故意夸大邾国的实力，以显示郤克的无理。

〔5〕貜且：读作"jué jū（觉居）"，邾文公的嫡子，为齐国女子所生。

【译文】

[经] 晋国人护送捷菑到邾国，但是捷菑没有被邾国接受。

[传] 这里指的是郤克，经文称他为"人"，这是为什么？是为了贬斥他。为什么要贬斥他？因为他率领五百辆战车，绵延数千里，经过了宋国、郑国、滕国、薛国，路远迢迢进入邾这个国家，想改换邾国的国君。但到兵临城下之后，才知道自己理亏。为何知道得这么晚呢？经文中说"弗克纳"，并没有攻打邾国，却称"弗克"，这是为什么？就是并非在兵力上不能做到，而是因为道义所不容许。捷菑是晋国女子生的，貜且是齐国女子生的。貜且是嫡子，捷菑则是庶子。

6/14.9 [经] 九月甲申，公孙敖卒于齐[1]。

[传] 奔大夫不言卒，而言"卒"何也？为受其丧，不可不卒也，其地于外也。

【注释】

〔1〕公孙敖卒于齐：公孙敖曾于文公八年借代表鲁国去京师吊唁周襄公时，转道而至莒国，与己氏生活，在那里生了两个儿子后，请求回国，鲁国执政大夫臧襄仲同意他回国，但不得过问国政。三年后，他举

家迁到莒国，鲁国遂立其与前妻所生的儿子文伯为孟孙氏后裔，文伯请辞，鲁国改立其弟惠叔。公孙敖以重赂请求返回鲁国，惠叔为之请求，鲁国同意他返回。但在回国途中，经过齐国时去世。

【译文】

[经] 九月的甲申日，公孙敖在齐国去世。

[传] 对逃亡在外的大夫，经文照例是不记载他死亡的消息的，这里为什么记载了公孙敖的死亡呢？因为鲁国已经接受他的遗体回国安葬，所以就不能不记载他死亡的消息。经文记载他死亡的地点，证明他是死在国外的。

6/14.10 [经] 齐公子商人弑其君舍[1]。

[传] 舍未逾年[2]，其曰"君"何也？成舍之为君，所以重商人之弑也。商人其不以国氏，何也？不以嫌代嫌也[3]。舍之不日，何也？未成为君也。

【注释】

〔1〕公子商人弑其君舍：此事据《左传》记载，发生于七月乙卯日夜。公子商人，齐桓公之子，其母为密姬。桓公死，太子昭立，为孝公。孝公死，其弟潘立，为昭公。商人于是暗中交结贤士，安抚百姓，赢得了民心。昭公死，子舍继立，商人遂于墓前杀舍而自立为君。即为齐懿公。

〔2〕未逾年：指昭公去世尚未经过一个年头。根据当时的礼制，先君去世后的当年，新君不能称即位，必须等到来年才能举行即位大典，正式成为国君。

〔3〕不以嫌代嫌：前一个"嫌"，指商人有杀舍自立的嫌疑。后一个"嫌"，指舍出身不正，故也有不宜为君之嫌。据《左传》及《史记》的记载，商人篡位之心蓄谋已久，早已不是嫌不嫌的事了，而舍其实仅为孤弱而已，其为叔姬之子，并无出身不正之嫌。《穀梁》的解说有欠妥之处。

【译文】

[经] 齐国的公子商人杀了新君舍。

[传] 舍的继承国君，离昭公的去世还没有超过一年，经文中为什么称他为"君"？因为把舍看作是国君，就是加重了商人杀害舍的罪名。经文写到商人时不用国号作为他的氏，这是为什么？这是不将商人篡位夺国的嫌疑取代舍的不宜立为国君的嫌疑。经文不记载舍被害的日期，这是为什么？因为他还没有举行过即位大典而真正成为国君。

6/14.11 [经] 宋子哀来奔[1]。

[传] 其曰"子哀"，失之也。

【注释】

〔1〕宋子哀：也称高哀，宋国萧邑人。庄公十二年，宋万弑宋闵公，萧叔大心平息宋乱，立宋桓公，桓公将萧邑升为宋的附庸国，高哀仕萧，为封人，后宋昭公用为卿。但高哀不满宋昭公的不义，遂弃职出奔鲁国。

【译文】

[经] 宋国的子哀来投奔。

[传] 经文称他为"子哀"，是失去了他的姓氏。

6/14.12 [经] 冬，单伯如齐[1]。

【注释】

〔1〕单伯如齐：单，读作"shàn（善）"。《春秋》三传于此经及下面两条经文的解释截然相反。《公羊》、《穀梁》说单伯是奉鲁文公之命送齐昭公的夫人去齐国。《左传》说是因舍被商人杀害，但商人平时广施财产，交好民众，故齐人仍拥他为君，叔姬之子既被害，鲁国的臧襄仲请求周王以"王宠"之命，遣使将叔姬接回鲁国居住。单伯即为周王

派遣的特使。单伯的身份及去齐国的使命不同，直接与其被执原因有关，详见下注。

【译文】

[经] 冬季，单伯前往齐国。

6/14.13 [经] 齐人执单伯[1]。

[传] 私罪也。单伯淫于齐，齐人执之。

【注释】

〔1〕齐人执单伯：《公羊》、《穀梁》认为单伯奉命送齐昭公的夫人叔姬去齐国，在齐国与她通奸，齐人怒，将两人一并捉拿了。只是二传在记述通奸的地点有所不同。《穀梁》说是"淫于齐"，《公羊》则说"道淫"，无关大局。《左传》认为，单伯作为周王之使前往齐国接叔姬，齐人以执王使而抗王命，同时将叔姬也捉起来了。

【译文】

[经] 齐国人捉拿了单伯。

[传] 他是因个人私事而犯罪的。单伯在齐国淫乱，被齐国人捉住了。

6/14.14 [经] 齐人执子叔姬。

[传] 叔姬同罪也[1]。

【注释】

〔1〕叔姬同罪：因《穀梁》在上一条经文的解说中没有明确讲出单伯是与什么人"淫于齐"，故借本条经文的内容补充说明，以突出单伯是与叔姬"淫于齐"。

【译文】

[经] 齐国人捉拿了子叔姬。

[传] 叔姬与单伯犯有同样的罪行。

十 五 年

6/15.1 ［经］十有五年[1]，春，季孙行父如晋[2]。

【注释】

〔1〕十有五年：本年为周匡王元年，公元前 612 年。周顷王于去年去世，经文未记载其事。本年中也没有记载他的葬礼。按照当时的惯例，如果鲁国没有接到王室向诸侯发布的讣告，史官即不记载此事。

〔2〕季孙行父如晋：《左传》说，此行是为了单伯与叔姬被齐人所执之事而去。如果考虑到当时晋、齐两国的关系，此种可能极大。因齐国一向畏惧晋人，季孙行父到晋国说明实情，就是想借晋国之力让齐国释放单伯与叔姬。

【译文】

［经］文公十五年，春季，季孙行父前往晋国。

6/15.2 ［经］三月，宋司马华孙来盟[1]。

［传］司马，官也，其以官称，无君之辞也[2]。来盟者何？前定也。不言及者，以国与之也。

【注释】

〔1〕司马华孙：司马，官职名。其起源可能与上古时期从事战争与田猎的马亚、马小臣等有关。西周时为六卿之一，掌管军事、军赋，其

地位仅次于掌管一国军政大权的大师。春秋时各诸侯国均有设置，楚国的司马为最高军事长官，其余诸侯国视不同情况而定。如晋国三军各设佐一人，司马在佐之下。华孙，《左传》称"华耦"。

〔2〕无君之辞：《穀梁》认为华孙此次来盟，是专权擅行，并非奉君命而来，其理由是经文中以官职名称呼华孙。这是误解。据《左传》记载，华孙来盟，鲁君设宴以待，群官皆视为"贵之"，如果是华孙专断，鲁君想来不至于此。

【译文】

　[经]三月，宋国的司马华孙来鲁国结盟。

　[传]"司马"，是官职名称，经文用官职名称来称呼他，这是表示华孙专权擅行，并非奉君命而来的写法。经文说"来盟"是为什么？这是表示此次结盟是预先约定好了的。经文中没有说到"及"，因为这是国家之间的会盟。

6/15.3 [经] 夏，曹伯来朝[1]。

【注释】

　〔1〕曹伯来朝：据《左传》说，诸侯国之间五年一朝会，以修王命。

【译文】

　[经] 夏季，曹国国君来朝会。

6/15.4 [经] 齐人归公孙敖之丧[1]。

【注释】

　〔1〕丧：指灵柩。

【译文】

[经] 齐国人送回了公孙敖的灵柩。

6/15.5 [经] 六月辛丑[1]，朔，日有食之[2]。鼓，用牲于社。

【注释】

〔1〕六月：据《日食集证》，此次日食应为闰五月辛丑朔日。

〔2〕日有食之：食甚为本日十一时二十三分十八秒。

【译文】

[经] 六月的辛丑日，初一，发生了日食。击鼓，在社神之坛以牲畜祭日。

6/15.6 [经] 单伯至自齐。

[传] 大夫执则致，致则名，此其不名，何也？天子之命大夫也。

【译文】

[经] 单伯从齐国回到鲁国。

[传] 鲁国大夫在别国被抓，归来后必须在祖庙举行祭告仪式。祭告祖庙应该记载祭告者的名，经文没有记载单伯的名，这是为什么？因为他是周王正式任命的大夫。

6/15.7 [经] 晋郤缺帅师伐蔡，戊申，入蔡[1]。

【注释】

〔1〕入蔡：上年六月，诸侯在宋国的新城举行盟会，蔡侯没有参加，故晋国予以讨伐，并击败蔡军，进入蔡国的国都，迫使蔡国与晋国订立了城下之盟。

【译文】

［**经**］晋国的郤缺率领军队攻打蔡国，戊申日，进入蔡国的国都。

6/15.8 ［经］秋，齐人侵我西鄙。

［**传**］其曰"鄙"，远之也。其远之，何也？不以难介我国也[1]。

【注释】

〔1〕不以难介我国：难，危难。介，近的意思。

【译文】

［**经**］秋季，齐国人侵犯我国西部边境。

［**传**］经文中说"鄙"，是表示齐国军队离国都还很远。为什么要说齐国军队离国都还很远？就是说不要以为危难已逼近了我国的国都。

6/15.9 ［经］季孙行父如晋[1]。

【注释】

〔1〕季孙行父如晋：《左传》认为是齐国侵犯鲁国，故季孙行父到晋国告急。

【译文】

[经] 季孙行父前往晋国。

6/15.10 [经] 冬，十有一月，诸侯盟于扈^[1]。

【注释】

〔1〕诸侯盟于扈：据《左传》记载，此次盟会，有晋、宋、卫、蔡、陈、郑、许、曹等国的国君参加，鲁文公没有参加。盟会的目的是为鲁国谋划伐齐事，但后来齐国向晋国行贿，伐齐事未成。扈，古国名。在今陕西户县一带。

【译文】

[经] 冬季，十一月，诸侯在扈这个地方举行盟会。

6/15.11 [经] 十有二月，齐人来归子叔姬。
[传] 其曰"子叔姬"，贵之也。其言"来归"，何也？父母之于子，虽有罪，犹欲其免也。

【译文】

[经] 十二月，齐国人将叔姬送还鲁国。
[传] 经文称她为"子叔姬"，就表示她具有尊贵的身份。经文说"来归"，这是什么意思？因为做父母的对于自己的子女，即使他们犯有罪过，但还想让他们得到赦免的。

6/15.12 [经] 齐侯侵我西鄙，遂伐曹，入其郛^[1]。

【注释】

〔1〕郛：即郭，指城邑的外围。

【译文】

　　[经] 齐懿公侵犯我国西部边境，然后攻打曹国，进入曹国的外城。

十 六 年

6/16.1 [经] 十有六年[1]，春，季孙行父会齐侯于阳谷[2]，齐侯弗及盟。

[传]"弗及"者，内辞也。行父失命矣，齐得内辞也[3]。

【注释】

〔1〕十有六年：本年为周匡王二年，公元前611年。

〔2〕会齐侯于阳谷：由于齐国屡次侵犯鲁国，鲁国急于与齐结盟，但文公恰好得病，只好派季孙行父前去，齐国国君认为诸侯不得与大夫结盟，予以拒绝，一定要等文公亲自前来。阳谷，齐国地名，今山东阳谷县北。

〔3〕齐得内辞：内辞，指为鲁国隐讳的言辞。齐得内辞，指齐国不与季孙行父结盟，本来是出于鲁国方面的原因，但经文中说是齐国国君不与鲁国结盟，责任就在齐国了。

【译文】

[经] 文公十六年，春季，季孙行父在阳谷这个地方会见了齐懿公，齐懿公拒绝结盟。

[传] 经文中说"弗及"，这是为鲁国隐讳的言辞。季孙行父没能完成文公交给的使命，让齐国国君领受了未能结盟的责任，从而成全了为鲁国隐讳的言辞。

6/16.2［经］夏，五月，公四不视朔^[1]。

［传］天子告朔于诸侯，诸侯受乎祢庙^[2]，礼也。"公四不视朔"，公不臣也，以公为厌政以甚矣。

【注释】

〔1〕公四不视朔：朔是每月的初一日。视朔，公侯在每月的初一日临朝，以断一月之政。公四不视朔，就是说文公已经有四个月没有听取国政了。《左传》认为文公四月不视朔，是因为生病。《穀梁》的解说以为文公厌政。

〔2〕天子……祢庙：告朔，《穀梁》以为，天子每月的初一日颁历，诸侯应在宗庙行受朔之礼，依历以行一月之事。祢庙，即祀奉先君的宗庙。

【译文】

［经］夏季，五月，文公四月不视朔。

［传］天子向诸侯颁告朔政，诸侯接受王命后放进祖庙，这是礼制所规定的。"公四不视朔"，就是说文公没有尽到作为臣下的职责，可见文公厌倦政事已经十分严重了。

6/16.3［经］六月戊辰，公子遂及齐侯盟于师丘^[1]。

［传］复行父之盟也^[2]。

【注释】

〔1〕师丘：《公羊》经文作"犀丘"，《左传》经文作"郪（qī，妻）丘"，齐国地名，今山东东阿境内，一说在山东淄博。

〔2〕复行父之盟：本年春，鲁国派大夫季孙行父与齐国结盟，遭到齐侯的拒绝，后公子遂向齐国行贿，齐乃与鲁大夫结盟。

【译文】

　　[经] 六月的戊辰日，公子遂与齐懿公在师丘这个地方结盟。

　　[传] 这是恢复季孙行父与齐懿公在阳谷的盟会。

6/16.4 [经] 秋，八月辛未，夫人姜氏薨[1]。

【注释】

　　[1] 夫人姜氏：即僖公的夫人声姜。

【译文】

　　[经] 秋季，八月的辛未日，僖公的夫人姜氏去世。

6/16.5 [经] 毁泉台[1]。

　　[传] 丧不贰事，贰事，缓丧也，以文为多失道矣。自古为之，今毁之，不如勿处而已矣。

【注释】

　　[1] 泉台：在鲁国都城的近郊，《左传》以为是泉宫中的台名。《公羊》说是郎台。毁台之事，《左传》说是因台中有蛇出，其数如鲁国世代已亡之君，共十七，因此不吉利，夫人姜氏之死，即与此有关，于是鲁国人就毁了泉台。《公羊》既以泉台为当年庄公为了观看民女漱浣而修筑的郎台，所以就认为毁台是重提先君之过，不合君体。

【译文】

　　[经] 拆毁了泉台。

　　[传] 在国家有丧事的时候，不要去做别的事情，如果再去办理别的事，就要耽搁丧事了。所以经文认为文公的行为是丧失正道了。泉台是祖宗修筑的，与其现在把它拆毁，还不如往后不

再住人就行了。

6/16.6［经］楚人、秦人、巴人灭庸[1]。

【注释】

〔1〕巴人灭庸：巴，古国名。在今四川东部及湖北西部一带。庸，古国名。曾随周武王灭商，春秋时国在巴、秦、楚之间，为群蛮之首。今湖北竹山有上庸故城，相传曾为其国都。楚、秦、巴灭庸，是因为庸人带领"群蛮"脱离楚国的控制。

【译文】

［经］楚国人、秦国人、巴国人灭了庸国。

6/16.7［经］冬，十有一月，宋人弑其君杵臼[1]。

【注释】

〔1〕弑其君杵臼：杵臼，《公羊》经文作"处臼"。即宋昭公，公元前619年即位。其被弑事，据《左传》记载，宋襄公夫人为昭公的祖母，昭公曾待其无礼，遂祖孙反目成仇。时宋国发生饥荒，襄公夫人乘机引导国人拥护昭公的异母弟公子鲍，当昭公到孟诸行猎时，派人将其杀死，公子鲍即位，为宋文公。

【译文】

［经］冬季，十一月，宋国人杀了他们的国君杵臼。

十 七 年

6/17.1 ［经］十有七年^[1]，春，晋人、卫人、陈人、郑人伐宋^[2]。

【注释】
〔1〕十有七年：本年为周匡王三年，公元前610年。
〔2〕伐宋：由于宋国发生了弑君之事，晋国的荀林父、卫国的孔达、陈国的公孙宁、郑国的石楚，奉国君之命讨伐宋国，但到了宋国以后，却改为拥立文公，然后回师。

【译文】
［经］文公十七年，春季，晋国人、卫国人、陈国人、郑国人讨伐宋国。

6/17.2 ［经］夏，四月癸亥，葬我小君声姜^[1]。

【注释】
〔1〕声姜：即僖公夫人。《公羊》经文作"圣姜"。

【译文】
［经］夏季，四月的癸亥日，安葬了我国先君的夫人声姜。

6/17.3［经］齐侯伐我西鄙[1]，六月癸未，公及齐侯盟于穀。

【注释】

〔1〕伐我西鄙：《左传》说是"伐我北鄙"。

【译文】

［经］齐懿公攻打我国西部边境，六月的癸未日，文公与齐懿公在穀订立盟约。

6/17.4［经］诸侯会于扈[1]。

【注释】

〔1〕诸侯会于扈：参与盟会的诸侯，即文公十五年十一月在扈结盟的晋、宋、卫、蔡、陈、郑、许、曹等国国君。

【译文】

［经］诸侯在扈举行盟会。

6/17.5［经］秋，公至自穀。

【译文】

［经］秋季，文公从穀返回鲁国，向祖庙行祭告之礼。

6/17.6［经］冬，公子遂如齐[1]。

【注释】

〔1〕公子遂如齐：此行是为了答谢与齐国结盟。

【译文】

［经］冬季，公子遂前往齐国。

十 八 年

6/18.1 [经] 十有八年^[1]，春，王二月丁丑，公薨
于台下。

[传] 台下，非正也。

【注释】

〔1〕十有八年：本年为周匡王四年，公元前 609 年。

【译文】

[经] 文公十八年，春季，周王二月的丁丑日，文公在台下去世。

[传] 经文中说是在"台下"去世的，表明这不是正常的死亡。

6/18.2 [经] 秦伯罃卒^[1]。

【注释】

〔1〕秦伯罃，即秦康公，公元前 620 年即位，在位共十二年。

【译文】

[经] 秦国国君罃去世。

6/18.3 [经] 夏，五月戊戌，齐人弑其君商人[1]。

【注释】

〔1〕商人：见6/14.10注〔1〕。自立为君后，多行无道，遂为其仇家邴歜（chù，触）所杀。

【译文】

[经] 夏季，五月的戊戌日，齐国人杀了他们的国君商人。

6/18.4 [经] 六月癸酉，葬我君文公。

【译文】

[经] 六月的癸酉日，安葬了我国的国君文公。

6/18.5 [经] 秋，公子遂、叔孙得臣如齐[1]。

[传] 使举上客，而不称介[2]，不正其同伦相介，故列而数之也。

【注释】

〔1〕如齐：此行是因为齐国新立国君，前去祝贺。

〔2〕介：指副职、助手。

【译文】

[经] 秋季，公子遂、叔孙得臣前往齐国。

[传] 国君派遣的使者只需列举正职就行了，并不用说明谁是副使。经文认为地位相同的两个人互为正副的做法是不符合礼

制规定的，所以就把两人的姓名并列在一起予以记载了。

6/18.6 [经] 冬，十月，子卒[1]。

[传] 子卒不日，故也。

【注释】

〔1〕子卒：子，指文公去世后继承君位的太子，因尚未举行正式的即位大典，故不称公。《左传》说，文公夫人哀姜，生二子，长子名恶，立为太子，次子名视。文公次妃敬嬴，生子倭。敬嬴为文公所宠，欲为其倭谋立太子，便与公子遂结好，想通过公子遂之力立倭。公子遂因碍于命卿惠伯，又因恶为齐国的外甥，故未敢擅立，只得仍由太子恶继承君位。不久，他趁去齐国贺惠公新立之机，设法征得齐国的同意后，回国就将恶杀了，改立倭为国君。《公羊》以为"子"是"子赤"。《穀梁》未言是谁，但解说用《公羊》之义。

【译文】

[经] 冬季，十月，新君去世。

[传] 不记载新君的死亡日期，是因为发生了变故。

6/18.7 [经] 夫人姜氏归于齐[1]。

[传] 恶宣公也。有不待贬绝而罪恶见者，有待贬绝而恶从之者。姪娣者[2]，不孤子之意也[3]。一人有子，三人缓带[4]。一曰就贤也。

【注释】

〔1〕夫人姜氏归于齐：姜氏，即文公夫人哀姜，也称出姜。归于齐，据《左传》记载，此"归"，为"大归"，即永不再返回鲁国了。临行前，姜氏大哭着经过街市，说："天啊！襄仲不行仁道，杀了文公的嫡

子，立庶子为君。"街上的人听见后也一同哭了起来。因此鲁国人又称姜氏为"哀姜"。

〔2〕姪娣：诸侯的夫人出嫁时作为陪媵一同到男家的侄女及妹妹。

〔3〕不孤子：诸侯夫人及陪媵的侄女或妹妹中，不论谁生了孩子，均须由三人共同抚养，此即所谓"不孤子"。

〔4〕缓带：宽慰的意思。

【译文】

[经] 文公的夫人姜氏回到齐国去了。

[传] 这是憎恶宣公。《春秋》经文中，有的不需要予以贬斥痛绝，他的罪恶就会自行暴露；有的则要通过谴责贬斥，才能揭露他的罪恶。所谓姪娣，就是夫人出嫁时的陪媵，这是为了共同来抚养其中一个人所生的孩子。所以她们中间只要有一个人生了孩子，三个人都会感到宽慰。也有一种说法认为：如果三个人都有孩子，便从中选择一个有贤才仁德的孩子来加以培养。

6/18.8 [经] 季孙行父如齐。

【译文】

[经] 季孙行父前往齐国。

6/18.9 [经] 莒弑其君庶其〔1〕。

【注释】

〔1〕弑其君庶其：庶其，《左传》说是莒纪公。因其多行无道，故太子在国人的帮助下将他杀了，然后携带莒国的传世宝玉出奔鲁国。不过这一记载似不合《春秋》经文的本意。《公羊》仅说"称国以弑者，众弑君之辞"，含有莒国国君不得人心的意思，但未说是太子所杀，也未

涉及太子携玉出奔之事，而其君不义之处，则很明显。

【译文】

　　[经] 莒国杀了他们的国君庶其。

宣　公

元　年

7/1.1 ［经］元年〔1〕，春，王正月，公即位〔2〕。

［传］继故而言即位，于闻乎故也〔3〕。

【注释】

〔1〕元年：本年为周匡王五年，公元前608年。

〔2〕公：即鲁宣公，名俀（wō，窝），也作倭。《集解》说"名捷"。《左传》、《史记》以为文公的庶子，《公羊》、《穀梁》以为文公之弟。

〔3〕于闻乎故：指宣公只是听说发生了弑君的变故。因为前文已一再说到，经文对于继承非正常死亡的国君之位，是不说"即位"的，《穀梁》为了解释经文此处记载"即位"，因而找出了这样的理由。

【译文】

［经］宣公元年，春季，周王的正月，宣公即位。

［传］继承被杀害的国君之位而说"即位"，这是因为宣公仅仅是听说发生过弑君的变故，但他本人并未参与阴谋。

7/1.2 ［经］公子遂如齐逆女〔1〕。

【注释】

〔1〕如齐逆女：《集解》说："不讥丧娶者，不待贬绝而罪恶自见。

桓三年《传》曰，逆女，亲者也，使大夫，非正也。"

【译文】

[经] 公子遂到齐国去迎接将要作为宣公夫人的女子。

7/1.3 [经] 三月，遂以夫人妇姜至自齐。
[传] 其不言氏，丧未毕[1]，故略之也。其曰
"妇"，缘姑言之之辞也。遂之挈，由上致之也。

【注释】

〔1〕丧未毕：丧，指文公的丧期。依照丧礼，新君应守丧三年，其间不得迎娶。

【译文】

[经] 三月，公子遂带着宣公的夫人妇姜从齐国回来。
[传] 经文中没有写明妇姜的氏，因为在文公的丧期间，所以省略了。经文中称她为"妇"，是根据有婆婆这一意思来说的话。公子遂带着夫人回来，是根据国君的吩咐来办的。

7/1.4 [经] 夏，季孙行父如齐[1]。

【注释】

〔1〕如齐：《左传》认为季孙行父此行是向齐国献上财物，以求与齐国结盟。

【译文】

[经] 夏季，季孙行父前往齐国。

7/1.5 [经] 晋放其大夫胥甲父于卫[1]。

[传] "放"，犹屏也[2]，称国以放，放无罪也[3]。

【注释】

〔1〕晋放其大夫胥甲父：文公十三年，秦晋在河曲交战，秦军不敌晋，将退兵，晋国大夫臾骈向赵盾建议，如果晋军渡河预先切断秦军的退路，必定大败秦军。赵盾准备采用此计，但胥甲父与赵穿却挡住晋军，不让其前进，以致错失击败秦军的机会。《左传》认为，这次晋国国君放逐胥甲父，就是为了追究他不用君命的罪责。

〔2〕屏：驱逐，摒弃的意思。

〔3〕放无罪：《谷梁》以经文记载用语来解释此事，以为胥甲父是无罪而被放逐。

【译文】

[经] 晋国将他的大夫胥甲父放逐到卫国。

[传] 所谓"放"，也就是摒除的意思。经文中说是"国"将胥甲父放逐的，那么这就表示被放逐的人是无罪的。

7/1.6 [经] 公会齐侯于平州[1]。

【注释】

〔1〕平州：齐国地名，今山东莱芜西部。宣公此次与齐惠公会见，是为了借齐国之力来稳固自己的地位。

【译文】

[经] 宣公与齐惠公在平州这个地方会面。

7/1.7 [经] 公子遂如齐[1]。

【注释】

〔1〕如齐：此行是为了对齐惠公与宣公的会见表示谢意。

【译文】

[经] 公子遂前往齐国。

7/1.8 [经] 六月，齐人取济西田[1]。

[传] 内不言取，言"取"，授之也[2]，以是为赂
齐也。

【注释】

〔1〕济西田：济水以西原属鲁国的土地。

〔2〕授之：意思是鲁国主动将"济西田"送给齐国的。《左传》以
为是鲁、齐平州之会以后宣公为了稳定其地位而采取的又一行动。《公
羊》以为是为了此前弑太子的缘故而向齐国行赂。《穀梁》只说是"赂
齐"，但未具体说为了什么原因而赂齐。被杀的太子是齐国的外甥，按
理齐国应对此事有所干涉，但其最后采取了听之任之的态度，所以鲁国
对此表示感谢，送其土地作为交换，也在情理之中。

【译文】

[经] 六月，齐国人取了济水以西原属鲁国的土地。

[传] 对于鲁国自己的土地是不说"取"的，经文现在说
"取"，就表示这是鲁国主动送给齐国的，因为这是要向齐国行贿。

7/1.9 [经] 秋，郏子来朝。

【译文】

[经] 秋季，郏国的国君来朝见。

7/1.10 ［经］楚子、郑人侵陈，遂侵宋[1]。

［传］遂，继事也。

【注释】

〔1〕侵陈、侵宋：郑国之所以从楚侵犯陈、宋，是因为晋国连年来虽以盟主的名义用诸侯之师讨伐有罪之国，但每次均受略而返，实不能承担盟主的责任。陈本为楚的盟国，但陈共公去世时，楚人不加礼，陈于是转而从晋，楚国便联合郑国侵犯之，又顺道侵宋。

【译文】

［经］楚国国君、郑国人侵犯陈国，接着又侵犯了宋国。

［传］"遂"的意思，就是紧接着前面的事情再进行下一件事情。

7/1.11 ［经］晋赵盾帅师救陈。

［传］善救陈也。

【译文】

［经］晋国的赵盾率晋军援救陈国。

［传］这是经文称赞他援救陈国的行动。

7/1.12 ［经］宋公、陈侯、卫侯、曹伯会晋师于棐林[1]，伐郑[2]。

［传］列数诸侯，而会晋赵盾，大赵盾之事也。其曰"师"，何也？以其大之也。于棐林地而后伐郑，疑辞也。此其地何？则著其美也。

【注释】

〔1〕棐林：也称北林，郑国地名，今河南新郑北部。

〔2〕伐郑：因此前郑国追随楚国伐陈、宋，故晋国以盟主的名义召集诸侯之师讨伐，晋军由执政大臣赵盾统率。

【译文】

[经] 宋文公、陈灵公、卫成公、曹文公，在棐林这个地方会同晋国的军队，讨伐郑国。

[传] 经文中列举各国的诸侯会见晋国的赵盾，是要提高赵盾讨伐郑国以救援陈国这件事的重要性。经文中称晋军为"师"，这是为什么？也是用来提高这件事的重要性。说"于棐林"，先写会师的地点，再写讨伐郑国，含有军队犹疑不前的意思。经文为什么要在这里记载会师的地名呢？那是为了显示对赵盾伐郑救陈行动的褒美。

7/1.13 [经] 冬，晋赵穿帅师侵崇[1]。

【注释】

〔1〕赵穿帅师侵崇：赵穿，晋国大夫赵夙的庶孙，与赵盾为叔伯兄弟。崇，《公羊》所引经文作"柳"，古国名。时为秦的附庸国，在丰地（今陕西西安沣水西部），沿用商朝时崇国的旧名。据《左传》记载，时晋国欲与秦国求成，担心秦国不同意，赵穿建议攻打秦的附庸国崇，以逼秦来求和。

【译文】

[经] 冬季，晋国的赵穿率领军队侵犯崇国。

7/1.14 [经] 晋人、宋人伐郑。

[传] 伐郑，所以救宋也。

【译文】

　　[经] 晋国人、宋国人攻打郑国。

　　[传] 攻打郑国，就是为了援救宋国。

二　年

7/2.1　[经] 二年[1]，春，王二月壬子，宋华元帅师[2]，及郑公子归生帅师[3]，战于大棘[4]。宋师败绩，获宋华元。

[传]“获”者，不与之辞也[5]。言尽其众以救其将也。以三军敌华元[6]，华元虽获，不病矣。

【注释】

〔1〕二年：本年为周匡王六年，公元前607年。

〔2〕华元：宋国的大夫，时宋文公命其与乐吕率领军队与郑国交战，兵败被俘，后逃归。

〔3〕公子归生：郑穆公之子，郑国大夫。

〔4〕大棘：宋国地名，今河南睢县西部。

〔5〕不与之辞：《集解》说：“华元得众，甚贤，故不与郑获之。”

〔6〕三军：指上军、中军、下军。

【译文】

[经] 宣公二年，春季，周王二月的壬子日，宋国的华元率领军队，与郑国的公子归生率领军队在大棘这个地方交战。宋国军队被打败，郑国军队俘获了华元。

[传] 经文中说“获”的意思，就表示不赞许郑国俘获华元。也就是说宋国军队竭尽所有的兵力与郑国交战，想救出他们的主

将。因为宋国三军的全力作战，华元虽然被俘，也不致于受到责备了。

7/2.2 [经] 秦师伐晋[1]。

【注释】

〔1〕秦师伐晋：上年晋用赵穿的建议，以侵崇而使秦国来与晋求成，但秦国并不理会，现在反而来攻打晋国，并围攻焦地。

【译文】

[经] 秦国的军队攻打晋国。

7/2.3 [经] 夏，晋人、宋人、卫人、陈人侵郑[1]。

【注释】

〔1〕侵郑：晋国的赵盾借救焦之机，会合诸侯的军队攻打郑国，为宋国报大棘之役失利之仇。

【译文】

[经] 夏季，晋国人、宋国人、卫国人、陈国人攻打郑国。

7/2.4 [经] 秋，九月乙丑，晋赵盾弑其君夷皋[1]。

[传] 穿弑也，盾不弑而曰"盾弑"，何也？以罪盾也。其以罪盾何也？曰：灵公朝诸大夫而暴弹之[2]，观其辟丸也[3]。赵盾入谏，不听，出亡，至于郊。赵穿弑公，而后反赵盾[4]。史狐书贼[5]，曰："赵盾弑公。"盾曰："天乎，天乎！予无罪，孰为盾而忍弑其君者

乎！"史狐曰："子为正卿[6]，入谏不听，出亡不远，君弑，反不讨贼，则志同，志同则书重，非子而谁?"故书之曰"晋赵盾弑其君夷皋"者，过在下也。曰于盾也，见忠臣之至，于许世子止[7]，见孝子之至。

【注释】

〔1〕夷皋：晋灵公之名。晋灵公即位后由于赵盾执掌国政，他不问朝事，终日玩乐，并且生性暴戾。厨师烹煮熊掌，烧得不烂，他就杀了厨师，还在大夫朝见的时候用弹丸击人，看被击者如何躲避弹丸，以此取乐。赵盾几次规劝，均无效，反而派刺客杀赵盾。又借请赵盾来宫中饮酒之机，派卫士埋伏在宫中，欲刺杀赵盾。赵盾无奈，只得出走。后赵穿召集兵士杀了晋灵公，赵盾才得以返回国都，重掌国政。

〔2〕暴：突然。

〔3〕辟：同"避"。

〔4〕反：同"返"。

〔5〕史狐：史，宫中负责记录朝事的官员，狐是其名。一般认为即史官董狐。

〔6〕正卿：指一国的最高行政长官。

〔7〕许世子止：许国的太子，名止。详见10/19.2正文及注〔1〕、〔2〕。

【译文】

[**经**] 秋季，九月的乙丑日，晋国的赵盾杀了他的国君夷皋。

[**传**] 晋灵公是赵穿杀的，赵盾并没有杀晋灵公，但经文却说"盾弑"，这是为什么？这是为了谴责赵盾的罪过。为什么要用这样的方法来谴责赵盾的罪过？回答是：晋灵公在大夫朝见他的时候，突然发出弹丸向他们射击，看他们怎样躲避弹丸，以此取乐。赵盾进去劝阻，晋灵公不听，于是赵盾只好出逃到城外。后来赵穿杀了晋灵公，才叫回了赵盾。史官狐记下了杀害晋灵公的凶手，他写道："赵盾杀害了灵公。"赵盾说："天啊，天啊！我没有罪，谁会认为赵盾是一个忍心杀自己国君的人呢？"史官狐说："你身为正卿，进去劝阻国君，他不听，你就外出逃亡，却又

不走远，国君被杀后，你回来也没有去讨伐国贼，这就表明你和
赵穿的弑君的想法是相同的了。两人弑君的想法相同，所以就记
载其中身份高的人。这样说来，杀害晋灵公的不是你又是谁呢？"
所以经文就记载说"晋赵盾弑其君夷皋"，这也是为了表示罪责
在臣下一面。所以说：在赵盾的身上，可以看出怎样才算是一个
忠君之臣的最彻底的表现；在许世子止的身上，可以看到怎样才
算是一个孝敬父母的儿子的最彻底的表现。

7/2.5 ［经］冬，十月乙亥，天王崩[1]。

【注释】

〔1〕天王：即周匡王。公元前612年即位，在位共六年。

【译文】

［经］冬季，十月的乙亥日，周匡王去世。

三　年

7/3.1 ［经］三年^{〔1〕}，春，王正月，郊牛之口伤^{〔2〕}。

［传］"之口"，缓辞也^{〔3〕}，伤自牛作也。

【注释】

〔1〕三年：本年为周定王元年，公元前606年。定王名瑜。

〔2〕郊牛：用于郊祭的牛。

〔3〕缓辞：《穀梁》认为经文中用了"之"字，在语气上有宽缓的意思，故表示没有因牛口受伤而责备国君的失误。

【译文】

［经］宣公三年，春季，周王的正月，用于祭天的牛口部受了伤。

［传］经文中说"之口"，这是表示宽缓的意思，牛口受伤的责任不在国君，伤是牛自己造成的。

7/3.2 ［经］改卜牛^{〔1〕}，牛死，乃不郊。

［传］事之变也。"乃"者，亡乎人之辞也^{〔2〕}。

【注释】

〔1〕改卜牛：据《公羊》说，用于郊祭的牛有两头，一头祭天，一

头祭祖。现因祭天的一头牛自伤其口，不能用了，就再换一头。

〔2〕亡乎人之辞：亡，同"无"。人，指人事。《集解》说："讥宣公不恭，致天变。"王引之以为，一头牛自伤其口，另一头牛死去，都非人事所能预料，故传文并没有责怪宣公的意思。

【译文】

［经］再占卜换一头牛，但另一头牛却死了，于是只好不举行郊祭。

［传］这是事情发生了变故。经文中说"乃"的意思，就表示发生变故的责任并不在于人事。

7/3.3 ［经］犹三望。

【译文】

［经］但还是举行了望祭。

7/3.4 ［经］葬匡王。

【译文】

［经］安葬了周匡王。

7/3.5 ［经］楚子伐陆浑戎[1]。

【注释】

〔1〕伐陆浑戎：陆浑戎，《左传》经文作"陆浑之戎"。陆，《公羊》经文作"贲"。戎人的一支，约活动于伊、雒二水之间，与楚国离得较远，楚国借"尊王攘夷"之举，必有以此在天子及中原诸侯面前显示武力之意。据《左传》记载，楚军到达雒地时，周王派王孙满慰劳楚军，

楚王问以周鼎的大小轻重，王孙满予以巧妙的回答，挫败了楚王的骄横之气，使其不敢轻举妄动。

【译文】

[经] 楚王讨伐陆浑戎。

7/3.6 [经] 夏，楚人侵郑[1]。

【注释】

〔1〕楚人侵郑：连年来郑一直追随楚国与晋国等中原诸侯为敌，晋国于是讨伐郑国，楚国没有援救，郑国遂与晋国求和并订立盟约。后楚以郑背盟，故伐之。

【译文】

[经] 夏季，楚国人攻打郑国。

7/3.7 [经] 秋，赤狄侵齐[1]。

【注释】

〔1〕赤狄：狄人的一支。

【译文】

[经] 秋季，赤狄人侵犯齐国。

7/3.8 [经] 宋师围曹[1]。

【注释】

〔1〕宋师围曹：曹国曾助宋国武氏家族颠覆宋文公的叛乱，因此宋文公在镇压了武氏之后，又围攻曹国。

【译文】

［经］宋国的军队围攻曹国。

7/3.9 ［经］冬，十月丙戌，郑伯兰卒[1]。

【注释】

〔1〕郑伯兰：即郑穆公，公元前 627 年即位，在位共二十二年。

【译文】

［经］冬季，十月的丙戌日，郑国国君兰去世。

7/3.10 ［经］葬郑穆公[1]。

【注释】

〔1〕穆：《公羊》经文作"缪"。

【译文】

［经］安葬了郑穆公。

四　　年

7/4.1 [经] 四年[1]，春，王正月。公及齐侯平莒及郯[2]。莒人不肯。

[传] "及"者，内为志焉尔。"平"者，成也。"不肯"者，可以肯也[3]。

【注释】

〔1〕四年：本年为周定王二年，公元前605年。

〔2〕平莒及郯：平，调和。时莒国与郯国之间有怨仇，鲁宣公约齐惠公准备为之调和。郯国，在今山东郯城西南。

〔3〕可以肯：《集解》说："君子不念旧恶，况为大国所和乎。"表示莒国理应接受调和。

【译文】

[经] 宣公四年，春季，周王的正月。宣公约齐惠公调和莒国与郯国之间的矛盾，莒国不肯接受。

[传] 经文中说"及"的意思，表示这次调和的想法是鲁国首先提出的。所谓"平"，也就是调和的意思。经文中说"不肯"，其实如果调和得当，莒国是可以接受的。

7/4.2 [经] 公伐莒，取向[1]。

[传]"伐"犹可,"取向"甚矣,莒人辞,不受治也。"伐莒",义兵也;"取向",非也,乘义而为利也。

【注释】

〔1〕向:见1/2.2注〔1〕。

【译文】

[经]宣公讨伐莒国,夺取了向邑。

[传]因为莒国不肯接受调和,所以讨伐它还是说得过去的。但是进而夺取向邑,就太过分了。这样一来,莒国人就有不肯接受调和的理由了。"伐莒"的军队,是正义之师;但"取向"的兵力,就不是正当的了,这是借维护道义的名义在干牟取私利的勾当。

7/4.3 [经]秦伯稻卒[1]。

【注释】

〔1〕秦伯稻:即秦共公,公元前608年即位,在位共三年。

【译文】

[经]秦国国君稻去世。

7/4.4 [经] 夏,六月乙酉,郑公子归生弑其君夷[1]。

【注释】

〔1〕公子归生弑其君:据《左传》记载,郑灵公烹鳖,召众大夫尝,却不给公子宋吃,公子宋大怒,与公子归生谋划杀灵公,归生不肯,公

子宋威胁归生，如果不从，就向灵公告发，是他要杀灵公的。归生只得任其去杀灵公。《左传》以为，公子归生未能阻止弑君之事的发生，是因为其"权不足"，但从此前经传多次记载归生主持郑国军政大事来看，公子归生在郑国的地位并不低。清人毛奇龄说："其人之强干有为，原不在赵盾下者"，"而曰'权不足'，是日较策书，而茫然不知其究里者"。

【译文】

[经] 夏季，六月的乙酉日，郑国的公子归生杀了他的国君夷。

7/4.5 [经] 赤狄侵齐。

【译文】

[经] 赤狄人侵犯齐国。

7/4.6 [经] 秋，公如齐，公至自齐。

【译文】

[经] 秋季，宣公前往齐国，宣公从齐国回来向祖庙行祭告之礼。

7/4.7 [经] 冬，楚子伐郑[1]。

【注释】

〔1〕楚子伐郑：因郑国背离了与楚国的同盟，故楚国伐之。

【译文】

[经] 冬季，楚王攻打郑国。

五　　年

7/5.1 ［经］五年^{〔1〕}，春，公如齐^{〔2〕}。

【注释】

　〔1〕五年：本年为周定王三年，公元前604年。

　〔2〕公如齐：因本年秋有"齐高固来逆叔姬"的记载，故《左传》说宣公此次到齐国是为其女叔姬定婚事。

【译文】

　［经］宣公五年，春季，宣公到齐国。

7/5.2 ［经］夏，公至自齐^{〔1〕}。

【注释】

　〔1〕公至自齐：春季如齐，至夏季才返回，《左传》说是"书过"，可能即为叔姬定婚之事并不顺利的缘故。详下文注。

【译文】

　［经］夏季，宣公从齐国返回，向祖庙行祭告之礼。

7/5.3 ［经］秋，九月，齐高固来逆子叔姬^{〔1〕}。

[传] 诸侯之嫁子于大夫，主大夫以与之。"来"者，接内也。不正其接内，故不与夫妇之称也。

【注释】

〔1〕高固来逆子叔姬：高固，齐国的大夫，也称高宣子。《左传》记载，本年春宣公去齐国为叔姬定婚，高固让齐侯强留宣公在齐国，一定要宣公同意将叔姬嫁给他，宣公迫于齐国的压力，只好答应。子叔姬，《左传》所引经文作"叔姬"。

【译文】

[经] 秋季，九月，齐国的高固来鲁国迎娶宣公的女儿叔姬。

[传] 诸侯的女儿嫁给别国的大夫，应当由自己国家的大夫来主持婚礼。经文中说"来"，有高固与鲁国国君接婚姻之礼的意思，这是不符合礼制的规定的，所以经文中没有对高固与叔姬采用夫妇的称呼。

7/5.4 [经] 叔孙得臣卒。

【译文】

[经] 叔孙得臣去世。

7/5.5 [经] 冬，齐高固及子叔姬来[1]。

[传] "及"者，及吾子叔姬也。为使来者，不使得归之意也。

【注释】

〔1〕高固及子叔姬来：高固于秋季来鲁国迎娶叔姬，冬季双双同来鲁国，当为新婚后夫妇第一次探亲，如今之俗称"回门"。

【译文】

　　[经] 冬季，齐国的高固与子叔姬前来鲁国。

　　[传] 经文中说到"及"字，就是与我国国君的女儿叔姬。高固是作为齐国的使者前来鲁国的，这是不让他带着叔姬顺便回鲁国探亲的意思。

7/5.6 [经] 楚人伐郑[1]。

【注释】

　　[1] 楚人伐郑：楚国连年攻打郑国，即是为了强迫郑国听从它的控制，也是为了与晋国争夺霸权。

【译文】

　　[经] 楚国攻打郑国。

六　　年

7/6.1 [经] 六年[1]，春，晋赵盾、卫孙免侵陈[2]。

[传] 此帅师也，其不言帅师，何也？不正其败前事[3]，故不与帅师也。

【注释】

〔1〕六年：本年为周定王四年，公元前603年。

〔2〕晋赵盾、卫孙免侵陈：《左传》认为是陈国追随楚国，晋因此联合卫国讨伐之。

〔3〕前事：指宣公元年赵盾率军援救陈国之事。

【译文】

[经] 宣公六年，春季，晋国的赵盾、卫国的孙免侵犯陈国。

[传] 这应该是率领军队前去的，经文却不说他们率领军队，这是为什么？因为经文认为这样一写，就败坏了赵盾以前率军援救陈国的功绩了，所以这次侵陈是不符合道义的。

7/6.2 [经] 夏，四月。

【译文】

[经] 夏季，四月。

7/6.3 [经] 秋，八月，螽。

【译文】

　　[经] 秋季，八月，发生蝗灾。

7/6.4 [经] 冬，十月。

【译文】

　　[经] 冬季，十月。

七　　年

7/7.1 ［经］七年[1]，春，卫侯使孙良夫来盟[2]。

［传］"来盟"，前定也。不言及者，以国与之；不言其人，亦以国与之。不日，前定之盟不日。

【注释】

〔1〕七年：本年为周定王五年，公元前 602 年。

〔2〕孙良夫：卫国的大夫，也称孙桓子。

【译文】

［经］宣公七年，春季，卫成公派孙良夫来订立盟约。

［传］经文中说"来盟"的意思，表示这次立盟是预先就议定的。经文没有说"及"谁立盟，这就表示是以国家的名义订立盟约的；经文也没有提到是什么人立盟，这也表示是以国家的名义订立盟约的。没有记载订立盟约的日期，因为预先议定的盟约是不记载日期的。

7/7.2 ［经］夏，公会齐侯伐莱[1]。

【注释】

〔1〕莱：古国名。姜姓，今山东黄县有莱子城，即古莱国的遗址。

【译文】

[经] 夏季，宣公会同齐惠公攻打莱国。

7/7.3 [经] 秋，公至自伐莱。

【译文】

[经] 秋季，宣公攻打莱国后回师，向祖庙行祭告之礼。

7/7.4 [经] 大旱。

【译文】

[经] 发生大旱灾。

7/7.5 [经] 冬，公会晋侯、宋公、卫侯、郑伯、曹伯于黑壤[1]。

【注释】

〔1〕黑壤：地名。也称黄父，在今山西翼城境内。《左传》记载此次诸侯的黑壤之会，有结盟的行动，因宣公没有参加，故经文未写"盟"字。又，在这次大会中，郑国与晋国同时参加了，表示两国的关系已有所缓和，此为宋国公子宋之力。

【译文】

[经] 冬季，宣公在黑壤这个地方与晋成公、宋文公、卫成公、郑襄公、曹文公会面。

八　年

7/8.1 ［经］八年^{〔1〕}，春，公至自会。

【注释】

〔1〕八年：本年为周定王六年，公元前601年。

【译文】

［经］宣公八年，春季，宣公从黑壤之会返回，在祖庙举行祭告之礼。

7/8.2 ［经］夏，六月，公子遂如齐，至黄乃复^{〔1〕}。
［传］"乃"者，亡乎人之辞也。"复"者，事毕也，不专公命也^{〔2〕}。

【注释】

〔1〕至黄乃复：黄，齐国地名。复，返回复命。《公羊》说公子遂是因为生病才返回鲁国的。

〔2〕不专公命：专，擅自作出决定。《穀梁》认为公子遂半道而返，是回复宣公交代的使命，这样，尽管没有完成出使的任务，但毕竟还是对使命有一个交代了。

【译文】

　　[**经**] 夏季，六月，公子遂去齐国，到了黄这个地方就返回了。

　　[**传**] 经文中说"乃"的意思，就表示这种情况是人所不能预料的。"复"的意思，表示事情已经结束了，这样也就说明他没有擅自作出决定改变宣公赋予的使命。

7/8.3 [**经**] 辛巳，有事于大庙[1]，仲遂卒于垂[2]。

　　[**传**] 为若反命而后卒也。此公子也，其曰"仲"，何也？疏之也[3]。何为疏之也？是不卒者也。不疏，则无用见其不卒也。则其卒之何也？以讥乎宣也。其讥乎宣何也？闻大夫之丧，则去乐卒事。

【注释】

　　[1] 大庙：大，同"太"，大庙，即周公之庙。
　　[2] 仲遂卒于垂：仲遂，即公子遂，也称襄仲，鲁国的执政大夫。垂，齐国地名。
　　[3] 疏之：疏远他的意思。因为公子遂曾杀了子般。

【译文】

　　[**经**] 辛巳日，在太庙举行祭祀仪式，听到了公子遂在垂这个地方去世的消息。

　　[**传**] 公子遂好像是在回复使命后去世的。他明明是公子，经文中却称他为"仲"，这是什么意思？是为了疏远他。是什么原因要疏远他？因为他是不值得被记载去世消息的人。如果不是采用疏远他的写法，就无从显示他是不值得被记载去世消息的人了。既然如此，经文为什么仍然记载了他去世的消息呢？因为要讥刺鲁宣公。经文为什么讥刺鲁宣公呢？因为假如国君听到了大夫去世的消息，就应该马上撤掉乐器，然后结束祭祀仪式。

7/8.4 ［经］壬午，犹绎[1]。

［传］"犹"者，可以已之辞也。"绎"者，祭之旦日之享宾也[2]。

【注释】

〔1〕绎：在举行大祭后的次日，再继续大祭的仪式。

〔2〕旦日：明日。

【译文】

［经］壬午日，继续举行大祭。

［传］经文中说到"犹"，这是指可以停止的说法。所谓"绎"，也就是祭祀仪式的第二日招待参祭的宾客。

7/8.5 ［经］万人[1]，去籥[2]。

［传］以其为之变，讥之也。

【注释】

〔1〕万：据《公羊》说，为"干舞"之名。干，即作战时用的盾。所谓"干舞"，即舞蹈者一手执戚（斧的一种），一手执盾，为武士的舞蹈。

〔2〕籥：古代的一种管乐器，与今之排箫类似。这里指羽籥舞。

【译文】

［经］干舞进入，撤去羽籥舞。

［传］宣公以为这样就变通了祭祀的形式，所以经文对此予以讥刺。

7/8.6 ［经］戊子，夫人熊氏薨[1]。

【注释】

〔1〕夫人熊氏：熊，《左传》经文作"嬴"。嬴氏，也称敬嬴，宣公之母。

【译文】

[经] 戊子日，夫人熊氏去世。

7/8.7 [经] 晋师、白狄伐秦[1]。

【注释】

〔1〕晋师、白狄伐秦：本年春季，白狄与晋国求和，于是共同伐秦。

【译文】

[经] 晋国的军队、白狄人攻打秦国。

7/8.8 [经] 楚人灭舒鄝[1]。

【注释】

〔1〕舒鄝：南方舒族的一支，《左传》以为群舒叛楚，故灭舒蓼。鄝，《左传》、《公羊》经文作"蓼"。

【译文】

[经] 楚国人灭了舒鄝。

7/8.9 [经] 秋，七月甲子，日有食之[1]，既。

【注释】

〔1〕日有食之：食甚为本日五时三十一分二十二秒。

【译文】

[经] 秋季，七月的甲子日，发生日食，是全食。

7/8.10 [经] 冬，十月己丑，葬我小君顷熊[1]。雨，不克葬。

[传] 葬既有日，不为雨止，礼也。"雨，不克葬"，丧不以制也。

【注释】

〔1〕顷熊：即宣公之母。《左传》所引经文作"敬嬴"。

【译文】

[经] 冬季，十月的己丑日，安葬我国先君的夫人顷熊。但因为下雨，没能安葬。

[传] 既然已经卜定了安葬的日期，就不能因为下雨而中止安葬，这是礼制所规定的。经文记载"下雨而不能安葬"，就表明葬礼没有按照规定的礼制来进行。

7/8.11 [经] 庚寅，日中而克葬[1]。

[传] "而"，缓辞也，足乎日之辞也[2]。

【注释】

〔1〕日中：指中午。
〔2〕足乎日：用了一整天。

【译文】

[经] 庚寅日，到了中午时分才能够安葬。

[传] 经文用了"而"字，这是表示缓慢的意思，也就是说用了整整一天的时间。

7/8.12 [经] 城平阳^[1]。

【注释】

〔1〕平阳：鲁国地名，今山东平阳。

【译文】

[经] 修筑平阳的城墙。

7/8.13 [经] 楚师伐陈^[1]。

【注释】

〔1〕楚师伐陈：宣公六年春，以陈国追随楚国的缘故，晋、卫侵陈。后陈国与晋国求和，故楚国又伐陈。足见当时晋、楚两国争霸的频繁。

【译文】

[经] 楚国的军队攻打陈国。

九　　年

7/9.1 ［经］九年[1]，春，王正月。公如齐。

【注释】

〔1〕九年：本年为周定王七年，公元前600年。

【译文】

［**经**］宣公九年，春季，周王的正月。宣公前往齐国。

7/9.2 ［经］公至自齐。

【译文】

［**经**］宣公从齐国返回，向祖庙行祭告之礼。

7/9.3 ［经］夏，仲孙蔑如京师[1]。

【注释】

〔1〕仲孙蔑：鲁桓公之子庆父的后代，属鲁国的孟孙（仲孙）氏家族。

【译文】

[**经**] 夏季，仲孙蔑出使京师。

7/9.4 [**经**] 齐侯伐莱。

【译文】

[**经**] 齐惠公攻打莱国。

7/9.5 [**经**] 秋，取根牟[1]。

【注释】

〔1〕取根牟：此为鲁国取之。根牟，杜预说是东夷的国名，《公羊》说是邾娄之邑。经文未记载鲁国伐之，却记载"取之"，《左传》说是因为夺取它太容易了。

【译文】

[**经**] 秋季，夺取了根牟。

7/9.6 [**经**] 八月，滕子卒[1]。

【注释】

〔1〕滕子：即滕昭公。

【译文】

[**经**] 八月，滕国国君去世。

7/9.7 [**经**] 九月，晋侯、宋公、卫侯、郑伯、曹伯会于扈。

【译文】

[经] 九月，晋成公、宋文公、卫成公、郑襄公、曹文公在扈这个地方会面。

7/9.8 [经] 晋荀林父帅师伐陈[1]。

【注释】

〔1〕荀林父：晋国的大夫，因最初曾任中行将，死后谥号"桓"，故也称中行桓子。城濮之战时为晋国的主要将领，后为上军之佐。

【译文】

[经] 晋国的荀林父率领军队攻打陈国。

7/9.9 [经] 辛酉[1]，晋侯黑臀卒于扈[2]。
[传] 其地，于外也。其日，未逾竟也。

【注释】

〔1〕辛酉：据杜预《春秋长历》，九月无"辛酉"，故杜注说"日误"。

〔2〕黑臀：晋成公之名。公元前606年即位，在位共七年。

【译文】

[经] 辛酉日，晋国国君黑臀在扈去世。

[传] 经文记载了晋成公去世的所在地，因为他是在国都之外的地方去世的。又记载了去世的日期，因为他没有走出自己的国境。

7/9.10 ［经］冬，十月癸酉，卫侯郑卒[1]。

【注释】

〔1〕卫侯郑：即卫成公，公元前 634 年即位，在位共三十五年。

【译文】

［经］冬季，十月的癸酉日，卫国国君郑去世。

7/9.11 ［经］宋人围滕[1]。

【注释】

〔1〕宋人围滕：本年八月，滕昭公卒，宋国趁滕国居丧期间围攻。

【译文】

［经］宋国人围攻滕国。

7/9.12 ［经］楚子伐郑[1]。

【注释】

〔1〕楚子伐郑：《左传》说，楚国因"厉之役"而伐郑。"厉之役"，经文未记载，据杜预说是在宣公六年，楚伐郑，晋出兵援救，与楚达成停战协议后退兵。七年，诸侯会于黑壤，郑国国君也参加了。郑在晋、楚之间两面讨好，故楚国再次伐之。

【译文】

［经］楚王攻打郑国。

7/9.13 ［经］晋郤缺帅师救郑[1]。

【注释】

〔1〕郤缺帅师救郑：此次救郑，败楚军于柳棼。

【译文】

［经］晋国的郤缺率领军队援救郑国。

7/9.14 ［经］陈杀其大夫泄治[1]。

［传］称国以杀其大夫，杀无罪也。泄治之无罪如何？陈灵公通于夏徵舒之家[2]，公孙宁[3]、仪行父亦通其家[4]，或衣其衣，或衷其襦[5]，以相戏于朝。泄治闻之，入谏曰：“使国人闻之，则犹可；使仁人闻之，则不可。”君愧于泄治，不能用其言而杀之。

【注释】

〔1〕泄治：陈国大夫。

〔2〕通于夏徵舒之家：通，私通。夏徵舒，字子南，夏姬之子，陈国大夫。夏徵舒之家，即指夏姬。夏姬为郑穆公之女，嫁陈国大夫夏御叔，夫死后，时与陈灵公、公孙宁、仪行父淫乱。

〔3〕公孙宁：陈国大夫，也称孔宁。

〔4〕仪行父：陈国大夫。

〔5〕衷其襦：衷，贴身穿着。襦，短衣。

【译文】

［经］陈国杀了它的大夫泄治。

［传］经文中称国家杀了自己的大夫，表明被杀的人是无罪的。认为泄治没有罪是什么道理？因为陈灵公和夏徵舒的母亲夏

姬私通，公孙宁、仪行父也和夏姬通奸。他们有的穿着夏姬的外衣，有的贴身穿着夏姬的短衣，互相在朝中戏弄。泄治听说了这件事，就入朝劝谏灵公说："这样的事情如果让一般的人听到了，那倒还不算什么，但如果让有仁德的人听到，那就不行了。"灵公在泄治面前感到很羞愧，但又不能听从他的劝谏，就把他杀了。

十 年

7/10.1 ［经］十年^{〔1〕}，春。公如齐。公至自齐。

【注释】

〔1〕十年：本年为周定王八年，公元前599年。

【译文】

［经］宣公十年，春季。宣公前往齐国。从齐国回来后，向祖庙行祭告之礼。

7/10.2 ［经］齐人归我济西田^{〔1〕}。

［传］公娶齐，齐由以为兄弟反之。不言来，公如齐受之也。

【注释】

〔1〕归我济西田：宣公元年，为了报答齐国帮助立位之德，鲁国将济水以西的土地送给齐国。至此，齐惠公认为鲁国连年来与齐国一直保持良好的关系，是为"服齐"，故将此田归还鲁国。

【译文】

［经］齐国人归还了济水以西的土地。

[**传**] 宣公娶了齐国的女子，齐国认为两国已经可以算是兄弟了，因此将土地还给了鲁国。经文中没有说到齐国派人前来行归还的仪式，表明是宣公自己到齐国去接受归还的。

7/10.3 [经] 夏，四月丙辰，日有食之[1]。

【注释】

〔1〕日有食之：食甚为本日八时十四分三十二秒。

【译文】

[经] 夏季，四月的丙辰日，发生了日食。

7/10.4 [经] 己巳，齐侯元卒[1]。

【注释】

〔1〕齐侯元：即齐惠公，公元前608年即位，在位共十年。

【译文】

[经] 己巳日，齐国国君元去世。

7/10.5 [经] 齐崔氏出奔卫[1]。
[传] "氏"者，举族而出之之辞也[2]。

【注释】

〔1〕齐崔氏出奔：崔氏，《左传》说是崔杼（zhù，柱）。也称崔武子。齐国大夫，齐惠公在世时得宠，上卿高国一向受其威胁，故趁惠公去世之机，将其逐出齐国。崔杼遂出奔卫国。但经文未有明确证据说此崔氏即"崔杼"。在"襄公二十五年"经文中记载，"齐崔杼帅师伐我西鄙"、"齐

崔杼弑其君光",距今相隔了五十一年。若这里的"崔氏"即崔杼,则年龄不可能很大,不至于对一国的上卿造成多大的威胁。故《三传比义》认为,此崔氏可能是指城濮之战时与齐国归父一起率领齐军的崔矢。

〔2〕举族而出之:此说不当。经文记载某人时用"氏"字,是通过氏名来对其褒或贬,并非举族之人尽在此列。

【译文】

[经] 齐国的崔氏出逃到卫国。

[传] 经文中以"氏"字来称呼出逃者,这是将一族之人全都包括在里面的一种写法。

7/10.6 [经] 公如齐[1]。

【注释】

〔1〕公如齐:为齐惠公去世前往吊丧。

【译文】

[经] 宣公前往齐国。

7/10.7 [经] 五月,公至自齐。

【译文】

[经] 五月,宣公从齐国回来,向祖庙行祭告之礼。

7/10.8 [经] 癸巳,陈夏徵舒弑其君平国[1]。

【注释】

〔1〕夏徵舒弑其君:据《左传》载,一日,陈灵公与仪行父等在夏

家饮酒，灵公对行父说，徵舒很像你。行父回答说，也很像你。徵舒非常反感，暗恨灵公，后趁机杀了他。

【译文】

［经］癸巳日，陈国的夏徵舒杀了他的国君平国。

7/10.9 ［经］六月，宋师伐滕[1]。

【注释】

〔1〕伐滕：滕国因依靠晋国的支持，不服宋国的节制，于是宋国恃强凌弱，一再伐滕。

【译文】

［经］六月，宋国的军队攻打滕国。

7/10.10 ［经］公孙归父如齐。葬齐惠公。

【译文】

［经］公孙归父前往齐国。安葬了齐惠公。

7/10.11 ［经］晋人、宋人、卫人、曹人伐郑[1]。

【注释】

〔1〕伐郑：诸侯以郑国一再追随楚国，于是合力讨伐，获得了郑国的求和协议以后退兵。

【译文】

[经] 晋国人、宋国人、卫国人、曹国人讨伐郑国。

7/10.12 [经] 秋，天王使王季子来聘[1]。

[传] 其曰"王季"，王子也。其曰"子"，尊之也。"聘"，问也。

【注释】

〔1〕王季子：《左传》说是刘康公，《公羊》说是周王的大夫，《穀梁》说本名王季，因其为王子，故经文在名后加"子"以尊之。可能此三者为一人。

【译文】

[经] 秋季，周王派遣王季子来行聘问之礼。

[传] 经文中说"王季"，其实就是王子。经文又称他为"子"，是为了表示对他的尊重。所谓"聘"，也就是访问。

7/10.13 [经] 公孙归父帅师伐邾，取绎[1]。

【注释】

〔1〕绎：邾国地名。

【译文】

[经] 公孙归父率领军队攻打邾国，夺取了绎地。

7/10.14 [经] 大水。

【译文】

　　［经］发生大水。

7/10.15 ［经］季孙行父如齐。

【译文】

　　［经］季孙行父前往齐国。

7/10.16 ［经］齐侯使国佐来聘[1]。

【注释】

　　〔1〕齐侯使国佐来聘：齐侯，齐惠公死，即位者为顷公，名无野。时尚未举行正式的即位仪式。国佐，即国武子，齐国大夫。

【译文】

　　［经］齐顷公派遣国佐来鲁国行聘问之礼。

7/10.17 ［经］饥[1]。

【注释】

　　〔1〕饥：此时正值冬季，秋粮收获不久便发生了饥荒，说明本年鲁国的收成不好，这与秋季时的大水有关。

【译文】

　　［经］发生了饥荒。

7/10.18 ［经］楚子伐郑[1]。

【注释】

　　〔1〕楚子伐郑：本年夏，晋与郑议和，楚以郑国背盟，因而伐之。据《左传》记载，此次晋国派士会前去援救，将楚人逐至颖水以北，其他前去援救的诸侯，都在郑国派驻军队，以防楚国再来攻打。

【译文】

　　〔经〕楚王攻打郑国。

十 一 年

7/11.1 ［经］十有一年^[1]，春，王正月。

【注释】

〔1〕十有一年：本年为周定王九年，公元前598年。

【译文】

［**经**］宣公十一年，春季，周王的正月。

7/11.2 ［经］夏，楚子、陈侯、郑伯盟于夷陵^[1]。

【注释】

〔1〕盟于夷陵：陈、郑与楚国结盟，实出于保存自己的意图。晋楚争霸，并非为了联合诸侯，扶助王室，不过是想借此扩大自己的势力而已。郑、陈两国，在晋楚之争中因所处地理位置的关系，始终难以摆脱被争夺的命运。此次与楚结盟，就是为了获得暂时的和平机会。夷陵，《集解》说在“齐地”，有误。此三国结盟，没有必要跑到处于中原东部的齐国去。《左传》、《公羊》经文皆作“辰陵”。辰陵，在陈国，今河南淮阳西部，符合当时三国所处的地理位置。

【译文】

［**经**］楚庄王、陈成公、郑襄公在夷（辰）陵这个地方结盟。

7/11.3 ［经］公孙归父会齐人伐莒。

【译文】

［经］公孙归父会同齐国人攻打莒国。

7/11.4 ［经］秋，晋侯会狄于欑函[1]。
［传］不言及，外狄。

【注释】

〔1〕晋侯会狄于欑函：晋侯会狄，此实为晋国执政郤缺的主意。郤缺为了瓦解狄人的势力，趁众狄与赤狄不和之机，拉拢众狄，以剪除赤狄的羽翼。后晋国在宣公十五年，灭赤狄潞氏。欑函，地名，在狄，今处所不详。晋国为了麻痹狄人，不惜屈尊去其地会面。

【译文】

［经］秋季，晋景公在欑函这个地方会见狄人。

［传］经文中没有说"及"，这是为了排斥狄人。

7/11.5 ［经］冬，十月，楚人杀陈夏徵舒[1]。
［传］此入而杀也。其不言入，何也？外徵舒于陈也。其外徵舒于陈，何也？明楚之讨有罪也。

【注释】

〔1〕楚人杀陈夏徵舒：楚国既与陈国结盟，就有了干涉陈国内政的机会。夏徵舒杀陈灵公，在陈国引起内乱，故楚国杀之以平乱。

【译文】

[经] 冬季，十月，楚国人杀了陈国的夏徵舒。

[传] 这明明是进入陈国后才杀的，经文并没有提到进入陈国，这是为什么？是为了表示把夏徵舒排斥在陈国之外。经文把夏徵舒排斥在陈国之外，这是为什么？为了表明楚国所讨伐的是有罪之人。

7/11.6 [经] 丁亥，楚子入陈[1]。

[传] "入"者，内弗受也。日入，恶入者也。何用"弗受"也？不使夷狄为中国也。

【注释】

〔1〕楚子入陈：楚国杀了夏徵舒后，将其首级挂在城门口示众，然后占领了陈国。

【译文】

[经] 丁亥日，楚王进入陈国。

[传] 经文中说"入"，这就表示陈国其实是不愿让楚国人进入陈国的。经文记载进入的日期，也是为了表示对入侵者的憎恶。为什么要使用"弗受"这样的词汇？为了表示不让蛮夷戎狄插手我中原诸侯国的事务。

7/11.7 [经] 纳公孙宁、仪行父于陈。

[传] "纳"者，内弗受也。辅人之不能民而讨，犹可；入人之国，制人之上下，使不得其君臣之道，不可。

【译文】

[经] 将公孙宁、仪行父安置在陈国。

[传] 所谓"纳"的意思，就表示陈国其实是拒绝接受这两个人的。帮助别国不能治理民众的国君来讨伐有罪之臣，这是可以的，但如果入侵别人的国家，进而控制君臣百姓，使他们不能尽君臣之道，这就不可以了。

十 二 年

7/12.1 [经] 十有二年^{〔1〕}，春，葬陈灵公^{〔2〕}。

【注释】

〔1〕十有二年：本年为周定王十年，公元前597年。

〔2〕葬陈灵公：陈灵公于上年的五月癸巳日被夏徵舒所杀，经过将近二十个月才安葬，早已超过了诸侯五月而葬的期限。因灵公死于非命，按照《春秋》的大义，君被弑，国贼不讨，不得书葬。现楚人帮助陈国杀了夏徵舒，故得以葬。

【译文】

[经] 宣公十二年，春季，安葬了陈灵公。

7/12.2 [经] 楚子围郑^{〔1〕}。

【注释】

〔1〕楚子围郑：楚国此次围攻郑国的原因不明，但据《左传》记载，楚攻城三月，城破。郑襄公袒身牵羊来迎楚军，并自愿到楚国当俘虏。楚庄王见其屈己下人，于是退兵三十里，同意与郑国媾和。楚将潘尪（wāng，汪）进入郑国国都，郑国的子良到楚国当人质。

【译文】

[经] 楚王围攻郑国。

7/12.3 [经] 夏，六月乙卯，晋荀林父帅师及楚子战于邲[1]，晋师败绩。

[传] "绩"，功也。功，事也。日其事，败也。

【注释】

〔1〕战于邲：邲，郑国地名，今河南郑州市东。此战为晋国救郑的行动，晋军渡过黄河后，驻扎在敖山与鄗山之间，当时郑国已经与楚国媾和，晋军主要将领因为战与和的意见不统一，贻误了战机，楚军趁机发动袭击，晋军措手不及，遭受重创，退兵时又因各军争抢渡船，导致军队溃散，因而大败。这就是春秋历史上有名的"邲之战"。楚庄王凭借此战的胜利，在与晋国争霸的较量中占据了上风。

【译文】

[经] 夏季，六月的乙卯日，晋国的荀林父率领军队与楚王在邲这个地方交战，晋国军队被打败。

[传] 经文中说的"绩"，就是功的意思。而功则是事的意思。记载这件事情发生的日期，是因为晋国被打败了。

7/12.3 [经] 秋，七月。

【译文】

[经] 秋季，七月。

7/12.4 [经] 冬，十有二月戊寅，楚子灭萧[1]。

【注释】

〔1〕灭萧：萧，宋的附庸国。楚国灭萧，意在逐步削弱宋国的力量，故楚伐萧时，宋国的华椒借用蔡国的兵力予以援救，但不敌楚。

【译文】

［经］冬季，十二月的戊寅日，楚王灭了萧国。

7/12.5 ［经］ 晋人、宋人、卫人、曹人同盟于清丘〔1〕。

【注释】

〔1〕同盟于清丘：晋军在邲遭受惨败后，陈、郑更加依附楚国，晋国有孤立之感，遂举此盟，希望保持其霸主的地位。清丘，卫国地名，今河南濮阳东南。

【译文】

［经］晋国人、宋国人、卫国人、曹国人在清丘这个地方订立同盟。

7/12.6 ［经］ 宋师伐陈，卫人救陈〔1〕。

【注释】

〔1〕卫人救陈：宋国攻打陈国，卫国想出兵援救，但因刚与晋、宋、曹等国订立盟约，所以部分人有顾虑，大夫孔达援引当年卫成公与陈共公谋划伐晋的私约，愿以死救陈。

【译文】

［经］宋国的军队攻打陈国，卫国人援救陈国。

十三年

7/13.1 ［经］十有三年^[1]，春，齐师伐莒^[2]。

【注释】

〔1〕十有三年：本年为周定王十一年，公元前 596 年。

〔2〕伐莒：《公羊》经文作"伐卫"。

【译文】

［**经**］宣公十三年，春季，齐国的军队攻打莒国。

7/13.2 ［经］夏，楚子伐宋^[1]。

【注释】

〔1〕伐宋：楚国攻打宋国，以其去年救萧。

【译文】

［**经**］夏季，楚王攻打宋国。

7/13.3 ［经］秋，螽。

【译文】

[经] 秋季，发生蝗灾。

7/13.4 [经] 冬，晋杀其大夫先縠[1]。

【注释】

[1] 先縠：《左传》在《公羊》经文中写作"先縠（hú，胡）"。据《左传》记载，晋国在邲之战中，先縠率军先渡河退兵，引起晋军阵势大乱，因而失利。后晋国并未追究失利的原因，但先縠终日不安，竟召来赤狄攻打晋国，想趁乱发动政变，于是晋国对其所为一并讨伐，不仅杀其本人，连他的族人也一起杀了。

【译文】

[经] 冬季，晋国杀了他的大夫先縠。

十 四 年

7/14.1 [经] 十有四年^[1]，春，卫杀其大夫孔达^[2]。

【注释】
〔1〕十有四年：本年为周定王十二年，公元前 595 年。
〔2〕杀其大夫孔达：前年冬，宋人伐陈，孔达冒险相救，触犯了晋国，于是孔达自缢而死，卫人以此取悦晋国，避免了晋国的讨伐。

【译文】
[经] 宣公十四年，春季，卫国杀了他的大夫孔达。

7/14.2 [经] 夏，五月壬申，曹伯寿卒^[1]。

【注释】
〔1〕曹伯寿：即曹文公，公元前 617 年即位，在位共二十三年。

【译文】
[经] 夏季，五月的壬申日，曹国国君寿去世。

7/14.3 [经] 晋侯伐郑^[1]。

【注释】

〔1〕伐郑：郑国在晋、楚邲之战期间，观望等待，想利用战役的胜负来确定究竟依靠谁，结果晋败楚胜，郑国投靠楚国。晋国即召诸侯向郑国显示兵力，企图使郑国回心转意。

【译文】

［经］晋景公讨伐郑国。

7/14.4［经］秋，九月，楚子围宋[1]。

【注释】

〔1〕围宋：陈、郑、卫等国已先后从楚，属于晋国同盟中的只有宋国了，于是楚国再次攻打宋国，企图用武力使其就范。如果宋国屈服，那么就等于打开了通向鲁国和齐国的大门。

【译文】

［经］秋季，九月，楚王围攻宋国。

7/14.5［经］葬曹文公。

【译文】

［经］安葬了曹文公。

7/14.6［经］冬，公孙归父会齐侯于穀。

【译文】

［经］冬季，公孙归父在穀这个地方与齐顷公会面。

十 五 年

7/15.1 [经] 十有五年^[1]，春，公孙归父会楚子于宋^[2]。

【注释】

〔1〕十有五年：本年为周定王十三年，公元前594年。

〔2〕会楚子于宋：楚国的势力日益强大，对中原诸侯国的威胁也逐渐加强，鲁国为维护自身的利益，不得不与楚国建立一种貌似亲善的关系，其实这样也难以避免楚国日后的欺凌。

【译文】

[经] 宣公十五年，春季，公孙归父在宋国会见楚王。

7/15.2 [经] 夏，五月，宋人及楚人平^[1]。

[传] "平"者，成也，善其量力而反义也。"人"者，众辞也。平称众，上下欲之也。外平不道，以吾人之存焉道之也^[2]。

【注释】

〔1〕宋人及楚人平：去年秋，楚国围宋，晋国欲救之，大夫伯宗曰以为晋军鞭长莫及，故不可援救。宋军无法抵挡楚军的进攻，派华元前

去与楚媾和。然后华元作为人质押在楚国。盟约中说："我无尔诈，尔无我虞。"

〔2〕以吾人之存焉：《穀梁》认为宋、楚媾和是与公孙归父在宋国与楚王的会见有关，此恐为臆测。据《左传》记载，宋国大夫华元夜入楚师，与楚国大夫子反见面，谈妥了媾和条件，然后经楚王同意后，两国才订立盟约的。

【译文】

　　［经］夏季，五月，宋国人与楚国人媾和了。

　　［传］"平"字的意思，就是成就和平，这是赞同宋、楚两国都能够正确衡量自己的实力，回到和睦相处的道义中来。"人"字的意思，是形容人数众多的文辞。成就和平而称人数众多，表明两国的君臣上下都愿意这样做。鲁国以外的国家互相讲和，经文照例是不予记载的，但因为这件事中间也有鲁国的大夫在起调停的作用，所以就记载了。

7/15.3 ［经］六月癸卯，晋师灭赤狄潞氏〔1〕，以潞子婴儿归〔2〕。

　　［传］灭国有三术，中国谨日，卑国月，夷狄不日。其日潞子婴儿，贤也。

【注释】

　　〔1〕晋师灭赤狄潞氏：晋国早已有破狄的打算，赤狄为狄人中的一支，活动于晋国北部，是威胁晋国的主要敌人，故趁赤狄内部混乱之机，将其中的潞国灭亡。潞氏，赤狄中的一个小国，以氏为名，故称潞氏。

　　〔2〕潞子婴儿：潞子，潞氏的国君，《公羊》以为称其为子，是由于其国君能够躬自为善，虽遭灭亡，但经文还是尊其为"子"。也有人以为"子"为其国君的爵位。婴儿，据《左传》说，其母为晋景公的姐姐，时潞氏由酆舒执掌国政，杀婴儿之母，又伤了婴儿之目。晋国正是借除酆舒之机，才灭亡潞国的。

【译文】

[经] 六月的癸卯日，晋国的军队灭亡了赤狄的潞氏，把潞氏的国君婴儿捉了回来。

[传] 对于灭亡一个国家，经文有三种记载的方法：如果是中原的诸侯国家被灭亡，就郑重地记载日期，如果是大国的附庸国被灭亡，就记载月份，如果是边远的夷狄国被灭亡，经文就不记载日期了。现在经文记载潞国灭亡的日期，是因为潞子婴儿是个贤明的人。

7/15.4 [经] 秦人伐晋[1]。

【注释】

〔1〕秦人伐晋：自从秦、晋殽之战以后，两国之间不断发生战事，互有胜负，直到公元前 605 年秦共公去世，才逐渐安定下来，自此以后，十余年未交战。此次秦趁晋国灭狄之机来犯，结果秦遭败绩。

【译文】

[经] 秦国人攻打晋国。

7/15.5 [经] 王札子杀召伯、毛伯[1]。

[传] "王札子"者，当上之辞也。杀召伯、毛伯不言"其"，何也？两下相杀也。两下相杀不志乎《春秋》，此其志，何也？矫王命以杀之[2]，非忿怒相杀也，故曰：以王命杀也。以王命杀则何志焉？为天下主者，天也，继天者，君也，君之所存者，命也。为人臣而侵其君之命而用之，是不臣也；为人君而失其命，是不君也。君不君，臣不臣，此天下所以倾也。

【注释】

〔1〕王札子杀召伯、毛伯：王札子，《穀梁》说是当时执掌周朝国政的大臣。《左传》说是王子捷，时因王孙苏与召、毛二氏争权，故王子捷受王孙苏之命而杀召伯、毛伯。《公羊》说是长庶子。召伯，《左传》说是召戴公，周王室的卿。毛伯，《左传》称"毛伯卫"，周王室的大夫。

〔2〕矫王命：矫，假托。当时周王室的权威日益衰落，从《穀梁》在解说中发挥的"君臣之义"来看，也并非没有矫王命而杀大臣的可能。

【译文】

[经] 王札子杀了召伯、毛伯。

[传] 经文中称"王札子"，这是用来表示他以天子自居、擅掌生杀大权的言辞。经文中说"杀召伯、毛伯"，而不说杀"其"大夫，这是为什么？因为这是臣子之间的互相杀戮。对于臣子之间互相杀戮的这类事情，《春秋》照例是不记载的，现在却记载了，这是什么道理？因为这是王札子假托周王的命令杀害了召伯、毛伯，而不是由于私怨而互相杀戮的，所以说，是假托周王的命令杀了他们。假托周王的命令杀了他们，经文为什么就要记载呢？作为天下的主宰者的，是上天；顺承上天的旨意行事的，是君王；君王所赖以生存的，就在于他能够向天下发布命令。身为臣下，却侵夺自己君王发布命令的权力而擅自运用，这就不像一个臣子了。身为君王，却失去了他发布命令的权力，也就不像一个君王了。君王不像君王，臣下不像臣下，这就是天下所以会是非颠倒的原因。

7/15.6 [经] 秋，螽。

【译文】

[经] 秋季，发生蝗灾。

7/15.7 [经] 仲孙蔑会齐高固于无娄[1]。

【注释】

〔1〕仲孙蔑会齐高固于无娄：仲孙蔑，鲁国的大夫，鲁桓公之子庆父的后人。高固，见7/5.3注〔1〕。无娄，杞国地名。《公羊》经文作"牟娄"。

【译文】

[经] 仲孙蔑在无娄这个地方会见齐国的高固。

7/15.8 [经] 初税亩[1]。

[传]"初"者，始也。古者什一[2]，藉而不税[3]。初税亩，非正也。古者三百步为里，名曰"井田"[4]。井田者，九百亩，公田居一。私田稼不善，则非吏[5]；公田稼不善，则非民。初税亩者，非公之去公田，而履亩十取一也[6]，以公之与民为已悉矣。古者，公田为居，井灶葱韭尽取焉。

【注释】

〔1〕初税亩：初，开端。税亩，以亩计税。这是有文字记载的中国古代征收田赋的开端。作为一种新的税制，它改变了以往向农民征收助耕公田所得谷物的办法，采取以土地面积为税收依据的方式。三传均对这种方式提出了反对的意见。

〔2〕什一：即十分之一。

〔3〕藉：进贡。

〔4〕井田：以"里"为单位，将其划成井字形。周朝时的井田为九百亩，其中一百亩为公田。余下的分给八户农民耕种。但这一说法未必完全符合当时的实际情况。

〔5〕非吏：责备掌管耕作的官吏。

〔6〕履亩十取一：履，踏的意思，这里引申为勘测、丈量。履亩，即丈量土地的面积。十取一，根据土地的实际面积，将收成中的十分之一作为上交的赋税。

【译文】

[经] 初税亩。

[传] "初"是开始的意思。古时候抽取十分之一的收获，是指要农人将公田里的收获全部上交，却不向私田收税。"初税亩"的做法是不合乎正道的。古时候长、宽各三百步的土地为一里，称作"井田"。所谓"井田"，就是说，一共九百亩地，其中公田占一百亩。私田的庄稼长得不好，就责备管田地的官吏；公田的庄稼长得不好，就责备农人。经文中说"初税亩"，就是责备宣公取消公田，然后丈量土地，按田亩的实际数字抽取收成中的十分之一作为税，以为将公田给了农人，他们就会把这些土地当做是自己的一样，去尽力耕作了。古时候，公田为八户人家所共有，他们筑房、挖井、垒灶，以及种植葱、韭等日常菜蔬所需要的土地，都是从公田取得的。

7/15.9 [经] 冬，蝝生[1]。

[传] 蝝非灾也[2]，其曰"蝝"，非税亩之灾也[3]。

【注释】

〔1〕蝝：读作"yuán（缘）"，尚未生出翅膀的蝗虫。

〔2〕蝝非灾：蝝是还没有长出翅膀的蝗虫，在冬季也无农作物可食，已构不成灾害。

〔3〕非税亩之灾：非，不是。一说，是责难的意思。

【译文】

[经] 冬季，生出了蝝。

[传] "蝝"，这并不是灾害，经文中记载"蝝"，并不是实

行了以亩计税制度后所引起的灾害。

7/15.10 ［经］饥。

【译文】

　　［**经**］发生饥荒。

十 六 年

7/16.1 〔经〕 十有六年[1]，春，王正月。晋人灭赤狄甲氏及留吁[2]。

【注释】

　〔1〕十有六年：本年为周定王十四年，公元前593年。

　〔2〕甲氏及留吁：均为赤狄的部族。甲氏约活动于今河北邢台东南一带。留吁约活动于今山西屯留一带。

【译文】

　〔经〕 宣公十六年，春季，周王的正月。晋国人灭了赤狄中的甲氏及留吁部族。

7/16.2 〔经〕 夏，成周宣榭灾[1]。

　〔传〕 周灾不志也，其曰"宣榭"，何也？以乐器之所藏目之也。

【注释】

　〔1〕成周宣榭灾：成周，即指东周王朝的所在地雒邑，今河南洛阳。宣榭，《集解》引《尔雅》："室有东西厢，曰庙。无东西厢有室，曰寝。无室曰榭。"顾炎武《杜解补正》引吕大临语说："宣榭

者，盖宣王之庙也。榭，射堂之制也，其文作卪，古射字，执弓矢以射之象，因名其堂曰射。后从木。其堂无室，以便射事，故凡无室者皆谓之榭。"《穀梁》解说中以为是周王收藏乐器的库房，不知此解的根据是什么。榭，《公羊》经文作"谢"。灾，此指火灾。《左传》经文作"火"。

【译文】

[经] 夏季，成周的宣榭发生了火灾。

[传] 成周发生的灾害，《春秋》中照例是不记载的，这里经文说是"宣榭"，这是为什么？因为它被看作是储藏乐器的地方。

7/16.3 [经] 秋，郯伯姬来归[1]。

【注释】

〔1〕郯伯姬来归：郯伯姬，嫁给郯国国君的鲁公之女。来归，《集解》用《左传》的释意说："为夫家所遣。"

【译文】

[经] 秋季，嫁到郯国的鲁女回到鲁国。

7/16.4 [经] 冬，大有年[1]。
[传] 五谷大熟，为"大有年"。

【注释】

〔1〕大有年：《公羊》在桓公三年记载"有年"时的解说中有："大有年何？大丰年也。"

【译文】

[**经**] 冬季，获得大丰收。

[**传**] 五谷大丰收，就叫做"大有年"。

十 七 年

7/17.1 ［经］ 十有七年[1]，春，王正月庚子，许男锡我卒[2]。

【注释】

〔1〕十有七年：本年为周定王十五年，公元前 592 年。

〔2〕许男锡我：即许昭公。男，爵位。锡我，名。公元前 621 年即位，在位共三十年。

【译文】

［经］宣公十七年，春季，周王正月的庚子日，许国国君锡我去世。

7/17.2 ［经］ 丁未，蔡侯申卒[1]。

【注释】

〔1〕蔡侯申：即蔡文公。公元前 617 年即位，在位共二十三年。

【译文】

［经］丁未日，蔡国国君申去世。

7/17.3 ［经］夏，葬许昭公。

【译文】

　　［经］夏季，安葬了许昭公。

7/17.4 ［经］葬蔡文公。

【译文】

　　［经］安葬了蔡文公。

7/17.5 ［经］六月癸卯，日有食之[1]。

【注释】

　　〔1〕日有食之：食甚为本日八时四十七分三十五秒。

【译文】

　　［经］六月的癸卯日，发生日食。

7/17.6 ［经］己未，公会晋侯、卫侯、曹伯、邾子，同盟于断道[1]。
　　［传］“同”者，有同也，同外楚也。

【注释】

　　〔1〕同盟于断道：断道，晋国地名，今河南济源西部。由于宋国在宣公十五年与楚国媾和，晋国的同盟实力大减，故五国在断道同盟，意在“讨贰”。

【译文】

[经] 己未日，宣公会同晋景公、卫穆公、曹宣公、邾定公，在断道这个地方订立同盟。

[传] 所谓"同"，就是有相同的意愿，这就是共同来排斥楚国势力的扩张。

7/17.7 [经] 秋，公至自会。

【译文】

[经] 秋季，宣公从断道之盟回来，在祖庙行祭告之礼。

7/17.8 [经] 冬，十有一月壬午，公弟叔肸卒[1]。

[传] 其曰"公弟叔肸"，贤之也。其贤之何也？宣弑而非之也[2]。非之则胡为不去也？曰兄弟也，何去而之？与之财，则曰："我足矣。"织屦而食，终身不食宣公之食。君子以是为通恩也，以取贵乎《春秋》。

【注释】

〔1〕公弟叔肸：宣公的同母之弟。叔为字，肸为名。

〔2〕宣弑而非之：非，指责。宣公实由其母敬嬴与公子遂密谋杀子赤后，才得以即位。叔肸为此而指责宣公。

【译文】

[经] 冬季，十一月的壬午日，宣公之弟叔肸去世。

[传] 经文中称他为"公弟叔肸"，这是为了褒奖他的贤良。为什么说他贤良？因为宣公杀害子赤自己即位的时候，他指责了宣公。他既然指责宣公，那么为何不离开鲁国到别国去呢？回答是：因为他们之间是兄弟关系。离开鲁国又能到什么地方去呢？

宣公给他财物，他就说："我已经足够用了。"他靠着编织草鞋换取衣食，终其一生都没有吃宣公给他的食物。君子将这种做法看作是通晓兄弟之间的情义，所以使他在《春秋》中取得尊贵的地位。

十 八 年

7/18.1 ［经］十有八年^[1]，春，晋侯、卫世子臧伐齐^[2]。

【注释】

〔1〕十有八年：本年为周定王十六年，公元前 591 年。

〔2〕伐齐：据《左传》记载，由于晋国召诸侯在断道举行盟会时，齐国没有派人参与，故晋景公与卫国太子攻打齐国，一直打到齐国的阳谷，齐顷公只得与晋国结盟，并以公子强作为人质送到晋国。

【译文】

［经］宣公十八年，春季，晋景公与卫国太子臧攻打齐国。

7/18.2 ［经］公伐杞。

【译文】

［经］宣公攻打杞国。

7/18.3 ［经］夏，四月。

【译文】

　　[经] 夏季，四月。

7/18.4 [经] 秋，七月，邾人戕缯子于缯[1]。

　　[传]"戕"，犹残也，掇杀也[2]。

【注释】

　　〔1〕戕缯子：戕，读作"qiāng（枪）"，杀害，残杀。《左传》说，"凡自虐其君曰弑，自外曰戕"，即被别国派来的刺客所杀。缯子，缯国的国君。

　　〔2〕掇杀：掇，读作"tuō（脱）"，用木棍捶打。《公羊》解说"戕"为支解节断，故认为缯子是死于残杀。

【译文】

　　[经] 秋季，邾国人派刺客杀了缯国的国君。

　　[传] "戕"的意思，就犹如"残"，也就是说，缯国的国君是被用乱棍打死的。

7/18.5 [经] 甲戌，楚子吕卒[1]。

　　[传] 夷狄不卒，卒，少进也。卒而不日，日，少进也。日而不言正，不正，简之也。

【注释】

　　〔1〕楚子吕：即楚庄王。吕，《左传》、《公羊》经文作"旅"。也作"侣"。公元前613年即位，在位共二十三年。其间对内整顿国事，兴修水利，对外不断扩大其势力范围，先后攻灭其周围的小国，又迫使宋、陈、郑、鲁等中原大国与之建立同盟关系，遏止了晋国势力的发展，成为当时事实上的诸侯霸主。

【译文】

[经] 甲戌日，楚王吕去世。

[传] 对于夷狄国家的国君，经文中照例是不记载他的死讯的，现在记载楚王吕的死讯，是为了逐渐提高楚国的地位。或者也可以只记载死讯而不记载死亡的日期，现在经文记载了楚王吕的死亡日期，这也是为了逐渐提高楚国的地位。但记载了楚王吕的死亡日期，而没有说明这样做是否合乎常规，那就是不合乎常规，所以就有意省略了"不正"的这一说明。

7/18.6 [经] 公孙归父如晋[1]。

【注释】

〔1〕公孙归父如晋：据《左传》记载，公孙归父此行，与鲁国的内政有关。公孙归父为公子遂之子，公子遂拥立宣公，故一直得到宣公的信任，公孙归父亦因而受益。鲁国的政治，从宣公时起，逐渐为桓公三个儿子的后人孟孙氏（庆父后人）、叔孙氏（叔牙后人）、季孙氏（公子友后人）掌握，时称"三桓"，尤以季孙氏的势力为大，季孙行父也成为执政大夫。为此，公孙归父就与宣公密谋，想借助晋国的力量，除去"三桓"，以张公室。其实这是公孙归父想自己控制鲁国政治而采取的一种策略。

【译文】

[经] 公子归父前往晋国。

7/18.7 [经] 冬，十月壬戌，公薨于路寝[1]。

[传] 正寝也。

【注释】

〔1〕路寝：即诸侯处理公务的朝堂。《穀梁》认为，诸侯在公堂去世

为"正"，在宫内的寝室去世也属于"正"，在其他地方或场合去世就都不"正"了。

【译文】

[经] 冬季，十月的壬戌日，宣公在公堂去世。

[传] 这是寿终正寝。

7/18.8 [经] 归父还自晋。

[传] "还"者，事未毕也[1]。"自晋"，事毕也[2]。与人之子守其父之殡[3]，捐殡而奔其父之使者[4]，是亦奔父也。

【注释】

〔1〕事未毕：事情没有了结。因公子归父出发到晋国去的时候，宣公去世，故借晋国之力去除"三桓"的计划未能实现。

〔2〕事毕：以"自"致命的意思，也就是对国君有个交代了。如何交代，传文未明确说出。据《公羊》、《左传》的记载，公子归父在途中听到宣公的死讯后，就在路边设立祭帷，将一同出使晋国的副手当做宣公，坐在帷中，向其报告出使晋国的情况。报告完毕后，公子归父换上丧服，哭而奠之，三踊而出，逃往齐国。

〔3〕与人之子守其父之殡：《集解》说是公子归父让自己的儿子与即将即位的成公一起守宣公的灵柩。

〔4〕捐殡而奔其父之使者：捐，弃。奔，逐。使者，指公子归父。据《左传》记载，由于季孙行父已经探知公子归父到晋国去的目的，因此就趁宣公去世之机，驱逐了公子遂的族人。《穀梁》认为，这也与成公有关，故将责任归之于他。

【译文】

[经] 公子归父从晋国返回。

[传] 所谓"还"，就表示事情并没有了结。但是又说"自

晋", 这表示事情已经有一个结束的交代了。公子归父将自己的儿子与公室的嗣子一起守护他父亲的灵柩, 而公室的嗣子却遗弃了灵柩驱逐他父亲生前委任的使者, 这也等于是驱逐了自己的父亲。

7/18.9 [经] 至柽[1], 遂奔齐。

[传] "遂", 继事也。

【注释】

〔1〕至柽: 柽, 见5/1.8 注〔1〕。这是说公子归父是在柽这个地方听到宣公的死讯后, 转道往齐国去的。

【译文】

[**经**] 到了柽这个地方, 归父于是出奔齐国。

[**传**] "遂" 的意思, 就是紧接着前一件事再进行下一件事。

中国古代名著全本译注丛书

春秋穀梁传

译注

下

承 载 译注

成　公

元　年

8/1.1 ［经］元年^[1]，春，王正月，公即位^[2]。

【注释】
　〔1〕元年：本年为周定王十七年，公元前590年。
　〔2〕公即位：公，即鲁成公，名黑肱（gōng，弓），宣公之子。

【译文】
　［**经**］成公元年，春季，周王正月。成公即位。

8/1.2 ［经］二月辛酉，葬我君宣公。

【译文】
　［**经**］二月的辛酉日，安葬了我国国君宣公。

8/1.3 ［经］无冰。
　［**传**］终时无冰则志^[1]，此未终时而言无冰，何也？终无冰矣，加之寒之辞也^[2]。

【注释】

〔1〕终时：终时，指一个季节结束的时候。"终时无冰则志"之例，见9/28.1经文。

〔2〕加之寒：一年中最为寒冷的时候。周历二月，为夏历十二月，当属一年中最寒冷的时候。

【译文】

[经] 没有结冰。

[传] 到一季结束的时候还没有结冰，才予以记载，现在冬季并没有结束，就记载说"无冰"，这是为什么？因为在这最为寒冷的时候还不结冰，那么直到整个春季结束也就不会结冰了，这是用来表示最为寒冷的言辞。

8/1.4 [经] 三月，作丘甲〔1〕。

[传] "作"，为也，丘为甲也。丘甲，国之事也，丘作甲，非正也。丘作甲之为非正，何也？古者立国家，百官具，农工皆有职以事上。古者有四民，有士民，有商民，有农民，有工民，夫甲非人人之所能为也〔2〕。丘作甲，非正也。

【注释】

〔1〕作丘甲：丘，当时的地方行政组织单位。根据周制，九夫为井，四井为邑，四邑为丘，每丘共一百四十户，四丘为甸。甲，甲士的单位。据胡宁《春秋通旨》中说："成公以前，甸赋车一乘，每乘七十二人，甲士三人。凡二十五人为一甲，是四丘共出三甲尔。今作邱甲，即一邱出一甲，其于赋增三分之一也。"按照这一比例计算，原来每丘出甲18.75人，成公时则要出25人，比原来增加了三分之一。《左传》解说这一现象时说："为齐难也。"为了防备齐国的侵犯。

〔2〕甲非人人之所能为：《穀梁》以"为"释"作"，这是误解"甲"为盔甲之甲，所以用不少文字来说明当时人们不同的职业分工，

由此表明并非所有的人都能制作盔甲的。

【译文】

[经] 三月，推行以丘出甲的制度。

[传] "作"，就是制作的意思，是让每一丘的民众都担当起制作盔甲的任务。但是，制作盔甲是国家的事情，让每一丘的民众都去制作盔甲，这是不符合正道的。说让每丘的民众都制作盔甲不符合正道，这是什么原因？古时候建立了国家，各种官吏都具备，农民、工匠都用自己的职业来事奉君王。古时候有四种"民"，有从事习艺论道的士人，有从事货物贩卖的商民，有从事耕作收获的农民，有从事器物制造的工民，盔甲并不是每个人都能够制作的。现在要让每丘的民众都来制作盔甲，所以这是不合乎正道的。

8/1.5 [经] 夏，臧孙许及晋侯盟于赤棘[1]。

【注释】

〔1〕臧孙许及晋侯盟于赤棘：臧孙许，也称臧宣叔，臧文仲的儿子，宣公晚年时任鲁国司寇，掌管刑事。赤棘，晋国地名，今所在不详。

【译文】

[经] 夏季，臧孙许与晋景公在赤棘这个地方结盟。

8/1.6 [经] 秋，王师败绩于贸戎[1]。

[传] 不言战，莫之敢敌也。为尊者，讳敌不讳败。为亲者，讳败不讳敌。尊尊亲亲之义也。然则孰败之？晋也。

【注释】

〔1〕王师败绩于贸戎：王师，周定王的军队。贸戎，地名，今所在不详。《左传》所引经文作"茅戎"，解说中称打败王师的是"徐吾氏"，或即戎人中的一个部族。王师败绩事，在本年春季。据《左传》记载，公元前610年周王的军队乘戎人大设酒宴之机袭击之，戎人败，由此记恨于心。本年春，晋景公派大夫瑕嘉调和周王室与戎人的矛盾，事已成，但刘康公以为戎人既然已经接受调停，必不设防，于是趁机袭击，结果却遭戎人反击，被打败。鲁国是在秋季才接到这一消息的，所以记载于此。

【译文】

[经] 秋季，周王的军队在贸戎这个地方打了败仗。

[传] 经文没有说到交战，这是因为没有人敢与周王为敌。对于地位尊贵的人来说，要隐讳和他交战的对手，却不必隐讳他的失败。对于关系亲密的人来说，要隐讳他的失败，却不必隐讳与他交战的对手。这就是所谓尊重地位高贵的人，爱护关系亲密的人的道理。既然这样，那么究竟是谁打败了周王的军队呢？是晋国。

8/1.7 [经] 冬，十月。

[传] 季孙行父秃，晋郤克眇[1]，卫孙良夫跛[2]，曹公子手偻[3]，同时而聘于齐。齐使秃者御秃者[4]，使眇者御眇者，使跛者御跛者，使偻者御偻者。萧同侄子处于台上而笑之[5]，闻于客，客不说而去[6]，相与立胥间而语[7]，移日不解[8]。齐人有知之者，曰："齐之患，必至此始矣。"

【注释】

〔1〕郤克眇：郤克，也称驹伯，郤缺之子，时为晋国执政大夫。后

在鞌之战中大败齐军。死后谥"献"。眇，一只眼瞎。

〔2〕孙良夫：也称孙桓子，卫国大夫。

〔3〕公子手偻：公子手，曹国大夫。偻，驼背。

〔4〕御：迎接。

〔5〕萧同侄子：萧，宋的附庸国，与宋同姓，故也称萧同。侄子，萧国的宗室，齐顷公的同母异父兄。其母改嫁齐惠公，生齐顷公。公元前597年，楚人灭萧后，他随其母寄居齐国。

〔6〕说：通"悦"。

〔7〕胥间：齐国的城门名。

〔8〕移日：很长的时间。

【译文】

[经] 冬季，十月。

[传] 季孙行父是个秃顶，晋国郤克的一只眼睛是瞎的，卫国的孙良夫是个跛子，曹国的公子手则是驼背，他们四个人同时到达齐国行聘问之礼。齐国派秃顶的人迎接秃顶的季孙行父，派瞎了一只眼的人迎接瞎了一只眼的郤克，派跛子来迎接跛脚的孙良夫，派驼背的人来迎接驼背的公子手。这时萧同侄子在台上取笑他们，笑声让这几位前来聘问的客人听到了，客人们就很不高兴地离开了，他们一起站在胥间门下交谈着，过了好久还没有离去。齐国国内知道这件事情的人说："齐国的祸患，必定是从这件事开始的。"

二　　年

8/2.1［经］二年[1]，春，齐侯伐我北鄙[2]。

【注释】

〔1〕二年：本年为周定王十八年，公元前 589 年。

〔2〕齐侯伐我北鄙：鲁国去年与晋国在赤棘结盟，因而得罪齐国，于是来伐。先夺取龙邑（今山东泰安东南），后又南侵，至巢丘（今山东泰安附近）。

【译文】

［经］成公二年，春季，齐顷公攻打我国北部边境。

8/2.2［经］夏，四月丙戌，卫孙良夫帅师及齐师战于新筑，卫师败绩[1]。

【注释】

〔1〕战于新筑：新筑，卫国地名，今河北大名附近。卫侯趁齐国攻打鲁国之机，派孙良夫与石稷、宁相、向禽等率军伐齐，不料伐鲁的齐军正好回师，于是双方在卫国的新筑交战，卫军大败。

【译文】

[经] 夏季，四月的丙戌日，卫国的孙良夫率领军队与齐国军队在新筑这个地方交战，结果卫国军队被打败。

8/2.3 [经] 六月癸酉，季孙行父、臧孙许、叔孙侨如、公孙婴齐帅师会晋郤克、卫孙良夫、曹公子手及齐侯战于鞌^[1]，齐师败绩。

[传] 其日，或曰日其战也，或曰日其悉也。曹无大夫，其曰公子，何也？以吾之四大夫在焉，举其贵者也。

【注释】

〔1〕季孙行父……战于鞌：鞌，齐国地名，今山东历城附近。叔孙侨如，叔孙得臣的儿子。公孙婴齐，鲁国大夫。公子手，也作公子首，曹国大夫。此战因孙良夫被齐军打败，遂至晋讨救兵，晋国以郤克、士燮、栾书等人为将，出八百乘战车，与卫国会合。鲁国则以季孙行父等人率军与之会合，与齐国在鞌地交战。双方血战了一整天，郤克的脚受了伤，齐顷公在逢丑夫的掩护下，幸免于死。最后齐军寡不敌众，终于战败。此事《左传》中有详细记载，可以参看。

【译文】

[经] 六月的癸酉日，季孙行父、臧孙许、叔孙侨如、公孙婴齐率领军队会同晋国的郤克、卫国的孙良夫、曹国的公子手，与齐国国君在鞌这个地方交战，齐国军队被打败。

[传] 这里记载了日期，有的说法认为，这是为了记载双方交战的日期，还有的说法认为，因为鲁国的四位大夫全都参加了这次战役，所以就记载了日期。曹国并没有周王正式任命的大夫，经文中称"公子"，这是为什么？因为鲁国的四位大夫都在军中，所以就采用了对他来说是高贵的称呼。

8/2.4 [经] 秋，七月，齐侯使国佐如师[1]。

【注释】

〔1〕使国佐如师：国佐，齐国的大夫。因为齐国在鞌之战中失利，故派遣国佐到军中，与晋国在袁娄（齐地，今山东淄博附近）订立盟约。

【译文】

[经] 秋季，七月，齐顷公派国佐到军中。

8/2.5 [经] 己酉，及国佐盟于爰娄[1]。

[传] 鞌去国五百里，爰娄去国五十里，壹战绵地五百里，焚雍门之荼[2]，侵车东至海。君子闻之，曰："夫甚甚之辞焉[3]。齐有以取之也。"齐之有以取之，何也？败卫师于新筑，侵我北鄙，敖郤献子[4]，齐有以取之也。爰娄在师之外，郤克曰："反鲁、卫之侵地，以纪侯之甗来[5]，以萧同侄子之母为质[6]，使耕者皆东其亩[7]，然后与子盟。"国佐曰："反鲁、卫之侵地，以纪侯之甗来，则诺。以萧同侄子之母为质，则是齐侯之母也，齐侯之母犹晋君之母也，晋君之母犹齐侯之母也；使耕者尽东其亩，则是终齐土也；不可。请壹战，壹战不克，请再，再不克，请三，三不克？请四，四不克，请五，五不克，举国而授。"于是而与之盟。

【注释】

〔1〕爰娄：即袁娄。齐国地名。
〔2〕雍门之荼：雍门，齐国国都的城门。荼，用茅草盖起的屋顶，

这里指雍门城楼上的屋顶。

〔3〕甚甚之辞：非常严重的意思。

〔4〕敖郤献子：敖，通"傲"，侮辱的意思。郤献子，即晋国主帅郤克。

〔5〕纪侯之甗：纪，公元前690年为齐国所灭。甗，渎作"yǎn（演）"，一种炊器，青铜或陶土制成。分上下两层，上层为甑，圆形，底部有许多小孔，可用于蒸食物。下部为鬲，圆形三足，可放在火上烧。纪侯之甗，当为纪国的国宝。

〔6〕萧同侄子之母：即齐惠公后娶的夫人，顷公之母。

〔7〕皆东其亩：指要齐国将田垅改为东西向，《集解》说，"欲以利其戎车于驱，侵易"。

【译文】

[经] 己酉日，与国佐在爰娄这个地方订立盟约。

[传] 鞌离开齐国的都城有五百里，爰娄离开齐国的都城只有五十里，但是一场战争却绵延五百里，连齐国都城雍门的屋顶都被烧了，侵入齐国的战车一直向东行驶到大海边。君子听到这个情况后说："这是相当严重的说法。不过，齐国得到这场战祸也是咎由自取。"说齐国得到灾祸是咎由自取，这是为什么？因为齐国在新筑这个地方打败了卫国军队，又侵犯了鲁国北部的边境，还对晋国的郤克态度傲慢，所以说齐国得到这场灾祸是咎由自取。爰娄这个地方，在晋国军队的控制之外，郤克说："把侵占鲁国、卫国的土地归还给他们，把纪国国君的铜甗送到这里来，将萧同侄子的母亲作为人质，叫耕地的人把齐国的田垄全部改成东西走向，只有这些条件都办到之后，再与你订立和约。"国佐回答说："把侵占鲁国、卫国的土地归还给他们，把纪国国君的铜甗送到这里来，这些我都可以答应。但是，将萧同侄子的母亲作为人质，却办不到。因为她是齐国国君的母亲，齐国国君的母亲就像晋国国君的母亲一样，晋国国君的母亲也就如同齐国国君的母亲一样。叫耕地的人把齐国的田垄全部改成东西走向，那是最终想要占领整个齐国的国土，这也是不能答应的。请求让我们再交战一次，如果一次不胜，请再进行第二次，如果第二次还不胜，请再进行

第三次，如果第三次又不胜，请再进行第四次，如果第四次仍然不胜，请再进行第五次，假如第五次还是不胜，那么就只好将整个齐国送给你。"于是，郤克就在这里和国佐缔结了盟约。

8/2.6 ［经］八月壬午，宋公鲍卒[1]。

【注释】

〔1〕宋公鲍：即宋文公，公元前610年即位，在位共二十二年。

【译文】

［经］八月的壬午日，宋文公鲍去世。

8/2.7 ［经］庚寅，卫侯速卒[1]。

【注释】

〔1〕卫侯速：即卫穆公，公元前599年即位，在位共十一年。据《左传》记载，卫穆公去世后，晋国的郤克、士燮、栾书均前往吊唁，卫国人出来迎接，卫侯夫人在门内号哭，三人离开时，亦如此。

【译文】

［经］庚寅日，卫穆公速去世。

8/2.8 ［经］取汶阳田[1]。

【注释】

〔1〕汶阳田：此即齐国侵占鲁国的土地。汶阳，在汶水之北，故名。今山东泰安西南处。

【译文】

[经] 从齐国那里得到了汶阳的土地。

8/2.9 [经] 冬，楚师、郑师侵卫。

【译文】

[经] 冬季，楚国的军队、郑国的军队侵犯卫国。

8/2.10 [经] 十有一月，公会楚公子婴齐于蜀[1]。
[传] 楚无大夫，其曰"公子"何也？婴齐亢也。

【注释】

〔1〕公子婴齐：也称子重，楚国的大夫。

【译文】

[经] 十一月，成公在蜀地会见楚国的公子婴齐。
[传] 楚国没有周王正式委任的大夫，经文中称他为"公子"，这是为什么？因为他与成公对当。

8/2.11 [经] 丙申，公及楚人、秦人、宋人、陈人、卫人、郑人、齐人、曹人、邾人、薛人、缯人盟于蜀[1]。
[传] 楚其称"人"，何也？于是而后，公得其所也。会与盟同月，则地会不地盟；不同月，则地会地盟。此其地会地盟何也？以公得其所，申其事也，今之屈，向之骄也。

【注释】

〔1〕公及……盟于蜀：参与此次盟会的人，据《左传》记载，楚国为公子婴齐，秦国为右大夫说，宋国为华元，陈国为公孙宁，卫国为孙良夫，郑国为公子去疾，另外还有与楚国人一同前来的蔡国、许国国君。经文中提到的其他诸侯国的与会者，不详。《左传》说此会为"匮盟"，即偷偷地进行的盟会。不通。三国国君，加上十一国的大夫，规模如此之大，怎么隐瞒得了。

【译文】

[经] 丙申日，成公与楚国人、秦国人、宋国人、陈国人、卫国人、郑国人、齐国人、曹国人、邾国人、薛国人、缯国人在蜀这个地方结盟。

[传] 经文中把楚国的与会者称为"人"，这是为什么？因为这次盟会以后，成公的尊严就得到了维护。会见和结盟在同一个月内举行，就要记载会见的地点，而不记载结盟的地点；会见和结盟不在同一个月内举行，那么就既要记载会见的地点，又要记载结盟的地点。经文在这里记载了会见的地点，又记载了结盟的地点，这是为什么？因为成公的尊严从此得到了维护，所以要特别说明这次盟会的重要性。楚国今天被称作"人"的屈辱，是由于它过去的骄纵态度所造成的。

三　年

8/3.1　[经]　三年^{〔1〕}，春，王正月。公会晋侯、宋公、卫侯、曹伯伐郑^{〔2〕}。

【注释】

〔1〕三年：本年为周定王十九年，公元前588年。

〔2〕伐郑：《左传》说是为"讨邲之役也"。晋、楚邲之战在宣公十二年，时郑国遭到楚国的侵犯，晋国出兵援救，但因主帅荀林父指挥不当，以致晋军失利。后来郑国多次追随楚国，但晋国已经给予讨伐，其最后一次在宣公十四年，距本年已有七年。事隔七年，晋国旧事重提，似乎不太可能。上年冬有"楚师、郑师侵卫"之事，卫与晋为同盟，故晋国因此事而伐郑的可能极大。

【译文】

[经]　成公三年，春季，周王的正月。成公会同晋景公、宋共公、卫定公、曹宣公讨伐郑国。

8/3.2　[经]　辛亥，葬卫穆公^{〔1〕}。

【注释】

〔1〕卫穆公：穆，《公羊》经文作"缪"。

【译文】

　　[经] 辛亥日，安葬了卫穆公。

8/3.2 [经] 二月，公至自伐郑。

【译文】

　　[经] 二月，成公攻打郑国后回国，向祖庙行祭告之礼。

8/3.4 [经] 甲子，新宫灾[1]**，三日哭。**

　　[传] "新宫"者，祢宫也[2]。"三日哭"，哀也。其哀，礼也。迫近不敢称谥，恭也。其辞恭且哀，以成公为无讥矣。

【注释】

　　〔1〕新宫：国君死后的第二十七个月，要祭祀宗庙，称为"禫祭"，次月奉新去世的国君的神位入庙，举行吉祭。新主入庙之前，要将旧庙修饰一新，这称为"新庙"。这里所说的"新宫"，指宣公的庙。宫是庙的别称。宣公于十八年十月去世，到成公三年二月，正好是二十八个月，所以据此经文的记载，可知宣公的神位刚刚供入祭庙，便遭到火灾。《礼记·檀弓》中说："有焚其先人之室，则三日哭。"下文"三日哭"之语，即指此礼。

　　〔2〕祢宫：供奉父亲神位的祭庙。这里所说的当为宣公的祭庙。

【译文】

　　[经] 甲子日，新宫发生火灾，痛哭三天。

　　[传] 所谓"新宫"，就是指宣公的祭庙。说"三日哭"，这是为了表示哀痛。用这种方式来表示哀痛是符合礼制的。对死去不久的父亲不敢称呼他的谥号，这是为了表示尊敬。经文的言辞

既表现了成公的恭敬，也表现了他的哀痛，所以认为成公的行为是没有什么可指责的。

8/3.5 ［经］乙亥，葬宋文公[1]。

【注释】

〔1〕葬宋文公：《左传》说："宋文公卒，始厚葬。用蜃炭，益车马，始用殉，重器备。椁有四阿，棺有翰桧。"这些奢侈的葬仪，均为宋国的华元等人所操办。

【译文】

［经］乙亥日，安葬了宋文公。

8/3.6 ［经］夏，公如晋[1]。

【注释】

〔1〕公如晋：《左传》说是为了向晋国迫使齐国归还汶阳之田表示感谢。

【译文】

［经］夏季，成公前往晋国。

8/3.7 ［经］郑公子去疾帅师伐许[1]。

【注释】

〔1〕公子去疾：也称子良，郑国的大夫。

【译文】

[**经**] 郑国的公子去疾率领军队攻打许国。

8/3.8 [**经**] 公至自晋。

【译文】

[**经**] 成公从晋国返回，向祖庙行祭告之礼。

8/3.9 [**经**] 秋，叔孙侨如帅师围棘[1]。

【注释】

〔1〕叔孙侨如帅师围棘：叔孙侨如，当年叔孙得臣擒获长狄首领侨如，文公予以嘉奖，叔孙得臣即为其子取名侨如。帅，《公羊》经文作"率"。棘，汶阳之地的邑。由于齐国将汶阳之田归还鲁国，棘人不愿归鲁，故鲁国有此讨伐的行动。

【译文】

[**经**] 秋季，叔孙侨如率领军队围攻棘邑。

8/3.10 [**经**] 大雩。

【译文】

[**经**] 举行盛大的祭神求雨仪式。

8/3.11 [**经**] 晋郤克、卫孙良夫伐墙咎如[1]。

【注释】

〔1〕伐墙咎如：墙，《公羊》经文作"将"，《左传》经文作"廧"。墙咎如，赤狄中的一个部族。活动于汾水上游地区，是晋国、卫国北部边境的主要敌人。

【译文】

［**经**］晋国的郤克、卫国的孙良夫攻打墙咎如。

8/3.12［**经**］冬，十有一月，晋侯使荀庚来聘[1]。卫侯使孙良夫来聘。丙午，及荀庚盟。丁未，及孙良夫盟。

［**传**］其日，公也。来聘而求盟，不言及者，以国与之也。不言其人，亦以国与之也。不言求，两欲之也。

【注释】

〔1〕荀庚：晋国的大夫。此行是为了与鲁国谋求结盟。

【译文】

［**经**］冬季，十一月，晋景公派遣荀庚来聘问。卫定公派遣孙良夫又来聘问。丙午日，与荀庚订立盟约。丁未日，与孙良夫订立盟约。

［**传**］记载结盟的日期，是由于成公参加了结盟。前来聘问并且谋求结盟，经文中不说"及"，就表示是鲁国与他们结盟的。经文中不说是什么人，这也表示是鲁国与他们结盟的。经文中没有提到谋求的意思，表示这是双方都有结盟的愿望。

8/3.2［**经**］郑伐许[1]。

【注释】

〔1〕郑伐许：本年夏季郑国公子去疾伐许，是因为许国作为郑国的附庸，不服从郑国的指挥。但许国并不屈服，因此再伐。足见当时以强凌弱之甚。

【译文】

［经］郑国攻打许国。

8/4.1 [经] 四年[1]，春，宋公使华元来聘[2]。

【注释】

〔1〕四年：本年为周定王二十年，公元前587年。

〔2〕华元来聘：按照当时礼节，新君即位，要向有盟约的国家派遣使者，以续旧好。宋共公即位已两年，尚未与鲁国通好，故有此行。

【译文】

[经] 成公四年，春季，宋国国君派遣华元来行聘问之礼。

8/4.2 [经] 三月壬申，郑伯坚卒[1]。

【注释】

〔1〕郑伯坚：即郑襄公，公元前604年即位，在位共十八年。

【译文】

[经] 三月的壬申日，郑襄公去世。

8/4.3 [经] 杞伯来朝[1]。

【注释】

〔1〕杞伯来朝:《左传》说,此行是来向鲁国说明将要把叔姬送回鲁国的原因。

【译文】

[经] 杞国的国君来朝见。

8/4.4 [经] 夏,四月甲寅,臧孙许卒。

【译文】

[经] 夏季,四月的甲寅日,臧孙许去世。

8/4.5 [经] 公如晋。

【译文】

[经] 成公前往晋国。

8/4.6 [经] 葬郑襄公。

【译文】

[经] 安葬了郑襄公。

8/4.7 [经] 秋,公至自晋〔1〕。

【注释】

〔1〕至自晋:据《左传》记载,成公在晋国遭到景公的冷遇后,回国即有向楚国求成的想法,季文子予以劝阻,对成公陈说利害关系,成

公遂打消了这一念头。

【译文】

　　[经] 成公从晋国返回，向祖庙行祭告之礼。

8/4.8 [经] 冬，城郓^[1]。

【注释】

　　〔1〕郓：也称西郓，鲁国地名，今山东郓城东。《公羊》经文作"运"。

【译文】

　　[经] 冬季，修筑郓邑的城墙。

8/4.9 [经] 郑伯伐许。

【译文】

　　[经] 郑悼公攻打许国。

五　　年

8/5.1［经］五年^[1]，春，王正月。杞叔姬来归^[2]。

［传］妇人之义，嫁曰归，反曰来归^[3]。

【注释】

　　〔1〕五年：本年为周定王二十一年，公元前586年。

【译文】

　　［经］成公五年，春季，周王正月。嫁到杞国的叔姬被送回鲁国。

　　［传］按照经文记载夫人的通例，女子出嫁称作"归"，被丈夫家遣返回来，就叫做"来归"。

8/5.2［经］仲孙蔑如宋^[1]。

【注释】

　　〔1〕仲孙蔑如宋：去年宋国的华元代表宋共公来向鲁国行聘问之礼，故鲁国派使者前去还礼。

【译文】

　　［经］仲孙蔑前往宋国。

8/5.3 [经] 夏，叔孙侨如会晋荀首于穀[1]。

【注释】

〔1〕会晋荀首于穀：晋国的荀首到齐国去迎娶夫人，鲁国派叔孙侨如给他送上途中所需的干粮。穀，齐国的城邑。

【译文】

[经] 夏季，叔孙侨如在穀这个地方会见晋国的荀首。

8/5.4 [经] 梁山崩[1]。

[传] 不日，何也？高者有崩道也[2]。有崩道，则何以书也？曰梁山崩，雍遏河三日不流。晋君召伯尊而问焉[3]，伯尊来，遇辇者，辇者不辟，使车右下而鞭之[4]。辇者曰："所以鞭我者，其取道远矣。"伯尊下车而问焉曰："子有闻乎？"对曰："梁山崩，雍遏河三日不流。"伯尊曰："君为此召我也，为之奈何？"辇者曰："天有山，天崩之。天有河，天雍之。虽召伯尊如之何？"伯尊由忠问焉[5]，辇者曰："君亲素缟，帅群臣而哭之，既而祠焉，斯流矣。"伯尊至，君问之曰："梁山崩，雍遏河三日不流，为之奈何？"伯尊曰："君亲素缟，帅群臣而哭之，既而祠焉，斯流矣。"孔子闻之曰："伯尊其无绩乎！攘善也[6]。"

【注释】

〔1〕梁山：山名，在晋国境内，今陕西韩城县内。
〔2〕崩道：崩塌的原因。
〔3〕伯尊：也称伯宗，名宋，晋国的大夫。

〔4〕车右:守卫车辆右面的武士。

〔5〕由忠:即由衷。

〔6〕攘善:这里是说窃取了好的主意。

【译文】

[经] 梁山崩塌。

[传] 不记载梁山崩塌的日期,这是为什么?因为高峻的山岭自有它崩塌的原因。既然有它崩塌的原因,那么经文为什么还要记载这件事呢?回答是:梁山崩塌,淤塞阻止了黄河的河道,以致黄河水三天不能流过去了。晋国国君召见大夫伯尊,向他询问怎么办。伯尊在去见国君的路上,遇见一个拉车的人,这个拉车的人不让路,伯尊就派车右边的武士下车鞭打他。拉车人说:"你用鞭打我的时间去赶路,就可以走得更远些。"伯尊于是走下车来,问他说:"您听到了什么吗?"拉车的人回答道:"梁山崩塌,阻塞了黄河的河道,以致河水三天不能流过去了。"伯尊说:"国君就是为了这件事才召见我的,我应该怎么办呢?"拉车的人说:"山是上天使它形成的,也是上天让它崩塌的。黄河是上天使它形成的,也是上天让它阻塞的。国君即使召见您伯尊,又能怎么样呢?"伯尊又诚恳地向他询问。拉车的人说:"让国君亲自穿着白色的丧服,带领文武百官前去哭泣,然后在那里祭祀,河水就会流过去了。"伯尊到了公堂后,国君问他:"梁山崩塌,阻塞了黄河的河道,河水三天不能流过去了,应该怎么办?"伯尊说:"国君您亲自穿着白色的丧服,带领文武百官前去哭泣,然后在那里祭祀,河水就会流过去了。"孔子听说了这件事后,说:"伯尊他并没有什么功劳啊!他不过是窃取了拉车人的建议罢了。"

8/5.5 [经] 秋,大水。

【译文】

[经] 秋季,发生大水。

8/5.6 ［经］冬，十有一月己酉，天王崩[1]。

【注释】

〔1〕天王崩：周定王去世。定王名瑜，公元前 606 年即位，在位共二十一年。

【译文】

［经］冬季，十一月的己酉日，周王去世。

8/5.7 ［经］十有二月己丑，公会晋侯、齐侯、宋公、卫侯、郑伯、曹伯、邾子、杞伯，同盟于虫牢[1]。

【注释】

〔1〕公会……虫牢：齐、郑两国，多年来始终在晋、楚之间游离，有时从楚，有时从晋。由于这两个国家均有一定的实力，所以也始终是晋、楚争夺的对象。此次诸侯会盟，齐、郑均参与，《左传》说是"郑服也"。这一次盟约，使其与晋国的友好关系维持了三四年。虫牢，郑国地名，今河南封丘北部。

【译文】

［经］十二月的己丑日，成公会同晋景公、齐顷公、宋共公、卫定公、郑悼公、曹宣公、邾定公、杞桓公，在虫牢这个地方举行盟会。

六　　年

8/6.1 ［经］ 六年^[1]，春，王正月，公至自会。

【注释】

〔1〕六年：本年为周简王元年，公元前 585 年。简王名夷。

【译文】

［经］成公六年，春季，周王的正月，成公从虫牢之会返回，向祖庙行祭告之礼。

8/6.2 ［经］ 二月辛巳，立武宫^[1]。
　　　　　　　　　　　　　　　　　　 ［传］立者，不宜立也。

【注释】

〔1〕立武宫：武宫，《公羊》说是为鲁武公立庙，《穀梁》亦取此义。鲁武公为隐公的曾祖，成公的九世祖，《礼记·明堂位》中说，鲁公伯禽之庙为文世室，武公之庙为武世室。所谓世室，就是世世不毁之庙。以前的尚未毁去，怎么又建新的呢？故《公羊》的解说有问题。《左传》认为，由于鲁国在鞌之战中获胜，为了表彰武功，于是季文子立庙纪念。这种方式，当时也已有先例。晋、楚邲之战之后，因楚国获胜，楚将潘党曾劝楚庄王立武宫，以示子孙勿忘武功。但此次胜利，鲁国实际上是依靠了晋国的帮助，故不全是鲁国的功劳，更非季文子个人

的功劳。所以《左传》说此举"非礼"。这一说法，比较符合事实。

【译文】

[经] 二月的辛巳日，建立武宫。

[传] 所建立的，其实是不应当建立的。

8/6.3 [经] 取鄟[1]。

[传] 鄟，国也。

【注释】

〔1〕鄟：古国名。在今山东郯城东北。《公羊》以为郑娄国的一个邑。

【译文】

[经] 获取鄟。

[传] 鄟，是一个国家。

8/6.4 [经] 卫孙良夫帅师侵宋[1]。

【注释】

〔1〕侵宋：上年诸侯大会于虫牢，宋共公中途退出，卫国的孙良夫、甯相会同晋国的伯宗、夏阳说，以及郑国人、伊雒之戎、陆浑戎、蛮氏一起入侵宋国。

【译文】

[经] 卫国的孙良夫率领军队入侵宋国。

8/6.5［经］夏，六月，邾子来朝。

【译文】

［经］夏季，六月，邾定公来朝见。

8/6.6［经］公孙婴齐如晋[1]。

【注释】

〔1〕公孙婴齐如晋：此鲁国的公孙婴齐，也称子叔声伯。如晋，《左传》说"命伐宋"，即为秋季攻打宋国作准备。

【译文】

［经］公孙婴齐到晋国。

8/6.7［经］壬申，郑伯费卒[1]。

【注释】

〔1〕郑伯费：即郑悼公，公元前586年即位，在位仅二年。

【译文】

［经］壬申日，郑悼公费去世。

8/6.8［经］秋，仲孙蔑、叔孙侨如帅师侵宋[1]。

【注释】

〔1〕帅师侵宋：帅，《公羊》经文作"率"。此即鲁国受晋国之命

侵宋。

【译文】

[经] 秋季，仲孙蔑、叔孙侨如率领军队侵犯宋国。

8/6.9 [经] 楚公子婴齐帅师伐郑[1]。

【注释】

〔1〕公子婴齐：楚国大夫，也称子重。因郑国改从晋国，故楚国伐之。

【译文】

[经] 楚国的公子婴齐率领军队攻打郑国。

8/6.10 [经] 冬，季孙行父如晋[1]。

【注释】

〔1〕如晋：晋国将国都迁到新田（今山西侯马），季孙行父前往祝贺。

【译文】

[经] 冬季，季孙行父前往晋国。

8/6.11 [经] 晋栾书帅师救郑[1]。

【注释】

〔1〕栾书帅师救郑：栾书，晋国大夫。也称栾武子。此次救郑，是

因为楚国的公子婴齐率军攻打郑国。帅,《公羊》经文作"率"。

【译文】

　　[经] 晋国的栾书率领军队援救郑国。

七 年

8/7.1 ［经］七年[1]，春，王正月。鼷鼠食郊牛角[2]。

［传］不言日，急辞也，过有司也[3]。郊牛日展斛角而知伤[4]，展道尽矣，其所以备灾之道不尽也。

【注释】

〔1〕七年：本年为周简王二年，公元前584年。

〔2〕鼷鼠：鼠类中最小的一种。据《本草纲目》中说，鼷鼠极细，卒不可见，食人及牛马皮肤成疮。

〔3〕有司：这里指负责饲养郊牛的官员。

〔4〕展斛：展，审视，查看。斛，读作"qiú（求）"，动物犄角弯曲的样子。

【译文】

［经］成公七年，春季，周王的正月。鼷鼠啃食了郊祭时作为牺牲的牛的犄角。

［传］没有说明发生这一事件的日期，这是表示情况急迫的言辞，也是在责备负责饲养郊牛的官员。天天查看郊牛弯曲的犄角，所以才知道被鼷鼠啃食了，这样，检查的责任虽然是尽到了，但是防备郊牛遭受意外伤害的责任却没有尽到。

8/7.2 ［经］改卜牛[1]。鼷鼠又食其角。

［传］"又"，有继之辞也。"其"，缓辞也。曰亡乎人矣，非人之所能也，所以免有司之过也。

【注释】

〔1〕改卜牛：见7/3.2注〔1〕。

【译文】

［经］占卜，改用另一头牛。鼷鼠又啃食了牛角。

［传］"又"，是表示紧接着发生另外一件事的言辞。"其"，是表示宽缓的言辞。也就是说，出现鼷鼠啃食牛角的过失与人事无关，这件事不是人力所能防备的，因此就宽恕了负责饲养郊牛的官员的过错。

8/7.3 ［经］乃免牛。

［传］"乃"者，亡乎人之辞也。免牲者，为之缁衣纁裳，有司玄端奉送，至于南郊[1]。免牛亦然。免牲不曰不郊，免牛亦然。

【注释】

〔1〕为之缁衣纁裳……至于南郊：见5/31.3注〔4〕〔5〕〔6〕。

【译文】

［经］于是免牛。

［传］"乃"字的意思，是表示人对此已经无能为力的言辞。所谓"免牲"，就是给用于郊祭的牛披上黑色的上衣和深红色的下裳，让负责养牛的官员身着青黑色的礼服，将牛护送到举行郊祭的南郊。如果是"免牛"，也采用相同的仪式。说"免牲"并不是说不举行郊祭，说"免牛"也是一样的。

8/7.4 [经] 吴伐郯[1]。

【注释】

　〔1〕吴伐郯：吴，古国名。又称句吴、攻吴、干等。姬姓，其始祖为周太王之子太伯，国都在吴（今江苏苏州），国土在今江苏大部、安徽及浙江的一部分。春秋后期，国力渐盛，一度攻破楚国，战胜越国，并北上与晋国争霸。　郯，古国名。在今山东郯城西南。这是《春秋》首次记载吴国侵犯中原的诸侯国。

【译文】

　[经] 吴国攻打郯国。

8/7.5 [经] 夏，五月，曹伯来朝。

【译文】

　[经] 夏季，五月，曹宣公来朝见。

8/7.6 [经] 不郊，犹三望。

【译文】

　[经] 不举行郊祭，还是举行了望祭。

8/7.7 [经] 秋，楚公子婴齐帅师伐郑[1]。

【注释】

　〔1〕帅：《公羊》经文作"率"。

【译文】

[经] 秋季，楚国的公子婴齐率领军队攻打郑国。

8/7.8 [经] 公会晋侯、齐侯、宋公、卫侯、曹伯、莒子、邾子、杞伯救郑。

【译文】

[经] 成公会同晋景公、齐顷公、宋共公、卫定公、曹宣公、莒渠丘公、邾定公、杞桓公援救郑国。

8/7.9 [经] 八月戊辰，同盟于马陵[1]。

【注释】

〔1〕马陵：卫国地名，今河北大名东南。

【译文】

[经] 八月的戊辰日，各国诸侯在马陵订立同盟。

8/7.10 [经] 公至自会。

【译文】

[经] 成公与诸侯会见后回国，向祖庙行祭告之礼。

8/7.11 [经] 吴入州来[1]。

【注释】

〔1〕州来：楚国地名，今安徽凤台。晋国采用"以夷制夷"的策略，挑起吴、楚之间的争斗。吴国占据了州来，对楚国是一个不小的威胁。从此楚国必须随时提防吴国，其图霸中原的计划逐渐被打破。

【译文】

[经] 吴国入侵州来。

8/7.12 [经] 冬，大雩。

[传] 雩，不月而时，非之也。冬无为雩也〔1〕。

【注释】

〔1〕冬无为雩：雩祭为祭神求雨，多在春、夏、秋三个季节举行，冬季一般无须此祭。但天无定时，周历的冬季，为夏历的深秋，若此时发生旱灾，仍不利于越冬作物的生长。故经文依事而记，《榖梁》拘泥于时令，不免误解。

【译文】

[经] 冬季，举行雩祭。

[传] 举行雩祭，不记载月份却记载时令，表示经文对此是持责备态度的。冬季是不需要举行雩祭的。

8/7.13 [经] 卫孙林父出奔晋〔1〕。

【注释】

〔1〕孙林父：也称孙文子，孙良夫的儿子。其出奔晋国，是因为卫定公讨厌他，于是他逃到晋国，并将自己的食邑戚献给晋侯。卫定公知道此事后，又到晋国，向晋国讨还戚地，晋国将戚还给了卫，但仍让孙

林父留在晋国。

【译文】

　　[经] 卫国的孙林父出逃晋国。

八　年

8/8.1 ［经］八年〔1〕，春。晋侯使韩穿来言〔2〕，汶阳之田〔3〕，归之于齐。

［传］"于齐"，缓辞也，不使尽我也。

【注释】

〔1〕八年：本年为周简王三年，公元前583年。

〔2〕韩穿：晋国大夫。

〔3〕汶阳之田：即指此前齐国侵占鲁国的土地，鞌之战后在晋国的干预下归还给鲁国。但晋景公此次又让韩穿来鲁国，让鲁将土地交给齐国。故季文子在宴请韩穿时对晋侯的没有信义表示了极大的不满。

【译文】

［经］成公八年，春季。晋景公派遣韩穿来说，将汶阳的土地归还给齐国。

［传］经文中说"于齐"，这是表示宽缓的言辞，也就是不让我国完全占有汶阳的土地。

8/8.2 ［经］晋栾书帅师侵蔡〔1〕。

【注释】

〔1〕侵蔡：因蔡国仍追随楚国，故栾书在救郑以后，趁楚军退兵之机，转道攻打蔡国。

【译文】

［经］晋国的栾书率领军队侵犯蔡国。

8/8.3［经］公孙婴齐如莒[1]。

【注释】

〔1〕如莒：此行是为迎娶之事。

【译文】

［经］公孙婴齐前往莒国。

8/8.4［经］宋公使华元来聘[1]。

【注释】

〔1〕华元来聘：此行是为宋共公下订婚之礼。《左传》说，"聘共姬也"。共姬也称"伯姬"，穆姜所生，宣公之女，成公之妹，后来为宋共公的夫人。

【译文】

［经］宋共公派遣华元来下订婚之礼。

8/8.5［经］夏，宋公使公孙寿来纳币。

【译文】

　　[经] 夏季，宋共公派遣公孙寿来鲁国赠送聘礼。

8/8.6 [经] 晋杀其大夫赵同、赵括[1]。

【注释】

　　[1] 杀其大夫赵同、赵括：赵同、赵括，均为晋国赵氏的后人，自恃先祖的功业，干预国政，曾经插手邲之战的部署，几乎贻误战机。但其被杀，则为无罪。由于庄姬与越朔之叔赵婴有私情，同、括将其放逐于齐，后婴死于齐，庄姬向晋侯诬告同、括有谋反之心，晋侯遂杀之。所以经文用了"称国以杀，杀无罪"的笔法来记载此事。

【译文】

　　[经] 晋国杀了它的大夫赵同、赵括。

8/8.7 [经] 秋，七月，天子使召伯来锡公命[1]。

　　[传] 礼有受命，无来锡命，锡命非正也。曰"天子"何也？曰见一称也[2]。

【注释】

　　[1] 锡公命：锡，《左传》经文作"赐"。赐公命，为成公送来朝见天子所持的玉圭。《公羊》及《穀梁》都认为是周王派使者送来表示鲁国国君爵位等级的服饰。

　　[2] 见一称：指"天子"是对周王在"天王""王"外的又一种称呼。

【译文】

　　[经] 秋季，七月，周王派遣召伯送来赏赐给鲁成公的禄命。

　　[传] 按照礼制的规定，王只有召诸侯前去接受赏赐的仪物、

爵位，而没有王派人送来赐给仪物、爵位的，所以派遣使者送来赏赐的仪物、爵位的做法，是不符合礼制规定的。经文中说"天子"是什么意思？回答是：对于周王来说，除了称他为"王"、"天王"之外，还可以有"天子"这个称呼。

8/8.9 ［经］冬，十月癸卯，杞叔姬卒[1]。

【注释】

〔1〕杞叔姬：即为杞伯所出的鲁国之女。

【译文】

［经］冬季，十月的癸卯日，杞叔姬去世了。

8/8.10 ［经］晋侯使士燮来聘[1]。

【注释】

〔1〕士燮：晋国大夫。士会（范武子）之子，又称范文子。

【译文】

［经］晋景公派遣士燮来行聘问之礼。

8/8.11 ［经］叔孙侨如会晋士燮、齐人、邾人伐郯[1]。

【注释】

〔1〕伐郯：吴国在上年春季伐郯，郯无力抵抗，与吴订立和约。晋国以郯国追随吴国，因而伐之。

【译文】

[经] 叔孙侨如会同晋国的士燮、齐国人、邾国人攻打郯国。

8/8.12 [经] 卫人来媵[1]。

[传]"媵",浅事也,不志。此其志,何也?以伯姬之不得其所[2],故尽其事也[3]。

【注释】

〔1〕卫人来媵:媵,陪嫁。这里指宋共公娶鲁女为夫人,根据周礼,诸侯嫁女,须有同姓女子作为陪嫁一起前往夫家。卫国是鲁国的同姓国,故送来陪嫁之女。

〔2〕以伯姬之不得其所:《集解》说:"不得其所,谓灾死也。"指伯姬后来死于火灾。

〔3〕尽其事:指经文记载了宋公娶妻的全过程。本年春,华元来聘,接着公孙寿来纳币,现在卫人来媵,下面还写到伯姬归宋。

【译文】

[经] 卫国人送来陪嫁的女子。

[传]"媵",只是一件小事,经文照例是不记载的。这里予以记载了,是为什么?因为伯姬并没有得到一个好的去处,所以经文详尽地记载了这件事的全过程。

九　　年

8/9.1 ［经］九年^{〔1〕}，春，王正月。杞伯来逆叔姬之丧，以归。

［传］《传》曰："夫无逆出妻之丧，而为之也。"

【注释】

〔1〕九年：本年为周简王四年，公元前 582 年。

【译文】

［经］成公九年，春季，周王正月。杞国国君来迎接叔姬的灵柩，带了回去。

［传］《传》中说："没有迎回被逐出夫家的妻子的灵柩，为她办理丧事的。"

8/9.2 ［经］公会晋侯、齐侯、宋公、卫侯、郑伯、曹伯、莒子、杞伯，同盟于蒲^{〔1〕}。

【注释】

〔1〕同盟于蒲：蒲，见 2/3.2 注〔1〕。由于上年春晋侯派人来要鲁国将汶阳之田再给齐国，因而引起鲁国的不满，其他诸侯国听说此事后也对晋国的信义产生了怀疑，于是晋国再召集诸侯会盟，试图巩固其霸

主的地位。

【译文】

[经] 成公会同晋景公、齐顷公、宋共公、卫定公、郑成公、曹宣公、莒渠丘公、杞桓公，在蒲这个地方举行盟会。

8/9.3 [经] 公至自会。

【译文】

[经] 成公参加盟会后回国，向祖庙行祭告之礼。

8/9.4 [经] 二月，伯姬归于宋。

【译文】

[经] 二月，伯姬出嫁到宋国。

8/9.5 [经] 夏，季孙行父如宋致女[1]。

[传] "致"者，不致者也[2]。妇人在家制于父，既嫁制于夫。"如宋致女"，是以我尽之也，不正，故不与内称也[3]。逆者微，故致女。详其事，贤伯姬也。

【注释】

〔1〕如宋致女：指季孙行父到宋国去看望已经出嫁的伯姬。《穀梁》以为"致"是向伯姬传达娘家长辈的敕戒之辞。

〔2〕不致者：《穀梁》认为女子出嫁以后，就应当听从夫家的教训，所以说不必再由娘家人送去敕戒之辞了。

〔3〕不与内称：指经文中没有称季孙行父为使者。

【译文】

[经] 夏季，季孙行父到宋国去看望伯姬。

[传] 说"致"的意思，就是不应该"致"。妇女在家的时候应当接受父亲的管束，出嫁以后就要接受丈夫的管束。"如宋致女"这样的事，就是要伯姬在出嫁以后仍然接受父亲的管束。这种做法是不符合礼制的规定的，所以经文也就没有给季孙行父加上"使者"这类称呼。宋国派来迎娶伯姬的人地位很低，所以成公派季孙行父到宋国去说服伯姬。经文详细记载了这件事，是为了称赞伯姬的贤惠知礼。

8/9.6 [经] 晋人来媵[1]。

[传] 媵，浅事也，不志。此其志，何也？以伯姬之不得其所，故尽其事也。

【注释】

〔1〕晋人来媵：晋国与鲁国同为姬姓，故也送来为伯姬陪嫁的女子。

【译文】

[经] 晋国人送来为伯姬陪嫁的女子。

[传] "媵"不过是一件小事，照例是不记载的。这里予以记载了，是为什么？因为伯姬没有得到一个好的去处，所以经文详细记载了这件事的全过程。

8/9.7 [经] 秋，七月丙子，齐侯无野卒[1]。

【注释】

〔1〕齐侯无野：即齐顷公，公元前598年即位，在位共十七年。

【译文】

　　[经] 秋季，七月的丙子日，齐国国君无野去世。

8/9.7 [经] 晋人执郑伯[1]。

【注释】

　　[1] 执郑伯：郑伯，即郑成公。据《左传》记载，本年二月，楚国向郑国行赂，试图恢复两国间原来的友好关系，郑成公就与楚人在邓这个地方会面，达成了和议。晋国知道此事后，便派出军队攻打郑国，擒获了郑成公。

【译文】

　　[经] 晋国人擒获了郑成公。

8/9.8 [经] 晋栾书帅师伐郑。

　　[传] 不言战，以郑伯也[1]。为尊者讳耻，为贤者讳过，为亲者讳疾。

【注释】

　　[1] 不言战，以郑伯也：《穀梁》以经文的顺序为据，认为晋国是先擒获了郑成公，然后再带着他攻打郑国的。《集解》说，"君臣无战道"，故不言战。

【译文】

　　[经] 晋国的栾书率领军队攻打郑国。

　　[传] 经文没有说到交战，因为晋国的栾书是挟持郑成公一起去攻打郑国的。经文的这种记载方式，是为身份尊贵的人隐讳耻辱，为贤明的人隐讳过错，为关系亲密的人隐讳不足之处。

8/9.9［经］冬，十有一月，葬齐顷公。

【译文】

［经］冬季，十一月，安葬了齐顷公。

8/9.10［经］楚公子婴齐帅师伐莒[1]。庚申，莒溃。

［传］其日，莒虽夷狄，犹中国也[2]。大夫溃莒而之楚，是以知其上为事也。恶之，故谨而日之也。

【注释】

〔1〕伐莒：楚国是从陈国出兵攻打莒国的。交战中，莒人先丢失了渠丘，接着俘虏了楚国的公子平。楚国答应将俘虏的莒人与之交换，但莒人还是杀了公子平。于是楚国向莒国大举进攻，攻破了莒国的国都。

〔2〕犹中国：莒国为少昊的后裔，在周武王时已经受封为诸侯国。

【译文】

［经］楚国的公子婴齐率领军队攻打莒国。庚申日，莒国溃败。

［传］经文记载了莒国被打败的日期，这是因为莒国虽然属于夷狄之邦，但它如同中原的诸侯国一样。莒国大夫在莒国溃败后逃往楚国，这是将背叛自己国君作为平常之事的行为。由于憎恶这种行为，所以经文就郑重地记载了这件事发生的日期。

8/9.11［经］楚人入郓[1]。

【注释】

〔1〕郓：东郓。曾属鲁国，季孙行父于公元前615年在此筑城，后为莒国所夺。在今山东沂水东北。《公羊》经文作"运"。

【译文】

[经] 楚国人入侵郓邑。

8/9.12 [经] 秦人、白狄伐晋[1]。

【注释】

〔1〕白狄：狄人的一支，活动于晋国的北部。

【译文】

[经] 秦国人、白狄人攻打晋国。

8/9.15 [经] 郑人围许[1]。

【注释】

〔1〕郑人围许：郑成公被晋国扣留，郑大夫公孙申建议围攻许国，让晋国觉得郑国要另立新君，以为这样就可以使晋国释放成公了。此见当时小国完全成了大国利益之争中的工具。

【译文】

[经] 郑国人围攻许国。

8/9.2 [经] 城中城[1]。
[传] 城中城者，非外民也[2]。

【注释】

〔1〕中城：鲁国地名，今所在不详。一说在今江苏新沂东南，恐非鲁国边境所及。

〔2〕非外民：非，指责。外民，将民众置之度外。《穀梁》以此时筑

城不当，故经文"非"之。这时为周历十一月，据杜氏长历推算，本年有闰十一月，如果筑城是在闰月，则依照夏历当在深秋，尚不致太误农事。

【译文】

　　［经］修筑中城的城墙。

　　［传］修筑中城的城墙，这是在指责成公将民众的生计置之度外。

十　年

8/10.1［经］十年〔1〕。春，卫侯之弟黑背帅师侵郑。

【注释】

〔1〕十年：本年为周简王五年，公元前581年。

【译文】

［经］成公十年。春季，卫定公的弟弟黑背率领军队侵犯郑国。

8/10.2［经］夏，四月，五卜郊，不从，乃不郊。

［传］"夏四月"，不时也；"五卜"，强也。"乃"者，亡乎人之辞也。

【译文】

［经］夏季，四月，五次占卜郊祭，都不吉利，于是就不举行郊祭了。

［传］夏季的四月份，已经不是举行郊祭的时令了；"五卜"，是太勉强了。用了"乃"字，这是表明人已经无能为力的言辞。

8/10.3 ［经］五月，公会晋侯[1]、齐侯、宋公、卫侯、曹伯伐郑[2]。

【注释】

〔1〕会晋侯：据《左传》记载，晋景公得病，于是立太子州蒲（一作州满）为君，会同诸侯出师。

〔2〕伐郑：据《左传》记载，晋国扣留郑成公，郑人先立公子繻（xū，需），后杀繻立太子髡顽。晋栾书以为郑已立新君，晋执成公即为多余，不如攻打郑国，让其求和，再将郑成公交还郑国。于是联合诸侯出兵。郑国子罕向晋国进献襄锺，子然与诸侯在修泽这个地方议和，子驷作为人质前往晋国，郑成公回到郑国。

【译文】

［经］五月，成公会同晋国的新君、齐灵公、宋共公、卫定公、曹宣公攻打郑国。

8/10.4 ［经］齐人来媵[1]。

【注释】

〔1〕齐人来媵：《集解》用《左传注》的解说，谓"媵伯姬也。异姓来媵，非礼"。《公羊》也说"录伯姬也"。媵为同姓国之间的事，齐鲁异姓，通媵不正。

【译文】

［经］齐国人送来陪嫁之女。

8/10.5 ［经］丙午，晋侯獳卒[1]。

【注释】

〔1〕晋侯獳：即晋景公，公元前599年即位，在位共十九年。

【译文】

[经] 丙午日，晋国国君獳去世。

8/10.6 [经] 秋，七月，公如晋[1]。

【注释】

〔1〕公如晋：此行是为了吊唁去世的晋景公。

【译文】

[经] 秋季，七月，成公前往晋国。

8/10.2 [经] 冬，十月。

【译文】

[经] 冬季，十月。

十 一 年

8/11.1 ［经］ 十有一年^[1]，春，王三月。公至自晋^[2]。

【注释】

〔1〕十有一年：本年为周简王六年，公元前580年。

〔2〕至自晋：据《左传》记载，成公到晋国吊唁景公，晋人一直怀疑鲁、楚之间有约，但要等派往楚国的使臣返回后才能知道实情。遂以邀请成公参加景公的葬礼为由，扣留成公。后使臣返回，未有其事，成公得以回国。

【译文】

　　［经］ 成公十一年，春季，周王三月。成公从晋国返回，向祖庙行祭告之礼。

8/11.2 ［经］ 晋侯使郤犨来聘^[1]。

【注释】

〔1〕郤犨：犨，读作"chóu（仇）"，《公羊》经文作"州"。郤克的堂房兄弟，也称苦成叔。晋国新的国君即位（厉公，名寿曼），派遣使者来访，并求结盟。

【译文】

[经] 晋厉公派遣使者郤犨来行聘问之礼。

8/11.3 [经] 己丑，及郤犨盟。

【译文】

[经] 己丑日，与郤犨订立盟约。

8/11.4 [经] 夏，季孙行父如晋[1]。

【注释】

〔1〕如晋：鲁国再派季孙行父向晋国答谢来聘及结盟事。

【译文】

[经] 夏季，季孙行父前往晋国。

8/11.5 [经] 秋，叔孙侨如如齐[1]。

【注释】

〔1〕如齐：此前为汶阳之田事，两国关系紧张，此次派遣叔孙侨如是去谋求友好的。

【译文】

[经] 秋季，叔孙侨如前往齐国。

8/11.6 [经] 冬，十月。

【译文】

　　[经] 冬季，十月。

十 二 年

8/12.1 ［经］十有二年^[1]，春。周公出奔晋^[2]。

［传］周有入无出，其曰"出"，上下一见之也^[3]，言其上下之道无以存也。上虽失之，下孰敢有之？今上下皆失之矣。

【注释】

〔1〕十有二年：本年为周简王七年，公元前579年。

〔2〕周公出奔晋：周公，名楚。据《左传》记载，楚因与周王室成员及大夫伯与争权，出逃到晋国，此事在去年夏季。《春秋》可能是根据周王使者来告的时间记载的。

〔3〕上下一见之：上，指周王。下，指大臣。《春秋》用"出"这一说法来记载周朝君臣离开王城，此前只有僖公二十四年的"天王出居于郑"，还有就是此处的"周公出奔晋"。故说"一见之"。

【译文】

［经］成公十二年，春季。周公出逃到晋国。

［传］经文只记载进入成周的，不记载从成周外出的，这里所说的"出"，在《春秋》中记载天子"出"的只有一次，记载大臣"出"的也只有一次，这就表明周室君王、大臣之间的道义已经不存在了。但是，天子即使有失去为君之道的过错，臣下又有谁敢于仿效而不尽为臣之道呢？如今，周王室的君臣之道已经

丧失了。

8/12.2 [经] 夏，公会晋侯、卫侯于琐泽[1]。

【注释】

〔1〕琐泽：地名。在今河北大名一带。《公羊》经文作"沙泽"。

【译文】

[经] 夏季，成公在琐泽这个地方与晋厉公、卫定公会见。

8/12.3 [经] 秋，晋人败狄于交刚[1]。
[传] 中国与夷狄不言战，皆曰败之。夷狄不日。

【注释】

〔1〕交刚：地名。在今山西隰（xī，西）县。

【译文】

[经] 秋季，晋国人在交刚这个地方打败了狄人。
[传] 中原的诸侯国与夷狄交战，经文照例是不说"战"的，而一律称为"败之"。夷狄被打败了，经文也照例不记载日期。

8/12.4 [经] 冬，十月。

【译文】

[经] 冬季，十月。

十 三 年

8/13.1［经］十有三年^[1]，春。晋侯使郤锜来
乞师^[2]。

［传］"乞"，重辞也。古之人重师，故以乞言
之也。

【注释】
〔1〕十有三年：本年为周简王八年，公元前578年。
〔2〕郤锜来乞师：锜，读作"yǐ（椅）"。郤锜，郤克之子，也称驹
伯。来乞师，《左传》以为是晋侯为将要除去晋国的郤氏作准备。

【译文】
［经］成公十三年，春季。晋厉公派遣郤锜来请求出兵。
［传］经文中说"乞"，这是表示重视的言辞。古时候的人都
重视军队的作用，所以用"乞"这样的说法来表示提出的请求。

8/13.2［经］三月，公如京师^[1]。

［传］公如京师，不月，月，非如也。非如而曰
如，不叛京师也。

【注释】

〔1〕公如京师：从下文可知成公要会同晋侯伐秦，《公羊》说是"不敢过天子"不朝而改道前往京师。

【译文】

[经] 三月，成公前往京城。

[传] 成公到京城这类事情，照例是不记载月份的，现在记载了月份，就不是专程到京城。不是专程到京城，又说他到京城，这是为了表示成公不敢背叛京城。

8/13.3 [经] 夏，五月，公自京师，遂会晋侯、宋公、卫侯、郑伯、曹伯、邾人、滕人，伐秦[1]。

[传] 言受命[2]，不敢叛周也。

【注释】

〔1〕伐秦：据《左传》记载，周王室的刘康公、成肃公也参加了此次攻打秦国的行动。

【译文】

[经] 夏季，五月，成公从京城出发，于是会合晋厉公、宋共公、卫定公、郑成公、曹宣公、邾国人、滕国人，攻打秦国。

[传] 这就是说，成公的行动是接受了周王的命令，因为他是不敢背叛周王的。

8/13.4 [经] 曹伯庐卒于师[1]。

[传]《传》曰：闵之也。公、大夫在师，曰师。在会，曰会。

【注释】

〔1〕曹伯庐：即曹宣公，公元前594年即位，在位共十七年。《左传》经文作"庐"。

【译文】

[经] 曹国国君庐在军中去世。

[传] 《传》中说：这是对曹宣公的去世表示哀怜。诸侯、大夫如果是在军中去世，就说是"卒于师"。如果是在盟会时去世，就说是"卒于会"。

8/13.5 [经] 秋，七月，公至自伐秦。

【译文】

[经] 秋季，七月，成公攻打秦国后回国，向祖庙行祭告之礼。

8/13.6 [经] 冬，葬曹宣公。

[传] 葬时，正也。

【译文】

[经] 冬季，安葬了曹宣公。

[传] 记载葬礼的季节，这是符合礼制规定的。

十 四 年

8/14.1 [经] 十有四年[1]，春，王正月，莒子朱卒[2]。

【注释】

〔1〕十有四年：本年为周简王九年，公元前577年。

〔2〕莒子朱：即莒渠丘公，名朱，一名季佗。公元前608年即位，在位共三十二年。

【译文】

[经] 成公十四年，春季，周王正月。莒国国君朱去世。

8/14.2 [经] 夏，卫孙林父自晋归于卫[1]。

【注释】

〔1〕孙林父自晋归于卫：孙林父出奔晋国事，见8/7.12。本年春，卫定公访晋，晋厉公强迫定公见孙林父，定公不肯。于是晋国派郤犨将孙林父送回卫国，一定要定公接受他。

【译文】

[经] 夏季，卫国的孙林父被晋国送回卫国。

8/14.3 ［经］秋，叔孙侨如如齐逆女[1]。

【注释】

〔1〕如齐逆女：此行是奉君命前往迎接成公的夫人。

【译文】

［经］秋季，叔孙侨如前往齐国迎娶国君的夫人。

8/14.4 ［经］郑公子喜师师伐许[1]。

【注释】

〔1〕公子喜：即子罕，也称乐喜，郑穆公之子，郑国大夫。此次伐许，被许人击败。后郑成公亲自带兵去攻打，许人求和。

【译文】

［经］郑国的公子喜率领军队攻打许国。

8/14.5 ［经］九月，侨如以夫人妇姜氏至自齐[1]。
［传］大夫不以夫人，"以夫人"，非正也，刺不亲迎也。侨如之挈，由上致之也。

【注释】

〔1〕侨如：前文称"叔孙侨如"，是以领受君命而去，故以族名加在人名之前。此称"侨如"，去掉族名，以表示对国君夫人的尊重。

【译文】

［经］九月，侨如与夫人妇姜氏从齐国返回。

[**传**] 大夫是不应带着夫人的，经文中说"以夫人"，就表明这是不符合礼制规定的。这是在讥刺成公没有亲自去齐国迎接夫人。经文去掉了侨如的族名，因为成公才是祭告祖庙的主持者。

8/14.6 [经] 冬，十月庚寅，卫侯臧卒[1]。

【注释】

〔1〕卫侯臧：即卫定公，公元前588年即位，在位共十二年。

【译文】

[经] 冬季，十月的庚寅日，卫国国君臧去世。

8/14.7 [经] 秦伯卒[1]。

【注释】

〔1〕秦伯：即秦桓公。公元前603年即位，在位共二十七年。

【译文】

[经] 秦国国君去世。

8/15.1 ［经］ 十有五年^{〔1〕}，春，王二月。葬卫
定公。

【注释】

〔1〕十有五年：本年为周简王十年，公元前576年。

【译文】

［经］成公十五年，春季，周王二月。安葬了卫定公。

8/15.2 ［经］ 三月乙巳，仲婴齐卒^{〔1〕}。

　　［传］此公孙也，其曰"仲"，何也？子由父疏
之也^{〔2〕}。

【注释】

〔1〕仲婴齐：即公孙婴齐，公子遂之子，公孙归父之弟。

〔2〕子由父疏之：公子遂曾杀子赤而立宣公。宣公、公子遂相继去
世后，因成公尚幼，季孙行父执政，于是追究公子遂当年的弑君之罪，
将其一族逐出鲁国，公孙归父也逃往齐国。后鲁国立仲婴齐为公子遂的
继承人。《穀梁》认为对仲婴齐本来应该称公孙婴齐，现在因为他父亲
有弑君之罪的缘故，就疏远他而称他为仲婴齐了。其实当时鲁国有两个

公孙婴齐，一个是宣公之弟叔肸之子，另一个就是仲婴齐。经文为了区别此二人，才记载仲婴齐的。

【译文】

[经] 三月的乙巳日，仲婴齐去世。

[传] 这是公孙婴齐，经文中却称他为"仲"，这是为什么？对儿子的称呼因为父亲有弑君之罪而予以疏远。

8/15.3 [经] 癸丑，公会晋侯、卫侯、郑伯、曹伯、宋世子成[1]、齐国佐、邾人，同盟于戚[2]。

【注释】

〔1〕宋世子成：宋国的太子子成，后即位，即宋平公。当时宋共公病重不能与会，所以派其太子来参加盟会。

〔2〕同盟于戚：此次诸侯会盟，是为了讨伐曹国。戚，见 6/1.8 注〔1〕。

【译文】

[经] 癸丑日，成公会同晋厉公、卫献公、郑成公、曹成公、宋太子成、齐国的国佐、邾国人，在戚这个地方举行盟会。

8/15.4 [经] 晋侯执曹伯归于京师[1]。

[传] 以晋侯而斥执曹伯，恶晋侯也。不言"之"，急辞也，断在晋侯也[2]。

【注释】

〔1〕执曹伯：曹伯，即曹成公。他在曹宣公去世后，杀太子自立。诸侯一致要求晋国对他进行讨伐，晋国应诸侯之请，召集盟会，将他捉

拿，送往京城。

〔2〕断在晋侯：断，做出决定。这里是对晋厉公不经周王同意，擅自决定捉拿曹伯的行为有所指责。

【译文】

［经］晋厉公捉拿曹成公将他解送京城。

［传］用"晋侯"这样的话来斥责他捉拿曹国的国君，这是表示对晋厉公的厌恶。经文在"归"字的后面不用"之"字，这是表示行动很快的言辞，因为这件事全是由晋国的国君单独决定的。

8/15.5 ［经］公至自会。

【译文】

［经］成公参加诸侯的盟会后返回，向祖庙行祭告之礼。

8/15.6 ［经］夏，六月，宋公固卒[1]。

【注释】

〔1〕宋公固：即宋共公，公元前588年即位，在位共十三年。

【译文】

［经］夏季，六月，宋国国君固去世。

8/15.7 ［经］楚子伐郑[1]。

【注释】

〔1〕楚子伐郑：楚国曾与晋国有盟约，表示不再侵犯晋的盟国。但

现在又背信弃义，再伐郑国。

【译文】

[经] 楚王攻打郑国。

8/15.8 [经] 秋，八月庚辰，葬宋共公。

[传] 月卒、日葬，非葬者也[1]。此其言"葬"，何也？以其葬共姬[2]，不可不葬共公也。葬共姬则其不可不葬共公，何也？夫人之义，不逾君也，为贤者崇也。

【注释】

〔1〕非葬者也：不应该记载安葬之事，表示对被安葬的人有所贬斥。宋共公去世时，经文记载了月份，安葬时又记载了月份、日期，《穀梁》认为这是对宋共公有所贬斥。对此，《集解》说："宋共公正立，卒当书日。葬无甚危，则当录月。今反常违例，故知不葬者也。然则。共公之不宜书葬，昏乱故也。"但说宋共公究竟怎样的昏庸淫乱，并无确凿的根据。

〔2〕共姬：即宋共公的夫人。即伯姬。

【译文】

[经] 秋季，八月的庚辰日，安葬了宋共公。

[传] 经文已经记载了宋共公去世的月份，现在又记载了安葬他的日期，这是表示不应该记载他的安葬之事的。但经文又记载了安葬他的事，这是为什么？因为经文要记载共姬的葬礼，所以就不能不记载共公的葬礼。记载共姬的葬礼，就不能不记载共公的葬礼，这是为什么？因为夫人所应该遵循的道德礼节，就是不能够越出国君的范围，经文这是在推崇共姬的贤德。

8/15.9 ［经］ 宋华元出奔晋[1]。宋华元自晋归于宋。

【注释】

〔1〕华元出奔晋：宋共公去世后，华元为宋国的右师，因不满于宋国司马荡泽欺凌公室，于是出奔晋国避难。后在左师鱼石等人的请求下，返回宋国，除了荡泽。这是宋国历史上的一件大事，《左传》有详细记载，可以参看。

【译文】

［经］宋国的华元出逃到晋国。宋国的华元从晋国返回宋国。

8/15.10 ［经］ 宋杀其大夫山[1]。

【注释】

〔1〕大夫山：即荡泽，字子山，时为宋国的司马。宋共公去世后，他杀宋文公之子公子肥，以此削弱公室的力量。

【译文】

［经］宋国杀了他的大夫子山。

8/15.11 ［经］ 宋鱼石出奔楚[1]。

【注释】

〔1〕鱼石：宋国的左师，属荡氏一党。华元出奔晋国时，他加以劝阻，后又同意华元回国，为诛杀荡泽创造了条件，实有大义灭亲之功。荡泽被诛后，他带领当时宋国的五个大夫一同出奔楚国，让华元主持国政。

【译文】

[经] 宋国的鱼石出逃到楚国。

8/15.12 [经] 冬，十有一月，叔孙侨如会晋士燮、齐高无咎、宋华元、卫孙林父、郑公子鰌、邾人，会吴于钟离[1]。

[传] "会"，又"会"，外之也[2]。

【注释】

〔1〕会吴于钟离：钟离，地名。在今安徽凤阳东北。这是中原诸侯首次与吴国举行较大规模的正式会面，表明吴国的力量正在逐渐强大起来。

〔2〕外之：吴国地处东南，属于蛮夷之邦，故《穀梁》予以蔑视。

【译文】

[经] 冬季，十一月，叔孙侨如会同晋国的士燮、齐国的高无咎、宋国的华元、卫国的孙林父、郑国的公子鰌、邾国人，在钟离这个地方与吴国人会面。

[传] 先说叔孙侨如"会"各国的大夫，然后又说到他"会"吴国，这是为了把吴国排除在中原诸侯之外。

8/15.13 [经] 许迁于叶[1]。

[传] "迁"者，犹得其国家以往者也。其地，许复见也[2]。

【注释】

〔1〕许迁于叶：叶（旧读作"shè，涉"），楚国地名，今河南叶县。许国因不堪郑国的威逼，于是在楚国的帮助下将国都迁往叶地，从此成

为楚的附庸国。

〔2〕复见：重新出现。

【译文】

　　［经］许国迁往叶地。

　　［传］"迁"字的意思，就犹如说它的整个国家都迁徙到别处去了。记载迁徙之地的地名，是因为经文中以后还会出现记载许国的事。

十　六　年

8/16.1［经］十有六年[1]，春，王正月。雨，木冰。

［传］"雨"而"木冰"也，志异也[2]。《传》曰："根枝折。"

【注释】

〔1〕十有六年：本年为周简王十一年，公元前575年。

〔2〕志异：下雨而树木结冰，是因为高空的温度比地面温度高的缘故，并非特别的怪异现象。《穀梁》是根据《公羊》的"记异"之说来解说的。

【译文】

［经］成公十六年，春季，周王正月。下雨，树木都结了冰。

［传］天下着雨，树木却结了冰，这是经文在记载怪异的现象。《传》中说："树根和树枝都被折断了。"

8/16.2［经］夏，四月辛未，滕子卒[1]。

【注释】

〔1〕滕子：《左传》说是"滕文公"。

【译文】

[经] 夏季，四月的辛未日，滕国国君去世。

8/16.3 [经] 郑公孙喜帅师侵宋[1]。

【注释】

〔1〕公孙喜：《左传》、《公羊》经文作"公子喜"。郑国大夫。此时郑国又从楚国，为楚侵宋。

【译文】

[经] 郑国的公子喜率领军队侵犯宋国。

8/16.4 [经] 六月丙寅，朔，日有食之[1]。

【注释】

〔1〕日有食之：食甚为本日十四时五十分五十二秒。

【译文】

[经] 六月的丙寅，初一日，发生日食。

8/16.5 [经] 晋侯使栾黡来乞师[1]。

【注释】

〔1〕栾黡来乞师：栾黡（yǎn，掩），栾书之子，也称栾桓子。来乞师事，是为了讨伐郑国的从楚侵宋。

【译文】

[经] 晋厉公派遣栾黡来请求出兵。

8/16.6 [经] 甲午，晦，晋侯及楚子、郑伯战于鄢陵[1]，楚子、郑师败绩。

[传] 日事，遇晦曰晦。四体偏断曰败[2]，此其败，则目也。楚不言师，君重于师也。

【注释】

〔1〕战于鄢陵：鄢陵，郑国地名，今河南鄢陵县西北。此战，双方军队在鄢陵相遇，士燮见楚军强大，曾想退兵，但主将栾书极力主张与楚国决一死战。交战时，晋将吕锜用箭射中了楚王的眼睛，双方整整打了一天，最后楚军自知无法取胜，就趁着夜色撤退了。这次战役是春秋时期的重要事件之一，《左传》有详细记载，可以参看。

〔2〕四体偏断：四体，指四肢。偏断，部分受伤。这里指四肢都受了伤。

【译文】

[经] 甲午日，正是月末，晋厉公与楚共王、郑成公在鄢陵交战，楚共王、郑国的军队被打败。

[传] 记载事件发生的日期时，正巧碰上月末这一天，就称为"晦日"。如果在交战时主帅的四肢都受了伤的话，就叫做"败"，经文在这里所说的"败"，是指楚共王的眼睛受了伤。经文没有称楚国军队为"师"，这是因为记载国君的失败要比记载军队的失败更重要。

8/16.7 [经] 楚杀其大夫公子侧[1]。

【注释】

〔1〕公子侧：也称子反，楚国司马，在鄢陵之战中为中军主将。交

战时楚王召其谋事，子反酒醉不能见王。楚军失利后，自杀而死。

【译文】

[经] 楚国杀了他的大夫公子侧。

8/16.8 [经] 秋，公会晋侯、齐侯、卫侯、宋华元、邾人于沙随[1]，不见公[2]。

[传]"不见公"者，可以见公也。可以见公而不见公，讥在诸侯也。

【注释】

〔1〕沙随：宋国地名，今河南宁陵北部。诸侯此次会面，为了商量伐郑之事。

〔2〕不见公：据《左传》记载，时成公已经到达坏隤（今山东曲阜），臧孙氏与穆姜欲杀季文子等大臣，独揽国政，穆姜让成公先逐季文子及孟献子，成公请求等他与诸侯见面回来以后再商量，穆姜怒。成公只得停留在坏隤，处理此事。由于他比别的诸侯晚到沙随，引起诸侯的不满，因此都拒绝与他见面。《穀梁》的这一解说，虽然在记事方面没有《左传》详细具体，但议论却补充了《左传》、《公羊》的不足。

【译文】

[经] 秋季，成公在沙随这个地方会见晋厉公、齐灵公、卫献公、宋国的华元、邾国人，诸侯们拒绝会见成公。

[传]"不见公"的意思，就是说本来可以会见成公的。本来可以会见而不肯会见，这是讥刺诸侯们的不通情理。

8/16.9 [经] 公至自会。

【译文】

[经] 成公在沙随会见诸侯后回国，向祖庙行祭告之礼。

8/16.10 [经] 公会尹子、晋侯、齐国佐、邾人伐郑[1]。

【注释】

〔1〕尹子：也称尹武公，周朝的大夫。

【译文】

[经] 成公会同尹武公、晋厉公、齐国的国佐、邾国人攻打郑国。

8/16.11 [经] 曹伯归自京师[1]。

[传] 不言所归，归之善者也。出入不名，以为不失齐国也[2]。"归"为善，"自某归"次之。

【注释】

〔1〕曹伯归自京师：曹成公被晋厉公捉拿送往京师（8/15.4）后，曹国人一再请求赦免他，仍让他回国当国君，故周王将他释放。

〔2〕齐国：指统治国家的条件和能力。

【译文】

[经] 曹成公从京城回到国内。

[传] 没有说明曹成公回到什么地方，这是对他的返回表示赞同。经文在记载曹成公进出他的国家时，都没有提到他的名，这就表示他还没有失去统治自己国家的能力。按照《春秋》记事的笔法，经文中只说"归回"，那就表示是最好的结局，如果说

"从什么地方归回",所表示的意思就要差一些。

8/16.12 [经] 九月[1],晋人执季孙行父[2],舍之于苕丘[3]。

[传] 执者不舍,而舍,公所也[4];执者致,而不致,公在也。何其执而辞也?犹存公也。存意,公亦存也?公存也。

【注释】

〔1〕九月:《集解》认为经文记载此事的月份,另有含义,所以说:"行父,鲁执政、卿,其身执,则危及国,故谨而月之。"

〔2〕晋人执季孙行父:当时鲁国的臧宣伯与穆姜有私情,欲除掉季孙行父。遂派人告诉晋国的郤犨,说季孙行父和仲孙蔑两人,有宁可事齐、楚,也不从晋的想法,如果晋国想得到鲁国的拥护,就将季孙行父杀了。于是晋人将季孙行父扣留,准备杀他。成公得知此事,就让子叔声伯去请求晋国释放季孙行父。晋国的范文子也劝栾武子同意子叔声伯的要求。晋国于是同意与鲁国订立和约,并放了季孙行父。

〔3〕舍之于苕丘:舍,通"赦"。苕丘,晋地名,今所在不详。

〔4〕公所:指成公在苕丘暂时居住的地方。

【译文】

[经] 九月,晋国人扣留了季孙行父,在苕丘释放了他。

[传] 对于被捉住的人不记载释放他的事,这里却记载了,因为成公当时就在苕丘。对于被捉住的人应该记载他获释回国后举行祭告祖庙的事,这里却没有记载,也是因为成公在的缘故。为什么经文要用"执"这样的言辞?因为这样写就等于说成公也在苕丘。经文保留了这两层意思,就可以知道成公也在苕丘吗?是可以知道成公在苕丘的。

8/16.13 [经] 冬，十月乙亥，叔孙侨如出奔齐[1]。

【注释】

〔1〕叔孙侨如出奔齐：此为鲁国众大夫为成公将其逐出。后叔孙侨如在齐国与声孟子通，自知有罪，又出奔卫。

【译文】

[经] 冬季，十月的乙亥日，叔孙侨如出逃到齐国。

8/16.14 [经] 十有二月乙丑，季孙行父及晋郤犫盟于扈[1]。

【注释】

〔1〕盟于扈：晋国接受子叔声伯的请求后，释放季孙行父，晋郤犫与之结盟，以表示鲁、晋两国在这件事上已经讲和。

【译文】

[经] 十二月的乙丑日，季孙行父与晋国的郤犫在扈这个地方结盟。

8/16.15 [经] 公至自会[1]。

【注释】

〔1〕公至自会：成公参加沙随之会后回国，前面已有记载，此处又记，不知从何"会"返回。《集解》说："无二事。会则致会，伐则致伐。上无会事，当言至自伐郑，而言至自会，宁所未详。"

【译文】

　　[经] 成公出国会见后回国，向祖庙行祭告之礼。

8/16.16 [经] 乙酉，刺公子偃[1]。

　　[传] 大夫日卒，正也。先刺后名，杀无罪也。

【注释】

　　[1] 刺公子偃：公子偃，成公的庶弟。当初穆姜欲除季孙行父时，曾对成公说，公子偃与公子鉏都可以当国君的。季孙行父获释回国后，立即着手整饬国政，先杀了公子偃，以免其日后作乱。但不知何故未杀公子鉏，可能其中另有原因。

【译文】

　　[经] 乙酉日，杀了公子偃。

　　[传] 记载大夫的死亡日期，这是符合礼制规定的。先记载被杀后记载死者的名，表明被杀的人是无罪的。

十 七 年

8/17.1 ［经］十有七年[1]，春。卫北宫括帅师侵郑[2]。

【注释】

〔1〕十有七年：本年为周简王十二年，公元前 574 年。

〔2〕卫北宫括帅师侵郑：北宫括，也称北宫懿子，卫成公的曾孙。括，《公羊》经文作"结"。帅师侵郑，正月，郑国的子驷率军侵犯晋国的虚邑（今河南偃师一带），卫国派北宫懿子出兵援救，攻打郑国。

【译文】

［经］成公十七年，春季。卫国的北宫括率领军队攻打郑国。

8/17.2 ［经］夏，公会尹子、单子、晋侯、齐侯、宋公、卫侯、曹伯、邾人伐郑[1]。

【注释】

〔1〕公会尹子……伐郑：尹子、单（shàn，善）子，均为周王的卿。郑国的太子作为人质扣留在楚国，五月，楚国的公子成、公子寅带兵进驻郑国，于是周王派兵与晋国等诸侯会合，共同攻打郑国。

【译文】

[经] 夏季，成公会同尹子、单子、晋厉公、齐灵公、宋平公、卫献公、曹成公、邾国人，攻打郑国。

8/17.3 [经] 六月乙酉，同盟于柯陵[1]。
[传] 柯陵之盟，谋复伐郑也。

【注释】

〔1〕柯陵：郑国地名，今河南许昌、临颍一带。

【译文】

[经] 六月的乙酉日，各路诸侯在柯陵这个地方举行盟会。
[传] 柯陵的这个盟会，是为了谋划再次讨伐郑国之事。

8/17.4 [经] 秋，公至自会。

[传] 不曰至自伐郑也，公不周乎伐郑也。何以知公之不周乎伐郑？以其以会致也。何以知其盟复伐郑也？以其后会之人尽盟者也。不周乎伐郑，则何为日也？言公之不背柯陵之盟也。

【译文】

[经] 秋季，成公参加诸侯大会后返回，向祖庙行祭告之礼。
[传] 经文中不说成公讨伐郑国后回国，这是因为成公本来就无意参与诸侯讨伐郑国的行动。怎么知道成公本来就无意参与诸侯讨伐郑国的行动呢？从他回国后用参加盟会这件事来祭告祖庙就可以知道了。怎么知道柯陵的盟会是要再次讨伐郑国呢？从后来在冬季时讨伐郑国的都是柯陵之盟的人就可以知道了。既然

成公无意参与讨伐郑国的行动，为什么经文还要记载柯陵会盟的日期呢？这就是说成公没有违背柯陵之盟的誓约。

8/17.5 [经] 齐高无咎出奔莒^[1]。

【注释】

〔1〕高无咎出奔莒：高无咎，齐国的大夫。出奔莒，指齐国的一次内乱。大夫庆克与声孟子私通，被大夫鲍牵看见，告诉了国佐，国佐找庆克来核实此事，庆克从此不敢露面。声孟子向齐灵公诬告鲍牵与高无咎有杀君谋反之心，国佐遂将高无咎驱逐出齐国。

【译文】

[经] 齐国的高无咎出逃到莒国。

8/17.6 [经] 九月辛丑，用郊^[1]。

[传] 夏之始可以承春，以秋之末承春之始，盖不可矣。"九月用郊"，用者，不宜用也。宫室不设，不可以祭；衣服不修，不可以祭；车马器械不备：不可以祭；有司一人不备其职，不可以祭。祭者，荐其时也^[2]，荐其敬也，荐其美也，非享味也。

【注释】

〔1〕用郊：举行郊祭。郊祭是春季举行的仪式，秋季非其时。
〔2〕荐：供奉进献的意思。

【译文】

[经] 九月的辛丑日，举行郊祭。
[传] 在夏季刚刚到来的时候还可以承接春季，如今秋季已

经到了快结束的时候了，还要再来承接应在春季开始时举行的郊祭，这大概是不可以的吧。经文中说"九月用郊"，所谓的"用"，也就是不应当"用"的意思。专供郊祭时使用的斋宫如果还没有布置好，就不能举行祭祀；专供郊祭时使用的衣服如果还没有装饰好，就不能举行祭祀；专供郊祭时使用的车马器具如果还没有齐备，就不能举行祭祀；负责郊祭的人当中只要还有一个不称职，就不能举行祭祀。所谓祭祀，就是向神灵供献这一季节中的时鲜祭品，供献人们的虔敬心意，供献美好的食物，不仅仅是让先祖神灵享用食品的美味。

8/17.7 ［经］晋侯使荀罃来乞师[1]。

【注释】

〔1〕荀罃来乞师：荀罃，晋国大夫。来乞师事，《集解》说："将伐郑。"

【译文】

［经］晋厉公派遣荀罃来请求出兵。

8/17.8 ［经］冬，公会单子、晋侯、宋公、卫侯、曹伯、齐人、邾人伐郑[1]。

［传］言公不背柯陵之盟也。

【注释】

〔1〕伐郑：此即柯陵之盟后诸侯的行动。经文记载的参与伐郑的人中仅少了尹子一人。此次伐郑，诸侯的军队听说楚国的公子申带兵援救，驻扎在汝上这个地方，于是就退兵了。

【译文】

[经] 冬季，成公会同单子、晋厉公、宋平公、卫献公、曹成公、齐国人、邾国人讨伐郑国。

[传] 这是说成公没有违背柯陵之盟的誓约。

8/17.9 [经] 十有一月，公至自伐郑。

【译文】

[经] 十一月，成公参加讨伐郑国后回国，向祖庙行祭告之礼。

8/17.10 [经] 壬申，公孙婴齐卒于狸蜃[1]。

[传] 十一月无壬申，壬申乃十月也。致公而后录[2]，臣子之义也。其地，未逾竟也[3]。

【注释】

〔1〕狸蜃：鲁国地名，今地不详。《公羊》经文作"狸轸"，《左传》经文作"狸脤"。

〔2〕致公而后录：据《公羊》说，"待君命然后卒大夫"。所以"致公而后录"。

【译文】

[经] 壬申日，公孙婴齐在狸蜃这个地方去世。

[传] 十一月中没有壬申日，壬申日是在十月。因为要先记载成公讨伐郑国回来的事，所以就把记录公孙婴齐去世的事放在后面了，这也是为了表示臣子所应当遵循的道义。经文记载了去世的地点，因为不是在国境之外。

8/17.11［经］十有二月丁巳，朔，日有食之[1]。

【注释】

〔1〕日有食之：食甚为本日十一时十一分十六秒。

【译文】

［经］十二月的丁巳，初一日，发生日食。

8/17.12［经］邾子貜且卒[1]。

【注释】

〔1〕貜且：即邾定公，公元前614年即位。

【译文】

［经］邾国国君貜且去世。

8/17.13［经］晋杀其大夫郤锜、郤犨、郤至[1]。
［传］自祸于是起矣[2]。

【注释】

〔1〕杀其大夫郤锜、郤犨、郤至：此即引起后来晋国内乱的"三郤之事"。据《左传》记载，晋厉公生活奢侈，周围常有一批亲近小人。厉公从鄢陵之会以后，一直想除去那些敢于直言的大夫。时郤氏执掌晋国大权，曾废胥童之父胥克。胥童受厉公的宠信，要求厉公除掉三郤，厉公予以默许。于是胥童带领甲士八百人，攻打郤氏，平时受到郤氏压制的长鱼矫等也参与其中，结果三郤均被杀，他们的尸体被挂在城门口示众。

〔2〕祸于是起：祸，指明年晋国弑君杀胥童的内乱。

【译文】

[经] 晋国杀了他的大夫郤锜、郤犨、郤至。

[传] 自此以后，祸乱就产生了。

8/17.14 [经] 楚人灭舒庸[1]。

【注释】

〔1〕舒庸：南方群舒的首领国。本从楚，后因楚国与中原交战被打败，于是转而投向吴国，因此被楚国所灭。

【译文】

[经] 楚国灭了舒庸。

十 八 年

8/18.1 ［经］十有八年^{〔1〕}，春，王正月。晋杀其大夫胥童^{〔2〕}。

【注释】

〔1〕十有八年：本年为周简王十三年，公元前 573 年。

〔2〕杀其大夫胥童：胥童等杀三郤后，晋执政大夫栾书与荀偃又杀胥童。据《左传》记载，此事在十七年的闰十二月乙卯晦日，即闰十二月的最后一天。经文记载于此，是按照收到晋国传来的通报的时间。

【译文】

［经］成公十八年，春季，周王正月。晋国杀了他的大夫胥童。

8/18.2 ［经］庚申，晋弑其君州蒲^{〔1〕}。

［传］称国以弑其君，君恶甚矣。

【注释】

〔1〕弑其君州蒲：正月的庚申日，栾书与中行偃派大夫程滑杀了晋厉公，将他葬在翼东门之外。又到京城将周子接回国，立他为国君，即晋悼公。二月的乙酉，正是初一日，晋悼公行即位之礼。

【译文】

　　[经] 庚申日，晋国杀了他们的国君州蒲。

　　[传] 经文记载以国家的名义杀了他们的国君，这说明国君也实在太可恶了。

8/18.3 [经] 齐杀其大夫国佐[1]。

【注释】

　　[1] 国佐：见7/10.16注〔1〕及8/2.4、8/2.5。时掌齐国国政，去年秋杀了与声孟子私通的大夫庆克。齐灵公以国佐有专权之罪而杀之。

【译文】

　　[经] 齐国杀了他们的大夫国佐。

8/18.4 [经] 公如晋[1]。

【注释】

　　[1] 如晋：此行是为了向晋国的新君即位表示祝贺。

【译文】

　　[经] 成公前往晋国。

8/18.5 [经] 夏，楚子、郑伯伐宋[1]。

【注释】

　　[1] 伐宋：此次伐宋，是为了将逃往楚国避难的宋国五位大夫送回宋国。

【译文】

[经] 夏季，楚共王、郑成公攻打宋国。

8/18.6 [经] 宋鱼石复入于彭城[1]。

【注释】

〔1〕鱼石复入于彭城：鱼石，宋国的左师。以荡泽作乱，有罪于国，于是自咎其责，与五大夫出奔楚国。 复入，《左传》解释为："诸侯纳之曰归。以恶曰复入。"意为经在贬低鱼石依仗楚国的武力返回国内。 彭城，宋国地名，今江苏徐州。

【译文】

[经] 宋国的鱼石再次进入彭城。

8/18.7 [经] 公至自晋。

【译文】

[经] 成公从晋国返回，向祖庙行祭告之礼。

8/18.8 [经] 晋侯使士匄来朝[1]。

【注释】

〔1〕士匄：匄，读作"gài（丐）"。也称范匄、范宣子，士燮之子。

【译文】

[经] 晋悼公派遣士匄来朝见。

8/18.9［经］秋，杞伯来朝[1]。

【注释】

〔1〕杞伯来朝：据《左传》记载，此行既为慰劳成公出国的辛劳，也是为了来打听晋悼公的有关情况。当成公将晋悼公的情况告诉杞伯后，他立即到晋国去朝见，并向晋国公室求婚。

【译文】

［**经**］杞桓公来朝见。

8/18.10［经］八月，邾子来朝[1]。

【注释】

〔1〕邾子：即邾宣公，名轻。此行是其即位后来见。

【译文】

［**经**］八月，邾宣公来朝见。

8/18.11［经］筑鹿囿[1]。

［**传**］筑不志，此其志，何也？山林薮泽之利，所以与民共也，虞之非正也[2]。

【注释】

〔1〕鹿囿：囿，园林。《集解》说："筑墙为鹿地之苑。"

〔2〕虞：原指专门掌管山林湖泽的官员，这里指圈地为苑，并设立专门的官员看守起来。

【译文】

　　[经] 修筑鹿囿。

　　[传] 修建鹿苑这样的事照例是不必记载的，这里却予以记载了，这是为什么？山林湖泽中的物产，是用来与民众共同享用的，如果圈地筑墙，并设置专门的官吏看管起来，这是不符合治国之道的。

8/18.12 [经] 己丑，公薨于路寝[1]。

　　[传] "路寝"，正也。男子不绝妇人之手，以齐终也。

【注释】

　　[1] 路寝：见 7/18.7 传文及注 [1]。

【译文】

　　[经] 己丑日，成公在处理朝政的公堂上去世。

　　[传] 在"路寝"去世，这是符合诸侯的身份的。男人不应当死在妇人手中，要在身心洁净的状态下去世。

8/18.13 [经] 冬，楚人、郑人侵宋[1]。

【注释】

　　[1] 侵宋：鱼石等进入彭城后，宋国大夫老佐、华喜率军攻打，楚、郑听说此事，立即发兵攻打宋国，宋国不得已，只好去向晋国求援。晋悼公出兵，楚、郑撤退。

【译文】

　　[经] 冬季，楚国人、郑国人侵犯宋国。

8/18.14［经］晋侯使士魴来乞师[1]。

【注释】

〔1〕士魴：士会之子。也称彘季。魴，《公羊》所引经文作"彭"。

【译文】

［经］晋悼公派遣士魴来请求出兵。

8/18.15［经］十有二月，仲孙蔑会晋侯、宋公、卫侯、邾子、齐崔杼，同盟于虚杅[1]。

【注释】

〔1〕同盟于虚杅：据《左传》记载，由于仲孙蔑要回国参加成公的葬礼，因此先离开了，没有参与诸侯的盟会。虚杅，宋国地名，今地不详。

【译文】

［经］十二月，仲孙蔑会同晋悼公、宋平公、卫献公、邾宣公、齐国的崔杼，在虚杅会盟。

8/18.16［经］丁未，葬我君成公。

【译文】

［经］丁未日，安葬了我国的国君成公。

襄　公

元　年

9/1.1［经］元年[1]，春，王正月，公即位[2]。

［传］继正即位，正也。

【注释】

〔1〕元年：本年为周简王十四年，公元前 572 年。

〔2〕公即位：鲁襄公，名午。即位时年仅四岁。

【译文】

［经］襄公元年，春季，周王正月，襄公即位。

［传］继承寿终正寝的前代国君之位，就称为即位，这是符合礼制规定的。

9/1.2［经］仲孙蔑会晋栾黡、宋华元、卫甯殖[1]、曹人、莒人、邾人、滕人、薛人围宋彭城。

［传］系彭城于宋者，不与鱼石[2]，正也。

【注释】

〔1〕甯殖：也称甯惠子，卫国大夫。

〔2〕鱼石：参见 8/18.6 注〔1〕。

【译文】

[经] 仲孙蔑会同晋国的栾黡、宋国的华元、卫国的甯殖、曹国人、莒国人、邾国人、滕国人、薛国人，围攻宋国的彭城。

[传] 将彭城列在宋国的名下，这是表示不将彭城给予鱼石，这是符合正道的。

9/1.3 [经] 夏，晋韩厥帅师伐郑[1]。

【注释】

〔1〕韩厥：也称韩献子，晋国的卿大夫。晋、楚邲之战时任司马。晋、齐鞌之战时差一点擒获齐侯。晋悼公即位后，为晋国的执政大臣。厥，《公羊》经文作"屈"。

【译文】

[经] 夏季，晋国的韩厥率领军队攻打郑国。

9/1.4 [经] 仲孙蔑会齐崔杼、曹人、邾人、杞人，次于鄑[1]。

【注释】

〔1〕鄑：郑国地名，今河南柘城县北。《公羊》经文作"合"。

【译文】

[经] 仲孙蔑会同齐国的崔杼、曹人、邾国人、杞国人，将军队驻扎在鄑这个地方。

9/1.5 [经] 秋，楚公子壬夫帅师侵宋[1]。

【注释】

〔1〕楚公子壬夫：也称子辛，楚国的宗室。其侵宋的目的是为了救郑，攻占了宋国的吕（今江苏徐州东南）、留（今江苏沛县东南）。同时，郑国的子然也攻打宋国，并攻占了宋国的犬丘（今河南永城西北）。

【译文】

［经］秋季，楚国的公子壬夫率领军队侵犯宋国。

9/1.6 ［经］九月辛酉，天王崩[1]。

【注释】

〔1〕天王：即周简王，名夷。公元前585年即位，在位共十四年。

【译文】

［经］九月的辛酉日，周王去世。

9/1.7 ［经］邾子来朝[1]。

【注释】

〔1〕邾子：即邾宣公。襄公新立，故邾子前来祝贺。《集解》在本条及以下两条经文后说："王崩，赴未至，皆未闻，故各得行朝、聘之礼。"根据周制，周王去世，各国诸侯应当前去王城吊唁，不得行朝聘之礼。

【译文】

［经］邾宣公前来朝见。

9/1.8 ［经］冬，卫侯使公孙剽来聘[1]。

【注释】

〔1〕公孙剽：也称子叔，卫国大夫。此行前来祝贺襄公即位。

【译文】

［经］冬季，卫献公派遣公孙剽来行聘问之礼。

9/1.9 ［经］晋侯使荀䓞来聘[1]。

【注释】

〔1〕荀䓞：晋国大夫。此行前来祝贺襄公即位。

【译文】

［经］晋悼公派遣荀䓞来行聘问之礼。

二　　年

9/2.1 ［经］ 二年[1]，春，王正月。葬简王。

【注释】

〔1〕二年：本年为周灵王元年，公元前 571 年。灵王，名泄心。

【译文】

［经］襄公二年，春季，周王正月。安葬了周简王。

9/2.2 ［经］郑师伐宋[1]。

【注释】

〔1〕伐宋：这是受楚国的命令。

【译文】

［经］郑国的军队攻打宋国。

9/2.3 ［经］夏，五月庚寅，夫人姜氏薨[1]。

【注释】

〔1〕夫人姜氏：也称齐姜，襄公之母。

【译文】

[经] 夏季，五月的庚寅日，夫人姜氏去世。

9/2.4 [经] 六月庚辰，郑伯睔卒[1]。

【注释】

〔1〕郑伯睔（gùn，棍）：即郑成公，公元前584年即位，在位共十四年。

【译文】

[经] 六月的庚辰日，郑国国君睔去世。

9/2.5 [经] 晋师、宋师、卫甯殖侵郑[1]。
[传] 其曰"卫甯殖"，如是而称前事也[2]。

【注释】

〔1〕侵郑：郑成公去世后，由子罕主持国事，子驷负责政务，子国任司马，郑国众大夫欲从晋，子驷以为"官命未改"，坚决予以否定。

〔2〕前事：指成公二年卫侯去世时，郑国曾派兵来侵。故此次卫国趁郑侯卒，亦来报复。

【译文】

[经] 晋国军队、宋国军队、卫国的甯殖入侵郑国。

[传] 经文说到"卫甯殖"，这是举出成公二年郑国侵卫之事作为攻打的理由。

9/2.6［经］秋，七月，仲孙蔑会晋荀罃、宋华元、卫孙林父、曹人、邾人于戚[1]。

【注释】

〔1〕仲孙蔑……于戚：此次各国大夫会面，仍是讨论降服郑国之事。

【译文】

［经］秋季，七月，仲孙蔑在戚这个地方会见了晋国的荀罃、宋国的华元、卫国的孙林父、曹国人、邾国人。

9/2.7［经］己丑，葬我小君齐姜[1]。

【注释】

〔1〕葬我小君齐姜：据《左传》记载，齐国命所有的姜姓宗妇前来参加齐姜的葬礼。

【译文】

［经］己丑日，安葬了我国国君的夫人齐姜。

9/2.8［经］叔孙豹如宋[1]。

【注释】

〔1〕叔孙豹：也称穆叔，鲁国的宗室。此行是作为襄公的代表向宋国表示和好之意。

【译文】

［经］叔孙豹前往宋国。

9/2.9 [经] 冬，仲孙蔑会晋荀䓨、齐崔杼、宋华元、卫孙林父、曹人、邾人、滕人、薛人、小邾人于戚[1]，遂城虎牢[2]。

[传] 若言中国焉，内郑也[3]。

【注释】

〔1〕小邾：《公羊》经文作小邾娄，下同。

〔2〕虎牢：地名。原属郑国，后为晋国所取。参见 9/10.11 注〔1〕。

〔3〕内郑：郑国在晋国的一再打击下，表示服罪，于是将虎牢归晋国。经文用"城虎牢"这样的言辞，来表示晋国就像是往修筑自己国内的城邑一样。

【译文】

[经] 冬季，仲孙蔑在戚这个地方会见晋国的荀䓨、齐国的崔杼、宋国的华元、卫国的孙林父、曹国人、邾国人、滕国人、薛国人、小邾人，于是修筑虎牢的城墙。

[传] 就好比说是在自己国内修筑城墙一样，以表示诸侯接受了郑国的求和。

9/2.10 [经] 楚杀其大夫公子申[1]。

【注释】

〔1〕公子申：时为楚国的右司马，他暗中接受一些小国的贿赂，并与子重、子辛争权，危及楚国的安定，于是楚人将他杀了。

【译文】

[经] 楚国杀了他的大夫公子申。

三 年

9/3.1 [经] 三年^{〔1〕}，春。楚公子婴齐帅师伐吴^{〔2〕}。

【注释】

〔1〕三年：本年为周灵王二年，公元前570年。

〔2〕伐吴：据《左传》记载，楚国的公子婴齐率军攻打吴国，攻克鸠兹（今安徽芜湖东），一直打到衡山（今安徽当涂的横山），派遣邓廖率领精兵继续攻打吴国，吴军拦腰阻截，击败楚军，并俘获邓廖。公子婴齐回师楚国后，在太庙举行庆功大会，三天后吴国进攻楚国，夺取楚国的上邑驾，楚共王责备公子婴齐此役得不偿失，公子婴齐忧郁而死。

【译文】

[经] 襄公三年，春季。楚国的公子婴齐率领军队攻打吴国。

9/3.2 [经] 公如晋^{〔1〕}。

【注释】

〔1〕公如晋：襄公此时不过七岁。《左传》说此行为"始朝"，即第一次朝见霸主。

【译文】

[经] 襄公前往晋国。

9/3.3 ［经］ 夏，四月壬戌，公及晋侯盟于长樗[1]。

【注释】

〔1〕长樗（chū，初）：地名。在晋国国都的附近。

【译文】

［经］夏季，四月的壬戌日，襄公与晋悼公在长樗结盟。

9/3.4 ［经］ 公至自晋。

【译文】

［经］襄公从晋国返回后，向祖庙行祭告之礼。

9/3.5 ［经］ 六月，公会单子、晋侯、宋公、卫侯、郑伯、莒子、邾子、齐世子光。己未，同盟于鸡泽[1]。

［传］ "同"者，有同也，同外楚也[2]。

【注释】

〔1〕公会……同盟于鸡泽：鸡泽，地名，今河北鸡泽。此次诸侯同盟，为晋悼公所召集，意在联合吴国，共同对付楚国。但吴国国君以道远而不至。

【译文】

［经］六月，襄公会见周王的大夫单子、晋悼公、宋平公、卫献公、郑僖公、莒犁比公、邾宣公、齐国的太子光。己未日，在鸡泽订立盟约。

［传］经文中说到"同"，这就表示各方都有一个共同的愿

望，那就是共同排斥楚国的侵扰。

9/3.6 [经] 陈侯使袁侨如会[1]。

[传]"如会"，外乎会也，于会受命也。

【注释】

〔1〕使袁侨如会：袁侨，陈国大夫，袁涛涂的四世孙。楚国欲侵陈国，陈国派袁侨参加诸侯大会，以求帮助。

【译文】

[经] 陈成公派遣袁侨参加盟会。

[传] 经文所说的"如会"，其实袁侨是在盟会结束以后才到达的，他是到会接受盟约的。

9/3.7 [经] 戊寅，叔孙豹及诸侯之大夫及陈袁侨盟[1]。

[传]"及"，以"及"与之也。诸侯以为可与，则与之；不克与，则释之。诸侯盟，又大夫相与私盟，是大夫张也[2]。故鸡泽之会，诸侯始失正矣[3]。大夫执国权。曰"袁侨"，异之也。

【注释】

〔1〕大夫及陈袁侨盟：陈国的袁侨在会后与叔孙豹等大夫结盟，以示陈国愿意接受盟约的节制。

〔2〕张：骄傲自大。

〔3〕正：通"政"，指国家政治。

【译文】

[经] 戊寅日，叔孙豹与诸侯的大夫和陈国的袁侨结盟。

[传] 经文用"及"字来表示对袁侨这一行为的赞赏。诸侯认为可以同他结盟的，就同他结盟；如果不能够同他结盟，就放弃同他结盟的做法。诸侯之间已经结盟了，大夫之间又私相结盟，这表示了大夫的骄傲自大。所以，鸡泽的大会，是诸侯失去主持国政的开始。大夫执掌了一国的大权。经文中称"袁侨"，这是为了表示他同其余诸侯国大夫的不一样。

9/3.8 [经] 秋，公至自晋。

【译文】

[经] 秋季，襄公从晋国返回，向祖庙行祭告之礼。

9/3.9 [经] 冬，晋荀罃帅师伐许[1]。

【注释】

〔1〕伐许：由于许灵公没有参加鸡泽之会，并有追随楚国的行动，于是晋悼公命荀罃率军攻打许国。

【译文】

[经] 冬季，晋国的荀罃率军攻打许国。

四　　年

9/4.1 ［经］四年^{〔1〕}，春，王三月。己酉，陈侯午卒^{〔2〕}。

【注释】

〔1〕四年：本年为周灵王三年，公元前569年。

〔2〕陈侯午：即陈成公，公元前598年即位，在位共三十年。

【译文】

［经］襄公四年，春季，周王三月。己酉日，陈国国君午去世。

9/4.2 ［经］夏，叔孙豹如晋^{〔1〕}。

【注释】

〔1〕如晋：此前晋国派知武子来聘问，故叔孙豹前往回礼，晋悼公以乐礼享之。

【译文】

［经］夏季，叔孙豹前往晋国。

9/4.3 ［经］秋，七月戊子，夫人姒氏薨[1]。

【注释】

〔1〕姒氏：即定姒；《公羊》说是"襄公之母"。孔颖达《左传疏》说是成公之妾，襄公的生母。姒，《公羊》经文作"弋"，下同。

【译文】

［经］秋季，七月的戊子日，夫人姒氏去世。

9/4.4 ［经］葬陈成公。

【译文】

［经］安葬了陈成公。

9/4.5 ［经］八月辛亥，葬我小君定姒。

【译文】

［经］八月的辛亥日，安葬了我国国君的夫人定姒。

9/4.6 ［经］冬，公如晋[1]。

【注释】

〔1〕如晋：此行是到晋国听政，即向晋悼公请示应该向周王进献多少贡赋。

【译文】

［经］冬季，襄公前往晋国。

9/4.7 ［经］陈人围顿[1]。

【注释】

　　〔1〕陈人围顿：顿，见5/25.5注〔1〕。楚国指使顿国了解陈国的实力，以便于其侵伐，陈国得知后，先行攻打顿国。

【译文】

　　［经］陈国人围攻顿国。

五　　年

9/5.1［经］五年^{〔1〕}，春，公至自晋。

【注释】

〔1〕五年：本年为周灵王四年，公元前568年。

【译文】

　　［经］襄公五年，春季。襄公从晋国返回，向祖庙行祭告之礼。

9/5.2［经］夏，郑伯使公子发来聘^{〔1〕}。

【注释】

〔1〕郑伯使公子发来聘：郑伯，即郑僖公，名恽。公子发，郑国的宗室。郑僖公初即位，遣使臣来修旧好。

【译文】

　　［经］夏季，郑僖公派遣公子发来行聘问之礼。

9/5.3［经］叔孙豹、缯世子巫如晋^{〔1〕}。

［**传**］外不言如，而言如，为我事往也。

【注释】

〔1〕如晋：此前襄公请求晋悼公让缯国作为鲁的属国，晋悼公口头同意，但并未履行。此行为完成缯国属鲁的仪式。缯，《左传》、《公羊》经文作鄫。下同。

【译文】

［**经**］叔孙豹、缯国的太子巫前往晋国。

［**传**］与其他国家的人一同到别的国家去，是不用"如"字来表达的，这里用了"如"字，表明是为了我国的事一同前去的。

9/5.4［**经**］仲孙蔑、卫孙林父会吴于善稻[1]。

［**传**］吴谓善伊，谓稻缓[2]，号从中国，名从主人。

【注释】

〔1〕会吴于善稻：鸡泽之会，吴因道远而未至。后吴国国君寿梦派使臣寿越到晋国，说明没有到会的理由，并请求与中原诸侯结好。于是晋悼公将此事告知于诸侯，并让鲁、卫派人先与吴国的使臣见面。善稻，吴国地名，今江苏盱眙北部。《左传》经文作"善道"。

〔2〕"吴谓"二句：这两句是说，根据吴国的方言，"善稻"这个地方被读作"伊缓"。

【译文】

［**经**］仲孙蔑、卫国的孙林父在善稻这个地方会见了吴国人。

［**传**］吴国把"善"读作"伊"，又把"稻"读作"缓"。经文中所用文字的读音，凡属于称号的，都使用中原地区方言的读音，凡属于名称的，就使用所属地区或民族的方言读音。

9/5.5 ［经］秋，大雩。

【译文】

［**经**］秋季，举行盛大的祭神求雨仪式。

9/5.6 ［经］楚杀其大夫公子壬夫[1]。

【注释】

〔1〕杀其大夫公子壬夫：公子壬夫，也称子辛，时为楚国令尹。因向陈国逼贿，导致陈国背楚从晋，楚国追究其责任，将他杀了。

【译文】

［**经**］楚国杀了他的大夫公子壬夫。

9/5.6 ［经］公会晋侯、宋公、陈侯、卫侯、郑伯、曹伯、莒子、邾子、滕子、薛伯、齐世子光、吴人、缯人于戚[1]。

【注释】

〔1〕公会……于戚：此次诸侯大会，是为了应吴国国君的请求，与诸侯结好，并命诸侯派兵进驻陈国，以抵御楚国的入侵。

【译文】

［**经**］襄公在戚这个地方会见晋悼公、宋平公、陈哀公、卫献公、郑僖公、曹成公、莒犁比公、邾宣公、滕成公、薛献公、齐国太子光、吴国人、缯国人。

9/5.7 ［经］公至自会。

【译文】

　　［经］襄公会见诸侯后返回，向祖庙行祭告之礼。

9/5.8 ［经］冬，戍陈[1]。
　　［传］内辞也。

【注释】

　　〔1〕戍陈：戚之会决定向陈国派驻军队，各国先后到达，经文记载了鲁国军队的到达时间。

【译文】

　　［经］冬季，驻守陈国。
　　［传］这是表示鲁国派兵驻守陈国的言辞。

9/5.9 ［经］楚公子贞帅师伐陈[1]。

【注释】

　　〔1〕公子贞：也称子囊，公子壬夫被杀后，由他担任楚国的令尹。

【译文】

　　［经］楚国的公子贞率领军队攻打陈国。

9/5.10 ［经］公会晋侯、宋公、卫侯、郑伯、曹伯、莒子、邾子、滕子、薛伯、齐世子光救陈[1]。

【注释】

〔1〕救陈：据《左传》记载，各国军队在城棣（今河南原阳北部）会合，共同救陈。

【译文】

［经］襄公会同晋悼公、宋平公、卫献公、郑僖公、曹成公、莒犁比公、邾宣公、滕成公、薛献公、齐国太子光，援救陈国。

9/5.10 ［经］十有二月，公至自救陈。
［传］善救陈也[1]。

【注释】

〔1〕善救陈：《集解》说："楚人伐陈，公能救中国而攘夷狄，故善之。善之谓以救陈致。"

【译文】

［经］十二月，襄公援救陈国后返回，向祖庙行祭告之礼。
［传］经文是在称赞救援陈国的行动。

9/5.2 ［经］辛未，季孙行父卒[1]。

【注释】

〔1〕季孙行父卒：据《左传》记载，季孙行父的葬礼较为简单，"无衣帛之妾，无食粟之马，无藏金玉，无重器备"。

【译文】

［经］辛未日，季孙行父去世。

六　　年

9/6.1［经］六年^{〔1〕}，春，王三月。壬午，杞伯姑容卒^{〔2〕}。

【注释】
　　〔1〕六年：本年为周灵王五年，公元前 567 年。
　　〔2〕杞伯姑容：即杞桓公。

【译文】
　　［经］襄公六年，春季，周王三月。壬午日，杞国国君姑容去世。

9/6.2［经］夏，宋华弱来奔^{〔1〕}。

【注释】
　　〔1〕华弱：宋国的司马。因其与乐辔产生矛盾，所以出奔鲁国。

【译文】
　　［经］夏季，宋国的华弱逃来鲁国。

9/6.3 ［经］秋，葬杞桓公。

【译文】

　　［经］秋季，安葬了杞桓公。

9/6.4 ［经］滕子来朝。

【译文】

　　［经］滕成公来朝见。

9/6.5 ［经］莒人灭缯[1]。

　　［传］非灭也，中国日，卑国日，夷狄时。缯，中国也，而时，非灭也。家有既亡，国有既灭，灭而不自知，由别之而不别也。"莒人灭缯"，非灭也，非立异姓以莅祭祀[2]，灭亡之道也。

【注释】

　　〔1〕莒人灭缯:《左传》说缯国被灭，是因为它自恃为鲁国的附庸，又与晋国结盟，所以对莒人的进攻毫无防备。

　　〔2〕立异姓以莅祭祀:莒国为己姓，是缯国的外甥，莒国灭缯后，立己姓为缯国之后，祭祀宗庙。

【译文】

　　［经］莒国人灭亡了缯国。

　　［传］不是用武力灭亡缯国的。根据《春秋》的惯例，中原国家被灭亡，就记载日期，大国的附庸灭亡，也记载日期，蛮夷戎狄灭亡，就记载季节。缯国，是中原国家，但记载了它灭亡的

季节，这就表明不是用武力灭亡的。家族有名义存在但实际上已经消亡的，国家也有名义存在而实际上已经灭亡的，甚至还有已经被灭亡，而自己还不知道的，这是由于应当对同姓、异姓加以区别而实际上没有被区别的关系。所谓"莒人灭缯"，就是责备莒国采取立异姓王来祭祀缯国宗庙的手段，这也是缯国被灭亡的道理。

9/6.6 ［经］冬，叔孙豹如邾[1]。

【注释】

〔1〕叔孙豹如邾：此行是行聘问之礼，并与邾国结好。

【译文】

［经］冬季，叔孙豹前往邾国。

9/6.7 ［经］季孙宿如晋[1]。

【注释】

〔1〕季孙宿：季孙行父之子，名宿，也称季武子。此行为缯国被莒国所灭而到晋国谢罪。

【译文】

［经］季孙宿前往晋国。

9/6.8 ［经］十有二月，齐侯灭莱[1]。

【注释】

〔1〕齐侯灭莱：襄公二年，齐人伐莱，莱国以重赂予齐，齐乃退兵。

此后莱国以此为得计，不另作救亡之图。同年夏，鲁国举行齐姜的葬礼，齐侯让诸姜宗妇皆来与会，召莱君送诸姜宗妇去鲁国，莱君不至。于是齐侯派晏齐在靠近莱国的东阳筑城。城成，晏齐攻打莱国，莱国国君率军抵抗，不敌齐人，遂被灭。

【译文】

　　[经] 十二月，齐灵公灭亡了莱国。

七　　年

9/7.1 ［经］七年^{〔1〕}，春。郯子来朝^{〔2〕}。

【注释】

〔1〕七年：本年为周灵王六年，公元前 566 年。

〔2〕郯：古国名。相传为少昊的后裔，国在今山东郯城西南。

【译文】

［经］襄公七年，春季。郯国国君来朝见。

9/7.2 ［经］夏，四月，三卜郊，不从，乃免牲。

［传］"夏四月"，不时也。"三卜"，礼也。"乃"者，亡乎人之辞也。

【译文】

［经］夏季，四月，三次占卜郊祭的吉凶，都得到不利的结果，于是就免去了祭祀仪式。

［传］经文记载在"夏四月"举行郊祭，这是不合时令的。三次占卜，倒符合礼制。用"乃"字的意思，就表示这是人力所无法办到的。

9/7.3 [经] 小邾子来朝。

【译文】

[经] 小邾穆公来朝见。

9/7.4 [经] 城费[1]。

【注释】

〔1〕费：读作"bì（币）"，鲁国地名，今山东费县西北。鲁僖公将此地赐给公子季友，后即作为鲁国季氏的封地。

【译文】

[经] 修筑费的城墙。

9/7.5 [经] 秋，季孙宿如卫[1]。

【注释】

〔1〕如卫：此行为回报卫国来聘。

【译文】

[经] 秋季，季孙宿前往卫国。

9/7.6 [经] 八月，螽。

【译文】

[经] 八月，出现了蝗虫。

9/7.7［经］冬，十月，卫侯使孙林父来聘[1]。壬戌，及孙林父盟。

【注释】

〔1〕使孙林父来聘：由于季孙宿到卫国行聘问之礼，卫国又回聘，并与鲁国结盟。

【译文】

［**经**］冬季，十月，卫献公派遣孙林父来行聘问之礼。壬戌日，襄公与孙林父结盟。

9/7.8［经］楚公子贞帅师围陈。

【译文】

［**经**］楚国的公子贞围攻陈国。

9/7.9［经］十有二月，公会晋侯、宋公、陈侯、卫侯、曹伯、莒子、邾子于郲[1]。

【注释】

〔1〕公会……于郲：郲，郑国地名，今地不详。据《左传》记载，此次诸侯之会是为了援救陈国。

【译文】

［**经**］十二月，襄公在郲地会见晋悼公、宋平公、陈哀公、卫献公、曹成公、莒犁比公、邾宣公。

9/7.11 [经] 郑伯髡原如会[1]，未见诸侯。丙戌，卒于操[2]。

[传]"未见诸侯"，其曰"如会"，何也？致其志也。礼，诸侯不生名，此其生名，何也？卒之名也。卒之名，则何为加之"如会"之上？见以如会卒也。其见以如会卒，何也？郑伯将会中国，其臣欲从楚，不胜其臣，弑而死[3]。其不言弑，何也？不使夷狄之民加乎中国之君也。其地，于外也。其日，未逾竟也。日卒、时葬，正也。

【注释】

〔1〕髡原如会：髡原，即郑僖公，公元前570年即位，在位五年。如会，即前文所记载的诸侯在郲地的会合。

〔2〕操：郑国地名，今河南新郑、鲁山一带。《左传》所引经文作"鄵"。

〔3〕弑而死：据《左传》记载，髡原为太子时，对子罕、子丰不礼貌，即位后，又对子驷无礼，周围的人劝他，他也不听，反而杀了劝说的人。所以当他去参加诸侯会见的时候，子驷派人将他杀了，并向诸侯谎称其患疟疾而死。《公羊》、《穀梁》均以郑僖公去参加诸侯会见，随从的大夫主张郑国应当追随楚国，郑僖公与大夫们意见不合，大夫遂将他杀了，立郑成公之子嘉，即郑简公。

【译文】

[经] 郑国国君髡原去参加诸侯的会见，但没有见到诸侯们。丙戌日，在操这个地方去世。

[传] 经文中明明是说"未见诸侯"，但又说"如会"，这是为什么？是为了表示郑僖公有这个想法。根据礼制的规定，当诸侯还活着的时候，是不能以他的名来作为称呼的，这里却在郑僖公活着的时候就称呼他的名，是为什么？实际上是因为他已经去

世才称呼他的名的。既然是已经去世才记载他的名，那么为什么又要将他的名放在"如会"的前面来说？是因为要体现郑僖公是在参加诸侯会见的途中去世的。要体现郑僖公在参加诸侯会见的途中去世，这是为什么？因为郑僖公将要会见中原的各诸侯，他的大夫却打算追随楚国，郑僖公无法说服他的大夫们，于是就被大臣们杀死了。但是经文并没有说他是被杀死的，这是为什么？是为了不让蛮夷狄戎之人加害于中原国家的诸侯。经文记载了郑僖公去世的地点，就表示他是在国都以外的地方去世的。又记载了去世的日期，这表示他还没有走出自己的国境。记载去世的日期，以及安葬的时令，这些都是符合礼制规定的。

9/7.12 ［经］陈侯逃归[1]。

［传］以其去诸侯，故逃之也。

【注释】

〔1〕此次诸侯大会，本来是为了援救陈国，但一直没有采取果断的行动，于是陈国的大夫庆虎、庆寅派公子黄到楚国，却暗中让楚国扣留了公子黄。庆虎、庆寅派人告诉陈哀公说，楚国已经扣留公子黄，国君如果再不返回，恐怕国人将要政变。陈哀公不知是计，只得离开诸侯回国。

【译文】

［经］陈哀公逃回陈国。

［传］是因为他离开了诸侯，所以记载他逃回了。

八　年

9/8.1 ［经］八年[1]，春，王正月。公如晋。

【注释】

　　〔1〕八年：本年为周灵王七年，公元前 565 年。

【译文】

　　［经］襄公八年，春季，周王正月。襄公前往晋国。

9/8.2 ［经］夏，葬郑僖公。

【译文】

　　［经］夏季，安葬了郑僖公。

9/8.3 ［经］郑人侵蔡[1]，获公子湿[2]。

　　［传］“人”，微者也。“侵”，浅事也。而获公子，公子病矣。

【注释】

　　〔1〕郑人侵蔡：郑国的子国、子耳率军侵蔡，俘获了公子湿，郑国

人都十分高兴，唯有子国之子子产担心此事恐怕招来楚国的报复。一旦郑国无力抵抗，又只能听从楚国，但这样一来，晋国又将来讨伐郑国的背盟行为。如此，郑国将无安定之时。

〔2〕公子湿：蔡国的司马。《左传》经文作"公子爕"。

【译文】

［**经**］郑国人侵犯蔡国，俘获了公子湿。

［**传**］经文中所说的"人"，是指郑国带兵侵蔡的人地位低下。所谓的"侵"，也表示这只是一次规模很小的战事。但尽管如此，郑国还是俘获了公子湿，这说明公子湿也太没有用了。

9/8.4 ［**经**］季孙宿会晋侯、郑伯、齐人、宋人、卫人、邾人于邢丘[1]。

［**传**］见鲁之失正也。公在，而大夫会也。

【注释】

〔1〕季孙宿……于邢丘：据《左传》说，这是晋悼公向各国的大夫颁布诸侯的朝聘之数。邢丘，晋国地名。

【译文】

［**经**］季孙宿在邢丘这个地方会见了晋悼公、郑简公、齐国人、宋国人、卫国人、邾国人。

［**传**］这一记载体现了鲁国国君已经失去了统治国家的权威。鲁襄公明明就在晋国，却由大夫来会见各国的诸侯。

9/8.5 ［**经**］公至自晋。

【译文】

[经] 襄公从晋国返回，向祖庙行祭告之礼。

9/8.6 [经] 莒人伐我东鄙[1]。

【注释】

〔1〕伐我东鄙：莒国灭缯之后，鲁国夺取了缯国西部的土地，莒国此举，意欲与鲁国划定疆界。

【译文】

[经] 莒国人攻打我国的东部边境。

9/8.7 [经] 秋，九月，大雩。

【译文】

[经] 秋季，九月，举行盛大的祭神求雨仪式。

9/8.8 [经] 冬，楚公子贞帅师伐郑[1]。

【注释】

〔1〕伐郑：此即为了今年夏季郑国侵犯蔡国而来。时郑国大夫中有人主张从楚，有人主张从晋，最后由子驷决定从楚。

【译文】

[经] 冬季，楚国的公子贞率军攻打郑国。

9/8.9 [经] 晋侯使士匄来聘[1]。

【注释】

〔1〕士匄来聘：一为行聘问之礼，二则来向鲁国说明，诸侯将要对郑国用兵。

【译文】

[经] 晋悼公派士匄来行聘问之礼。

九　年

9/9.1 ［经］九年^[1]，春。宋灾^[2]。

［传］外灾不志，此其志，何也？故宋也。

【注释】

〔1〕九年：本年为周灵王八年，公元前563年。

〔2〕宋灾：灾，《公羊》经文作"火"。《左传》详细记载了当时宋国在乐喜的指挥下，防火、救火的情形，对了解当时的消防情况极有参考价值，可以参看。

【译文】

［经］襄公九年，春季。宋国发生了火灾。

［传］对于鲁国以外的诸侯国发生灾祸，经文一般不予记载，这里为什么要记载宋国的火灾？因为孔子的祖上是宋国人的关系。

9/9.2 ［经］夏，季孙宿如晋^[1]。

【注释】

〔1〕季孙宿如晋：此行是为了回报士匄来聘。

【译文】

[经] 夏季，季孙宿前往晋国。

9/9.3 [经] 五月辛酉，夫人姜氏薨[1]。

【注释】

〔1〕姜氏：即宣公的夫人穆姜。

【译文】

[经] 五月的辛酉日，宣公的夫人姜氏去世。

9/9.4 [经] 秋，八月癸未，葬我小君穆姜[1]。

【注释】

〔1〕穆姜：《公羊》经文作"缪姜"。

【译文】

[经] 秋季，八月的癸未日，安葬了我国先君的夫人穆姜。

9/9.5 [经] 冬，公会晋侯、宋公、卫侯、曹伯、莒子、邾子、滕子、薛伯、小邾子、齐世子光，伐郑[1]。

【注释】

〔1〕伐郑：据《左传》记载，此次伐郑，在冬十月。庚午日，分兵攻打郑国国都的东、西、北门。甲戌日，各路军队在氾会合，修整武器战车，准备粮食，对郑国作长时期的围困。郑国人害怕了，于是求和。

【译文】

[经] 冬季，襄公会同晋悼公、宋平公、卫献公、曹成公、莒犁比公、邾悼公、滕成公、薛献公、小邾穆公、齐国太子光，攻打郑国。

9/9.5 [经] 十有二月己亥，同盟于戏[1]。

[传] 不异言郑，善得郑也。不致，耻不能据郑也。

【注释】

〔1〕戏：郑国地名。

【译文】

[经] 十二月的己亥日，在戏这个地方结盟。

[传] 没有特地说明郑国参加了这次盟会，这是称赞晋国得到了郑国的顺从。不记载襄公回国将同盟之事祭告祖庙，是为最终不能安定郑国而感到耻辱。

9/9.7 [经] 楚子伐郑[1]。

【注释】

〔1〕伐郑：楚共王率军攻打郑国，郑国的子驷准备与楚国求和，子孔等人认为，郑国刚刚与晋国订立了和约，恐怕不好。但子展却说，盟约中有"唯强是从"的句子，今楚国军队来攻打郑国，郑国无力抵抗，这就表示楚国是强国，所以可以与它求和。于是郑国又与楚国订立和约。

【译文】

[经] 楚共王率军攻打郑国。

9/10.1［经］十年[1]，春，公会晋侯、宋公、卫侯、曹伯、莒子、邾子、滕子、薛伯、杞伯、小邾子、齐世子光，会吴于相[2]。

［传］"会"，又"会"，外之也。

【注释】

〔1〕十年：本年为周灵王九年，公元前 563 年。

〔2〕相：读作"zhā（渣）"，楚国地名，今江苏邳县北部。此会是为了联络吴国与楚国争霸。

【译文】

［经］襄公十年，春季。襄公会同晋悼公、宋平公、卫献公、曹成公、莒犁比公、邾宣公、滕成公、薛献公、杞孝公、小邾穆公、齐国太子光，在相这个地方会见吴王。

［传］经文中先说了"会"，又说"会"，这是为了疏远吴国。

9/10.2［经］夏，五月甲午，遂灭傅阳[1]。

［传］"遂"，直遂也。其日"遂"何？不以中国从夷狄也。

【注释】

〔1〕傅阳:《公羊》、《左传》经文作"偪阳"。古国名，妘姓，在今山东峄县南部。

【译文】

[经] 夏季，五月的甲午日，顺道灭了傅阳。

[传] 所谓"遂"，就是直接进行的意思。记载"遂"的日期是为什么？因为不能让中原的诸侯国附从在夷狄国家的后面。

9/10.3 [经] 公至自会。

[传] 会夷狄不致，恶事不致，此其致，何也？存中国也。中国有善事则并焉，无善事则异之存之也。汲郑伯〔1〕，逃归陈侯〔2〕，致柤之会，存中国也。

【注释】

〔1〕汲郑伯:汲，《集解》说:"犹引也。郑伯髡原为臣所弑，而不书弑，此引而致于善事。"或以为"没"字之误。没，死亡。参9/7.11。

〔2〕逃归陈侯:参9/7.12。

【译文】

[经] 襄公参加了诸侯大会后返回，向祖庙行祭告之礼。

[传] 会见夷狄国家是不能向祖庙祭告的，坏的事情也不能向祖庙祭告的，但是这里却记载了将会见吴国的事向祖庙祭告，是为什么？为了保全中原诸侯国的体面。中原的诸侯国有了好的事情，也可以将几件事合并起来一起向祖庙祭告的，但如果没有好的事情，就分别地一一予以祭告，这也是为了保全中原诸侯国的体面。经文先后记载了郑僖公被弑之事、陈哀公逃归之事，以及将在柤地会见吴王之事向祖庙祭告，这些都是为了保全中原诸侯国的体面。

9/10.5〔经〕 楚公子贞、郑公孙辄帅师伐宋[1]。

【注释】

〔1〕公孙辄：郑国大夫，也称子耳。

【译文】

[**经**] 楚国的公子贞、郑国的公孙辄率军攻打宋国。

9/10.6〔经〕 晋师伐秦[1]。

【注释】

〔1〕晋师伐秦：由晋国的荀罃率军攻打秦国。

【译文】

[**经**] 晋国的军队攻打秦国。

9/10.7〔经〕 秋，莒人伐我东鄙[1]。

【注释】

〔1〕伐我东鄙：此为莒国以中原诸侯国合力与楚相争，无暇顾及鲁国，遂趁机来侵犯。

【译文】

[**经**] 秋季，莒国人攻打我国的东部边境。

9/10.9〔经〕 公会晋侯、宋公、卫侯、曹伯、莒子、邾子、齐世子光、滕子、薛伯、杞伯、小邾子，伐郑[1]。

【注释】

〔1〕伐郑：因前次攻打郑国未有结果，此次再伐。据《左传》说，齐国执政崔杼派太子光先到，故其在诸侯中列于滕、薛、杞等国国君之前。

【译文】

[经] 襄公会同晋悼公、宋平公、卫献公、曹成公、莒犁比公、邾宣公、齐国太子光、滕成公、薛献公、杞孝公、小邾穆公，攻打郑国。

9/10.10 [经] 冬，盗杀郑公子斐、公子发、公孙辄[1]。

[传] 称"盗"以杀大夫，弗以上下道，恶上也。

【注释】

〔1〕盗杀……公孙辄：公子斐，《左传》经文作"公子騑"，即子驷，郑穆公之子。时为郑国执政。公元前566年，他派人杀郑僖公，立简公为国君，又杀了反对他的群公子。执政期间，由于整顿田地疆界，得罪了司氏、侯氏等郑国贵族，引起内乱，司氏、侯氏等起兵，将他杀死。公子发，郑穆公之子，也称子国，郑国大夫。这里所说的"盗"，当为司氏、侯氏等率领的叛乱军队。

【译文】

[经] 冬季，叛乱的军队杀了郑国的公子斐、公子发、公孙辄。

[传] 经文中说是"盗"杀了大夫，而不根据君臣的上下关系来记载这件事，这就表示是对郑国国君的憎恶。

9/10.11 ［经］ 戍郑虎牢[1]。

［传］ 其曰"郑虎牢"，决郑乎虎牢也[2]。

【注释】

〔1〕戍郑虎牢：根据《春秋》行文的习惯，凡是在动词不用主语的句子，一般都表示以鲁国为主。此句"戍"前无主语，本应作此理解，但据《公羊》、《左传》的解说，是由于各国诸侯的军队陆续到达虎牢，难以排出先后次序，所以记载中就以鲁国为主了。此说也较符合当时的情况。

〔2〕决郑乎虎牢：《集解》说："（襄公）二年，郑去楚而从中国，故城虎牢不言郑，使与中国无异。自尔以来，数反复，无从善之意，故系之于郑，决绝而弃外。"即表示将郑国排除在中原诸侯国之外，其土地也视为外国的土地。

【译文】

［经］ 派军队驻守郑国的虎牢。

［传］ 经文中说是"郑国的虎牢"，这是为了表示断绝郑国与中原诸侯国的关系。

9/10.12 ［经］ 楚公子贞帅师救郑[1]。

【注释】

〔1〕救郑：楚国援救郑国，晋国与诸侯不敢应战，于是郑国在楚国的压力下又追随楚国。

【译文】

［经］ 楚国的公子贞率军援救郑国。

9/10.13 [经] 公至自伐郑。

【译文】

[经] 襄公参加攻打郑国后返回，向祖庙行祭告之礼。

十 一 年

9/11.1 ［经］十有一年^[1]，春，王正月。作三军^[2]。

［传］"作"，为也。古者天子六师^[3]，诸侯一军^[4]。作三军，非正也。

【注释】

〔1〕十有一年：本年为周灵王十年，公元前562年。

〔2〕作三军：三军，即上、中、下三军。据《周礼》记载，"万有二千五百人为军。王六军，大国三军，次国二军，小国一军"。鲁国地七百里，本应属大国，但当时周王的权威已经衰落，诸侯霸主指挥各国，令各国按国之大小缴纳贡赋。鲁国无力称霸，为减少贡赋，就裁减军队，以次国自居。晋、楚两国争霸以来，连年战争，鲁国深感兵力不足，因此重建三军。据《左传》的记载，此事由季武子提出，再由孟氏、叔孙氏、季孙氏三家贵族分领三军之将。

〔3〕天子六师：师，《集解》说"二千五百人为师"。六师，即为一万五千人。

〔4〕诸侯一军：《穀梁》据周王命虢叔封曲沃伯以一军为侯之事，以为诸侯只能领有一军。但后来晋国的国力逐渐强盛，到文公时立三军，战胜楚国，成为春秋的霸主，故大国诸侯的三军之制早已成为事实。

【译文】

［经］襄公十一年，春季，周王正月。建立三军。

［传］所谓"作"，就是建立的意思。古时侯天子统帅六师，

诸侯统帅一军。现在鲁国建立三军，这是不符合礼制的规定的。

9/11.2 [经] 夏，四月。四卜郊，不从，乃不郊。

[传] "夏四月"，不时也。四卜，非礼也。

【译文】

[经] 夏季，四月。四次占卜郊祭的吉凶，都不利，于是就不举行郊祭了。

[传] 经文说"夏四月"，这是不合时令。四次占卜，这是违反了礼制的规定。

9/11.3 [经] 郑公孙舍之帅师侵宋[1]。

【注释】

〔1〕公孙舍之：也称子展，公孙喜之子，郑国的大夫。

【译文】

[经] 郑国的公孙舍之率军侵犯宋国。

9/11.4 [经] 公会晋侯、宋公、卫侯、曹伯、齐世子光、莒子、邾子、滕子、薛伯、杞伯、小邾子，伐郑[1]。

【注释】

〔1〕伐郑：据《左传》记载，四月，诸侯伐郑，分兵攻打郑国国都的东、西门和北部边境。六月，诸侯在北林会合，屯兵于郑国的南门，围困郑国。

【译文】

[经] 襄公会同晋悼公、宋平公、卫献公、曹成公、齐国太子光、莒犁比公、邾宣公、滕成公、薛献公、杞孝公、小邾穆公，攻打郑国。

9/11.5 [经] 秋，七月己未，同盟于京城北[1]。

【注释】

〔1〕同盟于京城北：郑国求和，与诸侯订立盟约。京城，《左传》经文作"亳城"，郑国地名，今河南郑州附近。

【译文】

[经] 秋季，七月的己未日，十二国在京城北面建立同盟。

9/11.6 [经] 公至自伐郑。
[传] 不以后致，盟后复伐郑也[1]。

【注释】

〔1〕盟后复伐郑：指郑国对盟约中的约束难以接受，所以结盟未成，诸侯再次伐郑。

【译文】

[经] 襄公参加攻打郑国后返回，向祖庙行祭告之礼。
[传] 襄公回国后不以同盟之事向祖庙祭告，是因为结盟后诸侯又攻打了郑国。

9/11.7 [经] 楚子、郑伯伐宋[1]。

【注释】

〔1〕伐宋：楚国的公子贞向秦国求得军队，攻打宋国，郑简公率军
与楚军会合。经文中未提到秦军伐宋，或以为是秦军中途退兵。

【译文】

[经] 楚共王、郑简公率军攻打宋国。

9/11.8 [经] 公会晋侯、宋公、卫侯、曹伯、齐世子光、莒子、邾子、滕子、薛伯、杞伯、小邾子，伐郑，会于萧鱼[1]。

【注释】

〔1〕会于萧鱼：诸侯攻打郑国，郑国难以抵抗，派子展在萧鱼与晋
悼公订立盟约。萧鱼，在郑国，今河南许昌一带。

【译文】

[经] 襄公会同晋悼公、宋平公、卫献公、曹成公、齐国太子光、莒犁比公、邾宣公、滕成公、薛献公、杞孝公、小邾穆公，一起攻打郑国，在萧鱼会见。

9/11.9 [经] 公至自会。

[传] 伐而后会，不以“伐郑”致，得郑伯之辞也[1]。

【注释】

〔1〕得郑伯：指郑国接受了盟约。

【译文】

[经] 襄公参加诸侯盟会后回国，向祖庙行祭告之礼。

[传] 襄公此次出行，攻打郑国在前，会见诸侯在后，行祭告之礼时不以"伐郑"告庙，这是表示已经降服了郑国国君的说法。

9/11.10 [经] 楚人执郑行人良霄[1]。

[传] "行人"者，挈国之辞也。

【注释】

〔1〕执郑行人良霄：郑国与诸侯订立盟约后，派使者去向楚国说明情况，但郑国的使者出言不当，激怒了楚国，于是就将郑国的使者扣押在楚国。行人，《集解》说："是传国之辞命者。"也就是使者。良霄，郑国大夫公孙辄之子，也称伯有。

【译文】

[经] 楚国人捉拿了郑国的行人良霄。

[传] 所谓"行人"，也就是代替国家传达某些言辞的使者。

9/11.11 [经] 冬，秦人伐晋[1]。

【注释】

〔1〕秦人伐晋：据《左传》记载，是为了救郑。晋国由于轻敌，在双方交战时被打败。

【译文】

[经] 冬季，秦国人攻打晋国。

十　二　年

9/12.1 ［经］十有二年^{〔1〕}，春，王三月。莒人伐我东鄙，围邰^{〔2〕}。

［传］伐国不言围邑，举重也。取邑不书，围安足书也？

【注释】

〔1〕十有二年：本年为周灵王十一年，公元前561年。

〔2〕邰：《左传》经文作"台"。鲁国地名，今山东费县东南。

【译文】

［经］襄公十二年，春季，周王三月。莒国人攻打我国的东部边境，围攻邰邑。

［传］攻打一个诸侯国是不说围攻城邑的，这是由于要挑选重要的方面来记载。连攻取城邑都不记载，围攻城邑又哪里值得记载呢？

9/12.2 ［经］季孙宿帅师救邰，遂入郓^{〔1〕}。

［传］"遂"，继事也。受命而救邰，不受命而入郓，恶季孙宿也。

【注释】

〔1〕郓：见 6/12.8 注〔1〕。此前似已为莒国占领，故称为"入"。

【译文】

［经］季孙宿率军援救郓，于是进入郓地。

［传］"遂"的意思，就是紧接着进行下一件事。季孙宿是领受了襄公的命令去援救郓的，却是在没有命令的情况下进入了郓，所以经文对季孙宿的行为表示厌恶。

9/12.3 ［经］夏，晋侯使士魴来聘[1]。

【注释】

〔1〕士魴来聘：魴，《公羊》经文作"彭"。来聘，谢鲁国出兵伐郑之事。

【译文】

［经］夏季，晋悼公派士魴来行聘问之礼。

9/12.4 ［经］秋，九月，吴子乘卒[1]。

【注释】

〔1〕吴子乘：即吴王寿梦，又名乘。公元前 585 年即位，在位共二十五年。寿梦立，吴国开始强盛。楚国的申公巫臣奔晋，自晋使吴，教吴用兵乘车，开始与中原诸侯国交往。

【译文】

［经］秋季，九月，吴王寿梦去世。

9/12.5 [经] 冬，楚公子贞帅师侵宋[1]。

【注释】

〔1〕侵宋：据《左传》记载，此次侵犯宋国，有秦国军队参与。

【译文】

[经] 冬季，楚国的公子贞率军侵犯宋国。

9/12.6 [经] 公如晋。

【译文】

[经] 襄公前往晋国。

十 三 年

9/13.1 ［经］十有三年^{〔1〕}，春，公至自晋^{〔2〕}。

【注释】

〔1〕十有三年：本年为周灵王十二年，公元前560年。

〔2〕至自晋：据《左传》记载，襄公此次从晋国归来，孟献子"书劳于庙"。诸侯出行归来后的礼仪有三种，一是行告庙之礼，二是饮至之礼，三是策勋之礼。"书劳"即为策勋之礼。

【译文】

［经］襄公十三年，春季，襄公从晋国返回，在祖庙举行"策勋"的典礼。

9/13.2 ［经］夏，取邿^{〔1〕}。

【注释】

〔1〕取邿：邿，古国名。妊姓，国土在今山东济宁东南。《左传》说，邿国内乱，分为三家，鲁国出兵平乱，遂攻灭邻国。《公羊》经文作"诗"，说是邾娄的城邑。

【译文】

[经] 夏季，攻取了邿国。

9/13.3 [经] 秋，九月庚辰，楚子审卒[1]。

【注释】

〔1〕楚子审：即楚共王，公元前590年即位，在位共三十一年。

【译文】

[经] 秋季，九月的庚辰日，楚国国君审去世。

9/13.4 [经] 冬，城防。

【译文】

[经] 冬季，修筑防邑的城墙。

十 四 年

9/14.1 ［经］十有四年^{〔1〕}，春，王正月。季孙宿、叔老会晋士匄、齐人、宋人、卫人、郑公孙虿、曹人、莒人、邾人、滕人、薛人、杞人、小邾人，会吴于向^{〔2〕}。

【注释】

〔1〕十有四年：本年为周灵王十三年，公元前559年。

〔2〕季孙宿……会吴于向：叔老，鲁国大夫。也称子叔齐子，叔肸之孙，子叔婴齐之子。　　公孙虿（chài，钗去声），也称子蟜，公子偃之子，时为郑国的司马。虿，《公羊》经文作"噎"，下同。向，郑国地名，今河南尉氏西南。去年秋，楚共王去世，吴国趁楚国操办丧事之机伐楚，楚国利用吴国的轻敌，打败吴军。本年春，吴王告败于晋，此会即为共谋伐楚之事。

【译文】

［经］襄公十四年，春季，周王正月。季孙宿、叔老会同晋国士匄、齐国人、宋国人、卫国人、郑国公孙虿、曹国人、莒国人、邾国人、滕国人、薛国人、杞国人、小邾国人，在向这个地方会见吴王。

9/14.2 ［经］二月乙未，朔，日有食之^{〔1〕}。

【注释】

〔1〕日有食之：食甚为本日中午十二时二十分四十秒。

【译文】

［经］二月的乙未，初一日，发生日食。

9/14.3 ［经］夏，四月，叔孙豹会晋荀偃、齐人、宋人、卫北宫括、郑公孙虿、曹人、莒人、邾人、滕人、薛人、杞人、小邾人，伐秦[1]。

【注释】

〔1〕伐秦：襄公十一年冬，秦人伐晋，双方战于栎地，晋军轻敌，被秦军打败。此次晋集诸侯军伐秦报复。

【译文】

［经］夏季，四月，叔孙豹会同晋国的荀偃、齐国人、宋国人、卫国的北宫括、郑国的公孙虿、曹国人、莒国人、邾国人、滕国人、薛国人、小邾国人，攻打秦国。

9/14.4 ［经］己未，卫侯出奔齐[1]。

【注释】

〔1〕卫侯：《公羊》经文作"卫侯衎"，即卫献公。《集解》说，"诸侯出奔例书月，衎结怨于民，自弃于位，君弑而归，与知逆谋。故出入皆日，以著其恶。"

【译文】

［经］己未日，卫献公出逃齐国。

9/14.5 ［经］莒人侵我东鄙。

【译文】

　　［经］莒国人侵犯我国东部边境。

9/14.6 ［经］秋，楚公子贞帅师伐吴[1]。

【注释】

　　〔1〕伐吴：为报襄公十三年秋季吴国来伐之仇。据《左传》，这次楚军过于轻视了吴国的实力，被吴国打败，楚国的公子宜穀也被吴人俘获。

【译文】

　　［经］秋季，楚国的公子贞率军攻打吴国。

9/14.7 ［经］冬，季孙宿会晋士匄、宋华阅、卫孙林父、郑公孙虿、莒人、邾人于戚[1]。

【注释】

　　〔1〕季孙宿……于戚：华阅，宋国大夫。华元之子，时任左师。此次诸侯大会，为谋求安定卫国。此前卫献公被孙林父等大夫逐出卫国，改立公子剽为国君。晋悼公作为霸主，召集诸侯处理此事。

【译文】

　　［经］冬季，季孙宿在戚这个地方会见晋国的士匄、宋国的华阅、卫国的孙林父、郑国的公孙虿、莒人、邾国人。

十　五　年

9/15.1 ［经］ 十 有 五 年^[1]，春，宋 公 使 向 戌 来 聘^[2]。

【注释】

〔1〕十有五年：本年为周灵王十四年，公元前558年。

〔2〕向戌：宋国的执政大夫，宋桓公的曾孙，时任左师。因其封邑在合，又称合左师。

【译文】

［经］襄公十五年，春季，宋平公派遣向戌来行聘问之礼。

9/15.2 ［经］二月己亥，及向戌盟于刘^[1]。

【注释】

〔1〕盟于刘：鲁国由孟献子出面。刘，鲁国地名。

【译文】

［经］二月的己亥日，与向戌在刘这个地方结盟。

9/15.3 ［经］刘夏逆王后于齐[1]。

［传］过我，故志之也。

【注释】

〔1〕刘夏：刘定公《左传》说是官师，又称刘定公。

【译文】

［经］刘夏到齐国迎接王后。

［传］因为经过鲁国，所以经文就记载了这件事。

9/15.4 ［经］夏，齐侯伐我北鄙，围成[1]。公救成，至遇[2]。

【注释】

〔1〕成；也作"郕"。鲁国孟氏的封邑，位于鲁国北部边境与齐国接壤处。在今山东宁阳东北。

〔2〕至遇：遇，鲁国地名。襄公率军到了遇邑，齐军已经撤退。

【译文】

［经］夏季，齐灵公攻打我国的北部边境，围攻成邑。襄公率军救成，到了遇这个地方。

9/15.5 ［经］季孙宿、叔孙豹帅师城成郛[1]。

【注释】

〔1〕郛：外城。

【译文】

[经] 季孙宿、叔孙豹率军修筑成邑的外城墙。

9/15.6 [经] 秋，八月丁巳，日有食之[1]。

【注释】

〔1〕日有食之：食甚为本日八时二十五分四秒。

【译文】

[经] 秋季，八月的丁巳日，发生日食。

9/15.7 [经] 邾人伐我南鄙。

【译文】

[经] 邾国人攻打我国的南部边境。

9/15.8 [经] 冬，十有一月癸亥，晋侯周卒[1]。

【注释】

〔1〕晋侯周：即晋悼公，公元前 572 年即位，在位共十五年。其间召集中原诸侯，与楚国争霸，重新确立了晋国的霸主地位。

【译文】

[经] 冬季，十一月的癸亥日，晋国国君周去世。

十 六 年

9/16.1 ［经］ 十有六年[1]，春，王正月。葬晋悼公。

【注释】

〔1〕十有六年：本年为周灵王十五年，公元前557年。

【译文】

［经］襄公十六年，春季，周王正月。安葬了晋悼公。

9/16.2 ［经］ 三月，公会晋侯、宋公、卫侯、郑伯、曹伯、莒子、邾子、薛伯、杞伯、小邾子于湨梁[1]。

【注释】

〔1〕湨梁：湨，读作"jú（菊）"，河流名。在今河南西北部，发源于济源，东流入黄河。湨梁，湨水的河堤。晋悼公去世后，晋平公即位，继承悼公的霸业，召集诸侯会面。

【译文】

［经］三月，襄公在湨水的大堤上与晋平公、宋平公、卫殇公、郑简公、曹成公、莒犁比公、邾宣公、薛献公、杞孝公、小

邾穆公会见。

9/16.3 [经] 戊寅，大夫盟[1]。

[传] 溴梁之会，诸侯失正矣。诸侯会而曰"大夫盟"，正在大夫也。诸侯在而不曰诸侯之大夫，大夫不臣也。

【注释】

〔1〕大夫盟：此次会盟，齐灵公没有与会，只派了大夫高厚前往。诸侯为了表示不与大夫结盟，就由各国陪同国君前往的大夫结盟。

【译文】

[经] 戊寅日，大夫结盟。

[传] 在溴梁的诸侯大会上，诸侯失去了掌握国政的权威了。这次大会，明明是诸侯之间的会见，经文却记载说是大夫结盟，说明掌握国政的权力操纵在大夫手里了。诸侯就在大会中，却不说诸侯的大夫结盟，表明这些大夫也不像个臣子。

9/16.4 [经] 晋人执莒子、邾子以归[1]。

【注释】

〔1〕晋人执莒子、邾子以归：鲁国与莒国、邾国均为晋的同盟国，但近年来莒、邾屡次侵犯鲁国，在溴梁大会上，襄公提出此事，晋平公遂扣留了莒犁比公和邾宣公。

【译文】

[经] 晋国人捉拿了莒犁比公、邾宣公后回国。

9/16.5 ［经］齐侯伐我北鄙。

【译文】

　［经］齐灵公攻打我国的北部边境。

9/16.6 ［经］夏，公至自会。

【译文】

　［经］襄公参加诸侯大会后回国，向祖庙行祭告之礼。

9/16.7 ［经］五月甲子，地震。

【译文】

　［经］五月的甲子日，发生地震。

9/16.8 ［经］叔老会郑伯、晋荀偃、卫甯殖、宋人伐许[1]。

【注释】

　〔1〕伐许：许国在鲁隐公十一年从属于郑国，至桓公十五年，因郑国内乱，许国国君趁机返回故地，恢复国家，后郑国对其屡有侵犯，许国因此追随楚国，并将国都迁到靠近楚国的地方。现在楚弱而晋强，中原诸侯国大多从晋，许亦想从晋，还打算将国都迁回原地，但许国的大夫们不同意。晋平公遂让各国诸侯先回国，由随行的大夫各自率领军队攻打许国。郑国也想借此机会报许国脱离郑国的私愤，于是郑简公率军与晋国的荀偃等一起攻打许国。

【译文】

[经] 叔老会同郑简公、晋国的荀偃、卫国的甯殖、宋国人一起攻打许国。

9/16.9 [经] 秋，齐侯伐我北鄙，围成[1]。

【注释】

〔1〕围成：据《左传》，鲁国由孟孺子出兵迎战，齐军随即撤退。

【译文】

[经] 秋季，齐灵公攻打我国的北部边境，围攻成邑。

9/16.10 [经] 大雩。

【译文】

[经] 举行盛大的祭神求雨仪式。

9/16.11 [经] 叔孙豹如晋[1]。

【注释】

〔1〕如晋：因齐国近年来多次侵犯鲁国的边境，襄公派叔孙豹到晋国说明这一情况。晋平公及士匄均答应帮助鲁国自卫。

【译文】

[经] 叔孙豹前往晋国。

十 七 年

9/17.1 [经] 十有七年[1]，春，王二月。庚午，邾
子瞷卒[2]。

【注释】

　〔1〕十有七年：本年为周灵王十六年，公元前556年。

　〔2〕邾子瞷：即邾宣公，名瞷（xián，闲）。公元前573年即位，在
位共十八年。《左传》经文作"牼（kēng，坑）"。

【译文】

　[经] 襄公十七年，春季，周王二月。庚午日，邾国国君瞷
去世。

9/17.2 [经] 宋人伐陈[1]。

【注释】

　〔1〕宋人伐陈：宋国的庄朝率军攻打陈国，俘获了陈国的司徒印。

【译文】

　[经] 宋国人攻打陈国。

9/17.3〔经〕夏，卫石买帅师伐曹[1]。

【注释】

〔1〕石买：也称石共子，卫国大夫，石稷之子。卫国大夫孙蒯将耕地扩展到曹国的领土上去了，饮马的时候又打破了曹国人的水瓶，曹国人闭门恶骂之，故石买与孙蒯一起攻打曹国。

【译文】

〔经〕夏季，卫国的石买率军攻打曹国。

9/17.4〔经〕秋，齐侯伐我北鄙，围桃[1]。

【注释】

〔1〕桃：鲁国地名，今山东汶上东北。《公羊》经文作"洮"。

【译文】

〔经〕秋季，齐灵公攻打我国的北部边境，围攻桃邑。

9/17.5〔经〕齐高厚帅师伐我北鄙，围防。

【译文】

〔经〕齐高厚率军攻打我国的北部边境，围攻防邑。

9/17.6〔经〕九月，大雩。

【译文】

〔经〕九月，举行盛大的祭神求雨仪式。

9/17.7 ［经］ 宋华臣出奔陈^[1]。

【注释】

〔1〕华臣：华阅之弟。其时华阅已经去世，华臣欺凌他的家小，宋平公想将他逐出国门，向戍予以阻止。后宋人追赶疯狗，误入华臣的住宅，华臣以为国人是来追杀他的，吓得逃往陈国。

【译文】

［经］宋国的华臣出逃到陈国。

9/17.8 ［经］冬，邾人伐我南鄙^[1]。

【注释】

〔1〕伐我南鄙：以邾国之小弱，远不能与鲁国相比，近年来却多次侵犯鲁国，实由齐国指使之。所以《左传》说"为齐故也"。

【译文】

［经］冬季，邾国攻打我国的南部边境。

十 八 年

9/18.1 ［经］十有八年^[1]，春。白狄来^[2]。

【注释】

〔1〕十有八年：本年为周灵王十七年，公元前 555 年。

〔2〕白狄：狄人的一个部族。

【译文】

［**经**］襄公十八年，春季。白狄来访。

9/18.2 ［经］夏，晋人执卫行人石买^[1]。

［**传**］称"行人"，怨接于上也。

【注释】

〔1〕执卫行人石买：卫国派石买出使晋国，晋国以其无礼攻打曹国而扣押了他。

【译文】

［**经**］夏季，晋国人扣押了卫国使者石买。

［**传**］经文中称石买为"行人"，表明晋国和卫国的国君之间结下了怨仇。

9/18.3 ［经］秋，齐侯伐我北鄙[1]。

【注释】

〔1〕齐侯:《左传》、《公羊》经文作"齐师"。

【译文】

［经］秋季，齐灵公攻打我国的北部边境。

9/18.4 ［经］冬，十月，公会晋侯、宋公、卫侯、郑伯、曹伯、莒子、邾子、滕子、薛伯、杞伯、小邾子，同围齐[1]。

［传］非围而曰"围"，齐有大焉，亦有病焉。非大而足同与，诸侯同罪之也，亦病矣。

【注释】

〔1〕同围齐:由于齐灵公没有亲自参加晋平公召集的诸侯在溴梁的大会，加上不断侵扰鲁国，故参与溴梁之会的诸侯在晋国的统一指挥下讨伐齐国。

【译文】

［经］冬季，十月，襄公会同晋平公、宋平公、卫殇公、郑简公、曹成公、莒犁比公、邾悼公、滕成公、薛献公、杞孝公、小邾穆公，一起围攻齐国。

［传］事实上并没有包围齐国，经文中却说"围"，这表明齐国拥有较为强大的兵力，但也表明齐国确实有应该受到指责的过错。那些并不强大的诸侯国也一起参与了讨伐，这是各国诸侯一起与齐国为仇，也应当受到指责。

9/18.5［经］曹伯负刍卒于师[1]。
［传］闵之也。

【注释】

〔1〕负刍：即曹成公，公元前 577 年即位，在位共二十三年。

【译文】

［经］曹成公负刍在军中去世。
［传］这是对曹成公表示哀怜。

9/18.6［经］楚公子午帅师伐郑[1]。

【注释】

〔1〕公子午：楚国的令尹，也称子庚。当时郑国的子孔想除掉拥护从晋的大夫们，就趁执政大夫子蛴、子张等人随郑简公伐齐之机，请求楚国出兵攻打郑国。公子午率楚军屯兵于汾地，郑国的子展、子西预先知道了子孔的阴谋，就加强了守卫。子孔不敢与楚军联络，楚军也因天气恶劣，无法发动进攻，只好退兵。

【译文】

［经］楚国的公子午率军攻打郑国。

十 九 年

9/19.1 ［经］十有九年^{〔1〕}，春，王正月。诸侯盟于祝柯^{〔2〕}。

【注释】

〔1〕十有九年：本年为周灵王十八年，公元前554年。

〔2〕盟于祝柯：祝柯，《左传》传文作"督扬"，《公羊》经文作"祝阿"。齐国地名，今山东长清东北。据《左传》记载，此次诸侯盟会，盟约中有"大毋侵小"之词。

【译文】

［经］襄公十九年，春季，周王正月。诸侯在祝柯举行盟会。

9/19.2 ［经］晋人执邾子^{〔1〕}。

【注释】

〔1〕执邾子：因邾国屡次在齐国的指使下侵犯鲁国，故晋人有此举。

【译文】

［经］晋国人扣押了邾悼公。

9/19.3 ［经］公至自伐齐。

［传］《春秋》之义，以伐而盟，复伐者，则以伐致[1]；盟不复伐者，则以会致[2]。祝柯之盟，盟复伐齐与？曰非也。然则何为以伐致也？曰：与人同事，或执其君，或取其地[3]。

【注释】

〔1〕以伐致：如襄公十一年秋，出国为伐郑，后在京城北与诸侯结盟，回国以伐郑之事祭告祖庙。

〔2〕以会致：如襄公十一年秋，为救宋而与诸侯伐郑，后在萧鱼会盟，回国后以会盟之事祭告祖庙。

〔3〕或取其地：指鲁国夺取邾国的土地。

【译文】

［经］襄公参与伐齐后回国，向祖庙行祭告之礼。

［传］《春秋》记事的惯例，参与讨伐以后再参加会盟，然后再次进行讨伐，这就要以讨伐之事来祭告祖庙；会盟以后不再进行讨伐，就用会盟之事来祭告祖庙。在祝柯会盟以后又讨伐了齐国吗？回答说：没有。既然是这样，那么为什么经文中要用伐齐之事来祭告祖庙呢？回答是：这是说邾国本来是和别的国家一起讨伐齐国的，但祝柯会盟之后有的国家捉住了邾国国君，有的国家夺取了邾国的土地。

9/19.4 ［经］取邾田，自漷水[1]。

［传］轧辞也[2]。其不日，恶盟也。

【注释】

〔1〕漷水：泗水的支流，今称南沙河。

〔2〕轧：读作"yà（亚）"。《集解》说："委曲随漷水。言取邾田之多。"

【译文】

[经] 夺取邾国的田地，从漷水开始。

[传] 这是沿着漷水将属于邾国的许多田地都划给鲁国的说法。经文没有记载这件事的日期，是表示对祝柯之盟的厌恶。

9/19.5 [经] 季孙宿如晋[1]。

【注释】

〔1〕如晋：此行是为了感谢晋国出面为鲁国夺取了邾国的田地。

【译文】

[经] 季孙宿前往晋国。

9/19.6 [经] 葬曹成公。

【译文】

[经] 安葬了曹成公。

9/19.7 [经] 夏，卫孙林父帅师伐齐[1]。

【注释】

〔1〕伐齐：齐卫为邻，卫国多受其侵扰，现在晋败齐，卫国亦趁机报仇。

【译文】

[经] 卫国的孙林父率军攻打齐国。

9/19.8 [经] 秋，七月辛卯，齐侯环卒[1]。

【注释】

〔1〕齐侯环：即齐灵公，公元前581年即位，在位共二十八年。环，《公羊》经文作"瑗"。据《左传》记载，齐灵公实为本年五月的壬辰日去世。《春秋》所记，当为鲁国收到讣告的日期。

【译文】

[经] 秋季，七月的辛卯日，得到齐国国君环去世的消息。

9/19.9 [经] 晋士匄帅师侵齐，至榖，闻齐侯卒，乃还。

[传] "还"者，事未毕之辞也。受命而诛生，死无所加其怒，不伐丧，善之也。善之则何为未毕也？君不尸小事[1]，臣不专大名，善则称君，过则称己，则民作让矣。士匄外专君命，故非之也，然则为士匄者宜奈何？宜墠帷而归命乎介[2]。

【注释】

〔1〕尸：主持。

〔2〕墠帷而归命乎介：墠，读作"shān（扇）"，平整土地以备祭祀之用。介，受命出使时配备的副手。

【译文】

[经] 晋国的士匄率军攻打齐国，到了榖这个地方，听说齐灵公去世的消息，于是就返回了。

[传] "还"，是用来表示事情还没有完结的言辞。士匄是接受了国君的命令去诛杀活着的人的，现在这人已经死了，也就没

有必要再对他施加愤怒了，士匄没有趁齐国的国丧攻打它，所以经文对他表示赞许。既然赞许他，可是为什么又说事情还没有完结呢？因为国君不主持小的事情，臣下不能独占好的名声，好事归于国君，过错归于自己，这样才会在民众中兴起互相谦让的风气。士匄在国外擅自对待国君的命令，所以经文也责备他的这种行为。既然这样，士匄应该怎么做呢？他应当平整好土地，设置帐幕，然后举行祭祀，还应当同时派副手回国向国君汇报执行使命的情况。

9/19.10〔经〕八月丙辰，仲孙蔑卒。

【译文】

〔经〕八月的丙辰日，仲孙蔑去世。

9/19.11〔经〕齐杀其大夫高厚[1]。

【注释】

〔1〕高厚：据《左传》记载，高厚为齐崔杼所杀，实由齐庄公指使。

【译文】

〔经〕齐国杀了他的大夫高厚。

9/19.12〔经〕郑杀其大夫公子嘉[1]。

【注释】

〔1〕公子嘉：也称子孔。《公羊》经文作"公子喜"。参见9/18.6注〔1〕。大夫子展、子西等人定子孔犯有叛国之罪，将其杀了。

【译文】

　　[经] 郑国杀了他的大夫公子嘉。

9/19.13 [经] 冬，葬齐灵公。

【译文】

　　[经] 冬季，安葬了齐灵公。

9/19.14 [经] 城西郛。

【译文】

　　[经] 修筑西城的城郭。

9/19.15 [经] 叔孙豹会晋士匄于柯[1]。

【注释】

　　〔1〕会晋士匄于柯：齐国近年来屡次侵犯鲁国，晋国利用诸侯同盟，迫使齐国与其签订和约。此会是鲁国感谢晋国的帮助。柯，地名。在今河南内黄东北。

【译文】

　　[经] 叔孙豹在柯这个地方会见晋国的士匄。

9/19.16 [经] 城武城[1]。

【注释】

　　〔1〕武城：鲁国地名，在今山东嘉祥县境内。据《左传》记载，柯

之会后，鲁国认为齐国仍未打消来犯的念头，故有城武城之举。

【译文】

[经] 修筑武城的城墙。

二 十 年

9/20.1 ［经］二十年^{〔1〕}，春，王正月。辛亥，仲孙速会莒人^{〔2〕}，盟于向^{〔3〕}。

【注释】

〔1〕二十年：本年为周灵王十九年，公元前553年。

〔2〕仲孙速会莒人：鲁、莒之间曾连年发生战争，此次会盟，是为了表示两国的友好。仲孙速，也称孟庄子，鲁桓公之子庆父的后人。速，《公羊》经文作"遬"。下同。

〔3〕向：地名。参见2/16.4注〔1〕。

【译文】

［经］襄公二十年，春季，周王的正月。辛亥日，仲孙速会见莒国人，在向这个地方结盟。

9/20.2 ［经］夏，六月庚申，公会晋侯、齐侯、宋公、卫侯、郑伯、曹伯、莒子、邾子、滕子、薛伯、杞伯、小邾子，盟于澶渊^{〔1〕}。

【注释】

〔1〕盟于澶渊：澶（chán，馋）渊，卫国湖泽名，故址在今河南濮

阳西部。

【译文】

[经] 夏季，六月的庚申日，襄公会见晋平公、齐庄公、宋平公、卫殇公、郑简公、曹武公、莒犁比公、邾悼公、滕成公、薛献公、杞孝公、小邾穆公，在澶渊结盟。

9/20.3 [经] 秋，公至自会。

【译文】

[经] 秋季，襄公从澶渊之会返回，向祖庙行祭告之礼。

9/20.4 [经] 仲孙速帅师伐邾[1]。

【注释】

〔1〕伐邾：邾国也参加了澶渊之会，鲁国派军队攻打，是背盟之举。

【译文】

[经] 仲孙速率军攻打邾国。

9/20.5 [经] 蔡杀其大夫公子湿[1]。

【注释】

〔1〕公子湿：《左传》经文作"公子燮"。蔡庄公之子。据《左传》记载，公子湿欲以蔡国事晋，引起国人反对，将其杀之。

【译文】

[经] 蔡国杀了他的大夫公子湿。

9/20.6 [经] 蔡公子履出奔楚[1]。

【注释】

〔1〕公子履：公子湿的同母之弟。公子湿欲以蔡国事晋，他也参与同谋。

【译文】

[经] 蔡国的公子履出逃楚国。

9/20.7 [经] 陈侯之弟光出奔楚[1]。

[传] 诸侯之尊，弟兄不得以属通，其"弟"云者，亲之也。亲而奔之，恶也。

【注释】

〔1〕光出奔楚：光，《左传》经文作"黄"。下同。据《左传》记载，陈国的庆虎、庆寅不堪公子黄的压制，对楚国说，公子黄与蔡国的公子湿一同阴谋通晋，于是楚国发兵讨伐公子黄。公子黄出奔楚时，对国人说："庆氏无道，求专陈国。暴蔑其君，而去其亲。五年不灭，是无天也！"

【译文】

[经] 陈哀公的弟弟光出逃到楚国。

[传] 诸侯的尊贵地位，即使是弟兄，也不可以因为有亲属关系而使用地位相等的称谓，经文中说明是陈侯之"弟"，这是为了表示他与陈国国君的亲属关系。有亲属关系而令他外出逃亡，

这就表明了陈侯的可恶。

9/20.8 ［经］ 叔老如齐[1]。

【注释】

〔1〕叔老如齐：澶渊之会后，齐、鲁关系渐趋平和，齐庄公即位后，鲁国派使臣前往祝贺。

【译文】

［经］叔老前往齐国。

9/20.9 ［经］ 冬，十月丙辰，朔，日有食之[1]。

【注释】

〔1〕日有食之：食甚为本日十五时三十一分四十六秒。

【译文】

［经］冬季，十月的丙辰，初一日，发生日食。

9/20.10 ［经］ 季孙宿如宋[1]。

【注释】

〔1〕如宋：据《左传》记载，此为回报十五年宋国大夫向戌来聘之事。

【译文】

［经］季孙宿前往宋国。

二十一年

9/21.1 ［经］ 二十有一年^{〔1〕}，春，王正月。公如晋^{〔2〕}。

【注释】

〔1〕二十有一年：本年为周灵王二十年，公元前 552 年。

〔2〕公如晋：此行是为了答谢晋国帮助鲁国取得邾国的土地。

【译文】

［**经**］襄公二十一年，春季，周王的正月。襄公前往晋国。

9/21.2 ［经］ 邾庶其以漆、闾丘来奔^{〔1〕}。

［**传**］"以"者，不以者也。"来奔"者，不言出，举其接我者也。漆、闾丘不言及，小大敌也^{〔2〕}。

【注释】

〔1〕庶其以漆、闾丘来奔：庶其，邾国的大夫。漆，邾国地名，在今山东邹县北。闾丘，邾国地名，在今山东邹县南。邾国的庶其出奔鲁国，将其食邑漆、闾丘献给鲁国，鲁国执政季孙宿将襄公姑母嫁给他，以示奖赏，同时也奖赏了跟随庶其一起到鲁国的邾人。鲁国司寇臧武仲以为，庶其的行为，如同盗贼，因此责备季孙宿。

〔2〕敌：相等。

【译文】

[经] 邾国的庶其带着漆、闾丘两地来投奔鲁国。

[传] 经文中说"以"，就是不应该"以"的意思。说"来奔"，而没有说他是从邾国"出"奔，这是为了突出他前来投奔的是我们鲁国。在"漆"、"闾丘"两个地方之间不说"及"字，是因为这两块土地的面积大小相等。

9/21.3 [经] 夏，公至自晋。

【译文】

[经] 夏季，襄公从晋国返回，向祖庙行祭告之礼。

9/21.4 [经] 秋，晋栾盈出奔楚[1]。

【注释】

〔1〕栾盈：晋国公族大夫，栾黡之子，也称栾怀子。据《左传》记载，栾黡曾将范宣子之父范鞅逐至秦国，后又娶宣子之女为妻，生栾盈，栾黡去世后，其妻与家臣私通，恐怕栾盈问罪，就向范宣子诬告栾盈有谋反之心，范宣子听信其言，将栾盈逐出晋国，栾盈不得已而奔楚。

【译文】

[经] 秋季，晋国的栾盈出逃到楚国。

9/21.5 [经] 九月庚戌，朔，日有食之[1]。

【注释】

〔1〕日有食之：食甚为本日十五时二十二分四十八秒。

【译文】

[经]九月的庚戌，初一日，发生日食。

9/21.6 [经]冬，十月庚辰朔，日有食之[1]。

【注释】

〔1〕日有食之：据冯澂综合前人研究成果认为，此条文字，当为记载襄公二十六年十月庚辰朔日发生的日食。

【译文】

[经]冬季，十月的庚辰，初一日，发生日食。

9/21.7 [经]曹伯来朝。

【译文】

[经]曹武公来朝见。

9/21.8 [经]公会晋侯、齐侯、宋公、卫侯、郑伯、曹伯、莒子、邾子于商任[1]。

【注释】

〔1〕商任：地名。在今河南安阳境内。此次会见，由晋平公召集，意在不准与会诸侯任用栾盈。

【译文】

　　[经] 襄公在商任这个地方会见了晋平公、齐庄公、宋平公、卫殇公、郑简公、曹武公、莒犁比公、邾悼公。

9/21.9 [经] 庚子，孔子生[1]。

【注释】

　　〔1〕孔子生：这条经文的真实性，颇多怀疑。《左传》经文无此句，《公羊》经文又多出"十有一月"四字。《史记·孔子世家》记载，孔子出生于鲁襄公二十二年，即公元前551年，今一般从《史记》之说。

【译文】

　　[经] 庚子日，孔子诞生。

二十二年

9/22.1［经］二十有二年[1]，春，王正月。公至自会。

【注释】

〔1〕二十有二年：本年为周灵王二十一年，公元前551年。

【译文】

［经］襄公二十二年，春季，周王的正月。襄公参加了诸侯之会后返回，向祖庙行祭告之礼。

9/22.2［经］夏，四月。

【译文】

［经］夏季，四月。

9/22.3［经］秋，七月辛酉，叔老卒。

【译文】

［经］秋季，七月的辛酉日，叔老去世。

9/22.4〔经〕冬，公会晋侯、齐侯、宋公、卫侯、郑伯、曹伯、莒子、邾子、滕子、薛伯、杞伯、小邾子于沙随[1]。

【注释】

〔1〕沙随：地名。参见 8/16.8 注〔1〕。此次诸侯会见，仍为禁锢栾盈。时栾盈在齐国避难。

【译文】

〔经〕冬季，襄公在沙随会见了晋平公、齐庄公、宋平公、卫殇公、郑简公、曹武公、莒犁比公、邾悼公、滕成公、薛献公、杞孝公、小邾穆公。

9/22.5〔经〕公至自会。

【译文】

〔经〕襄公参加了诸侯的会见后返回，向祖庙行祭告之礼。

9/22.6〔经〕楚杀其大夫公子追舒[1]。

【注释】

〔1〕公子追舒：即子南，楚国的令尹。时因观起得宠于子南，未加俸禄而财产增多，楚王不容其放纵观起的行为，遂杀子南，并车裂观起，将其尸体在国内示众，以示警告。

【译文】

〔经〕楚国杀了他的大夫公子追舒。

二十三年

9/23.1 ［经］二十有三年[1]，春，王二月。癸酉，朔，日有食之[2]。

【注释】
〔1〕二十有三年：本年为周灵王二十二年，公元前550年。
〔2〕日有食之：食甚为本日十一时十八分零四秒。

【译文】
［经］襄公二十三年，春季，周王二月。癸酉，初一日，发生日食。

9/23.2 ［经］三月己巳，杞伯匄卒[1]。

【注释】
〔1〕杞伯匄：即杞孝公，公元前566年即位，在位共十七年。

【译文】
［经］三月的己巳日，杞国国君匄去世。

9/23.3 ［经］ 夏，邾畀我来奔[1]。

【注释】

　　〔1〕畀我：邾国大夫。《公羊》经文作"鼻我"。

【译文】

　　［经］夏季，邾国的畀我逃到鲁国。

9/23.4 ［经］ 葬杞孝公。

【译文】

　　［经］安葬了杞孝公。

9/23.5 ［经］ 陈杀其大夫庆虎及庆寅[1]。

　　［传］ 称国以杀，罪累上也。 "及庆寅"，庆寅累也[2]。

【注释】

　　〔1〕杀其大夫庆虎及庆寅：据《左传》，陈国大夫公子黄因受庆虎及庆寅的诬陷，出逃楚国，后陈哀公到楚国，公子黄向他诉说受诬陷事。楚国召二庆，二庆以陈叛楚。楚国派大夫屈建与哀公一同围攻陈国，二庆命陈人筑城抵抗，筑城时发生事故，二庆怒，杀筑城的工人，筑工群起杀二庆。

　　〔2〕庆寅累也：《穀梁》误以为庆寅是受到连累而被杀，实不明真相之辞。

【译文】

　　［经］陈国杀了他们的大夫庆虎和庆寅。

[传] 经文的记载中是以国家的名义将二庆杀了，这是连带着指责国君的意思。"及庆寅"，这就表示庆寅被杀是受了庆虎的连累。

9/23.6 [经] 陈侯之弟光自楚归于陈。

【译文】

[经] 陈哀公的弟弟光从楚国返回陈国。

9/23.7 [经] 晋栾盈复入于晋[1]，入于曲沃[2]。

【注释】

〔1〕栾盈复入于晋：晋平公两次召集会盟，使诸侯不得用栾盈，但齐侯仍让他住在齐国。后晋国嫁女于吴，齐国派大夫析归父护送陪嫁的齐女到晋国，让栾盈及其同党躲在车上，将他们送回晋国。先入曲沃，然后在曲沃大夫胥午的帮助下，率领甲兵，攻打晋国的国都绛，为范宣子所败，栾盈再入曲沃，晋军于是围攻曲沃。

〔2〕曲沃：也称新城、下国、沃，晋国的别都。春秋初晋昭侯封其叔成师于此，故址在今山西闻喜东北。

【译文】

[经] 晋国的栾盈又进入晋国，进入了曲沃。

9/23.8 [经] 秋，齐侯伐卫，遂伐晋[1]。

【注释】

〔1〕齐侯伐卫，遂伐晋：齐灵公在世时，多次伐鲁，实为不满晋国的霸权，晋国召集诸侯讨伐齐国，齐被迫与晋订立城下之盟。齐庄公即位以来，虽先后参加了晋国召集的诸侯盟会，但实际上仍不甘受制于晋，故先允许栾盈在齐国避难，既而攻打卫国，再攻打晋国。

【译文】

[经] 秋季，齐庄公攻打卫国，接着又攻打晋国。

9/23.9 [经] 八月，叔孙豹帅师救晋，次于雍渝[1]。

[传] 言"救"后"次"，非救也。

【注释】

〔1〕雍渝：《左传》经文作"雍榆"。晋国地名，今河南浚县西南。

【译文】

[经] 八月，叔孙豹率军援救晋国，在雍渝驻扎了好几天。

[传] 先说到"救"，接着又说"次"，这就表明不是真心想援救晋国。

9/23.10 [经] 己卯，仲孙速卒[1]。

【注释】

〔1〕仲孙速卒：据《左传》记载，鲁国"三桓"的后人季武子欲废其长子，立其幼子为继承人，臧孙纥助成其事。适仲孙速去世，孟氏家族也仿效季武子，废其长子秩，立其幼子羯。自此"三桓"家法大乱，臧孙纥深感自己的末日不久也将到来。

【译文】

[经] 己卯日，仲孙速去世。

9/23.11 [经] 冬，十月乙亥，臧孙纥出奔邾[1]。

[传] 其日，正臧孙纥之出也[2]。蘧伯玉曰[3]：
"不以道事其君者，其出乎！"

【注释】

〔1〕臧孙纥出奔邾：鲁国的"三桓"，即孟孙氏（仲孙氏）、叔孙氏、季孙氏，分别是鲁桓公的三个儿子庆父、叔牙、季友的后人，自文公以来，相继掌握鲁国国政，但三家亦互有矛盾。时臧孙纥为鲁国司寇，为季孙氏所宠，孟孙氏恶之，告发他有谋反之心，臧孙纥只得出逃邾国。

〔2〕正：通"证"。

〔3〕蘧伯玉：名瑗，卫国的大夫，以贤明著称当时。

【译文】

[经] 冬季，十月的乙亥日，臧孙纥出逃到邾国。

[传] 经文记载了臧孙纥的出逃日期，这证实了臧孙纥是因为有罪才外出逃亡的。蘧伯玉说："不用正大光明的方式来为自己国君做事的人，那就只有出逃了！"

9/23.12 [经] 晋人杀栾盈[1]。

[传] 恶之，弗有也[2]。

【注释】

〔1〕杀栾盈：晋国的军队围攻曲沃，打败了栾盈的叛军，并杀了栾盈及其族人，只有栾鲂出逃宋国。

〔2〕弗有：此前经文中记载各国杀大夫，均写明"杀其大夫"，此条经文中没有这样记载，故《穀梁》认为这是不把栾盈当做晋国的大夫的一种写法。

【译文】

[经] 晋国人杀了栾盈。

[传] 这是憎恶栾盈，所以不把他视为晋国的大夫。

9/23.13 [经] 齐侯袭莒[1]。

【注释】

〔1〕袭莒：据《左传》记载，这是齐庄公在攻打卫、晋之后，趁回师之机，顺道袭击莒国。

【译文】

[经] 齐庄公袭击莒国。

二十四年

9/24.1 ［经］二十有四年^{〔1〕}，春，叔孙豹如晋^{〔2〕}。

【注释】

〔1〕二十有四年：本年为周灵王二十三年，公元前 549 年。

〔2〕如晋：此行为祝贺平息栾氏之乱。

【译文】

［经］襄公二十四年，春季，叔孙豹前往晋国。

9/24.2 ［经］仲孙羯帅师侵齐^{〔1〕}。

【注释】

〔1〕仲孙羯：仲孙速的幼子，也称孟孝伯，鲁国孟孙氏的继承人。

【译文】

［经］仲孙羯率军侵犯齐国。

9/24.3 ［经］夏，楚子伐吴^{〔1〕}。

【注释】

　　〔1〕楚子伐吴：楚国以水军攻打吴国，结果无功而返。

【译文】

　　［经］夏季，楚康王攻打吴国。

9/24.4 ［经］ 秋，七月甲子朔，日有食之，既[1]。

【注释】

　　〔1〕日有食之，既：此为日全食。食甚为本日十四时五十八分三十二秒。

【译文】

　　［经］秋季，七月的甲子，初一日，发生日食，是日全食。

9/24.5 ［经］ 齐崔杼帅师伐莒[1]。

【注释】

　　〔1〕伐莒：齐国想借助楚国的力量与晋国对抗。崔杼率军护送陈无宇随来聘的楚国大夫蒍启强去楚请求出兵攻晋，顺道攻打莒国。

【译文】

　　［经］齐国的崔杼率军攻打莒国。

9/24.6 ［经］ 大水。

【译文】

　　［经］发生大水。

9/24.7 [经] 八月癸巳朔，日有食之[1]。

【注释】

〔1〕日有食之：冯澂认为此系文公十一年八月癸巳朔日日食的错简。

【译文】

[经] 八月癸巳，初一日，发生日食。

9/24.8 [经] 公会晋侯、宋公、卫侯、郑伯、曹伯、莒子、邾子、滕子、薛伯、杞伯、小邾子于夷仪[1]。

【注释】

〔1〕公会……于夷仪：夷仪，见5/1.3注〔1〕。此次诸侯大会，是为了攻打齐国。但由于发生水灾，未能出兵。

【译文】

[经] 襄公在夷仪这个地方会见晋平公、宋平公、卫殇公、郑简公、曹武公、莒犁比公、邾悼公、滕成公、薛献公、杞文公、小邾穆公。

9/24.9 [经] 冬，楚子、蔡侯、陈侯、许男伐郑[1]。

【注释】

〔1〕伐郑：楚国召集其附庸国陈、蔡、许攻打郑国，意在帮助齐国摆脱困境，晋国召集中原同盟国救郑。

【译文】

[经] 冬季，楚康王、蔡景公、陈哀公、许灵公攻打郑国。

9/24.10 [经] 公至自会。

【译文】

[经] 襄公参加夷仪之会后返回，向祖庙行祭告之礼。

9/24.11 [经] 陈鍼宜咎出奔楚[1]。

【注释】

〔1〕鍼宜咎：陈国大夫，庆虎、庆寅的同党。

【译文】

[经] 陈国鍼宜咎出逃到楚国。

9/24.12 [经] 叔孙豹如京师[1]。

【注释】

〔1〕如京师：据《国语·周语》记载，襄公二十二年，谷水、雒水泛滥，冲坏了王宫。齐国违背晋国的同盟，欲讨好周王，于是主动派人修筑王城。工程完毕后，鲁国派叔孙豹前往祝贺，得到了周王的嘉奖与赏赐。

【译文】

[经] 叔孙豹前往京城。

9/24.13 ［经］大饥。

［传］五谷不升为大饥[1]。一谷不升谓之“嗛”[2]，二谷不升谓之“饥”，三谷不升谓之“馑”，四谷不升谓之“康”[3]，五谷不升谓之“大侵”[4]。大侵之礼，君食不兼味，台榭不涂，弛侯[5]，廷道不除[6]，百官布而不制，鬼神祷而不祀。此大侵之礼也。

【注释】

〔1〕升：没有收成。

〔2〕嗛：通“歉”，歉收。

〔3〕康：通“糠”，空、荒。

〔4〕侵：荒年。《集解》释为“伤”。

〔5〕弛侯：弛，废、取消。侯，射侯，古代举行射礼时所用的箭靶。这里代指举行射礼。

〔6〕除：修整清理。

【译文】

［经］大饥荒。

［传］五种谷物都没有收成就是“大饥”。一种谷物没有收成称为“嗛”，两种谷物没有收成称为“饥”，三种谷物没有收成称为“馑”，四种谷物没有收成称为“康”，五种谷物没有收成叫做“大侵”。在大荒年时应该遵循的礼制是：国君吃饭的时候不可以有两种以上的菜肴，楼台亭榭不加以粉饰，取消各种燕射活动，宫廷内的道路不加以修整清理，原有官职不能缺废，但也不再增设新的职位，向鬼神只作祈祷，但不使用祭品举行祭祀。这就是大荒年时的礼制规定。

二十五年

9/25.1〔经〕二十有五年[1]，春，齐崔杼帅师伐我北鄙[2]。

【注释】

〔1〕二十有五年：本年为周灵王二十四年，公元前548年。

〔2〕伐我北鄙：去年春，仲孙羯为晋国而伐齐，此次崔杼以报复为名来伐。

【译文】

〔经〕襄公二十五年，春季，齐国的崔杼率军攻打我国的北部边境。

9/25.2〔经〕夏，五月乙亥，齐崔杼弑其君光[1]。

〔传〕庄公失言，淫于崔氏[2]。

【注释】

〔1〕弑其君光：光，即齐庄公。齐庄公即位以后，行为放荡，肆无忌惮。崔杼久有篡权之心，并想杀庄公来取悦晋国，于是借齐庄公与其妻棠姜私通之事，将庄公杀了。

〔2〕淫于崔氏：崔氏，即棠姜。原为齐国的棠公之妻，棠公去世后，崔杼见其美貌，遂娶其为妻。后庄公与棠姜私通，甚至连崔杼在家的时

候也去，还把崔杼的帽子赐给别人。

【译文】

[经] 夏季，五月的乙亥日，齐国的崔杼杀了他的国君光。

[传] 齐庄公说话不小心，暴露了他和崔氏私通的事。

9/25.3 [经] 公会晋侯、宋公、卫侯、郑伯、曹伯、莒子、邾子、滕子、薛伯、杞伯、小邾子于夷仪[1]。

【注释】

〔1〕公会……于夷仪：晋平公召集诸侯准备攻打齐国，齐国的崔杼杀庄公向晋贿赂求和，晋国同意了这一要求。

【译文】

[经] 襄公在夷仪会见了晋平公、宋平公、卫殇公、郑简公、曹武公、莒犁比公、邾悼公、滕成公、薛献公、杞文公、小邾穆公。

9/25.4 [经] 六月壬子，郑公孙舍之帅师入陈[1]。

【注释】

〔1〕公孙舍之：郑国的执政大夫，也称子展。此次郑国为报复陈国于前年随楚军伐郑之事。

【译文】

[经] 六月的壬子日，郑国的公孙舍之率军进入陈国。

9/25.5 [经] 秋，八月己巳，诸侯同盟于重丘^[1]。

【注释】

　〔1〕同盟于重丘：据《左传》记载，经文中所说的"诸侯"，即本年夏季参与夷仪之会者。重丘，齐国地名，今山东聊城东南。此次诸侯会盟，是因为齐国向晋国求和。

【译文】

　[经] 秋季，八月的己巳日，各国诸侯在重丘结盟。

9/25.6 [经] 公至自会。

【译文】

　[经] 襄公参加了诸侯的盟会后返回，向祖庙行祭告之礼。

9/25.7 [经] 卫侯入于夷仪^[1]。

【注释】

　〔1〕卫侯：指卫献公。见9/14.4并注。

【译文】

　[经] 卫献公进入夷仪。

9/25.8 [经] 楚屈建帅师灭舒鸠^[1]。

【注释】

　〔1〕屈建帅师灭舒鸠：屈建，楚国的令尹。舒鸠，舒人的一支，故

城在今安徽舒城西部。以舒鸠叛楚，故有此举。

【译文】

[经] 楚国的屈建率军灭了舒鸠。

9/25.9 [经] 冬，郑公孙夏帅师伐陈[1]。

【注释】

〔1〕公孙夏：郑国的执政大夫，也称子西。《公羊》经文作"公孙嘔"，误。

【译文】

[经] 冬季，郑国的公孙夏率军攻打陈国。

9/25.10 [经] 十有二月，吴子谒伐楚[1]，门于巢[2]。卒。

[传] 以伐楚之事，门于巢，卒也。"于巢"者，外乎楚也。"门于巢"，乃伐楚也。诸侯不生名，取卒之名加之伐楚之上者，见以伐楚卒也。其见以伐楚卒，何也？古者，大国过小邑，小邑必饰城而请罪[3]，礼也。吴子谒伐楚，至巢，入其门，门人射，吴子有矢创，反舍而卒。古者虽有文事，必有武备，非巢之不饰城而请罪，非吴子之自轻也。

【注释】

〔1〕吴子谒伐楚：吴子谒，吴国的国君，名谒，字诸樊。此举为报复去年夏季楚国派水师攻打吴国。

〔2〕巢：偃姓，一说子姓，舒人建立的国家，故址在今安徽巢县。

〔3〕饰城：加强城邑的守备力量。

【译文】

[经] 十二月，吴王谒攻打楚国，在攻打巢国的城门时去世。

[传] 因为要攻打楚国，必须经过巢国，就在攻打巢国的城门时，吴王死了。说"于巢"，意思就是这个城门不是楚国的城门。又说"门于巢"，说明是想经过巢国的城门去攻打楚国。经文一般在诸侯活着的时候是不记载他的名的，现在将吴王死后才予以记载的名写在"伐楚"的前面，是为了表示他是因攻打楚国而死的。经文显示他因为攻打楚国而死，这是什么道理？古时候大国的军队经过小城时，小城一面要加强防守的力量，一面要为此而询问大国的军队，有什么得罪的地方，这是礼制的规定。吴王谒攻打楚国，到了"巢"这个地方，攻入城门，守城门的人用箭射吴王，使他中箭而受伤，回到军营中就死了。古时候虽有不用武力也可以解决的事情，但解决时一定要有军事上的准备，经文是在指责巢国没有加强守备，并向大国的军队询问被攻打的罪名，同时也指责了吴王的轻生。

二十六年

9/26.1 ［经］二十有六年^{〔1〕}，春，王二月。辛卯，卫甯喜弑其君剽^{〔2〕}。

［传］此不正，其日，何也？殖也立之，喜也君之，正也。

【注释】

〔1〕二十有六年：本年为周灵王二十五年，公元前 547 年。

〔2〕甯喜弑其君：甯喜，卫国执政大夫，甯殖之子，也称悼子。襄公十四年，孙林父、甯殖逐卫献公，立公子剽（即卫殇公），甯殖去世前，为当年之事所悔，嘱咐甯喜设法为自己改过。甯喜遂在右宰谷的帮助下，趁孙林父在戚地，攻打孙氏，灭之。卫殇公失去了孙氏的保护，随后也被杀。

【译文】

［经］襄公二十六年，春季，周王二月。辛卯日，卫国的甯喜杀了他的国君剽。

［传］公孙剽明明是死于非命，经文却记载了他的死亡日期，这是为什么？因为甯喜的父亲甯殖把公子剽立为国君，甯喜也长期把他奉为国君，所以经文记载他的死亡日期是正常的。

9/26.2 ［经］卫孙林父入于戚，以叛^{〔1〕}。

【注释】

〔1〕以叛：孙氏被灭后，孙林父从戚地逃到晋国。叛，含有分取一半土地的意思。

【译文】

［经］卫国的孙林父进入戚地，将戚地献给晋国。

9/26.3 ［经］甲午，卫侯衎复归于卫[1]。

［传］日归，见知弑也。

【注释】

〔1〕衎复归于卫：复归，《左传》说含有卫国人接纳了卫献公的意思。《集解》说，经文中在辛卯日记载甯喜弑君之事，紧接着在甲午日就记载卫献公进入卫国，这表明卫献公就是为了复位而等着殇公被杀的。

【译文】

［经］甲午日，卫献公重新回到卫国即位。

［传］经文记载献公回卫国的日期，这是为了显示他知道卫殇公被杀害的事。

9/26.4 ［经］夏，晋侯使荀吴来聘[1]。

【注释】

〔1〕荀吴来聘：孙林父出逃晋国，向晋说明甯喜弑君之事，晋平公因此召集诸侯讨伐卫国，派荀吴到鲁国请襄公出兵。荀吴，也称中行穆子，晋国大夫。

【译文】

[经] 夏季，晋国派荀吴来行聘问之礼。

9/26.5 [经] 公会晋人、郑良霄、宋人、曹人于澶渊[1]。

【注释】

〔1〕公会……于澶渊：此为讨伐卫国而会见。晋赵武子、宋向戌等与会。据《左传》记载，各国大夫及襄公讨伐卫国，执甯喜、北宫遗，囚禁了卫献公。

【译文】

[经] 襄公在澶渊会见晋国人、郑国的良霄、宋国人、曹国人。

9/26.6 [经] 秋，宋公杀其世子座[1]。

【注释】

〔1〕宋公杀其世子座：宋国太子座的内师惠墙、伊戾不为太子所好，遂趁太子招待楚国来使时，向宋平公诬告太子有通楚谋反之心，平公不知真相，杀了太子。座，《公羊》、《左传》经文作“痤（cuò，挫）”。

【译文】

[经] 秋季，宋平公杀了他的太子座。

9/26.7 [经] 晋人执卫甯喜[1]。

【注释】

〔1〕执甯喜：见9/26.5注〔1〕。此书于秋季，可能是鲁国史官按照赴告的时间所记。

【译文】

［经］晋国人捉拿了甯喜。

9/26.8 ［经］八月壬午，许男甯卒于楚[1]。

【注释】

〔1〕许男甯卒于楚：许国一直受到郑国的压制，许灵公甯赴楚要求伐郑，八月间卒于楚。

【译文】

［经］八月的壬午日，许国国君甯在楚国去世。

9/26.9 ［经］冬，楚子、蔡侯、陈侯伐郑[1]。

【注释】

〔1〕伐郑：此为应许灵公之请而伐。

【译文】

［经］冬季，楚康王、蔡景公、陈哀公攻打郑国。

二十七年

9/27.1［经］二十有七年[1]。春，齐侯使庆封来聘[2]。

【注释】

〔1〕二十有七年：本年为周灵王二十六年，公元前546年。

〔2〕庆封来聘：崔杼杀齐庄公后，立公子杵臼为国君，即齐景公。景公即位后，为了修齐、鲁之好，故有此举。

【译文】

［经］襄公二十七年。春季，齐景公派遣庆封来行聘问之礼。

9/27.2［经］夏，叔孙豹会晋赵武、楚屈建、蔡公孙归生、卫石恶、陈孔奂、许人、曹人于宋[1]。

【注释】

〔1〕叔孙豹会晋赵武……于宋：宋国因太子被杀，国内混乱，宋桓公的曾孙向戌为了避免楚国趁乱来伐，便约请晋国的执政赵武、楚国令尹子木（即屈建）发起了意在使楚国、晋国和好的"弭兵之会"。此会的结果，是使晋、楚各自取得了相同的霸权。孔奂，《公羊》经文作"孔爱"。

【译文】

[经] 夏季，叔孙豹在宋国会见了晋国赵武、楚国屈建、蔡国公孙归生、卫国石恶、陈国孔奂、许国人、曹国人。

9/27.3 [经] 卫杀其大夫甯喜[1]

[传] 称国以杀，罪累上也。甯喜弑君，其以累上之辞言之，何也？尝为大夫，与之涉公事矣。甯喜由君弑君[2]，而不以弑君之罪罪之者，恶献公也。

【注释】

〔1〕杀其大夫甯喜：卫献公重新即位后，见甯喜专权，因此担心，默许公孙免馀杀甯喜及右宰谷。

〔2〕由君弑君：由，顺从。前一个"君"指卫献公，后一个"君"指卫殇公。

【译文】

[经] 卫国杀了他的大夫甯喜。

[传] 说是国家杀了甯喜，这是连带着斥责国君的意思。甯喜杀了卫殇公，经文用连带着斥责卫献公的文辞来记述这件事，是为什么？因为甯喜在献公复位后已被任命为大夫，并参与了管理国家的事务。甯喜是为了顺从献公而杀殇公的，但经文中不用杀君的罪名来斥责他，这是为了对献公表示憎恶。

9/27.4 [经] 卫侯之弟专出奔晋[1]。

[传] 专，喜之徒也。专之为喜之徒，何也？己虽急纳其兄，与人之臣谋弑其君，是亦弑君者也。专其曰"弟"，何也？专有是信者[2]，君赂不入乎喜而杀喜，是君不直乎喜也[3]，故出奔晋，织绚邯郸[4]，终身不

言卫。专之去，合乎《春秋》。

【注释】

〔1〕专：也称子鲜，卫献公之弟。

〔2〕有是信：卫献公派公子专为使者请求宁喜让自己回国复位，答应如果自己复位，将向宁喜赠以厚礼。于是公子专就以此与宁喜约定，作为接纳献公的条件。但献公复位后，不仅没有履行诺言，反而杀了宁喜。

〔3〕直：守信用。

〔4〕絇：读作"qú（渠）"，古代鞋头前的装饰物。

【译文】

［经］卫献公的弟弟公子专出奔晋国。

［传］公子专，是宁喜的同党。为什么要说公子专是宁喜的同党？因为他虽然急于接纳自己的兄长回国复位，但却与殇公的臣下谋划杀害了自己的国君，所以他也是杀害国君的罪人。经文中称公子专为卫献公之"弟"，这是为什么？因为公子专是和宁喜立有定约的，但事成之后，卫献公却没有给宁喜什么贿赂，反而杀了宁喜，这是国君对宁喜不讲信用。所以公子专逃亡去了晋国，在晋国的邯郸靠编织鞋头上的装饰物来维持生计，终身不再谈论卫国的事情。公子专离开卫国的行为，是符合《春秋》所提倡的道义的。

9/27.5［经］秋，七月辛巳，豹及诸侯之大夫盟于宋[1]。

［传］溴梁之会[2]，诸侯在而不曰诸侯之大夫，大夫不臣也，晋赵武耻之。"豹"云者，恭也。诸侯不在而曰诸侯之大夫，大夫臣也。其臣，恭也。晋赵武为之会也。

【注释】

〔1〕盟于宋：此为夏季"弭兵之会"的继续。豹，即鲁国大夫叔孙豹。与会的大夫仍为夏季会面时的那些人。

〔2〕溴梁之会：见9/16.2、9/16.3。

【译文】

[经] 秋季，七月的辛巳日，叔孙豹与各国诸侯的大夫在宋国结盟。

[传] 当年在溴梁这个地方的会盟，诸侯明明在场，经文却没有说是诸侯的大夫结盟，因为与会的大夫中有不忠实于自己国君的人，所以晋国的赵武对这一现象感到耻辱。这里只称叔孙豹为"豹"，是称赞他的态度恭敬。诸侯没有与会而称"诸侯之大夫"，表明各国的大夫们都能尽到做臣子的职责。说大夫都能尽到做臣子的职责，是指他们的态度恭敬。因为这是晋国的赵武在会上起了表率作用。

9/27.6 [经] 冬，十有二月^{〔1〕}，乙亥，朔，日有食之^{〔2〕}。

【注释】

〔1〕十有二月：根据《左传》的记载，此次日食在十一月的乙亥。冯澂以为可能是经文误记所致。

〔2〕日有食之：食甚为十一月乙亥的十一时二十八分四十六秒。

【译文】

[经] 冬季，十二（一）月的乙亥，初一日，发生日食。

二十八年

9/28.1［经］二十有八年^{〔1〕}，春，无冰。

【注释】

　　〔1〕二十有八年：本年为周灵王二十七年，公元前545年。

【译文】

　　［**经**］襄公二十八年，春季，没有结冰。

9/28.2［经］夏，卫石恶出奔晋^{〔1〕}。

【注释】

　　〔1〕石恶出奔晋：石恶，卫国大夫。甯喜、右宰谷被杀时，他在朝堂哭之。时卫国追究甯喜的余党，他害怕受到牵连，因而出逃。

【译文】

　　［**经**］夏季，卫国的石恶出逃到晋国。

9/28.3［经］邾子来朝。

【译文】

　　[经] 邾悼公来朝见。

9/28.4 [经] 秋，八月，大雩。

【译文】

　　[经] 秋季，八月，举行盛大的祭神求雨仪式。

9/28.5 [经] 仲孙羯如晋[1]。

【注释】

　　[1] 仲孙羯如晋：据《左传》记载，此行是为了向晋国说明鲁国将要派使者到楚国去。经过"弭兵之会"，晋、楚两国分享了控制中原诸侯的权力，但鲁国因为是晋的同盟国，所以在去楚国之前，还是要向盟主说明原因，以免引起误会。

【译文】

　　[经] 仲孙羯前往晋国。

9/28.6 [经] 冬，齐庆封来奔[1]。

【注释】

　　[1] 庆封来奔：齐庆封当国，好打猎，并嗜酒，齐国贵族栾、高、陈、鲍四家合力攻之，故出逃到鲁国。后又奔吴国。

【译文】

　　[经] 冬季，齐国的庆封逃到鲁国。

9/28.7 [经] 十有一月，公如楚[1]。

【注释】

〔1〕公如楚：自"弭兵之会"后，中原诸侯屡有"如楚"者，此次除襄公外，还有宋、陈、郑、许等国的国君前往。

【译文】

[经] 十一月，襄公前往楚国。

9/28.8 [经] 十有二月，甲寅，天王崩[1]。

【注释】

〔1〕天王崩：周灵王实于本月癸巳日去世，周室来使告之，问其周王去世的日期，答以甲寅，故经文照此日期记载。周灵王于公元前 571 年即位，在位共二十七年。

【译文】

[经] 十二月的甲寅日，周灵王去世。

9/28.9 [经] 乙未，楚子昭卒[1]。

【注释】

〔1〕楚子昭：即楚康王，公元前 559 年即位，在位共十五年。

【译文】

[经] 乙未日，楚康王昭去世。

二十九年

9/29.1 [经] 二十有九年^[1]，春，王正月。公在楚^[2]。

[传] 闵公也^[3]。

【注释】

〔1〕二十有九年：本年为周景王元年，公元前544年。景王，名贵。

〔2〕公在楚：诸侯每年的正月，必须朝拜祖庙，行告朔之礼，此时襄公正在楚国，故由执掌国政的大夫朝庙。

〔3〕闵：同"悯"。《集解》说，时襄公为楚王所控制，不能回国行告朔之礼，故经文记载此事有怜悯之意。

【译文】

[经] 襄公二十九年，春季，周王的正月。襄公在楚国。

[传] 这是为了表示对襄公的怜悯之意。

9/29.2 [经] 夏，五月，公至自楚。

[传] 喜之也。致君者，殆其往而喜其反，此致君之意义也。

【译文】

[经] 夏季，五月，襄公从楚国返回，向祖庙行祭告之礼。

[传] 这是为襄公平安归来而表示高兴。将国君之事祭告祖庙，就是为他去楚国的安危担忧，又为他安全归来高兴。这就是将国君之事祭告祖庙的意义。

9/29.3 [经] 庚午，卫侯衍卒[1]。

【注释】

〔1〕卫侯衍：即卫献公，他曾于公元前576年即位，在位十八年后，因无礼而得罪了大夫，被孙林父、甯殖逐出卫国，此后一直寄居齐国。十二年后，卫国大夫甯喜杀了卫殇公，纳献公复位，在位三年。前后共在位二十一年。

【译文】

[经] 卫国国君衍去世。

9/29.4 [经] 阍弑吴子馀祭[1]。

[传] "阍"，门者也，寺人也。不称名姓，阍不得齐于人[2]；不称其君，阍不得君其君也。礼，君不使无耻，不近刑人，不狎敌，不迩怨。贱人非所贵也，贵人非所刑也，刑人非所近也。举至贱而加之吴子，吴子近刑人也。"阍弑吴子馀祭"，仇之也。

【注释】

〔1〕阍弑吴子馀祭：阍，本指看守城门的人。当时多用受过刖刑（揭去膝盖骨）的人看守城门，以其行走不便，能忠于职守之故。此处所说的"阍"，据《左传》记载，是吴国伐楚时俘虏的楚人，将其行刖刑后派他们看守船只。馀祭是已故吴王诸樊之弟，诸樊去世后，他即位为王。吴国以楚国的俘虏看守船只，俘虏们趁吴王观舟之机，用刀将他

杀了。

〔2〕齐：等同。

【译文】

[经] 阍人杀了吴王馀祭。

[传] "阍"，就是看守城门的人，宫中供使令的小臣。经文中没有提到此人的名和姓，是因为不能将阍人与普通的正常人等同看待；经文也没有说阍人杀死了他的国君，是因为阍人是没有资格称吴王为国君的。根据礼制，国君不能任用不知羞耻的人，不能亲近受过刑的人，不能轻慢自己的敌人，不能接近对自己有仇恨的人。身份卑贱的人不可以让他担任重要的职务，身份高贵的人不可以随便对他施加刑罚，受过刑罚的人不可以亲近。经文中把最低贱的"阍"写在吴子的前面，这是在讥刺吴子亲近受过刑的人。经文记载说"阍弑吴子馀祭"，表明此人对馀祭怀有仇恨。

9/29.5 [经] 仲孙羯会晋荀盈、齐高止、宋华定、卫世叔仪、郑公孙段、曹人、莒人、邾人、滕人、薛人、小邾人城杞[1]。

[传] 古者，天子封诸侯，其地足以容其民，其民足以满城以自守也。杞危而不能自守，故诸侯之大夫相帅以城之，此变之正也[2]。

【注释】

〔1〕仲孙羯会……城杞：晋平公母亲是杞国之女，故杞国的城墙毁坏，晋平公召集各诸侯国的大夫率军帮助修筑城墙。荀盈，也称知伯，晋国大夫。高止，齐国大夫，也称高子容，高厚之子。华定，宋国司徒，也称华费遂。世叔仪，《公羊》经文作"世叔齐"，也称卫文子，卫国宗室。公孙段，也称伯石，后为郑国的执政大夫。

〔2〕变之正：通过变通的办法使这一行动成为正当。《集解》说："诸侯微弱，政由大夫。大夫能同恤灾危，故变之正。"

【译文】

[经] 仲孙羯会同晋国荀盈、齐国高止、宋国华定、卫国世叔仪、郑国公孙段、曹国人、莒国人、邾国人、滕国人、小邾国人，为杞国修筑城墙。

[传] 古时候天子分封诸侯时，给他的土地足以容纳手下的臣民，臣民也足以能够布满城中来保卫自己。现在杞国遇到了危难，却无法保护自己，所以各诸侯国的大夫们率军来为它修筑城墙，这是用变通的方式来使为杞国修筑城墙的行动合乎正道。

9/29.6 ［经］晋侯使士鞅来聘[1]。

【注释】

〔1〕士鞅来聘：士鞅，即范献子。来向鲁国协助修筑杞国城墙表示感谢。

【译文】

[经] 晋平公派士鞅来行聘问之礼。

9/29.7 ［经］杞子来盟[1]。

【注释】

〔1〕杞子来盟：经文有时称杞国国君为杞侯，有时又称为杞子，据《集解》说，或为受到周王的贬黜所致。《左传》认为因杞国用夷人的礼节，所以经文中对其国君就采用了贬低的称呼。鲁国曾在晋国的帮助下夺取了杞国的一部分土地，后归还了其中的一部分，杞文公因此来与鲁国订立盟约。

【译文】

[经] 杞文公来结盟。

9/29.8 [经] 吴子使札来聘[1]。

[传] 吴其称"子",何也？善使延陵季子，故进之也。身贤，贤也，使贤，亦贤也。延陵季子之贤，尊君也。其名，成尊于上也。

【注释】

〔1〕使札来聘：札，即季札，也称公子札，吴王诸樊之弟。因多次推让君位，故有贤明的名声。又精通音乐。初受封于延陵（今江苏常州），故称延陵季子。后受封于州来（今安徽凤台北部），又称为延州来季子。此次出使，是为了沟通吴国与中原诸侯国的关系，除了到鲁国外，还去了齐国、郑国、卫国，最后到晋国，所到之处，均得到了友好的接待。

【译文】

[经] 吴王派公子札来行聘问之礼。

[传] 经文称吴王为"子"，这是为什么？这是赞许他能够派出像延陵季子这样贤明的人，所以就借称呼来提高他的地位。一个人自身有贤德，当然是贤人，能够任用有贤德的人，也是贤人。延陵季子的贤明，就在于他能够尊重国君。经文记载他的名，是为了成全他对吴王的尊重。

9/29.9 [经] 秋，七月，葬卫献公。

【译文】

[经] 秋季，七月，安葬了卫献公。

9/29.10 ［经］齐高止出奔北燕[1]。

［传］其曰"北燕"，从史文也[2]。

【注释】

〔1〕高止出奔北燕：据《左传》记载，高止平时专权，又喜以事自为功，齐国大夫都反对他，高止在齐国无法容身，乃出奔。北燕，姬姓国名，在今河北北部、辽宁西部，即通常所说的"燕"。

〔2〕从史文：史文，即当时史官所记的《春秋》原文。《穀梁》认为后来孔子修订《春秋》时，有些地方根据自己的体会进行了修改，但这里还是用原来的文字，没有作改动。

【译文】

［经］齐国的高止出逃到北燕。

［传］经文中说"北燕"，这是使用了鲁国旧史的文字。

9/29.11 ［经］冬，仲孙羯如晋[1]。

【注释】

〔1〕如晋：此行为回报本年春季晋国的范献子来聘事。

【译文】

［经］冬季，仲孙羯前往晋国。

三 十 年

9/30.1 ［经］三十年^{〔1〕}，春，王正月。楚子使薳罢来聘^{〔2〕}。

【注释】

〔1〕三十年：本年为周景王二年，公元前543年。

〔2〕薳罢：字子荡，楚国大夫。《公羊》经文作"薳颇"。

【译文】

［经］襄公三十年，春季，周王正月。楚王派遣薳罢来行聘问之礼。

9/30.2 ［经］夏，四月，蔡世子般弑其君固^{〔1〕}。

［传］其不日，子夺父政，是谓夷之。

【注释】

〔1〕世子般：蔡国的太子，名般。蔡景公为太子娶妻于楚，却与其儿媳私通，太子遂杀景公。

【译文】

［经］夏季，四月，蔡国的太子般杀了他的国君固。

[**传**] 经文没有记载这件事发生的日期，是因为儿子夺取了父亲的君位，因此就把蔡国当作夷人来看待。

9/30.3 [**经**] 五月甲午，宋灾，伯姬卒[1]。

[**传**] 取卒之日加之灾上者，见以灾卒也。其见以灾卒奈何？伯姬之舍失火，左右曰："夫人少辟火乎[2]！"伯姬曰："妇人之义，傅母不在[3]，宵不下堂。"左右又曰："妇人少辟火乎！"伯姬曰："夫人之义，保母不在[4]，宵不下堂。"遂逮乎火死[5]。妇人以贞为行者也，伯姬之妇道尽矣。详其事，贤伯姬也。

【注释】

〔1〕伯姬：鲁宣公之女，鲁成公的妹妹，嫁宋共公，也称共姬。宋共公于成公十五年去世，故此时伯姬已寡居三十四年了。《左传》经文在伯姬前有"宋"字。

〔2〕辟：同"避"。

〔3〕傅母：教贵族女子读书的女官。

〔4〕保母：为贵族女子料理生活的女官。

〔5〕逮：及。

【译文】

[**经**] 五月的甲午日，宋国发生火灾，伯姬去世。

[**传**] 将伯姬去世的日期放在发生火灾的前面，这是为了显示伯姬是因火灾而丧生的。显示伯姬因火灾而丧生又怎么样呢？伯姬的宫室失火，侍奉伯姬的人都说："夫人您就暂时避一下火吧。"伯姬说："妇人应该遵循的道义是，教导礼仪的师傅不在的时候，夜间不能够走下厅堂。"侍奉伯姬的人又说："夫人您就暂时避一下火吧。"伯姬说："妇人应该遵循的道义是，照料生活的

保姆不在的时候，夜间不能够走下厅堂。"于是烈火烧到伯姬身上，将她烧死了。妇人是以保持贞节作为行动准则的，伯姬可以说是尽到了作为夫人的道义了。经文详细记载了有关伯姬的事，也是为了赞美伯姬的贤德。

9/30.4 [经] 天王杀其弟佞夫[1]。

[传]《传》曰：诸侯且不首恶，况天子乎！君无忍亲之义，天子、诸侯所亲者，唯长子、母弟耳，天王杀其弟佞夫，甚之也。

【注释】

〔1〕天王杀其弟佞夫：王室大夫儋括欲立王子佞夫为王，作乱围苏，并逐其大夫成愆，但佞夫并不知道此事，周景王也不问真相，派五大夫讨伐括，并杀了佞夫。《公羊》经文作"年夫"。

【译文】

[经] 周王杀了他的弟弟佞夫。

[传]《传》中说：对诸侯尚且不当作罪魁祸首来记载，何况是对天子！君王没有狠心杀害自己亲人的道理，天子、诸侯所亲近的人，只有自己的长子、同母的弟弟罢了，现在经文记载"天王杀其弟佞夫"，这实在是太过分了。

9/30.5 [经] 王子瑕奔晋[1]。

【注释】

〔1〕王子瑕：周王的大夫，与儋括一起作乱，叛乱平息后，与括等一同出逃。

【译文】

[经] 王子瑕逃到晋国。

9/30.6 [经] 秋，七月，叔弓如宋[1]，葬共姬[2]。

[传] 外夫人不书葬，此其言葬，何也？吾女也，卒灾，故隐而葬之也。

【注释】

〔1〕叔弓：也称敬子、子叔子，鲁国大夫叔老之子。

〔2〕共姬：《左传》经文在"共"前有"宋"字。

【译文】

[经] 秋季，七月，叔弓到宋国，安葬了共姬。

[传] 对鲁国以外国家的夫人，经文照例是不记载她的葬礼的，这里记载了共姬的葬礼，是为什么？因为共姬是鲁国的女子，因火灾而去世，所以表示哀痛而记载了她的葬礼。

9/30.7 [经] 郑良霄出奔许，自许入于郑，郑人杀良霄[1]。

[传] 不言大夫，恶之也。

【注释】

〔1〕郑人杀良霄：良霄，也称伯有，郑国大夫。因其嗜酒，常常误事，此次酒醉后欲派公子晳使楚，子晳率军攻打他，并烧了他的家，良霄酒醒后出逃到许国，后从许国又回郑国，被公子驷带领国人杀了。郑人杀良霄，其实是公室与大夫争权的结果。

【译文】

[经] 郑国的良霄出逃到许国，又从许国进入郑国，郑国人杀了良霄。

[传] 经文不称良霄为"大夫"，是对他表示憎恶。

9/30.8 [经] 冬，十月，葬蔡景公。

[传] 不日卒而月葬[1]，不葬者也。卒而葬之，不忍使父失民于子也。

【注释】

〔1〕不日卒而月葬：《穀梁》有"日卒、时葬，正也"之说，蔡景公于本年夏四月被杀，经文没有记载日期，这里又记载了安葬的月份，故认为这是不符合诸侯葬礼的通例的。但《穀梁》的这一说法，并不代表解说经文的全部意义。如僖公四年有"夏许男新臣卒"，"八月葬许穆公"的记载，也是"不日卒而月葬"。

【译文】

[经] 冬季，十月，安葬蔡景公。

[传] 没有记载蔡景公死去的日期，只记载了安葬他的月份，表明本来是不应该记载蔡景公的葬礼的。经文既然记载了他的死亡并且记载了他的葬礼，是由于不忍心让他作为父亲而因儿子的缘故失去民众。

9/30.9 [经] 晋人、齐人、宋人、卫人、郑人、曹人、莒人、邾人、滕人、薛人、杞人、小邾人会于澶渊，宋灾故[1]。

[传] 会不言其所为。其曰"宋灾故"，何也？不言灾故，则无以见其善也。其曰"人"，何也？救灾以

重。何救焉？更宋之所丧财也[2]。澶渊之会，中国不侵伐夷狄，夷狄不入中国，无侵伐八年，善之也。晋赵武、楚屈建之力也。

【注释】

〔1〕宋灾：指本年五月甲午日宋国宫廷发生的火灾。

〔2〕更：补偿。

【译文】

[经] 晋国人、齐国人、宋国人、卫国人、郑国人、曹国人、莒国人、邾国人、滕国人、薛国人、杞国人、小邾国人在澶渊会见，这是因为宋国发生了火灾的缘故。

[传] 如果是会见，一般是不说明为什么原因的，经文说是"宋灾故"，这是为什么？如果不说是为了火灾的缘故，那就无法显示出这次会见的善举。经文称"人"，这是为什么？因为救灾是要依靠大家的力量的。怎么救灾呢？就是补偿宋国在火灾中所丧失的财物。澶渊的会盟，使中原各诸侯国不再去攻打夷狄国家，夷狄国家也不再入侵中原各诸侯国，八年不发生进犯攻打的事，所以经文对澶渊会盟表示赞扬。这主要是靠了晋国赵武和楚国屈建的努力。

三十一年

9/31.1 ［经］三十有一年[1]，春，王正月。

【注释】
　〔1〕三十有一年：本年为周景王三年，公元前542年。

【译文】
　［经］襄公三十一年，春季，周王的正月。

9/31.2 ［经］夏，六月辛巳，公薨于楚宫[1]。
　［传］楚宫，非正也。

【注释】
　〔1〕楚宫：襄公所建的别馆。

【译文】
　［经］夏季，六月的辛巳日，襄公在楚宫去世。
　［传］楚宫，不是襄公的正寝。

9/31.3 ［经］秋，九月癸巳，子野卒[1]。

[传] 子卒，日，正也。

【注释】
〔1〕子野卒：子野，襄公之妾胡女敬归所生，被襄公立为君位的继承者。襄公去世后，他因悲伤过度而死。

【译文】
[经] 秋季，九月的癸巳日，子野去世。
[传] 子野去世，经文记载去世的日期，说明是符合正道的。

9/31.4[经] 己亥，仲孙羯卒。

【译文】
[经] 己亥日，仲孙羯去世。

9/31.5[经] 冬，十月，滕子来会葬。

【译文】
[经] 冬季，十月，滕成公来参加襄公的葬礼。

9/31.6[经] 癸酉，葬我君襄公。

【译文】
[经] 癸酉日，安葬了我国的国君襄公。

9/31.7[经] 十有一月，莒人弑其君密州[1]。

【注释】

〔1〕弑其君密州：密州，莒犁比公之名，字买朱鉏（chú，锄）。他原先立次子展舆为继承者，后又废去。由于国人对他平时的暴虐非常反感，展舆遂利用国人杀了他，自立为君。

【译文】

［经］十一月，莒国人杀了他们的国君密州。

昭　公

元　年

10/1.1 ［经］元年^[1]，春，王正月。公即位^[2]。
［传］继正即位，正也。

【注释】
〔1〕元年：本年为周景王四年，公元前541年。
〔2〕公：即鲁昭公，名稠，襄公之妾胡女敬归的陪嫁女所生。

【译文】
［经］昭公元年，春季，周王的正月。昭公即位。
［传］继承寿终正寝的国君举行即位典礼，这是符合礼制规定的。

10/1.2 ［经］叔孙豹会晋赵武、楚公子围、齐国弱、宋向戌、卫齐恶、陈公子招、蔡公孙归生、郑罕虎、许人、曹人于郭^[1]。

【注释】
〔1〕叔孙豹……于郭：公子围，楚国令尹，楚共王之子。国弱，也称国子，齐国大夫。《公羊》经文作"国酌"，下同。宋向戌，也称合左师，宋国执政大夫。齐恶，也称齐子，卫国大夫。公子招，陈哀公之弟。

公孙归生，也称子家，蔡国大夫。罕虎，也称子皮，郑国大夫。《公羊》
经文作"轩虎"，下同。此次各国大夫的会见，由楚国发起，目的在于
延续公元前 546 年在宋国举行的"弭兵之会"，以保持晋、楚分享霸权
的局面，但实际上晋国此时已难以遏止楚国势力的北扩了。郭，《左传》
经文作"虢"，即东虢，原为西周时分封的诸侯国，后为郑所灭，在今
河南郑州北。

【译文】

[经] 叔孙豹在郭会见了晋国赵武、楚国公子围、齐国国弱、
宋国向戌、卫国齐恶、陈国公子招、蔡国公孙归生、郑国罕虎、
许国人、曹国人。

10/1.3 [经] 三月，取郓[1]。

【注释】

〔1〕郓：《公羊》经文作"运"。春秋时称为"郓"的地方有两处：
一在今山东沂水北，也称东郓，与莒国接壤；一在今山东郓城东，也称
西郓。此次取郓，为季武子伐莒后所取，当为东郓。

【译文】

[经] 三月，夺取了郓这个地方。

10/1.4 [经] 夏，秦伯之弟鍼出奔晋[1]。

[传] 诸侯之尊，弟兄不得以属通，其"弟"云
者，亲之也。亲而奔之，恶也。

【注释】

〔1〕鍼出奔晋：鍼（qián，箝），秦桓公之子，秦景公之弟，也称后
子。他因得宠于父，故财富多于景公，其母怕由此招致景公的忌恨，就

劝他投奔晋国。

【译文】

[经] 夏季，秦景公的弟弟鍼逃到晋国。

[传] 根据诸侯的尊贵地位，即使是弟兄，也不能因为与国君是亲属而使用与国君有关的称呼，经文中称鍼为"弟"，这是为了表示与秦景公的亲属关系。但既然是国君的亲属，却又出逃，所以经文又对这一行为表示厌恶。

10/1.5 [经] 六月丁巳，邾子华卒^{〔1〕}。

【注释】

〔1〕邾子华：即邾悼公，公元前556年即位，在位共十六年。

【译文】

[经] 六月的丁巳日，邾国国君华去世。

10/1.6 [经] 晋荀吴帅师败狄于大原^{〔1〕}。

[传]《传》曰：中国曰大原，夷狄曰大卤，号从中国，名从主人^{〔2〕}。

【注释】

〔1〕荀吴帅师败狄于大原：荀吴，也称中行穆子，晋国大夫。大原即为太原，今山西太原附近。《左传》经文作"大卤"。此次荀吴率军打败山戎及群狄，是利用步兵的优势。双方交战中，狄人取笑荀吴的阵式，却因不适应步兵的冲击，被打败。此事表明车战的方式已逐渐为步兵所取代。

〔2〕号从中国……：《穀梁》原意为中原诸侯国称大原，夷狄称大卤，记载时使用中原方言的称呼。《穀梁补注》以为，大原是使用鲁国

方言的读音，大卤为使用中原方言的读音，经文的记载是用了鲁国方言的读音。

【译文】

[经] 晋国的荀吴率军在大原打败了狄人。

[传]《传》中说：中原各国称为大原，夷狄称为大卤。对于夷狄地区的地方或物品，要使用中原国家的方言予以记载，对于人物的名，就按照本来的读音记载。

10/1.7 [经] 秋，莒去疾自齐入于莒[1]，莒展出奔吴[2]。

【注释】

〔1〕去疾自齐入于莒：去疾，莒犁比公的长子。展舆杀犁比公而自立，去疾出逃到齐国避难。展舆为了压制公室，剥夺了群公子的官职俸禄，引起群公子的不满。现在去疾在齐国的帮助下，进入莒国，被立为国君。

〔2〕莒展：《左传》经文作"莒展舆"。

【译文】

[经] 秋季，莒国公子去疾从齐国进入莒国，莒国的展舆出逃到吴国。

10/1.8 [经] 叔弓帅师疆郓田[1]。

[传] "疆"之为言，犹竟也[2]。

【注释】

〔1〕郓田：即本年三月所取之地。《公羊》经文作"运田"。

〔2〕竟：通"境"。

【译文】

[经] 叔弓率领军队把郓田作为鲁国的疆界来守卫。

[传] 说"疆"的意思，就等于说是疆界。

10/1.9 [经] 葬郏悼公。

【译文】

[经] 安葬了郏悼公。

10/1.10 [经] 冬，十有一月己酉，楚子卷卒[1]。

【注释】

〔1〕楚子卷：《左传》经文作"楚子麇"，即郏敖，为楚国令尹公子围所杀。

【译文】

[经] 冬季，十一月的己酉日，楚王卷去世。

10/1.11 [经] 楚公子比出奔晋[1]。

【注释】

〔1〕公子比：也称子干、訾敖，楚国宗室。

【译文】

[经] 楚国的公子比出逃到晋国。

二　　年

10/2.1 ［经］ 二年^{〔1〕}，春，晋侯使韩起来聘^{〔2〕}。

【注释】

〔1〕二年：本年为周景王五年，公元前 540 年。

〔2〕韩起来聘：韩起，也称韩宣子，继赵武之后为晋国的执政大夫。此次来聘，为祝贺昭公即位，同时向鲁国告知其代赵武行国政。

【译文】

［**经**］昭公二年，春季，晋平公派遣韩起来行聘问之礼。

10/2.2 ［经］ 夏，叔弓如晋^{〔1〕}。

【注释】

〔1〕如晋：此行为回报晋国韩宣子来聘。

【译文】

［**经**］夏季，叔弓前往晋国。

10/2.3 ［经］ 秋，郑杀其大夫公孙黑^{〔1〕}。

【注释】

〔1〕杀其大夫公孙黑：公孙黑，也称子晳。其被杀事，据《左传》记载，公孙黑将作乱，欲除贵族游氏，自代其位，因伤未能成功，贵族驷氏与诸大夫欲杀公孙黑，子产听说此事后，历数公孙黑之罪有三：一为伐良霄，二为兄弟相争，三为矫君位。七月的壬寅日，公孙黑自缢而死。《穀梁》有"称国以杀其大夫，杀无罪"的义例，此明明是杀有罪，但《穀梁》无解释，或仍以其"无罪"视之。

【译文】

〔经〕秋季，郑国杀了他的大夫公孙黑。

10/2.4〔经〕冬，公如晋[1]，至河乃复。

〔传〕耻如晋，故著有疾也[2]。

【注释】

〔1〕公如晋：晋平公之妾少姜去世，昭公前往吊唁，走到黄河边，晋平公派人来告诉昭公，晋侯与少姜并非夫妻，不必有劳前往了。于是昭公就返回鲁国。

〔2〕著有疾：以生病为托辞。《集解》说："公凡四如晋，季氏诉公于晋侯，使不见公，公惧不利于己，故公托至河有疾而反，以杀耻也。"此说与《左传》记事不同。

【译文】

〔经〕冬季，昭公前往晋国，来到黄河边又返回了。

〔传〕因为对无法进入晋国感到耻辱，所以就装出有病的样子。

10/2.5〔经〕季孙宿如晋[1]。

〔传〕公如晋而不得入，季孙宿如晋而得入，恶季孙宿也。

【注释】

〔1〕季孙宿如晋：晋国的少姜生前虽然受到晋平公的宠爱，但毕竟只是平公之妾，故晋国不让昭公前去吊唁，以免败坏礼制，但鲁国作为晋的盟国，派大夫去吊唁还是合于礼制的。《穀梁》的解说认为晋国允许季孙宿入国，不许昭公入国，是轻视昭公，恐为臆测之辞。

【译文】

［经］季孙宿前往晋国。

［传］昭公到晋国而不能进入，季孙宿到晋国却能够进入，这是经文对季孙宿有所厌恶。

三　　年

10/3.1 ［经］三年^{〔1〕}，春，王正月。丁未，滕子原卒^{〔2〕}。

【注释】

　　〔1〕三年：本年为周景王六年，公元前 539 年。

　　〔2〕滕子原：即滕成公，《公羊》经文"原"作"泉"。

【译文】

　　［经］昭公三年，春季，周王的正月。丁未日，滕国国君原去世。

10/3.2 ［经］夏，叔弓如滕^{〔1〕}。五月，葬滕成公。

【注释】

　　〔1〕叔弓如滕：鲁、滕之间订有盟约，故此行是为滕成公送葬。

【译文】

　　［经］夏季，叔弓前往滕国。五月，安葬了滕成公。

10/3.3 ［经］ 秋，小邾子来朝[1]。

【注释】

〔1〕小邾子：据《左传》记载，此为小邾国国君穆公。小邾国，曹姓，原称为郳，正式受封于周王后，改称小邾，故址在今山东滕县东，一说在山东枣庄西北。

【译文】

［经］秋季，小邾穆公来朝见。

10/3.4 ［经］ 八月，大雩。

【译文】

［经］八月，举行盛大的祭神求雨仪式。

10/3.5 ［经］ 冬，大雨雹。

【译文】

［经］冬季，下大冰雹。

10/3.6 ［经］ 北燕伯款出奔齐[1]。
［传］ 其曰"北燕"，从史文也。

【注释】

〔1〕北燕伯款：北燕国君简公。据《左传》记载，简公宠爱近侍，欲除掉大夫，大夫比杀其近侍，简公害怕而出逃到齐国。

【译文】

　　[经] 北燕简公款出逃到齐国。

　　[传] 这里说"北燕"，是根据旧史的原文来记载的。

10/4.1〔经〕 四年^{〔1〕}，春，王正月。大雨雪^{〔2〕}。

【注释】

　　〔1〕四年：本年为周景王七年，公元前538年。
　　〔2〕雪：《左传》经文作"雹"。

【译文】

　　〔经〕 昭公四年，春季，周王的正月。下大雪。

10/4.2〔经〕 夏，楚子、蔡侯、陈侯、郑伯、许男、徐子、滕子、顿子、胡子、沈子、小邾子、宋世子佐、淮夷会于申^{〔1〕}，楚人执徐子^{〔2〕}。

【注释】

　　〔1〕楚子……会于申：此次诸侯大会，在于共商伐吴之事，这也是晋、楚"弭兵"之后，楚国第一次出面召集诸侯大会。但由于中原诸侯国对楚国一向怀有敌意，所以与会的诸侯中，蔡、陈、郑均为原来就从属于楚，只有宋国是晋的盟国，除此之外，没有一个中原大国参加。申，原为西周初分封的诸侯国，姜姓，在今陕西、山西一带，周宣王时一部分东迁至谢（今河南唐河南部），建立申国，春秋初为楚国所灭。
　　〔2〕执徐子：徐国国君为吴国的外甥，吴、楚成仇，但徐子却前往

参加楚国召集的诸侯大会，在会上楚国扣押了徐子，作为人质要挟吴国。

【译文】

[经] 夏季，楚灵王、蔡灵公、陈哀公、郑简公、许悼公、徐国国君、滕悼公、顿国国君、胡国国君、沈国国君、小邾穆公、宋太子佐、淮夷在申这个地方会见，楚国人扣押了徐国国君。

10/4.3 [经] 秋，七月，楚子、蔡侯、陈侯、许男、顿子、胡子、沈子、淮夷伐吴，执齐庆封[1]，杀之。

[传] 此入而杀，其不言入，何也？庆封封乎吴锺离[2]，其不言伐锺离，何也？不与吴封也。庆封其以齐氏，何也？为齐讨也。灵王使人以庆封令于军中曰："有若齐庆封弑其君者乎[3]！"庆封曰："子一息，我亦且一言。"曰："有若楚公子围弑其兄之子而代之为君者乎[4]！"军人粲然皆笑[5]。庆封弑其君，而不以弑君之罪罪之者，庆封不为灵王服也，不与楚讨也。《春秋》之义，用贵治贱，用贤治不肖，不以乱治乱也。孔子曰："怀恶而讨，虽死不服。"其斯之谓与！

【注释】

〔1〕执齐庆封：庆封，见 9/28.6 注〔1〕。他出逃吴国后，聚族居于朱方（今江苏丹徒东南）。此次楚王伐吴，他被擒杀，族亦灭。

〔2〕锺离：地名。在吴国，今安徽凤阳东北临淮关。

〔3〕庆封弑其君：即指与崔杼合谋杀害齐庄公，事在襄公二十五年夏。

〔4〕公子围弑其兄之子而代之为君：公子围即楚灵王，是楚康王之弟，康王去世后，其子郏敖为楚王，公子围任令尹。昭公元年冬，公子

围受命将聘于郑，闻楚王生病，遂借探望为由，入宫缢死楚王，又杀其二子，自立为王。

〔5〕粲然：放声大笑的样子。

【译文】

[经] 秋季，七月，楚灵王、蔡灵公、陈哀公、许悼公、顿国国君、胡国国君、沈国国君、淮夷攻打吴国，擒获齐国的庆封，将他杀了。

[传] 明明是进入吴国以后才将庆封杀掉的，经文却没有说"入"，这是为什么？因为庆封受吴国之封，居住在吴国的钟离。但经文没有说攻打钟离，这又是为什么？是为了不赞许吴国擅自封赐。经文还在庆封的姓氏前加上"齐"的国号，是为什么？为了表明这是在替齐国讨伐有罪的大臣。楚灵王派人带着庆封在军队中发布号令，说："有像齐国的庆封那样杀害自己国君的人吗？"庆封说："您且休息休息，让我也来说一句话。"庆封就说："有像楚国的公子围那样杀害自己哥哥的儿子后，取代他成为国君的人吗？"在场的军人全都放声大笑。庆封杀害了国君，却不用杀害国君的罪名来治他的罪，这是因为庆封不服楚灵王，所以经文也不赞许楚国的讨伐。《春秋》所遵循的道义是，用地位高贵的人来治理出身卑贱的人，用处世贤明的人来治理言行不肖的人，而绝不是用作乱的人来治理作乱的人。孔子说："抱着丑恶的目的去讨伐别人，即使别人死了心里也是不服的。"大概指的就是这一类事情吧！

10/4.4 [经] 遂灭厉[1]。

[传] "遂"，继事也。

【注释】

〔1〕灭厉：厉，《左传》经文作"赖"。古国名。据《左传》记载，楚军攻入赖国时，赖国国君双手背缚，口衔玉璧，作请罪状。楚灵王问其故，楚国大夫椒举说，当年楚成王攻入许国时，许僖公也是这样，后

来成王接受了许僖公的玉璧，并为他松了绑。楚灵王于是也仿效成王，接受了赖国国君的玉璧，将赖国迁往鄢地。

【译文】

　　[经] 于是灭了赖国。

　　[传] "遂"，就是紧接着进行下一件事。

10/4.5 [经] 九月，取缯[1]。

【注释】

　　〔1〕取缯：取，《左传》说"凡克邑，不用师徒，曰取"。指取得缯并没有使用武力。缯，《公羊》、《左传》经文作"鄫"。原为国，襄公六年被莒国所灭。现因莒犂比公去世，著丘公新立，不抚缯，缯遂叛莒投鲁。

【译文】

　　[经] 九月，取得了缯。

10/4.6 [经] 冬，十有二月乙卯，叔孙豹卒。

【译文】

　　[经] 冬季，十二月的乙卯日，叔孙豹去世。

五　　年

10/5.1 ［经］五年^[1]，春，王正月。舍中军^[2]。

［传］贵复正也。

【注释】

〔1〕五年：本年为周景王八年，公元前537年。

〔2〕舍中军：鲁国原来只设上下二军，襄公十一年，增设中军，由季氏、孟氏、叔孙氏分别掌握。今叔孙豹去世，叔孙氏家发生内乱，其继承者初立，无力控制局面，季氏遂趁机扩张势力，废中军，名义上是将所废一军的赋税分派于三家，实则将其中的一半归于自己，另一半由孟、叔孙二氏再分之。

【译文】

［经］昭公五年，春季，周王的正月。废除中军。

［传］这是赞扬鲁国恢复了正道。

10/5.2 ［经］楚杀其大夫屈申^[1]。

【注释】

〔1〕杀其大夫屈申：楚王认为屈申有通吴的嫌疑，就杀了他。

【译文】

[经] 楚国杀了他的大夫屈申。

10/5.3 [经] 公如晋[1]。

【注释】

〔1〕公如晋：此行为朝见晋侯而去，但时人以为昭公专事外交，不问国内政事，听任三家贵族争权，恐有危难降临。

【译文】

[经] 昭公前往晋国。

10/5.4 [经] 夏，莒牟夷以牟娄及防、兹来奔[1]。

[传] "以"者，不以者也。来奔者不言出。"及防、兹"，以大及小也。莒无大夫，其曰"牟夷"，何也？以其地来也。以地来则何以书也？重地也。

【注释】

〔1〕牟夷以牟娄及防、兹来奔：牟夷，莒国大夫。牟娄，莒地，牟夷的封地。防，莒国地名，今山东安丘西部。兹，莒国地名，今山东诸城北部。

【译文】

[经] 夏季，莒国的牟夷带着牟娄及防、兹来投奔鲁国。

[传] 虽然说是"以"，但其实是不能"以"。对于投奔鲁国的人，是不说"出奔"这样的言辞的。"及防、兹"，是因为由牟娄这块大面积的土地再加上防、兹这两块小面积的土地。莒国没有周王任命的大夫，经文中说"牟夷"，这是为什么？因为他是

带着土地前来的。带着土地前来为什么就要记载他的名呢？表示鲁国看重这些土地。

10/5.5 ［经］秋，七月，公至自晋[1]。

【注释】

〔1〕至自晋：昭公在晋国时，莒国的牟夷带着土地前来投奔鲁国，于是莒国国君向晋平公提出申诉，晋平公打算扣押昭公，范献子予以劝阻，昭公乃得归国。

【译文】

［经］秋季，七月，昭公从晋国返回，向祖庙行祭告之礼。

10/5.6 ［经］戊辰，叔弓帅师败莒师于贲泉[1]。
［传］狄人谓贲泉失台。号从中国，名从主人。

【注释】

〔1〕贲泉：鲁国地名，在鲁国与莒国的交界处，今地不详。

【译文】

［经］戊辰日，叔弓率军在贲泉这个地方打败了莒国的军队。
［传］狄人把"贲泉"称为"失台"。经文对地名和物名，都按照中原国家的叫法来予以记载，至于人名，就按照本来的叫法予以记载。

10/5.7 ［经］秦伯卒[1]。

【注释】

〔1〕秦伯：即秦景公。

【译文】

[经] 秦景公去世。

10/5.8 [经] 冬，楚子、蔡侯、陈侯、许男、顿子、沈子、徐人、越人伐吴〔1〕。

【注释】

〔1〕楚子……伐吴：因吴国早有防备，故仍无功而返。

【译文】

[经] 冬季，楚灵王、蔡灵公、陈哀公、许悼公、顿国国君、沈国国君、徐国人、越国人攻打吴国。

六　年

10/6.1 ［经］　六年^[1]，春，王正月。杞伯益姑卒^[2]。

【注释】
〔1〕六年：本年为周景王九年，公元前 536 年。
〔2〕杞伯益姑：即杞文公，公元前 549 年即位，在位共十三年。

【译文】

　　［经］昭公六年，春季，周王的正月。杞国国君益姑去世。

10/6.2 ［经］葬秦景公^[1]。

【注释】
〔1〕葬秦景公：据《左传》记载，鲁国派大夫前往参加葬礼。

【译文】

　　［经］安葬了秦景公。

10/6.3 ［经］夏，季孙宿如晋^[1]。

【注释】

〔1〕如晋：据《左传》记载，此行是为了感谢晋国没有干涉莒国牟夷带着土地来投奔鲁国一事。

【译文】

［经］夏季，季孙宿前往晋国。

10/6.4 ［经］葬杞文公。

【译文】

［经］安葬了杞文公。

10/6.5 ［经］宋华合比出奔卫。

【译文】

［经］宋国的华合比出逃到卫国。

10/6.6 ［经］秋，九月，大雩。

【译文】

［经］秋季，九月，举行盛大的祭神求雨仪式。

10/6.7 ［经］冬，楚薳罢帅师伐吴[1]。

【注释】

〔1〕薳罢帅师伐吴：楚伐徐，吴国派兵援救徐国，打败楚军，于是薳罢又攻打吴国，也被吴国击败。

【译文】

　　［经］冬季，楚国的薳罢率军攻打吴国。

10/6.8 ［经］叔弓如楚[1]。

【注释】

　　〔1〕如楚：行聘问之礼，兼慰问楚国被吴国打败。

【译文】

　　［经］叔弓前往楚国。

10/6.9 ［经］齐侯伐北燕[1]。

【注释】

　　〔1〕伐北燕：为帮助北燕国君简公返国。参10/3.6。

【译文】

　　［经］齐景公率军攻打北燕。

七　年

10/7.1 ［经］七年^[1]，春，王正月。暨齐平^[2]。

［传］“平”者，成也。“暨”，犹暨暨也^[3]。暨者，不得已也，以外及内曰“暨”。

【注释】

〔1〕七年：本年为周景王十年，公元前535年。

〔2〕暨齐平：与齐国达成和平协议。据《左传》记载，此为齐国主动要求与鲁国达成和议。

〔3〕暨暨：同“汲汲”，形容心情急迫的样子。

【译文】

［经］昭公七年，春季，周王的正月。与齐国达成和议。

［传］“平”的意思，就是成就和平。“暨”的意思，等于说是十分迫切地求和。这里用“暨”的意思，就是说这是不得已的事。由别国向鲁国提出要求，叫作“暨”。

10/7.2 ［经］三月，公如楚^[1]。

【注释】

〔1〕公如楚：楚灵王建造章华之台，落成之际想召集诸侯来庆贺，

楚国大夫蘧启强来鲁国召请昭公，昭公本不想去，但蘧启强以往事相威胁，昭公只得前往。

【译文】

[经] 三月，昭公前往楚国。

10/7.3 [经] 叔孙婼如齐莅盟[1]。

[传] "莅"，位也。内之前定之辞谓之莅，外之前定之辞谓之来。

【注释】

〔1〕叔孙婼如齐莅盟：此行即为了与齐国订立和议。叔孙婼（chuò，绰），叔孙豹之子，鲁国叔孙氏的继承者。婼，《公羊》经文作"舍"，下同。

【译文】

[经] 叔孙婼到齐国参加预定的盟会。

[传] "莅"，就是来到盟会上应该到的位置上去。如果是表示鲁国预先约定的事，所用的言辞就叫做"莅"，如果是表示别国预先约定的事，所用的言辞就叫做"来"。

10/7.4 [经] 夏，四月甲辰，朔，日有食之[1]。

【注释】

〔1〕日有食之：食甚在本日十四时四十九分十三秒。

【译文】

[经] 夏季，四月的甲辰，初一日，发生日食。

10/7.5 [经] 秋，八月戊辰，卫侯恶卒[1]。

[传] 乡曰[2]："卫齐恶"[3]，今日"卫侯恶"，此何为君臣同名也？君子不夺人名，不夺人亲之所名，重其所以来也。王父名子也[4]。

【注释】

〔1〕卫侯恶：即卫襄公，公元前543年即位，在位共九年。

〔2〕乡：同"向"，从前。

〔3〕卫齐恶：见10/1.2并注〔1〕。

〔4〕王父：祖父。《穀梁》认为大臣不必因名与国君相同而有所避讳，因为一个人的名字是由其父亲、祖父命名的。这一解释，未必能反映春秋时的习俗。如宋国因宋武公名司空，故废司空的官名，晋国因僖侯而废司徒的官名等。

【译文】

[经] 秋季，八月的戊辰日，卫国国君恶去世。

[传] 经文中以前说到"卫齐恶"，现在又称"卫侯恶"，这里为什么国君和臣下会有相同的名称呢？因为君子不剥夺别人的名，也不剥夺别人的亲人所起的名，这是为了重视一个人命名的由来。齐恶的名是他祖父起的。

10/7.6 [经] 九月，公至自楚。

【译文】

[经] 九月，昭公从楚国返回，向祖庙行祭告之礼。

10/7.7 [经] 冬，十有一月癸未，季孙宿卒。

【译文】

　　[经] 冬季，十一月的癸未日，季孙宿去世。

10/7.8 [经] 十有二月癸亥，葬卫襄公。

【译文】

　　[经] 十二月的癸亥日，安葬了卫襄公。

八　年

10/8.1 ［经］ 八年[1]，春，陈侯之弟招杀陈世子偃师[2]。

［传］ 乡曰"陈公子招"[3]，今曰"陈侯之弟招"，何也？曰：尽其亲，所以恶招也。两下相杀，不志乎《春秋》，此其志，何也？"世子"云者，唯君之贰也，云可以重之，存焉，志之也。诸侯之尊，弟兄不得以属通，其弟云者，亲之也。亲而杀之，恶也。

【注释】

〔1〕八年：本年为周景王十一年，公元前534年。

〔2〕招杀陈世子偃师：招，陈哀公同母之弟，时为陈国司徒。陈哀公原来立元妃所生之子偃师为太子，后因宠二妃，托公子招照料二妃所生之子留。哀公因病不问国政，公子招便与公子过杀了太子偃师，改立留为太子。

〔3〕乡曰"陈公子招"：见10/1.2[1]。

【译文】

［经］ 昭公八年，春季，陈哀公的弟弟招杀了陈国的太子偃帅。

［传］ 经文在以前的记载中称他为"陈公子招"，现在却把他

叫做"陈侯之弟招",这是为什么?回答是:尽量地列举他和陈哀公的亲属关系,是为了由此来表达对公子招的憎恶。对于大夫之间相互杀戮的事,《春秋》照例是不记载的,这里予以记载,是为什么?因为,所谓"世子",也就是唯一可以继承君位的人,要把这件事作为重大的事件予以保存,所以就记载了此事。以诸侯地位的尊贵,他的兄弟不可以随意使用表示亲属关系的称谓,经文中说明是"弟",是为了表示他与陈哀公的亲属关系。既然与陈哀公是亲属,却又杀掉了太子,所以就越发显得他可恶。

10/8.2 [经] 夏,四月辛丑,陈侯溺卒[1]。

【注释】

〔1〕陈侯溺:即陈哀公,公元前568年即位,在位共三十五年。据《左传》记载,他是悔恨公子招杀太子,所以自缢而死。

【译文】

[经] 夏季,四月的辛丑日,陈哀公溺去世。

10/8.3 [经] 叔弓如晋[1]。

【注释】

〔1〕如晋:据《左传》说,晋平公筑虒(sī,斯)祁之宫,叔弓前往庆贺。

【译文】

[经] 叔弓前往晋国。

10/8.4 [经] 楚人执陈行人干徵师[1],杀之。

[**传**] 称"人"以执大夫，执有罪也[2]。称"行人"，怨接于上也。

【注释】

〔1〕执陈行人干徵师：陈哀公去世，公子招立留为君，陈国派干徵师为使者，告知楚国，楚国听了公子胜的告发，遂扣押了使者，并将他杀了。干，《公羊》经文作"于"。

〔2〕称"人"……有罪：以本国"人"的名义捉大夫，被捉者为有罪之人，但此处为它国"人"捉大夫，就不适用这一义例了。

【译文】

[**经**] 楚国人扣押了陈国的使者干徵师，并将他杀了。

[**传**] 经文中说是"人"捉了大夫，这表示被捉的是有罪之人。经文中又说被捉者是"行人"，表明陈、楚两国的国君之间有怨仇。

10/8.5 [**经**] 陈公子留出奔郑[1]。

【注释】

〔1〕公子留：即陈哀公二妃所生之子，被公子招立为国君的继承者。楚国杀了陈国派去的使者，表明楚国将要干预陈国杀太子之事，故公子留出逃。

【译文】

[**经**] 陈国的公子留出逃郑国。

10/8.6 [**经**] 秋，蒐于红[1]。

[**传**] 正也。因蒐狩以习用武事[2]，礼之大者也。

艾兰以为防[3]，置旃以为辕门[4]，以葛覆质以为槷[5]，流旁握[6]，御擊者不得入[7]。车轨尘，马候蹄，揜禽旅[8]，御者不失其驰，然后射者能中。过防弗逐，不从奔之道也。面伤不献，不成禽不献。禽虽多，天子取三十焉，其余与士众以习射于射宫[9]。射而中，田不得禽则得禽[10]；田得禽而射不中，则不得禽。是以知古之贵仁义而贱勇力也。

【注释】

〔1〕蒐于红：蒐，读作"sōu（搜）"，打猎，古代帝王秋季的行猎称为"蒐"。红，鲁国地名，《左传》说"自根牟至于商卫"。

〔2〕狩：古代帝王冬季的行猎。

〔3〕艾兰以为防：艾，同"刈"，割取。防，射猎范围。

〔4〕置旃以为辕门：旃，读作"zhān（沾）"，红色的旗帜。辕门，古代的帝王在野外行猎时，其下榻之处往往用兵车团团围住，入口处则用两辆兵车的车辕相向，作为大门，称为辕门。

〔5〕以葛覆质以为槷：葛，同"褐"，质地较粗的布。质，通"椹"，木椹。槷，读作"niè（聂）"，门槛。

〔6〕流旁握：流，车轮。握，大约为一个拳头的长度，一握约为四寸。流旁握，指两辆车的车轮之间保持一握的距离。

〔7〕擊：读作"jí（棘）"，车轮的轴套相互碰撞。

〔8〕揜禽旅：揜，读作"yǎn（掩）"，罩住。禽，泛指猎物。旅，众。

〔9〕射宫：君王行射猎之礼的场所。

〔10〕田：猎取。

【译文】

[经] 秋季，在红这块地方行猎。

[传] 这是合乎礼制规定的。在秋、冬时节通过举行打猎的活动来练兵习武，这是礼制中的重大事情。行猎之前，先要割取

香草标出行猎范围的大小，再插上鲜红色的旌旗作为君王行辕的大门，然后用粗毛布覆盖在木椹上作为门橛，当车子来到辕门时，车轮的轴套必须离开门边约一个拳头的距离，如果车轮的轴套相互碰撞而挂在门上，就不准进入。后面的车要沿着前面车子的辙迹行进，驾车的马步伐必须一致，要猎获成群的飞禽走兽，驾车的人就不能失去对车马的控制，然后才能让放箭的人射中目标。如果猎物已经跑出了行猎范围，就不再追赶，这也是交战时不穷追猛打逃窜之敌的道理。面部受伤的猎物不能够进献祖庙作为供品，尚未成年的幼小猎物也不能够作为供品。猎物尽管很多，但天子只是从中取三十只，余下的都分给将士们在射宫作练习射箭之用。能够射中的，打猎时虽然没有获得猎物，那么这时就可以得到；如果打猎时虽然获得了猎物，但这时却射不中的，那就得不到猎物了。由此可见，古时候行射礼以不争为仁、谦让为义，并且鄙视武力。

10/8.7 ［经］陈人杀其大夫公子过[1]。

【注释】

〔1〕公子过：曾帮助公子招杀陈国太子偃师，立公子留为君。楚国杀陈国使者干徵师后，公子留出逃，公子招就将杀太子的责任推在公子过的身上，陈国人因此将他杀了。

【译文】

［经］陈国人杀了他们的大夫公子过。

10/8.8 ［经］大雩。

【译文】

［经］举行盛大的祭神求雨的仪式。

10/8.9［经］冬，十月壬午，楚师灭陈，执陈公子招，放之于越[1]，杀陈孔奂[2]。

［传］恶楚子也。

【注释】

〔1〕放之于越：放，流放。越，古国名。姒姓，祖先为夏代少康之子无余，在会稽（今浙江绍兴）建都。国土约在今江苏南部、安徽南部、浙江北部及江西东部一带。楚国的公子弃疾带着陈太子偃师之子孙吴，率军围攻陈国。至十一月，灭陈国，把陈作为楚国的一个县，并俘获公子招，将他放逐到越地，后又杀之。

〔2〕孔奂：陈国大夫。奂，《公羊》经文作"瑗"。

【译文】

［经］冬季，十月的壬午日，楚国军队灭了陈国，俘获公子招。将他放逐到越地，又杀了孔奂。

［传］这是对楚王表示憎恶。

10/8.10［经］葬陈哀公。

［传］不与楚灭，闵公也。

【译文】

［经］安葬了陈哀公。

［传］这是不赞成楚国灭亡陈国的行为，也是对陈哀公表示怜悯。

九　　年

10/9.1［经］九年^{〔1〕}，春，叔弓会楚子于陈^{〔2〕}。

【注释】

〔1〕九年：本年为周景王十二年，公元前 533 年。

〔2〕会楚子于陈：楚国灭陈后，将其地作为楚国的一个县，楚王亲来巡视，各诸侯国亦派大夫来会。

【译文】

［经］昭公九年，春季，叔弓在陈地会见楚灵王。

10/9.2［经］许迁于夷^{〔1〕}。

【注释】

〔1〕许迁于夷：夷，许国的地名，靠近楚国，此前称为城父。许国以往一直从属于楚，今见楚灭陈，遂自请迁移到靠近楚国的地方，以示对楚国的顺从。

【译文】

［经］许国迁徙到夷这个地方。

10/9.3 ［经］夏，四月，陈火^{〔1〕}。

［传］国曰灾，邑曰火。火不志，此何以志？闵陈而存之也。

【注释】
〔1〕火：《左传》经文作"灾"。

【译文】

［经］夏季，四月，陈国发生火灾。

［传］国都失火称为"灾"，城邑失火称为"火"。失火是不记载的，这里为什么记载？是为了对陈国表示怜悯之情而表示它依然存在。

10/9.4 ［经］秋，仲孙貜如齐^{〔1〕}。

【注释】
〔1〕仲孙貜：貜，读作"jué（觉）"。也称孟僖子，鲁国大夫。

【译文】

［经］秋季，仲孙貜前往齐国。

10/9.5 ［经］冬，筑郎囿^{〔1〕}。

【注释】
〔1〕郎囿：园林名，在鲁国都城的南郊。

【译文】

［经］冬季，修筑郎囿。

十　　年

10/10.1 ［经］十年[1]，春，王正月。

【注释】

〔1〕十年：本年为周景王十三年，公元前532年。

【译文】

［经］昭公十年，春季，周王的正月。

10/10.2 ［经］夏，齐栾施来奔[1]。

【注释】

〔1〕齐栾施：齐，《公羊》经文作"晋"。栾施，齐惠公的后人，字子旗，子雅之子。齐国有栾、高、鲍、陈四家贵族，互相争夺公室权力，栾、高两家都是齐惠公的后裔，为姜姓；鲍、陈两家非宗室，为妫姓。栾施与高氏后人高强一向纵情酒色，因此国人多怨之，鲍、陈遂利用这一机会，对栾施与高强发起进攻，打败了他们，瓜分其财物，栾施与高强在齐国无以容身，遂出逃到鲁国，请求庇护。自此，齐国姜姓势力大减，妫姓贵族掌握了齐国的大权。

【译文】

［经］夏季，齐国的栾施来投奔。

10/10.3 ［经］秋，七月，季孙意如、叔弓、仲孙貜帅师伐莒[1]。

【注释】

〔1〕季孙意如……伐莒：季孙意如，也称季平子，季孙宿之孙。《公羊》经文"意"作"隐"，下同。此次攻打莒国，夺取了郠邑，并使用战俘祭祀宗庙。

【译文】

［经］秋季，七月，季孙意如、叔弓、仲孙貜率军攻打莒国。

10/10.4 ［经］戊子，晋侯彪卒[1]。

【注释】

〔1〕晋侯彪：即晋平公，公元前557年即位，在位共二十五年。

【译文】

［经］戊子日，晋国国君彪去世。

10/10.5 ［经］九月，叔孙婼如晋[1]。

【注释】

〔1〕叔孙婼：此行为参加晋平公的葬礼。

【译文】

［经］九月，叔孙婼前往晋国。

10/10.6 [经] 葬晋平公^[1]。

【注释】

〔1〕葬晋平公：据《左传》记载，参加晋平公葬礼的除了鲁国的叔孙婼之外，还有齐、宋、卫、郑、许、曹、莒、邾、滕、薛、杞、小邾等十二个诸侯国的大夫。

【译文】

[经] 安葬了晋平公。

10/10.7 [经] 十有二月甲子，宋公成卒^[1]。

【注释】

〔1〕宋公成：即宋平公，公元前575年即位，在位共四十四年。成，《公羊》经文作"戌"。

【译文】

[经] 十二月的甲子日，宋国国君成去世。

<h1>十 一 年</h1>

10/11.1 ［经］十有一年[1]，春，王二月[2]。叔弓如宋[3]。

【注释】

[1]十有一年：本年为周景王十四年，公元前531年。

[2]王二月：《公羊》经文作"王正月"。

[3]如宋：此行为参加宋平公的葬礼。

【译文】

［经］昭公十一年，春季，周王二月。叔弓前往宋国。

10/11.2 ［经］葬宋平公[1]。

【注释】

[1]葬宋平公：《集解》认为，宋平公当年杀太子而自立，按《春秋》的惯例，不应当记载他的葬礼。其实《春秋》是史官据事记载，义例之说是后人的发挥，《集解》过于拘泥于此了。

【译文】

［经］安葬了宋平公。

10/11.3 [经] 夏，四月丁巳，楚子虔诱蔡侯般[1]，杀之于申。

[传] 何为名之也？夷狄之君诱中国之君而杀之，故谨而名之也。称时、称月、称日、称地，谨之也。

【注释】

〔1〕楚子虔诱蔡侯般：楚王听大夫苌弘说，蔡灵公般曾经杀了蔡景公，自立为君，楚王就将蔡灵公招到申地，在酒宴上将他杀了。

【译文】

[经] 夏季，四月的丁巳日，楚王虔诱捕了蔡灵公般，在申这个地方将他杀了。

[传] 经文为什么要记载楚王的名？因为他作为夷狄国家的国君，诱骗了中原国家的国君，并且将他杀了，所以要郑重地记下他的名。经文又记下了这件事发生的季节、记下了月份、记下了日期，记下了地点，都是为了郑重地对待这件事。

10/11.4 [经] 楚公子弃疾帅师围蔡[1]。

【注释】

〔1〕公子弃疾：楚灵王之弟，即后来的楚平王。

【译文】

[经] 楚国的公子弃疾率军围攻蔡国。

10/11.5 [经] 五月甲申，夫人归氏薨[1]。

【注释】

〔1〕归氏：即齐归，昭公之母，襄公夫人敬归的陪嫁女，称夫人是因子而贵。

【译文】

[经] 五月的甲申日，夫人归氏去世。

10/11.6 [经] 大蒐于比蒲[1]。

【注释】

〔1〕大蒐于比蒲：蒐，为国君或天子秋季的行猎之名，现五月而行"大蒐"，《左传》说"非礼"，《公羊》说"盖以罕书"。　　比蒲，鲁国地名，今地不详。

【译文】

[经] 在比蒲这个地方举行盛大的行猎活动。

10/11.7 [经] 仲孙貜会邾子，盟于祲祥[1]。

【注释】

〔1〕盟于祲祥：祲（jīn，今）祥，鲁国地名，在今山东曲阜境内。此盟为"修好"。

【译文】

[经] 仲孙貜会见邾庄公，在祲祥这个地方订立盟约。

10/11.8 [经] 秋，季孙意如会晋韩起、齐国弱、宋华亥、卫北宫佗、郑罕虎、曹人、杞人于厥慭[1]。

【注释】

〔1〕季孙意如……杞人于厥慭：此次各国大夫会见，是为了共谋救蔡，但没有达成出兵的协议，晋国派大夫狐父为蔡国向楚说情，遭到楚国的拒绝。厥慭（yín，银），地名，今河南新乡境内。《公羊》经文作"屈银"。

【译文】

［经］秋季，季孙意如在厥慭会见晋国韩起、齐国国弱、宋国华亥、卫国北宫佗、郑国罕虎、曹国人、杞国人。

10/11.9 ［经］九月己亥，葬我小君齐归。

【译文】

［经］九月的己亥日，安葬了我国国君的夫人齐归。

10/11.10 ［经］冬，十有一月丁酉，楚师灭蔡，执蔡世子友以归[1]，用之[2]。

［传］此子也，其曰"世子"何也？不与楚杀也。一事注乎志[3]，所以恶楚子也。

【注释】

〔1〕蔡世子友：友，《公羊》、《左传》经文作"有"。蔡灵公被楚王诱杀后，太子友即位，但楚王攻打蔡国，俘获友。
〔2〕用之：据《左传》记载，楚王俘获蔡世子友后，将他带回楚国，作为牺牲来祭祀冈山。
〔3〕注：连续。

【译文】

［经］冬季，十一月的丁酉日，楚国军队灭了蔡国，俘获蔡

国太子友，将他带回楚国，用作牺牲。

[**传**] 友是继位还不到一年的新君，按礼制应该称他为"子"，这里为什么称他为"世子"呢？这是为了表达不赞成楚国杀害中原国君的意思。同一件事连续地予以记载，是以此来表示对楚王的憎恶。

十 二 年

10/12.1 ［经］ 十有二年^{〔1〕}，春，齐高偃帅师纳北燕伯于阳^{〔2〕}。

［传］ "纳"者，内不受也。燕伯之不名，何也？不以高偃挈燕伯也。

【注释】

〔1〕十有二年：本年为周景王十五年，公元前530年。

〔2〕高偃帅师纳北燕伯于阳：高偃，高傒的后代，齐国大夫。北燕伯，参见10/3.6，10/6.9。阳，《左传》记事中言"唐"，实为同一地方，都指北燕的别都，在今河北文安、大城之间。

【译文】

［经］ 昭公十二年，春季，齐国的高偃率军护送北燕国君简公进入阳这个地方。

［传］ 所谓"纳"，就表示北燕国内还不肯接受他。不写明北燕国君的名，是为什么？为了不让作为大夫的高偃来带领北燕的国君。

10/12.2 ［经］ 三月壬申，郑伯嘉卒^{〔1〕}。

【注释】

〔1〕郑伯嘉：即郑简公，公元前565年即位，在位共三十六年。

【译文】

［经］三月的壬申日，郑简公嘉去世。

10/12.3 ［经］夏，宋公使华定来聘[1]。

【注释】

〔1〕使华定来聘：宋元公新立，派使者前来鲁国，以保持两国间的友好关系。

【译文】

［经］夏季，宋元公派华定来行聘问之礼。

10/12.4 ［经］公如晋，至河乃复[1]。
［传］季孙氏不使遂乎晋也[2]。

【注释】

〔1〕如晋，至河乃复：晋昭公新立，中原各诸侯国国君均前往朝见。《左传》说，鲁昭公往见，晋国以此前鲁国取莒国之田，是背盟的行为，所以拒绝让昭公进入晋国。
〔2〕季孙氏不使遂乎晋：《榖梁》的解释与《左传》不同。

【译文】

［经］昭公前往晋国，来到黄河边又返回了。
［传］这是由于季孙氏不让昭公进入晋国。

10/12.5 [经] 五月[1]，葬郑简公。

【注释】

〔1〕五月:《左传》作"六月"。

【译文】

[经] 五月，安葬了郑简公。

10/12.6 [经] 楚杀其大夫成虎[1]。

【注释】

〔1〕成虎:楚国令尹子玉之孙，字熊。一作"然"。

【译文】

[经] 楚王杀了他的大夫成虎。

10/12.7 [经] 秋，七月。

【译文】

[经] 秋季，七月。

10/12.8 [经] 冬，十月，公子慭出奔齐[1]。

【注释】

〔1〕公子慭:也称子仲，鲁国宗室。《公羊》经文作"公子整"。据《左传》记载，公子慭不满季孙氏压制公室，独揽大权，正好季孙氏的家臣南蒯也怨季平子对自己无礼，两人遂合谋除掉季平子。正当要采取

行动时，昭公让公子慭陪同去晋国，于是南蒯单独攻打季平子，不克，惧而出逃齐国。公子慭从晋国回来途中，听说南蒯事败，就也逃到齐国去了。

【译文】

［经］冬季，十月，公子慭出逃到齐国。

10/12.9 ［经］楚子伐徐[1]。

【注释】

〔1〕伐徐：徐国国君为吴王的外甥，楚伐徐是为威吓吴。

【译文】

［经］楚王攻打徐国。

10/12.10 ［经］晋伐鲜虞[1]。

［传］其曰"晋"，狄之也。其狄之，何也？不正其与夷狄交伐中国[2]，故狄称之也。

【注释】

〔1〕伐鲜虞：鲜虞，白狄建立的国家，在今河北正定一带。据《左传》记载，六月间，晋国的荀吴向鲜虞借道，进攻肥国，八月，灭肥，俘获其国君。晋军回师途中，又顺道攻打鲜虞。这与当年晋献公向虞国借道，进攻虢国，回师途中又灭了虞国是一样的手段。

〔2〕不正其与夷狄交伐中国："交伐"，交替攻伐的意思。上一条经文是"楚子伐徐"，这里又说"晋伐鲜虞"，这表明晋国随意攻打弱小国家的做法，与楚国一样。楚国是蛮夷，晋国也就如同戎狄了。此说虽然在道义上可通，但鲜虞实为狄人建立的国家，将它与中原诸侯国相提并论，恐有失经义。

【译文】

[经] 晋国攻打鲜虞国。

[传] 经文之所以要说"晋",这是把晋国当作夷狄来看待了。经文把晋当做夷狄来看待,是为什么?因为它如同夷狄一样交替攻打中原国家的做法是不符合一个盟主所应当遵循的道义的,所以就要对它使用夷狄国家的称呼。

十　三　年

10/13.1 ［经］十有三年[1]，春，叔弓帅师围费[2]。

【注释】

〔1〕十有三年：本年为周景王十六年，公元前529年。

〔2〕围费：费，读作"bì（币）"，也作"鄪"。鲁邑，僖公元年封与公子季友，此后即为季孙氏的领地。去年季孙氏家臣南蒯与公子憖合谋除季平子，未果，二人逃往齐国，故季平子命叔弓攻打费邑，强迫费人与南蒯决裂。

【译文】

［经］昭公十三年，春季，叔弓率军围攻费邑。

10/13.2 ［经］夏，四月，楚公子比自晋归于楚[1]，弑其君虔于乾溪[2]。

［传］自晋，晋有奉焉尔。归而弑，不言归，言归非弑也。归一事也，弑一事也，而遂言之，以比之归弑，比不弑也。弑君者日，不日，比不弑也。

【注释】

〔1〕公子比：也称子干，楚国大夫。楚灵王杀君自立，又多行不义，

引起国人的怨恨，公子弃疾将公子比从晋国召回，共商除掉楚王之事。

〔2〕弑其君虔于乾溪：公子比与公子黑肱等反对楚王的人，在邓结盟，共除楚王。时楚王在乾溪筑台，公子弃疾推比为王，又驱散了筑台的民工，楚灵王在众人的逼迫下，自缢而死。乾溪，楚国地名。

【译文】

[**经**] 夏季，四月，楚国的公子比从晋国回到楚国，在乾溪杀了他的国君虔。

[**传**] "自晋"，表明是晋国向公子比提供了帮助。如果是回国以后杀了楚王，就不说"归"了，既然说到了"归"，就表明楚王不是他杀的。回国是一回事，杀掉楚王又是一回事，现在经文将这两件事连在一起说，是因为公子比回国的时候恰好遇上楚王被杀，其实公子比并没有杀害楚王。杀国君是要记载日期的，现在经文并没有记载日期，这就说明公子比没有杀楚王。

10/13.3 [**经**] 楚公子弃疾杀公子比[1]。

[**传**] 当上之辞也。当上之辞者，谓不称人以杀，乃以君杀之也。讨贼以当上之辞杀，非弑也。比之不弑有四[2]，取国者称国以弑，楚公子弃疾杀公子比，比不嫌也。《春秋》不以嫌代嫌，弃疾主其事，故嫌也。

【注释】

〔1〕公子弃疾杀公子比：公子弃疾虽推公子比为楚王，逼灵王自杀，实际是想自己取而代之，故到处散布公子比杀灵王自立的事，国人果然群起反对公子比与公子黑肱，迫使二人自杀。于是公子弃疾即位为楚王，名曰熊居。

〔2〕比之不弑有四：这句是说，公子比没有杀君之罪的理由有四条。《集解》据前后这两段经文的记载，归纳出这样四条理由：一，经言"归于楚"。《传》例，"归"是用在赞许某人从某地返回的言辞，如果

确有公子比杀君之举，经文就不会用这个词了。二，经将"归于楚"和
"弑其君"这两件事分开记载，但语气相连，说明这两件事是在同一时
间发生的。公子比回国，正好灵王死去，故公子比不可能杀灵王。三，
经文在记载臣下杀君时，一般都记载日期，既未记载，就表明公子比没
有杀君。四，经言"公子弃疾杀公子比"。如果公子比是杀君的国贼，
记载其被杀应该用"（楚）人杀公子比"这样的句式，现在将已经自立
为君的公子弃疾放在句前，这就是变成君杀大夫的意思了。这四条理由，
虽然也说明一点问题，但过于烦琐。《公羊》以为经称"杀公子比"，是
因为虽被推为王，但效死不立，所以实际上他并未即位，仍是大夫的身
份。再结合前一段经所言，实为公子弃疾在操纵此事，所以杀灵王的罪
魁当为弃疾。

【译文】

　　[经] 楚国的公子弃疾杀了公子比。

　　[传] 这是表示公子弃疾以国君自居的说法。所谓以国君自
居的说法，也就是不说是"国人"杀了公子比，而是国君杀了
他。讨伐国贼使用以国君自居的说法，而不用"国人"杀大夫的
说法，也表明公子比不是杀害灵王的人。公子比没有杀害灵王的
理由共有四条，如果他真是篡夺了君位后被杀，就要说国人杀了
国君公子比，现在经文是说"楚公子弃疾杀公子比"，可见公子
比没有杀害灵王的嫌疑。《春秋》不用一个有嫌疑的人来取代另
一个有嫌疑的人，是公子弃疾主谋逼灵王自杀的，所以他倒是有
杀害国君的嫌疑。

10/13.4 [经] 秋，公会刘子、晋侯、齐侯、宋公、
卫侯、郑伯、曹伯、莒子、邾子、滕子、薛伯、杞伯、
小邾子于平丘[1]。

【注释】

　　〔1〕公会……于平丘：刘子，即刘献公，周王卿。平丘，地名。在
今河南封丘东南。此次诸侯大会，是晋侯为了向各国诸侯显示自己的霸

主权威。

【译文】

[经] 秋季,昭公在平丘会见周王的卿刘献公、晋昭公、齐景公、宋元公、卫灵公、郑定公、曹武公、莒著丘公、邾庄公、滕悼公、薛献公、杞平公、小邾穆公。

10/13.5 [经] 八月甲戌,同盟于平丘,公不与盟[1]。

[传] "同"者,有同也,同外楚也。"公不与盟"者,可以与而不与,讥在公也。其日,善是盟也。

【注释】

〔1〕公不与盟:由于邾、莒两国向晋昭公诉说鲁国近年来不断侵犯之事,晋侯遂拒绝会见昭公,因此他没有参与结盟。

【译文】

[经] 八月的甲戌日,诸侯在平丘结盟,昭公没有参与盟会。

[传] "同"字的意思,就是说有共同的目的,这就是一起将楚国排除在中原诸侯国之外。"公不与盟"的意思,就是说本来昭公是可以参加结盟的,但结果并没有参加,这是在讥讽昭公。经文记载了诸侯会盟的日期,是对这次盟会表示赞扬的意思。

10/13.6 [经] 晋人执季孙意如以归[1]。

【注释】

〔1〕执季孙意如:因为鲁国多次侵犯邾、莒两国,实则季孙氏所为。

故晋侯扣押了季孙意如，作为惩罚。

【译文】

　　［经］晋国人扣押了季孙意如后回国。

10/13.7 ［经］ 公至自会。

【译文】

　　［经］昭公从诸侯大会返回，向祖庙行祭告之礼。

10/13.8 ［经］ 蔡侯庐归于蔡[1]，陈侯吴归于陈[2]。

　　［传］善其成之会而归之，故谨而日之。此未尝有国也，使如失国辞然者，不与楚灭也。

【注释】

　　〔1〕蔡侯庐：即蔡平公，太子友之子。
　　〔2〕陈侯吴：即陈惠公，太子偃师之子。楚公子弃疾即位为楚平王，为了收服民心，恢复蔡、陈两国，安排国君回国就位。《穀梁》把此事与平丘之会挂起钩来，与《左传》不同。

【译文】

　　［经］蔡平公庐回到蔡国，陈惠公吴回到陈国。
　　［传］这是赞扬他们得益于平丘的会盟而能够返回自己的国家，所以经文郑重地记载了会盟的日子。蔡侯和陈侯其实还没有自己的国家，经文却写得像是他们已经回到了失去的国家的样子，这是为了不赞许楚国灭掉中原国家。

10/13.9 ［经］ 冬，十月，葬蔡灵公。

［传］ 变之不葬有三[1]：失德不葬，弑君不葬，灭国不葬。然且葬之，不与楚灭，且成诸侯之事也。

【注释】

〔1〕变之不葬：变，指经文改变记载的惯例。不葬，不记载葬礼。

【译文】

［经］ 冬季，十月，安葬了蔡灵公。

［传］ 经文不记载葬礼的变例有三条：丧失君德的不记载他的葬礼，被杀害的不记载他的葬礼，国家被灭亡的不记载他的葬礼。但是现在又记载蔡灵公的葬礼，这是为了表示不赞许楚国灭掉蔡国，同时也为了成全诸侯平丘之盟的善举。

10/13.10 ［经］ 公如晋，至河乃复[1]。

【注释】

〔1〕至河乃复：此为请求晋国释放季孙意如，但被晋国拒绝，昭公只得返回。

【译文】

［经］ 昭公前往晋国，到了黄河边又返回了。

10/13.11 ［经］ 吴灭州来[1]。

【注释】

〔1〕吴灭州来：州来为楚国的邑（参见 8/7.11 注〔1〕），被吴国攻占后，令尹子旗请求讨伐吴国，楚平王鉴于灵王的滥用武力，失去民心，

因而未予同意。

【译文】

　　［经］吴国攻灭了州来。

十　四　年

10/14.1 ［经］十有四年[1]，春，意如至自晋。

［传］大夫执则致，致则名，意如恶，然而致，见君臣之礼也。

【注释】

〔1〕十有四年：本年为周景王十七年，公元前528年。

【译文】

［经］昭公十四年，春季，意如从晋国返回。

［传］大夫在别的国家被捉，释放回来后必须举行祭告祖庙的仪式，既要祭告祖庙就必须记载他的名，以意如这样的行为恶劣，也还是要为他祭告祖庙的，这正是为了显示君臣之间的礼貌。

10/14.2 ［经］三月，曹伯滕卒[1]。

【注释】

〔1〕曹伯滕：即曹武公，名滕，一作胜。公元前554年即位，在位共二十七年。

【译文】

［经］三月，曹国国君滕去世。

10/14.3［经］夏，四月。

【译文】

［经］夏季，四月。

10/14.4［经］秋，葬曹武公。

【译文】

［经］秋季，安葬了曹武公。

10/14.5［经］八月，莒子去疾卒[1]。

【注释】

〔1〕莒子去疾：即莒著丘公，名去疾，又名郊公。公元前540年即位，在位十三年。

【译文】

［经］八月，莒国国君去疾去世。

10/14.6［经］冬，莒杀其公子意恢[1]。

［传］言公子而不言大夫，莒无大夫也。莒无大夫而曰"公子意恢"，意恢贤也。曹、莒皆无大夫，其所以无大夫者，其义异也[2]。

【注释】

〔1〕杀其公子意恢：公子意恢，莒国公子。莒著丘公去世后，其子郊公毫无哀伤之情，国人不愿以他为君，但郊公与公子意恢友善，于是公子铎与蒲余侯密谋杀了公子意恢，迎回庚舆，立其为君。

〔2〕其义异：《集解》说："曹叔振铎，文王之子，武王封之于曹，在甸服之内，后削小尔。莒，己姓，东夷，本微国。"

【译文】

[经] 冬季，莒国杀了公子意恢。

[传] 经文称他为"公子"而不称为"大夫"，是因为莒国没有周王正式委任的大夫。莒国虽然没有大夫，经文却称他为"公子意恢"，表明公子意恢是一个贤明的人。曹国和莒国都没有周王正式委任的大夫，但是两国之所以没有大夫的原因，是不同的。

十 五 年

10/15.1 ［经］十有五年^{〔1〕}，春，王正月。吴子夷末卒^{〔2〕}。

【注释】

〔1〕十有五年：本年为周景王十八年，公元前527年。

〔2〕吴子夷末：即吴王馀末，《公羊》经文作"夷昧"。

【译文】

［经］昭公十五年，春季，周王的正月。吴王夷末去世。

10/15.2 ［经］二月癸酉，有事于武宫^{〔1〕}。籥入^{〔2〕}，叔弓卒，去乐卒事。

［传］君在祭乐之中，闻大夫之丧，则去乐卒事，礼也。君在祭乐之中，大夫有变，以闻，可乎？大夫，国体也，古之人重死，君命无所不通。

【注释】

〔1〕有事于武宫：有事，指正在举行祭祀仪式。武宫，鲁武公的祭庙。于成公六年建立。

〔2〕籥：本指为羽舞伴奏的一种管乐器，这里指舞蹈者与乐队。

【译文】

[经] 二月的癸酉日，在武公之庙举行祭祀仪式。正当籥舞开始的时候，传来了叔弓去世的消息，于是撤掉乐队，中止祭祀。

[传] 国君在举行祭祀演奏音乐时，听到大夫去世的消息，就撤掉乐队中止祭祀，这是礼制的规定。国君在举行祭祀演奏音乐时，大夫有了什么变故，要想让国君知道，这样做行吗？这是可以的。因为大夫好比是国君的股肱，古时候的人重视死亡，凡是这类事要向国君报告，是没有什么可以阻挡的。

10/15.3 [经] 夏，蔡朝吴出奔郑[1]。

【注释】

〔1〕蔡朝吴出奔郑：朝吴，蔡国的大夫，为蔡复国的功臣。楚国大夫费无极忌恨他，就挑拨众人将他放逐。《公羊》经文"朝"作"昭"，无"出"字。

【译文】

[经] 夏季，蔡国的朝吴出逃到郑国。

10/15.4 [经] 六月丁巳，朔，日有食之[1]。

【注释】

〔1〕日有食之：食甚为本日十二时五十五分四十秒。

【译文】

[经] 六月的丁巳，初一日，发生日食。

10/15.5［经］秋，晋荀吴帅师伐鲜虞。

【译文】

［经］秋季，晋国的荀吴率军攻打鲜虞。

10/15.6［经］冬，公如晋[1]。

【注释】

〔1〕如晋：此为感谢晋国释放季孙意如而去。

【译文】

［经］冬季，昭公前往晋国。

十 六 年

10/16.1 ［经］ 十有六年[1]，春，齐侯伐徐。

【注释】

　〔1〕十有六年：本年为周景王十九年，公元前526年。

【译文】

　　［经］ 昭公十六年，春季，齐景公攻打徐国。

10/16.2 ［经］ 楚子诱戎蛮子杀之[1]。

【注释】

　〔1〕诱戎蛮子杀之：戎蛮，活动于今河南汝阳一带。蛮，《公羊》
经文作"曼"。据《左传》记载，戎蛮发生内乱，楚平王趁机派然丹
前去攻打，诱杀其首领嘉，并立其子为首领。由此楚国控制了这一带
的戎蛮。

【译文】

　　［经］ 楚平王诱骗戎蛮子来杀了他。

10/16.3 ［经］夏，公至自晋。

【译文】

　　［经］夏季，昭公从晋国返回，向祖庙行祭告之礼。

10/16.4 ［经］秋，八月己亥，晋侯夷卒[1]。

【注释】

　　〔1〕晋侯夷：即晋昭公，公元前531年即位，在位共六年。

【译文】

　　［经］秋季，八月的己亥日，晋国国君夷去世。

10/16.5 ［经］九月，大雩。

【译文】

　　［经］九月，举行盛大的祭神求雨仪式。

10/16.6 ［经］季孙意如如晋。

【译文】

　　［经］季孙意如前往晋国。

10/16.7 ［经］冬，十月，葬晋昭公[1]。

【注释】

〔1〕葬晋昭公：鲁国由季平子前去参加葬礼。

【译文】

［经］冬季，十月，安葬了晋昭公。

十 七 年

10/17.1 ［经］十有七年[1]，春，小邾子来朝。

【注释】

〔1〕十有七年：本年为周景王二十年，公元前525年。

【译文】

［经］昭公十七年，春季，小邾穆公来朝见。

10/17.2 ［经］夏，六月甲戌朔，日有食之[1]。

【注释】

〔1〕日有食之：《日食集证》说，本年为闰三月，推至六月朔，无甲戌。疑以"昭公十二年甲戌朔"脱简误于此处。

【译文】

［经］夏季，六月的甲戌，初一日，发生日食。

10/17.3 ［经］秋，郯子来朝[1]。

【注释】

〔1〕郯子：郯国国君。郯国相传为少昊的后裔，在今山东郯城西南。

【译文】

　[经] 秋季，郯国国君来朝见。

10/17.4 [经] 八月，晋荀吴帅师灭陆浑戎[1]。

【注释】

〔1〕陆浑戎：戎人的一支，活动于雒邑附近及晋国南部，时与楚国友好。《左传》经文作"陆浑之戎"。《公羊》经文作"贲浑戎"。

【译文】

　[经] 八月，晋国的荀吴率军灭了陆浑戎。

10/17.5 [经] 冬，有星孛于大辰[1]。

　[传] 一有一亡曰"有"。"于大辰"者，滥于大辰也[2]。

【注释】

〔1〕星孛于大辰：星孛，即指彗星。大辰，古又称大火，即二十八宿中的房、心、尾三宿。
〔2〕滥：阑入之意。

【译文】

　[经] 冬季，有彗星扫过大辰。

　[传] 一时有一时无，这就称为"有"。"于大辰"的意思，就是说彗尾横扫过大辰所在的位置。

10/17.6 ［经］楚人及吴战于长岸〔1〕。

［传］两夷狄曰败，中国与夷狄亦曰败，楚人及吴战于长岸，进楚子，故曰"战"。

【注释】

〔1〕战于长岸：长岸，楚国地名。此战为吴国先攻打楚国，吴被击败，后楚国又被吴打败。

【译文】

［经］楚国人与吴国在长岸这个地方交战。

［传］交战双方都是夷狄就称为败，中国与夷狄交战打败夷狄，也称为败。楚国人与吴国在长岸这个地方交战，因为要提升楚王的地位，所以称为"战"。

十 八 年

10/18.1 ［经］ 十有八年^[1]，春，王三月，曹伯
须卒^[2]。

【注释】

〔1〕十有八年：本年为周景王二十一年，公元前 524 年。

〔2〕曹伯须：即曹平公，公元前 527 年即位，在位共四年。

【译文】

［**经**］昭公十八年，春季，周王三月，曹国国君须去世。

10/18.2 ［经］ 夏，五月壬午，宋、卫、陈、郑灾。

［**传**］其志，以同日也。其日，亦以同日也。或曰
人有谓郑子产曰^[1]：“某日有灾。”子产曰：“天者神，
子恶知之？”是人也，同日为四国灾也。

【注释】

〔1〕郑子产：也称公孙侨、公孙成子，子国之子。名侨，字子产，
一字子美。郑简公时为执政大夫，在治理国家时，创按“丘”征“赋”
的制度，又“铸刑书”，公布法律。在此次火灾中，他组织抢救，使郑
国减少了损失。

【译文】

[经] 夏季，五月的壬午日，宋国、卫国、陈国、郑国发生火灾。

[传] 记载四国发生火灾，因为火灾是发生在同一天。记载火灾发生的日期，也是因为火灾发生在同一天。一种说法是，有人对郑国的子产说："某一天会发生火灾。"子产说："上天就是神灵，你怎么知道会发生这样的事？"就是这个人，预测到同一天会在四国发生火灾。

10/18.3 [经] 六月，邾人入鄅[1]。

【注释】

〔1〕邾人入鄅：鄅（yǔ，雨），古国名。妘姓，在启阳（今山东平原西南）建国，春秋末入于鲁国。邾国人趁鄅国国君出城视察种植水稻时，发兵袭击鄅国，俘获了鄅国国君。

【译文】

[经] 六月，邾国人进入鄅国。

10/18.4 [经] 秋，葬曹平公。

【译文】

[经] 秋季，安葬了曹平公。

10/18.5 [经] 冬，许迁于白羽[1]。

【注释】

〔1〕许迁于白羽：白羽，许国地名，也称"析"，今河南内乡、淅川

一带。此次迁移，是在楚国的帮助下完成的，目的在于替许国摆脱郑国的侵扰。

【译文】

　　[经] 冬季，许国迁到白羽这个地方。

十 九 年

10/19.1 ［经］十有九年^{〔1〕}，春，宋公伐邾^{〔2〕}。

【注释】

〔1〕十有九年：本年为周景王二十二年，公元前 523 年。

〔2〕伐邾：上年邾国攻打鄅国，并俘获了鄅国国君。鄅国夫人为宋国向戌之女，于是向戌之子向宋请求出兵攻打邾国。二月，宋元公率军攻打邾国，围攻虫邑。三月，夺取虫邑，释放了所有鄅国的战俘。

【译文】

［经］昭公十九年，春季，宋元公攻打邾国。

10/19.2 ［经］ 夏，五月戊辰，许世子止弑其君买^{〔1〕}。

［传］日杀，正卒也。正卒，则止不弑也。不弑而曰"弑"，责止也。止曰："我与夫弑者。"不立乎其位，以与其弟虺，哭泣，歠饘粥^{〔2〕}，嗌不容粒^{〔3〕}，未逾年而死。故君子即止自责，而责之也。

【注释】

〔1〕许世子止弑其君买：买，许悼公之名。据《左传》说，许悼公得了疟疾，喝了太子止送上的药以后就死了。于是太子止出逃到晋国。

〔2〕歠饘：歠，读作"chuò（绰）"，喝。饘，读作"zhān（毡）"，同"馆"，厚的粥。

〔3〕嗌：咽喉。

【译文】

［经］夏季，五月的戊辰日，许国的太子止杀了他的国君买。

［传］经文记载国君被害的日期，这表示国君是正常死亡。既然是正常死亡，那么太子止就没有杀害国君了。但既然没有杀，为什么经文中却说是"弑"？这是为了表示对太子止的谴责。太子止说："我就好像是杀了国君的人。"所以他不愿接受君位，而将君位让给了自己的弟弟虺，整天哭泣，喝点粥，但咽喉里却容不下一粒米，这样不到一年就死去了。所以，君子是根据太子止的自责来谴责他的。

10/19.3 ［经］己卯，地震。

【译文】

［经］己卯日，发生地震。

10/19.4 ［经］秋，齐高发帅师伐莒[1]。

【注释】

〔1〕高发：齐国大夫，高氏的后人。

【译文】

[经] 秋季，齐国的高发率军攻打莒国。

10/19.5 [经] 冬，葬许悼公。

[传] 日卒、时葬，不使止为弑父也[1]。曰：子既生，不免乎水火，母之罪也；羁贯成童[2]，不就师傅，父之罪也；就师学问无方，心志不通，身之罪也；心志既通，而名誉不闻，友之罪也；名誉既闻，有司不举，有司之罪也；有司举之，王者不用，王者之过也。许世子不知尝药[3]，累及许君也。

【注释】

〔1〕不使止为弑父：《穀梁》根据其"日卒、时葬"的义例，说明《春秋》的作者并不认为止真的杀了许悼公。

〔2〕羁贯：儿童的发髻。此处指童年时期。

〔3〕不知尝药：《穀梁》认为止不懂得尝药的重要性，导致许悼公死亡，所以止无罪。这是为了证明其"日卒、时葬"的义例。《公羊》则认为，《春秋》之义，贼不讨，不书葬，现在经文书葬，显然不把止当做弑君的罪人来看待。前文书"弑"，是为了表明止有过失，现在书"葬"，是原谅止的无知，事发以后又能自责。这是把握了问题的关键，比《穀梁》的解说来得准确。

【译文】

[经] 冬季，安葬了许悼公。

[传] 经文记载了许悼公去世的日期、安葬的季节，这是为了表明不让太子止承担杀父的罪名。都说：孩子生下来以后，如果他不能免除水、火之类各种意外的伤害，这是母亲的罪责；孩子到了可以挽起发髻的儿童时代，如果不跟着老师学习，那是父亲的罪责；如果孩子尽管跟着老师学习，但方法不对，以致心志

不开窍，那就是他自己的罪责了；心志尽管已经开窍，但名声并不能传播开去，那是他的朋友的罪责；名声尽管已经得到传扬，但作为他上司的官员不推荐他，那是官员的罪责；上司尽管已经推荐了他，但君王却不任用他，那就是君王的过失了。许国的太子不知道品尝药物的重要，所以就连累到了许国的国君。

二 十 年

10/20.1［经］二十年^[1]，春，王正月。

【注释】

〔1〕二十年：本年为周景王二十三年，公元前 522 年。

【译文】

［**经**］昭公二十年，春季，周王的正月。

10/20.2［经］夏，曹公孙会自梦出奔宋^[1]。

［**传**］"自梦"者，专乎梦也^[2]。曹无大夫，其曰"公孙"，何也？言其以贵取之^[3]，而不以叛也。

【注释】

〔1〕公孙会自梦出奔：公孙会，曹国的宗室，曹宣公同母之弟公孙喜时的后人。梦，《公羊》经文作"鄸"。曹国地名。

〔2〕专：专断。

〔3〕以贵取之：指公孙会的祖上公孙喜时有贤德，所以根据《春秋》善善从长之义，对公孙会也以贤人视之。这是《穀梁》拘泥经文的义例，不顾事实的说法。春秋时大夫在邑中专权，均有叛意，公孙会出逃宋国，以梦为见面礼献上，是明显的叛国行为了。

【译文】

[经] 夏季，曹国的公孙会从梦这个地方出逃到宋国。

[传] 所谓"自梦"，也就是说他在梦地专制独断。曹国是没有周王委任的大夫的，这里却称他为"公孙"，是为什么？这表示公孙会是因为出身于尊贵的贤臣之家而取得梦这个地方的，并非将梦这个地方作为他背叛国家的立足点。

10/20.3 [经] 秋，盗杀卫侯之兄辄[1]。

[传] 盗，贱也。其曰"兄"，母兄也。目卫侯[2]，卫侯累也。然则何为不为君也？曰，有天疾者[3]，不得入乎宗庙。"辄"者何也？曰：两足不能相过[4]，齐谓之綦，楚谓之蹙，卫谓之辄。

【注释】

〔1〕盗杀卫侯之兄辄：辄，卫灵公的同母兄，也称公孟絷。当时辄看不起卫国司寇齐豹，随便剥夺他的权力，又厌恶北宫喜、褚师圃，想除掉这两个人。在卫国做官的宋国人公子朝与卫襄公的夫人宣姜私通，害怕被辄知道。于是，齐豹、北宫喜、褚师圃、公子朝这四人阴谋作乱，由齐豹出面，杀了辄。

〔2〕目卫侯：目，标目。意思是在写到辄的时候将卫侯放在他前面。

〔3〕天疾：先天就有的残疾。

〔4〕相过：平行。

【译文】

[经] 秋季，贼人杀了卫灵公的哥哥辄。

[传] 盗，是地位低贱的人。经文中称辄为"兄"，因为他是卫灵公的同母兄长。将卫灵公放在辄的前面，表示此事与他有牵连。既然辄是卫灵公的兄长，那么他为什么没有成为国君呢？因

为天生有残疾的人，是不能进入宗庙的。"辄"是什么意思？回答说：就是双脚不能平行走路。这种情况，在齐国叫做"綦"，在楚国叫做"蹷"，在卫国就叫做"辄"。

10/20.4 ［经］ 冬，十月，宋华亥、向宁、华定出奔陈[1]。

【注释】

〔1〕宋华亥……出奔陈：华、向二氏，是宋国的贵族，一向掌握实权，宋元公不信任大夫，又无端猜疑，华亥与向宁遂密谋攻打公室，先后杀了公子寅、公子御戎、公子朱、公子固等人，还扣押了其他公子作为人质。宋元公前往讨还人质，也被扣押。但自此华亥每天要与其妻服侍群公子，甚以为苦，就想释放人质，向宁坚决反对。元公遂命司马攻华氏，于是华亥与向宁、华定出逃到陈国避难。此事可见宋国君臣无信，相互攻伐，足证当时公室的无能。

【译文】

［经］冬季，十月，宋国的华亥、向宁、华定出逃到陈国。

10/20.5 ［经］ 十有一月辛卯，蔡侯庐卒[1]。

【注释】

〔1〕蔡侯庐：即蔡平公，公元前 530 年即位，在位共九年。庐，《左传》经文作"卢"。

【译文】

［经］十一月的辛卯日，蔡国国君庐去世。

二十一年

10/21.1 ［经］ 二十有一年^{〔1〕}，春，王三月，葬蔡平公。

【注释】

〔1〕二十有一年：本年为周景王二十四年，公元前521年。

【译文】

［**经**］昭公二十一年，春季，周王三月，安葬了蔡平公。

10/21.2 ［经］ 夏，晋侯使士鞅来聘^{〔1〕}。

【注释】

〔1〕士鞅来聘：当时鲁国由叔孙昭子执政，季孙氏忌恨之，遂趁士鞅来聘时故意得罪他，结果士鞅果然被激怒，加罪于鲁国，鲁国只得添加重礼赔罪。此事既见季孙氏的卑鄙，又体现晋国的强横。

【译文】

［**经**］夏季，晋顷公派士鞅来行聘问之礼。

10/21.3〔经〕宋华亥、向宁、华定自陈入于宋南里[1]，以叛[2]。

〔传〕"自陈"，陈有奉焉尔。"入"者，内弗受也。其曰"宋南里"，宋之南鄙也。"以"者，不以者也。"叛"，直叛也。

【注释】

〔1〕宋华亥……入于宋南里：华亥、向宁、华定出逃到陈国后，宋国司马华费遂次子多僚与其兄貙（chū，出）争权，诬陷貙欲接纳华亥等人，与宋元公谋逐貙，此事为貙的下属张匄识破，张匄杀多僚，劫持华费遂，又召华亥等人进入宋都的南里，与元公为敌。南里，《左传》以为宋国都城中的里名。当以《左传》为是。

〔2〕叛：《公羊》经文作"畔"。

【译文】

〔经〕宋国的华亥、向宁、华定从陈国进入宋国的南里，以此叛宋。

〔传〕"自陈"，表示陈国对他们曾有所帮助。说"入"，那就表明其实宋国并不接受他们。经文说"宋南里"，指宋国国都南部的街坊。所谓"以"，也就是不能用叛乱这种方式。"叛"，就是直接背叛了宋国。

10/21.4〔经〕秋，七月壬午，朔，日有食之[1]。

【注释】

〔1〕日有食之：食甚为本日十二时三十分五十五秒。

【译文】

[经] 秋季，七月的壬午，初一日，发生日食。

10/21.5 [经] 八月乙亥，叔辄卒[1]。

【注释】

〔1〕叔辄卒：也称子叔。辄，《公羊》经文作"痤"。

【译文】

[经] 八月的乙亥日，叔辄去世。

10/21.6 [经] 冬，蔡侯东出奔楚[1]。

[传]"东"者，东国也。何为谓之东也？王父诱而杀焉[2]，父执而用焉[3]，奔而又奔之，曰东，恶之而贬之也。

【注释】

〔1〕蔡侯东：东，《左传》经文作"朱"。据《左传》，朱为蔡平公之子，即君位后与大夫不和，故失其位而奔楚。《史记·十二诸侯年表》与《左传》异，记云：蔡平公薨，灵公之孙东国杀平公之子而自立，蔡悼公东国元年奔楚。所记与《穀梁》合。

〔2〕王父诱而杀：王父，即祖父。指东国的祖父蔡灵公般被楚王诱捕而杀。

〔3〕父执而用：东国的父亲蔡世子友被楚王俘获后作为牺牲祭祀社神。

【译文】

[经] 冬季，蔡悼公东国出逃楚国。

[传]"东",就是东国。为什么要称他为"东"？因他的祖父是被楚王诱捕而杀的，他的父亲也被楚王俘获后作为牺牲祭祀社神，他逃出了蔡国，又逃到与蔡国有怨仇的地方，所以称他为"东"，来表示对他的憎恶，并且贬斥他。

10/21.7 [经] 公如晋，至河乃复[1]。

【注释】

〔1〕至河乃复：因鼓国人叛晋，晋国准备讨伐，所以没有让昭公进入晋国。

【译文】

[经] 昭公前往晋国，到黄河边就返回了。

二十二年

10/22.1 ［经］ 二十有二年[1]，春，齐侯伐莒[2]。

【注释】
〔1〕二十有二年：本年为周景王二十五年，公元前520年。
〔2〕伐莒：此前齐国的北郭启攻打莒国，莒共公击败齐军，于是齐景公亲自率军来伐。

【注释】

〔1〕二十有二年：本年为周景王二十五年，公元前520年。

〔2〕伐莒：此前齐国的北郭启攻打莒国，莒共公击败齐军，于是齐景公亲自率军来伐。

【译文】

［经］昭公二十二年，春季，齐景公攻打莒国。

10/22.2 ［经］ 宋华亥、向宁、华定自宋南里出奔楚[1]。

［传］"自宋南里"者，专也。

【注释】

〔1〕宋华亥……出奔楚：宋元公的军队围困南里，楚国大夫以讨乱臣的名义率军前来，实为援救宋国的华氏，于是华亥等人投奔楚国。

【译文】

［经］宋国的华亥、向宁、华定从宋国的南里出逃到楚国。

[传] 说"自宋南里",表示华亥等人控制了南里。

10/22.3 [经] 大蒐于昌间[1]。

[传] 秋而曰蒐[2]，此春也，其曰"蒐"，何也? 以蒐事也。

【注释】

〔1〕昌间：鲁国地名，《公羊》经文作"昌奸"。

〔2〕秋而曰蒐：《左传》、《周礼》都说蒐是春猎之名，与《穀梁》异。

【译文】

[经] 在昌间这个地方举行盛大的行猎活动。

[传] 只有秋季行猎才能用"蒐"这个名称，现在只是春季，经文说"蒐"，是什么意思? 因为要想借行猎来练兵习武。

10/22.4 [经] 夏，四月乙丑，天王崩[1]。

【注释】

〔1〕天王崩：天王，即周景王，名贵。公元前544年即位，在位共二十五年。他去世前后，周王室为了争立太子而引起内乱。

【译文】

[经] 夏季，四月的乙丑日，周景王去世。

10/22.5 [经] 六月，叔鞅如京师[1]，葬景王[2]。王室乱[3]。

[传] 乱之为言，事未有所成也。

【注释】

〔1〕叔鞅：叔弓之子，鲁国大夫。

〔2〕葬景王：周景王与四月去世，六月便举行葬礼，不合天子七月而葬的礼制。这是王室内乱的缘故。

〔3〕王室乱：周景王欲立庶长子王子朝，刘献公和单穆公则拥护王子猛。景王心病发作而死，不久刘献公也死，于是单穆公立王子猛为王室继承人。王子猛既立，安葬了周景王，王子朝即利用周室旧臣及周灵王、景王的其他子孙作乱。单穆公与之交战，杀了王子还等八个王子，王子朝出逃。于是刘献公之子进入王城。

【译文】

[经] 六月，叔鞅前往京城，安葬了周景王。周王室发生内乱。

[传] 经文中使用"乱"这样的言辞，就表示事情没有成功。

10/22.6 [经] 刘子、单子以王猛居于皇[1]。

[传] "以"者，不以者也[2]。"王猛"，嫌也。

【注释】

〔1〕刘子、单子以王猛居于皇：刘子，献公刘挚嗣子，名狄，字伯蚠（fēn，纷）。单子，即穆公单旗。皇，地名。在今河南巩县西南。

〔2〕不以：指刘子、单子不应该立王子猛。

【译文】

[经] 刘子、单子带着王子猛入住皇。

[传] "以"的意思，就是不应该"以"。称"王猛"，表示

他有篡位的嫌疑。

10/22.7 ［经］ 秋，刘子、单子以王猛入于王城[1]。

［传］ "以"者，不以者也。"入"者，内弗受也。

【注释】

〔1〕王城：即郏鄏，在今河南洛阳瀍水之西。

【译文】

［经］秋季，刘子、单子带着王子猛进入王城。

［传］"以"的意思，就是不应该"以"。"入"的意思，表示王室不愿接纳王子猛。

10/22.8 ［经］ 冬，十月，王子猛卒[1]。

［传］ 此不卒者也，其曰卒，失嫌也。

【注释】

〔1〕王子猛卒：经文记载为"十月"，《左传》的记载是"十一月乙酉"。时周景王去世尚未逾年，故王子猛也还不能正式即位。王子猛卒后，其同母弟匄立，为敬王，追谥子猛为悼王。

【译文】

［经］冬季，十月，王子猛去世。

［传］这是不应当记载他死亡消息的人，经文中却说"卒"，这表示王子猛死去后他篡位的嫌疑也随之消失了。

10/22.9 ［经］ 十有二月，癸酉，朔，日有食之[1]。

【注释】

〔1〕日有食之：食甚在本日十三时三十分十八秒。

【译文】

［经］十二月的癸酉，初一日，发生日食。

二十三年

10/23.1 ［经］二十有三年^[1]，春，王正月。叔孙婼如晋^[2]。

【注释】
　〔1〕二十有三年：本年为周敬王元年，公元前 519 年。
　〔2〕叔孙婼：《公羊》经文作"叔孙舍"，下同。

【译文】
　［经］昭公二十三年，春季，周王的正月。叔孙婼前往晋国。

10/23.2 ［经］癸丑，叔鞅卒。

【译文】
　［经］癸丑日，叔鞅去世。

10/23.3 ［经］晋人执我行人叔孙婼^[1]。

【注释】
　〔1〕执我行人叔孙婼：邾国人无端遭鲁人设伏袭击，告于晋顷公，

晋顷公来问罪，叔孙婼前往晋国解释，被扣押。

【译文】

[经] 晋国人扣押了我国的使者叔孙婼。

10/23.4 [经] 晋人围郊[1]。

【注释】

〔1〕晋人围郊：郊为周邑，《公羊》说是"天子之邑"。被王子朝占据，周敬王派军队会同晋国军队一起围攻。

【译文】

[经] 晋国人围攻郊邑。

10/23.5 [经] 夏，六月，蔡侯东国卒于楚[1]。

【注释】

〔1〕东国：参见 10/21.6 注〔1〕。

【译文】

[经] 夏季，六月，蔡侯东国在楚国去世。

10/23.6 [经] 秋，七月，莒子庚舆来奔[1]。

【注释】

〔1〕庚舆来奔：庚舆，即莒共公。他平时暴虐无道，喜铸剑，常以新铸之剑试之于人，国人因此怨恨。又欲叛齐，于是国人群起将他逐出

莒国。

【译文】

[经] 秋季，七月，莒共公来投奔鲁国。

10/23.7 [经] 戊辰，吴败顿、胡、沈、蔡、陈、许之师于鸡甫[1]。胡子髡、沈子盈灭[2]。

[传] 中国不言败，此其言败，何也？中国不败，胡子髡、沈子盈其灭乎！其言败，释其灭也。

【注释】

〔1〕吴败顿……于鸡甫：吴国攻打州来，楚国派薳越与诸侯的军队救州来，吴国用公子光的计谋击败楚军及顿、胡等国的军队。鸡甫，《公羊》、《左传》经文作"鸡父"，楚国地名，今河南固始东南。

〔2〕沈子盈：《公羊》经文作"沈子楹"；《左传》经文作"沈子逞"。

【译文】

[经] 戊辰日，吴国在鸡甫这个地方击败顿、胡、沈、蔡、陈、许的军队。胡国国君髡、沈国国君盈被杀。

[传] 经文中是不记载中原诸侯国被打败的事的，这里说"败"，是为什么？如果不是中原诸侯国被打败，胡国国君髡、沈国国君盈会被杀吗？所以经文中说到"败"，是为了解释这两个国家因国君被杀，他们的国家跟着也灭亡了。

10/23.8 [经] 获陈夏齧[1]。

[传] "获"者，非与之辞也，上下之称也。

【注释】

〔1〕夏齧：陈国大夫，徵舒的后代。齧，读作"qì（契）"。

【译文】

[经] 擒获了陈国的夏齧。

[传] 经文说"获"，是表示不赞成吴国擒获夏齧的说法，国君和大臣的称呼应该是要有区别的。

10/23.9 [经] 天王居于狄泉[1]。

[传] 始王也，其曰天王，因其居而王之也。

【注释】

〔1〕狄泉：地名。也称泽邑，在今河南洛阳境内。

【译文】

[经] 周天子居住在狄泉。

[传] 这是开始正式称王了，经文称为"天王"，说明天王是沿袭了以往周王的居住之处而统治天下的。

10/23.10 [经] 尹氏立王子朝[1]。

[传]"立"者，不宜立者也。朝之不名，何也？别嫌乎尹氏之朝也。

【注释】

〔1〕尹氏立王子朝：尹氏，指封在尹地（今河南洛宁境内）的尹圉，周朝大夫，也称尹文公。立王子朝事，据《左传》记载，王子朝入尹地，刘子、单子先后攻打之，都被尹氏击败。于是王子朝在尹氏的保护下进入王城。

【译文】

[经] 尹氏拥立王子朝。

[传] 所谓"立",也就是不应当"立"的意思。不只称朝的名而加上"王子",是为了避免引起尹氏立其子的误会。

10/23.11 [经] 八月乙未,地震[1]。

【注释】

〔1〕地震:此次地震,《左传》记载的日期为八月的丁酉日,与经文的记载相差两天。

【译文】

[经] 八月的乙未日,发生地震。

10/23.12 [经] 冬,公如晋[1],至河,公有疾,乃复。

[传] 疾不志,此其志,何也?释不得入乎晋也。

【注释】

〔1〕如晋:此行为晋国扣押叔孙婼而去。

【译文】

[经] 冬季,昭公前往晋国,到了黄河边,昭公得病,于是返回鲁国。

[传] 生病是不予记载的,这里为何记载?是为了解释不能进入晋国的原因。

二十四年

10/24.1 ［经］二十有四年^[1]，春，王二月。丙戌，仲孙貜卒。

【注释】

〔1〕二十有四年：本年为周敬王二年，公元前518年。

【译文】

［**经**］昭公二十四年，春季，周王二月。丙戌日，仲孙貜去世。

10/24.2 ［**经**］婼至自晋。

［**传**］大夫执则致，致则挈，由上致之也。

【译文】

［**经**］叔孙婼从晋国返回，昭公向祖庙行祭告之礼。

［**传**］大夫被扣押，要向祖庙祭告，祭告时要去掉他的姓氏，以表明是国君为他祭告的。

10/24.3 ［**经**］夏，五月乙未，朔，日有食之^[1]。

【注释】

〔1〕日有食之：食甚为本日十一时三十一分。

【译文】

［经］夏季，五月的乙未，初一日，发生日食。

10/24.4 ［经］秋，八月，大雩。

【译文】

［经］秋季，八月，举行盛大的祭神求雨仪式。

10/24.5 ［经］丁酉，杞伯郁釐卒[1]。

【注释】

〔1〕郁釐：即杞平公，公元前535年即位，在位共十八年。

【译文】

［经］丁酉日，杞国国君郁釐去世。

10/24.6 ［经］冬，吴灭巢。

【译文】

［经］冬季，吴国灭了巢国。

10/24.7 ［经］ 葬杞平公。

【译文】

　　［经］安葬了杞平公。

二十五年

10/25.1 ［经］ 二十有五年^{〔1〕}，春，叔孙婼如宋。

【注释】

　　〔1〕二十有五年：本年为周敬王三年，公元前517年。

【译文】

　　［经］ 昭公二十五年，春季，叔孙婼前往宋国。

　　10/25.2 ［经］ 夏，叔倪会晋赵鞅、宋乐大心、卫北宫喜、郑游吉、曹人、邾人、滕人、薛人、小邾人于黄父^{〔1〕}。

【注释】

　　〔1〕叔倪会……于黄父：叔倪，鲁国大夫。《左传》经文作"叔诣"。乐大心，也称桐门右师，宋国大夫。《公羊》经文作"乐世心"。下同。游吉，也称子太叔，郑国的卿，善于辞令。黄父，晋国地名，今山西翼城东北。此次大夫会见，是为了共同帮助解决周景王去世以后王室的争权危机。

【译文】

[经] 夏季，叔倪在黄父会见晋国赵鞅、宋国乐大心、卫国北宫喜、郑国游吉、曹国人、邾国人、滕国人、薛国人、小邾国人。

10/25.3 [经] 有鸜鹆来巢[1]。

[传] 一有一亡，曰有。"来"者，来中国也。鸜鹆穴者，而曰"巢"，或曰增之也。

【注释】

〔1〕鸜鹆：读作"qú yù（渠欲）"，俗称八哥。《公羊》经文作"鸲鹆"。

【译文】

[经] 有鸜鹆来筑巢。

[传] 有时有，有时没有，这就叫做"有"。"来"的意思是说，来到中原国家。鸜鹆本来是穴居的，这里却说"巢"，有人说这个字是后来加上去的。

10/25.4 [经] 秋，七月，上辛大雩，季辛又雩。

[传] "季"者，有中之辞也。"又"，有继之辞也。

【译文】

[经] 秋季，七月，上旬的辛日举行盛大的祭神求雨仪式，下旬的辛日又举行祭神求雨仪式。

[传] "季"的意思，就是中间还隔着一个中旬的说法。"又"，表示前面已经做过，再接着做的意思。

10/25.5 ［经］九月乙亥[1]，公孙于齐[2]。

［传］孙之为言，犹孙也，讳奔也。

【注释】

〔1〕乙亥：《公羊》、《左传》经文作"己亥"。

〔2〕孙：同"逊"，出逃的意思。昭公听信旁人之言，轻易攻打季孙氏，结果大败，弃国而出逃齐国，从此流浪在外，一直到去世。

【译文】

［经］九月的乙亥日，昭公出逃齐国。

［传］用"孙"来表达这句话的意思，就好比是"逊"，这是替昭公出逃避讳。

10/25.6 ［经］次于阳州[1]。

［传］"次"，止也。

【注释】

〔1〕阳州：地名，在齐国与鲁国的交界处。《公羊》经文作"杨州"。

【译文】

［经］在阳州这个地方停了下来。

［传］"次"的意思，就是停止不前。

10/25.7 ［经］齐侯唁公于野井[1]。

［传］吊失国曰唁，唁公不得入于鲁也。

【注释】

〔1〕野井：齐国地名，在今山东齐河东南。

【译文】

[经] 齐景公在野井这个地方慰问昭公。

[传] 慰问失去国家叫做"唁"，这里是慰问昭公不能进入鲁国。

10/25.8 [经] 冬，十月戊辰，叔孙婼卒。

【译文】

[经] 冬季，十月的戊辰日，叔孙婼去世。

10/25.9 [经] 十有一月己亥，宋公佐卒于曲棘[1]。

[传] 邚公也[2]。

【注释】

〔1〕曲棘：宋国地名，今河南兰考东南。

〔2〕邚公：邚，同"访"，谋划。据《左传》记载，宋元公将前往晋国，与晋顷公商量接纳昭公返回鲁国的事，行至曲棘而去世。

【译文】

[经] 十一月的己亥日，宋元公在曲棘去世。

[传] 他是为了替昭公谋划返回鲁国的事。

10/25.10 [经] 十有二月，齐侯取郓[1]。

[传] "取"，易辞也。内不言取，以其为公取之，

故易之也。

【注释】

〔1〕郓：鲁国地名，即西郓。《公羊》经文作"运"，下同。

【译文】

［经］十二月，齐景公取得郓邑。

［传］"取"，是表示很容易就得到的说法。对于鲁国国内是不说"取"这类话的，但因为是替昭公夺取郓邑的，所以就用了表示轻易得到的言辞。

二十六年

10/26.1 ［经］二十有六年[1]，春，王正月。葬宋元公。

【注释】

〔1〕二十有六年：本年为周敬王四年，公元前516年。

【译文】

［经］昭公二十六年，春季，周王的正月。安葬了宋元公。

10/26.2 ［经］三月，公至自齐，居于郓。

［传］公次于阳州，其曰"至自齐"，何也？以齐侯之见公，可以言"至自齐也"。"居于郓"者，公在外也。"至自齐"，道义不外公也。

【译文】

［经］三月，昭公从齐国返回，住在郓邑。

［传］昭公是停驻在阳州的，这里却说"至自齐"，是为什么？因为齐景公会见了昭公，所以也能说是"至自齐"。"居于郓"的意思，是说昭公住在国都之外。经文说"至自齐"，是从

道义上不将昭公住在国都之外来看待。

10/26.3 ［经］夏，公围成[1]。

［传］非国，不言围，所以言围者，以大公也。

【注释】

〔1〕成：鲁国孟氏的封邑。

【译文】

［**经**］夏季，昭公围攻成邑。

［**传**］不是一个国家，是不说"围"的，这里所以要说"围"，是为了壮大昭公的威势。

10/26.4 ［经］秋，公会齐侯、莒子、邾子、杞伯，盟于邾陵[1]。

【注释】

〔1〕公会……盟于邾（zhuān，专）陵：此次诸侯会盟，是为了共商接纳昭公回到鲁国之事。邾陵，地名，或说在齐国，今所在不详。

【译文】

［**经**］秋季，昭公会见齐景公、莒郊公、邾庄公、杞悼公，在邾陵结盟。

10/26.5 ［经］九月庚申，楚子居卒[1]。

【注释】

〔1〕楚子居：即楚平王，公元前 528 年即位，在位共十三年。能适当调整楚国国内的政策，安抚民心，并较好地协调了与中原诸侯国的关系。

【译文】

［经］九月的庚申日，楚国国君居去世。

10/26.6 ［经］冬，十月，天王入于成周[1]。

［传］周有入，无出也[2]。

【注释】

〔1〕成周：西周时周公旦营造，也称雒邑，在今河南洛阳。

〔2〕无出：由于周王在名义上拥有周王朝的所有土地，故他不论离开王城前往什么地方，都是在自己的国内，所以说"无出"。

【译文】

［经］冬季，十月，周敬王进入成周。

［传］对于周王来说，只有进入，没有出走的写法。

10/26.7 ［经］尹氏、召伯、毛伯以王子朝奔楚[1]。

［传］远矣，非也。奔，直奔也。

【注释】

〔1〕尹氏……奔楚：尹氏，即尹圉，曾于昭公二十三年拥立王子朝。召伯、毛伯均为周朝大夫。此数人追随王子朝，携带周朝的典籍出逃楚国。

【译文】

　　[**经**] 尹氏、召伯、毛伯，带着王子朝逃到楚国。

　　[**传**] 他们逃得也太远了，所以经文要对此加以指责。"奔"，就是直接逃出去的意思。

二十七年

10/27.1 ［经］二十有七年[1]，春，公如齐。

【注释】
〔1〕二十有七年：本年为周敬王五年，公元前515年。

【译文】
［经］昭公二十七年，春季，昭公前往齐国。

10/27.2 ［经］公至自齐，居于郓。
［传］公在外也。

【译文】
［经］昭公从齐国返回，住在郓邑。
［传］昭公还是在国都之外。

10/27.3 ［经］夏，四月，吴弑其君僚[1]。

【注释】
〔1〕吴弑其君僚：僚，吴王寿梦三子夷眜之子。寿梦有四子，长子

诸樊，次子馀祭，三子夷昧，四子季札。寿梦去世后，兄弟相约以长幼的先后依次继承君位，前三子均已即位，夷昧去世后，本应由季札即位，但季札不肯，于是由夷昧之子僚即位。诸樊之子光以为自己在辈分上长于僚，季札不受君位，当由自己来继承，于是派刺客杀僚自立。

【译文】

[经] 夏季，四月，吴国杀了他的国君僚。

10/27.4 [经] 楚杀其大夫郤宛[1]。

【注释】

〔1〕杀其大夫郤宛：郤（xì，戏）宛，也称子恶。《公羊》、《左传》经文作"郤宛"。据说他待人率直而和气，深得国人的喜爱。费无极等人忌恨他，挑拨令尹子常与他的关系，借子常之手杀了他。后阴谋暴露，费无极等人遭到杀身灭族的惩罚。

【译文】

[经] 楚国杀了他的大夫郤宛。

10/27.5 [经] 秋，晋士鞅、宋乐祁犁、卫北宫喜、曹人、邾人、滕人会于扈[1]。

【注释】

〔1〕晋士鞅……会于扈：此会是为了守卫周王朝，并且商量接纳昭公的事。

【译文】

[经] 秋季，晋国士鞅、宋国乐祁犁、卫国北宫喜、曹国人、邾国人、滕国人，在扈这个地方会见。

10/27.6 ［经］冬，十月，曹伯午卒[1]。

【注释】

〔1〕曹伯午：即曹悼公，公元前 523 年即位，在位共九年。

【译文】

［经］冬季，十月，曹国国君午去世。

10/27.7 ［经］邾快来奔[1]。

【注释】

〔1〕邾快：杜预注说是"邾命卿"。

【译文】

［经］邾国的快投奔鲁国。

10/27.8 ［经］公如齐。

【译文】

［经］昭公前往齐国。

10/27.9 ［经］公至自齐，居于郓。

【译文】

［经］昭公从齐国返回，住在郓邑。

二十八年

10/28.1 ［经］ 二十有八年[1]，春，王三月。葬曹悼公。

【注释】

〔1〕二十有八年：本年为周敬王六年，公元前514年。

【译文】

［经］ 昭公二十八年，春季，周王三月。安葬了曹悼公。

10/28.2 ［经］ 公如晋，次于乾侯[1]。
［传］ 公在外也。

【注释】

〔1〕乾侯：晋国地名。

【译文】

［经］ 昭公前往晋国，停留在乾侯这个地方。
［传］ 昭公仍在国都之外。

10/28.3 [经] 夏，四月丙戌，郑伯宁卒[1]。

【注释】

〔1〕郑伯宁：即郑定公，公元前529年即位，在位共十六年。

【译文】

[经] 夏季，四月的丙戌日，郑国国君宁去世。

10/28.4 [经] 六月，葬郑定公。

【译文】

[经] 六月，安葬了郑定公。

10/28.5 [经] 秋，七月癸巳，滕子宁卒[1]。

【注释】

〔1〕滕子宁：即滕悼公，公元前538年即位，在位共二十四年。

【译文】

[经] 秋季，七月的癸巳日，滕国国君宁去世。

10/28.6 [经] 冬，葬滕悼公。

【译文】

[经] 冬季，安葬了滕悼公。

二十九年

10/29.1 ［经］二十有九年^[1]，春，公至自乾侯，居于郓。

【注释】

〔1〕二十有九年：本年为周敬王七年，公元前 513 年。

【译文】

［经］昭公二十九年，春季，昭公从乾侯返回，住在郓邑。

10/29.2 ［经］齐侯使高张来唁公^[1]。
［传］唁公不得入于鲁也。

【注释】

〔1〕高张：也称高昭子，高偃之子。齐国的大夫。

【译文】

［经］齐景公派高张来慰问昭公。
［传］慰问昭公不能进入鲁国的国都。

10/29.3〔经〕公如晋，次于乾侯。

【译文】

〔**经**〕昭公前往晋国，在乾侯这个地方停留。

10/29.4〔经〕夏，四月庚子，叔倪卒。

〔**传**〕季孙意如曰："叔倪无病而死，此皆无公也，是天命也，非我罪也[1]。"

【注释】

〔1〕非我罪：此引季孙意如的话，是将叔孙婼与叔倪混同为一人了。叔孙婼此前因不满季孙意如拒不履行纳昭公的诺言，愤而自杀，故季孙意如说的"非我罪"，应该是针对叔孙婼的自杀而言，叔倪之死与季孙意如无关。《集解》认为此语当作上天使鲁国无君，"鲁公之出非我罪"理解。

【译文】

〔**经**〕夏季，四月，叔倪去世。

〔**传**〕季孙意如说："叔倪没有得病却死了，这都是没有昭公的缘故。这是上天的旨意，并非我的罪过啊。"

10/29.5〔经〕秋，七月。

【译文】

〔**经**〕秋季，七月。

10/29.6〔经〕冬，十月，郓溃[1]。

［传］"溃"之为言，上下不相得也，上下不相得则恶矣，亦讥公也。昭公出奔，民如释重负。

【注释】

〔1〕郓溃：指郓人溃散以叛昭公。

【译文】

［经］冬季，十月，郓人溃散。

［传］用"溃"这样的言辞来说，就是上和下不能互相融合。上和下不能互相融合，就应予以斥责，这也是讥刺昭公失去了民心。昭公出逃，百姓如同放下了一个沉重的包袱。

三　十　年

10/30.1［经］三十年^[1]，春，王正月，公在乾侯。

［传］中国不存公^[2]，存公，故也。

【注释】

〔1〕三十年：本年为周敬王八年，公元前512年。

〔2〕中国：《集解》说："中国，犹国中也。"即指鲁国。

【译文】

［经］昭公三十年，春季，周王的正月，昭公还在乾侯。

［传］鲁国人都不记挂昭公，经文只是为了表示昭公还存在，才这么记载的。

10/30.2［经］夏，六月庚辰，晋侯去疾卒^[1]。

【注释】

〔1〕晋侯去疾：即晋顷公，公元前525年即位，在位共十四年。

【译文】

［经］夏季，六月的庚辰日，晋国国君去疾去世。

10/30.3 ［经］秋，八月，葬晋顷公。

【译文】

　　［经］秋季，八月，安葬了晋顷公。

10/30.4 ［经］冬，十有二月，吴灭徐[1]，徐子章羽奔楚。

【注释】

　　〔1〕吴灭徐：此前吴王派徐人拘捕吴公子掩余，又让钟吴人拘捕吴公子烛庸，但两人逃到楚国，得到楚国的优待，并封以土地，试图将来利用两人来攻打吴国。吴王一怒之下，捉拿了钟吴的国君，又灭了徐国。

【译文】

　　［经］冬季，十二月，吴国灭了徐国，徐国国君章羽逃往楚国。

三十一年

10/31.1 [经] 三十有一年^{〔1〕}，春，王正月，公在乾侯。

【注释】

　　〔1〕三十有一年：本年为周敬王九年，公元前511年。

【译文】

　　[经] 昭公三十一年，春季，周王的正月，昭公在乾侯。

10/31.2 [经] 季孙意如会晋荀栎于适历^{〔1〕}。

【注释】

　　〔1〕季孙意如会晋荀栎于适历：荀栎，晋国大夫。《左传》经文作"荀跞"。适历，晋国地名，今所在不详。晋定公新即位，想在诸侯中重建晋国的威信，于是准备派军队护送昭公进入鲁国的国都，范献子建议先请季孙意如来晋国谈判，如果他不来，就表示不听从晋国，然后再出兵就顺理成章了。季孙意如是想自己掌握国政，当然不会得罪晋国，于是前往晋国，这样晋定公也就无法出兵了。

【译文】

[经] 季孙意如在适历会见晋国的荀栎。

10/31.3 [经] 夏，四月丁巳，薛伯谷卒[1]。

【注释】

〔1〕薛伯谷：即薛献公。他去世后，子定立，为襄公。

【译文】

[经] 夏季，四月的丁巳日，薛国国君谷去世。

10/31.4 [经] 晋侯使荀栎唁公于乾侯。

[传] 唁公不得入于鲁也。曰："既为君言之矣，不可者意如也。"

【译文】

[经] 晋定公派荀栎到乾侯去慰问昭公。

[传] 这是慰问昭公不能进入鲁国的国都。荀栎对昭公说："我们的国君已经为您说过话了，不肯让您进入鲁国国都的是季孙意如。"

10/31.5 [经] 秋，葬薛献公。

【译文】

[经] 秋季，安葬了薛献公。

10/31.5 ［经］冬，黑肱以滥来奔[1]。

［传］其不言邾黑肱，何也？别乎邾也。其不言滥子，何也？非天子所封也。"来奔"，内不言叛也。

【注释】

〔1〕黑肱以滥来奔：黑肱（gōng，工），邾国的大夫。滥，在今山东滕县东南。

【译文】

［经］冬季，黑肱带着滥的土地来投奔鲁国。

［传］经文中不说是邾国的黑肱，这是为什么？是为了把他与邾国分开。经文又不说他是滥的君主，是为什么？因为他不是周王亲自封的。说"来奔"，因为他是到鲁国来，所以就不说他是叛逃的。

10/31.6 ［经］十有二月，辛亥，朔，日有食之[1]。

【注释】

〔1〕日有食之：食甚为本日十二时四十八分三十四秒。

【译文】

［经］十二月的辛亥，初一日，发生日食。

三十二年

10/32.1 ［经］ 三十有二年^[1]，春，王正月，公在乾侯。

【注释】

〔1〕三十有二年：本年为周敬王十年，公元前510年。

【译文】

［经］昭公三十二年，春季，周王的正月，昭公在乾侯。

10/32.2 ［经］ 取阚^[1]。

【注释】

〔1〕取阚：阚，地名，在鲁国，故址在今山东汶上西南的南旺湖中。此处所说的"取"，可能是昭公为了返回鲁国而采取的行动。《公羊》解说中以为是邾娄国的邑，不当。

【译文】

［经］取得了阚地。

10/32.3 [经] 夏，吴伐越[1]。

【注释】

〔1〕吴伐越：此为春秋时期吴国首次对越国用兵。

【译文】

[经] 夏季，吴国攻打越国。

10/32.4 [经] 秋，七月。

【译文】

[经] 秋季，七月。

10/32.5 [经] 冬，仲孙何忌会晋韩不信、齐高张、宋仲几、卫太叔申、郑国参、曹人、莒人、邾人、薛人、杞人、小邾人[1]，城成周[2]。

[传] 天子微，诸侯不享觐，天子之在者惟祭与号[3]，故诸侯之大夫相帅以城之。此变之正也。

【注释】

〔1〕仲孙何忌会……小邾人：仲孙何忌，仲孙貜之子，也称孟懿子。韩不信，也称伯音。高张，高偃之子。太叔申，世叔仪之子，《公羊》、《左传》经文均作"世叔申"。

〔2〕城成周：王子朝之乱虽然已平息，但其余党仍经常活动，对周敬王的统治带来很大威胁，于是周王派大夫到晋国，请求诸侯协助修筑成周的城墙。这是当时王室力量日益削弱的典型表现。

〔3〕惟祭与号：祭，指周王祭祀祖先的宗庙。号，周王的称号。这里突出反映了周室的日益没落。

【译文】

[经] 冬季，仲孙何忌会同晋国韩不信、齐国高张、宋国仲几、卫国太叔申、郑国国参、曹国人、莒国人、邾国人、薛国人、杞国人、小邾国人，修筑成周的城墙。

[传] 天子势力微弱，诸侯既不进献贡品也不朝见周王，天子的存在仅仅只剩下祭祀宗庙的权力和王的称号了，所以诸侯的大夫们互相协作来修筑城墙。这虽然有违礼制，但还是属于变通了的正道。

10/32.6 [经] 十有二月己未，公薨于乾侯[1]。

【注释】

〔1〕公薨于乾侯：据《左传》记载，昭公去世前，将公室的财物分赐给身边的大夫，但没人接受。昭公赐给子家子一对琥、一只环、一块璧，子家子接受了，群大夫才接受其他的东西。昭公去世后，子家子将这些东西都还给了负责管理公室财物的官员，群大夫也都把得到的东西归还公室。

【译文】

[经] 十二月的己未日，昭公在乾侯去世。

定 公

元 年

11/1.1 [经] 元年^[1]，春，王。

[传] 不言正月，定无正也^[2]。定之无正，何也？昭公之终，非正终也，定之始，非正始也。昭无正终，故定无正始。不言即位，丧在外也。

【注释】

〔1〕元年：本年为周敬王十一年，公元前509年。

〔2〕定无正：定，即鲁定公，名宋。在这之前鲁国十位国君的元年，不论有事无事，经都写明正月。元年之后，有事则写明正月，无事则不写，二月有事则写二月，三月有事就写三月。新君即位要行告庙之礼，写明正月，表示新君即位之始。昭公去世在三十二年十二月，定公即位要到本年的六月，故不书正月，以表明新君尚未正式即位之意。《穀梁》认为定公"无正"是因其继承权不正而引起。昭公曾于二十九年在齐国立公衍为太子，昭公死，当由公衍即位，而定公为昭公之弟，即位不合于礼法，故非正。《公羊》在解说中认为，春秋晚期，公室衰落，鲁国立新君之权在季孙氏方面，所以经文以不书"正月"来表示对此的非议。议论极为正确。

【译文】

[经] 定公元年，春季，周王。

[传] 记载中不写明"正月"，因为定公没有正月。说定公没

有正月，这是为什么？因为昭公的去世，不是正常的死亡，所以定公的即位，也就不是正当的开始。昭公没有正常的死亡之处，所以定公就没有正当的即位理由。不说"即位"，是因为昭公死在鲁国之外，现在还没有安葬。

11/1.2 ［经］ 三月，晋人执宋仲几于京师[1]。

［传］此其大夫，其曰"人"，何也？微之也。何为微之？不正其执人于尊者之所也，不与大夫之伯讨也。

【注释】

〔1〕执宋仲几：仲几，宋国的大夫。修筑成周的城墙在分工时，仲几不肯接受分给宋国的任务，说应当叫滕、薛等国代宋国服役，薛国反对，与仲几发生争论。晋国大夫前去调解，又遭仲几恶语顶撞，于是晋国的韩简子拘捕了仲几。

【译文】

［经］三月，晋国人在京师拘捕了宋国的仲几。

［传］这是晋国的大夫，经文却说是晋国"人"，这是为什么？这是轻视他的意思。为什么要轻视他呢？因为他在天子居住的地方拘捕了别国的大夫，这是不合正道的，同时，也是为了不让大夫拥有以霸主身份讨伐有罪诸侯的权力。

11/1.3 ［经］ 夏，六月癸亥，公之丧至自乾侯[1]。

【注释】

〔1〕公之丧至自乾侯：季孙派叔孙成子前往乾侯迎昭公的灵柩回鲁国。

【译文】

[经] 夏季，六月的癸亥日，昭公的灵柩从乾侯运回鲁国。

11/1.4 [经] 戊辰，公即位。

[传] 殡然后即位也[1]。定无正，见无以正也。逾年不言即位，是有故公也；言即位，是无故公也。即位，授受之道也。先君无正终，则后君无正始也；先君有正终，则后君有正始也。"戊辰，公即位"，谨之也。定之即位，不可不察也。公即位，何以日也？戊辰之日然后即位也。"癸亥，公之丧至自乾侯"，何为戊辰之日然后即位也？正君乎国，然后即位也。沈子曰[2]："正棺乎两楹之间，然后即位也。"内之大事日，即位，君之大事也，其不日，何也？以年决者，不以日决也。此则其日，何也？著之也。何著焉？逾年即位，厉也[3]，于厉之中，又有义焉。未殡，虽有天子之命，犹不敢，况临诸臣乎！周人有丧，鲁人有丧，周人吊，鲁人不吊。周人曰："固吾臣也，使人可也。"鲁人曰："吾君也，亲之者也，使大夫则不可也。"故周人吊，鲁人不吊，以其下成、康未久也[4]。君之尊也，去父之殡而往吊犹不敢，况未殡而临诸臣乎！

【注释】

〔1〕殡然后即位：殡，指死者的遗体已经入殓，但尚未安葬。根据礼制，应该是安葬了已故的国君以后，新君才能举行正式的即位典礼。

〔2〕沈子：传授《穀梁》学说的经师，战国时人。《公羊》中亦有引用他的话。

〔3〕厉：祸患、危险。

〔4〕成、康：成，即周成王诵。周武王之子，年幼时由周公旦辅政，亲政后加强西周王朝的分封制度，奠定了统治基础。康，即周康王钊。周成王之子，在位期间扩大了西周王朝的疆域，加强了分封制度。成王与康王统治时期，是西周王朝最为兴盛的时期，史称"成康之治"。

【译文】

[经] 戊辰日，定公举行即位典礼。

[传] 昭公的遗体入殓之后，定公才即位。经文不写明定公"正月"，这是为了体现他在正月时还没有正式举行过即位典礼。昭公去世已经过了一年，经文还不说定公"即位"，是因为已故国君的灵柩尚未移放好。现在说"即位"了，就表示自此以后原来的国君就不存在了。即位，是前代的国君将君位授予后来的国君的仪式。前代国君如果不是正常的死亡，那么后来的国君就不能算是正当的即位。前代国君假如是正常的死亡，那么后来的国君也就是正常即位。经文中说"戊辰，公即位"，这是为了以郑重其事的态度来对待定公的即位典礼。经文中对于定公即位的记载，不能不认真地予以考虑。定公即位，为什么要记载日期呢？这是说到了戊辰这一天后，定公才算正式即位。癸亥这天，昭公的灵柩已经从乾侯运送到鲁国，为什么要到戊辰这一天以后定公才算正式即位呢？因为先要将前代国君的灵柩在国内停放妥当，然后新的国君才举行正式的即位典礼。沈子说："把先君的灵柩端端正正安放在灵堂两根前柱的中间，然后才能举行即位典礼。"鲁国国内发生大事，经文都要记载事情发生的日期，举行典礼即位正是国君的大事，经文却从不记载日期，这是为什么？因为国君即位，必定是在元年的正月初一这天，所以记载了"元年"，就不必再记载日期了。此处经文却记载了定公即位的日期，这又是为什么？为了要突出表示这件事。突出表示什么呢？突出表示定公在昭公死后一年才能即位，这是存在着危险的，通过可以体现危险的言辞，经文又隐含着另外的意思。前代国君的灵柩没有停放好，即使有天子召见的命令，尚且不敢丢下丧事前往京师，何况是举行即位典礼接受群臣的朝见呢？周王室有天子的丧事，鲁

国也有国君的丧事，周王室派人来鲁国吊唁，鲁国却不派人去周王室吊唁。周王室的人说："鲁国去世的国君，本来就是我的臣子，我派人去吊唁是可以的。"鲁国人说："天子是我们共同的君主，我国国君应该亲自去吊唁，但现在因为有丧事不能去，而派大夫去吊唁天子的丧事则是不可以的。"所以周王室派人来鲁国吊唁，鲁国却不派人去王室吊唁。因为这时离西周成王、康王的时代还不算太远。天子是最尊贵的人，尚且不敢丢下君父的丧事去京师吊唁天子的丧事，何况是前代国君的灵柩还没有停放好，就举行即位典礼来接受群臣的朝见呢？

11/1.5 ［经］ 秋，七月癸巳，葬我君昭公[1]。

【注释】

〔1〕葬我君昭公：安葬昭公时，季孙氏在鲁国公室的墓地上开一条沟，将昭公的坟墓与鲁国先代国君的坟墓隔开。直到孔子当鲁国司寇的时候，才予以纠正。

【译文】

［**经**］秋季，七月的癸巳日，安葬了我国国君昭公。

11/1.6 ［经］ 九月，大雩。

［**传**］雩月，雩之正也。秋大雩，非正也[1]。冬大雩，非正也。秋大雩之为非正，何也？毛泽未尽[2]，人力未竭，未可以雩也。雩月，雩之正也。月之为雩之正，何也？其时穷，人力尽，然后雩，雩之正也。何为其时穷人力尽？是月不雨，则无及矣；是年不艾[3]，则无食矣，是谓其时穷人力尽也。雩之必待其时穷人力尽，何也？雩者，为旱求者也。求者请也，古之人重

请。何重乎请？人之所以为人者，让也，请道去让也，则是舍其所以为人也，是以重之。焉请哉？请乎应上公[4]。古之神人有应上公者，通乎阴阳，君亲帅诸大夫道之而以请焉。夫请者，非可诒托而往也[5]，必亲之者也，是以重之。

【注释】

〔1〕非正：这是《穀梁》解说中的矛盾之处。前说"雩月，雩之正"。经书"九月大雩"，是记载月份，当为正，传说"非正"，指笼统地说"秋大雩"、"冬大雩"。因秋季庄稼成熟，不必再求雨，冬季更是这样，所以都是非正。其实周历之秋，为夏历之夏，庄稼正当需要雨水。《穀梁》不明这一差异，故解说亦矛盾。

〔2〕毛泽：毛，指草木。《集解》引前人说"凡地之所生，谓之毛。"泽，指湖河水泽。

〔3〕艾：指庄稼没有收成。

〔4〕应上公：相传是古代一位能够贯通阴阳的神人。

〔5〕诒托：诒，读作"dài（代）"，用作假的手段欺骗。诒托，就是假托。

【译文】

[经] 九月，举行盛大的祭神求雨仪式。

[传] 记载举行雩祭的月份，说明这次雩祭是合乎礼制规定的。在秋天举行盛大的雩祭是不合礼制规定的；在冬天举行盛大的雩祭也是不合礼制规定的。说秋天举行盛大的雩祭不合礼制规定，这是为什么？因为此时草木还没有完全枯萎，水泽也还没有全都干涸，人们应该做的事情都还没有做完，所以在这个时候不能够举行雩祭。记载雩祭的月份，表明这次雩祭是符合礼制的。记载雩祭的月份表明这次雩祭符合礼制，这是什么道理？因为此时农忙季节已过，农事上该做的事情都已做完，在这种情况下举行雩祭，这才是符合礼制的。什么叫做季节已过，人该做的事情

已经做完呢？就是说这个月如果不下雨，庄稼就没救了，这一年的庄稼没有收成，人们也就没有粮食可吃了，这就叫做季节已过，人该做的事已经做完。雩祭一定要等到季节已过，人该做的事已经做完了的时候才能举行，这又是为什么呢？因为举行雩祭，是由于干旱才请求下雨的。求，就是请求的意思，古时候的人很重视请求这种方式。为什么要重视请求呢？人之所以成为人，就在于具有谦让的德性。请求，就是使人摒弃了谦让的德性，这就背离了人之所以成为人的原则了，因此古时候的人对请求十分重视。那么向谁请求呢？是向应上公请求。古时候有一位神人叫做应上公，他能够通晓天地阴阳之间的道理，国君要亲自率领各位大夫，自己走在前面，引导大家向上公请求。凡是属于请求的事，是不能假托于人去进行的，一定要自己亲自去做，所以，古时候的人对这种事情非常重视。

11/1.7 ［经］ 立炀宫[1]。
［传］ 立者，不宜立者也[2]。

【注释】

〔1〕立炀宫：炀宫，祭祀炀公的庙。炀公为鲁开国国君伯禽之子。据《左传》记载，昭公出奔，季平子祈祷于炀公，勿使昭公返回鲁国，后昭公果然直到去世都未能返回鲁国。故季平子为炀公立庙，以示敬意。

〔2〕不宜立：据祭法，诸侯五庙，一坛一墠，去祖为坛，去坛为墠，去墠为鬼。由炀公至昭公，早已超过了这一界限，故不当再立庙。

【译文】

［经］ 立炀公的祭庙。
［传］ 所谓"立"，其实是不应当"立"的。

11/1.8 ［经］ 冬，十月，陨霜杀菽。
［传］ 未可以杀而杀，举重；可杀而不杀，举轻。

其曰"菽",举重也。

【译文】

　　[经] 冬季,十月,天降寒霜,冻死了大豆。

　　[传] 不能被冻死的却冻死了,就列举重要的东西来记载;容易被冻死的却没有冻死,就列举无足轻重的东西来记载。经文中举出"菽",这是列举重要的东西的写法。

二　　年

11/2.1 ［经］二年^[1]，春，王正月。

【注释】
　　〔1〕二年：本年为周敬王十二年，公元前 508 年。

【译文】
　　［经］定公二年，春季，周王的正月。

11/2.2 ［经］夏，五月壬辰，雉门及两观灾^[1]。
　　［传］其不曰雉门灾及两观，何也？灾自两观始也，不以尊者亲灾也。先言雉门，尊尊也。

【注释】
　　〔1〕雉门及两观：雉门，鲁国国都的南门。　　两观，南门两旁的门楼，以供张挂告示、法令等用，便于民众观看。

【译文】
　　［经］夏季，五月的壬辰日，国都南门以及两旁的门楼发生火灾。

　　[传] 经文不说"雉门灾及两观",这是为什么?因为火灾是从城门旁两边的门楼开始发生的,为了不让神圣的雉门和火灾联系在一起,所以就先记载了雉门,这是表示对尊贵的建筑物的尊重。

11/2.3 [经] 秋,楚人伐吴[1]。

【注释】

　　〔1〕伐吴:吴国让舒鸠人引诱楚国来攻打吴国,吴国为了麻痹楚国,故意装作攻打桐国的样子,楚国果然中计,吴人大败楚国。接着吴国又攻打巢,俘获了楚国大夫公子繁。

【译文】

　　[经] 秋季,楚国人攻打吴国。

11/2.4 [经] 冬,十月,新作雉门及两观。

　　[传] 言"新",有旧也。"作",为也,有加其度也[1]。此不正,其以尊者亲之,何也?虽不正也,于美犹可也。

【注释】

　　〔1〕加其度:度,规模。鲁国国都的南门及两旁的门楼被烧毁,鲁国重新修筑南门及门楼时,扩大了原来的规模。

【译文】

　　[经] 冬季,十月,重新修筑南门及两旁的门楼。

　　[传] 说"新",就表示原来有旧的。"作",就是修筑的意思,表示其规模在原来的基础上有所扩大。这种做法是不符

合正规礼制的，但经文却把神圣的雉门紧接着写在"新作"二字的后面，这是为什么？因为虽然这种做法不符合正规礼制，但对于增加城门的美观来说是有好处的，所以这样写也还是可以的。

三　　年

11/3.1［经］三年[1]，春，王正月，公如晋，至河乃复[2]。

【注释】

〔1〕三年：本年为周敬王十三年，公元前507年。

〔2〕至河乃复：定公新立，理当前往侯伯之国朝见，但三传均未说明定公为何没能进入晋国的原因。

【译文】

［经］定公三年，春季，周王的正月，定公前往晋国，来到黄河边就返回了。

11/3.2［经］三月辛卯[1]，邾子穿卒[2]。

【注释】

〔1〕三月：《左传》经义作"二月"。

〔2〕邾子穿：即邾庄公，公元前540年即位，在位共三十四年。

【译文】

［经］三月的辛卯日，邾国国君穿去世。

11/3.3［经］夏，四月。

【译文】

［**经**］夏季，四月。

11/3.4［经］秋，葬邾庄公^[1]。

【注释】

〔1〕葬邾庄公：据《左传》记载，邾庄公下葬时，以车五乘，人五个作为殉葬。

【译文】

［**经**］秋季，安葬了邾庄公。

11/3.5［经］冬，仲孙何忌及邾子盟于拔^[1]。

【注释】

〔1〕盟于拔：拔，也作"郊"，地名，今所在不详。鲁、邾两国国君都即位不久，故结盟以修好。

【译文】

［**经**］冬季，仲孙何忌与邾国国君在拔这个地方结盟。

四　　年

11/4.1〔经〕四年[1]，春，王二月。癸巳，陈侯吴卒[2]。

【注释】

〔1〕四年：本年为周敬王十四年，公元前506年。

〔2〕陈侯吴：即陈惠公，公元前533年即位，在位共二十八年。

【译文】

〔经〕定公四年，春季，周王二月。癸巳日，陈国国君吴去世。

11/4.2〔经〕三月，公会刘子、晋侯、宋公、蔡侯、卫侯、陈子、许男、曹伯、莒子、邾子、顿子、胡子、滕子、薛伯、杞伯、小邾子、齐国夏于召陵[1]，侵楚。

【注释】

〔1〕公会刘子……于召陵：刘子，即刘献公的庶子伯蚠，也称刘狄、刘卷、刘蚠、刘文公。陈子，即尚未即位的陈怀公。时陈惠公刚去世，新君还在丧期，只能称"子"。召（读作 shào，绍）陵，楚国地名，今

河南郾城东部。

【译文】

　　[经] 三月，定公在召陵会同刘文公、晋定公、宋景公、蔡昭公、卫灵公、尚未正式即位的陈怀公、许元公、曹隐公、莒郊公、邾隐公、顿国国君、胡国国君、滕顷公、薛襄公、杞悼公、小邾穆公、齐国的国夏，侵伐楚国。

　　11/4.3 [经] 夏，四月庚辰，蔡公孙姓帅师灭沈[1]，以沈子嘉归，杀之。

【注释】

　　[1]灭沈：由于沈国国君没有参加诸侯攻打楚国的行动，诸侯委托蔡国讨伐沈国国君。

【译文】

　　[经] 夏季，四月的庚辰日，蔡国公孙姓率军攻灭沈国，并将沈国国君嘉捉回蔡国杀了。

　　11/4.4 [经] 五月，公及诸侯盟于皋鼬[1]。
　　[传] 后而再会，公志于后会也。后，志疑也[2]。

【注释】

　　[1]盟于皋鼬：皋鼬，地名。在今河南临颍南部。这次会盟，是因为召陵之盟时蔡国国君的位置排在卫国国君之前，卫国国君有所不满，所以重新立盟。
　　[2]志疑：疑，指定公对攻打楚国有所顾忌。《集解》说："公畏楚强，疑于侵之故，复会，更盟也。不日者，后楚伐蔡，不能救故。"

【译文】

[经] 五月，定公与诸侯在皋鼬这个地方结盟。

[传] 在会见之后又举行会盟，是由于定公注重后一次的会盟。后一次盟会的举行，表明定公既想随同诸侯侵犯楚国，但又怕楚国报复，因此怀有疑虑。

11/4.5 [经] 杞伯成卒于会[1]。

【注释】

[1] 杞伯成：即杞悼公，公元前 517 年即位，在位共十二年。

【译文】

[经] 杞国国君成在诸侯会盟时去世。

11/4.6 [经] 六月，葬陈惠公。

【译文】

[经] 六月，安葬了陈惠公。

11/4.7 [经] 许迁于容城[1]。

【注释】

[1] 容城：地名。在今河南叶县西部，一说在湖北监利。这是许国第四次迁徙。

【译文】

[经] 许国迁徙到容城。

11/4.8 ［经］秋，七月，公至自会。

【译文】

　　［经］秋季，七月，定公参加了诸侯大会后返回，向祖庙行祭告之礼。

11/4.9 ［经］刘卷卒[1]。

　　［传］此不卒而卒者，贤之也。寰内诸侯也[2]，非列土诸侯，此何以卒也？天王崩，为诸侯主也。

【注释】

　　〔1〕刘卷：即刘文公伯蚠。

　　〔2〕寰内：指周王畿之内。周王的大夫都在王畿内有封地，故称寰内诸侯。

【译文】

　　［经］刘卷去世。

　　［传］这是不应该记载他去世消息的人，但却记载了，是为了表彰他的贤德。刘卷只是在京畿有封地的大夫，并不是天子分封在四方的诸侯，这里为什么记载他的去世呢？因为周景王死的时候，他曾经以王室主人的身份接待前去吊唁的各国诸侯。

11/4.10 ［经］葬杞悼公。

【译文】

　　［经］安葬了杞悼公。

11/4.11 ［经］楚人围蔡[1]。

【注释】
〔1〕楚人围蔡：楚国以蔡国灭了沈国，因而报复。

【译文】
［经］楚国人围攻蔡国。

11/4.12 ［经］晋士鞅、卫孔圉帅师伐鲜虞[1]。

【注释】
〔1〕孔圉：《公羊》经文作"孔圄（yǔ，语）"。

【译文】
［经］晋国士鞅、卫国孔圉率军攻打鲜虞人。

11/4.13 ［经］葬刘文公。

【译文】
［经］安葬了刘文公。

11/4.14 ［经］冬，十有一月庚午，蔡侯以吴子及楚人战于伯举[1]，楚师败绩。
［传］吴子称"子"，何也？以蔡侯之以之，举其贵者也。蔡侯之以之，则其举贵者，何也？吴信中国而攘夷狄，吴进矣。其信中国而攘夷狄奈何？子胥父诛于

楚也^[2]，挟弓持矢而干阖庐^[3]，阖庐曰：“大之甚，勇之甚。”为是欲兴师而伐楚。子胥谏曰：“臣闻之，君不为匹夫兴师。且事君犹事父也，亏君之义，复父之仇，臣弗为也。”于是止。蔡昭公朝于楚，有美裘，正是日，囊瓦求之^[4]，昭公不与，为是拘昭公于南郢^[5]，数年然后得归。归乃用事乎汉^[6]。曰：“苟诸侯有于伐楚者，寡人请为前列焉。”楚人闻之而怒，为是兴师而伐蔡。蔡请救于吴，子胥曰：“蔡非有罪，楚无道也。君若有忧中国之心，则若此时可矣。”为是兴师而伐楚。何以不言救也？救大也^[7]。

【注释】

〔1〕战于伯举：伯举，《公羊》经文作“伯莒”，《左传》经文作“柏举”。楚国地名，今湖北麻城一带。蔡昭公亲自引导吴军舍舟船而行陆路，深入到楚国的内部。

〔2〕子胥父诛于楚：子胥，即伍子胥。名员（读作 yùn，运），吴国大夫，楚国大夫伍奢的次子。楚平王七年（前522）伍奢因直言被杀，子胥出逃，从宋、郑而入吴，后助阖庐刺杀吴王僚，并成为阖庐的重要将领。在夫差为吴王时，他曾力劝其停止对越国作战，也不主张伐齐，因此渐被夫差疏远，后又被赐剑，遂自杀。

〔3〕阖庐：也作“阖闾”。名光，吴王诸樊之子，一说为夷昧之子。因不满僚为吴王，遂派刺客专诸杀僚自立。

〔4〕囊瓦：楚国的令尹，蔡、吴攻打楚国时他是楚国的主将。

〔5〕南郢：即楚国的国都郢，在今湖北江陵。

〔6〕事乎汉：指蔡昭公祭祀汉水的河神。

〔7〕救大：意思是说如果将吴攻打楚的行动看成是援救蔡国，那就是过于看重吴国了。这乃是根据吴为蛮夷之邦的观点而对吴国的歧视。

【译文】

[经] 冬季，十一月的庚午日，蔡昭公带着吴王与楚国人在伯举这个地方交战，楚国军队被击败。

[传] 称吴国的国君为"子"，这是为什么？因为蔡昭公借用了吴国的军队，所以经文对吴王使用了表示尊贵的称呼。蔡昭公借用吴国的军队，经文就对吴王使用尊贵的称呼，这是为什么？因为吴王服从于中原诸侯国，排斥夷狄国家，所以把吴提升一格。吴王是怎样服从中原诸侯国而排斥夷狄国家的呢？伍子胥的父亲被楚国杀了，他胳膊下夹着弓，手中拿着箭，去求见阖庐，阖庐说："伍子胥这个人的孝心大得很，勇气也大得很。"因此就要发兵去攻打楚国。伍子胥劝阻他说："臣下我听说过，一个国君是不会为了一个普通的百姓而出动军队的，何况侍奉国君就如同侍奉自己的父亲一样，损害国君的道义，报自己父亲的私仇，这样的事为臣我是不做的。"于是伐楚的事就停了下来。蔡昭公到楚国去朝见。他有一件精美的皮衣。就在某一天，楚国的令尹囊瓦向他讨这件皮衣，蔡昭公不肯给，楚国因此就将蔡昭公抓起来，关在南郢这个地方，几年以后才将他释放回国。蔡昭公回国后，向汉水的神灵祈祷说："如果诸侯当中有谁准备攻打楚国的，我请求充当他的先锋。"楚国人听到他这番话后很气愤，为此而发兵攻打蔡国。蔡国于是请求吴国援救，伍子胥说："蔡国无罪，这是楚国失去了道义。国君您如果还有替中原国家的安危担忧的心意，那么在这个时候就可以行动了。"为此吴国出兵攻打了楚国。经文为什么不说成是吴国援救蔡国呢？因为如果说成是援救蔡国，那就把吴王这一行动的意义看得过分重要了。

11/4.14 [经] 楚囊瓦出奔郑[1]。

【注释】

〔1〕囊瓦出奔郑：囊瓦被吴军击败，在国内无法容身，因此出逃到郑国。

【译文】

[经] 楚国的囊瓦出逃到郑国。

11/4.15 [经] 庚辰，吴入楚[1]。

[传] 日入，易无楚也[2]，易无楚者，坏宗庙，徙陈器[3]，挞平王之墓。何以不言灭也？欲存楚也。其欲存楚奈何？昭王之军败而逃，父老送之，曰：“寡人不肖，亡先君之邑，父老反矣，何忧无君。寡人且用此入海矣。”父老曰：“有君如此，其贤也，以众不如吴，以必死不如楚。”相与击之，一夜而三败吴人，复立。何以谓之吴也[4]？狄之也。何谓狄之也？君居其君之寝，而妻其君之妻。大夫居其大夫之寝，而妻其大夫之妻。盖有欲妻楚王之母者，不正。乘败人之绩而深为利，居人之国，故反其狄道也。

【注释】

〔1〕吴入楚：《左传》经文作“吴入郢”。郢，楚国的都城，今湖北江陵北部。

〔2〕易无楚：易，轻视。无楚，灭楚。

〔3〕陈器：陈列在宗庙中的祭器。祭器有固定的安放位置，不能随意更动。

〔4〕谓之吴：指经文在吴国攻打楚国时，称吴王为“吴子”，现在却称他为“吴”。前者有褒美之意，这里却是贬义了。

【译文】

[经] 庚辰日，吴国入侵楚国。

[传] 记载了吴国入侵楚国的日期，这是轻视吴国不把楚国

当作一个国家的行为。所谓轻视吴国不把楚国当作一个国家的行为，就是说吴国入侵楚国以后，毁坏楚国的宗庙，拿走了宗庙中陈设的祭器．还将楚平王已经埋入墓地的尸体拖出来鞭打。为什么不说吴国"灭"了楚国呢？这是想让楚国继续存在下去。想让楚国继续存在又是怎样的呢？楚昭王战败后逃离楚国时，楚国的父老去送行，楚昭王说："我不如先君的贤能，失去了祖上留给我的封邑，父老们回去吧，用不着担心没有国君，我将从这里流亡到海岛上去。"父老们说："有这样的国君，真是太贤明了。在军队的人数上来说我们比不上吴国，但从怀着必死的决心上来说吴国又比不上楚国。"于是楚国人一同出去袭击吴国军队，一个晚上接连三次打败了吴国人，昭王得以重新恢复君位。经文为什么称"吴"不称"吴子"呢？这是把吴国当做夷狄之人来看待。为什么把吴国当做夷狄之人来看待呢？因为吴国军队入侵楚国以后，吴王就住在楚王的寝宫中，还把楚王的妻子作为自己的妻子，吴国的大夫也住在楚国大夫的寝室里，把楚国大夫的妻子作为自己的妻子。甚至据说还有要想把楚王的母亲作为自己妻子的，这是不合正道的。吴国利用自己打败别人的机会，尽量为自己谋取私利，还占据了别人的国土，所以经文又重新把吴国当做夷狄之人来看待了。

五　　年

11/5.1 ［经］　五年[1]，春，王正月[2]。辛亥，朔，日有食之[3]。

【注释】

〔1〕五年：本年为周敬王十五年，公元前505年。

〔2〕正月：《左传》经文作"三月"。

〔3〕日有食之：食甚为本日十四时四十二分零六秒。

【译文】

［经］定公五年，春季，周王正月。辛亥，初一日，发生日食。

11/5.2 ［经］　夏，归粟于蔡[1]。

［传］诸侯无粟，诸侯相归粟，正也。孰归之？诸侯也。不言归之者，专辞也，义迟也。

【注释】

〔1〕归粟于蔡：归，同"馈"，赠送。据《左传》记载，这是为了救济蔡国的饥荒。清人方苞就此事的地理解释说，"鲁独归之粟也。归粟必壤地相近，水道可通。鲁归蔡粟，以淮也。告籴于齐，以济也。秦

输晋粟，以河也。若齐晋宋卫，则但能归蔡财，安能输之粟哉？"

【译文】

[经] 夏季，向蔡国赠送粮食。

[传] 当某个诸侯国缺乏粮食时，其他的诸侯国就将自己的粮食赠送给这个国家，这是合乎正道的。是谁将粮食赠送给蔡国的呢？是诸侯国的国君。经文没有说明是哪些诸侯向蔡国赠送了粮食。因为这是专言鲁国的文辞，其他诸侯国也必定有与鲁国相近的仗义举动。

11/5.3 [经] 于越入吴[1]。

【注释】

〔1〕于越入吴：于越，越国。时越国趁吴国入侵楚国，国内空虚，趁机入侵。

【译文】

[经] 越国入侵吴国。

11/5.4 [经] 六月丙申，季孙意如卒[1]。

【注释】

〔1〕季孙意如卒：季孙意如出行到东野，未归，于丙申日死在房邑。

【译文】

[经] 六月的丙申日，季孙意如去世。

11/5.5 [经] 秋，七月壬子，叔孙不敢卒。

【译文】

[经] 秋季，七月的壬子日，叔孙不敢去世。

11/5.6 [经] 冬，晋士鞅帅师围鲜虞。

【注释】

〔1〕围鲜虞：定公三年，鲜虞攻打晋国，晋观虎为鲜虞人俘获。士鞅为此而报复。

【译文】

[经] 冬季，晋国的士鞅率军围攻鲜虞。

六　　年

11/6.1［经］六年[1]，春，王正月。癸亥，郑游速帅师灭许[2]，以许男斯归。

【注释】

〔1〕六年：本年为周敬王十六年，公元前504年。

〔2〕游速：郑国大夫，大叔之子。许国处于楚、郑之间，成为两国争夺的对象，许国依楚，多次迁移国都。现在楚国被吴国打败，郑国趁机灭许。

【译文】

［经］定公六年，春季，周王的正月。癸亥日，郑国的游速率军灭了许国，将许国国君斯带回郑国。

11/6.2［经］二月，公侵郑[1]。

【注释】

〔1〕侵郑：王子朝出奔楚国以后，其党羽依靠郑国人阴谋反周，用郑国军队攻打周的冯、滑、胥靡、负黍、狐人、阙外六个城邑。晋国遂命鲁国出兵攻打郑国，鲁军夺回了被郑国侵占的匡邑。

【译文】

[经] 二月，定公攻打郑国。

11/6.3 [经] 公至自侵郑。

【译文】

[经] 定公攻打郑国后返回，向祖庙行祭告之礼。

11/6.4 [经] 夏，季孙斯、仲孙何忌如晋[1]。

【注释】

〔1〕季孙斯、仲孙何忌如晋：季孙斯，季孙意如之子，也称季桓子。仲孙何忌，即孟懿子。如晋事，向晋国献上在攻打郑国时俘获的郑国战俘。

【译文】

[经] 夏季，季孙斯、仲孙何忌前往晋国。

11/6.5 [经] 秋，晋人执宋行人乐祁犁[1]。

【注释】

〔1〕执宋行人乐祁犁：乐祁犁，也称乐祁，宋国大夫。此行本来是与晋国修好，但他到了晋国以后，未执行使命，却先与赵鞅喝酒，晋国执政大夫范鞅忌其重赵鞅而轻己，遂借口乐祁犁有辱使命而将他扣押。

【译文】

[经] 秋季，晋国人捉拿了宋国的使者乐祁犁。

11/6.6 ［经］冬，城中城[1]。

［传］"城中城"者，三家张也[2]。或曰，非外民也。

【注释】

〔1〕城中城：中城，鲁国都城的内城。此为防御郑国来报复而加固内城。

〔2〕三家张：三家，指操纵鲁国国事的三家贵族，即"三桓"：仲孙氏（孟孙）、叔孙氏、季孙氏，其中以季孙氏的势力最大。张，扩张。

【译文】

［经］冬季，修筑中城的城墙。

［传］说"城中城"，意思就是仲孙、叔孙、季孙三家贵族的势力正在日益扩张。但也有一种说法认为：这是在讥刺定公背弃民众的行为。

11/6.2 ［经］季孙斯、仲孙忌帅师围郓[1]。

【注释】

〔1〕郓：西郓，昭公出奔时曾居住于此。

【译文】

［经］季孙斯、仲孙何忌率军围攻郓邑。

七　　年

11/7.1［经］七年^{〔1〕}，春，王正月。

【注释】

〔1〕七年：本年为周敬王十七年，公元前 503 年。

【译文】

［经］定公七年，春季，周王的正月。

11/7.2［经］夏，四月。

【译文】

［经］夏季，四月。

11/7.3［经］秋，齐侯、郑伯盟于咸^{〔1〕}。

【注释】

〔1〕咸：卫国地名，今河南濮阳东南。

【译文】

　　［经］秋季，齐景公、郑献公在咸这个地方会盟。

11/7.4 ［经］齐人执卫行人北宫结[1]，以侵卫。
　　［传］"以"，重辞也。卫人重北宫结。

【注释】

　　〔1〕执卫行人北宫结：卫侯让北宫结到齐国，卫大夫们私下叫齐国扣押北宫结。齐景公听从了卫国大夫的话。

【译文】

　　［经］齐国人捉拿了卫国的使者北宫结，并因此攻打卫国。
　　［传］"以"是表示重视的言辞。因为卫国人重视北宫结，（所以齐国人抓了他去进犯卫国）。

11/7.5 ［经］齐侯、卫侯盟于沙[1]。

【注释】

　　〔1〕盟于沙：沙，地名。《左传》传文作"琐"，在今河北大名东。

【译文】

　　［经］齐景公、卫灵公在沙这个地方会盟。

11/7.6 ［经］大雩。

【译文】

　　［经］举行盛大的祭神求雨仪式。

11/7.7 [经] 齐国夏帅师伐我西鄙。

【译文】

　　[经] 齐国国夏率军攻打我国西部边境。

11/7.8 [经] 九月，大雩。

【译文】

　　[经] 九月，举行盛大的祭神求雨仪式。

11/7.9 [经] 冬，十月。

【译文】

　　[经] 冬季，十月。

八　　年

11/8.1 ［经］八年[1]，春，王正月，公侵齐[2]。

【注释】

〔1〕八年：本年为周敬王十八年，公元前502年。

〔2〕侵齐：此为报复上年秋齐国伐鲁国。

【译文】

［经］定公八年，春季，周王的正月，定公侵犯齐国。

11/8.2 ［经］公至自齐。

【译文】

［经］定公侵齐后返回，向祖庙行祭告之礼。

11/8.3 ［经］二月，公侵齐[1]。

【注释】

〔1〕侵齐：正月间定公侵齐，因鲁军士气涣散，未成，此次再侵，进攻齐国成邑廪丘的外城，但季氏家臣阳虎不与鲁军协力作战。

【译文】

　　[经] 二月，定公侵犯齐国。

11/8.4 [经] 三月，公至自侵齐。

　　[传] 公如，往时致月，危致也；往月致时，危往也；往月致月，恶之也[1]。

【注释】

　　[1]公如……恶之：《穀梁》解经有所谓"日月之例"，其义以此段为最完备。

【译文】

　　[经] 三月，定公侵犯齐国后返回，向祖庙行祭告之礼。

　　[传] 国君前往别的诸侯国，出发的时候记载季节，返回以后祭告祖庙时记载月份，这表示在返回后祭告祖庙的时候有危险存在；出发的时候记载月份，返回以后祭告祖庙时记载季节，这表示出发的时候有危险存在；出发的时候记载月份，返回以后祭告祖庙时也记载月份，这就表示局势已经相当险恶了。

11/8.5 [经] 曹伯露卒[1]。

【注释】

　　[1]曹伯露：即曹靖公，公元前505年即位，在位共四年。

【译文】

　　[经] 曹国国君露去世。

11/8.6 ［经］夏，齐国夏帅师伐我西鄙。

【译文】

［经］夏季，齐国国夏率军攻打我国的西部边境。

11/8.7 ［经］公会晋师于瓦[1]。

【注释】

〔1〕会晋师于瓦：瓦，卫国地名，今河南滑县南部。因齐国屡次侵犯鲁国，晋国派士鞅、赵鞅、荀寅率军来救，定公遂在瓦地与晋国军队会师。

【译文】

［经］定公在瓦地与晋国军队会师。

11/8.8 ［经］公至自瓦。

【译文】

［经］定公从瓦返回，向祖庙行祭告之礼。

11/8.9 ［经］秋，七月戊辰，陈侯柳卒[1]。

【注释】

〔1〕陈侯柳：即陈怀公，公元前505年即位，在位共四年。

【译文】

［经］秋季，七月的戊辰日，陈国国君柳去世。

11/8.10 ［经］晋士鞅帅师侵郑，遂侵卫^[1]。

【注释】

〔1〕士鞅：《公羊》经文作"赵鞅"。晋国的士鞅在瓦会见定公之后，将与卫灵公会盟，但卫灵公前与齐景公盟，晋国认为此举是叛晋，遂顺道伐郑后，又侵卫。

【译文】

［经］晋国的士鞅率军侵犯郑国，接着又侵犯卫国。

11/8.11 ［经］葬曹靖公。

【译文】

［经］安葬了曹靖公。

11/8.12 ［经］九月，葬陈怀公。

【译文】

［经］九月，安葬了陈怀公。

11/8.13 ［经］季孙斯、仲孙何忌帅师侵卫^[1]。

【注释】

〔1〕侵卫：应晋国的要求侵犯卫国。

【译文】

［经］季孙斯、仲孙何忌率军侵犯卫国。

11/8.14 ［经］冬，卫侯、郑伯盟于曲蒲[1]。

【注释】

〔1〕曲蒲：卫国地名。《左传》经文作"曲濮"。

【译文】

［经］冬季，卫灵公、郑献公在曲蒲会盟。

11/8.15 ［经］从祀先公[1]。

［传］贵复正也。

【注释】

〔1〕从祀先公：从祀，顺祀的意思。先公，指鲁国已故的国君文公、僖公、闵公。时贵族家臣势力日益扩大，季孙氏家臣阳虎，欲除"三桓"而专鲁政，正好季孙斯之弟季寤、季氏族人公鉏极，以及季氏封地费邑之宰公山不狃都不满季孙斯，叔孙氏庶子叔孙辄、叔孙带之孙叔孙志，也因不得宠而依附阳虎，阳虎便利用此五人之力去"三桓"，以季寤代季孙斯，以叔孙辄代叔孙武叔，阳虎自己代仲孙何忌，在十月借口调整鲁国宗庙的昭穆之位，遍祀列祖列宗。其中也包括祭祀昭公。昭公是由于季孙意如而逃亡在外的，下葬时季孙意如坚持将他的坟墓与鲁国的祖坟分开，故在宗庙中也不会置于正位。阳虎等人为了排斥季氏，必定要利用祭祀昭公的灵位来张扬扩大季孙意如的罪行。

【译文】

［经］按照先君在位的先后次序来祭祀他们的灵位。

［传］这是赞赏能够恢复先君在位的次序。

11/8.16 ［经］盗窃宝玉、大弓[1]。

［传］"宝玉"者，封圭也[2]。"大弓"者，武王之

戎弓也。周公受赐，藏之鲁。非其所以与人而与人，谓之亡，非其所取而取之，谓之盗。

【注释】

〔1〕盗窃宝玉、大弓：阳虎等人借口请季孙斯赴宴，想趁机杀了他，不料事情败露，阳虎等人企图作乱，被孟氏家臣公敛阳击败，阳虎偷了公室的传世之宝，仓皇出逃，进入阳关后叛鲁。

〔2〕封圭：圭，一种玉器，上尖下方，诸侯朝见天子时执之。此处所指，为鲁国始封为诸侯国时，周成王赐给伯禽的礼器。传文说是赐给周公旦的。

【译文】

[**经**] 盗窃了宝玉、大弓。

[**传**] 所说的"宝玉"，是指伯禽受封时天子赐给他的玉圭。所说的"大弓"，是指周武王征战天下时使用的弓。周公接受天子赐给他的这两样宝物，都收藏在鲁国的太庙里。不是自己可以拿来给别人的东西却给了别人，这就叫做丢失；不是自己应该拿的东西自己却拿了，这就叫做偷盗。

九　　年

11/9.1［经］九年^[1]，春，王正月。

【注释】
〔1〕九年：本年为周敬王十九年，公元前501年。

【译文】
［经］定公九年，春季，周王的正月。

11/9.2［经］夏，四月戊申，郑伯虿卒^[1]。

【注释】
〔1〕郑伯虿：即郑献公，公元前513年即位，在位共十三年。《公羊》所引经文作"嚘"。

【译文】
［经］夏季，四月的戊申日，郑国国君虿去世。

11/9.3［经］得宝玉、大弓^[1]。
［传］其不地，何也？宝玉、大弓，在家则羞^[2]，

不目，羞也。恶得之？得之堤下[3]。或曰，阳虎以解
众也[4]。

【注释】

〔1〕得宝玉、大弓：据《左传》记载，是阳虎出逃在外后将此归还
给鲁国的。

〔2〕在家则羞：昭公出逃在外时，季孙意如将宝玉、大弓拿回家。
阳虎作乱，反季氏，遂从其家取走了宝玉、大弓。《穀梁》以为，季氏
随意将国宝拿回家，这是国家的耻辱。

〔3〕得之堤下：这是说当孟氏家臣公敛阳在追击阳虎时，阳虎将宝
玉、大弓丢在堤岸之下。

〔4〕解众：解，缓。众，指追击阳虎的军队。

【译文】

［经］得到了宝玉、大弓。

［传］没有记载得到宝玉、大弓的地方，这是为什么？宝
玉、大弓是国家的传世之宝，竟被私藏在大夫的家里，这是国
家的耻辱，经文不写明取得的地点，正是为了替鲁国掩盖这一
耻辱。那么是在哪里得到宝玉和大弓的呢？是在堤岸下得到
的。也有的说法认为：那是阳货为了缓阻前来追击他的军队而故
意丢弃的。

11/9.4 ［经］六月，葬郑献公。

【译文】

［经］六月，安葬了郑献公。

11/9.5 ［经］秋，齐侯、卫侯次于五氏[1]。

【注释】

〔1〕次于五氏：五氏，晋国地名，今河北邯郸西部，也称寒氏。齐国、卫国攻打晋国，但被晋国击败，齐国损失战车五百乘，主将也被俘。

【译文】

［经］秋季，齐景公、卫灵公将军队驻扎在五氏这个地方。

11/9.6 ［经］ 秦伯卒[1]。

【注释】

〔1〕秦伯：即秦哀公，公元前536年即位，在位共三十六年。

【译文】

［经］秦国国君去世。

11/9.7 ［经］ 冬，葬秦哀公。

【译文】

［经］冬季，安葬了秦哀公。

十　年

11/10.1 [经] 十年^[1]，春，王三月，及齐平^[2]。

【注释】

〔1〕十年：本年为周敬王二十年，公元前500年。

〔2〕及齐平：自定公八年来，鲁国多次侵犯齐国，后齐国亦侵犯鲁国，鲁国侵齐是应晋国之命，乃不得已之举。现在齐国力量渐渐强大，连晋国也对它没有办法，故鲁国顺应时势，与齐国议和。

【译文】

[经] 定公十年，春季，周王三月，与齐国议和。

11/10.2 [经] 夏，公会齐侯于颊谷^[1]。

【注释】

〔1〕颊谷：《左传》经文作"夹谷"，传文中又称为"祝其"，均为一处。齐国地名，今山东莱芜夹谷峪。

【译文】

[经] 夏季，定公与齐景公在颊谷会见。

11/10.3〔经〕公至自颊谷。

〔传〕离会不致^[1]，危之也。危之则以地致，何也？为危之也。其危奈何？曰：颊谷之会，孔子相焉^[2]。两君就坛，两相相揖，齐人鼓噪而起，欲以执鲁君，孔子历阶而上^[3]，不尽一等^[4]，而视归乎齐侯，曰："两君合好，夷狄之民何为来为？"命司马止之^[5]。齐侯逡巡而谢曰："寡人之过也。"退而属其二三大夫曰^[6]："夫人率其君与之行古人之道，二三子独率我而入夷狄之俗，何为？"罢会。齐人使优施舞于鲁君之幕下^[7]，孔子曰："笑君者罪当死。"使司马行法焉，手足异门而出。齐人来归郓、讙、龟阴之田者^[8]，盖为此也。因是以见，虽有文事，必有武备，孔子于颊谷之会见之矣。

【注释】

　〔1〕离会不致：指定公在与齐景公会见时意见不一致，因此，不应当将这次会见作为行祭告之礼时的内容。

　〔2〕孔子相焉：当时孔子作为鲁国的宰相，随同定公前往颊谷与齐景公会见。相，诸侯会见时的司礼。

　〔3〕历：登上。

　〔4〕不尽一等：没有走完最后一级台阶。

　〔5〕司马：掌管军事的长官。

　〔6〕属：同"嘱"。

　〔7〕优施：名叫施的俳优。俳优，即演员。

　〔8〕郓、讙、龟阴之田：均为此前被齐国侵占的鲁国土地。郓，在今山东郓城东部。讙，在今山东宁阳北部。龟阴，指龟山以北的鲁国土地，在今山东新泰西南、泗水县东北一带。

【译文】

[经] 定公与齐景公在颊谷会见后返回，向祖庙行祭告之礼。

[传] 两国国君相会，但意见不一致，这是不用祭告祖庙的，这里为什么祭告祖庙了呢？是为了表示当时的情况已经危及定公的安全了。当时情况已经危及定公的安全，就用记载地名的方式祭告祖庙，这是为什么？因为是在颊谷的会见时危及定公的安全的。当时情况是怎样的危险呢？回答是：双方在颊谷会见时，鲁国方面由孔子来主持礼仪。两国国君走上了祭坛，两国的司仪也相互行礼，周围的齐国人疯狂地叫喊起来，想来捉拿鲁国国君，孔子沿着祭坛的台阶急步走上去，还没等走完最后一级台阶，就回过头来，目光注视着齐景公，说："两国国君的相会应该是融洽友好的，夷狄国家的野蛮人为何来到这里，究竟想干什么！"命令司马制止他们。齐景公又想上前又不敢上前地犹豫片刻，带着歉意说："这是我的过错。"退下后责备他身边的几个大夫说："孔子带着他的国君，和他一起履行古人的礼节道义，而你们这几个人，却带着我陷入了夷狄之人的野蛮习俗，想干什么？"于是就中止了与定公的会见。齐国人又派一个名叫"施"的演员在鲁定公下榻的帐篷前跳舞，孔子说："嘲笑国君的人，罪当处死！"就派司马执行这个法令，杀掉了施，并把他的头和脚从不同的门带出去。此后齐国人前来归还被占的郓、讙、龟阴这三个地方的土地，大概就是因为这件事吧。从这件事中也可以看到，即使有礼乐制度这些文化上的事，还必须要有军事方面的足够准备，这一点，通过孔子在颊谷的会见中就可以显示出来了。

11/10.4 [经] 晋赵鞅帅师围卫[1]。

【注释】

〔1〕围卫：九年秋，齐侯与卫侯合兵攻打晋国，此时晋国来报复，卫国予以抵抗，晋国俘获卫国大夫涉佗，想以此要挟卫国求和，但卫国不答应，晋国只得杀了涉佗以出怨气。从此事可以看出，晋国霸主的地位已经明显发生了动摇。

【译文】

　　［经］晋国的赵鞅率军围攻卫国。

11/10.5 ［经］齐人来归郓、讙、龟阴之田[1]。

【注释】

　　〔1〕龟阴之田：《左传》、《公羊》经文无"之"字。

【译文】

　　［经］齐国人来归还郓邑、讙邑、龟山以北的土地。

11/10.6 ［经］叔孙州仇、仲孙何忌围郈[1]。

【注释】

　　〔1〕围郈：郈（hǒu，后），鲁国地名，今山东东平东南。鲁国"三桓"至定公之世起，逐渐落入家臣的控制中，如阳虎拘季氏作乱，即为一例。此处"围郈"事，是叔孙氏家臣公若不服叔孙氏控制，叔孙州仇因此杀了他，但另一个家臣侯犯又占据郈邑作乱，于是叔孙州仇与仲孙何忌共同攻打他，然而不能制服侯犯。郈，《公羊》经文作"费"。

【译文】

　　［经］叔孙州仇、仲孙何忌围攻郈邑。

11/10.7 ［经］ 秋，叔孙州仇、仲孙何忌帅师围郈[1]。

【注释】

　　〔1〕围郈：郈，《公羊》经文作"费"。叔孙州仇、仲孙何忌此次率

领军队围攻郈邑，又不能制服侯犯，后来用了驷赤之计，骗侯犯奔齐，再由齐人将他押回鲁国，叔孙州仇这才收回了郈邑。

【译文】

[经]秋季，叔孙州仇、仲孙何忌率军围攻郈邑。

11/10.8 [经] 宋乐大心出奔曹。

【译文】

[经]宋国的乐大心出逃到曹国。

11/10.9 [经] 宋公子地出奔陈[1]。

【注释】

〔1〕公子地：宋景公的庶弟。宋景公宠向魋（tuí，颓），公子地则恶向魋，景公夺公子地的马送给向魋，公子地又夺回其马，景公因此闭门而哭。宋景公的同母之弟辰劝公子地出奔以谢罪。

【译文】

[经]宋国的公子地逃往陈国。

11/10.10 [经] 冬，齐侯、卫侯、郑游速会于安甫[1]。

【注释】

〔1〕郑游速会于安甫：游速、安甫，《公羊》经文作"游邀"、"鞍"。安甫，地名，今所在不详。

【译文】

[经] 冬季，齐景公、卫献公、郑国的游速在安甫会见。

11/10.11 [经] 叔孙州仇如齐[1]。

【注释】

〔1〕如齐：此行是为了答谢齐景公帮助攻破侯犯。

【译文】

[经] 叔孙州仇前往齐国。

11/10.12 [经] 宋公之弟辰暨宋仲佗、石彄出奔陈[1]。

【注释】

〔1〕辰暨宋仲佗、石彄出奔陈：公子地出奔后，辰以为责任在于自己，就带着仲佗和石彄也出逃到陈国去了。仲佗，仲几之子。石彄(kōu，抠)，褚师段之子。《左传》经文作在"暨"字后无"宋"字。

【译文】

[经] 宋景公的弟弟辰和宋国的仲佗、石彄出逃到陈国。

十 一 年

11/11.1 ［经］十有一年^[1]，春。宋公之弟辰及仲佗、石彄、公子地，入于萧，以叛^[2]。

［传］"宋公之弟辰"，未失其弟也^[3]。"及仲佗、石彄、公子地"，以尊及卑也。"自陈"，陈有奉焉尔。"入于萧，以叛"，"入"者，内弗受也。"以"者，不以也。"叛"，直叛也。

【注释】

〔1〕十有一年：本年为周敬王二十一年，公元前499年。

〔2〕入于萧，以叛：萧，宋国地名，今安徽萧县西北。公子辰与公子地在陈国相会后，又进入宋国的萧邑，占据其地，公开叛宋。

〔3〕未失其弟：《穀梁》以为经文仍然写明"弟"字，是表示景公还没有与辰决裂。这是根据《穀梁》解释隐公元年"郑伯克段于鄢"时的例子来说的。当时经文不称段为郑伯之弟，《穀梁》说："段，弟也，而弗谓弟，……贬之也，段失其弟之道矣。"但此处辰明明先是离兄，既而叛兄，已经背离了为弟之道，经文记载时写明"弟"字，不过是为了点出辰的身份，并非为了说明景公是否已经与其断绝关系，故《穀梁》的解说有自以为是之误。

【译文】

［经］定公十一年，春季。宋景公的弟弟辰和仲佗、石彄、

公子地，进入萧邑，并以此背叛宋国。

[**传**] 经文说"宋公之弟辰"，这是表明宋景公还没有失去与他弟弟的情分。经文又说"及仲佗、石彄、公子地"，这是由地位尊贵的人带出地位卑贱的人。"自陈"，表示当初陈国对他们有所帮助。说"入于萧，以叛"，所谓"入"，就是萧这个地方的人拒绝接受他们进入。"以"，是表示他们不应当反叛。"叛"，是说他们直接在萧邑叛乱。

11/11.2 [经] 夏，四月。

【译文】

[**经**] 夏季，四月。

11/11.3 [经] 秋，宋乐大心自曹入于萧。

【译文】

[**经**] 秋季，宋国的乐大心从曹国进入萧邑。

11/11.4 [经] 冬，及郑平[1]。

【注释】

〔1〕及郑平：由于晋国大夫专权，公室逐渐衰弱，诸侯也不愿再听从晋国的指挥，鲁国此举，是脱离晋国控制的表现。

【译文】

[**经**] 冬季，与郑国议和。

11/11.5 ［经］ 叔还如郑莅盟[1]。

【注释】

　　〔1〕叔还：叔弓的曾孙。一说为叔诣的曾孙。

【译文】

　　［经］ 叔还前往郑国参加预定的会盟。

十 二 年

11/12.1 ［经］十有二年^{〔1〕}，春，薛伯定卒^{〔2〕}。

【注释】
〔1〕十有二年：本年为周敬王二十二年，公元前498年。
〔2〕薛伯定：即薛襄公，公元前510年即位，在位共十三年。

【译文】
　　［经］定公十二年，春季，薛国国君定去世。

11/12.2 ［经］夏，葬薛襄公。

【译文】
　　［经］夏季，安葬了薛襄公。

11/12.3 ［经］叔孙州仇帅师堕郈^{〔1〕}。
　　［传］堕，犹取也。

【注释】
〔1〕堕郈：当时鲁国"三桓"各有其私邑。季孙氏有费，孟孙氏有

成，叔孙氏有郈，但这些私邑均随着家臣势力的扩张而落入他们的控制之中。于是仲由提出废除这些私邑，叔孙氏首先响应，但从经文记载来看，为了废除郈邑，叔孙州仇还要动用军队，可见并非易事。《穀梁》以"取"来解释"堕"字的意思，简直是用军队在外作战时攻取敌方土地来作比较了。这也说明家臣的实力已经相当强大。

【译文】

　　[经] 叔孙州仇率军攻取郈邑。

　　[传] 所谓"堕"的意思，就是攻取。

11/12.4 [经] 卫公孟彄帅师伐曹[1]。

【注释】

　　〔1〕公孟彄：卫国大夫，公孟絷之子。其伐曹原因不详。

【译文】

　　[经] 卫国的公孟彄率军攻打曹国。

11/12.5 [经] 季孙斯、仲孙何忌帅师堕费[1]。

【注释】

　　〔1〕堕费：费为季孙氏的封邑。当时孔子为鲁国司寇，仲由是季孙氏的家臣，孔子为了将权力集中于公室，下令家不藏甲，邑的城墙不过百雉。但季孙氏、孟孙氏、叔孙氏的私邑均超过这一规定，因此必须毁去。此前郈邑已被攻取，现在又要攻打费邑，公山不狃、叔孙辄率费人抵抗，袭击鲁军，定公与季孙氏、孟孙氏、叔孙州仇逃到宫内，登上武公之台，费人不能攻克，孔子命大夫攻打费人，这才救了定公等人。后鲁国人又追击费人，在姑蔑打败了他们，公山不狃、叔孙辄逃往齐国，费邑遂被攻陷。

【译文】

[**经**] 季孙斯、仲孙何忌率军攻取了费邑。

11/12.6 [**经**] 秋，大雩。

【译文】

[**经**] 秋季，举行盛大的祭神求雨仪式。

11/12.7 [**经**] 冬，十月癸亥，公会齐侯，盟于黄[1]。

【注释】

〔1〕公会……盟于黄：黄，齐国地名，今山东黄县一带。齐侯，《公羊》经文作"晋侯"。时鲁国已经逐渐脱离了晋国，前与郑国会盟，故不可能再与晋国结盟。

【译文】

[**经**] 冬季，十月的癸亥日，定公会见齐景公，在黄这个地方结盟。

11/12.8 [**经**] 十有一月丙寅，朔，日有食之[1]。

【注释】

〔1〕十有一月：据《日食集证》，本年有闰五月，此处所记日食，当为本年十月的丙寅日。

〔2〕日有食之：食甚为本年十月丙寅日十三时三十八分。

【译文】

[经] 十一月的丙寅，初一日，发生日食。

11/12.9 [经] 公至自黄。

【译文】

[经] 定公参加了与齐景公的会盟后返回，向祖庙行祭告之礼。

11/12.10 [经] 十有二月，公围成[1]。
[传] 非国言"围"。围成，大公也。

【注释】

〔1〕围成：成是孟孙氏的封邑。因靠近齐国，故对保障鲁国的边境有一定的帮助，但定公还是执意围攻，未克。

【译文】

[经] 十二月，定公围攻成邑。
[传] 成并不是一个国家，却使用了对付一个国家的言辞来说"围"。经文所以要说"围成"，这是为了给予定公作为一国之君的尊严。

11/12.11 [经] 公至自围成。
[传] 何以致？危之也。何为尔？边乎齐也[1]。

【注释】

〔1〕边乎齐：由于成邑靠近齐国，《穀梁》认为鲁国在此用兵，极有

可能招致齐国的反感。其实鲁、齐两国刚刚订立盟约，而且削弱成邑的实力，对齐国来说也少了一点来自边境的威胁，故齐国不可能有什么反感。

【译文】

[经] 定公围攻成邑后返回，向祖庙行祭告之礼。

[传] 定公为什么要将围成之事祭告祖庙？因为此时的局势对定公来说有危险。为什么有危险？因为成邑这个地方靠近齐国，可能招致齐国出兵。

十 三 年

11/13.1 ［经］十有三年^{〔1〕}，春，齐侯次于垂葭^{〔2〕}。

【注释】

〔1〕十有三年：本年为周敬王二十三年，公元前497年。

〔2〕次于垂葭：垂葭（jiā，加），齐国地名，今山东巨野西南。《公羊》经文作"垂瑕"。齐景公将军队驻扎在垂葭是为了攻打晋国。《公羊》、《左传》经文作"齐侯、卫侯次于垂葭"。

【译文】

［经］定公十三年，春季，齐景公将军队驻扎在垂葭这个地方。

11/13.2 ［经］夏，筑蛇渊囿^{〔1〕}。

【注释】

〔1〕蛇渊囿：蛇渊，鲁国地名，今所在不详。囿，园林。

【译文】

［经］夏季，修筑蛇渊囿。

11/13.3 ［经］大蒐于比蒲[1]。

【注释】

〔1〕比蒲：鲁国地名，今所在不详。

【译文】

［经］在比蒲举行盛大的行猎活动。

11/13.4 ［经］卫公孟彄帅师伐曹。

【译文】

［经］卫国公孟彄率军攻打曹国。

11/13.5 ［经］秋，晋赵鞅入于晋阳以叛[1]。

［传］"以"者，不以者也。"叛"，直叛也。

【注释】

〔1〕赵鞅入于晋阳以叛：赵鞅，也称赵简子，或称赵孟，时为晋国的卿。晋阳，赵鞅的封邑，今山西太原西南。据《左传》记载，定公十年，赵鞅围攻卫国，卫国私下送给赵鞅五百家贡户，赵鞅将他们安置在邯郸，今赵鞅欲以五百贡户安置到晋阳去，让邯郸大夫赵午照办。赵午答应后，就与邯郸父老商量，邯郸父老从保持卫国与邯郸的关系上考虑，决定先引诱齐国来打邯郸，然后借机将五百贡户迁往晋阳，这样卫国就不会以为是赵鞅想与卫国断绝关系而迁走贡户了。但赵鞅却误会了赵午的意思，以为赵午不听命，一怒之下，将赵午杀了。于是赵午之子赵稷就率人马进入邯郸发动叛乱，此时与赵鞅有仇的范、荀两家也趁机攻打赵氏，赵鞅只得逃到封邑晋阳，晋人又围攻晋阳。这一事件，虽然没有明确说出赵鞅如何叛晋，但他利用权势，擅杀邯郸大夫赵午，已属无视国君之举。

【译文】

[经] 秋季，赵鞅进入晋阳，背叛晋国。

[传] "以"字的意思，就是表示不应当反叛。"叛"，就表示赵鞅是直接进行叛乱的。

11/13.6 [经] 冬，晋荀寅、士吉射入于朝歌以叛[1]。

【注释】

〔1〕荀寅、士吉射入于朝歌：士吉射，也称范吉射、范昭子，士鞅之子。荀寅之子娶吉射女为妻，故两家为姻亲。朝（zhāo，召）歌，卫国地名，周武王封康叔为卫侯于此，今河南淇县。范、荀两家连手逐赵鞅，韩氏与魏氏平时与赵氏友好，恐怕范、荀扩大势力，于己不利，遂鼓动晋定公伐范、荀，两家于是出逃到朝歌，背叛晋国。

【译文】

[经] 冬季，晋国的荀寅、士吉射进入朝歌，背叛晋国。

11/13.7 [经] 晋赵鞅归于晋[1]。

[传] 此叛也，其以"归"言之，何也？贵其以地反也。贵其以地反，则是大利也[2]？非大利也，许悔过也。许悔过，则何以言叛也？以地正国也。以地正国，则何以言叛？其入无君命也。

【注释】

〔1〕赵鞅归于晋：韩、魏二氏鼓动晋定公逐出范、荀二氏后，又请赵鞅返回晋国，十二月的辛未日，赵鞅返回晋国，与晋定公订立盟约。

〔2〕大利：大，看重。利，指赵鞅返回晋国后对晋国的好处。

【译文】

　　［经］晋国的赵鞅回到晋国。

　　［传］赵鞅明明是反叛，经文却用"归"这个字来记载，这是为什么？这是称赞他带着晋阳的土地一起回到了晋国。称赞他带着晋阳的土地一起回到晋国，这是不是把他能够为晋国带来的利益看得太重要了？这里并不是把他带给晋国的利益看得太重要，而是允许他有悔改的行动。既然允许他有悔改的行动，那为什么又说他是反叛呢？因为他是用带回晋阳的土地这样的方式来安定了国家。既然他用带回晋阳的土地这种方式来安定国家，为什么还说他是反叛呢？因为他进入晋阳并未得到晋国国君的命令。

11/13.8 ［经］薛弑其君比。

【译文】

　　［经］薛国杀了他们的国君比。

十 四 年

11/14.1 ［经］十有四年^[1]，春，卫公叔戍来奔^[2]。

【注释】

〔1〕十有四年：本年为周敬王二十四年，公元前496年。

〔2〕公叔戍来奔：公叔戍，也称公叔文子、卫文子。公叔戍富而骄，被卫灵公逐出卫国，故出逃到鲁国。

【译文】

［经］定公十四年，春季，卫国的公叔戍来投奔鲁国。

11/14.2 ［经］晋赵阳出奔宋^[1]。

【注释】

〔1〕晋赵阳：《左传》经文作"卫赵阳"，以赵阳为公叔戍之党。

【译文】

［经］晋国的赵阳出逃到宋国。

11/14.3 ［经］二月辛巳^[1]，楚公子结、陈公孙佗

人帅师灭顿，以顿子牂归[2]。

【注释】

〔1〕二月：《公羊》经文作"三月"。

〔2〕楚公子结……以顿子牂归：《公羊》经文"公孙佗人"作"公子佗人"，牂（zāng，脏）作"牄"。因顿国欲叛楚而从晋，故楚国召陈国共同灭顿。

【译文】

［经］二月的辛巳日，楚国的公子结、陈国的公孙佗人率军灭了顿国，俘虏了顿国国君牂，将他带回楚国。

11/14.4 ［经］夏，卫北宫结来奔[1]。

【注释】

〔1〕北宫结来奔：北宫结亦为公叔戌的同党，故也被卫灵公逐出卫国。

【译文】

［经］夏季，卫国的北宫结来投奔。

11/14.5 ［经］五月，于越败吴于檇李[1]。

【注释】

〔1〕于越败吴于檇李：檇李，在吴国，今浙江嘉兴南。吴攻打越国，越王勾践率越人抵抗，先以敢死队作为先锋，但两次都被吴军击败。勾践再以囚犯列队，在吴军阵前集体自刎，正当吴军看得发呆时，越军发起进攻，大败吴军。

【译文】

[经] 五月，越国在檇李击败了吴国。

11/14.6 [经] 吴子光卒[1]。

【注释】

〔1〕吴子光：即吴王阖庐，他在与越国的交战中，伤了脚趾，越军击败吴军后，他逃到陉这个地方就死了。其子夫差即位，不忘越国杀父之仇，三年后打败越国，俘虏了越王勾践。

【译文】

[经] 吴王光去世。

11/14.7 [经] 公会齐侯、卫侯于牵[1]。

【注释】

〔1〕公会齐侯、卫侯于牵：这次会见，是为了援救晋国的范氏、中行氏（荀氏）。牵，卫国地名，在今河南浚县北。

【译文】

[经] 定公在牵这个地方会见了齐景公、卫灵公。

11/14.8 [经] 公至自会。

【译文】

[经] 定公会见齐景公、卫灵公后返回，向祖庙行祭告之礼。

11/14.9 ［经］秋，齐侯、宋公会于洮^{〔1〕}。

【注释】

〔1〕洮：地名。在今山东鄄城东南。

【译文】

［经］秋季，齐景公、宋景公在洮这个地方会见。

11/14.10 ［经］天王使石尚来归脤^{〔1〕}。

［传］"脤"者何也？俎实也^{〔2〕}，祭肉也。生曰脤，熟曰膰^{〔3〕}。其辞石尚，士也。何以知其士也？天子之大夫不名，石尚欲书《春秋》，谏曰："久矣，周之不行礼于鲁也，请行脤。"贵复正也。

【注释】

〔1〕归脤：归，赠送。脤，读作"shèn（慎）"，祭祀时所用的生肉。

〔2〕俎实：俎，祭祀时用以盛放供品食物的礼器，青铜或木制。俎实，即放在礼器中的供品或食物。

〔3〕膰：祭祀时用的烤肉。

【译文】

［经］周王派石尚来赠送祭祀用的生肉。

［传］"脤"，指的是什么？就是礼器中所盛放的物品，是祭祀用的肉。祭祀用的生肉称为"脤"，熟肉称为"膰"。经文中所说的"石尚"，是周王室的士。怎么知道他是周王室的士？因为对于天子的大夫，经文照例是不记载他的名的。石尚想在《春秋》中留下自己的名，就劝谏周王说："周王室不向鲁国施行礼

节已经很久了，请允许向鲁国赠送祭祀用的生肉。"所以经文就称赞他能够劝谏周王恢复正当的礼节。

11/14.11 ［经］卫世子蒯聩出奔宋[1]。

【注释】

〔1〕**蒯聩出奔宋**：卫灵公的夫人南子在宋国时与宋国的美男子宋朝有私情，回到卫国后仍想念他，卫灵公就从宋国召来宋朝。卫太子蒯聩出使齐国，回国途中经过宋国，听到宋人在歌谣中唱这件事，觉得很羞愧，遂与家臣戏阳速一同往见南子，戏阳速暗示太子杀南子，正当戏阳速想动手时，被南子察觉，告诉了灵公，蒯聩只得出逃到宋国避难。

【译文】

［经］卫国的太子蒯聩出逃到宋国。

11/14.12 ［经］卫公孟彄出奔郑。

【译文】

［经］卫国的公孟彄出逃到郑国。

11/14.13 ［经］宋公之弟辰自萧来奔。

【译文】

［经］宋景公之弟辰从萧邑来投奔鲁国。

11/14.14 ［经］大蒐于比蒲。

【译文】

[经] 在比蒲举行大规模的行猎活动。

11/14.15 [经] 邾子来会公[1]。

【注释】

〔1〕邾子来会：《集解》说："会公于比蒲。"

【译文】

[经] 邾隐公来会见定公。

11/14.16 [经] 城莒父及霄[1]。

【注释】

〔1〕莒父及霄：均为鲁国的城邑。本年经文中没有记载冬季之事。

【译文】

[经] 修筑莒父和霄的城墙。

十 五 年

11/15.1［经］十有五年^[1]，春，王正月，邾子来朝。

【注释】

　　〔1〕十有五年：本年为周敬王二十五年，公元前495年。

【译文】

　　［**经**］定公十五年，春季，周王的正月，邾隐公来朝见。

11/15.2［经］鼷鼠食郊牛角，牛死，改卜牛。
［**传**］不敬莫大焉。

【译文】

　　［**经**］鼷鼠啃食用于郊祭的牛的角，牛死了，占卜后改用另一头牛。

　　［**传**］说到对神灵的不敬，没有比这样的事情更大的了。

11/15.3［经］二月辛丑，楚子灭胡^[1]，以胡子豹归。

【注释】

〔1〕灭胡：由于晋国霸权的衰落，楚国重新开始兼并周围的小国，去年灭了顿国，此次又灭胡国，足见其称霸的野心。

【译文】

［经］二月的辛丑日，楚昭王灭了胡国，俘虏了胡国国君豹带回楚国。

11/15.4 ［经］夏，五月辛亥，郊[1]。

【注释】

〔1〕郊：郊祭本应在正月举行，因郊牛被鼷鼠食角而死，改卜另一头备用的牛，重新涤宫饲养三个月，才能使用，所以延至五月才举行郊祭。

【译文】

［经］夏季，五月的辛亥日，举行郊祭。

11/15.5 ［经］壬申，公薨于高寝[1]。
［传］高寝，非正也。

【注释】

〔1〕高寝：《集解》说："宫名。"诸侯之寝有三，中间的称为高寝，左面的称为左路寝，右面的称为右路寝。高寝为始封之君所用，继位者只能使用左右两边的。故《穀梁》认为诸侯在路寝去世，才是"正"。

【译文】

［经］壬申日，定公在高寝去世。

[传] 死在高寝，这不符合正当的礼制。

11/15.6 [经] 郑罕达帅师伐宋[1]。

【注释】

〔1〕罕达：郑国大夫子婴齐之子。《公羊》经文作"轩达"，下同。

【译文】

[经] 郑国的罕达率军攻打宋国。

11/15.7 [经] 齐侯、卫侯次于渠蒢[1]。

【注释】

〔1〕次于渠蒢：齐、卫此举是为了援救宋国。渠蒢：地名，今所在不详。《公羊》经文作"籧篨"。

【译文】

[经] 齐景公、卫灵公将军队驻扎在渠蒢。

11/15.8 [经] 邾子来奔丧[1]。
[传] 丧急，故以奔言之。

【注释】

〔1〕邾子来奔丧：据《礼记·奔丧篇》说："奔丧之礼，始闻亲丧，以哭答使者，尽哀问故。"郑玄注说："虽非父母，闻丧而哭，其礼亦然也。"五服之内的亲属皆可言奔丧，非五服之亲，则不用此礼。《公羊》的解说认为，经文记载此事，是讥刺邾隐公此行的不合礼节。

【译文】

[经] 邾隐公赶来参加定公的丧事。

[传] 因为丧事很紧急，所以就用"奔"字来表达。

11/15.9 [经] 秋，七月壬申，弋氏卒[1]。

[传] 妾辞也，哀公之母也。

【注释】

〔1〕弋氏：定公夫人，鲁哀公之母。《公羊》、《左传》经文作"姒氏"。下同。

【译文】

[经] 秋季，七月的壬申日，弋氏去世。

[传] 这是用于写小妾的言辞，但她是哀公的母亲。

11/15.10 [经] 八月庚辰，朔，日有食之[1]。

【注释】

〔1〕日有食之：食甚在本日十三时五十四分十秒。

【译文】

[经] 八月的庚辰，初一日，发生日食。

11/15.12 [经] 九月，滕子来会葬。

【译文】

[经] 九月，滕顷公来参加定公的葬礼。

11/15.13 ［经］丁巳，葬我君定公，雨，不克葬。

［传］葬既有日，不为雨止，礼也。"雨，不克葬"，丧不以制也[1]。

【注释】

〔1〕不以制：不根据礼制来办丧事。

【译文】

［经］丁巳日，安葬我国的国君定公，因为下雨，不能安葬。

［传］既然已经通过占卜确定了葬礼的日期，就不能因为下雨而中止葬礼，这是礼制的规定。现在却因下雨而不能够安葬，这就表明丧事没有按照礼制的规定来办。

11/15.2 ［经］戊午，日下稷[1]，乃克葬。

［传］"乃"，急辞也，不足乎日之辞也[2]。

【注释】

〔1〕稷：《公羊》、《左传》经文作"昃"。太阳西斜之时。

〔2〕不足乎日：不满一整天。

【译文】

［经］戊午日，太阳西下的时候，才得以安葬定公。

［传］"乃"，是表示行动急促的言辞，这也是表示葬礼进行得很急促，没有用一整天。

11/15.14 ［经］辛巳，葬定弋。

【译文】

　　[经]辛巳日，安葬了定公夫人弋氏。

11/15.15 [经] 冬，城漆[1]。

【注释】

　　[1]漆：鲁国地名，今山东邹县东部。

【译文】

　　[经]冬季，修筑漆邑的城墙。

哀　公

元　年

12/1.1 ［经］元年^{〔1〕}，春，王正月，公即位^{〔2〕}。

【注释】

〔1〕元年：本年为周敬王二十六年，公元前494年。

〔2〕公即位：公，即鲁哀公，名将，定公之子。

【译文】

［经］哀公元年，春季，周王的正月，哀公即位。

12/1.2 ［经］楚子、陈侯、随侯、许男围蔡^{〔1〕}。

【注释】

〔1〕围蔡：定公四年，蔡国趁楚国被吴国打败之机，攻打楚国。此时吴国刚被越国打败，晋国也因国内大夫争权而实力大减，因此楚国重新开始向中原地区扩张。

【译文】

［经］楚昭王、陈闵公、随国国君、许国国君围攻蔡国。

12/1.3 ［经］鼹鼠食郊牛角，改卜牛。夏，四月辛巳，郊[1]。

[传] 此该郊之变而道之也[2]，于变之中又有言焉。"蟨鼠食郊牛角，改卜牛"，志不敬也。郊牛日展觓角而知伤[3]，展道尽矣。郊之正月至于三月，郊之时也。夏四月郊，不时也。五月郊，不时也。夏之始，可以承春，以秋之末承春之始，盖不可矣。九月用郊，用者，不宜用者也。郊三卜，礼也。四卜，非礼也。五卜，强也。卜免牲者，吉则免之，不吉则否。牛伤，不言伤之者，伤自牛作也，故其辞缓。全曰牲，伤曰牛，未牲曰牛[4]，其牛一也，其所以为牛者异。有变而不郊，故卜免牛也。已牛矣，其尚卜免之，何也？礼，与其亡也[5]，宁有，尝置之上帝矣，故卜而后免之，不敢专也。卜之不吉，则如之何？不免。安置之？系而待。六月上甲庀牲[6]，然后左右之。子之所言者，牲之变也，而曰我一该郊之变而道之，何也？我以六月上甲始庀牲，十月上甲始系牲，十一月，十二月，牲虽有变，不道也，待正月然后言牲之变，此乃所以该郊。郊，享道也[7]，贵其时，大其礼，其养牲虽小不备可也。子不志三月卜郊，何也？郊自正月至于三月，郊之时也。我以十二月下辛卜正月上辛[8]，如不从，则以正月下辛卜二月上辛，如不从，则以二月下辛卜三月上辛，如不从，则不郊矣。

【注释】
〔1〕郊：郊祭。《春秋》记载鲁国举行郊祭之事，至此为止。故《穀

梁》集中议论郊祭的礼制。

〔2〕该：通"赅"。指包括一切。

〔3〕日展觓（qiú，求）角：展，查看。觓角，弯曲的牛角。

〔4〕未牲：没有经过占卜就用来作祭祀的牛。

〔5〕亡：同"无"。

〔6〕上甲厐牲：上甲，上旬的甲日。厐，读作"pí（匹）"，准备派用处。

〔7〕享道：将物品供给上天受用的仪式。

〔8〕下辛卜正月上辛：下辛，下旬的辛日。上辛，上旬的辛日。

【译文】

[经] 鼷鼠啃食了用于郊祭的牛的角，重新占卜改用另一头牛。夏季的四月辛巳日，举行郊祭。

[传] 在这里概括郊祭的各种变礼予以解说，在郊祭的各种变礼中，也有值得解说的地方。"鼷鼠食郊牛角，改卜牛"，这是记载鲁国人对神灵有失恭敬。对于将要在郊祭中使用的牛，必须天天查看它弯曲的角，如果发现牛角有伤，查看的责任也就尽到了。郊祭，从正月一直到三月，这是举行郊祭最为合适的时令。夏季的四月举行郊祭，就不合时令了。五月举行郊祭，也是不合时令的。当夏天开始的时候，还可以承接刚刚过去的春天，而在秋天将要结束的时候再来承接春天开始的时候，这大概就不可以了。在九月份"用郊"，这里所以要说到"用"字，也就是不应当"用"的意思。举行郊祭，要占卜三次来选定日期，这是礼制的规定。占卜四次就不合礼制了。如果占卜五次，那就是想通过强制性的占卜来顺从自己意愿了。通过占卜，也可以免除使用牺牲，如果占吉利，那就予以免除，不吉利就不能免除。郊祭用的牛受了伤，如果不说明是什么东西使它受伤的，那就表明这是牛自己造成的伤，所以要用表示宽缓的言辞来记载。通过占卜而决定用于郊祭的牛，如果完好的就称为"牲"，如果是受了伤的就称为"牛"，如果没有经过占卜，但决定使用的牛，也可以称为"牛"。这些虽然同样都称为"牛"，但它们之所以被称为"牛"的原因却并不相同。如果有了变故而不能举行郊祭，就要

通过占卜来免除用牛。已经是受了伤的"牛",还要通过占卜来免除用它,这是为什么?因为根据礼制的规定,与其没有占卜,宁可先占卜然后再做出决定,因为这条牛已被专门饲养起来准备献给上天了,所以先占卜然后再免除用它,这是表示不敢擅自作出决定。如果占卜的结果不吉利,这条牛应该怎么办?那就不能免除使用。怎么来处置它呢?可以先将它系缚起来,等以后再说。到六月上旬的甲日那一天,开始准备牺牲,然后考虑对它的处置。经文说的是用牺牲的变化,却又说:概括郊祭的各种变礼予以解说,这是为什么?因为我从六月上旬的甲日开始准备祭祀使用的牛,到了十月上旬的甲日开始系缚用于祭祀的牛,在十一月和十二月的这段时间里,即使用于祭祀的牛有了变化,也不予提及,直等到正月,然后说明用于祭祀的牛的变化,这正是用来概括郊祭的。郊祭,又是以食物供奉上天的典礼,所以必须重视举行的时间,隆重地安排它的礼仪,至于饲养用于祭祀的牛,即使有小处不尽周到,也还是可以的。经文没有记载在春季的三个月里占卜选定郊祭的日期,这是为什么?郊祭,从正月开始直到三月,都是举行郊祭最为合适的时令。我在十二月下旬的辛日占卜正月上旬的辛日,如果不可以,就在正月下旬的辛日占卜二月上旬的辛日,如果还不可以,就在二月下旬的辛日占卜三月上旬的辛日,如果依旧不可以,那么就不举行郊祭了。

12/1.4 [经] 秋,齐侯、卫侯伐晋[1]。

【注释】

〔1〕伐晋:据《左传》记载,此次伐晋,还有鲁国及鲜虞人的军队,并攻取了晋国的棘蒲。

【译文】

[经] 秋季,齐景公、卫灵公攻打晋国。

12/1.6 ［经］冬，仲孙何忌帅师伐邾。

【译文】

　　［经］冬季，仲孙何忌率军攻打邾国。

二　　年

12/2.1 ［经］二年^{〔1〕}，春，王二月，季孙斯、叔孙州仇、仲孙何忌帅师伐邾，取漷东田^{〔2〕}。

［传］"漷东"，未尽也。

【注释】

〔1〕二年：本年为周敬王二十七年，公元前493年。

〔2〕漷：漷读作"kuò（扩）"，古河流名。发源于今山东平邑西南，西南流经今滕县，汇入古泗水。

【译文】

［经］哀公二年，春季，周王二月，季孙斯、叔孙州仇、仲孙何忌率军攻打邾国，夺取了漷水以东的土地。

［传］说"漷东"，就表示没有完全取得那里的土地。

12/2.2 ［经］及沂西田^{〔1〕}。

［传］"沂西"，未尽也。

【注释】

〔1〕沂：此处指西沂水。发源于山东邹县东北，南流经临沂入江苏北部平原。

【译文】

[经] 以及沂水西部的土地。

[传] 说"沂西",也表示没有完全取得那里的土地。

12/2.3 [经] 癸巳,叔孙州仇、仲孙何忌及邾子盟于句绎[1]。

[传] 三人伐而二人盟[2],何也? 各盟其得也。

【注释】

〔1〕句绎:邾国地名。

〔2〕三人伐而二人盟:季孙斯为伐邾的主帅,结盟时已经返回鲁国,这也是鲁国轻视邾国的表现。

【译文】

[经] 癸巳日,叔孙州仇、仲孙何忌与邾隐公在句绎结盟。

[传] 三个人一起攻打邾国,但只有两个人参加了会盟,是为什么? 因为两人各自通过会盟得到了自己所要得到的土地。

12/2.4 [经] 夏,四月丙子,卫侯元卒[1]。

【注释】

〔1〕卫侯元:即卫灵公,公元前534年即位,在位共四十二年。立蒯聩之子辄为君位的继承人。

【译文】

[经] 夏季,四月的丙子日,卫国国君元去世。

12/2.5［经］滕子来朝。

【译文】

［**经**］滕顷公来朝见。

12/2.6［经］晋赵鞅帅师纳卫世子蒯聩于戚。

［**传**］"纳"者，内弗受也。帅师而后纳者，有伐也。何用弗受也？以辄不受也，以辄不受父之命，受之王父也。信父而辞王父，则是不尊王父也。其弗受，以尊王父也。

【译文】

［**经**］晋国的赵鞅率军护送卫国的太子蒯聩到戚邑。

［**传**］"纳"字的意思，就是说卫国拒绝蒯聩进入。先说"帅师"然后再说"纳"，这表明晋国有攻打卫国的行动。为什么卫国拒绝接受蒯聩进入呢？因为是辄不愿意接受，辄不接受父亲蒯聩的命令，是因为他已经接受了祖父的命令。顺从父亲而拒绝祖父的遗命，这是不遵从祖父的意愿。所以辄不愿意接受蒯聩，正是为了遵从祖父的意愿。

12/2.7［经］秋，八月甲戌，晋赵鞅帅师及郑罕达帅师战于铁[1]，郑师败绩。

【注释】

〔1〕战于铁：铁，卫国山丘名。时齐国人以粟救济晋国的范氏，派郑国的罕达等人护送前往，赵鞅正好护送卫的蒯聩到戚邑，与郑国护送粮食的军队相遇，于是在铁这个地方交战，郑国被打败，粮食尽为赵鞅所获。铁，《公羊》经文作"栗"。

【译文】

[经] 秋季，八月的甲戌日，晋国的赵鞅率军与郑国的罕达率军在铁这个地方交战，郑国军队被击败。

12/2.8 [经] 冬，十月，葬卫灵公。

【译文】

[经] 冬季，十月，安葬了卫灵公。

12/2.9 [经] 十有一月，蔡迁于州来[1]。

【注释】

〔1〕蔡迁于州来：春秋时蔡国经常受到楚国的威胁，故多次迁移，蔡平公时迁到新蔡（今河南新蔡），蔡昭公时又迁至州来（时属吴）。

【译文】

[经] 十一月，蔡国迁移到州来。

12/2.10 [经] 蔡杀其大夫公子驷[1]。

【注释】

〔1〕杀其大夫公子驷：公子驷反对蔡国迁至州来。吴国军队已入新蔡，蔡国就杀了公子驷，以取悦于吴人。

【译文】

[经] 蔡国杀了他的大夫公子驷。

三　年

12/3.1 ［经］ 三年[1]，春，齐国夏、卫石曼姑帅师围戚[2]。

［传］ 此卫事也，其先国夏，何也？子不围父也[3]。不系戚于卫者，子不有父也。

【注释】

〔1〕三年：本年为周敬王二十八年，公元前492年。

〔2〕围戚：卫国不同意蒯聩入境，遂派兵驱逐之，齐国因与卫国友好，也发兵支援。石曼姑，卫国大夫，卫灵公去世时委托其扶助新君辄。

〔3〕子不围父：辄为蒯聩之子，石曼姑是奉君命围攻戚邑，故《穀梁》借经文记载人名的先后次序来替辄开脱。

【译文】

［经］ 哀公三年，春季，齐国的国夏、卫国的石曼姑率军围攻戚邑。

［传］ 这明明是卫国的事情，经文却先记载齐国的国夏，这是什么道理？因为辄作为儿子不能去包围自己的父亲。经文也没有将"戚"这个地方同卫国联系起来，这是表示辄虽作为儿子但已不想要自己的父亲了。

12/3.2［经］夏，四月甲午，地震。

【译文】

［经］夏季，四月的甲午日，发生了地震。

12/3.3［经］五月辛卯，桓宫、僖宫灾[1]。
［传］言及，则祖有尊卑。由我言之，则一也。

【注释】

〔1〕桓宫、僖宫灾：据《左传》记载，此次火灾，先由司铎宫引起。然后烧到哀公的寝宫，再殃及桓宫、僖宫。孔子当时正在陈国，听到此事后说："其桓、僖乎！"意思是桓公、僖公距离哀公的年代已经很久远了，按照祭礼，早已超过了毁庙的世限，所以这是天意要毁庙。

【译文】

［经］五月的辛卯日，桓公、僖公的祭庙发生火灾。
［传］如果是说桓公庙与僖公庙，那就显得对祖先有尊卑的区别了。对鲁哀公来说，对于祖先应该是用同等的态度来看待的。

12/3.4［经］季孙斯、叔孙州仇帅师城启阳[1]。

【注释】

〔1〕启阳：鲁国地名。《公羊》经文作"开阳"。

【译文】

［经］季孙斯、叔孙州仇率军修筑启阳的城墙。

12/3.5［经］宋乐髡帅师伐曹。

【译文】

［**经**］宋国的乐髡率军攻打曹国。

12/3.6［经］秋，七月丙子，季孙斯卒。

【译文】

［**经**］秋季，七月的丙子日，季孙斯去世。

12/3.7［经］蔡人放其大夫公孙猎于吴。

【译文】

［**经**］蔡国人将他的大夫公孙猎放逐到吴国。

12/3.8［经］冬，十月癸卯，秦伯卒[1]。

【注释】

〔1〕秦伯：即秦惠公。公元前 500 年即位，在位共十年。

【译文】

［**经**］冬季，十月的癸卯日，秦国国君去世。

12/3.9［经］叔孙州仇、仲孙何忌帅师围邾。

【译文】

［**经**］叔孙州仇、仲孙何忌率军围攻邾国。

四　年

12/4.1［经］四年[1]，春，王二月[2]。庚戌，盗弑蔡侯申[3]。

［传］称盗以弑君，不以上下道道也[4]。内其君而外弑者，不以弑道道也。《春秋》有三"盗"：微杀大夫谓之盗[5]，非所取而取之谓之盗，辟中国之正道以袭利谓之盗[6]。

【注释】
〔1〕四年：本年为周敬王二十九年，公元前491年。
〔2〕二月：《公羊》经文作"三月"。
〔3〕盗弑蔡侯申：蔡侯申，即蔡昭公，公元前518年即位，在位二十八年。自迁国于州来后，一直依附吴国，时蔡昭公将前往吴国，大夫唯恐他又要迁国，公孙翩就追而射之，蔡昭公躲在路旁的民宅里，不久就死了。公孙翩又不让蔡昭公的随从进屋，大夫文之锴赶到，命随从杀公孙翩，后又逐公孙辰，杀公孙姓等。弑，《左传》经文作"杀"。
〔4〕道道：前一个"道"字作名词，指君臣之道。后一个"道"字作动词，陈述。
〔5〕微：指身份地位卑贱的人。
〔6〕辟中国之正道以袭利：辟，同"避"，违背。袭，窃取。中国之正道，指中原诸侯国的礼制。

【译文】

[经] 哀公四年，春季，周王二月。庚戌日，不讲道义的人杀了蔡国国君申。

[传] 说"盗"杀了国君，这是不按君臣之间的名分来陈述的表达方式。因为要亲近国君，所以就疏远杀害国君的人，这样就不用臣子犯上杀害国君的意思来表达了。《春秋》的行文中有三种情况称作"盗"的：地位卑下的人杀害大夫称为"盗"，不是自己应该获得的却获得它也称为"盗"，违背了中原诸侯国的正规礼制而窃取私利的也称为"盗"。

12/4.2 [经] 蔡公孙辰出奔吴。

【译文】

[经] 蔡国的公孙辰出逃到吴国。

12/4.3 [经] 葬秦惠公。

【译文】

[经] 安葬了秦惠公。

12/4.4 [经] 宋人执小邾子。

【译文】

[经] 宋国人捉了小邾国国君。

12/4.5 [经] 夏，蔡杀其大夫公孙姓、公孙霍[1]。

【注释】

〔1〕公孙姓:《公羊》经文作"公孙归姓"。

【译文】

[经] 夏季，蔡国杀了他们的大夫公孙姓、公孙霍。

12/4.6 [经] 晋人执戎蛮子赤归于楚^{〔1〕}。

【注释】

〔1〕晋人执戎蛮子赤:楚国图谋进攻北方中原，围攻蛮氏，蛮氏败，其国君赤逃到晋国，楚国司马发兵要挟晋国，晋国因内乱尚未平息，不敢与楚国交战，遂让大夫士蔑扣押了赤，将他送到楚国军中。戎蛮，《公羊》经文作"戎曼"。

【译文】

[经] 晋国人捉拿戎蛮的国君赤，将他押送到楚国。

12/4.7 [经] 城西郛。

【译文】

[经] 修筑国都外围西面的城墙。

12/4.8 [经] 六月辛丑，亳社灾^{〔1〕}。
[传] "亳社"者，亳之社也。亳，亡国也，亡国之社以为庙屏，戒也；其屋，亡国之社不得上达也。

【注释】

〔1〕亳社：亳，殷商时的国都，社，祭祀土地之神的庙。

【译文】

［经］六月的辛丑日，在亳地的社庙发生火灾。

［传］"亳社"，指的是"亳"这个地方的社庙。"亳"是已经灭亡了的殷商的国都，现在用已经灭亡了的殷商的社庙作为成周祖庙的屏障，是为了以殷商的灭亡为戒；在社庙上造屋，是因为已经灭亡了的殷商社庙不能将下界的意思通达到天上。

12/4.9 ［经］秋，八月甲寅，滕子结卒[1]。

【注释】

〔1〕滕子结：即滕顷公，公元前510年即位，在位共二十年。

【译文】

［经］秋季，八月的甲寅日，滕顷公结去世。

12/4.10 ［经］冬，十有二月，葬蔡昭公。

【译文】

［经］冬季，十二月，安葬了蔡昭公。

12/4.11 ［经］葬滕顷公。

【译文】

［经］安葬了滕顷公。

五　　年

12/5.1［经］五年[1]，春，城毗[2]。

【注释】

〔1〕五年：本年为周敬王三十年，公元前490年。

〔2〕毗：鲁国地名。《公羊》经文作"比"。

【译文】

［经］哀公五年，春季，修筑毗邑的城墙。

12/5.2［经］夏，齐侯伐宋。

【译文】

［经］夏季，齐景公攻打宋国。

12/5.3［经］晋赵鞅帅师伐卫[1]。

【注释】

〔1〕伐卫：此举是因为卫国曾经救助过范氏的缘故。

【译文】

〔经〕晋国的赵鞅率军攻打卫国。

12/5.4〔经〕秋，九月癸酉，齐侯杵臼卒[1]。

【注释】

〔1〕齐侯杵臼：即齐景公，公元前 547 年即位，在位共五十八年。杵，《公羊》经文作"处"。

【译文】

〔经〕秋季，九月的癸酉日，齐景公杵臼去世。

12/5.5〔经〕冬，叔还如齐。

【译文】

〔经〕冬季，叔还前往齐国。

12/5.6〔经〕闰月[1]，葬齐景公。
〔传〕不正其闰也[2]。

【注释】

〔1〕闰月：据齐景公卒于九月，诸侯五月而葬的礼制来推算，此闰月为闰十二月。

〔2〕不正其闰：《穀梁》认为闰月不在礼数之内，故经书闰月之葬是葬期不合礼制。

【译文】

[经] 闰月，安葬了齐景公。

[传] 这是因为葬期不合礼制，所以特地写明"闰月"。

六　　年

12/6.1 ［经］六年[1]，春，城邾瑕[2]。

【注释】

〔1〕六年：本年为周敬王三十一年，公元前489年。

〔2〕邾瑕：瑕，邾国地名，今地不详。瑕，《公羊》经文作"葭"。

【译文】

［经］哀公六年，春季，修筑邾国瑕邑的城墙。

12/6.2 ［经］晋赵鞅帅师伐鲜虞[1]。

【注释】

〔1〕伐鲜虞：由于鲜虞人曾与齐、卫一起救助晋国的范氏，故赵鞅伐之以复仇。

【译文】

［经］晋国的赵鞅率军攻打鲜虞人。

12/6.3 ［经］吴伐陈[1]。

【注释】

〔1〕伐陈：哀公元年楚国伐蔡时，陈国也参与了，故吴国此次来为蔡国报仇。

【译文】

［经］吴国攻打陈国。

12/6.4 ［经］ 夏，齐国夏及高张来奔[1]。

【注释】

〔1〕国夏及高张来奔：齐景公去世时嘱托国、高二人立庶子荼为嗣子。荼即位后，大夫陈乞忌二人得势，阴谋串通大夫除二人，国夏、高张在与大夫的交战中失败，故来奔。

【译文】

［经］夏季，齐国的国夏和高张来投奔鲁国。

12/6.5 ［经］ 叔还会吴于柤。

【译文】

［经］叔还在柤会见吴王。

12/6.6 ［经］ 秋，七月庚寅，楚子轸卒[1]。

【注释】

〔1〕楚子轸：即楚昭王，公元前515年即位，在位共二十七年。

【译文】

[经] 秋季，七月的庚寅日，楚王轸去世。

12/6.7 [经] 齐阳生入于齐[1]。齐陈乞弑其君荼[2]。

[传] 阳生入而弑其君，以陈乞主之，何也？不以阳生君荼也。其不以阳生君荼，何也？阳生正，荼不正。不正，则其曰君，何也？荼虽不正，已受命矣。"入"者，内弗受也。荼不正，何用弗受？以其受命，可以言弗受也。阳生其以国氏，何也？取国于荼也。

【注释】

〔1〕阳生：齐景公之子，曾出奔鲁国，后由大夫陈乞迎回齐国，即位为国君，是为悼公。

〔2〕弑其君荼：荼，也称孺子、晏孺子，齐景公宠妾之子。景公去世后即位为国君。阳生返回齐国以后，为了夺取君位，即派朱毛杀了荼。荼，《公羊》经文作"舍"。

【译文】

[经] 齐国的阳生进入齐国。齐国的陈乞杀了他的国君荼。

[传] 明明是阳生进入齐国后杀了自己的国君，现在经文却把陈乞当作主谋，这是为什么？是为了不让阳生把荼当作国君。经文不让阳生把荼当作国君，这又是什么原因？因为阳生是景公的正妻所生，荼不是景公正妻所生的。既然荼不是正妻所生，那么经文称他为"君"是什么道理？尽管荼不是正妻所生，但他已经领受先君之命被立为国君了。"入"字的意思，就是说齐国拒绝接受阳生进入。既然荼不是正妻所生，那为什么齐国又拒绝接受阳生呢？因为荼已经领受先君之命而被立为国君，所以可以说拒绝接受阳生。经文用齐国的国号作为阳生的姓氏，这是为什么？

因为他最后从茶的手中夺取了齐国。

12/6.8 ［经］冬，仲孙何忌帅师伐邾。

【译文】

　　［经］冬季，仲孙何忌攻打邾国。

12/6.9 ［经］宋向巢帅师伐曹。

【译文】

　　［经］宋国的向巢率军攻打曹国。

12/7.1［经］七年[1]，春，宋皇瑗帅师侵郑[2]。

【注释】

　〔1〕七年：本年为周敬王三十二年，公元前488年。

　〔2〕皇瑗：宋国皇父充石的八世孙，时为宋国的卿。

【译文】

　［经］哀公七年，春季，宋国的皇瑗率军侵犯郑国。

12/7.2［经］晋魏曼多帅师侵卫[1]。

【注释】

　〔1〕魏曼多：也称魏襄子，魏舒之孙，曾与韩不信一起逐范氏。《史记》作“魏侈”。

【译文】

　［经］晋国的魏曼多率军攻打卫国。

12/7.3［经］夏，公会吴于缯[1]。

【注释】

〔1〕会吴于缯：此次会见由吴国提出，哀公亲自与会。吴国又提出要鲁国以百牢之礼招待吴王，鲁国君臣均极为反感。缯，地名。本为国，为莒国所灭，参9/6.5。

【译文】

[经] 夏季，哀公在缯地会见吴王。

12/7.4 [经] 秋，公伐邾。八月己酉，入邾，以邾子益来〔1〕。

[传] 以者，不以者也。益之名，恶也。《春秋》有临天下之言焉〔2〕，有临一国之言焉，有临一家之言焉，其言"来"者，有外鲁之辞焉。

【注释】

〔1〕以邾子益来：鲁国执政大夫季康子欲伐邾，设宴招待众大夫，以征询意见，除了子服、孟孙之外，大夫们都赞成伐邾，于是在八月侵入邾国，并俘获邾隐公，带他回鲁国。

〔2〕临：这里指不同的等级的统治者所拥有的对象。如"临天下"，指周朝的君王而言；"临一国"，指诸侯而言；"临一家"，指氏族的家长而言。

【译文】

[经] 秋季，哀公攻打邾国。八月的己酉日，入侵邾国，带着邾国国君益回到鲁国。

[传] "以"字的意思，就是不应该"以"。称呼"益"的名，就是对他表示厌恶。《春秋》的记载中有针对君王拥有整个天下的言辞，有针对诸侯拥有一个国家的言辞，还有针对家长拥有一个家族的言辞，这里说"来"的意思，就是用带着疏远鲁国

的意味的言辞。

12/7.5 ［经］宋人围曹[1]。

【注释】

〔1〕围曹：曹国的国君听信大夫谗言，背晋而侵宋，结果宋国予以还击，晋国也不救曹。

【译文】

［经］宋国人围攻曹国。

12/7.6 ［经］冬，郑驷弘帅师救曹[1]。

【注释】

〔1〕驷弘：也称郑桓子。他认为曹国是郑国的屏障，如果宋国占据了曹国，将会对郑国形成威胁，于是出兵救曹。

【译文】

［经］冬季，郑国的驷弘率军援救曹国。

八　年

12/8.1 ［经］八年[1]，春，王正月。宋公入曹[2]，以曹伯阳归[3]。

【注释】

〔1〕八年：本年为周敬王三十三年，公元前 487 年。

〔2〕宋公入曹：宋国本来打算从曹国退兵，但曹国依仗有郑国的支援，辱骂正在撤退的宋国军队，宋景公怒，命令继续攻打曹国，俘获其国君及大夫公孙强，将他们带回宋国杀了，曹国就此灭亡。

〔3〕曹伯阳：即曹国国君，公元前 501 年即位，在位共十五年。

【译文】

［经］哀公八年，春季，周王的正月。宋景公入侵曹国，将曹国国君阳带回宋国。

12/8.2 ［经］吴伐我[1]。

【注释】

〔1〕吴伐我：由于鲁国在哀公七年伐邾，并俘虏了邾国国君，于是邾国大夫请求吴国发兵援救，吴国乃攻打鲁国。双方交战于夷，鲁军败，只得与吴国签订城下之盟，表示服从吴国。

【译文】

　　[经] 吴国攻打我国。

12/8.3 [经] 夏，齐人取讙及阐[1]。
　　[传] 恶内也。

【注释】

　　[1] 取讙及阐：讙，见 2/3.6 注〔1〕。阐，鲁国地名，今山东宁阳东北。《公羊》经文作"僤"。齐阳生出逃鲁国时，季康子将自己的妹妹季姬嫁给他，阳生回国当了国君后，派使者来迎娶，但康子之妹与季鲂侯私通，因此不敢到齐国去，康子遂不遣行。阳生怒，就派人攻打鲁国。

【译文】

　　[经] 夏季，齐国人攻取了讙邑和阐邑。
　　[传] 这是憎恶鲁国。

12/8.4 [经] 归邾子益于邾[1]。
　　[传] 益之名，失国也。

【注释】

　　[1] 归邾子益：齐国虽然夺取了鲁国两个邑，但并未迎回季姬，于是准备联合吴国再来伐鲁。鲁国得知齐、吴来伐的名义是为了邾国，就放了邾隐公，并派人送季姬去齐国。

【译文】

　　[经] 将邾国国君益送回邾国。
　　[传] 写到益的名，那就表示他已失去了自己的国家。

12/8.5 ［经］秋，七月。

【译文】

［经］秋季，七月。

12/8.6 ［经］冬，十有二月癸亥，杞伯过卒[1]。

【注释】

〔1〕杞伯过：即杞僖公，公元前504年即位，在位共十八年。

【译文】

［经］冬季，十二月的癸亥日，杞僖公过去世。

12/8.7 ［经］齐人归讙及阐[1]。

【注释】

〔1〕归讙及阐：这是对鲁国将季姬送至齐国作出的反应。

【译文】

［经］齐国人归还讙邑和阐邑。

12/9.1［经］九年[1]，春，王二月，葬杞僖公。

【注释】

〔1〕九年：本年为周敬王三十四年，公元前486年。

【译文】

［经］哀公九年，春季，周王二月，安葬了杞僖公。

12/9.2［经］宋皇瑗帅师取郑师于雍丘[1]。
［传］“取”，易辞也。以师而易取，郑病矣。

【注释】

〔1〕取郑师于雍丘：郑国罕达的宠臣许瑕请求得到私邑，但郑国国内已无邑可以给他，便答应由许瑕自己到郑国以外的地方去取，许瑕于是围攻宋国的雍丘，却被宋国的皇瑗率军击败。雍丘，今河南杞县。

【译文】

［经］宋国的皇瑗率军在雍丘战胜郑国军队。
［传］说“取”，就表示是很容易的意思。很容易地就战胜了军队，这是在指责郑国的无能了。

12/9.3 [经] 夏，楚人伐陈[1]。

【注释】

〔1〕楚人伐陈：陈国本来是追随楚国的，但又背楚从吴，于是伐之。

【译文】

[经] 夏季，楚国人攻打陈国。

12/9.4 [经] 秋，宋公伐郑[1]。

【注释】

〔1〕宋公伐郑：报郑师围雍丘之仇。

【译文】

[经] 秋季，宋景公攻打郑国。

12/9.5 [经] 冬，十月。

【译文】

[经] 冬季，十月。

十 年

12/10.1 ［经］ 十年^[1]，春，王二月，邾子益来奔^[2]。

【注释】

〔1〕十年：本年为周敬王三十五年，公元前 485 年。

〔2〕益来奔：邾隐公是齐国的外甥，先投奔鲁国，然后投奔齐国。

【译文】

［经］哀公十年，春季，周王二月，邾国国君益来投奔鲁国。

12/10.2 ［经］公会吴伐齐^[1]。

【注释】

〔1〕伐齐：鲁国将季姬送到齐国后，齐国派使者到吴国，请求不要出兵攻鲁。吴国怒其出尔反尔，反召鲁国一同伐齐。

【译文】

［经］哀公会同吴王攻打齐国。

12/10.3 [经] 三月戊戌，齐侯阳生卒[1]。

【注释】

〔1〕阳生卒：阳生，即齐悼公，公元前488年即位，在位四年。因得罪吴王，齐人杀他以取悦吴。

【译文】

[经] 三月的戊戌日，齐国国君阳生去世。

12/10.4 [经] 夏，宋人伐郑。

【译文】

[经] 夏季，宋国人攻打郑国。

12/10.5 [经] 晋赵鞅帅师侵齐[1]。

【注释】

〔1〕侵齐：赵鞅趁齐国操办悼公的丧事之机，攻打齐国。

【译文】

[经] 晋国的赵鞅率军侵犯齐国。

12/10.6 [经] 五月，公至自伐齐[1]。

【注释】

〔1〕至自伐齐：《集解》说："恶事不致，公会夷狄，伐齐之丧，而致之，何也？庄六年公至自伐卫，《传》曰，不致无以见公恶事之成也。

将宜从此例。"

【译文】

[**经**] 哀公与吴王攻打齐国后返回，向祖庙行祭告之礼。

12/10.7 [经] 葬齐悼公。

【译文】

[**经**] 安葬了齐悼公。

12/10.8 [经] 卫公孟彄自齐归于卫[1]。

【注释】

〔1〕公孟彄自齐归：定公十四年，公孟彄出奔郑，后又至齐。

【译文】

[**经**] 卫国的公孟彄从齐国回到卫国。

12/10.9 [经] 薛伯夷卒[1]。

【注释】

〔1〕薛伯夷：即薛惠公，《公羊》经文作"薛伯寅"。

【译文】

[**经**] 薛国国君夷去世。

12/10.10 ［经］秋，葬薛惠公。

【译文】

［经］秋季，安葬了薛惠公。

12/10.11 ［经］冬，楚公子结帅师伐陈[1]，吴救陈。

【注释】

〔1〕公子结帅师伐陈：公子结，也称子期。陈国迫于吴国的压力，追随吴国。楚国曾于九年伐陈，未能获胜，此次再伐，吴国派季札子率军援救，季札子力劝公子结"务德安民"，不要争夺霸权，公子结遂退兵。

【译文】

［经］冬季，楚国的公子结率军攻打陈国，吴国援救陈国。

十 一 年

12/11.1 [经] 十有一年〔1〕，春，齐国书帅师伐我〔2〕。

【注释】

〔1〕十有一年：本年为周敬王三十六年，公元前484年。

〔2〕国书帅师伐我：哀公十年三月，鲁国追随吴国攻打齐国，故齐国此次来报复。鲁国未能击败齐国军队。

【译文】

[经] 哀公十一年，春季，齐国的国书率军攻打我国。

12/11.2 [经] 夏，陈辕颇出奔郑〔1〕。

【注释】

〔1〕辕颇：陈国大夫，曾任司徒。因骄横跋扈，假公济私，陈国人将他逐出。《公羊》经文作"袁颇"。

【译文】

[经] 夏季，陈国的辕颇出逃到郑国。

12/11.3 [经] 五月，公会吴伐齐[1]。

【注释】

〔1〕伐齐：本年春齐国攻打鲁国，故鲁国再联络吴国攻打齐国。

【译文】

[经] 五月，哀公会同吴国攻打齐国。

12/11.4 [经] 甲戌，齐国书帅师及吴战于艾陵[1]，齐师败绩，获齐国书。

【注释】

〔1〕战于艾陵：艾陵，齐国地名，今山东莱芜东部。吴国攻打齐国，先克博（今山东泰安东南），然后到了嬴（今山东莱芜西北），最后双方在艾陵交战，齐军大败。吴军杀敌三千，俘虏了国书、公孙夏、闾丘明、陈书、东郭书等齐国将领，缴获战车八百辆，并将所有战俘及战利品都交给了鲁国。

【译文】

[经] 甲戌日，齐国的国书率军与吴国在艾陵这个地方交战，齐国军队被打败，吴军俘获齐军主帅国书。

12/11.5 [经] 秋，七月辛酉，滕子虞母卒[1]。

【注释】

〔1〕滕子虞母：即滕隐公，公元前490年即位，在位七年。

【译文】

[经] 秋季，七月的辛酉日，滕国国君虞母去世。

12/11.6 [经] 冬，十有一月，葬滕隐公。

【译文】

[经] 冬季，十一月，安葬了滕隐公。

12/11.7 [经] 卫世叔齐出奔宋[1]。

【注释】

〔1〕世叔齐：也称太叔疾，卫国大夫。

【译文】

[经] 卫国的世叔齐出逃到宋国。

十 二 年

12/12.1［经］十有二年^[1]，春。用田赋^[2]。

［传］古者公田什一^[3]，用田赋非正也。

【注释】

〔1〕十有二年：本年为周敬王三十七年，公元前483年。

〔2〕用田赋：根据每家每户所拥有的土地数量来分摊交纳军用物资，如马匹、牛车之类。

〔3〕公田什一：即指什一而税。西周时田用助法，一般五口之家，一夫受田百亩，官府取其收成的十分之一作为赋税。宣公十五年秋，鲁国因赋税收入难以维持正常开支，遂实行"初税亩"，改为什二而税，加税一倍。成公元年，又"作丘甲"，赋税增加至四倍。孔子以为公室不断以增加赋税来维持国家，实为"贪冒无厌"之举。

【译文】

　　［**经**］哀公十二年，春季。推行"田赋"。

　　［**传**］古时征收赋税的公田只占全部土地的十分之一，现在推行根据田亩征收赋税的制度，是不合正道的。

12/12.2［经］夏，五月甲辰，孟子卒^[1]。

　　［传］"孟子"者，何也？昭公夫人也。其不言夫人，何也？讳取同姓也^[2]。

【注释】

　　〔1〕孟子：鲁昭公的夫人，吴国之女。一般认为，这段经文是经过孔子修改过的。因孟子是吴国之女，吴国与鲁国为同姓国。按照此前经文记载鲁国国君夫人的写法，娶为夫人时都记载"逆女于"某国，死后要写明"葬我小君"，现在孟子去世，前面无"逆女"之辞，后面无"葬我小君"之言，不合行文的惯例。所以今人傅隶朴以为，这是孔子为了避免过分突出鲁国国君娶同姓国之女为妻，就将有关孟子的出身、身份的记载都删削了。

　　〔2〕取同姓：取，同"娶"。吴国为泰伯之后，也是姬姓。

【译文】

　　[经] 夏季，五月的甲辰日，孟子去世。

　　[传]"孟子"是谁？她就是昭公的夫人。经文不说是夫人，这是为什么？是为了替昭公掩饰他娶同姓女子为妻的事实。

12/12.3 [经] 公会吴于橐皋[1]。

【注释】

　　〔1〕会吴于橐皋：橐（tuó，驼）皋，吴国地名。今安徽巢县西北。此为吴王召请哀公前往会见吴国的太宰嚭，与之重申旧盟，哀公使子贡辞盟。

【译文】

　　[经] 哀公在橐皋会见吴国人。

12/12.4 [经] 秋，公会卫侯、宋皇瑗于郧[1]。

【注释】

　　〔1〕会卫侯、宋皇瑗于郧：吴国召集卫国结盟，但卫国厌恶吴王的无道，遂与鲁、宋背吴而结盟。郧，吴国地名，今江苏如皋东部。《公

羊》经文作"运"。

【译文】

[经] 秋季，哀公在郧这个地方会见卫出公、宋国的皇瑗。

12/12.5 [经] 宋向巢帅师伐郑[1]。

【注释】

〔1〕伐郑：郑国与宋国之间有好几处空旷地带，子产为郑国执政时，曾与宋国有约，两国均不得随意占据这些土地，后来宋元公的族人出奔郑国，郑国就在这些土地上修筑了三个城邑让其居住，宋国以郑国违约，故讨伐之。

【译文】

[经] 宋国的向巢率军攻打郑国。

12/12.6 [经] 冬，十有二月，螽。

【译文】

[经] 冬季，十二月，出现了蝗虫。

十　三　年

12/13.1 ［经］十有三年[1]，春，郑罕达帅师取宋师于喦[2]。

［传］"取"，易辞也。以师而易取，宋病矣。

【注释】

〔1〕十有三年：本年为周敬王三十八年，公元前482年。

〔2〕取宋师于喦：喦，岩的异体字。地名，为宋、郑之间的空旷地带，当位于河南的东部地区。上年宋国以郑国背约而伐之，郑国予以反击，围困了宋国军队，宋派人来援救，郑国主帅罕达下令悬赏捉拿宋国主帅向魋，向魋逃回宋国，郑国俘获了宋国的军队，同时退出占据的空旷地带。

【译文】

［经］哀公十三年，春季，郑国的罕达率军在喦这个地方俘获了宋国军队。

［传］"取"，就是表示很容易得到的言辞。军队很容易就被打垮，宋国的将士也太无能了。

12/13.2 ［经］夏，许男成卒[1]。

【注释】

〔1〕许男成：即许元公，公元前504年即位，在位二十二年。

【译文】

［经］夏季，许国国君成去世。

12/13.3 ［经］公会晋侯及吴子于黄池[1]。

［传］黄池之会，吴子进乎哉，遂"子"矣。吴，夷狄之国也，祝发文身[2]，欲因鲁之礼[3]，因晋之权，而请冠端而袭[4]，其藉于成周，以尊天王，吴进矣。吴，东方之大国也，累累致小国以会诸侯[5]，以合乎中国，吴能为之，则不臣乎，吴进矣。王，尊称也；子，卑称也。辞尊称而居卑称，以会乎诸侯，以尊天王。吴王夫差曰[6]："好冠来。"孔子曰："大矣哉夫差，未能言冠，而欲冠也。"

【注释】

〔1〕公会……于黄池：黄池，地名。在今河南封丘西南。吴国在艾陵一战中击败齐国后，称霸中原的欲望越发强烈，故选定地处鲁、晋、吴三国交界处的黄池举行诸侯的会见，并邀请周王朝的卿单平公参加，准备正式向诸侯表明其称霸的愿望。

〔2〕祝发文身：祝，断的意思。文，通"纹"。指古代吴越地方的人往往剪短头发，身上则绘有花纹。

〔3〕因：依据、凭借的意思。

〔4〕请冠端而袭：冠，帽子。端，中原诸侯、大夫、士所穿的礼服。袭，遮掩的意思。

〔5〕累累：屡屡、多次。

〔6〕夫差：吴王阖闾子，公元前495年至前473年在位。曾打败越国，俘获越王勾践。越王勾践被他放回越国后，卧薪尝胆，终于在公元

前473年再次打败吴国，夫差自杀而死。

【译文】

[经] 哀公在黄池会见晋定公与吴王。

[传] 在黄池之会中，吴国国君的身份有了提高，所以就用"子"来称呼他。吴国是边远的蛮夷国家，一向有断发文身的野蛮习俗，他们想依据鲁国的礼仪，凭借晋国的权势，来要求采用中原诸侯国头戴冠帽、身着礼服的礼节，又向周王室进献贡品，用来表示对周王的尊崇，所以吴国的风俗确实有了改进。吴国又是东方的一个大国，曾多次招徕一些小国和诸侯会见，以寻求同中原诸侯国相同的待遇，吴国能够做到这些，就不能够做周王的臣子了吗？所以说吴国确实改进了。"王"，那是尊贵的称号；"子"，则是卑下的称号。吴国推辞了尊贵的称号，却甘心自居于卑下的称号，借此来和各国的诸侯会见，并且借此来表示对周王的尊崇。吴王夫差说过："请得美好的冠帽来。"孔子就说："真了不起啊，这个夫差，他还不能说清冠帽的名类，却已经想戴上冠帽了。"

12/13.4 [经] 楚公子申帅师伐陈[1]。

【注释】

〔1〕公子申：也称子西，楚国大夫。

【译文】

[经] 楚国的公子申率军攻打陈国。

12/13.5 [经] 于越入吴[1]。

【注释】

〔1〕于越入吴：越国趁吴王与中原诸侯在黄池会见之机，攻打吴国。

吴王夫差及时赶回，两国议和。

【译文】

[经] 越国入侵吴国。

12/13.6 [经] 秋，公至自会。

【译文】

[经] 秋季，哀公参加了黄池的诸侯大会后返回，向祖庙行祭告之礼。

12/13.7 [经] 晋魏曼多帅师侵卫[1]。

【注释】

〔1〕魏曼多:《公羊》经文作"魏多"。

【译文】

[经] 晋国的魏曼多率军侵犯卫国。

12/13.8 [经] 葬许元公。

【译文】

[经] 安葬了许元公。

12/13.9 [经] 九月，螽。

【译文】

　　[经] 九月，发生蝗灾。

12/13.10 [经] 冬，十有一月，有星孛于东方[1]。

【注释】

　　[1] 有星孛于东方：星，指彗星。《春秋》中关于彗星的记载共有三次，前两次均写明所处的位置，此次未写明，据《公羊》的解说，这次彗星是在早晨出现的，由于天色已亮，群星均已隐没，所以无法记载彗星的确切位置，只能写出大致的方位。此说甚为有理。

【译文】

　　[经] 冬季，十一月，在东方出现了彗星。

12/13.11 [经] 盗杀陈夏区夫[1]。

【注释】

　　[1] 夏区夫：陈国大夫。《公羊》经文作"夏弆夫"。

【译文】

　　[经] 盗贼杀了陈国的夏区夫。

12/13.12 [经] 十有二月，螽。

【译文】

　　[经] 十二月，出现蝗灾。

十　四　年

12/14.1 ［经］ 十有四年^[1]，春，西狩获麟^[2]。

［传］ 引取之也^[3]。狩地不地，不狩也。非狩而曰狩，大获麟^[4]，故大其适也^[5]。其不言来，不外麟于中国也。其不言有，不使麟不恒于中国也。

【注释】

〔1〕十有四年：本年为周敬王三十九年，公元前481年。《春秋》经文，到本年春为止，《公羊》、《穀梁》的解说也到此处为止。《左传》则将记事延续到哀公二十七年。

〔2〕西狩获麟：狩，狩猎，古时又作为检阅军队的一种方式。《左传》说，叔孙氏的掌车官鉏商获得了麟，不识，以为不祥之物，将麟赐给虞人。孔子听说此事后，亲自来看，说是麒麟，于是叔孙将麟取回。《公羊》说麟是砍柴人抓获的，因非中原所产的动物，所以它的出现有非同寻常的意义。《穀梁》没有明确解说"获麟"的经过，只就其意义发挥。

〔3〕引取之：《穀梁》在前面曾有"获者，不与之辞"的解说，这里既然不能用"不与之辞"来解释，便发明了"引取"的说法，也就是引而进之。《穀梁补注》中说，"引取之者，谦不敢当麟为己出"。

〔4〕大：重视。

〔5〕适：范围，这里指狩猎的地域范围。

【译文】

［经］ 哀公十四年，春季，西行狩猎获得了麒麟。

[传] 这是孔子将麒麟招引来的。没有记载 "狩" 的地点，表明此时不是行 "狩" 的季节。不是行 "狩" 季节却说 "狩"，这是为了重视获得麒麟这件事，所以也就扩大了获得麒麟的区域范围。经文中没有说麒麟 "来"，这是为了不将麒麟这种祥瑞之物看作是中原以外的动物。经文也没有说 "有" 麒麟，这是为了让麒麟这种祥瑞之物永远生存在中原地区。